科學證據揭露喜怒哀樂如何生成

不一樣

情緒跟你以為的

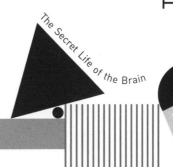

The Secret Life of the Brain

How Emotions Are Made

麗莎·費德曼·巴瑞特博士　Lisa Feldman Barrett, Ph.D.──著

李明芝──譯

好評讚譽

◆ 關於情緒，東方一向以較虛無縹緲的方式來表達，如莊子的「咸其自取」，如禪學正念的「無揀擇」！西方則較結構、邏輯與科學，這本書將帶你從全新的科學角度來看不科學的情緒，讓我們見樹又見林，照顧好自己的自癒力！

　　　　　　　　　　　　　　　　　　　　——揚生慈善基金會執行長　許華倚

◆ 太棒了！此書剛好印證我最近幾年鼓勵笑友要「笑出智慧」比「笑出健康快樂」更重要，「智慧」就是覺察細微的身體表徵感受，減少習性反應，掌握製造情緒的主權。

　　　　　　　　　　　　　　　　　　　——台灣愛笑瑜伽協會創會會長　陳達誠

◆ 創新的想法造就出非凡卓越、獨一無二的著作，以大膽而清晰的方式展現在大眾面前。

　　　　　　　　　　　　　　　　　　　　——《科學人》（Scientific American）

◆ 真是太美妙了……巴瑞特用令人信服的例子和故事清楚交代來龍去脈，幫助我們深入了解情緒研究領域的多數重大發展……這是一場發人深省的探索之旅。

　　　　　　　　　　　　　　　　　　　——《華爾街日報》（Wall Street Journal）

◆ 我們活在世上，多數人都不曾認真想過自己帶著什麼面對生活的一切。麗莎・費德曼・巴瑞特不但思考而且仔細探討，她對我們的知覺和情緒所做的描述，真是令人驚嘆不已。

　　　　　　　　　　　　　　　　　　　　　　　　　　　　——《ELLE》

◆ 科學佐證的發現帶來驚喜連連……內容有趣直叫人不忍釋手。

　　　　　　　　　　　　　　　　　　　　　　　——《富比士》（Forbes）

◆ 我們全都對情緒懷有直覺：你自動地經驗喜悅、恐懼或生氣的方式，幾乎就跟喀拉哈里沙漠的狩獵採集者完全相同。在這本絕妙的新書中，麗莎・巴瑞特選用當代的研究讓我們看見截然不同的畫面：情緒經驗相當個人化，而且在神經生物學上獨樹一格，不可能跟認知完全分開。這本容易上手的好書，帶給我們滿滿的重要訊息還有刺激挑戰。

　　　　　　　　　——《為什麼斑馬不會得胃潰瘍？》（Why Zebras Don't Get Ulcer）及
《一隻靈長類的回憶錄》（A Primate's Memoir）作者　羅伯特・薩波斯基（Robert Sapolsky）

◆ 讀完《情緒跟你以為的不一樣》後，我開始用全新的眼光看待情緒。麗莎・巴瑞特開啟了一個嶄新天地，讓我們能以不同角度對抗性別刻板印象以及制訂更好的政策。

——《未竟之業》（*Unfinished Business*）作者　**安－瑪莉・史勞特**（Anne-Marie Slaughter）

◆ 《情緒跟你以為的不一樣》帶給我們一個全新的情緒概念：情緒是什麼、它們來自哪裡，以及（最重要的）它們不是什麼。腦科學是一門違反直覺的學科，而麗莎・巴瑞特的超凡能力成功地將違反直覺變得可以理解。這本書會讓你忍不住拍案叫絕，納悶為什麼過了這麼久才這樣思考大腦。

——《失敗：科學的成功之道》（*Failure: Why Science Is So Successful*）及
《無知：它怎樣驅動科學》（*Ignorance: How It Drives Science*）
作者　**司徒・法爾斯坦**（Stuart Firestein）

◆ 曾經好奇你的情緒來自哪裡嗎？情緒心理學的世界級專家麗莎・巴瑞特，為感受與其背後的神經科學撰寫了一部最完整可靠的指南。

——暢銷書《恆毅力》（*Grit*）作者　**安琪拉・達克沃斯**（Angela Duckworth）

◆ 《情緒跟你以為的不一樣》細細分析我們的腦如何精彩地創造我們的情緒生活，這本見解深刻、挑動人心而且充滿魅力的書，毫不費力地將最先進的神經科學研究連上日常的情緒。在你讀完這本重要的書之後，你將不會再以相同的方式考慮情緒。

——《記憶七罪》（*The Seven Sins of Memory*）作者　**丹尼爾・沙克特**（Daniel L. Schacter）

◆ 如果你認為自己對慾念、憤怒、悲痛和喜悅的一切所知都是錯的該怎麼辦呢？麗莎・巴瑞特是心理學界中最睿智、也最有創造力的科學家之一，她提出的情緒建構理論真的相當基本而且迷人。透過活靈活現的例子加上清晰銳利的文筆，《情緒跟你以為的不一樣》抗辯了人類天性最核心面向的大膽新視野。

——《失控的同理心》（*Against Empathy*）和《香醇的紅酒比較貴，還是昂貴的紅酒比較香》（*How Pleasure Works*）作者　**保羅・布倫**（Paul Bloom）

◆ 你以為你對自己有何感受與為何感受所知道的一切，結果證明錯誤得離譜。麗莎・巴瑞特闡明的全新情緒科學著實令人著迷，她也提供現實例子解釋這在健康、教養、戀愛關係，甚至是國家安全等各個領域為何如此重要。

——《女孩與性》（*Girls & Sex*）作者　**佩吉・奧倫斯坦**（Peggy Orenstein）

◆ 這本經過透徹研究和深思熟慮的縝密著作，讓我們有機會一窺關於情緒的最新洞察：情緒是什麼、它們來自哪裡，以及為什麼我們擁有它們。任何糾結於如何調解心與腦的人，都該把這本書視為珍寶，它在沒有縮減這個主題的人本主義之下清楚解釋了科學。

——暢銷書《背離親緣》（Far from the Tree）和《正午惡魔》（The Noonday Demon）

作者　安德魯・所羅門（Andrew Solomon）

◆ 麗莎・巴瑞特巧妙地整合情感科學、神經科學、社會心理學和哲學的發現，使我們能理解每一天所經驗和見證的許多情緒實例。《情緒跟你以為的不一樣》將幫助你改造自己的生活，並且賦予你新的眼光重新看待熟悉的感受——無論是焦慮或愛等等。

——《正向性》（Positivity）和《愛是正能量，不練習，會消失！》（Love 2.0）

作者　芭芭拉・佛列德里克森（Barbara Fredrickson）

◆ 麗莎・巴瑞特非常清楚地寫道，你的情緒不僅僅跟你生下來帶著什麼有關，還跟你的大腦如何把感受拼湊在一起有關，她也詳細解釋你如何能促成這個過程。她所說的這個故事，相當具有說服力。

——《焦慮》（Anxious）和《突觸的字我》（Synaptic Self）

作者　約瑟夫・李寶（Joseph LeDoux）

◆ 這是一本精采絕倫的情緒科學書，出自繼達爾文以來最深入思考這個主題的專家原創。

——暢銷書《快樂為什麼不幸福？》（Stumbling on Happiness）

作者　丹尼爾・吉伯特（Daniel Gilbert）

◆ 《情緒跟你以為的不一樣》是在了解我們如何知覺、判斷和決定的探索中，一本最棒的傑作。這本書為解決人類行為的許多謎題打下基礎。我期盼這種更準確的情緒觀點，能對我的運動和商業個案有所幫助。

——ReThink Group創辦人暨CEO　丹妮絲・舒爾（Denise K. Shull）

◆ 透過《情緒跟你以為的不一樣》一書，麗莎・巴瑞特為21世紀的情緒理論設下了辯論條件。她用清楚、易讀的筆觸，邀請我們探詢情緒是什麼的一般和專業理解，她還集結超大量的資料用以提出新的解答。巴瑞特關於人類如何建構情緒的理論對法律有重大影響，其中包括冷靜法官的迷思。她提出的「法制系統的情感科學宣言」，值得理論家和從業者同樣認真對待。

——范德堡大學（Vanderbilt University）法律系教授暨醫療、健康與社會系

教授　泰瑞・馬洛尼（Terry Maroney）

◆ 進行重大刑事審判的每一位律師和法官，都應該要仔細閱讀這本書。我們全都一直努力應對自由意志、情緒衝動和犯罪意圖的概念，然而這些主題在本書中都面臨新的檢視，舊的假設更是——受到挑戰。腦科學與法律之間的介面，突然之間成為我們應該辯論的範圍。

——英國上議院御用大律師　海倫娜・肯尼迪男爵夫人（Baroness Helena Kennedy）

◆ 書中超凡卓越的書寫、邏輯和學識，讓人忍不住心生讚賞，即使是那些對建構主義挑戰簡單版的基本情緒理論都感到驚惶失措的人也如此。

——《我們為什麼生病》（Why We Get Sick）作者　蘭多夫・內斯（Randolph Nesse）

◆ 準備好轉轉你的腦筋，跟著心理學教授巴瑞特來一場動腦之旅……她對這個主題的熱情，點亮了關於我們的情緒來自哪裡的每個理論和令人驚嘆的事實。小提示：跟你想的不一樣。確實，每一章都滿滿寫著令人驚艷的洞察……巴瑞特的大腦自拍真是讓人眼睛為之一亮。

——《書目期刊》（Booklist），重點書評

◆ 關於情緒和理性相互爭執的普遍觀點，書中有著清楚表述的有趣辯論……巴瑞特指出，這點具有重要的法律和道德意涵，牽引出圍繞自由意志的棘手問題。從這資訊豐富、範圍廣泛而且易讀的討論中，我們獲悉「心理學、神經科學和相關的學科如何不再尋找情緒指紋，轉而詢問情緒如何建構出來。」

——《科克斯書評》（Kirkus Review），重點書評

◆ 巴瑞特……提出違反直覺的理論，對抗的不只是大眾的了解，還有傳統的研究：情緒不會出現，而是我們飛快地建構它們……從傳統情緒觀點出發，巴瑞特逐步建立起自己的理論，她以對話的語氣書寫，並且使用輕鬆實際的比喻，另把最沉重的神經科學整理成附錄，好讓整本書能保持順暢易讀。

——《圖書館期刊》（Library Journal），重點書評

◆ 這本書寫得真是太棒了！麗莎・巴瑞特的《情緒跟你以為的不一樣》可說是在情緒科學史上的一場典範轉移。不單只是史上記錄，本書還是絕佳的翻譯作品，它將新的情緒神經科學翻譯成可以理解而且好讀的詞彙。由於這門科學在警察槍擊案和TSA研判風險可能性等迥異的各領域中都有深遠的意涵，這個翻譯對於科學家和市民、立法者和醫生等等都相當重要。（舉例來說，如果預謀殺人〔理性思考的產物，我們認為罪責最重〕和較輕微的過失殺人〔「激情犯罪」〕之間少了有意義的科學差異該怎麼辦呢？）情緒不是常駐在專屬的大腦部位，不斷地跟負責認知或知覺的部位交戰，像是皮克斯的電影《腦筋急轉彎》的誇張表現，更別說是笛卡兒、柏拉圖或其他哲學家所描述的大腦。大腦也不是被動地從「外界」擷取資料來對它反應。大腦利用核心大腦系統而不是特化的迴路，建構它知覺的真實，以及它（和我們）經驗的情緒。而且在所屬的文化中，跟其他的大腦一起這麼做。這個研究（「只」挑戰關於大腦的兩千歲假設）的意涵和抱負，簡直可說是令人嘆為觀止。更讓人驚訝的是，它的成品是如此完美出色。

——哈佛法學院資深講師暨前美國麻州聯邦地方法院法官　南希・葛特納（Nancy Gertner）

目 錄

17　前　言　兩千歲的假設

存在幾千年的「傳統情緒觀點」，主張情緒有一種可以辨認的「指紋」。「情緒建構理論」則認為，情緒是你的生理特徵、將自己串連到它所屬的任何環境的大腦，以及提供那種環境的你的文化和教養。情緒是人類共識的產物。

24　第一章　尋找情緒的「指紋」

傳統情緒觀點的專家，希望利用臉部、身體及大腦來找尋情緒指紋，但都無法證明情緒的指紋存在。我們需要新的理論說明情緒是什麼，情緒指紋是個迷思。如果採用「變異是常態」和「簡並性」的思維，所謂的情緒指紋會被更好的解釋取代。

48　第二章　情緒是建構而來

情緒建構理論有兩個核心想法：一、生氣或厭惡之類的情緒種類並沒有指紋，某個生氣實例沒必要看起來或感覺跟另一個一樣，因為它不是由相同的神經元造成，變異才是常態；二、你所經驗與知覺的情緒，並非基因的必然結果。

64　第三章　普世情緒的迷思

不計其數的情緒實驗使用基本情緒方法，並且認定基本情緒的存在是跨越文化與種族的，但基本情緒方法進行的每一個研究，結論都該受到質疑。基本情緒方法形塑了情緒科學的樣貌，也影響了大眾對情緒的了解。

目 錄

了解情緒的真諦，
你就找到人生的出口了

輔仁大學心理學系副教授　黃揚名

隨著時代進步，越來越多人有精神上的困擾，這些徵狀多少都和情緒處理異常有關係，像是有焦慮傾向的人，過度放大了一些事物可能帶來的負面效果，或是有憂鬱傾向的人，會固著在自己的負面情緒，無法自拔。

面對這些情緒所帶來的困擾，多數人要不就認定是外在環境造成，要不就認定是這個人有家族遺傳，總之就是認為一個人對於情緒缺乏掌控能力。過去諸多的情緒理論，也都是從這樣的方式來看待情緒之於人的關係，而在《情緒跟你以為的不一樣》這本書中，美國東北大學的榮譽教授麗莎・費德曼・巴瑞特提出了情緒建構論的觀點，她認為情緒是人建構出來的，而不是被引發的。

如果你對於情緒建構論感到驚訝，那麼你並不孤單，因為我第一次接觸到這個理論的時候，也是同感。只是，我的驚訝又伴隨著尷尬。當時，我應徵巴瑞特教授實驗室博士後研究員的工作，那時巴瑞特教授剛拿到幾百萬美金的美國國家衛生研究院先鋒獎；在第一次電話面試時，她對於我居然才剛認識她的情緒理論感到不可置信，我其實很想告訴她，我也感到不可置信，這麼棒的理論，我怎麼會錯過呢？

從面試的那一刻開始起，我就非常興奮，因為她對於情緒的見解以及熱誠，讓人充滿幹勁。當時，巴瑞特教授就先挑戰了基本情緒是否存在的論述，那時候她和幾位情緒研究大師，特別是做動物情緒研究的大師筆戰，非常精采，而吸引我的就是她不輕易被傳統所束縛，完全是合乎邏輯的思辨，而這近乎完美的邏輯也反映在這本書當中。

這些年來，巴瑞特教授的情緒理論日趨完善，支持的證據也越來越豐沛，連

不少原本不認同她理論的情緒研究大師們，也都轉向支持及肯定她的情緒理論。也因為如此，巴瑞特教授不僅受邀加入加拿大皇家學會（Royal Society of Canada）以及美國藝術與科學學院（American Academy of Arts and Sciences），更在2019年獲得競爭激烈的古根漢基金會（Guggenheim Fellowship）的獎金（每年僅有兩人次獲獎）。她同時是現任心理科學學會（Association of Psychological Sciences）的會長，也頻繁在國會、法院以及媒體上，跟一般民眾做交流，讓大家更認識情緒這門科學，以及認識情緒對我們生活的影響。

在《情緒跟你以為的不一樣》這本書中，我尊敬的前老闆麗莎・費德曼・巴瑞特教授，想要告訴大家，情緒如同很多心智運作一樣，也是我們建構出來的。這一點一開始或許有點難以接受，因為包含我在內，我們都知道情緒往往在一剎那就爆發了，像是當你討厭的同事作勢要打你一巴掌的時候，你可能本能地就閃躲以及準備出手反擊，事後回想的時候，你還會有生氣的感受。

這樣看似本能的反應，背後並不單純。想想看，如果你從來都沒有被人打巴掌，那你怎麼會知道被打巴掌會是怎麼樣的感受？如果這不會帶來讓你嫌惡的感受，那你怎麼會做出閃躲的動作呢？再說，這樣的行為真的會讓你感到生氣嗎？有些人可能很習慣被打巴掌了，所以他被打巴掌不一定會感到生氣，而是一種「又來了、隨便你們吧！」的絕望感。坦白說，要接受情緒建構理論，我們必須要放棄幾個舊思維：

一、情緒是被引發的
二、有所謂的基本情緒
三、特定的情緒就該有特定的反應

這或許會讓你感到惶恐，但是你回想一下，自己是不是有過那種突然悲從中來的感受、有時候有難以言喻的情緒感受、對於別人或朋友用狂歡來宣洩自己的悲痛感到不可思議。

這些經驗不是特例，這些經驗都是情緒的真實展現，情緒如同很多人類的心智活動，都是大腦對外在世界的預測，建構而來的產物。另外，情緒本來就可以是很多元的，不論是在類別的數目上，或是對於單一情緒類別該具備哪些元素上都是如此。

看到現在很多研究者或是企業，宣稱自己可以用什麼方式去識別人類的情

緒，我都會冷笑，因為多數的人都是利用面部肌肉變化、呼吸、心跳等生理指標來做預測。然而，巴瑞特教授分析了非常多的情緒研究，始終找不到人們在某個特定情緒下，就一定有哪些生理變化的證據。換句話說，現有的情緒識別技術，或許真的識別了某種東西，但那種東西並不是情緒。

要擺脫關於情緒的舊思維，你可能會開始懷疑人生，懷疑那到底你對於這個世界的信念，究竟有多少是真實的。若你有這樣的感受，我要恭喜你，因為你開始認真面對自己的人生了！

我們所處的世界真的不是非黑即白，事實上一切都是相對的。有讀過《人類大命運》這本書的朋友，相信對這樣的論述不陌生，因為作者哈拉瑞就提出了所謂客觀現實與相對現實的概念，他認為很多價值觀，都取決於社會文化的共識，也就是相對現實，而非客觀現實。

在《情緒跟你以為的不一樣》這本書中，巴瑞特教授提到的社會現實有異曲同工之妙[1]，只是她把焦點聚焦在情緒上。巴瑞特教授在書中就分享了很多不同文化下的社會現實，很多都很難令人置信，但這些都是真真實實在其他文化中所存在的。就像在我們的文化中「悲情」的概念，在西方文化看來，就會覺得很不可思議，為什麼一個人不想要做一件事情，卻要去做，而且做了之後，自己也沒有感到愉悅。

就像多數的普通心理學教科書，都有相同的章節，甚至連章節的順序都一樣，更恐怖的是，介紹的論點也都大同小異。這也是一種相對現實，屬於心理學學術領域的相對現實，僅此而已。

2019年春天，我有個機會問巴瑞特教授，怎麼看待多數教科書在介紹情緒理論的時候，都沒有介紹到她的理論。面對我犀利的提問，她的反應倒很從容，她說很多教科書的思維都停留在幾十年前，確實需要改進，這也會是她擔任心理科學學會會長時要致力改善的一個目標。

太多時候，我們對於知識的涉獵都是不經大腦思索的，我們是被動把這些訊息塞進大腦。諷刺的是，我們的大腦已經演化出能夠建構概念的能力；若我們不能夠妥善運用，而只是被動的接收訊息，真的非常可惜。

很遺憾，在資訊量爆炸的年代，我們理論上應該有更多機會可以核對哪些訊

---

1. 很巧的是，哈拉瑞和巴瑞特教授都是猶太人，不知道這樣的價值觀是否也反應了她們文化中的一種社會現實。

息是正確的、哪些是錯誤的，以及可以用哪些訊息來協助我們做判斷；我們多數時候卻選擇不這麼做，我們選擇相信懶人包，我們選擇讓人工智慧來告訴我們什麼是對的、什麼是錯的。

說真的，懶人包和人工智慧都沒有不好，甚至真的能夠幫助你對於所謂的現實有更貼近的理解；但是這就讓你這個人存在的價值，越來越式微。我很喜歡電影《銀翼殺手2049》裡面的一段情節，劇中的主角想要知道有一段回憶是不是真實的，而一位能夠做判斷的科學家看了看，跟他說：「這是真的，因為有人活過它。」對人來說，做出最正確的判斷，或許不是最重要的事情，最重要的是，你是否真真實實的存在於這個世界。

20多年前，導演克里斯多夫・諾蘭拍攝了一部電影《記憶拼圖》，片中的主角無法形成新的記憶，於是他會用刺青、拍照、文字紀錄的方式，來協助自己記下事情。因為他知道自己對於世界的認識，完全取決於刺青等的事物，他居然刻意扭曲事實，讓自己有了不同的信念，這也是一種建構。

我們或許沒有記憶缺失，但我們每一次回憶往事的時候，也都是在建構一個經驗，而這個建構常常會出錯。要不是現在有很多影像紀錄的方式，大概你我都不願意承認自己記憶有那麼差。我因為知道記憶運作的本質就是建構，所以對於自己的記憶與現實有出入是非常釋懷的，而且我也深信絕對和年齡大了沒有關係。

我蠻期待大家可以認真讀《情緒跟你以為的不一樣》這本書，因為這真的不只是一本想要談情緒是怎麼來的一本書，巴瑞特教授更想帶大家去思考，你的思維是怎麼來的，大腦又透過什麼樣的方式來達成這個艱鉅的任務。我沒辦法逼大家相信巴瑞特教授的理論，但我蠻希望大家用開放的態度來認識情緒建構論，我相信你必定能從她深入淺出的引導中，透過認識情緒的真諦，找到自己人生的一些方向。

情緒科學的新典範

泛科知識公司知識長　**鄭國威**

　　2019 年上映的電影《小丑》有一張令我難忘的海報，海報中呈現了小丑的右側臉，飾演主角小丑的演員瓦昆・菲尼克斯，用雙手的兩根食指，用力地將嘴角往上撐，露出上下兩排牙齒，臉上也擠出了多條深深的皺褶，右眼下方則流下一滴還沒塗抹均勻的藍色塗料，似淚痕般，在擦了粉的白色臉孔上特別突出。

　　那麼，展現出「笑容」的小丑，正在經歷快樂的情緒嗎？我想，絕大多數看到這張海報，看過或知道《小丑》這部電影大概在講什麼的人，應該會說不是，他是在強顏歡笑之類的。那如果問飾演小丑的瓦昆・菲尼克斯當時的情緒如何呢？再更進一步問，如果真的進到虛構的劇中，去問小丑的情緒，他又會回答什麼呢？

　　答案可能出乎意料，例如瓦昆・菲尼克斯可能覺得投入扮演這個極具挑戰性的角色，非常興奮，但拍宣傳照得壓抑，同時又覺得攝影棚光好強很刺眼有點煩，而小丑本人可能正在思考下次殺人之前要在目標面前露出什麼樣的表情，要不要乾脆把嘴角割了，讓笑容更明顯。

　　事實上，即使是這些答案裡描述的情緒，也都是在一瞬間被建構出來的「預測」或「概念」，由各自的大腦根據外部環境與自己身體產生的訊息，與文化、個人經驗揉和，又受到提問者的影響，最終在無數預測之間的競爭下勝出的一個，而非絕對的、唯一的、本質化的。當然，在看精彩的電影、高度投入時，你不會希望有個人在你旁邊念叨這些。

　　就如同電影故事總會迎來結局，也得有人揭露情緒的科學真相。本書作者，心理學與神經科學家巴瑞特（Lisa Feldman Barrett）便勇敢地扛起了這份重責大任，使本書成為心理學與神經科學，甚至是所有知識領域，都不能錯過的典範轉移之作。

正如同以前的人很難理解我們其實住在一顆球上，還繞著太陽轉，或是跟盤子裡的魚有共同的祖先，作者巴瑞特告訴我們，難以否定的自身感受，太過直觀的情緒本質論、基因決定論等，讓我們長期無法看穿情緒與心智的真相，而許多過往與當代科學家同樣掉入這些陷阱，無法自拔。

例如，你可能歸類自己是個愛焦慮的人，或是一個樂天派，但這些標籤其實都隱藏了情緒的真相，造成錯覺。我們把情緒描述成天生的、不可控制的、被觸發的、而且可以輕易辨識，但她根據25年的研究，給情緒下了顛覆性的定義：情緒是一種預測，是每個人針對外在環境跟內在生理反應編出來的故事，而且只要加以訓練，絕大多數人對自己的情緒有高度的掌控能力。

巴瑞特提出兩個讓我們更能掌控情緒的方式。一個就是提高自己的情緒粒度，學著用更細膩的語詞來表達感知到的情緒，包括他人的跟自己的，像是開始把「感覺不錯」改成「著迷」、「排憂解鬱」、「很有啟發」等等，或把「覺得糟透了」改成「讓人洩氣」、「不被鼓勵」、「氣餒」等等，當我們能利用的情緒形容詞越豐富，就越能掌握情緒。

另一個方式則是重新分類自己的情緒，例如當自己冒汗、發抖的時候，不讓自己掉入焦慮的類別，而是跟自己說「我感到興奮、非常期待」，就能協助自己校正預測，因為比起不存在的情緒迴路或指紋，我們掌握解釋權。當我們正確理解情緒是怎麼建構的，不只能擺脫理盲濫情的標籤，更跳脫情與理的二元對立。

要挑戰一個既有的典範，並不容易，然而巴瑞特提供了充實的科學證據與具說服力的邏輯，我認為值得所有人細心閱讀，並與之對話。而當情緒原來跟我們以為的不一樣，植基於過往傳統情緒觀點的法律、倫理、以及其他跟情緒一樣，由人類社群建構出來的各種「社會現實」，都得翻新一遍才行，巴瑞特就在書中特別針對法庭判決與動物有無情緒這兩個議題進行深入探討。除此之外，在教育、醫療、職場等領域，情緒建構典範的後續影響必將持續發酵。

電影裡的小丑，以及他周遭的人，都沒能夠接觸並理解這種情緒新典範，因此一步步釀成悲劇。現實世界裡，我們也差不多，而本書告訴我們，不能再拖了。

推薦專文

喜怒哀樂，其實只是
大腦建立出來的文化類別

國立臺灣大學心理學系暨研究所副教授　謝伯讓

2008年，我即將從美國達特茅斯學院畢業，正在尋覓進行博士後研究的落腳之處。當時考慮的去處之一，就是巴瑞特教授位於麻州總醫院的情緒實驗室。巴瑞特教授當時的研究重點之一，是想要釐清情緒信念對於知覺的影響，而我對於視覺的相關研究結果，剛好有助於她回答此問題，因此當時我們一見如故，相談甚歡。很可惜的是，因緣際會之故，最後我選擇進入了另一間實驗室，而和巴瑞特教授失之交臂。

人生這條單行道，在大多數的情況下，我們都不知道自己在做出某項選擇之後，到底失去了什麼樣的機會成本。小到日常生活中的微小選擇，例如走大馬路但卻沒走小巷回家時，可能錯過了在小巷中撞見故人的機會。大到人生的重要選擇，例如找工作時沒有投履歷到某間公司，因此根本不知道自己說不定有可能會被錄取。除非我們有奇異博士操控時間寶石的能力，不然我們連自己錯過了什麼，都永遠不會知曉。

不過，就在揮別巴瑞特教授的十年後，她的著作《情緒跟你以為的不一樣》出版了，這本著作，讓我看見了當年或有機會參與、但最後卻無緣經歷的一段學術旅程。

巴瑞特教授在過去十年中，逐漸發展出了一套和傳統情緒理論不同的「情緒建構理論」。傳統的情緒理論認為，人類有七情六慾等各種可被輕易辨認的典型「情緒」，而且每一種情緒，都對應到一種特定的大腦狀態，這些基本的情緒已經被內建到大腦之中，只要某些刺激出現，這些特定的情緒就會像反射一般的被「激起」並展現出來。

然而巴瑞特教授數十年來的研究發現，這個傳統理論充滿瑕疵，情緒不但沒

有放諸四海皆準的特定形式，大腦中也找不到和特定情緒相對應的腦狀態。巴瑞特教授因此提出了她的「情緒建構理論」，她認為所謂的「情緒」，只不過是大腦針對身體的「內感」（interoception）所產生出來的加工結果：大腦會利用過去經驗、當下環境、以及語言來把「內感」經驗區分成某些文化上的不同類別。換言之，喜怒哀樂的各種情緒，只是大腦透過文化教育所習得的類別，只是大腦針對「內感」進行主動的預測、詮釋以及概念化之後的結果。每次我們經歷到喜怒哀樂時，都只是大腦對身體的「內感」進行主動「建構」，最後貼上喜怒哀樂的情緒標籤而已。

　　從某種思想革命的角度來看，巴瑞特的《情緒跟你以為的不一樣》或許有機會比擬達爾文的《物種起源》。在達爾文之前，本質主義掌控一切，當時的人們普遍假定每一個物種都具有神所創造的理想形式，同一物種內的個體差異，被眾人視為是一種不完美的誤差。直到演化論出現後，同一物種內的個體差異成為了理所當然，本質上的物種理想形式，根本就不存在。同樣的革命性想法，也存在於巴瑞特的《情緒跟你以為的不一樣》之中：情緒並不具有本質上的理想形式；喜怒哀樂，只是大腦建構出來的一些文化類別而已。

　　在《情緒跟你以為的不一樣》這場引人入勝的情緒科學之旅中，你將會見到新理論與新證據的精彩交織。巴瑞特教授所提出的嶄新世界觀，將會撼動你我原本自以為是的情緒與經驗世界！

兩千歲的假設

2012年12月14日，康乃狄克州鈕頓鎮的桑迪・胡克小學（Sandy Hook Elementary School），發生了美國史上最慘重的校園槍擊事件。校園裡有26個人在這場不幸事件中遭槍手射殺，其中包括20個學童。幾個星期之後，我在電視上看到州長丹尼爾・馬洛伊（Dannel Malloy）發表年度的「州情咨文」演講。前三分鐘，他以鏗鏘有力的高昂音調，感謝許多人的奉獻。接著，他開始談到鈕頓鎮的悲劇：

> 我們所有人一起走在這條漫長陰鬱的路上。我們不曾想過，在康乃狄克州的任何一個美麗城鎮有可能發生像鈕頓鎮這樣悲慘的事。然而，在這歷史上最慘烈的其中一天，我們也看到這個州最美好的一面。胡克小學的幾名老師和一名治療師犧牲自己的生命，保護了這些學生。[1]

當州長說到最後幾個字「保護了這些學生」時，他的聲音微微哽咽。如果沒有特別注意，你可能不會發現。但這微小的顫抖**震撼**了我，我的胃立刻糾成一團，我的淚水潰堤。攝影鏡頭轉向群眾，看到其他人也開始啜泣，這時的馬洛伊州長停止了他的演講，低頭沉默無語。

像馬洛伊州長和我這樣的情緒似乎是原始的：不可改變、本能釋放且人類共有的反應。一旦被觸發，它們似乎是以基本相同的方式從每個人身上宣洩出來。我的悲傷就跟馬洛伊州長的悲傷一樣，也跟群眾的悲傷一樣。

---

1. 「犧牲自己的生命，保護了這些學生」（sacrificed their lives protecting students）：參見heam.info/malloy的影片和文字記錄。

　　作者對註釋說明：在how-emotions-are-made.com可以找到本書的更多註解，網站提供額外的科學細節、評論，以及關於情緒建構和相關主題的故事。以下註釋有許多提到heam.info的網頁連結（例如heam.info/malloy）。這些連結是how-emotions-are-made.com相應網頁的縮短網址。

　　兩千年來，人類用這樣的方式理解悲傷和其他情緒。但同時，如果要說人類從幾世紀的科學發現中學到什麼，那就是事情永遠都不像表面上看起來那樣。

　　歷史悠久的情緒故事說起來會像這樣：我們從一出生就有內建的情緒，它們是在我們體內清楚明確、可辨識的現象。要是世界上發生了什麼，無論是槍擊或拋媚眼，我們的情緒都會自動且快速地冒出來，就好像有人按下開關。我們用臉上的微笑、皺眉、愁容，以及其他任何人都能輕易辨認的特有表情，傳達我們的情緒。我們的聲音透過大笑、吼叫和哭泣，顯露我們的情緒。我們的姿勢用每一個手勢和沒精打采的姿態，暴露出我們的感受。

　　現代科學有個符合這個故事的描述，我稱之為「**傳統情緒觀點**」。根據這個觀點，馬洛伊州長的聲音顫抖，在我的大腦引發了連鎖反應。一組特定的神經元（名叫「難過迴路」）立刻採取行動，造成我的臉部和身體以某種特定的方式反應。我皺起眉頭、我深鎖眉心、我垂下肩膀，而且我哭泣。這個假想的迴路也觸發我身體內部的生理改變，造成我的心跳和呼吸加速，我的汗腺活躍，我的血管收縮。[2] 身體內外的動作集合，據說像是一種可以辨認難過的獨特「指紋」，就好像你的指紋只能辨認出你一樣。

　　情緒傳統觀點認為，我們在大腦中有許多這樣的情緒迴路，據說每一個都能造成明確的一組改變，也就是一個情緒指紋。或許有個很討厭的同事觸發你的「生氣神經元」，於是你的血壓升高，你緊皺眉頭、大喊大叫，並且感到怒火上升。或者有個令人震驚的新聞故事觸發你的「恐懼神經元」，因此你的心跳加速、渾身僵硬，並且感到一陣懼怕。因為我們把生氣、快樂、驚訝和其他種種情緒，經驗成清楚可辨的狀態，所以假設每一種情緒在大腦和身體裡各有一個決定性的潛在模式似乎合情合理。

　　根據傳統觀點，我們的情緒是演化的工藝品，在很久以前對生存有利，現在則已成為我們生物天性的固定組成。因此，它們是普世皆然：在每個文化、世界的每個角落，各種年紀的人所經驗的悲傷應該或多或少跟你一樣，也或多或少跟我們100萬年前漫步在非洲大草原的人類祖先一樣。我說「或多或少」，是因為沒有人相信每次有人難過時，臉部、身體和大腦的活動看起來會**完全**一樣。你的心跳速率、呼吸和血流的改變量，不會每一次都相同，你的眉頭可能碰巧或習慣性地少皺一點。[3]

　　情緒因此被認為是一種獸性的反射，往往跟我們的理性背道而馳。大腦的原

始部分希望你對老闆說「你是個白痴」，但你小心謹慎的那一面知道，這麼做會被開除，所以你克制住自己。這種情緒和理性之間的內心爭戰，是西方文明的偉大敘事之一，它幫助你界定自己真的是人類。若是缺乏理性，你就只是一頭情緒的野獸。

這種情緒觀點以各種形式存在了幾千年。柏拉圖相信其中一個版本，希波克拉底、亞里斯多德、佛陀、笛卡兒、佛洛伊德和達爾文也相信。今日，史蒂芬・平克（Steven Pinker）、保羅・艾克曼（Paul Ekman）和達賴喇嘛等重要的思想家，也貢獻了同樣源自這個傳統觀點的情緒描述。在大學的普通心理學教科書，還有大多數報章雜誌討論情緒的文章中，傳統觀點幾乎處處可見。全美各地的幼兒園都張貼畫著微笑、皺眉和癟嘴的海報，這些表情被認為是從臉上辨認情緒的普世語言。臉書甚至在達爾文著作的啟發下，創作了一套表情符號。[4]

傳統觀點也在美國文化中根深柢固。像《謊言終結者》（Lie to Me）和《夜魔俠》（Daredevil）等電視影集，依據的假設是，你的心跳速率或臉部運動會暴露你內心深處的感受。《芝麻街》（Sesame Street）則教導兒童，情緒是我們內在尋求在臉上和身上表達的明確東西，就像皮克斯的電影《腦筋急轉彎》（Inside Out）那樣。類似Affectiva和Realeyes等公司，他們藉由「情緒分析學」，幫助企業偵測顧客的感受。在NBA選秀中，密爾瓦基公鹿隊從臉部表情，評估選手的「心理、特性和人格議題」，並且估算「團隊化學效應」。數十年來，美國聯邦調查局（Federal Bureau of Investigation，FBI）某些高階探員的訓練也是根據傳統情緒觀點。[5]

更重要的是，傳統情緒觀點深植在我們的社會制度。美國法制系統假設，情緒是動物天生本性的一部分，除非我們能用自己的理性思考控制，否則它們會造成我們做出愚蠢、甚至暴力的舉動。在醫學界，研究者探討生氣對健康的影響，

---

2. 我在本書使用的「身體」這個詞，並不包含大腦，例如：「你的大腦告訴你的身體要動。」而當指稱包含大腦的整個身體時，我會用「解剖結構身體」（the anatomical body）。

3. 「碰巧或習慣性地」（by chance or by custom）：Tracy & Randles 2011; Ekman & Cordaro 2011; Roseman 2011.

4. 「討論情緒的多數文章」（newspaper articles that discuss emotion）：出自我實驗室的研究，參見heam.info/magazines。「在達爾文著作的啟發下」（emoticons inspired by Darwin's writings）：Sharrock 2013。另外參見heam.info/facebook-1.

5. 「藉由『情緒分析學』」（through emotion analytics）：參見heam.info/analytics-1的參考資料。「估算『團隊化學效應』」（"team chemistry" from facial expressions）：ESPN 2014. 另外參見heam.info/bucks。「訓練也是根據傳統觀點」（training on the classical view）：直到近期，FBI國家學院仍根據保羅・艾克曼的研究提供訓練課程。

他們假定有個身體改變的單一模式叫做生氣。罹患各種心理疾病的人，包括被診斷有泛自閉症障礙的兒童與成人，都要學習如何辨認特定情緒的臉部形態，表面上是為了幫助他們跟他人溝通和理解他人。

然而，儘管傳統情緒觀點有卓越的知識分子一路傳承，儘管它對我們的文化和社會有龐大影響，但是大量的科學證據顯示，這個觀點不可能是真的。即使經過一個世紀的努力，科學研究還是找不到一致的身體指紋，就連一個情緒指紋都找不到。當科學家把電極貼在受試者的臉上，監測在經驗情緒期間臉部肌肉實際上如何運動，他們發現的是驚人的多樣性，而不是均一性。在研究身體和大腦時，他們發現同樣的多樣性——同樣缺乏指紋。無論血壓有沒有激升，你都能經驗生氣；無論有沒有杏仁核（歷史上被稱作恐懼發源地的大腦部位），你都能經驗恐懼。

不可否認，數以百計的實驗為傳統觀點提供了一些證據，但**還有數以百計**的實驗對這些證據提出質疑。在我看來，唯一合理的科學結論是，情緒不是我們典型認為的那樣。

既然如此，那情緒到底是什麼呢？當科學家拋開傳統觀點只考慮資料時，關於情緒的截然不同解釋就顯露出來。簡單說，我們發現你的情緒不是天生內建，而是由更基本的部分產生的。它們不是舉世皆然，而是因文化而異。它們不是被觸發的，而是由你製造的。情緒出自這樣的組合：你的生理特徵、將自己串連到它所屬的任何環境的靈活大腦，以及提供那個環境的你的文化和教養。情緒是真實的，但不是像分子或神經元那種客觀意義的真實。它們是像金錢那樣的現實（reality），也就是，情緒是人類共識的產物。[6]

我稱之為情緒建構理論的這個觀點，對馬洛伊州長演講期間發生的事提供了相當不同的解釋。馬洛伊的哽咽，沒有觸發我大腦裡的難過迴路，造成一組獨特的身體改變。更確切地說，我在那個時刻感到難過，是因為我在某種文化中長大，很久以前我就學到，「難過」可能是在某些身體感受和悲慘失落一起出現時發生的東西。利用零散的過去經驗，像是關於槍擊案的知識和以前對槍擊案的難過，我的大腦很快地預測我的身體應該做什麼來因應這樣的悲劇。大腦的預測造成我的心臟狂跳、我的臉頰泛紅、我的胃絞痛。它們指揮我哭泣，這個舉動能使我的神經系統冷靜，它們還賦予產生的感覺意義，使它成為難過的一個實例。

我的大腦以這種方法來建構我的情緒經驗。我特定的運動和感覺，並不是

難過的指紋。在不同的預測下，我的皮膚會發冷而不是泛紅，我的胃會保持原狀不絞痛，但我的大腦還是把產生的感覺轉變成難過。不僅如此，我原本的狂跳心臟、泛紅臉頰、絞痛的胃以及眼淚，還可能變成不同的情緒意義，比如生氣或恐懼，而不是難過。或在非常不同的情境中，例如婚禮，這些相同的感覺可能變成喜悅或感激。

如果到目前為止，你覺得這個解釋完全沒有道理，甚至聽起來和你的直覺相反，不要懷疑，我也跟你一樣。聽完馬洛伊州長的演講後，在我打起精神、擦掉眼淚時，我想起了無論作為科學家的我對情緒的認識是什麼，我對它們的經驗就像傳統觀點所說的那樣：我的難過，感覺像是立刻就能辨認的一波身體改變和感受，使我不知所措地對悲劇和失落產生自動反應。如果我不是用實驗揭露情緒實際上是製造生成、而非被觸發的科學家，我也會信任我立即的經驗。

正因為傳統情緒觀點很直觀，所以儘管有證據反駁，但它依然令人信服。傳統觀點也為深層、根本的問題提供了令人安心的答案：在演化上，你從何而來？當你情緒激動時，你要對自己的行為負責嗎？你的經驗準確地揭露外在世界嗎？

情緒建構理論以不同方式回答了這樣的問題。事實上，它是一種完全不同的人性觀點，它幫助你用科學角度，以更合理、嶄新的眼光看待自己和他人。情緒建構理論可能不符合你傳統經驗情緒的方式，事實上，它或許還違背了你對心智如何運作、人類從何而來，以及我們為什麼像這樣行動或那樣感受的深刻信念。然而，這個理論非常一致地預測和解釋了各種情緒方面的科學證據，包括傳統觀點費盡心思還理不清的大量證據。

為什麼你應該關心這兩種情緒理論哪一個才是正確的？答案是，傳統的情緒觀點一直以你可能意識不到的方式影響你的生活。想想上次你通過機場的安全檢查，運輸安全管理局（Transportation Security Administration，TSA）的安檢人員沉默地用X光檢查你的鞋子，評估你是恐怖分子的可能性。不久之前，有個名叫「旅客行為觀察技巧」（Screening Passengers by Observation Techniques，SPOT）的訓練

---

6. 「人類共識的產物」（a product of human agreement）：Searle 1995.
7. 「花費了9億美元的稅金」（cost taxpayers $900 million）：Government Accountability Office 2013。名為「敵意偵測與評估」（Hostile Intent Detection and Evaluation, HIDE）的SPOT化身，或許符合更新的證據，參見heam.info/spot-1.

計畫，教導TSA安檢人員如何從臉部和身體運動偵測欺騙和估算危險，此項計畫根據的理論是，這些方法措施會洩漏你內心最深處的感受。但這個計畫沒有成效，卻花費了9億美元的稅金。[7] 我們需要更科學地了解情緒，好讓政府人員不會根據錯誤的情緒觀點拘留我們，或是忽略實際上真正構成威脅的人。

現在想像你坐在醫生的診療室，自訴胸口緊迫和呼吸急促，這些可能是心肌梗塞的症狀。如果你是女性，你很有可能被診斷為焦慮，然後請你回家；但如果你是男性，你很有可能被診斷是心臟病，然後接受救命的預防性治療。因此，超過65歲的女性，比年紀相仿的男性更常死於心肌梗塞。醫師、護理師和女性患者本身的知覺都受到傳統觀點的信念形塑，相信她們能偵測像是焦慮的情緒，相信女性天生比男性更情緒化，但，致命的後果也隨之而來。[8]

傳統觀點的信念甚至可能啟動戰爭。發生在伊拉克的波斯灣戰爭，爆發的部分原因是，海珊同父異母的哥哥認為自己能讀懂美國談判者的情緒，然後告知海珊美國並未認真打算進攻。隨後發生的戰爭，奪走了17萬5千條伊拉克人的生命，以及成千上萬聯軍部隊的生命。[9]

我相信，我們正處於理解情緒、心智和大腦的革命之中，這場革命可能迫使我們徹底重新思考社會的一些根深柢固的信條，像是我們對心理和身體疾病的治療、我們對人際關係的了解、我們對養兒育女的態度，終極是我們對自己的看法。其他科學領域也經歷過這種革命，每一次都大大推翻了存在好幾世紀的常識。物理學從牛頓對於時間和空間的直觀想法，進展到愛因斯坦的相對論，最後再到量子力學。在生物學中，科學家一開始將自然界劃分成固定的物種，每個物種都有理想的形式，後來達爾文提出了天擇的概念。

引起科學革命的往往不是突然的發現，而是問更好的問題。如果情緒不是單純被觸發的反應，那麼情緒如何生成呢？它們為什麼如此多變，以及為什麼我們長久以來一直相信它們有特殊的指紋呢？這些問題本身都十分有趣，值得好好琢磨一番。但是對未知的喜愛，就不僅僅是科學嗜好，而是一場使人之所以為人的心靈冒險。

接下來，我要邀請你跟我一起參與這場冒險。本書的第一章到三章會介紹新的情緒科學：心理學、神經科學和相關學科如何不再尋找情緒指紋，轉而探詢情緒如何建構生成。第四章到第七章則確切解釋了情緒如何生成。第八章到第十二章探討新的情緒理論實際上在這些領域的現實意涵：健康、情商、育兒、人際關

係、法律系統，甚至人類天性本身。作為結束的第十三章，將為你呈現情緒科學如何闡明「人類大腦如何創造人類心智」的古老謎題。

---

8. 「……致命的後果隨之而來」（men…with fatal consequences）：即使醫生得知女性罹患心肌梗塞的風險很高，這樣的差別待遇仍然繼續（Martin et al. 1998; Martin et al. 2004）。
9. 「成千上萬聯軍部隊」（and hundreds of coalition forces）：Triandis 1994, 29.

第一章

尋找情緒的「指紋」

很久以前，早在1980年代，我就認為自己會成為臨床心理學家。我在滑鐵盧大學（University of Waterloo）攻讀博士，學習擔任心理治療師的技巧，希望有天能在時髦又有品味的診所治療患者。這樣的我，將會成為科學的應用者，而不是創造發明者。我當然也沒打算參與革命，推翻從柏拉圖時代就已存在有關心智的基礎信念。不過，生命有時候就是會在你的路途中製造一些驚喜。

讀研究所的時候，我首次對傳統情緒觀點感到有些疑惑。那時的我正在研究低自尊的根源，以及低自尊如何導致焦慮或憂鬱。許多研究顯示，人們在無法實踐自己的理想時會感到憂鬱，但是在達不到別人設定的標準時，他們會感到焦慮。[1] 我在研究所進行的第一個實驗，單純只是複製這個眾所周知的現象，之後才以此為根據檢驗我自己的假設。實驗進行的過程中，我使用既有的症狀檢核表，詢問大量受試者是否感到焦慮或憂鬱。

我在大學時已做過更複雜的實驗，所以這個實驗在我看來不過是小事一樁。結果卻事與願違，這個實驗徹底失敗。我的受試者沒有以我預期的模式來報告他們的焦慮或憂鬱感受。有鑑於此，我試圖重複第二個發表過的實驗，但這個實驗也以失敗告終。我試了一次又一次，每次的實驗都耗費好幾個月。三年過後，我得到的是**連續八次**的相同失敗。科學實驗通常無法完美複製，但連續失敗八次的確是令人不得不正視的記錄。我內心的毒舌這麼挖苦自己：**並非每個人都是天生當科學家的料**。

然而，當我仔細探究收集到的所有證據時，我發現八個實驗全都有一致的古怪情況。許多受試者似乎不願意、或無法區辨感到的是焦慮或憂鬱。相反的，他們不是表明同時感到兩者，就是兩種感受都沒有；僅有很少數的受試者報告只感受到其中一種。這完全說不通。每個人都知道，測量情緒時，焦慮和憂鬱顯然不同。焦慮的時候，你感到激動、戰戰兢兢，好像擔心會發生什麼不好的事；但憂

鬱的時候，你感到悲慘、無精打采，一切都看似恐怖難耐，生活好像充滿了困難掙扎。這些情緒應該讓你的身體處於完全相反的生理狀態，因此它們不應該出現相同的感受，任何健康的人都應該能輕而易舉地分辨。然而，資料顯示，我的實驗受試者不是這麼反應，問題是：為什麼？

後來的結果證明，我的實驗根本沒有失敗。我第一個「笨拙」的實驗，實際上揭露了一個真實的發現：人們通常不會區辨感到焦慮或感到憂鬱，我接下來的七個實驗也都沒有失敗，它們只是複製了第一個實驗。另外，我開始注意到，其他科學家的研究資料也潛藏著相同的效應。完成博士學位並成為大學教授之後，我繼續研究，想解開這個難解的謎。我主持的實驗室邀請了數百位受試者記錄自己日常生活的情緒經驗，時間長達數週或數個月。除了焦慮和憂鬱的感受，我的學生和我還調查了各式各樣的情緒經驗，希望了解這些發現是否具有一般性。

這些新的實驗揭露出一些過去未曾證實的事：我們測試的每個人都使用相同的情緒詞彙（像是「生氣」、「難過」和「害怕」）來表達他們的感受，卻不一定意指相同的事。有些受試者的字詞使用區分得比較精確，例如他們把難過和恐懼的經驗視為不同的性質，然而，另有些受試者把「難過」、「害怕」、「焦慮」、「憂鬱」這類的字詞混為一談，通通表示「我覺得很糟」（或更科學的說法是「我感到不愉快」）。同樣的效應也出現在愉快的情緒，像是快樂、平靜和自豪。測試過700個以上的美國受試者後，我們發現，人在如何區分自己的情緒經驗上有極大的個別差異。

就像資歷豐富的室內設計師可以看出五種不同的藍色，他們能區辨天藍、鈷藍、青藍、群青藍和皇家藍，而我的丈夫只能把它們通通叫做藍色。

我的學生和我發現在情緒方面有類似的現象，我用「**情緒粒度**」來描述這個現象。[2]

現在我要把傳統情緒觀點加進來討論。就這個觀點來看，情緒粒度必定跟準確讀出自己的內在情緒狀態有關。能使用像「喜悅」、「難過」、「恐懼」、「噁心」、「興奮」和「敬畏」等字詞來區辨不同感受的人，一定是偵測到各個情緒的生理線索或反應，並且能正確加以解讀。而情緒粒度較低的人，也就是交

---

1. 「他們會感到焦慮」（they feel anxious）：Higgins 1987.

2. 「我用『情緒粒度』來描述」（I described as "emotional granularity"）：情緒粒度的發現是受到新的情緒研究範疇所啟發，參見heam.info/granularity-1.

替使用「焦慮」和「憂鬱」這類字詞的人，一定是無法偵測這些線索。

於是我開始好奇，我能否藉由訓練人們準確辨認自己的情緒狀態，教導他們提高自己的情緒粒度。這裡的關鍵字是「準確」。科學家如何能判別一個人說「我很高興」或「我很焦慮」是否準確呢？很顯然，我需要某種方法**客觀地測量情緒**，然後跟受試者自述的內容做比較。如果一個人報告自己感到焦慮，客觀準則也指出他處於焦慮狀態，那麼他就是準確地偵測到自己的情緒。另一方面，如果客觀準則指出他的狀態是憂鬱或生氣或狂熱，那麼他就是不準確。只要有客觀的測驗，其餘的都很簡單。我可以問問一個人的感受為何，然後將他的答案跟「真正的」情緒狀態比較。我可以教他如何更好地區辨兩種情緒的線索，以此糾正任何明顯的錯誤，提高他的情緒粒度。

就像多數的心理系學生，我也學過各個情緒應該具備獨特的生理改變模式，大概就像指紋一樣。每次你握門把時，留在上面的指紋會隨著當下你握得多緊、門把表面多滑，或是你皮膚的溫度和柔軟度而有不同。但無論如何，你的指紋每次看起來都相似到足以認出獨一無二的你。同樣地，「情緒指紋」被假定是無論在哪個實例或哪個人身上都十分相似，不管他們的年齡、性別、人格或文化為何。在實驗室中，科學家只要仔細檢查一個人的臉部、身體和大腦的生理測量值，應該就能判別一個人是難過、高興，或是焦慮。

我有信心，這些情緒指紋可以提供我需要的客觀準則來測量情緒。如果科學文獻的內容正確，那麼評估一個人的情緒準確性應該不費吹灰之力。然而，事情不是我想的那麼簡單。

* * *

根據傳統情緒觀點，我們的臉部握有客觀且準確評估情緒的關鍵。這個想法主要受到達爾文的著作《人類與動物的表情》（*The Expression of the Emotions in Man and Animals*）啟發，他在書中主張，情緒和情緒表達是普世人類天性的古老部分。據說世界各地無論哪裡的人，全都無須任何訓練，就能展現和辨認情緒的臉部表情。[3]

因此，我認為我的實驗室應該能夠測量臉部運動、評估受試者的真實情緒狀態、將其比較他們口頭報告的情緒，然後計算他們的準確性。倘若受試者在實驗室裡做出如癟嘴的表情、但並未報告難過的感受，我們可以訓練他們辨認自己一

定是感到難過。就是這樣。

　　人臉的兩側各分布有42條小肌肉。[4]當臉部肌肉有些收縮、有些放鬆，造成結締組織和皮膚發生移動時，出現我們每天看見彼此做的臉部運動（眨眼和擠眉弄眼、獰笑和扮鬼臉、抬眉和皺眉）。即使用肉眼來看你的臉幾乎完全面無表情，但你的肌肉還是在收縮和放鬆。

　　根據傳統觀點，臉上出現的各個情緒都有特定的運動模式，也就是所謂的「臉部表情」（facial expression）。高興的時候，你應該會笑；生氣的時候，你應該會皺起你的眉頭。這些運動據說是個別情緒的部分指紋。

　　回到1960年代，心理學家西爾萬・湯姆金斯（Silvan S. Tomkins）以及追隨他的卡羅爾・伊扎德（Carroll E. Izard）和保羅・艾克曼決定在實驗室檢驗這點。他們創作了一組精心擺出表情的照片（如圖1-2所示），以此代表他們相信有生物指紋的六種情緒，也就是所謂的基本情緒：生氣、恐懼、厭惡、驚訝、悲傷和快樂。[5]這些照片（表演的演員都受過仔細訓練）呈現的臉部表情，應該是這些情緒的最佳範例。（在你看來，或許覺得太過誇張或不自然，但照片是故意設計成這樣，因為湯姆金斯相信，這樣才能提供最強烈、最清楚的情緒信號。）

　　湯姆金斯和他的團隊使用像這樣的照片，應用這個實驗技術來研究人如何「辨認」情緒表達，或更精確地說，人如何把臉部運動知覺當成情緒表達。已發表的數百個實驗都使用這個方法，至今它依然被視為黃金準則。實驗時，受試者

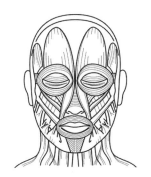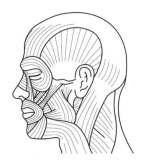

圖1-1：人臉的肌肉。

---

3. 「普世人類天性的古老部分」（part of universal human nature）：這本書對心理學造成了極大影響，參見heam. info/darwin-1.

4. 「兩側各分布有42條小肌肉」（small muscles on each side）：Tassinary et al. 2007.

5. 「悲傷和快樂」（sadness, and happiness）：Ekman et al. 1969; Izard 1971; Tomkins & McCarter 1964.

會看到一張照片和一組情緒詞,如圖1-3所示。

　　受試者接著要選出最符合這張臉的詞彙。在這個例子中,預期要選的詞是「驚訝」。有些研究則使用稍微不同的設計:受試者觀看兩張擺出表情的照片和一個簡短的故事,如圖1-4所示,然後挑出最符合故事的臉。[6] 在這個例子中,預期要選的臉是右邊。

　　這個研究技巧——我們稱它「基本情緒方法」——徹底改革了湯姆金斯團隊稱之為「情緒辨識」的科學研究。科學家使用這個方法,證明世界各地的人都能一致地將擺出表情的臉配對到相同的情緒詞(翻譯成當地語言)。在一個著名的

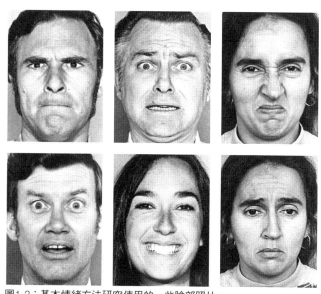

圖1-2:基本情緒方法研究使用的一些臉部照片。

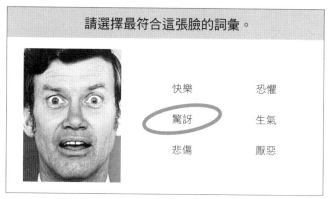

圖1-3:基本情緒方法:挑出符合這張臉的詞彙。

請挑出最符合以下故事的臉。

她的母親剛過世不久，她覺得十分傷心。

圖1-4：基本情緒方法：挑出符合故事的臉。

實驗中，艾克曼和同事到巴布亞紐幾內亞（Papua New Guinea）對當地的法雷族（Fore）人進行實驗，這些法雷人幾乎沒接觸過西方世界，即使是這麼遙遠的部落，都能一致地將臉和預期的情緒詞和故事配對。之後，科學家在許多不同國家進行類似的研究，像是日本和韓國。[7] 在各個研究中，受試者都能輕易地將擺出的橫眉、癟嘴、微笑等表情與提供的情緒詞和故事配對。

根據這些證據，科學家推論情緒辨識為普世現象：無論在哪裡出生或成長，你應該都能辨認像這些照片中的美式臉部表情。人人都能辨認表情的唯一方法，按推理是人人都會產生這些表情，因此，臉部表情一定是可靠又獨具特徵的情緒指紋。[8]

然而，另有科學家擔心，基本情緒方法在找出情緒指紋上太過間接和主觀，因為涉及人的判斷。有種比較客觀的技巧叫「臉部肌電圖」（EMG，

6. 「最符合這張臉」（that best matches the face）：例如，Ekman et al. 1969; Izard 1971。「最符合故事的臉」（face best matches the story）例如Ekman & Friesen 1971。這個方法叫做「丹旭而」法，是以發明者心理學家約翰‧丹旭而（John Dashiell）命名（Danshiell 1927）。

7. 「擺出表情的臉」（〔language〕to posed faces）：Ekman & Friesen 1971; Ekman et al. 1987。「預期的情緒詞和故事」（expected emotion words and stories）：Ekman et al. 1969; Ekman & Friesen 1971。關於巴布亞紐幾內亞的法雷族研究計畫回顧，請見Rusell 1994。「像是日本和韓國」（such as Japan and Korea）：Rusell 1994; Elfenbein & Ambady 2002。

8. 「獨具特徵的情緒指紋」（diagnostic fingerprints of emotion）：「區辨不同情緒的最強證據，出自於臉部表情的研究。生氣、恐懼、享樂、悲傷和厭惡，都有一致的強力證據顯示有普世的臉部表情。」（Ekman 1992, 175-176）。

9. 「多少和多常」（how much, and how often）：Tassinary & Cacioppo 1992。「各個情緒出現期間各條肌肉」（each muscle during each emotion）：在控制隨機運動或非情緒對照期間的運動下計算。

electromyogram），完全不會用到人的知覺。臉部肌電圖是在皮膚表面貼上電極，偵測臉部肌肉運動時的電子信號，它能精確地辨識臉的哪一部分在動，以及動得多少和多常在動。在典型的研究中，受試者的眉毛、前額、臉頰和下巴都貼上電極，然後讓他們觀看影片或照片，或是回想或想像情境，藉此引發各式各樣的情緒。科學家記錄肌肉活動的電流變化，並且計算各個情緒出現期間各條肌肉的運動程度，如果人在每次經歷特定情緒、而且只在經歷那個情緒時，會以相同的模式移動相同的臉部肌肉（例如生氣時皺起眉頭、快樂時微笑、難過時癟嘴等等），那麼這些運動或許就是指紋。[9]

結果證明，臉部肌電圖反倒讓傳統情緒觀點面臨嚴峻的挑戰。在一個又一個研究中，肌肉運動都無法確實地指出一個人何時在生氣、難過或恐懼，也就是說，肌肉運動並沒有對各個情緒形成可預測的指紋。臉部肌電圖最多只讓我們看到，這些運動能區辨愉快和不愉快的感受。[10] 更慘烈的是，這些研究記錄的臉部運動，無法確實地與基本情緒方法創作的表情照片配對。

現在得先停一停，仔細想想這些發現蘊含什麼意義。我們從數以千計的實驗中看到，世界各地的人都能將情緒詞配對到所謂的情緒表達，也就是沒有實際感到這些情緒的演員擺出的表情。然而，當人**真正感受到情緒時**，卻無法用臉部肌肉運動這種客觀測量具體且一致地偵測到表情。當然，我們隨時隨地都在運動我們的臉部肌肉，而且當我們看著對方時，不用太費力氣就能了解這些運動組成的情緒。但從完全客觀的立場來看，如果科學家測量的**只有肌肉運動本身**，這些運動跟照片並不相符。

圖1-5：臉部肌電圖。

可以想見，臉部肌電圖十分有限，無法在情緒經驗中完整記錄有意義的臉部動作。科學家在臉的兩邊大約能各放6個電極，再多就會讓受試者開始感到不適，然而，這樣的數量並不足以有意義地記錄臉部的42條肌肉。因此，科學家也採用另一種名為「臉部動作編碼系統」（facial action coding system，FACS）的技術，這個技術需要受過訓練觀察者費心地在受試者出現個別臉部運動時加以分類。這個方法因為仰賴人的知覺，所以沒有臉部肌電圖那麼客觀，但想必還是比基礎情緒方法中將字詞與擺出的表情配對客觀。然而，在臉部動作編碼期間觀察到的運動，也沒有一致地符合擺出表情的照片。[11]

在嬰兒身上也出現同樣的不一致性。如果臉部表情是普世現象，那麼嬰兒應該比成人更有可能用橫眉表達生氣、癟嘴表達難過，因為他們年紀太小，還沒有學到社會適宜的規則。然而，當科學家在應該會引發情緒的情境下觀察嬰兒時，嬰兒並沒有做出預期的表情。例如，發展心理學家琳達・卡姆拉司（Linda A. Camras）和哈莉特・奧斯特（Harriet Oster）與他們的同事拍攝各種文化的嬰兒，他們用一隻咆哮的猩猩玩具來嚇嬰兒（誘發恐懼）或是綁住嬰兒的手臂（誘發生氣）。使用FACS的卡姆拉司和奧斯特發現，嬰兒的臉部運動範圍在兩種情境下難以區別。然而，當成人觀看這些影片時，他們不知怎麼就能認出在猩猩影片中的嬰兒是害怕，而在手臂被綁的影片中是生氣，即使卡姆拉司和奧斯特模糊掉影片中嬰兒的臉！也就是說，成人區辨恐懼和憤怒是根據背景脈絡，根本沒有看臉部運動。[12]

請別誤會，新生兒和小嬰兒還是會有意義地運動他們的臉。他們在情境暗指他們可能感興趣或困惑時，或是當他們因疼痛感到苦惱或聞到和嘗到討厭的味道

10. 「愉快和不愉快的感受」（pleasant versus unpleasant feeling）：Cacioppo et al. 2000.

11. 「出現個別臉部運動時」（facial movements as they occur）：Ekman & Friesen 1984；FACS改編自瑞典解剖學家卡爾－赫曼・約特舍（Car-Herman Hjortsjö）在1969年首先發展的方法，參見hean/info/FACS。「一致地符合擺出表情的照片」（consistently match the posed photos）：Keltner et al. 2008。關於情緒表達已有成千上百的研究發表，但這項研究只能報告25個實驗測量到自發性臉部運動。使用FACS編碼的實驗，只有一半發現這些運動符合預期的臉部形態，而使用FACS寬鬆版本的實驗則全都符合。發現的證據全都支持這個主張，認為人在情緒出現期間，會做出符合預期臉部表情的自發性臉部運動。參見heam.info/FACS.

12. 「學到社會適宜的規則」（learn rules of social appropriateness）：傳統觀點稱之為「表現規則」（Matsumomo, Yoo et al. 2008）。「在兩種情境下難以區別」（the two situations was indistinguishable）：Camras et al. 2007。這項研究使用的FACS方法是特別為嬰兒設計（Oster 2006）。關於嬰兒情緒的更多內容，請見heam.info/infants-2。「根本沒有看臉部運動」（seeing facial movements at all）：嬰兒也表現出文化差異，參見heam.info/camra-1.

感到不高興時，他們會做出許多獨特的臉部運動。只不過，新生兒不會出現成人般的分化表情，像是基本情緒方法中的照片。[13]

如同卡姆拉司和奧斯特所做的，其他科學家也已證明，人會從周遭的背景環境取得極大量的訊息。他們將不同組的臉部和身體照片嫁接在一起（例如，把生氣皺眉的臉接在拿著髒尿布的身體上），受試者認出的情緒幾乎總是相稱於身體，而不是臉部（以前述的例子來說，是噁心而不是生氣）。[14]臉部一直都在運動，你的大腦會同時仰賴許多不同的因素（身體姿勢、聲音和整體環境），斷定哪些運動有意義，以及它們的意義是什麼。

在討論情緒時，不能光靠臉決定一切。事實上，如果觀察真實世界裡的臉，你找不到基本情緒方法所用的臉部表情。科學家受達爾文著作的啟發，**訂定出**這些臉部姿態，然後要求演員演出它們。[15]現在，這幾張臉卻完全被假定為普世的情緒表達。

然而，這些表情並非舉世皆然。為了進一步證明這點，我的實驗室進行了一個實驗，使用的照片來自一組情緒專家：實力派演員。這些照片出自《角色：演員表演》（*In Character: Actors Acting*），書裡的演員靠著擺出符合劇本情節的臉演出情緒。[16]我們將美國受試者分成三組，第一組只閱讀劇本，例如「他剛剛在布魯克林的安靜林蔭街區目擊到槍擊。」第二組只看到臉部形態，像是馬丁．蘭道（Martin Landau）擺出看到槍擊情節的表情（圖1-6的中央），第三組同時看到劇本情節和臉部形態，在各個嘗試中，我們給受試者少數幾個情緒詞，用來將看到的任何情緒分類。

以我剛剛提到的槍擊情節為例，只閱讀劇本或同時看劇本和蘭道表情的受試者，有66%把劇情評定為恐懼。但光是看蘭道表情的受試者，也就是缺乏背景脈絡的人，只有38%把劇情評定為恐懼，而有56%將之評定為驚訝。（圖1-6將蘭道的臉部形態跟基本情緒方法的「恐懼」和「驚訝」照片做比較，蘭道看起來像是害怕還是驚訝？或兩者都有呢？）

其他演員擺出的恐懼表情，跟蘭道截然不同。在某一個例子中，女演員梅麗莎．李奧（Melissa Leo）演出這個劇情的恐懼：「她猶疑不決，是否該在傳入丈夫耳裡前，先把自己不堪的流言蜚語告訴他。」她的嘴角下垂、雙唇緊閉，她的眉毛微微皺起。[17]只看到臉的受試者，幾乎有四分之三將之評定為難過，但是當呈現劇情的時候，70%的受試者將她的臉評定為表現恐懼。

　　我們研究的各種情緒，都看到這樣的變化。像「**恐懼**」這種情緒並沒有單一的表情，而是有**多樣的臉部運動**，隨著情境的變換而改變。[18]（請想一想：上次有演員在演傷心難過時癟嘴而得到奧斯卡金像獎是什麼時候？）

　　你只要停下來仔細想想自己的情緒經驗，就能夠輕易明白。經驗到像恐懼這樣的情緒時，你可能以各種方式運動你的臉。瑟縮在椅子上看恐怖電影的同時，你可能閉著眼睛或用手遮住眼睛。如果你不確定迎面走過來的那個人會不會傷害你，你可能瞇起眼睛、更小心地看看那個人的臉。如果危險可能潛伏在下一個街角，你可能會睜大眼睛多加注意周邊的環境。[19]「**恐懼**」並沒有單一的具體形式，唯有變異才是常態。同樣的，快樂、悲傷、生氣，以及任何你知道的其他情

圖1-6：演員馬丁・蘭道（中），兩側是基本情緒方法的恐懼（左）和驚訝（右）表情。

---

13. 「聞到和嘗到討厭的味道」（to offending smells and tastes）：臉部運動也跟非情緒的因素有關，例如注視方向、頭部位置和呼吸（Oster 2005）。「基本情緒方法中」（from the basic emotion method）：參見heam.info/newborns-1。嬰兒的各種情緒也沒有清楚區別的哭聲，參見heam.info/newborns-2.

14. 「噁心而不是生氣」（disgust rather than anger）：Aviezer et al. 2008.

15. 「要求演員演出它們」（asked actors to portray them）：西爾萬・湯姆金斯和羅伯・麥卡特（Tomkins & McCarter 1964）利用法國神經學家吉雍－班雅明－阿曼達・杜鄉（Guillaume-Benjamin-Amand Duchenne）早先拍攝的照片創造這些照片，達爾文（Darwin [1872] 2005）也引用杜鄉的這些照片，另外參見 Widen & Russell 2013.

16. 「情緒專家：實力派演員」（emotion experts – accomplished actor）：這個研究是我以前的研究生、現在的博士後研究員瑪麗亞・詹德隆（Maria Gendron）所做。「符合劇本情節」（to match written scenarios）：Schatz & Ornstein 2006.

17. 「她的眉毛微微皺起」（her brow is slightly knitted）：可惜的是，李奧女士的公關推辭了我邀請她翻拍這張富有教育意義的照片。

18. 在本書中，我用粗體（英文則是第一個字母大寫）加引號表示一般情緒（例如「**恐懼**」），而不是恐懼的單一實例。

19. 「多加注意周邊的環境」（to improve your peripheral vision）：Susskind et al. 2008.
　　譯註：周邊的環境指的是視野周邊，也就是一般所說餘光會注意到的事物。

緒都是個多樣**種類**，有著各式各樣的臉部運動。

如果同一種類的情緒（例如「**恐懼**」）有如此多變的臉部運動，或許你很好奇，為什麼我們理所當然地相信瞪大眼睛的臉是普世的恐懼表情。答案是，這是個刻板印象，這個符號吻合我們文化裡眾所周知的「**恐懼**」主題。我們從幼稚園就學到這樣的刻板印象：「橫眉的人正在生氣，癟嘴的人則是難過。」這些都是文化上的簡略記號或習俗慣例，你在卡通、廣告、娃娃的臉、表情符號……無窮無盡的肖像和插圖中都會看到它們。教科書把這些刻板印象教給心理系的學生，治療師把它們教給個案，媒體將它們廣泛地散播到整個西方世界。讀到這裡你可能會想：「等一等，她的意思是說，我們的文化**創造了**這些表情，而我們全都**學會了**它們嗎？」嗯……沒錯。傳統觀點還讓這些刻板印象歷久彌新，彷彿它們真的就是情緒指紋。

不可否認，臉是社會溝通的工具，某些臉部運動具有意義，但其他的沒有。然而現在，除了發現背景脈絡多少有它的重要性（肢體語言、社會情境、文化期待等等），我們對於人如何理解哪些有意義、哪些沒意義卻知之甚少。當臉部運動確實傳達一個心理訊息時（例如，揚起眉毛），我們不知道這個訊息是否永遠都是情緒，甚至不知道它的意義是否每次都相同。如果結合所有的科學證據，我們反倒無法信誓旦旦地主張，各個情緒都有張特徵明確的臉部表情。[20]

* * *

在我研究情緒的獨特指紋時，顯然需要比人臉更可靠的來源，因此，下一步我指望的是人類身體。或許有些心跳速率、血壓和其他身體功能的顯著改變，可以提供必要的指紋，教導人們更準確地辨認自己的情緒。

某些關於身體指紋的最強實驗證據，來自心理學家保羅・艾克曼、羅伯・利文森（Robert W. Levenson）和他們的同事華萊士・弗里森（Wallace V. Friesen）所做的著名實驗，研究結果於1983年發表在《科學》（*Science*）。他們讓受試者連上機器，測量他們自律神經系統的改變：心跳速率、體溫和皮膚傳導（測量汗水）的變化。[21] 他們也測量手臂張力的變化，這是根源於骨骼運動神經系統。然後他們利用實驗技巧引發生氣、悲傷、恐懼、厭惡、驚訝和快樂，觀察各種情緒出現期間的生理改變。艾克曼和同事在分析資料後推斷，他們已在這些身體反應中測量到清楚且一致的改變，可以將它們與特定情緒連在一起。這個實驗似乎確

立了研究的各個情緒在身體上有什麼客觀的生物指紋，直到今日仍是科學文獻中的經典之作。

1983年的這個著名研究，引發情緒的方式相當奇特：要求受試者做出並保持基本情緒方法所擺的臉部姿態。舉例來說，如果要引發悲傷，受試者會眉頭緊蹙10秒鐘。如果要引發生氣，受試者會橫眉豎眼。擺出表情的同時，受試者可能利用鏡子和接受艾克曼本人的指導，移動特定的臉部肌肉。[22] 擺出號稱的臉部表情能觸發情緒狀態的想法，被稱為「臉部回饋假說」。據說，將你的臉扭曲成特定的形態，就會引起身體內與那種情緒有關的具體生理改變。你可以自己試試，皺著眉頭、癟嘴10秒鐘，你感到難過嗎？開懷大笑，你覺得比較開心嗎？臉部回饋假說相當受到爭議，對於全面性的情緒經驗是否能以這種方式引發，還存在著相當大的歧異。[23]

事實上，1983年的研究確實觀察到，受試者在擺出所需的臉部形態時，身體出現改變。這是個值得注意的驚人發現：光是擺出特定的臉部形態，就能改變受試者的周邊神經系統活動，即使他們舒適地坐在椅子上一動也不動。他們的指尖，在擺出橫眉（生氣姿態）時變得比較溫暖。相較於快樂、驚訝和厭惡的姿態，他們的心跳在擺出皺著眉頭（生氣）、瞪目驚嚇（恐懼）和癟嘴（悲傷）時變得更快。[24] 另外的兩種測量——膚電傳導和手臂張力——無法區辨不同的臉部形態。

即便如此，還是必須再多做些什麼，才能主張已找到情緒的身體指紋。首先，你必須證明，那個情緒（如生氣）出現期間的反應跟其他情緒的反應不同，也就是這個反應專屬於生氣。1983年的研究在這方面開始遭遇到一些困難。研究

---

20. 「臉是社會溝通的工具」（instruments of social communication）：Fridlund 1991; Fernández-Dols & Ruiz-Belda 1995。「每次都相同」（the same each time）：Barrett 2011b; Barrett et al. 2011。「有張特徵明確的臉部表情」（has a diagnostic facial expression）：關於非人類靈長動物是否有類似人類表情的證據，請見heam.info/primates-1。關於生下來就失明的人是否能做出臉部表情的證據，請見heam.info/blind-2。

21. 「1983年發表在《科學》」（the journal *Science* in 1983）：Ekman et al. 1983。「自律神經系統」（in the autonomic nervous system）：自律神經系統控制身體的內臟，例如心臟、肺臟等等。它是周邊神經系統（相對於包含腦和脊髓的中樞神經系統）的一部分。「測量汗水」（a measure of sweat）：也稱為膚電反應或皮膚電阻反應，參見heam.info/galvanic-1。

22. 「移動特定的臉部肌肉」（to move particular facial muscles）：也使用1秒鐘的作業，參見heam.info/recall-1。

23. 「能以這種方式引發」（can be evoked this way）：臉部肌肉可能在情緒知覺期間運動，參見heam.info/faces-2。

24. 「驚訝和厭惡」（surprise, and disgust）：這些結果有些並不令人驚訝，另一些就難以理解，參見heam.info/body-1。

證明，生氣有些專屬反應，但測試的其他情緒沒有。意思是，不同情緒的身體反應太過相似，以至於無法成為獨特指紋。

第二，你必須證明沒有任何其他解釋能說明你的結果。唯有如此，你才可以主張已經找到生氣、難過和其他情緒的生理指紋。然而，1983年的研究還受制於另一種解釋，因為受試者被指導如何擺出臉部表情。西方的受試者，可以從指導語聯想出多數的目標情緒。這樣的理解，實際上能產生艾克曼和同事觀察到的心跳速率和其他生理變化，不過在進行這些研究的當時還不知道這個事實。這種解釋，受到後續在印尼的部落——西蘇門答臘的米南佳保族進行的實驗證實。這些自願參加的受試者不太了解西方的情緒，他們沒有出現跟西方受試者一樣的身體變化，也比西方的受試者更少自述感到預期的情緒。[25]

其他的後續研究使用各種不同的方法引發情緒，但都無法複製1983年論文中觀察到的原始生理差異。不少研究使用恐怖電影、淒美愛情電影和其他能喚起回憶的素材引出特定的情緒，在此同時，科學家測量心跳速率、呼吸和其他的身體功能。許多這類的研究發現，生理測量出現很大的變異性，簡單說就是沒有清楚的身體變化模式能區辨情緒。在其他的研究中，科學家確實發現一些區辨模式，但不同的研究通常發現**不同**的模式，即使使用完全相同的電影片段。[26] 換句話說，就算研究真的區辨了生氣、難過和恐懼，但不是每一次都能複製，很有可能是在不同的研究中培養出不同的生氣、難過和恐懼的實例。

面對大量的多樣實驗時，很難整理出一致的故事。幸好，科學家有技術能一起分析所有資料，並且達成統一的結論，這種技術叫做「統合分析」（meta-analysis）。科學家梳理不同研究者進行的大量實驗，以統計方法整合他們的結果。舉個簡單的例子來說，假設你想檢查心跳速率上升是不是快樂的部分身體指紋，你與其自己做一個實驗，倒不如利用其他在快樂出現期間測量心跳速率的實驗進行統合分析，即使測量只是偶然或順道發生（例如，研究本身可能是關於性行為和心臟病發之間的關係，核心重點跟情緒完全無關）。你可以搜尋所有相關的科學論文，從這些文獻中收集相關的統計資料，然後分析**全體**資料以檢驗假設。

就情緒和自律神經系統方面，過去20年來已進行了四個重要的統合分析，其中最大的涵蓋超過220個生理學研究，分析的受試者將近22,000人。然而，這四個後設分析，全都沒有發現一致且特定的情緒身體指紋。[27] 反倒發現人在快樂、恐

懼和休息的時候，身體這個交響樂團會演奏許多不同的樂曲。

　　你從世界各地的實驗室採用的實驗程序中，可以輕易看到這種變化。這些實驗的受試者執行困難的作業，例如盡快從13倒數回去或談論極端的話題（像是墮胎或宗教），同時還被挪揄。當他們奮力做作業時，實驗者斥責他們表現不佳，加以批評、甚至是言語羞辱。所有的受試者都會感到生氣嗎？不，並沒有。更重要的是，同樣感到生氣的人，出現的身體改變模式卻有所不同。有些人氣得冒煙，但有些人哭了，另有些人變得沉默算計，還有一些人僅僅是退縮。各種行為（憤怒、哭泣、算計、退縮）都有身體的不同生理模式支持，而為了解身體直接研究身體的生理學家早就知道這些細節。即使是身體姿勢的小小改變，像是躺著對比手臂環抱向前探身，都有可能完全改變生氣者的生理反應。[28]

　　當我在研討會向聽眾發表這些統合分析時，有些人表示懷疑地問：「你說的是在挫折、羞辱的情況下，不是每個人都會變得生氣，導致血液沸騰、手心冒汗和臉頰泛紅嗎？」我的答案是「對」，我的意思正是如此。事實上，我剛進這一行，首次發表這些想法的時候，可以在**真的**不喜歡這些證據的聽眾身上，直接看到生氣的變化。有時，他們會在椅子上動來動去，還有些時候，他們會搖搖頭、沉默地表示反對。曾有一次，某個同事滿臉通紅地對我大吼，他的手指還不住地往空中猛戳。另一個同事用同情的語調詢問，我是否曾真正感到恐懼，因為如果

25. 「從指導語聯想出多數的目標情緒」（target emotions from these instructions）：Lavenson et al. 1990, Study 4。「當年在進行這些研究時」（when these studies were conducted）：Barsalou et al. 2003。參見heam.info/simulation-1。「西蘇門答臘的米南佳保族」（the Minangkabau of West Sumatra）：Levenson et al. 1992。這些實驗不只確立了可靠性，也提高了特殊性，都是支持傳統觀點。「比西方的受試者」（than the Western subjects did）：目前還不清楚非洲受試者是否共享相同的西化情緒概念，參見heam.info/sumatra-1.

26. 「和其他的身體功能」（and other bodily functions）：參見heam.info/body-4。「沒有清楚的身體變化模式能區辨情緒」（[no] bodily changes that distinguished emotions）：區別只在於情感，參見heam.info/body-2。「完全相同的電影片段」（exactly the same film clips）：Kragel & LaBar 2013; Stepherns et al. 2010.

27. 「受試者將近22,000人」（22,000 test subjects）：這個研究是我以前的研究生艾莉卡‧席格在做博士論文時所做的。Siegel et al., 審查中。「情緒身體指紋」（emotion fingerprints in the body）：關於這些統合分析的細節，請見heam.info/meta-analysis-1.

28. 「不，並沒有。」（No, they don't）：傳統觀點的某些版本是設計來解釋這樣的變化，例如，傳統評估理論（第八章）提出，一個人必須以特定的方式評價情境才能觸發生氣。參見heam.info/appraisal-1。「為了解身體直接研究身體」：交感和副交感神經系統一起被統稱為自律神經系統。它們是演化來支持身體的運動（例如，這樣你站起來時才不會昏倒）。眾所周知，動員交感活動，是為了跟實際運動行為（心體聯合，Obrist et al. 1970）或預期狀況（例如超代謝活動，Obrist 1981）有關的代謝要求。另外參見heam.info/threat-1。「生氣者的生理反應」（an angry person's physiological response）：Kassam & Mendes 2013; Harmon-jones & Peterson 2009.

我曾嚴重受過傷害，絕對不會提出這樣荒謬的想法。甚至還有另一個同事說，他會告訴我的連襟（他認識的社會學家），我正在傷害情緒這一門科學。我最喜歡的例子是關於一位更資深的同事（體格像是美式足球的線衛，個頭比我高上30幾公分），當時這個同事舉起拳頭、提議要往我的臉上打一拳，讓我瞧瞧真正的生氣看來像什麼。（我笑笑地謝絕了他體貼的提議。）在這些例子中，我的同事比我更輕易地展示出生氣的變化性。

四個統合分析（數百個實驗的總結）都顯示，在自律神經系統中，各個情緒沒有一致、特定的指紋是什麼意思？這不表示情緒是個錯覺，也不意味著身體是隨機反應。這個結果的意思是，在不同的場合、不同的背景、不同的研究中，同一個受試者內或不同的受試者間，**相同的情緒種類涉及不同的身體反應**，變異（而非均一）才是常態。[29] 這些結果完全符合生理學家50多年來的知識：不同的行為有不同的心跳速率、呼吸等模式，以此支持各自獨特的運動。

儘管投入大量的時間和精力，仍然沒有研究顯示情緒有一致的身體指紋，就連單一個情緒的身體指紋都找不到。

*　　　*　　　*

尋找情緒有什麼客觀指紋的前兩次嘗試（從臉部和身體），讓我像是一頭撞上緊閉的門。但誠如人們所說，當一扇門關上時，有時會有另一扇窗打開。而我的窗，是我意外地領悟到，情緒不是一個**東西**，而是包含多個實例的種類，任一情緒種類都有極大的變化性。舉例來說，生氣遠比傳統情緒觀點所預測或能解釋的更多樣。當你對某人生氣的時候，你是大聲咆哮咒罵，還是默默生悶氣？你會怨恨地嘲弄對方嗎？你會不會瞪大眼睛、高抬眉毛呢？在這段期間，你的血壓或許升高、降低或保持不變。你或許會感到心臟在你胸口怦怦跳，或許不會。你的手或許變得濕濕黏黏，亦或許雙手保持乾燥……無論什麼都是讓你的身體做最好的準備，隨時能在那個情況下採取行動。

你的大腦如何創造和持續關注各式各樣的生氣呢？大腦如何知道哪種生氣最適合哪個情境呢？如果我問你在各個情境中有什麼感受，你是不太費力就自動說出詳細答案，像「惱怒」、「煩躁」、「憤慨」或「報復」？或是在各個情況下都回答「生氣」，或簡單地說「我覺得很糟」呢？你怎麼會知道答案呢？這些都是傳統情緒觀點不願回答的謎題。

　　當時我也不知道答案，但在仔細思考情緒種類的多樣性時，我無意中應用了生物學中名為「族群思考」（population thinking）的標準思考方法。達爾文提出的這個方法，意指一個種類（像是動物的一個物種）是由彼此相異的獨特成員組成的一個族群，核心沒有所謂的指紋。「種類」在團體的層次只能用抽象、統計的詞彙描述。就像沒有一個美國家庭的成員是3.13個人，也沒有一個生氣的實例必須包括平均的生氣模式（我們應該能夠認出一個）。[30] 任何一個生氣實例，都不一定類似於難以捉摸的生氣指紋。我們向來稱之為指紋的，或許只不過是一個刻板印象。

　　從科學角度來說，一旦我採用族群思考的思維，我看到的整片風景就大幅改觀。我開始了解，變化不是錯誤而是正常，甚至是件好事。我仍在尋找能區辨不同情緒的客觀方法，但我找尋的已大不相同。隨著懷疑日漸加深，我只剩下一個地方可以尋找指紋。是時候來轉頭看看大腦了。[31]

　　科學家長久以來一直在研究腦損傷的人，希望在大腦特定區域找到情緒的位置。如果大腦特定區域受到損傷的某個人，難以經驗或知覺某個、也僅有這個特定的情緒，我們就有證據證明，這個情緒特別仰賴這個部位的神經元。有點像是找出你家的哪個斷路器控制電路系統的哪些部分。一開始，所有的斷路器全都打開，你家的電路也都正常運轉，當你關掉一個斷路器（讓你的電路系統出現某種損傷），並且觀察到廚房的燈不再亮時，你就知道這個斷路器的用途是什麼。

　　在腦中尋找恐懼，是個很不錯的開始，因為多年來，科學家一直認為這是在大腦的單一區域（亦即杏仁核，在大腦的顳葉深處找到的一組核）定位情緒的最佳典範。[32] 杏仁核最早跟恐懼連上關係是在1930年代，當時有兩位科學家——海因里希·克魯爾（Heinrich Klüver）和保羅·布西（Paul C. Bucy）——移除了恆河猴的顳葉。少了杏仁核的這些猴子，會接近牠們通常感到害怕的物體和動物，像是蛇、陌生的猴子，或其他在手術前不加思索避開的對象，克魯爾和布西將這樣

---

29. 「種類涉及不同的身體反應」（category involves different bodily responses）：受試者在實驗者預期時，報告了感到特定的情緒（如悲傷），但測量到的身體反應卻有各式各樣。「（而非均一）才是常態」（not uniformity, is the norm）：參見heam.info/variation-1。

30. 「『族群思考』的標準思考方法。達爾文提出的」（thinking, which was proposed by Darwin）：Darwin (1859) 2003。「用抽象、統計的詞彙」（in abstract, statistical terms）：Mayr 2007。「能夠認出一個」（able to identify one）：2015年美國家庭的平均人數是3.14人（U.S. Census Bureau 2015）。

31. 若想快速瀏覽大腦的專業術語（神經元、葉），可以參見第318頁的附錄A。

32. 實際上，我們有兩個杏仁核，各在左右兩側的顳葉中。

的缺失歸因於「缺乏恐懼」。[33]

　　不久之後，其他科學家也開始研究杏仁核受傷的人，希望了解這些患者是否繼續經驗和知覺到恐懼。研究得最徹底的案例是一個名叫「SM」的女性，她因為名叫「皮膚粘膜類脂沉積症」（Urbach-Wiethe disease）的罕見遺傳疾病，杏仁核在兒童期和青春期逐漸遭到破壞。整體來說，SM過去是（而且現在還是）心理健康且智力正常的女性，但她和恐懼之間的關係，在實驗室的測驗中顯得很不尋常。科學家讓她看《鬼店》（*The Shining*）和《沉默的羔羊》（*The Silence of the Lambs*）之類的恐怖電影、身邊放活的蛇和蜘蛛，甚至帶她進鬼屋，但她都說沒有強烈的恐懼感受。SM看基本情緒方法的那組照片中、瞪大眼睛的臉部形態時，她也很難辨識出它們是害怕。[34]不過，SM可以正常地經驗和知覺其他情緒。

　　科學家試圖教SM感到恐懼，卻沒有成功，他們使用的程序一般稱為恐懼學習。他們讓她先看一張照片，然後立刻發出100分貝的船笛聲來嚇她，這個聲音理應會觸發SM的恐懼反應——如果她有的話。在此同時，他們測量SM的膚電傳導，許多科學家相信，這是恐懼的測量值，而且跟杏仁核活動有關。經過多次重複呈現照片緊接著播放船笛聲後，他們讓SM單獨看這張照片，測量她的反應。杏仁核完好的人可以學到把照片和嚇人的聲音連在一起，因此就算只看照片，他們的大腦會預期船笛巨響，他們的膚電傳導也會激升。但無論科學家將照片與響亮聲音配對了多少次，在單獨看照片時，SM的膚電傳導都沒有上升。實驗者因此推論，SM無法學會害怕新的物體。[35]

　　整體來看，SM似乎是無所畏懼，而她受損的杏仁核似乎就是原因。科學家從這個和其他類似的證據推論，正常運作的杏仁核是大腦的恐懼中心。

　　但在當時，發生了一件有趣的事。科學家發現，SM能從身體姿勢看出恐懼，也能從聲音聽出恐懼。他們甚至找到一個方法讓SM感到恐怖，作法是讓她呼吸二氧化碳超量的空氣，氧氣不足的空氣讓SM感到恐慌。（不用擔心，她沒有生命危險。）因此，即使沒有杏仁核，SM在某些情況下，還是可以清楚感到和知覺恐懼。[36]

　　隨著腦損傷的研究日益進展，更多杏仁核受損的人被發現，經過測試後，恐懼和杏仁核之間清楚且特定的連結卻逐漸消散。最重要的反證或許來自一對同卵雙胞胎，她們也因為皮膚粘膜類脂沉積症喪失了理應跟恐懼有關的杏仁核部分，她們倆在12歲時診斷出這個疾病，兩人都智力正常和擁有高中學歷。儘管她們的

DNA完全相同、罹患一樣的腦傷，而且在兒童和成人時的環境不相上下，但這對雙胞胎在恐懼方面的樣貌相當不同。其中名叫BG的人跟SM非常相像：她也有類似的恐懼相關缺失，而在呼吸高濃度二氧化碳的空氣時經驗到恐懼。另一個叫做AM的人，基本上在恐懼出現期間有正常反應：其他的大腦網絡補償了她失去的杏仁核。[37] 也就是說，我們看到一對同卵雙胞胎、擁有完全相同的DNA、患有完全相同的腦傷、生活在高度相似的環境裡，但其中一個有些恐懼相關的缺失，另一個卻完全沒有。

這些發現削弱了杏仁核內含恐懼迴路的想法，反倒點出了大腦一定有多重方法能製造恐懼，因此「**恐懼**」這個情緒種類不一定能定位在特定部位。除了恐懼，科學家也在腦損傷的病人身上研究其他的情緒種類，結果也同樣多變。[38] 杏仁核之類的大腦部位通常對情緒很重要，但它們既不是情緒的充分條件，也不是必要條件。

這是在我開始研究神經科學時，學到最令我驚訝的事情之一：心智事件（像是恐懼）不是光由一組神經元製造。相反的，不同神經元的組合，可能創造恐懼的不同實例。神經科學家將這個原則稱為「簡並性」（degeneracy）。簡並性的意思是「多對一」：神經元的多種組合可以產生相同的結果。[39] 在大腦中尋找情緒指紋的定位時，簡並性讓你心悅誠服地看清實際狀況。

對受試者進行大腦掃瞄的同時，我的實驗室已經觀察到簡並性。研究中，我們讓受試者看引發情緒的照片（主題包括高空跳傘和血淋淋的屍體），然後問他們感到的身體喚起度有多高。男性和女性報告了同等的喚起感受，而在大腦的兩

---

33. 「手術前不加思索避開」（they'd avoided before the surgery）：Klüver和Bucy（1939）稱之為「精神失明」（psychic blindness），參見heam.info/kluver-1.

34. 「沒有強烈的恐懼感受」（no strong feelings of fear）：Adolphs & Tranel 2000; Tranel et al. 2006; Feinstein et al. 2011。「很難認出它們是害怕」（difficulty identifying them as fearful）：Adolphs et al. 1994.

35. 「學會害怕新的物體」（learn to fear new object）：Bechara et al. 1995.

36. 「從聲音聽出恐懼」（and hear fear in voice）：Adolphs & Tranel 1999; Atkinson et al. 2007。SM也很難從只有臉的畫面中看出恐懼，參見Adolphs & Tranel 2003。SM的困難還有其他無關恐懼的解釋，參見heam.info/SM-1。「即使沒有杏仁核」（even without her amygdalae）：SM能在某些情況下從臉知覺到恐懼，參見heam.info/SM-2.

37. 「在恐懼方面的樣貌相當不同」（very different profiles regarding fear）：Becker et al. 2012。「補償了她失去的杏仁核」（compensating for her missing amygdalae）：同前。另外參見heam.info/twins-1.

38. 「結果也同樣多變」（results have been similarly variable）：一般而言，透過腦損傷研究情緒會有問題，參見heam.info/lesions-1.

39. 「可以產生相同的結果」（can produce the same outcome）：Edelman & Gally 2001。簡並性甚至能應用在個體的情緒經驗，參見heam.info/degeneracy-1.

個區域——前腦島和早期視覺皮質——也都有活動增加。然而，女性的喚起感受跟前腦島的關聯比較強，男性的喚起感受則是跟視覺皮質的關聯更強。這個證據顯示，相同的經驗（喚起感受）跟不同的神經活動模式有關，這是個簡並性的例子。[40]

除了簡並性，在受訓成為神經科學家的過程中，我學到另一個驚人的事：大腦的許多部分都不只有一個目的。大腦包含幾個參與創造多種心智狀態的「核心系統」（core system）。單一核心系統可能同時扮演思考、記憶、決策判斷、視覺、聽覺，以及經驗和知覺多樣情緒的角色。核心系統是「一對多」：大腦的單一區域或網絡會促成許多不同的心智狀態。[41] 相較之下，傳統情緒觀點認為，特定的大腦區域具有專用的心理功能，也就是「一對一」。因此，核心系統跟神經指紋的立場完全相反。

澄清一下，我的意思不是大腦中的每個神經元都在做完全相同的事，也不是每個神經元都能彼此取代。（這種觀點名叫等位性，很早以前就遭到反駁。）我的意思是，多數神經元都有多重的功能，扮演的角色不只一個，就很像是廚房裡的麵粉和雞蛋，可以用在許多不同的食譜。

幾乎所有神經科學的實驗方法都確立了核心系統的真實性，但最容易了解的是利用腦部造影技術，直接觀察活動中的大腦。最常見的方法叫做「功能性磁振造影」（functional magnetic resonance imaging, fMRI），這個方法可以安全地觀察正在經驗情緒或知覺他人情緒的活人腦袋，記錄跟激發的神經元相關的磁信號改變。[42]

儘管如此，科學家還是利用fMRI在大腦各處尋找情緒指紋。研究者推論，如果大腦迴路的特定區域在某個特定情緒出現時明顯變得活躍，那就證明這個情緒是由這個區域迴路負責。一開始，科學家將掃瞄的焦點集中在杏仁核，關注它是否含有恐懼的神經指紋。有個關鍵證據來自受試者在接受掃瞄的同時，看著基本情緒方法中擺出恐怖表情的照片。相較於看中性表情的臉，這些受試者在看恐怖表情時，杏仁核的活動增加。[43]

然而，隨著研究繼續，異常現象也跟著出現。沒錯，杏仁核確實表現出活動增加，但只有在某些情況，像是照片中的眼睛直接盯著觀看者，如果眼睛凝視旁邊，杏仁核裡的神經元幾乎不會改變它們的激發率。同樣的，如果受試者一遍又一遍地觀看相同的刻板恐懼表情，杏仁核的活化會迅速減少。如果杏仁核裡確

實藏有恐懼的迴路，那就不應該發生這樣的習慣化，而是每當出現觸發「恐懼」的刺激時，迴路就應該以強制的方式激發。[44] 我從這些相反的結果中越來越明白（其他許多研究者也終將明白），恐懼並沒有住在大腦的杏仁核裡。

2008年，我的實驗室和神經科醫師克里斯‧萊特（Chris Wright）一起證明，為什麼在看基本情緒的恐懼臉孔時，杏仁核的活動會增加。**只要是新奇的**（也就是受試者以前不曾看過），看**任何臉**──無論是恐懼或中性，都會讓杏仁核的活動增加。因為日常生活中很少出現這種瞪大眼睛的恐懼臉部形態，所以當受試者在腦部造影的實驗中觀看時，它們是新奇的。這些發現和其他類似的發現，為原始的實驗提供了另一種解釋，不再需要杏仁核作為腦中的恐懼發源地。[45]

過去20年來，像這樣證據接著反證據的來來回回，也都曾經發生在每個曾被認定有某個情緒神經指紋的大腦部位研究。因此，我的實驗室打算一勞永逸地解決大腦有沒有哪幾塊真正是情緒指紋的問題。[46] 我們檢視**每一篇**關於生氣、厭惡、快樂、恐懼和悲傷的神經造影研究論文，以統合分析將統計上可用的資料結合起來。我們總計收集了將近100篇發表的研究，其中的受試者將近1,300名，涵蓋時間長達近20年。

為了清楚分析這麼大量的資料，我們以虛擬的方式，將人類大腦劃分成名為「立體像素」（voxel）的小小立方體。接著，我們將各個實驗研究的各種情緒

---

40. 「前腦島和早期視覺皮質」（anterior insula and early visual cortex）：每當科學家說到大腦活動的「增加」時，意思永遠都是相對於某些控制的增加。為了簡潔起見，我在全文都沒有寫出「相對於某些控制」。此外，「大腦活動增加」之類句子也是簡化。科學上來說，腦部造影（特別是fMRI）是測量磁場的改變，這是出自於血流的改變，而血流改變本身跟神經活動的改變有關。我會繼續使用「活動」的增加和減少作為方便的簡稱。參見heam.info/fMRI。「跟視覺皮質的關聯」：Moriguchi et al. 2013。「簡併性的例子」（an example of degeneracy）：關於研究的更多細節，請見heam.info/degeneracy-2.

41. 「不只有一個目的」（serve more than one purpose）：Barrett & Satpute 2013。哲學家麥克‧安德森（Mike Anderson）稱之為「多用途」，意思是多重目的（Anderson 2014）。「許多不同的心智狀態」（to many different mental states）：一對多也存在於個別大腦部位的層次，如Yeo et al. 2014.

42. 「跟激發的神經元相關」（related to firing neurons）：fMRI跟你在醫院做的MRI十分相像，只是有些微調。參見heam.info/fMRI.

43. 「看中性表情的臉」（viewed faces with neutral expressions）：Breiter et al. 1996.

44. 「觸發『恐懼』的刺激」（triggering "fear" stimulus）：Fischer et al. 2003.

45. 「以前不曾看過」（not seen it before）：Dubois et al.（1999）最早觀察到這個效應，參見heam.info/novelty。「在腦部造影的實驗中」（them in brain-imaging experiments）：Somerville & Whalen 2006。「腦中的恐懼發源地」（the brain locus of fear）：早期的恐懼實驗依循類似的路線進行，參見heam.info/amygdala-1.

46. 「一勞永逸地……情緒指紋」（fingerprints once and for all）：這個研究是克莉斯汀‧林奎斯特（Kristen A. Lindquist）在做博士論文時完成，她是我實驗室的前研究生（Lindquist et al. 2012）。

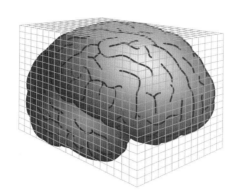

圖1-7：劃分成立體像素的人類大腦。

出現期間，各個立體像素的活動是否增加的報告記錄下來。現在，我們可以計算在經驗或知覺各種情緒期間，各個立體像素出現活動增加的機率。機率大過隨機時，我們稱為統計上有顯著性。

我們全面的統合分析，幾乎找不到支持傳統情緒觀點的結果。例如，在恐懼的研究中，杏仁核確實出現一致的活動增加，超過你預期的隨機，但只在四分之一的恐懼經驗研究和大約40%的恐懼知覺研究中出現，數字遠小於你對神經指紋的預期。不僅如此，杏仁核也在生氣、厭惡、悲傷和快樂的實驗中出現一致的活動增加，意思是無論杏仁核在恐懼的某些實例中表現什麼功能，它也在其他情緒的某些實例中表現相同的功能。

有趣的是，在通常被視為非情緒的事件中，例如感到疼痛、學習新事物、遇見新的人或做出決定，杏仁核的活動也同樣增加。現在讀到這些文字時，你的杏仁核活動大概也在升高。事實上，每一個假定的情緒大腦部位，都跟製造非情緒的事件有關，例如想法和知覺。

總而言之，我們發現，**沒有大腦部位含有任何單一情緒的指紋**。就算你同時考慮多個相連的區域（大腦網絡），或用電流刺激個別的神經元，仍然找不到任何的情緒指紋。在其他據說也有情緒迴路的動物實驗中，像是猴子和大鼠，也得出相同的結果。[47] 情緒出自於激發的神經元，但沒有任何神經元專屬於某個情緒。就我看來，這些發現對於想在大腦個別部分定位出情緒的觀點，無疑給了決定性的致命一擊。

＊　　　＊　　　＊

到目前為止，我希望你了解的是，長久以來人們一直對情緒持有錯誤的觀點。許多研究聲稱，已經找到能區辨不同情緒的生理指紋。然而，支持這些說法的研究，其實是藏在不支持傳統觀點的**更大科學背景之下**。[48]

有些科學家或許會說，相反的研究完全就是錯的，畢竟，情緒的實驗可能相當難以做成。[49] 大腦的某些區域也真的很難看見。心跳速率會受到各式各樣跟情緒無關的因素影響，像是受試者在前一個晚上睡了多久、他們在過去一小時內是否喝了咖啡，以及他們是站著、坐著或是躺著，要讓受試者在恰當的時間經驗情緒，也是個很大的挑戰。試圖引起讓人毛骨悚然的恐懼或令人七竅生煙的憤怒更是違反規定：所有大學都設有「科學研究與倫理審查委員會」（Institutional Review Board, IRB），防止研究人員對無辜的自願者強加太多的情緒痛苦。

但即便考慮一切的警告，對傳統觀點表示懷疑的實驗數量還是遠遠超過我們預期的隨機，更遑論它的實驗方法不恰當。臉部肌電圖研究證明，人在感到同一種情緒的實例時，會以許多不同、而非一致的方式來運動臉部肌肉。大型的統合分析推論，單一情緒種類所涉及的身體反應並不是一致、單一，而是有許多不同。大腦迴路的運作是依據簡並性的多對一原則：單一情緒種類（例如恐懼）的多種實例，在不同時間和不同的人身上，是由不同的大腦模式處理。反過來說，相同的神經元可能參與製造不同的心智狀態（一對多）。

我希望你現在能領會其中的道理：**唯有變異才是常態**，情緒指紋不過是個迷思。

如果希望真正了解情緒，我們必須開始認真看待這樣的變化。我們必須認為，像是「生氣」這類的情緒詞，不是專指具有獨特生理指紋的特定反應，而是

---

47. 「任何單一情緒的指紋」（fingerprint for any single emotion）：關於我們所做的統合分析，更多細節請見heam. info/meta-analysis-2。「（大腦網絡）」（a brain network）：Touroutoglou et al. 2015。「用電流刺激個別的神經元」（stimulate individual neurons with electricity）：Guillory & Bujarski 2014。「像是猴子和大鼠」（such as monkeys and rats）：Barrett, Lindquist, Bliss-Moreau et al. 2007。參見heam.info/stimulation-1。

48. 有時，我聽到認同傳統觀點的情緒研究者說：「那其他50個（受試者高達千人）顯示情緒指紋有確鑿證據的研究又怎麼說呢？」沒錯，確實有許多確證研究，但情緒的理論必須能解釋所有證據，而不只是說明支持理論的部分證據。我們不能說，五萬隻黑狗就能證明所有狗都是黑的。

49. 「情緒的實驗可能相當難以做成」（pretty tricky to pull off）：Levenson 2011。

跟特定情境緊密相聯的一組變化多端的實例。我們口語上稱呼的情緒（例如生氣、害怕和快樂），最好把它們想成情緒種類，因為它們各自都是多樣實例的集合。就像是「可卡犬」品種的不同實例，身體特徵（尾巴長度、鼻子長度、毛的長短、跑的速度等等）的變化差異多到超過基因能解釋的程度。因此，「生氣」的不同實例可能也有不同的生理表現（臉部運動、心跳速率、荷爾蒙、聲音音質、神經活動等等），這樣的變化或許跟環境或背景有關。[50]

當你採用變化和族群思考的思維時，所謂的情緒指紋就會被更好的解釋取代。我舉一個例子來說明我的意思，有些科學家利用人工智慧技術，訓練軟體程式辨認許多經驗不同情緒（例如生氣和恐懼）的人的大腦掃瞄。程式計算出各個情緒種類的統計總結模式，然後（這個部分很酷！）真的可以分析新的掃瞄，判斷它們比較接近恐懼或害怕的總結模式。這個名叫模式分類的技術功能太強，以至於有時被稱為「神經讀心術」。

這些科學家中有人主張，統計總結描繪了生氣和恐懼的神經指紋，但是他們犯了一個天大的邏輯錯誤。恐懼的統計模式並不是實際的大腦狀態，只不過是許多恐懼實例的抽象總結，這些科學家犯的錯誤是把數學平均當作常態。[51]

我和我的共同研究者將模式分類應用到情緒腦部造影研究的統合分析，我們的電腦程式從大約150個不同的研究學習分類掃瞄。[52] 我們從整個大腦發現的模式，可以更好地預測在特定研究中的受試者是在經歷生氣、厭惡、恐懼、快樂，或是悲傷，然而，這些模式並不是情緒指紋。舉例來說，生氣的模式由腦中各處的立體像素集合構成，但這個模式不需要出現在任一或個別的生氣大腦掃瞄。模式只不過是抽象的總結。事實上，沒有個別的立體像素在所有的生氣掃瞄中出現。

如果正確應用，模式分類可作為族群思考的範例。或許你還記得，一個物種是多樣個體的集合，因此可以只用統計術語來總結。總結是在自然界中不存在的抽象概念，不是用來描述這個物種的任一個別成員。就情緒方面來說，不同的場合、在不同的人身上，不同的神經元組合能創造出像生氣這個情緒種類的實例。即使兩個生氣的經驗讓你有相同的感受，但它們可能因為簡並性而有不同的大腦模式。但我們還是可以總結許多不同的生氣實例，用抽象的術語描述它們跟所有不同的恐懼實例可能有何區別。（打個比方，沒有兩隻拉布拉多犬完全相同，但牠們都跟任一隻黃金獵犬有所區別。）

　　長久以來，我一直從臉部、身體和大腦尋找情緒的指紋，卻因此領悟到未曾預期的事：我們需要新的理論說明情緒是什麼，以及它們從何而來。在後續章節中，我將為你介紹這個新的理論，它能說明傳統觀點的所有發現，也能解釋你剛剛看到的不一致性。藉由超越指紋和依循證據，我們將尋求一個更好、更有科學邏輯的理解，不只是理解情緒，同時也理解自己。

50. 「環境或背景有關」（to the environment or context）：當然，這樣的變化不是毫無限制，而是受限於在身體中可能且在所屬文化中可得的模式。關於情緒沒有聲音特性與荷爾蒙特性的證據，請見heam.info/vocal-1。我的實驗室發表兩篇論文，說明了大腦活動在一個情緒種類中的不同模式，這兩篇論文分別是Wilson-Mendenhall et al. 2011，以及Wilson-Mendenhall et al. 2015.

51. 「把數學平均當作常態」（mathematical average for the norm）：Clark-Polner, Johnson et al., 印行中。模式分類被誤用在尋找情緒指紋，參見heam.info/pattern-1.

52. 「情緒腦部造影研究」（brain-imaging studies of emotion）：Wager et al. 2015.

第二章

情緒是建構而來

請看圖2-1的黑色斑塊。

如果你是第一次看到這些斑點，你的大腦會努力理解它們是什麼。在你視覺皮質裡的神經元，正在處理這些線條和邊緣。你的杏仁核正快速地激發，因為輸入的信息很新奇。腦的其他部位則在詳細篩檢你的過去經驗，想要判定你以前是否曾遇過任何像這個輸入的東西，腦的這些部分也在跟你的身體交談，好讓身體為尚未確定的行動預作準備。

最有可能的是，你正處於一個名為「經驗盲區」（experiential blindness）的狀態，只看得見來路不明的黑色斑點。

若想治癒你的經驗盲區，可以看看第324頁的圖像（附錄B），然後再回到這一頁。這次你看到的應該不再是意義不明的斑點，而是一個熟悉的物體。

你的大腦剛剛發生什麼，改變了你對這些斑點的知覺呢？你的大腦將來自完整照片的一些原料，加進為數眾多的過去經驗，然後**建構**出你現在從這堆斑點中看到的熟悉物體。視覺皮質裡的神經元改變了它們的激發，製造出不存在的線

圖2-1：神秘斑點。

條，將各個斑點串連成實際上不存在的形狀。在某種意義上也可以說，你其實是產生幻覺。不用擔心，這不是那種「我最好去看看醫生」的恐怖幻覺，而是「我的大腦生來就是像這樣作用」的日常幻覺。

從看圖2-1的經驗中可以領悟到兩件事。一是來自照片、電影、書籍和直接遭遇等等的過去經驗，讓你現在的感覺有了意義。其次，你自己完全看不到建構的整個過程。無論多努力嘗試，你都無法觀察或經驗到自己在建構圖像，我們需要特別設計的例子，才能一窺正在發生的建構。因為你在獲得相關知識之前和之後都看了圖2-1，所以你有意識地經驗到自己從未知轉變成已知。建構的過程太容易習以為常，因此，即便你再怎麼努力地試圖無視想重獲經驗盲區，但你或許再也無法把圖2-1的圖形看成沒有形狀。

大腦的這個小小魔術相當普遍而且正常，因此早在心理學家理解它如何作用以前就一再地發現它的存在。我們將這個魔術稱為「模擬」，意思是你的大腦在缺乏感覺輸入的情況下，自己改變了感覺神經元的激發。[1]模擬可能是視覺的（就像是我們的圖片），也可能涉及任何其他的感官。是否曾有一首歌不斷地在你腦中播放、停都停不下來？這種聲音幻覺也是一種模擬。

想想上次有人拿給你一顆甜美多汁的紅蘋果，你伸手接下它，咬了一口，感受它酸酸甜甜的滋味。在這段期間，大腦中感覺區和運動區的神經元正在激發。運動神經元激發以產生你的動作，感覺神經元激發來處理你對蘋果的感覺，像是它帶著一抹微綠的紅色、摸在手裡的光滑感、清爽芬芳的香氣、咬下去時聽到的清脆聲，以及它帶著些許香甜的濃郁味道。

其他的神經元讓你的口水釋放酵素並且開始消化，另有神經元釋放可體松（也常譯為皮質醇）好讓身體準備代謝蘋果裡的糖份，或許還有神經元讓你的胃稍微翻攪。但最酷的其實是這點：就在剛剛，當你讀到「蘋果」這兩個字的時候，你的大腦出現某種程度的反應，就好像是蘋果真的出現在你眼前。你的大腦將你以前看過和嘗過蘋果的零碎知識加以組合，改變了感覺區和運動區裡的神經元激發，建構出「蘋果」這個概念的心智實例。你的大腦利用感覺神經元和運動神經元，自行模擬了一個不存在的蘋果。模擬的發生，就像心跳一樣迅速和自

---

1. 「我們將這個魔術稱為『模擬』」（We will call it simulation）：Barsalou 1999; Barsalou 2008b。不同的心理學家用不同的名字稱呼這個心理壯舉，端看各自的研究興趣為何，這在科學中很常見。像是「知覺推論」和「知覺完成」（Pessoa et al. 1998）」、「體現認知」和「扎根認知」。

動。[2]

在我女兒12歲生日的時候，我們借用了模擬的力量（而且還挺有趣的），為她舉辦了一個「噁心食物」派對。當她的客人到場時，我們端出塗上綠色食用色素的比薩，讓乳酪看起來好像發霉一樣，還在桃子果凍裡加入一些蔬菜，看起來就像是嘔吐物。至於飲料部分，我們把白葡萄汁裝在驗尿杯裡。每個人都感到噁心的不得了（真是完美的12歲幽默），有幾個客人連碰都不敢碰食物一下，因為他們不由自主地模擬了討厭的味道和氣味。然而，重頭戲是我們在午餐後玩的派對遊戲：藉由氣味辨認食物的簡單比賽。我們把糊狀的嬰兒食品（桃子泥、波菜泥、牛肉泥等等）巧妙地塗抹在尿布上，讓它看起來完全像是寶寶的便便。即使客人都知道這片污泥是食物，但還是有幾個人真的因為模擬的氣味作噁。[3]

模擬是你的大腦對於世界正在發生什麼的猜測。在每個清醒的時刻，你都要面對從眼睛、鼻子、耳朵和其他感覺器官進來的嘈雜模糊訊息，你的大腦利用過去經驗建構假設（模擬），將之比較從感官接收的雜音。模擬以這樣的方式，讓你的大腦對噪音強加意義，選出相關的並忽略其餘的訊息。

1990年代後期，模擬的發現為心理學和神經科學開創了新的紀元。科學證據顯示，我們所見、所聽、所觸、所嘗和所聞大多是對世界的模擬，而不是對世界的反應。[4] 有遠見的人推測，模擬這個常見的機制不只用於知覺，也用於了解語言、感到同理、記憶、想像、作夢，以及其他許多心理現象。我們的常識或許宣稱，思考、知覺和作夢是不同的心智活動（至少西方人這麼認為），但有個通用過程卻能描述它們全部。模擬是所有心智活動的預設模式，它也是解開「大腦如何製造情緒」之謎的關鍵。

在你的大腦之外，模擬可能導致你的身體發生實質改變。讓我們以蜜蜂為例，稍微試試創造性的模擬。在你的腦海中，看到一隻蜜蜂在芬芳的白花瓣上輕輕跳躍，嗡嗡嗡地繞著花瓣尋找花粉。如果你喜歡蜜蜂，那麼想像翅膀的拍動，此刻會造成其他的神經元讓身體準備好更進一步觀察：讓你的心臟跳得更快、讓你的汗腺蓄勢待發，並且讓你的血壓準備降低。但如果你以前曾被蜜蜂狠狠叮過，你的大腦或許讓你的身體準備逃跑或做出拍打的動作，為此制定出一些其他模式的生理改變。每次你的大腦模擬感覺輸入，它都會讓你的身體做好自動改變的準備，這也讓你有可能改變你的感受。

你對蜜蜂做出的模擬，根植於你對「蜜蜂」是什麼的心智「概念」

（concept）。[5] 這個概念不只包含有關蜜蜂本身的訊息（牠看起來和聽起來像什麼樣、你對牠採取何種行動、你的自律神經系統的什麼改變讓你有所行動等等），還包括跟蜜蜂有關的其他概念（「**草地**」、「**花朵**」、「**蜂蜜**」、「**叮咬**」、「**疼痛**」等等）。所有訊息都跟你的「**蜜蜂**」概念融為一體，共同引導你在這個特定的脈絡下如何模擬蜜蜂。因此，像「**蜜蜂**」這個概念，實際上是大腦裡的神經模式集合，代表你的過去經驗。你的大腦以不同的方式結合這些模式，藉此知覺並靈活地引導你在新的情境中如何行動。

你的大腦利用你的概念，將某些東西聚集在一起，並將其他的東西分開。你可能在看著三堆土時，把其中兩堆知覺成「**小丘**」，而另一堆則是「**大山**」，這些都是根據你的概念。建構是把世界看作一張壓扁的餅乾麵團，你的概念則是能切出界線的餅乾模具，界線不是自然存在，而是因為有用或有可取之處。[6] 這些界線當然自有物理限制，像是你絕對不會把山知覺成湖。不是所有的一切都互有關聯。

你的概念是大腦用來猜測感覺輸入是何意義的主要工具。舉例來說，概念賦予聲壓（sound pressure）改變的意義，所以你會把聲壓改變聽成話語或音樂，而不是隨機的噪音。在西方文化中，多數音樂都是根據分成十二個等距音高的八度音階，這種編曲被稱為「十二平均律音階」。每一個聽力正常的西方人，對於這種普遍存在的音階都有概念，即使他們無法明確地加以描述。然而，不是所有的音樂都使用這種音階。印尼的甘美朗（Gamelan）音樂根據的是分成七個音高的八度音階，音高之間的距離並不相等。西方人第一次聽到甘美朗音樂時，更有可能覺得聽起來像噪音，聽慣了十二音音調的大腦，沒有具備甘美朗音樂的概念。我個人對迴響貝斯[7] 這種電子音樂有經驗盲區，不過我十幾歲的女兒很顯然有那個概念。

概念也讓製造味覺和嗅覺的化學物質有了意義。如果我端出粉紅色的冰淇淋，你可能預期（模擬）是草莓的味道，但如果嘗起來像魚，你會覺得很不協

---

2. 「些許香甜」（with a hint of sweetness）：感覺神經元會在運動期間激發，運動神經元也會在感覺期間激發，例如，Press & Cook 2015; Graziano 2016。「利用感覺神經元和運動神經元」（using sensory and motor neurons）：Barsalou 1999.

3. 「因為模擬的氣味作嘔」（gagged from the simulated smell）：模擬解釋了古希臘人如何從群星中看見神與怪獸，參見heam.info/simulation-2,

4. 「不是對世界的反應」（not reactions to it）：相關回顧，請見Chanes & Barret 2016.

5. 「『蜜蜂』是什麼」（what a "Bee" is）：Barsalou 2003, 2008a.

6. 「因為有用或有可取之處」（because they're useful or desirable）：關於相似的類比，請見Boghossian 2006.

7. 譯註：dubstep，源自英國，於1990年代誕生的電子音樂，節奏短促、強調低音。

調,甚至可能覺得噁心。但如果我介紹它是「冷凍鮭魚慕斯」,提前警告你的大腦,同樣的味道或許會讓你覺得美味(如果你很喜歡吃鮭魚)。[8]或許你認為食物現存於物理世界中,但事實上,「食物」這個概念嚴重受到文化影響。很顯然,還是有些生物上的約束,所以你不可能吃刮鬍刀刀片。但是有些絕對可吃的東西,卻不是每個人都認為是食物,例如「蜂之子」(hachinoko),這是一道油炸蜜蜂幼蟲的日本佳餚,但絕大多數的美國人應該會敬而遠之。這種文化差異就是因為概念。

只要你活著,你的大腦都會利用概念來模擬外在世界。如果缺乏概念,你會處於經驗盲區,就像是你看第48頁的斑點蜜蜂。如果有了概念,你的大腦會自動且無形地模擬,快到你的視覺、聽覺和其他感覺似乎像是反射而不是建構。

現在請仔細想想:如果你的大腦利用相同的過程讓來自**體內**的感覺——心跳、呼吸和其他內部運動引發的擾動——產生意義,那會怎麼樣呢?

從大腦的觀點來看,你的身體只不過是另一個感覺輸入的來源。來自你的心臟和肺臟、你的新陳代謝、你的體溫改變等等感覺,就像圖2-1中意義不明的斑點。在體內的這些純粹身體感覺,並不具有客觀的心理意義。然而一旦概念介入,這些感覺或許開始具有額外的意義。如果你坐在餐桌旁時感到胃痛,或許你會把它經驗成飢餓。如果流感季節即將來臨,或許你會把相同的疼痛經驗成反胃作噁。如果你是法庭上的法官,或許你會把疼痛經驗成被告不可信任的直覺。[9]

在特定的時刻、特定的背景之下,你的大腦利用概念,賦予內在感覺意義,也讓來自世界的外在感覺有了意義,這些全都同時發生。你的大腦從你的胃痛,建構出飢餓、反胃作噁或不可信任的實例。

現在仔細想想,如果相同的胃痛出現在你嗅聞塗滿羊肉糊的尿布時,就像我女兒的朋友在「噁心食物」生日派對上所做的,你可能把疼痛經驗成噁心。亦或如果你親愛的另一半才剛走進臥房,你可能把疼痛經驗成一陣陣渴望。如果你正在診療室等待醫生說明健康檢查的結果,你可能把相同的疼痛經驗成焦慮感受。在這些噁心、渴望和焦慮的案例中,你大腦中活躍的概念是**情緒概念**。就像先前一樣,你的大腦藉由建構那個概念的實例,從你疼痛的胃再加上來自周遭環境的感覺一起產生意義。

這是一個**情緒**的實例。

這可能就是情緒如何生成的過程。

＊　　　＊　　　＊

　　回到我念研究所的年代，當時有個跟我一樣主修心理學的傢伙想跟我約會。我不是很了解他，老實說我也不太願意跟他出去，因為他沒有特別吸引我。但是那天我在實驗室待了太久，所以我答應他的邀約。當我們一起坐在咖啡館時，我很驚訝地發現，在我們聊天時，我感到自己的臉泛紅了好幾次。我的胃翻攪不已，我開始難以專心。好吧，我意識到我錯了，我很顯然受到他吸引。一個小時後，我們分開（在我同意再次跟他出去之後），我滿心困惑地回家。我走回我的公寓、把鑰匙丟到地上、吐了一地，然後在接下來的七天都因為流感而臥床。

　　相同的神經建構過程不只從斑點模擬出蜜蜂，也從翻攪的胃和泛紅的臉建構出吸引的感受。情緒是你的大腦對身體感覺是什麼意思的**創作品**，跟你周遭世界正在發生的事息息相關。早從17世紀的笛卡兒（René Descartes）到19世紀的威廉·詹姆士（William James，被譽為美國心理學之父），哲學家長久以來一直在告訴我們，你的心理決定了身體的意義。然而誠如你將學到的，神經科學現在讓我們看到這個過程（以及更多其他過程）如何在大腦中發生，當場製造情緒。我將這個解釋稱為「情緒建構理論」：[10]

> 在每一個醒著的時刻，你的大腦利用過去經驗組織成為概念，以此引導你的行動，並且賦予你的感覺意義。當涉及的概念是情緒概念時，你的大腦就建構出情緒的實例。

　　如果有一大群蜜蜂嗡嗡嗡地從大門底下擠進來，同時你的心臟怦怦跳，大腦中過去被昆蟲叮咬的知識會賦予身體感覺意義，也會讓來自外界的景象、聲音、氣味和其他感覺產生意義，模擬出蜂群、大門和恐懼的實例。如果是在另一種背景下，例如觀看蜜蜂不為人知的生活的有趣影片，完全相同的身體感覺或許會建構出興奮的實例。或是如果你看的是童書中笑瞇瞇的卡通蜜蜂圖片，讓你想起了一起去看迪士尼電影的可愛姪女，你在心中建構的可能是蜜蜂、姪女和愉快懷念

8.　「如果你很喜歡吃鮭魚」（assuming you enjoy salmon）：Yeomans et al. 2008.

9.　「被告不可信任」（the defendant cannot be trusted）：Danziger et al. 2011.

10.　「當場製造情緒」（an emotion on the spot）：我在咖啡館的經驗是典型的詹姆士觀點，參見heam.info/coffee。
　　　「稱為『情緒建構理論』」（theory of constructed emotion）：在我的學術論文中，我稱之為「情緒的概念行動理論」。感謝編輯。

的實例。

我在咖啡館的經驗，也就是在我得到流感時感到的吸引力，傳統情緒觀點會稱之誤差或錯誤歸因，但這跟從一大堆斑點中看到蜜蜂沒什麼兩樣。我體內的流感病毒造成我發燒和臉紅，而我的大腦為這個午餐約會時出現的感覺添上意義，建構出真實的吸引感受——這是大腦建構任何其他心智狀態的正常方式。如果當我躺在家裡的床上、用溫度計量體溫時有完全相同的身體感覺，我的大腦或許會利用相同的製造過程建構出「感到生病」的實例。[11]（相較之下，傳統觀點需要吸引和不舒服的兩種感受，好讓不同的大腦迴路觸發不同的身體指紋。）

情緒不是對世界的反應。你不是被動的感覺輸入接收者，而是主動的情緒建構者。你的大腦從感覺輸入和過去經驗，建構意義並指示行動。如果你沒有代表過去經驗的概念，你的感覺輸入全都只是噪音。你不會知道這些感覺是什麼、造成它們的原因，也不會知道如何表現來處理它們。一旦有了概念，你的大腦會讓感覺產生意義，有時那個意義是一種情緒。

關於我們如何經驗世界，情緒建構理論和傳統情緒觀點所說的故事大不相同。傳統觀點相當直觀：外在的事件觸發我們內在的情緒反應。這個故事的主角你很熟悉，像是住在不同大腦區域的想法和感受。

相較之下，情緒建構理論所說的故事跟你的日常生活不符：你的大腦無形地建構你經驗的萬事萬物，包括情緒。這個故事的主角你不熟悉，像是模擬、概念和簡並性，而且同時在整個大腦中發生。

這個不熟悉的故事為我們帶來挑戰，因為人們總是期待故事要有熟悉的結構。每一個超級英雄故事都假定有個壞蛋。每一個浪漫喜劇都需要一對面臨可笑誤解的美好戀人，最終證明一切都是誤會。我們在此的挑戰是，大腦動力學（還有情緒如何生成）並沒有遵循線性、因果關係這類的故事結構。（這種挑戰在科學中很常見，例如在量子力學中，因和果之間的區別沒有意義。）然而，每一本書都必須說一個故事，即使是像腦功能這樣非線性的主題。所以我要說的故事，就偶爾得違背人類說故事常依循的線性架構。

現在，我的目標僅止於讓你對情緒的建構有些直覺，以及這個科學解釋為什麼有它的道理。稍後，我們將看到這個理論結合有關大腦如何運作的最先進神經科學解釋，以及它闡明日常生活中的情緒經驗和知覺何以有如此大的變化。建構理論可以幫助我們了解，快樂、悲傷、生氣、恐懼和其他情緒種類的實例，如何

在不需要情緒迴路或其他生物指紋的情況下，由同樣建構斑點蜜蜂、多汁蘋果和嬰兒食物泥產生便便氣味的這個大腦機制建構出來。

*　　　*　　　*

我不是第一個提出情緒是被製造出來的人。情緒建構理論包含在一個更大、名為「**建構**」（construction）的科學傳統中，這個科學傳統認為，你的經驗和行為是在腦內和體內進行生物處理的當下被製造出來。建構依據的這一套古老想法，可以追溯到古希臘，當時的哲學家赫拉克利特（Heraclitus）曾說過一句名言：「沒有人能踏進同一條河兩次」，因為只有心智才能把不斷改變的河流知覺成不同的水體。今日，建構論遍及許多主題，包括記憶、知覺、心理疾病，當然也包括情緒。[12]

關於情緒的建構論取向有兩個核心想法。第一個想法是，生氣或厭惡之類的情緒種類並沒有指紋。生氣的某個實例沒必要看起來或感覺起來像另一個實例，也不是由相同的神經元造成。變異才是常態。你生氣的原由不一定跟我的一樣，但如果我們在相似的環境中長大，很可能有些重疊。

另一個核心想法是，你所經驗和知覺的情緒，並不是你的基因的必然結果。必然的是：你具有**某些**概念來理解身體從外界接收的感覺輸入，因為（我們將在第五章學到）你的大腦就是為了這個目的串連。即使是單細胞生物，都能理解環境中的改變。[13] 然而**特定**的概念，像是「**生氣**」和「**厭惡**」等，並不是由基因預先決定。你熟悉的情緒概念會像天生內建，只不過是因為你在一種特定的社會脈絡下長大，這些情緒概念在這個脈絡下有其意義、而且有用，因此你的大腦在你沒有覺察下，應用它們來建構你的經驗。心跳速率改變是必然的，但它們的情緒意義則不是必然。其他文化可能且確實會把相同的感覺輸入做出其他的意義解釋。

情緒建構理論融合了其他不同風格的建構的想法。其中一種名為「社會建構」，研究社會價值和利益在決定我們生於世上如何知覺和行動上，扮演了什麼角色。有個例子是關於冥王星是不是行星，這個判斷的依據不是天文物理學，而

---

11. 「從一大堆斑點中」（in a bunch of blobs）：科學家稱之為「情感錯誤歸因」，參見heam.info/affect-9。「利用相同的製造過程」（using the same manufacturing process）：有些文化缺乏情緒概念，反而將之經驗成身體疾病，你會在第七章看見。

12. 「當然也包括情緒」（and, of course, emotion）：關於建構的參考文獻，請見heam.info/construcion-1.

13. 「環境中的改變」（of changes in their environment）：Freddolino & Tavazoie 2012; Tagkopoulos et al. 2008.

是基於文化。太空中的球狀岩石是客觀真實的存在，而且具有不同尺寸，但「行星」（代表特定的重點特徵組合）的想法是由人編造出來。我們每個人都以一種有用的方法了解世界，但這個方法在某種絕對、客觀的意義上不一定真實。至於在情緒方面，社會建構理論探討的是，感受和知覺如何受到我們的社會角色或信念影響。舉例來說，我的知覺受到以下事實影響：我是個女性、母親、在猶太教文化中成長的無神論者，以及生活在曾奴役黑人的國家裡的白人。然而，社會建構傾向忽略生物學，認為它跟情緒沒有關係。這個理論反倒指出，你的社會角色不同，觸發的情緒也有所不同。[14] 因此，社會建構論者主要關心的是外在世界的社會環境，而不考慮這些環境如何影響大腦的串連。

另一種被稱為「心理建構」的理論，則把焦點轉向內在。心理建構提出，你的知覺、想法和感受本身，是由更基本的部分建構而成。有些19世紀的哲學家把心智看成大型的化學實驗箱，就像原子結合形成分子一樣，想法和情緒是由比較簡單的感覺結合形成。另外有些人把心智視為一組萬用零件（就像樂高積木），可以組成各式各樣的心智狀態，如認知和情緒。威廉・詹姆士提出，我們極其多樣的情緒經驗，是由常見的原料建構而成。他寫道：「情緒產生的大腦歷程不僅類似普通感覺的大腦歷程，事實上根本就是這類歷程的各種組合。」

在1960年代，心理學家史丹利・沙赫特（Stanley Schachter）和傑羅姆・辛格（Jerome Singer）進行了一項著名的實驗，他們將腎上腺素注射到受試者體內（受試者不知道是什麼），發現他們將這樣神秘的喚起狀態經驗成憤怒或興奮——端看周遭的背景環境為何。在所有的建構觀點中，生氣或興高采烈的實例都沒有顯露它的因果機制，這與傳統觀點形成鮮明的對比。傳統觀點認為，各個情緒在腦中都有專用的機制，命名機制和其產物採用的是同一個詞彙（例如「悲傷」）。近年來，新一代的科學家一直在精心設計基於心理建構的理論，希望能用來了解情緒以及情緒如何運作。不是每個理論與假設都一致，但所有理論都一致肯定：情緒是製造生成、而不是被觸發；情緒的變化很大、沒有指紋；以及原則上，情緒跟認知和知覺沒有區別。[15]

你可能完全沒想到，相同的建構原則竟然也適用於大腦的生理結構，這個想法被稱為「神經建構」。仔細想想由突觸連接的兩個神經元，這些大腦細胞顯然有客觀的意義，卻沒有客觀的方法來辨別這兩個神經元是名為「迴路」或「系統」單位的一部分，或是各自隸屬於不同的迴路，其中一個迴路「調節」另一個

迴路。答案完全取決於人的觀點。同樣的，大腦的相互連結不光只是基因本身的必然結果。現今我們知道，經驗也是促成因子。你的基因會在不同的背景環境中打開和關閉，包括形塑大腦串連的基因。（科學家將這個現象稱為可塑性。）意思是，你的某些突觸會因為其他人以某種方式對待你或跟你說話，真真實實地開始存在。換句話說，建構適用的層級一路延伸到細胞的層次。大腦的宏觀結構大多是先天就決定了的，但微觀的串連則不是。因此，過去經驗有助於決定你未來的經驗和知覺。[16] 神經建構說明了人類嬰兒為何在出生時不具備認臉的能力，但可以在出生後幾天很快就發展出這個能力。神經建構也能解釋早期的文化經驗（例如你的照顧者跟你身體接觸的頻率，以及你是單獨睡在嬰兒床或跟家人一起睡），如何差別地形塑大腦的串連。

　　情緒建構理論將這三種建構的元素納入其中。它從社會建構中認知到文化和概念的重要性，也從心理建構中考慮到情緒是由大腦和身體的核心系統建構而成，此外還從神經建構中汲取到經驗串連大腦細胞的想法。

＊　　　＊　　　＊

　　情緒建構理論丟棄了傳統觀點的最基本假設。例如，傳統觀點假設快樂、生氣和其他的情緒種類各自都有獨特的身體指紋，而在情緒建構理論中，**變異**才是常態。當你生氣的時候，你可能會稍稍或嚴重地眉頭一蹙、橫眉、咆哮、大笑，甚至表現出令人不寒而慄的冷靜，端看哪一種最適合當時的情境。同樣的，你的心跳速率可能升高、降低或保持不變，只要是能支持你正在做的行動就好。當你

---

14. 「世上如何知覺和行動」（and act in the world）：關於社會建構的各種化身，請見Hacking 1999。「你的社會角色不同」（depending on your social role）：Harré 1986.

15. 「像是認知和情緒」（states like cognitions and emotions）：關於這些哲學家的更多內容，請見heam.info/construction-2。「『這類歷程的各種組合』」（such process variously combined）：James 1884, 188。「周遭的背景環境為何」（on the context surrounding them）：Schachter & Singer 1962。著名的沙赫特和辛格實驗詳述可在heam.info/arousal-1看見。「機制和其產物」（the mechanism and its product）：威廉·詹姆士和心理學之父威廉·馮特（Wilhelm Wundt）對情緒器官抱持懷疑態度，參見heam.info/james-wundt。「情緒和情緒如何運作」（emotion and how they work）：關於新的心理學建構理論的其他例子，請見Barrett & Russell 2015的章節；LeDoux 2014、2015。「跟認知和知覺沒有區別」（distinct from cognitions and perceptions）：建構的根源可追溯到心智哲學，參見heam.info/construction-3.

16. 「以某種方式對待你」（treated you in a certain way）：大腦的粗大串連出自於古同源異形基因，所有脊椎動物、甚至魚類都保有這些基因，但人類活動會影響大腦的細微串連，納入經驗作為將來使用（Donoghue & Prunell 2005）。「你未來的經驗和知覺」（your future experiences and perceptions）：Mareschal et al. 2007; Karmiloff-Smith 2009; Westermann et al. 2007.

察覺某個人生氣的時候，你的知覺同樣也有所不同。因此，「**生氣**」之類的情緒詞，指的是一群多樣的實例，各個都是為了當下環境最該做些什麼而建構出來。生氣和恐懼之間沒有單一差異，因為沒有什麼是單一的「**生氣**」，也沒有單一的「**恐懼**」。這些想法是受到兩個人啟發，其一是威廉‧詹姆士，他詳細地撰寫了情緒生活的變異性；另一個是達爾文，他的演化想法提出生物種類（像是物種）是一群獨特的個體。[17]

你可以把情緒當成餅乾那樣看待。餅乾有脆的、Q的、甜的、鹹的、大的、小的、扁的、圓的、捲的、夾心的、麵粉做的、不含麵粉的等等。「餅乾」種類裡的成員形形色色，但它們出於某個目的被視為同等：作為好吃的點心或甜點。餅乾不需要長得一樣，也不必用相同的食譜製作，它們就是一群多樣的實例。即使是分得更細的種類，像是「巧克力脆片餅乾」，其中還是存在著多樣性，像是巧克力的種類、麵粉的使用量、紅糖和白糖的比例、奶油的脂肪含量，以及冷卻麵團所花的時間。[18] 同樣的，任何的情緒種類（像是「快樂」或「內疚」）都充滿了變化。

情緒建構理論不再使用的不只是身體指紋，還包括大腦的。它也避開了暗示有神經指紋存在的問題，例如「觸發恐懼的神經元在哪裡？」「在哪裡」這幾個字內建了一個假設：每當你或地球上的任一個人感到害怕時，就有一組特定的神經元會活化。在情緒建構理論中，悲傷、恐懼或生氣這樣的情緒種類，沒有明確的大腦位置，而情緒的各個實例，都是需要研究和了解的全腦狀態。因此，我們要問的是情緒如何、而不是在哪裡生成。比較中性的問題，例如「大腦如何製造恐懼的一個實例？」，並沒有假定其背後存在著神經指紋，只認為恐懼的經驗和知覺真實且值得研究。

如果情緒的實例像是餅乾，那麼大腦就像廚房，存放著一些常見的原料，像是麵粉、水、糖和鹽。[19] 我們從這些原料開始，可以製作出各式各樣的食物，像是餅乾、麵包、蛋糕、瑪芬、比司吉和司康餅。同樣的，你的大腦也備有核心「原料」，我們在第一章稱之為核心系統。它們以複雜的方式（大約可類比為食譜）結合，產生快樂、悲傷、生氣、恐懼等等的多樣實例。原料本身的用途很多，不是專用於情緒，而是參與情緒的建構。兩種不同情緒種類（例如恐懼和生氣）的實例，可以用相似的原料製成，就像餅乾和麵包都含有麵粉。相反的，相同情緒種類（像是恐懼）的兩個實例，其中的原料也會有些變化，就像有些餅乾

含有堅果、其他的則沒有。這個現象是我們的老朋友——簡並性——在作用：恐懼的各實例都是由整個大腦中不同組合的核心系統建構而成。我們可以用大腦活動的模式，整體描述恐懼的所有實例，但這個模式只是統計總結，不需要描述任一實際的恐懼實例。

　　就跟所有的科學類比一樣，我的廚房類比也有其局限。作為核心系統的大腦網絡，並不是像麵粉或鹽的「東西」。從統計上來說，它是我們視為一個單位的神經元集合，但在任何特定時間，都只有部分的神經元參與。[20] 如果你有十種恐懼感受跟一個特定的大腦網絡有關，各種感受在大腦網絡中涉及的神經元可能不同。[21] 這是在網絡層次的簡並性。此外，餅乾和麵包是個別的實質物體，但情緒的實例卻是連續大腦活動的瞬間片段，我們僅僅是把這些片段知覺成個別事件。儘管如此，或許你會發現，廚房類比有助於你想像互動的網絡如何產生多樣的心智狀態。

　　建構心智的核心系統以複雜的方式交互作用，沒有任何總管或負責人主導一切。然而，這些系統如果分開就無法理解，就像機器拆下來的零件，或像所謂的情緒模組或器官。那是因為，它們之間的交互作用，產生了光是零件本身並不存在的新屬性。用我的類比來說，當你用麵粉、酵母、水和鹽烤麵包時，這些原料經過複雜的化學作用出現新的產品。麵包有自己新興的屬性，像是「脆脆的」和「QQ的」，光是原料本身並沒有這些屬性。事實上，如果你試圖在吃烤好的麵包後認出所有的原料，你很快會遇到困難。[22] 就拿鹽來說，麵包嘗起來其實不鹹，但鹽絕對是不可或缺的原料。同樣的，恐懼的實例無法化約到只剩原料。恐懼不是一個身體模式（就像麵包不是麵粉），而是從核心系統的交互作用中顯現。恐懼的實例具有在原料本身找不到的新興屬性且無法化約，像是不愉快（你的車子

---

17. 「一群獨特的個體」（population of unique individual）：詹姆士寫道：「可能存在的不同情緒沒有數量的限制，以及不同個體的情緒可能無限變化的原因，兩者都跟它們的構成和引起它們的物體有關。」（1894, p. 454）。

18. 「冷卻麵團所花的時間」（time spend chilling the dough）：關於一些實例，請見heam.info/chocolate-1.

19. 「糖和鹽」（sugar, and salt）：Barrett 2009.

20. 「在任何特定時間，都只有部分的神經元參與」（participate at any given time）：Marder & Taylor 2011.

21. 如果你偏好用運動來類比，可以把大腦網絡想像成一支棒球隊。在某個特定時刻，全隊25個人中只有9個人上場比賽，每次參加比賽的9個人可能不同，但我們會說「這一隊」獲勝或失敗。

22. 「你很快會遇到困難」（in for a difficult time）：請你想像在吃完可頌後試著逆向製作一個可頌，參見heam.info/croissant。逆向工程的問題在於你只處理浮現的線索（Barrett 2011a），亦即那個系統有成分總和以外的屬性。參見heam.inof/emergence-1.

在濕滑的高速公路上打滑失控）或愉快（坐在高高低低的雲霄飛車上）。你不可能倒著食譜的步驟，還原恐懼實例的恐懼感受。

即便確實知道情緒的原料有哪些，但倘若只單獨研究這些原料，我們會錯誤地理解原料如何共同作用來建構情緒。如果我們藉由嘗一嘗和秤一秤來單獨研究鹽，不會了解鹽如何有助於製作麵包。因為鹽在烘烤的過程中，會跟其他原料產生化學作用：控制酵母生長、緊實麵團裡的麵筋，還有最重要的是增添風味。若想了解鹽如何改變麵包的食譜，你必須在做麵包的脈絡下觀察它的作用。同樣的，若想研究情緒的各種原料，那就不能不考慮造成影響的大腦其餘部分。名為整體論的這種哲學，解釋了為什麼每次我在自己的廚房烤麵包時，即使用的是完全相同的食譜，卻做出不同的結果。每一種原料我都秤重；我揉麵團的時間相同；我的烤箱設定在相同溫度；我計算往烤箱噴水的次數，好讓麵包表皮酥脆。一切都非常系統化，結果卻是有時比較發、有時不太發、有時比較甜。因為烤麵包還有其他食譜沒提到的背景因素，像是我揉麵團的力道有多大、廚房的濕度有多高，以及發麵團的精確溫度是多少。

整體論解釋了為什麼在我波士頓家中烤的麵包，嘗起來永遠不像在加州柏克萊的朋友安（Ann）家烤的那樣好吃。在柏克萊烤的麵包風味極佳，原因是海拔高度和自然飄浮在空中的不同酵母。這些額外的變數，明顯地影響最終成果，專業的麵包師就知道這點。[23] 整體論、新興屬性和簡並性，完全都與指紋相對立。

繼身體和神經指紋之後，我們要丟棄的下一個核心假設是情緒如何演化。傳統觀點認為，我們有包裝過的動物大腦：古老的情緒迴路從動物祖先一代傳過一代，被人類用於理性思考的獨特迴路包裹起來，就像糖霜覆蓋整個蛋糕。這個觀點通常被吹捧為「情緒演化論」，然而實際上它只是一種有關演化的理論。

建構理論也結合了關於達爾文天擇和族群思考的最新科學發現。舉例來說，簡並性的多對一原則──許多不同組的神經元能產生相同的結果，為生存帶來更大的穩健性。而任何單一的神經元能促成一個以上結果的一對多原則，具有代謝效率，可以提高大腦的計算能力。這種大腦，創造了一個沒有指紋的靈活心智。[24]

傳統觀點的最後一個重大假設是，某些情緒是天生且具有普世性：世界上所有的健康人類都應該能表現和辨認這些情緒。相較之下，情緒建構理論則提出情緒不是天生，如果有普世性，那是因為共同的概念。真正普世的是，形成概念並賦予身體感覺意義的能力，像是西方的「**悲傷**」概念與荷蘭的「*Gezellig*」概念

（與朋友在一起而感到安適的特定經驗）——很難找到一個精確的詞來**翻譯**。

　　類比的話，可以用杯子蛋糕和瑪芬。這兩類的烘焙產品有著相同的形狀，使用的基本原料也相同：麵粉、酥油、糖和鹽。兩者也有類似的添加原料，像是葡萄乾、堅果、巧克力、胡蘿蔔和香蕉。你可以用化學性質輕易地區辨麵粉和鹽，或蜜蜂和鳥，但你無法由化學性質區辨杯子蛋糕和瑪芬。然而，其中一個是早餐吃的食物，另一個則屬於甜點。它們的主要區別特徵是：吃它們的時間。[25] 這種差異完全出自文化和學習得來，不是物理上的。杯子蛋糕和瑪芬的區別是「**社會現實**」（social reality）：物理世界中的物體（如烘焙產品）經由社會認同取得額外的功能，情緒也同樣是社會現實。唯有當我們從文化中學到的情緒概念，經由社會認同賦予感覺額外的功能時，心跳速率、血壓或呼吸改變之類的生理事件才會變成情緒經驗。看到朋友瞪大眼睛會讓我們覺得是恐懼或驚訝，同樣也取決於我們用的概念為何。我們絕對不能將物理現實（像是心跳速率改變或瞪大眼睛），跟情緒概念的社會現實混為一談。

　　社會現實不只是表面文字，它更滲入到身體裡層。研究指出，如果你把相同的烘焙產品知覺成墮落的「杯子蛋糕」或健康的「瑪芬」，吃下後身體的代謝也會不同。[26] 同樣的，文化的字詞和概念，有助於形塑情緒出現期間的大腦串連和生理改變。

　　現在我們已丟棄了傳統觀點中的許多假設，所以我們需要新的詞彙來討論情緒。像是「臉部表情」這類熟悉的措辭看似常識，卻隱隱假設有情緒指紋存在，同時假設臉部會傳播情緒。或許你在第一章已經發現，我創造了一個比較中性的名詞——「**臉部形態**」（facial configuration），因為沒有其他更好的名詞可用於「傳統觀點視為協調單位的一組臉部肌肉運動」。此外，我也仔細地說明「情緒」這個詞的意義，以快樂為例，它可能指的是感到快樂的單一實例，或也可能意指整個快樂種類。當你建構自己的情緒經驗時，我會稱之為「**情緒的實例**」

23. 「專業的麵包師就知道這點」（an expert bakers know this）：這在遺傳學中稱為「反應規範」，參見heam.info/holism-1.

24. 「為生存帶來更大的穩健性」（greater robustness for survival）：Whitacre & Bender 2010; Whitacre et al. 2012。「大腦的計算能力」（computational power of the brain）：Rigotti et al. 2013; Balasubramanian 2015。「沒有指紋的靈活心智」（a flexible mind without fingerprints）：簡並性是天擇的先決條件，參見heam.info/degeneracy-3.

25. 「吃它們的時間」（time of day at which they are eaten）：然而，杯子蛋糕和瑪芬都是點心。另外還有既是早餐、也是甜點的香蕉蛋糕，實際上跟香蕉瑪芬或香蕉杯子蛋糕完全相同，只是形狀不同。

26. 「身體的代謝也會不同」（your body metabolizes it differently）：Crum et al. 2011.

（instance of emotion）。我將恐懼、生氣、快樂、悲傷等等統稱為「**情緒種類**」（emotion category），因為各個名詞指的是一群多樣的實例，就像「餅乾」指的也是一群多樣的實例。如果用更嚴格的標準，我會把詞彙中的「情緒」完全消除，好讓我們不會暗指它本質是客觀存在，我會完全只用「實例」和「種類」這些詞彙。但這有點太過歐威爾式[27]，因此我只會小心表明當時我意指的是實例或是種類。

　　同樣的，我們不「辨認」或「偵測」他人的情緒。這些術語也意味著情緒種類本質上有指紋存在，等待我們去發現，與任何知覺的人無關。任何關於「偵測」情緒的科學問題，都會自動地推測某種答案。在建構的思維中，我的說法是「**知覺**」（perceive）情緒的實例。知覺（perception）是個複雜的心智歷程，沒有暗指情緒背後有神經指紋，僅僅指出情緒的實例以某種方式發生。我也避免「**觸發**」情緒這類動詞，以及「情緒反應」和「發生在你身上的情緒」這類措辭。這樣的文字用法，都暗示了情緒是客觀實體。然而，即使在你經驗情緒時沒有主體感（多半時間是如此），但你還是這個經驗的主動參與者。

　　我也不說「準確」知覺某個人的情緒。情緒的實例在臉部、身體和大腦都沒有客觀的指紋，因此「準確性」沒有科學意義，而是具有社會意義：我們當然可以問問兩個人是否對情緒的知覺意見一致，或知覺是否符合某種常態。但知覺存在於知覺者中。[28]

　　這些用字遣詞的準則一開始或許看來挑剔，但我希望你能逐漸了解它們的重要性。新的詞彙對於了解情緒和它們如何生成，絕對至關重要。

＊　　　＊　　　＊

　　在本章一開始，你看到了一堆斑點、應用了一組概念，然後蜜蜂的影像就具體成形。這不是大腦玩的把戲，而是你的大腦一直在如何作用的展現：你主動地參與決定你看到什麼，即使多數時間你沒有察覺到自己在這麼做。僅從視覺輸入建構意義的這個歷程，同樣也為人類情緒的謎題提供解決之道。我在實驗室進行了數百次實驗、回顧了其他研究者做的上千個實驗之後，逐漸得出一個非常不直觀的結論，越來越多的科學家也得出相同結論。情緒不是從臉上向外發散，也不是從體內核心的漩渦發射出來，它們不是從大腦的特定部位發出。任何的科學創新，都無法奇蹟般地揭開任一情緒的生物指紋。那是因為，我們的情緒不是天生內建，等待我們去揭露。情緒是被**製造出來**，由**我們**製造出來。我們**不辨認**情

緒、也不**認出**情緒，我們**建構**自己的情緒經驗，如有需要，我們透過複雜的系統互動，當場建構對他人情緒的知覺。人類不是任憑虛幻的情緒迴路（深埋在高度演化大腦中的動物部分）擺佈：我們是自己經驗的創建者。

　　這些想法並不符合我們日常生活中的經驗，平時我們感受到的是情緒似乎像小炸彈突然爆發，把前一刻所想所做的一切破壞殆盡。同樣的，當我們看著他人的臉孔和身體時，用不著我們自己出力或輸入什麼，就會覺得臉和身體似乎在宣告主人有什麼感受，即使那個主人自己沒有察覺。此外，看著吠叫的狗和打呼嚕的貓時，我們似乎也偵測到牠們的情緒。然而，這些個人經驗不管看似多麼有說服力，都沒有顯示大腦如何製造情緒，就好像我們看到太陽橫越天空的經驗並不表示太陽繞著地球旋轉。

　　如果你才剛剛學習建構，那麼你對「情緒概念」、「情緒知覺」和「臉部形態」之類的想法大概還不太能接受。如果你希望真正了解情緒，想用符合當代演化和神經科學知識的方法了解，你就必須放棄某些根深柢固的思考方式。為了幫助你跟上腳步，我在下一章會給你一些建構的練習。我們也將更進一步探討有關情緒的著名科學發現，許多人認為是事實的這個發現，在過去50年間把傳統情緒觀點推上心理學的主導地位。而我們將從建構的觀點重新解析這個發現，看看肯定如何轉變成懷疑。準備好了嗎？我們即將出發！

---

27. 譯註：源自作家喬治‧歐威爾（George Orwell），他所寫的《1984》描繪一個未來世界的極權國家，由此歐威爾式衍生為極權獨裁的意思。

28. 「知覺存在於知覺者中」（perceptions exist within the perceiver）：相較之下，測量一個人偵測臉部肌肉運動的「準確性」有多高是可能的，因為這些運動能以電子測量，誠如你在第一章所見。另外參見印行中的Srinivasan et al.

第三章

普世情緒的迷思

　　請看一看圖3-1的照片，這位女性正在驚恐地尖叫。在西方文化出生成長的多數人，都能毫不費力地從她臉上看出這個情緒，即使照片中沒有其他的背景可循。

　　不過……她不是感到驚恐。這張照片實際上是在2008年美國網球公開賽的決賽中，小威廉絲（Serena Williams）打敗她的姐姐大威廉絲（Venus Williams）後立刻拍攝的。[1]

　　請翻到第326頁（附錄C）看看完整的照片。加上背景之後，臉部形態有了新的意義。

　　當你知道整個背景之後，小威廉絲的臉就在你眼前出現微妙的轉變，不是只有你會這樣。這是個相當常見的經驗。你的大腦如何完成這樣的切換呢？我使用的第一個情緒詞——「驚恐」，造成你的大腦模擬以前你曾看過人感到恐懼的臉

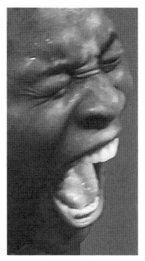

圖3-1：在這位女性的臉上知覺到驚恐。

部形態。你幾乎是不可能知道這些模擬，但它們卻形塑了你對小威廉絲的臉有何知覺。當我說明了照片的背景——贏得決定性的網球賽背景，你的大腦應用網球和勝利的概念知識，模擬了你曾看過人經歷狂喜的臉部形態。這些模擬再一次影響你如何知覺小威廉絲的臉。無論是哪種情況，你的情緒概念都幫助你從影像中製造意義。[2]

在現實生活中，我們遇到的臉通常有背景可循，除了連在身體上，另外還常伴隨聲音、氣味和周遭的其他細節。這些細節提示你的大腦利用特定的概念，模擬和建構你對情緒的知覺。這就是為什麼你從小威廉絲的完整照片中知覺到勝利的喜悅，而不是驚恐。事實上，每次你感受另一個人的情緒時，你都得**仰賴**情緒概念。你需要有「**悲傷**」概念的知識，才能把癟嘴看成悲傷；要有「**恐懼**」的知識，才能把瞪大眼睛視為害怕，其他情緒也如此。[3]

根據傳統觀點，你應該不需要概念就能知覺情緒，因為情緒本應具有普世的指紋，全世界的每個人從一出生就能辨認。[4] 但接下來你將看到完全相反的事。應用情緒建構理論、再加上一點點逆向工程，就能讓你了解「概念」確實是知覺情緒的關鍵原料。我們先從證明某些情緒是舉世皆然的最佳實驗技術開始：西爾萬‧湯姆金斯、卡羅爾‧伊扎德和保羅‧艾克曼使用的基本情緒方法（第一章）。然後，我們將系統性地減少受試者在實驗中可用的情緒概念知識的數量。如果他們的情緒知覺變得越來越弱，那就顯示概念是建構情緒知覺的關鍵原料。另外我們也將看到，情緒如何在某些狀況下能**看起來像**全世界都認得，自此，我們對於情緒如何生成將有更新、更好的了解。

＊　　　＊　　　＊

還記得嗎？基本情緒方法是設計來研究「情緒辨認」。在實驗的各個嘗試中，受試者觀看由受過訓練的演員仔細擺出表情的臉部照片，代表所謂的某種情緒表達：微笑表示快樂、橫眉表示生氣、癟嘴表示難過等等。

---

1. 「美國網球公開賽」（U.S. Open tennis finals）：關於類似的例子，請見Barrett, Lindquist & Gendron 2007。另外參見Aviezer et al. 2012。更多細節，請見heam.info/aviezer-1。

2. 「從影像中製造意義」（make meaning from the image）：麥格克效應（McGurk Effect）也會出現類似的現象，這個效應是當某人跟你說話時，你看見的（嘴巴動作）會影響你聽見的（你知覺的聲音），參見heam.info/mcgurk。

3. 「其他情緒也如此」（fearful, and so on）：你甚至需要一個人的知識，才能在不同的照片中辨認出這個人，參見heam.info/faces-4.

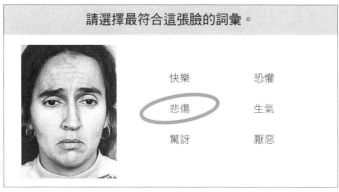

圖3-2：基本情緒方法：挑出符合這張臉的詞彙。

　　照片旁有一小組情緒詞，如圖3-2所示，受試者從中選出最符合這張臉的字詞。相同的字詞在各個嘗試中一再出現。基本情緒方法還有另一個版本：受試者從兩或三張照片中選出哪張臉最符合故事或短文，例如「她的母親剛過世，她覺得十分傷心」。

　　世界各地的受試者（德國、法國、義大利、英國、蘇格蘭、瑞士、瑞典、希臘、愛沙尼亞、阿根廷、巴西和智利）平均約有85%選擇預期的字詞或臉。文化跟美國相距較遠的國家，像是日本、馬來西亞、衣索比亞、中國、蘇門答臘和土耳其，受試者的臉部和字詞配對沒那麼好，大約有72%做出預期的反應。[5] 數以千計的科學研究使用這些發現，推論出全世界都認得臉部表情，因此表情的產生也是舉世皆然，即使在遙遠世界跟西方文明沒什麼接觸的人。最終，這些情緒「辨認」的發現在過去十幾年來一再被良好複製，致使情緒的普世性似乎有資格成為罕見無法攻破的科學事實之一。

　　重點是，普世法則有個惱人的習性，那就是失去自己的普世性。好比說，直到被相對論證明不是普世，牛頓的萬有引力定律才具有普世性。

　　我們把基本情緒方法稍稍做個改變，看看會發生什麼。將列出的情緒詞完全刪除。現在，受試者必須用他們知道的數十個（甚至數百個）情緒詞**自由標記**相同的照片（如圖3-3所示），而不是從少數幾個可能的情緒詞中選出一個反應（如圖3-2所示）。當我們這麼做時，受試者的成功率大大降低。在最初進行的前幾個自由標記研究中，有一個結果是受試者只有58%用預期的情緒詞（或同義詞）命名臉部表情，而在後續的研究中，結果甚至更低。[6] 事實上，如果問的是完全沒提到情緒的更中性問題（「什麼詞最能描述這個人的內心發生了什麼？」），表現

這個情緒是什麼？

按下麥克風的圖樣，大聲
說出你的答案。

圖3-3：刪除情緒詞的基本情緒方法。

更糟糕許多。

　　為什麼這樣小小的改變會造成如此大的差異呢？因為基本情緒方法使用的簡短情緒詞列表（名為「強迫選擇」〔forced choice〕的技術），對受試者而言根本是無意的作弊小抄。這些字詞不只限制了可能的選擇，還促使受試者為相應的情緒概念模擬臉部形態，讓自己準備好看到某些情緒、而非其他情緒。這個過程叫做「促發」（priming）。在你第一次看到小威廉絲的臉時，我用類似的方式促發你，也就是跟你說這位女性「正在驚恐地尖叫」。你的模擬會影響你如何將來自她臉上的感覺輸入分類，以看出有意義的表情。同樣的，看到情緒詞列表的受試者被相應的情緒概念促發（亦即，他們做出模擬），藉此將他們看見的臉部表情分類。感受他人情緒的關鍵原料是你的概念知識，而這個原料會被情緒詞召喚出來。也就是說，在數百個利用基本情緒方法的研究中，情緒詞可能主要負責產生看來像是普世情緒知覺的東西。[7]

　　自由標記減少了概念知識的原料，但是為數不多。在我自己的實驗室裡，

---

4. 「全世界的每個人從一出生就能辨認」（world can recognize from birth）：例如，Izard 1994.

5. 「平均約有85%」（of the time on average）：在基本情緒方法中，選擇預期的情緒詞被稱為「準確」，但其實用詞不當，參見heam.info/bem-1。「大約有72%」（about 72 percent of the time）：Russell 1994, table 2。參見heam.info/bem-2.

6. 「結果甚至更低」（the results were even lower）：參見例如Widen et al. 2011.

7. 「某些情緒、而非其他情緒」（certain emotions and not others）：參見heam.info/priming-1。這個過程被稱為促發，就像當有人說：「試著不要想白熊」，參見heam.info/wegner-1。「『正在驚恐地尖叫』」（screaming in terror）：關於模擬的精彩例子，請見Gosselin & Schyns 2003。「他們看見的臉部表情」（the posed faces they see）：這是我以前的研究生瑪麗亞‧詹德隆為她的碩士論文所做的研究（Gendron et al. 2012）。「利用基本情緒方法」（use the basic emotion method）：如果你倒著聽音樂，就能自己經驗這種促發，參見heam.info/stairway.

我們更進一步刪除所有的情緒詞,無論是文字或語言。如果情緒建構理論是正確的,那麼這樣小小的改變應該會大大地損害情緒知覺。[8] 在實驗的各個嘗試中,我們讓受試者看兩張並排、**不配文字**的照片(圖3-4),然後問他們:「這些人是否感到相同的情緒?」預期的答案只有「是」或「否」。這個臉部配對作業的結果相當顯著:受試者只有42%認出預期的配對。

接下來,我們的團隊再進一步減少原料。我們主動干擾受試者取用自己的情緒概念,作法是利用一個簡單的實驗技術。我們讓受試者一再重複一個情緒詞,例如「生氣」。最後,這個詞對受試者來說變成只是個聲音(「ㄕㄥˋㄑㄧˋ」),也就是在心理上斷絕了這個詞的意義。這個技術的效應是製造暫時的腦損傷,但絕對安全無虞,而且持續時間不到一秒。然後我們立刻讓受試者看兩張並排、不配文字的照片,如同先前的嘗試。他們的表現下降到慘烈的36%:將近有**三分之二的是/否判斷是錯的!**[9]

我們也測試了真正腦損傷的受試者,他們罹患一種名為「語意型失智症」(semantic dementia)的神經退行性疾病。這些患者難以記住字詞和概念,包括情緒的字詞和概念。

我們讓他們看36張照片:六位演員各自擺出六種不同的基本情緒臉部形態(微笑表示快樂、癟嘴表示難過、橫眉表示生氣、瞪大眼睛倒抽口氣表示恐懼、皺起鼻子表示厭惡,以及面無表情)。然後,患者以任何自己覺得有意義的方法,將這些照片分成幾堆。他們無法把所有橫眉的臉分進生氣那堆,也無法把所有癟嘴的臉分進難過那堆等等。這些患者反而只把照片分成正向、負向和中性三堆,這樣的安排僅僅反映愉快或不愉快的感受。[10] 我們現在有確鑿的證據證明,情緒概念是從臉上看出情緒的必要條件。

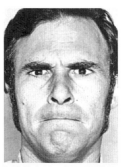

圖3-4:完全沒有文字的基本情緒方法。這兩張臉是否表現相同的情緒呢?

我們的發現，受到了幼童和嬰兒（他們的情緒概念還沒有發展完全）的研究支持。心理學家詹姆斯‧羅素（James A. Russell）和雪莉‧威登（Sherri C. Widen）進行的一系列實驗證明，兩歲和三歲的幼童在看基本情緒臉部形態時，無法自由地標記它們，除非等到他們對於「**生氣**」、「**難過**」、「**恐懼**」等擁有清楚的區別概念。這樣年幼的兒童，交替使用「傷心」、「發火」和「怕怕」之類的詞，就像情緒粒度低的成人。這並不是了不了解情緒詞的問題，因為即使當這些小孩學會情緒詞的意義，他們還是難以將兩張癟嘴的臉配對，不過他們很容易把癟嘴的臉配上「難過」這個詞。嬰兒的研究結果同樣顯著。例如，四到八個月大的嬰兒可以區辨微笑的臉與橫眉的臉。然而，事實證明，這種能力跟情緒本身無關。在這些實驗中，擺出快樂的臉有露出牙齒，而擺出生氣的臉則沒有，這才是嬰兒注意到的線索。[11]

從這一系列的實驗中（先是刪除情緒詞列表、然後使用不配文字的照片、接著暫時抑制情緒概念、然後測試再也無法處理情緒概念的腦傷患者，最後測試對情緒概念還沒有清楚定義的嬰兒），逐漸浮現出一個主題：隨著情緒概念越離越遠，人也越來越難辨認擺出的刻板印象理應展現的情緒。[12] 這樣的進展強烈證明，人只有在擁有相應的情緒概念時，才能看出臉上的情緒，因為需要知識來建構當下的知覺。

為了真正了解情緒概念的力量，我們的研究人員造訪某個遙遠的非洲文化，那裡的人不太知道西方的慣例和常態。

隨著全球化的腳步越來越快，像這樣孤立的文化也越來越稀有。我的博士生瑪麗亞‧詹德隆（Maria Gendron）前往非洲的納米比亞（Namibia），跟認知心理

---

8. 「大大地損害情緒知覺」（impair emotion perception even more）：這是我以前的研究生克莉斯汀‧林奎斯特為她的學士論文所做的研究（Lindquist et al. 2006）。

9. 「持續時間不到一秒」（lasts less than one second）：你可以用相同方式，讓自己的情緒概念暫時失效，參見heam.info/satiate-1。「是／否判斷是錯的」（yes/no decisions were incorrect）：受試者看待臉部照片的方式確實不同，端看實驗提供的情緒詞喚起他們的何種概念，參見heam.info/gendron-1.

10. 「自己覺得有意義」（that was meaningful to them）：Lindquist et al.2014。所有受試者都按照描繪的感受分類臉部照片，所有人也都確信，分在同一堆的人有完全相同的感受。這些患者也被要求按照演員分類，確保他們能了解和執行我們的指導語。「難過那堆等等」（sadness pile, and so on）：在其他實驗中，患者產生隨機幾堆，參見heam.info/dementia-1。「愉快或不愉快的感受」（pleasant versus unpleasant feeling）：我們在這個樣本中研究三位患者，參見heam.info/dementia-2.

11. 「情緒粒度低的成人」（who exhibit low emotional granularity）：Widen, 印行中，參見heam.info/widen-1。「嬰兒注意到的線索」（that infant picked up on）：Caron et al. 1985。這個現象被稱為「有齒」（toothiness），參見heam.info/teeth-1.

學家黛比・羅伯森（Debi Roberson）一起研究辛巴族（Himba）部落的情緒知覺。造訪辛巴族不是個簡單的任務。瑪麗亞和黛比先飛到南非，然後花了大約12小時的車程抵達位於納米比亞北部的奧普沃的基地營。[13] 黛比、瑪麗亞和翻譯從那裡又花了好幾個小時抵達接近安哥拉（Angola）邊境的各個村落。他們搭著越野車穿越叢林，一路上利用太陽和山脈作為地標。到了夜晚，他們睡在搭在車頂的帳篷，避開為數眾多的蛇和蠍子。我很遺憾無法加入他們，因此他們帶著衛星電話和發電機，好讓我們在一有訊號時就能通話。

辛巴族人的生活顯然一點也不西方。這裡的人主要生活在戶外以及用樹枝、泥巴和糞土建成的社區集合院。男人日夜都在照料牲畜，女人準備食物和照顧小孩，小孩則照料集合院附近的羊。辛巴族人說一種赫雷羅語（Otji-Herero）的方言，他們沒有使用書寫文字。

辛巴族人對研究團隊的反應相當低調。小孩顯得好奇，會在清早開始忙家務前在附近徘徊。有些婦女一開始不確定瑪麗亞是不是女性，由於她的穿著（從她們的觀點）像是男性，因此導致一些指責和訕笑。然而，男人心裡明白的很，因為曾有一次有個人向她求婚。瑪麗亞的納米比亞翻譯採取簡單的應對方法，他用赫雷羅語委婉地解釋，「瑪麗亞已經跟另一個擁有大槍的男人結婚。」

瑪麗亞使用36張擺出表情的照片，進行臉部分類的實驗。這個作法完全不需要仰賴語言，更別說是情緒詞，因此可以良好跨越文化和語言的障礙。我們用深膚色的演員製造一組照片，因為原始照片的西方臉孔特徵看起來不像辛巴族人。

圖3-5：瑪麗亞・詹德隆（右）正在跟納米比亞的辛巴族受試者進行實驗，他們坐在搭在卡車上的帳篷下。

誠如我們希望的，我們的辛巴族受試者立刻就了解作業，能夠根據演員自發地對臉孔進行分類。當我們要求他們根據情緒分類臉孔時，辛巴族人顯然與西方人大相逕庭。他們把所有微笑的臉都放在同一堆，多數瞪大眼睛的臉放在另一堆，但是接著把剩餘混成一團的臉分成好幾堆。如果情緒知覺是普世的，那麼辛巴族受試者應該把照片分成六堆。當我們要求辛巴族受試者自由標記各堆時，微笑的臉不是「快樂」（ohange）、而是「大笑」（ondjora）；瞪大眼睛的臉不是「恐懼」（okutira）、而是「觀看」（tarera）。換句話說，辛巴族受試者把臉部運動分類成行為，而不是指心智狀態或感受。總而言之，我們的辛巴族受試者沒有展現出普世情緒知覺的證據。由於我們在實驗中完全省略英文的情緒概念，因此這些概念應該是基本情緒方法為何看似能證明普世性的主要嫌疑犯。[14]

　　然而，還是有個謎題未解：另一組由心理學家迪薩‧莎泰（Disa A. Sauter）帶領的研究團隊，在幾年前造訪辛巴族，並且報告了普世情緒「辨認」的證據。莎泰和同事用發聲（笑聲、呼嚕聲、鼻息聲、嘆氣聲等）代替擺出表情的臉部照片，對辛巴族人進行基本情緒方法研究。在實驗中，他們提供簡短的情緒故事（翻譯成赫雷羅語），然後要求辛巴族受試者從兩個發聲中選出哪一個符合故事。辛巴族人的表現好得足以讓莎泰和同事推論，情緒知覺具有普世性。我們無法用不同組的辛巴族受試者複製這些結果，即使我們使用相同的翻譯和已發表的方法。瑪麗亞也要求另一組辛巴族受試者在沒有配合故事的情況下，自由地標記發聲，同樣的，只有笑聲如預期被分類（不過他們把聲音標記為「大笑」，而不是「快樂」）。[15] 問題來了，為什麼莎泰和她的團隊觀察到普世性，我們卻沒有

12.「擺出的刻板印象理應展現」（posed stereotypes are supposedly displaying）：相較於基本情緒方法的擺出表情照片，受試者在觀看情緒經驗期間的真實、自發性臉部運動時，表現更糟許多。幾乎沒什麼一致性（Crivelli et al. 2015; Naab & Russell 2007; Yik et al. 1998）。

13.「認知心理學家黛比‧羅伯森」（cognitive psychologist Debi Roberson）：Roberson et al. 2005。羅伯森已經證明，人們不會以普世的方式知覺顏色；關於顏色種類是否舉世皆然的更多內容，請見heam.info/color-1.「位於納米比亞北部的奧普沃」（in Opuwo, northern Namibia）：參見heam.info/himba-1.

14.「看起來不像辛巴族人」（didn't look like Himba tribes people）：麻州沒有任何辛巴族人，因此我們必須小心謹慎地構成這組照片，參見heam.info/himba-2.「剩餘混成一團的臉」（mixtures of the remaining faces）：Gendron et al. 2014b.「指心智狀態或感受」（inferring mental states or feeling）：Vallacher &Wegner 1987.「證明普世性」（to give evidence of universality）：在另一個實驗中，我們提供了情緒詞來引導分類作業。分好的各堆，看來稍微更像我們用基本情緒方法得到的結果，但並非明顯如此。參見Gendron et al. 2014b.

15.「擺出表情的臉部照片」（of photos of posed faces）：Sauter et al. 2010。莎泰的程序步驟可在heam.info/sauter-1看見。「情緒知覺具有普世性」（that emotion perception was universal）：其他幾個研究複製了莎泰等人的發現（Laukka et al. 2013; Cordaro et al. 2016）。「而不是『『快樂』」（rather than "happy"）：Gendron et al. 2014a. 更多細節，請見heam.info/himba-3.

呢？

　　2014年底，莎泰和她的同事無意中解答了這個謎團。他們透露，他們的實驗有一個步驟沒有發表在原始的論文裡，而這一步卻富含了概念知識。辛巴族受試者在聽到情緒故事之後、但在聽到任何一對聲音以前，他們被要求描述故事中的主角有什麼感受。為了幫助他們進行這個作業，莎泰和同事「讓受試者聽好幾次錄好的特定故事（如有需要），**直到他們可以用自己的話解釋故事想傳達的情緒。**」每當辛巴族受試者描述的不是英文的情緒概念時，他們就被否決，並被告知再試一次。無法說出預期描述的受試者，參加實驗的資格就被取消。實際上，辛巴族受試者在**學會**相應的英文情緒概念以前，不被允許聽到任何聲音，更別說是選出一個符合故事的聲音。試圖複製莎泰和同事的實驗時，我們只用他們論文發表的方法，沒有加上這個未報告的額外步驟。因此，我們的辛巴族受試者沒有機會在聽到聲音以前，學習英文的情緒概念。[16]

　　我們的實驗方法，還有一點跟莎泰和同事使用的方法不同。一旦辛巴族受試者能順利地解釋情緒概念（在此先假定是難過），莎泰的團隊就會播放兩個聲音（例如哭聲和笑聲），讓受試者從中選擇哪一個更符合難過。接下來，受試者會聽到更多對聲音，**每一對都包含哭聲**，或許是哭聲和嘆氣聲，然後是哭聲和尖叫聲等等。受試者從每一對聲音中，選出一個更符合難過的聲音。[17]即使辛巴族受試者在前幾次的嘗試中對哭聲和難過之間的連結沒有自信，但他們到最後肯定會有自信。我們的實驗避開了這個問題。在各個嘗試中，瑪麗亞會先唸故事（透過翻譯），然後呈現一對聲音，接著讓受試者選擇最符合的聲音。各個嘗試以隨機出現（例如，難過的嘗試後接著生氣的嘗試，再接著快樂的嘗試等等），這是這類實驗避免學習效應的標準作法。結果我們沒有看到普世性的證據。

　　有個情緒種類的知覺似乎能不受情緒概念影響：快樂。無論使用什麼實驗方法，許多文化裡的人都同意微笑的臉和笑聲表達快樂。因此，「**快樂**」或許是最接近有普世表達的普世情緒種類。或者它可能沒有。首先，「**快樂**」通常是基本情緒方法使用的測試中，唯一的愉快情緒種類，因此受試者能輕易地將它跟負面的種類區分開來。另外也請考慮這個有趣的事實：歷史紀錄暗示，古羅馬人在開心時不會自主地微笑。拉丁文中根本不存在「微笑」這個詞。微笑是中世紀的發明，而露齒的開朗微笑（眼尾同時擠出紋路，艾克曼將之命名為「杜鄉的微笑」[18]）直到18世紀才開始流行，因為牙醫變得更普及且負擔得起。古典學家瑪麗・畢

爾德（Mary Beard）總結了之間的細微差異：

> 不是說羅馬人從未揚起嘴角，形成我們看起來很像微笑的模樣，他們
> 當然會這樣。但在羅馬，這樣的弧度在各式各樣重要的社會和文化姿勢中
> 並沒有太大意義。相反的，其他（可能對我們的意義不大）的姿勢承載了
> 更多的重要性。

或許在過去數百年間的某個時候，微笑變成了象徵快樂的普世、刻板姿勢。[19]
亦或者⋯⋯或許快樂微笑完全就不是舉世皆然。[20]

＊ ＊ ＊

情緒概念是基本情緒方法得以成功的背後神秘原料。這些概念，使得某些臉部形態看似全世界都能認出是表達什麼情緒，但事實上並非如此。相反的，我們對彼此情緒的知覺，都是由我們自己建構出來。我們將自己的情緒概念應用到他人運動的臉和身體，以此知覺對方是快樂、難過，或是生氣。我們同樣把情緒概念應用到發出的聲音，以此建構聽到情緒聲音的經驗。我們模擬的速度快到察覺不出情緒概念在作用，因此就我們看來，情緒好像是從臉部、聲音或任何其他身體部位播放出來，我們只不過是偵測它們。

此時，你該問問一個絕對合理的問題：我的同事跟我何以敢大膽主張，我們為數不多的實驗能反駁上百個證明全世界都認得情緒表達的其他實驗呢？舉例來說，心理學家達契爾・克特納（Dacher Keltner）估計，「有不計其數的資料點

---

16. 「故事中的主角有什麼感受」（in the story was feeling）：「所有受試者在聽完各個故事後，都被問到主角有什麼感受，以便確保受試者已正確地了解故事」（Sauter et al. 2015, 355）。莎泰等稱這個額外的步驟為「操弄檢測」，參見heam.info/himba-4。「用自己的話」（in their won words）：Sauter et al. 2015, 355. 「相應的英文情緒概念」（corresponding English emotion concepts）：Gendron et al. 2014a.

17. 「更符合難過」（the better match for sadness）：辛巴族受試者「在他們繼續進行這個故事的實驗嘗試以前，必須用自己的話解釋故事想傳達的情緒」（Sauter et al. 2015, 355）。也就是說，所有嘗試一個緊接著一個進行，這是科學家所謂的「區塊」嘗試（"block" of trials），參見heam.info/himba-4。

18. 譯註：Duchenne smile，不受意志控制的眼輪匝肌會讓我們的眼睛瞇起，進而使眼睛中心位置露出微笑線。艾克曼稱之為杜鄉的微笑，是為了紀念1862年首度發現這條肌肉的神經學家杜鄉（Guillaume Duchenne）。

19. 擁護傳統觀點的人可能認為，在牙醫學出現以前，人們因為社會不允許而壓抑了天生的快樂微笑。

20. 「中世紀的發明」（invention of the Middle Ages）：Trumble 2004, 89。「變得更普及且負擔得起」（become more accessible and affordable）：Jones 2014。「『承載了更多的重要性』」（"heavily freighted with significance"）：Beard 2014, 75。另外參見heam.info/simle-1。「快樂的微笑完全就不是舉世皆然」（happiness is simply not univesal）：微笑在不同文化有不同的意義（Rychlowska et al. 2015），參見heam.info/smile-2.

（data points）符合艾克曼的觀點。」[21]

答案是，這些實驗不計其數，大多都使用基本情緒方法，而你剛剛已經看到，這個方法偷偷藏著有關情緒的概念知識。如果人類真的天生具有辨認情緒表達的能力，那麼刪除方法中的情緒詞應該沒有什麼關係……但確實有關係，每一次都有關係。毫無疑問地，情緒詞在實驗中有強大的影響力，所以使用基本情緒方法**進行的每一個研究**，結論都應該立刻受到質疑。[22]

至今，我的實驗室已兩次遠征納米比亞，還有一次遠征坦尚尼亞（造訪名為哈德薩〔Hadza〕的狩獵採集族群），這幾次都得到一致的結果。社會心理學家荷西－米格爾‧費南德茲－多爾斯（José-Miguel Fernández-Dols）也在新幾內亞特羅布里恩群島的一個孤立文化中複製了我們的結果。[23] 因此，現在科學對於「不計其數的資料點」有合理的另一種解釋。基本情緒方法本身引導人建構出西式情緒的知覺。也就是說，情緒知覺不是與生俱來，而是建構生成。

如果進一步探討1960年代的原始跨文化實驗，你會隱約發現，基本情緒方法內含的概念元素就是結果出現普世表象的幕後推手。在受試者來自遙遠文化的七個案例中，使用基本情緒方法的四個案例提供了普世性的強力證據，但其餘三個使用自由標記的案例沒有提出普世性的證據。這三個相反的案例，從未發表在同儕審查的期刊，只出現在書本的章節（學術界中較少的出版形式），而且很少被引用。因此，證實普世性的四個案例被譽為研究潛在人類天性的重大突破，並且為緊接下來的大批研究奠定基礎。數以百計的後續研究都採用強迫選擇的基本情緒方法，實驗對象也大多接觸過西方文化的慣例和常態，這些研究全都因為實驗設計才得出普世性，卻依舊聲稱它就是事實。[24] 這點說明了為什麼現今許多科學家和大眾，從根本上誤解科學觀點所謂的「情緒表達」和「情緒辨認」是什麼。

如果有人從這些原始的研究得出不同的結論，那今日的情緒科學看起來會像什麼呢？仔細想想艾克曼第一次造訪新幾內亞的法雷部落時所做的描述：

> 我請他們針對各個臉部表情（以照片呈現）編出一個故事。「請跟我說說，現在發生什麼、之前發生什麼讓這個人出現這個表情，以及接下來會發生什麼。」這對他們是件十分艱難的事。我不確定是因為翻譯過程，還是因為他們不知道我想聽到什麼、或為什麼我希望他們這麼做。或許法雷人就是不會編造有關陌生人的故事。

　　艾克曼或許是對的，但也有可能是法雷人不了解或不接受臉部「表情」的概念——企圖以一組臉部運動釋放的內在感受。並非所有文化都把情緒理解成內在的心智狀態。舉例來說，辛巴族和哈德薩族的情緒概念看似比較著重於動作。某些日本的情緒概念也是如此。密克羅尼西亞（Micronesia）的依伐露族（Ifaluk）把情緒視為人與人之間的交易。[25] 對他們來說，生氣不是感到盛怒、板起臉孔、揮動拳頭或大聲咆哮等一個人做出的舉動，而是兩個人參與演出有著共同目標的戲劇（如果你願意，也可以說是舞蹈）。在依伐露族的觀點裡，生氣沒有「住在」任何一個參與者的內心。

　　探究基本情緒方法的歷史和發展時，你會發現，從科學角度可以做出多的不得了的批評。20多年以前，心理學家詹姆斯・羅素就列舉出許多問題。[26] 同時也別忘了，「六種基本臉部表情」並不是科學發現，而是創建基本情緒方法的西方人訂定它們、演員擺出它們，然後依循它們建立起一門科學。這些特定的臉部姿態沒有已知的效度，而使用更客觀方法（像是臉部肌電圖和臉部編碼）的研究也找不到證據證明，人在真實生活中出現情緒時會例行地做出這些運動。即便如此，科學家還是繼續使用基本情緒方法。畢竟，這個方法產生的結果相當一致。

　　每當一個科學「事實」被推翻，就會帶來一個新的發現途徑。物理學家阿爾伯特・邁克生（Albert Michelson）因為反證亞里斯多德的猜想，也就是光經由一種名為「乙太」的假想物質穿越真空，在1907年獲得諾貝爾獎。[27]

　　他的偵測研究為愛因斯坦的相對論奠定基礎。而我們的例子是，我們對普世情緒的證據產生實質的懷疑。它們只**在某些特定條件下看似**普世：當你有意無意

21. 「『符合艾克曼的觀點』」（that conform to Ekman）：Fischer 2013.

22. 「使用基本情緒方法」（used the basic emotion method）：在沒有使用基本情緒方法的實驗中，世界各地的人都能知覺愉快和不愉快的感受，參見heam.info/valence-2.

23. 「新幾內亞特羅布里恩群島」（Trobriand Islands in New Guinea）：Crivelli et al. 2016.

24. 「提供了普世性的強力證據」（provided strong evidence for universality）：相關總結，見Russell 1994; Gendron et al. 2014b.「依舊聲稱它就是事實」（still claiming it as fact）：若想得知關鍵條件，請見Norenzayan & Heine 2005.

25. 「『法雷人就是不會』」（something the Fore didn't do）：Ekman 2007, 7。「一組臉部運動」（a set of facial movements）：這要歸功於社會心理學家羅伯特・札瓊克（Robert Zajonc），他指出了「表達」（expression）這個詞暗藏的假設。「某些日本的情緒概念」（of certain Japanese emotion concetps）：參見heam.info/japanese-1的例子。「把情緒視為人與人之間的交易」（emotions as transactions between people）：Lutz 1980; Lutz 1983.

26. 「列舉出許多問題」（catalogued many of the concern）：Russell 1994.

27. 「名為『乙太』的假想物質」（hypothetical substance called luminiferous ether）：Firestein 2012, 22.

地給人一丁點有關西方情緒概念的訊息時。這些和其他類似的觀察，為你接下來將看到的新的情緒理論奠定基礎。因此，湯姆金斯、艾克曼和他們的同事確實促成了卓越驚人的發現，只不過並不是他們預期的發現。

許多採用基本情緒方法的跨文化研究，彰顯了另一件令人振奮的事：跨越文化界線教授情緒概念（即使是無意地教）或許不太困難。像這樣全球性的理解，或許極其有益。如果海珊同父異母的哥哥了解美國人的生氣情緒概念，或許他就能知覺到美國國務卿詹姆斯・貝克（James Baker）的憤怒，這樣可能有機會避免與美國之間的波斯灣戰爭，拯救成千上萬的生命。

既然情緒概念很容易不小心就學會，那麼在文化研究中使用西方的情緒刻板印象也很危險。例如，有個進行中的系列研究叫「普世情緒表達計畫」（Universal Expressions Project），這項研究計畫試圖提出證據，證明什麼是普世的臉部、身體和聲音的情緒表達。[28] 到目前為止，他們已經確認「世界各地大約30種臉部表情和20種聲音表達非常相似」。問題在於，這項研究計畫使用的是基本情緒方法，因此它用了無法提供這類證據的工具來調查普世性。（此外，他們也請受試者擺出他們**相信**是自己文化中的情緒表達，但這跟情緒出現期間觀察到的實際身體運動不是同一回事。）更重要的是，如果研究計畫達到預定目標，世界上的每一個人都可能因此學會西方的情緒刻板印象。

長遠來看，依舊贊同基本情緒方法的科學家，很有可能幫忙創造他們相信自己正在發現的普世性。

回到美國境內來看，如果人們相信光靠臉就能表現情緒，那有可能導致嚴重的錯誤，造成破壞性的後果。其中一個案例是，這樣的信念改變了美國總統大選的路線。在2003到2004年間，佛蒙特州的州長霍華・迪安（Howard Dean）尋求民主黨的總統提名，但最終獲得提名的是麻薩諸塞州的參議員約翰・凱瑞（John Kerry）。選民在那段期間看到許多負面的競選活動，其中最誤導人的一個例子是迪安在一場演講中拍攝的影片。

在廣為流傳的某個片段中，只出現迪安的臉，沒有任何背景，影片中的他看起來相當憤怒。但如果你看完整部影片，就會明顯看到迪安沒有被激怒、只是相當興奮，滿懷熱情地激勵群眾。這個片段在新聞中不斷播放，四處傳播，最終導致迪安退出競賽。我們只能好奇，如果觀眾在看到這些誤導的影像時已了解情緒如何生成，那會發生什麼事呢？

＊　　　＊　　　＊

　　有些科學家在建構論取向的引導下，繼續複製我的實驗室在其他文化的發現（來自中國、東非、美拉尼西亞〔Melanesia〕和其他地區的資料在我寫書時看起來大有可為）。隨著他們的研究進行，我們也在加速情緒的典範轉移，持續發展出超越西方刻板印象的新理解。最終，我們可以拋開像這樣的問題：「你如何能準確地辨認恐懼？」轉而研究人在恐懼時，實際做出的各種臉部運動。我們也能嘗試了解，為什麼人在一開始會持有臉部形態的刻板印象，以及它們的價值可能是什麼。

　　基本情緒方法形塑了這門科學的樣貌，也影響了大眾對情緒的了解。成千上萬的科學研究都主張情緒具有普世性。暢銷書籍、雜誌文章、廣播節目和電視節目若無其事地假設，每個人都製造和認得表達情緒的相同臉部形態。遊戲和書籍都在教學齡前兒童這些據稱是普世的情緒表達。國際間的政治和商業談判策略，同樣是根據這個假設。心理學家利用類似的方法，評估和治療心理疾病患者的情緒缺失。市面上越來越多讀懂情緒的小道具和應用程式也假設情緒有普世性，就好像情緒可以在沒有背景脈絡的情況下從臉或身體改變的模式讀出，就跟讀懂書裡的文字一樣簡單。花在這些努力上的時間、金錢和精力，多到令人難以置信。但如果普世情緒根本不是事實，那該怎麼辦呢？

　　如果它證明的完全是別的東西……也就是我們利用概念形塑知覺的能力，那又該怎麼辦呢？這就是情緒建構理論的核心：不仰賴普世的情緒指紋，對於人類情緒之謎的另一種全面解釋。接下來的四章，我們將深入探討情緒建構理論的細節，以及支持這個理論的科學證據。

---

28. 「臉部、身體和聲音」（in the face, body, and voice）：這個計畫始於一位大膽的年輕心理學家大衛・科達羅（David Cordaro），參見heam.info/cordaro.

第四章

感受的起源

回想一下上次你沉浸在愉悅的時刻。我指的不一定是性愉悅，而是指日常的喜悅：凝視著耀眼的日出、在你熱得滿身是汗時啜飲一杯冰水，或在惱人的一天結束時享受片刻的寧靜。

現在，請回想相反的不愉快感受，像是上次你感冒生病的時候，或在跟好朋友拌嘴不久之後。愉快和不愉快感受的性質完全不同。我們可能不同意特定的物體或事件產生的是愉快或不愉快（例如，我覺得核桃很美味，但我的丈夫稱它們為違反自然的過錯），但原則上，我們每個人都能區辨兩者的差異。這些感受是普世的（即使像快樂和生氣這類的情緒不是），它們像水流般流過你生命中每一個醒著的時刻。[1]

單純的愉快和不愉快感受，來自內在進行中名為「內感」（interoception）的過程。內感是大腦表現所有來自內臟和組織、血液中荷爾蒙，以及免疫系統的感覺。[2] 請想一想，此時此刻你的體內正在發生什麼。你的內部正在運作：你的心臟送出血液，急速通過你的靜脈和動脈；你的肺臟時而充滿、時而排空氣體；你的胃消化食物。這個內感活動，產生了全面性的基本感受，從愉快到不愉快、從平靜到緊張不安，甚至是完全中性。

事實上，內感是情緒的核心原料之一，就像麵粉和水是麵包的核心原料，但來自內感的這些感受，比喜悅和難過之類的情緒經驗單純許多。在本章，你將看到內感如何作用，以及它如何促成情緒經驗和知覺。首先，我們需要一點點關於大腦的一般背景知識，以及它如何編列身體的能量預算好讓你好好活著。有了這些知識後，你會比較容易了解內感的精要，也就是感受的起源。接下來，我們將看到內感對你日常的想法、決定和行動有什麼出乎意料的驚人影響。

你是否向來是個冷靜的人，總是一片安詳地不受外界干擾，也不被人生的變幻無常影響；或者你是個反應比較大的人，動不動就進入極苦或狂喜的境界，周

遭任何微小的改變都很容易觸動你；亦或者你介於兩者之間。內感背後基於大腦串連的科學，將會幫助你用新的眼光看待自己。它也將會證明，你不是任由情緒擺佈，讓不請自來的情緒控制你的行為。你是這些經驗的創建者，你的情緒河流或許感覺像是流經你的全身，但實際上你才是這條河的源頭。

＊　　　＊　　　＊

　　人類歷史上的多數時間，即使是學識最淵博的人，還是嚴重低估人類大腦的才能。這不令人意外，因為你的大腦只佔整個身體質量的2%，看起來像是一團灰色凝膠。古埃及人還把腦視為無用的器官，法老死去後會從鼻子把腦掏出來。

　　然而，大腦終究贏得它應有的心智地位，但它卓越的能力，還是沒有得到足夠的讚譽。過去，大腦部位被認為主要是「做出反應」，多數時間是在休眠，只有當外界的刺激進入時才醒來激發。這種刺激—反應的觀點，相當簡單且直觀，事實上，肌肉裡的神經元就是以這樣的方法作用：一動不動地等著，直到刺激出現時才激發，做出肌肉細胞反應。因此科學家假設，大腦裡的神經元以類似的方法運作。[3] 當一條巨大的蛇滑經你走的路時，這種刺激被認為會發起大腦裡的連鎖反應。感覺區的神經元會激發，造成認知或情緒區的神經元激發，接著造成運動區的神經元激發，然後你做出反應。傳統情緒觀點是這種思維代表：當蛇出現的時候，大腦中平常處於「關閉」狀態的「恐懼迴路」理應會切換成「打開」，造成你的臉和身體出現改變。你瞪大眼睛，驚聲尖叫，一路逃跑。

　　刺激—反應觀點雖然直觀，卻造成誤導。在你的大腦中，彼此連結成龐大網絡的860億個神經元從來沒有休眠，而是等待著被啟動。你的神經元永遠都在相互刺激，有時一下子有好幾百萬。只要有足夠的氧氣和營養，這些名為「內在大腦活動」（intrinsic brain activity）的龐大刺激串接，會從出生一直持續到死亡。[4] 這

---

1. 「和不愉快感受的性質完全不同」（and displeasure feel qualitatively different）：愉快和不愉快就像是第六感，參見heam.info/pleasure-1。「生命中每一個醒著的時刻」（waking moment of your life）：受到研究的每一種人類語言，都有「感到很好」和「感到糟糕」的字詞（Wierzbicka 1999）。在各種人類語言中的字詞，也都隱含著好和壞（Osgood et al. 1957）。像這樣的發現，使得心理學家羅素等主張，正負效價和喚起程度的屬性是舉世皆然（Russell 1991a）。參見heam.info/pleasure-2.
2. 「以及免疫系統」（and your immune systme）：你的身體是一系列令人費解的「系統」，參見heam.info/system-1.
3. 「以類似的方法運作」（the brain operated similarly）：這個類比的根扎地很深，參見heam.info/stimulus-1.
4. 「等待著被啟動」（awaiting a jump-start）：Walløe et al. 2014，參見heam.info/neurons-1。「會從出生一直持續到死亡」（continue from birth until death）：例如，Llinás 2001; Raichle 2010; Swanson 2012.

種活動截然不同於外界觸發的反應，更像是呼吸，整個過程都不需要外界催化。

　　大腦的內在活動不是隨機，而是由始終一起激發的神經元集合——名為「內在網絡」（intrinsic network）構成。這些網絡的運作方式有點像是球隊。球隊裡有一批球員，在任一特定時刻，有些球員在場上而其他球員坐在場外，等待需要時隨時上場。同樣的，內在網絡有一批可用的神經元，每當網絡執行自己的工作時，其中幾組神經元同步激發，填滿團隊中每一個必要的位置。你可能認出這種表現就是簡並性，因為在網絡中，不同組的神經元會產生相同的基本功能。內在網絡被認為是神經科學在過去10年來最偉大的發現之一。[5]

　　或許你很好奇，除了讓你的心臟繼續跳動、肺臟繼續呼吸，還有其他內部功能順暢地運作之外，這樣持續的內在活動究竟要達成什麼。事實上，內在大腦活動也是夢、白日夢、想像、幻想和胡思亂想的起源，我們在第二章將它們統稱為模擬。[6] 最終它也會產生你經驗的每個感覺，包括你的「內感感覺」（interoceptive sensation），也就是最基本的愉快、不愉快、緊張不安和平靜感受的起源。

　　為了了解箇中原因，我們暫時先從大腦的角度出發。就像製成木乃伊的古埃及法老，大腦永無止盡地被禁錮在無聲的黑暗盒子裡，無法出來直接享受世界的驚奇美好。大腦只能透過變成景象、聲音和氣味等等的光、振動和化學物質所帶來的訊息片段，知道外面的世界正在發生什麼。你的大腦必須解出這些閃光和振動的意義，主要的線索是你的過去經驗，它在這個神經連結的巨大網絡中將線索建構成模擬。你的大腦已經知道，單一的感覺線索（像是轟然巨響）可能有許多不同的成因：門被甩上、氣球爆破、大聲鼓掌、槍擊等等。大腦只根據各自在不同背景脈絡下的可能性，辨別不同成因的哪一個最相關。大腦會問，考慮到**這個特定情境**及其伴隨的景象、氣味和其他感覺，過去經驗的哪種組合最符合這個聲音？[7]

　　此外，因為只有過去的經驗可供引導，所以受困在頭骨裡的大腦會做出「預測」（prediction）。[8] 我們通常認為，預測是關於未來的陳述，像是「明天將會下雨」、「紅襪隊將會贏得世界大賽」或「你將會遇到一個又黑又高的陌生人」。然而，在此我把焦點放在微觀層次的預測，也就是彼此交談的數百萬個神經元。這些神經對話，試著預期你將經驗的每一個景象、聲音、氣味、味道和觸摸片段，以及你將採取的每一個行動。這些預測，是你的大腦對你周遭世界正在發生什麼，以及該如何處理好讓你繼續好好活著的最佳猜測。

　　在腦細胞的層次，預測的意思是不需要任何外界刺激，這裡的神經元（在大腦的這個部分）就可以微調那裡的神經元（在大腦的另一個部分）。內在大腦活動是永無止境的無數預測。

　　你的大腦透過預測，建構出你經驗的世界。大腦結合過去的零碎片段，估計每一小片應用到當前情境的機率。在你模擬第二章的蜜蜂時就發生這個情況，一旦你看過完整的照片，你的大腦就有了新的經驗可供使用，因此它能立刻從這些斑點中建構出蜜蜂。此時此刻，在你閱讀每個字的同時，你的大腦也在預測下一個字是什麼，根據的是從你一生的閱讀經驗中得出的機率。簡而言之，你的大腦剛剛預測了你此刻的經驗。預測是人類大腦的基本活動，因此有些科學家視它為大腦的主要運作模式。[9]

　　預測不只是預期來自頭骨外的感覺輸入，也對輸入做出**解釋**。我們可以做一個快速的思考實驗，以此了解預測如何作用。張開眼睛想像一顆紅蘋果，就像你在第二章所做過的。如果你跟多數的人一樣，你應該能輕易地在心眼中召喚出紅紅、圓圓物體的飄忽影像。你會看到這個影像的原因是，視覺皮質的神經元改變了它們的激發模式來模擬蘋果。如果此時你正在超市的水果區，相同的這些神經元激發就是視覺預測。[10] 你在那個背景（超市走道）的過去經驗，讓你的大腦預測你會看到蘋果，而不是紅色的球或小丑的紅鼻子。一旦預測被真實的蘋果確認，預測實際上已把視覺感覺解釋成一顆蘋果。

---

5. 「名為『內在網絡』」（called intrinsic networks）：Yeo et al. 2011。這些網路有些從你出生時就在你的腦中，其他則在出生後的前幾年，隨著你跟物理和社會環境的互動而發育（例如，Gao et al. 2009; Gao, Alcauter et al. 2014; Gao, Elton et al. 2014）。「產生相同的基本功能」（producing the same basic function）：Marder & Taylor 2011; Marder 2012。考慮功能最好是在網路層次，而不是在模組／樞紐層次。參見heam.info/network-1。「過去10年來最偉大的發現之一」（discoveries of the past decade）：參見heam.info/intrinsic-1。

6. 「在第二章將它們統稱為模擬」（called simulation in chapter 2）：內在活動也稱為預設模式活動和休息狀態，參見heam.info/resting-1。

7. 「無聲的黑暗盒子裡」（a dark, silent box）：這個觀察稍微不同於佛瑞德‧瑞奇（Fred Rieke，Rieke 1999）和其他人提出的觀察，認為大腦本身是個只能觸及自己狀態的黑盒子。「氣味和其他感覺」（smells, and other sensations）：Bar 2007。

8. 「大腦會做出『預測』」（your brain makes predictions）：Clark 2013; Hohwy 2013; Friston 2010; Bar 2009; Lochmann & Deneve 2011。

9. 「大腦的主要運作模式」（brain's primary mode of operation）：記憶以類似的方式作用，參見heam.info/memory-1。

10. 「也對輸入做出解釋」（skull but explain it）：Clark 2013; Hohwy 2013; Deneve & Jardri 2016。「就是視覺預測」（would be a visual prediction）：如果你能嘗一嘗蘋果（是酸還是甜？），那麼味覺皮質的神經元會把激發模式改變成味覺預測。如果你聽到咬一口蘋果的清脆聲，並且感到汁液流經下巴，那麼聽覺皮質和體感皮質的神經激發也改變成聽覺和體感預測。

如果你的大腦完美地預測，比如說在你偶然看到旭蘋果[11]時預測旭蘋果，那麼視網膜捕捉的真實蘋果視覺輸入**沒有**預測以外的**新訊息**。視覺輸入僅僅是證實預測是對的，因此輸入在腦中不需要跑得更遠，視覺皮質裡的神經元在它們應該激發時就已激發。這種有效的預測過程，是你的大腦天生下來行走世界和弄懂世界的預設方法。大腦產生預測，知覺和解釋你所見、所聽、所嘗、所聞和觸摸的一切。

你的大腦也用預測啟動身體的運動，像是伸手去拿蘋果或匆匆逃離那條蛇。這些預測，在你出現任何的意識覺察或運動身體的意圖前就發生。神經科學家和心理學家將這個現象稱為「自由意志的錯覺」。「錯覺」的說法有點用詞不當，你的大腦並不是背著你偷偷行動。你**就是**你的大腦，整串事件的原因是大腦的預測能力。會用「錯覺」這個詞，是因為運動**感覺起來**好像是兩步驟的過程（先是決定，然後動作），但事實上，在你覺察運動的意圖以前，你的大腦就發出運動預測來動動你的身體。[12]甚至在你實際上遇到蘋果（或蛇）以前，大腦就發出預測！

如果你的大腦僅僅只是反應，就會太沒效率，無法讓你好好活著。你身處在感覺輸入不斷來襲的世界。在醒著的每時每刻，人類視網膜傳輸的視覺資料就跟滿載的電腦網路連線一樣多，除此之外，還要乘上其他的感覺輸入。只是反應的大腦遇到這樣的任務就會變得卡卡的，像是你的網路連線在太多鄰居用網路看電影時那樣。從代謝的角度來看，只是反應的大腦未免太過奢侈，因為需要的相互連結多過它能維持的。[13]

演化為了有效預測，**名符其實地串連起**你的大腦。就拿視覺系統的串連來說，請看圖4-1，圖中呈現你的大腦如何做出遠超過它接收的視覺輸入的預測。

請仔細想想這是什麼意思：世界上發生的事（例如在你腳邊滑行的蛇）僅僅是**調準**你的預測，大概就像你的呼吸受到運動調節。此時此刻，在你閱讀這些文字和了解其中含義時，每一個字幾乎不會擾亂你龐大的內在活動，它們不過像是躍過滾滾海浪的小小石頭。在腦部造影的實驗中，當我們讓受試者看照片或請他們執行作業時，我們測量到的信號只有一小部分是出於照片和作業，多數的信號是代表內在活動。[14]你或許認為，你對世界的知覺，受到世界上發生的事所驅動。但實際上，你的預測早已決定它們，然後對照預測，檢驗這些小小跳躍石頭般的感覺輸入。

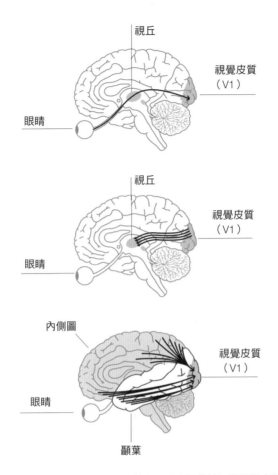

圖4-1：你的大腦內含完整的視野地圖。其中一張地圖位於初級視覺皮質，名為V1。
如果你的大腦只是對擊中視網膜後經過視丘行進到初級視覺皮質（V1）的光
波反應，那麼大腦應該有許多神經元把視覺訊息帶到V1。但這些神經元比預
期少得多（上），而往另一個方向前進的投射——把視覺預測從V1帶到視丘
——有十倍之多（中）。同樣的，所有進入V1的連結（下）有90%攜帶來自
皮質其他部分的神經元的預測，只有很少數攜帶來自外界的視覺輸入。[15]

11. 譯註：McIntosh apple，蘋果品種，原產自加拿大，蘋果電腦的名稱即是由此而來。
12. 「運動身體的意圖」（intent about moving your body）：Wolpe & Rowe 2015。「『自由意志的錯覺』」：關於
自由意志的錯覺方面的有趣書籍，請見heam.info/free-1.
13. 「就跟滿載的電腦網路連線一樣多」（connection in every waking moment）：Koch et al. 2006。來自外界抵達
大腦的感覺輸入並不完整，參見heam.info/vision-1。「相互連結多過它能維持」（interconnections than it could
maintain）：Sterling & Laughlin 2015; Balasubramanisn 2015.
14. 「信號是代表內在活動」（the signal represents intrinsic activity）：Raichle 2010。這種內在活動相當消耗代謝，
參見heam.info/expensive-1.
15. 「只有很少數」（Only a small fraction）：在下圖中，箭頭並不打算暗示預測是從單一神經元被帶到V1。關於
這個例子的更多細節，請見hem.info/vision-2.

你的大腦透過預測和訂正，持續製造和修改世界在你心中的模型。這個持續不斷的巨大模擬，建構出你知覺的每事每物，同時決定你如何行動。然而，預測並非永遠正確，比較過實際的感覺輸入後，大腦必須做出校正。有時，躍過的小石頭大到足以激起水花。請想一想這個句子：

> 很久很久以前，在一個遠在天邊的神秘王國裡，住著一位流血身亡的美麗公主。

你有沒有發現「流血身亡」這四個字出乎意料呢？那是因為你的大腦根據自己貯存的童話故事知識做出錯誤的預測，也就是它犯了**預測失誤**，然後根據這四個字──一些跳躍石頭般的視覺訊息──瞬間校正它的預測。

當你把陌生人的臉誤認為你認識的某個人時，或當你踏出機場的電動步道因步伐改變而感到訝異時，也發生了相同的過程。你的大腦藉由比較預測和實際的感覺輸入，迅速計算預測失誤，然後快又有效減少預測失誤。舉例來說，你的大腦可能改變預測：這個陌生人看起來跟你的朋友不同；電動步道已經走到盡頭。

預測失誤不是問題，而是大腦在接受感覺輸入時，操作說明的正常部分。若是少了預測失誤，人生就會無聊透頂。沒有什麼令人驚訝或感到新奇，所以你的大腦再也不學新的東西。但多數時候，至少在你長大之後，你的預測不會錯得太離譜。如果真的太常出錯，你在生活中會不斷感到驚嚇、不確定……甚至產生幻覺。

大腦中暴風雨般持續不斷的預測和訂正，可以被想成是數十億的微小雨滴。每一小滴都代表某個串連編排，我將之稱為「預測迴圈」（prediction loop），如圖4-2所示。這個編排跨越整個大腦的許多層次。神經元會參與其他神經元的預測迴圈；大腦部位會參與其他部位的預測迴圈。

許許多多的預測迴圈大規模地同步進行，在你一生中持續不斷地為你製造景象、聲音、氣味、味道和觸摸，構成你的經驗並且指揮你的行動。

假設你在打棒球。有人往你的方向丟球，你伸出手去接球。最有可能的是，你把它經驗成兩件事：看到球，然後接球。然而，如果你的大腦真的像這樣反應，棒球就不可能成為一種運動。在典型的比賽中，你的大腦約莫只有半秒鐘來準備接球。[16] 時間完全不夠用來處理視覺輸入、計算球會落在哪裡、決定移動、協調所有的肌肉運動，以及送出動作指令來移動到接球的位置。

　　預測讓球賽成為可能。你的大腦在你有意識地看到球以前，已經好好地發出預測，就像是它利用你的過去經驗在超市預測紅蘋果。隨著各個預測經由數百萬個預測迴圈傳播，你的大腦模擬出預測表示的景象、聲音和其他感覺，也會模擬出你將採取的接球行動。然後你的大腦比較模擬和實際的感覺輸入，如果它們相符，那就表示……成功！這次的預測正確，感覺輸入不再往大腦中繼續前進。你的身體現在準備好去接球，你的動作則是基於你的預測。最後，你有意識地看到球，並且接到了球。[17]

　　這是當預測正確時發生的事，像是我把棒球丟給多少懂得棒球技巧的丈夫時。反之，當他把棒球丟回給我時，我大腦的預測不是特別好，因為打棒球不是我的維生之道。我的預測變成我希望能接到球的模擬，但比較我從外界實際接收到的訊息後，它們並不一致。這就是預測失誤。然後我的大腦校正先前的預測，

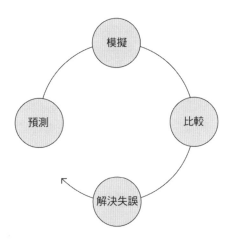

圖4-2：預測迴圈的結構。預測變成感覺和運動的模擬。這些模擬跟外界來的實際感覺輸入做比較。如果兩者相符，預測就是對的，模擬便成為你的經驗。如果兩者不一致，你的大腦就必須解決失誤。

---

16. 「在典型的比賽中」（baseball in a typical game）：在正規尺寸的棒球場上，你移動到位的時間大約需要688毫秒，如果你是職業棒球選手，那麼你的時間大約就是400毫秒。參見heam.info/baseball-1.

17. 「預測讓球賽成為可能」（Prediction makes the game possible）：Ranganathan & Carlton 2007。籃球也是如此，參見Aglioti et al. 2008。「利用你的過去經驗」（using your past experience）：在空間中定位物體並準備據此行動，大多涉及視覺系統的背側部分，這裡傳輸來自外界的預測失誤，比視覺系統的腹側部分快了一點，腹側對於有意識的看見比較重要（Barrett & Bar 2009）。參見heam.info/dorsal-1.「並且接到了球」（and you catch it）：在你有意識地看見球抵達預測的位置以前，你的大腦就良好地啟動接球的動作。然而，在你覺察到移動手臂的意圖時，你也幾乎同時覺察到看見球在當前的位置，因此就好像你看到球，然後伸手接球。參見heam.info/ventral-1.

好讓我（理論上）能接到球。整個預測迴圈過程重複又重複，在棒球向我飛過來時一再地預測和訂正。所有活動都在幾毫秒內發生。最後很可能是，我開始覺察到棒球飛越我伸長的手臂。

發生預測失誤時，大腦可能以兩種一般的方法解決。首先，就像我們剛從我彆腳的嘗試接球中看到的，大腦可以靈活地**改變預測**。在這種情況下，我的運動神經元會校正我的身體運動，我的感覺神經元會模擬不同的感覺，從預測迴圈中產生進一步的預測。舉例來說，當球飛到跟我預期不同的地方時，我可以俯衝過去接球。

大腦的第二種方法是頑固地堅持原始的預測。它會**過濾感覺輸入**，好讓輸入跟預測一致。在這種情況下，當球向我飛過來時，我可能站在棒球場上做白日夢（預測和模擬）。即使棒球完全在我的視野裡，但我直到它用力打到我的腳時才注意到。另一個例子是我女兒的噁心食物生日派對上出現的塗滿食物的尿布：我們的客人對嬰兒便便氣味的預測，勝過了紅蘿蔔泥的實際感覺輸入。[18]

簡而言之，大腦不光是對外界刺激反應的簡單機器，而是由製造內在大腦活動的數十億個預測迴圈構成。視覺預測、聽覺預測、味覺預測、嗅覺預測、體感（觸覺）預測，以及運動預測行經整個大腦，彼此互相影響和限制。[19] 這些預測會受到外界來的感覺輸入約束，你的大腦可能優先處理或是忽略它們。

如果預測和校正的說法似乎太不直觀，請你用以下的方式想想：你的大腦像是做研究的科學家。它一直在做出許多預測，就像是科學家提出相互競爭的假設。跟科學家一樣，你的大腦也利用知識（過去經驗），評估你對各個預測的真實性有多少自信。接下來，你的大腦藉由比較來自外界的感覺輸入檢驗自己的預測，就好像科學家拿實驗得到的資料跟假設做比較。如果你的大腦預測得很好，那麼外界的輸入就會證實你的預測。然而，通常會出現一些預測失誤，你的大腦也跟科學家一樣有些選項可選。它可能是負責任的科學家，改變自己的預測來回應資料。它也可能是偏頗的科學家，選擇性地挑出符合假設的資料，對其他的全都視而不見。你的大腦還可能是無良的科學家，完全忽略所有資料，堅持自己的預測就是現實。亦或者，在學習或發現的時刻，你的大腦可能是好奇的科學家，焦點全都放在輸入。此外，大腦也可能像典型的科學家，坐在扶手椅上憑空想像這個世界：沒有感覺輸入或預測失誤的純粹模擬。

如圖4-3所示，預測和預測失誤之間的平衡，決定你的經驗有多少根植於外

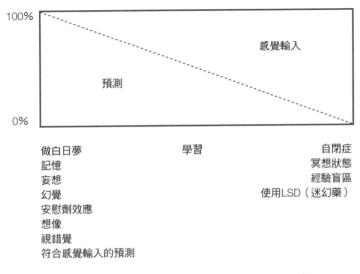

圖4-3：可被視為結合預測和感覺輸入的各種心智現象。[20]

在世界、多少在你的腦袋裡。誠如你看到的，在許多情況下，外在世界跟你的經驗完全無關。就某種意義來說，你的大腦是為了妄想而串連：透過連續不斷的預測，你經驗到一個自己創造的世界，而這個世界受到感覺世界約束。一旦你的預測足夠正確，它們不只能創造你的感覺和行動，還可以解釋你的感覺有什麼意義。這就是你大腦的預設模式。更不可思議的是，你的大腦不只是預測未來，它還可以隨心所欲地想像未來。就我們目前所知，沒有其他任何動物的大腦能做到這點。

＊　　　＊　　　＊

　　你的大腦永遠都在預測，而它最重要的任務是預測身體的能量需要，好讓你能好好活著。這些決定性的預測及其相關的預測失誤，原來就是製造情緒的關鍵

---

18. 「紅蘿蔔泥的實際感覺輸入」（sensory input of mashed carrots）：另一個例子可能是不注意視盲（inattentional blineiness），參見heam.info/blind-1.

19. 「彼此互相影響和限制」（influencing and constraining each other）：Chanes & Barrett 2016。有老鼠的研究證明味覺經由預測作用，但目前尚未對人類做過實驗；我在第二章舉出的例子——我女兒的噁心食物生日派對和鮭魚冰淇淋實驗，證明了嗅覺和味覺預測都在作用。

20. 「預測和感覺輸入」（prediction and sensory input）：Carhart-Harris et al. 2016; Barrett & Simmons 2015; Chanes & Barrett 2016。參見heam.info/LSD.

原料。幾百年來，學者們一直相信情緒「反應」是由某些大腦部位引起。誠如你現在的理解，這些大腦部位所做的，跟過去每個人預期的正好相反，它們幫助製造情緒的方式，顛覆了幾世紀以來的科學信念。故事又再一次從運動開始說起，但這次不是像棒球比賽的大規模運動，而是在你身體內部的運動。

身體**出現**的任何運動，都伴隨著身體**內部的**運動。當你快速地切換位置去接棒球時，你的呼吸必須更深。為了躲開有毒的蛇，你的心臟透過血管擴張更快地打出血液，急速地將葡萄糖送到你的肌肉，整個過程會提高你的心跳速率和改變你的血壓。你的大腦表現這些內部運動產生的感覺，或許你還記得，這種表現被稱為內感。[21]

身體內部運動和它們的內感後果，在你活著的每時每刻都在發生。即使你沒有在運動或逃離毒蛇，甚至你只是在睡覺或休息，你的大腦都必須一直保持你的心臟跳動、血液流動、肺臟呼吸和葡萄糖代謝。因此，你的內感永無停歇，就像聽覺和視覺的機制隨時都在運轉，即使你沒有主動聽或看任何特定的東西。

從大腦的立場來看，因為自己被關在頭骨裡，所以身體就是另一部分的世界，也需要加以解釋。心臟的跳動、肺臟的膨脹，以及體溫和代謝的改變，會將嘈雜和模糊不清的感覺輸入送進你的大腦。單一的內感線索，例如肚子悶悶地痛，可能意指胃痛、肚子餓、緊張、皮帶太緊，或是其他幾百個理由。你的大腦必須加以解釋，讓身體感覺有意義，而它能這麼做的主要工具就是預測。因此，你的大腦從**你的身體**的觀點塑造世界。就像你的大腦會從關於頭和四肢運動的世界來預測景象、氣味、聲音、觸摸和味道，它也會預測身體內部運動的感覺後果。[22]

多數時候，你不會覺察體內運動的細微擾動。（上次你想到「嗯……我的肝今天好像製造了很多膽汁」是什麼時候呢？）當然，有些時候你會直接感到頭痛、肚子飽了，或是心臟在胸口怦怦直跳。但你的神經系統不是生來讓你精確地經驗這些感覺，其實這很幸運，因為如果你什麼都感覺得到，你的注意力會負荷不了。[23]

通常，你只會籠統地經驗到內感，也就是我先前提過的愉快、不愉快、喚起或平靜的簡單感受。然而，有時你會把強烈的內感感覺經驗成情緒。這就是情緒建構理論的關鍵元素。在每個清醒的時刻，你的大腦都會賦予你的感覺意義。這些感覺中有些是內感感覺，產生的意義可能是情緒的一個實例。[24]

為了了解情緒如何生成，你必須先了解一些關鍵的大腦部位。內感實際上是發生在全腦的過程，但有幾個部位以特別的方式共同作用，這對內感相當重要。我的實驗室已經發現，這幾個部位在腦中形成一個固有的「內感網絡」（interoceptive network），可類比成你的視覺、聽覺和其他感覺網絡。內感網絡發出關於身體的預測，然後比照來自身體的感覺輸入檢驗模擬，接著更新大腦中你的身體在世界上的模型。[25]

為了大幅簡化我們的討論，我打算將這個網絡描述成各自具有明確作用的兩個一般部分。第一個部分是把預測送往身體來控制內在環境——加速心跳、減緩呼吸、釋放更多可體松、代謝更多葡萄糖等等的一組大腦區域。我們稱之為「身體預算編列區」[26]。第二個部分是表現體內感覺的區域，稱之為「初級內感皮質」。[27]

內感網絡的這兩個部分都參與了預測迴圈。每當你的身體預算編列區預測一個運動改變，像是心跳加速，它們也會預測那個改變的感覺後果，像是胸口感到怦怦跳。這些感覺預測被稱為「內感預測」（interoceptive prediction），它們流向你的初級內感皮質，在這裡以往常的方式被模擬。[29] 初級內感皮質也接收來自心臟、肺臟、腎臟、皮膚、肌肉、血管，以及其他內臟和組織在履行往常職責時的

---

21. 「改變你的血壓」（and changes your blood pressure）：除了自律神經系統，你的大腦還指揮體內的另外兩個系統，讓你有可能運動身體。你的「內分泌系統」透過荷爾蒙調節你的新陳代謝、離子（如鈉離子）等等，你的「免疫系統」保護你不被疾病侵襲。參見heam.info/interoception-7。「被稱為內感」（remember, is called interoception）：內感最初是由查爾斯·斯科特·謝靈頓爵士（Sir Charles Scott Sherrington）定義，關於易讀且全面的更新內容，請見Craig 2015；heam.info/interoception-1。

22. 「嘈雜和模糊不清」（that is noisy and abiguous）：內感訊息是嘈雜且模糊不清，參見heam.info/interoception-2。「身體內部運動」（of movements inside your body）：Barrett & Simmons 2015.

23. 「心臟在胸口怦怦直跳」（heart pounding in your chest）：即使器官發炎，都不可能產生感覺，參見heam.info/interoception-3。身體感覺的自我報告，很少相符於實際的敏感性，參見heam.info/interoception-6。「精確地經驗這些感覺」（experience these sensations with precision）：參見heam.info/interoception-2.

24. 「情緒的一個實例」（be an instance of emotion）：科學家還不了解，為什麼強烈的內感感覺，有時被經驗為身體症狀，有時則被經驗成情緒。

25. 「聽覺和其他感覺」（hearing, and other senses）：Kleckner et al., 審查中。內感網絡是由兩個重疊的網絡組成，各自都有其他許多名稱，端看命名的科學家興趣為何，參見heam.info/interoception-12。「你的身體在世界上」（your body in the world）：內感實際上是固定在這個網絡的全腦過程，參見heam.info/interoception-9。

26. body-budgeting regions，也被稱為「邊緣」或「內臟運動」區。為了便於管理（因為大腦的結構相當複雜），我們只把焦點放在大腦皮質的身體預算編列區。其他的可以在大腦皮質外找到，像是杏仁核的中央核。我也使用「皮質」來表示「大腦皮質」。

27. 「稱之為『初級內感皮質』」（called your primary interoceptive cortex）：關於初級內感皮質的更多內容，請見heam.info/interoception-10.

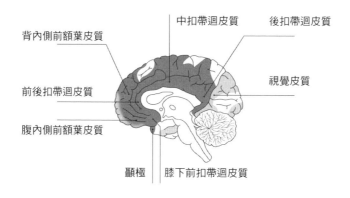

中扣帶迴皮質　　後扣帶迴皮質

背內側前額葉皮質

前後扣帶迴皮質

視覺皮質

腹內側前額葉皮質

顳極　膝下前扣帶迴皮質

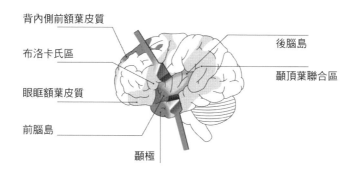

背內側前額葉皮質

布洛卡氏區

後腦島

顳頂葉聯合區

眼眶額葉皮質

前腦島

顳極

圖4-4：內感網絡的皮質區。身體預算編列區是深灰色的部分，而初級內感皮質的專有名稱是後腦島（posterior insula）。圖中沒有呈現這個網絡的皮質下區。內感網絡包含兩個網絡，一般稱為突顯網絡和預設模式網絡。圖中呈現視覺皮質以供參考。[28]

感覺輸入。初級內感皮質裡的神經元會比較模擬和進來的感覺輸入、計算任何相關的預測失誤、完成整個迴圈，最終製造出內感感覺。

　　你的身體預算編列區在維持生命方面，扮演極其重要的角色。每當你的大腦移動身體的任何部分時，無論是內在或外在，都得花費一些能量資源：用來運轉器官、新陳代謝和免疫系統的東西。你藉由吃吃喝喝與睡眠來補充身體的資源，你透過放鬆心情、甚至享受性生活來減少身體的資源消耗。為了全權管理資源的消耗與補充，你的大腦必須不斷預測身體的能量需要，像是為你的身體編列預算。[30] 就像一個公司需要財務部門來追蹤存款、提款，並且在帳戶之間移動資金，好讓整個公司的預算能維持平衡，你的大腦也要有迴路主要負責身體預算的編列。這個迴路就在你的內感網絡當中。你的身體預算編列區做出預測，估計維持生命和保持活力需要多少資源，而它依據的準則是過去經驗。

　　這為什麼跟情緒有關呢？因為據稱是人類情緒發源地的每一個大腦部位，都是在內感網絡裡的身體預算編列區。[31] 然而，這些部位都沒有情緒反應，它們完全沒有反應，它們本質上是用預測來調節你的身體預算。它們發出景象、聲音、想法、記憶、想像……等等預測，是的，它們也發出情緒預測。大腦中有情緒部位的想法，出自於反應的大腦這種過時的信念。神經科學家現今已了解這點，但還沒有傳達給許多心理學家、社會學家、精神科醫師、經濟學家和其他研究情緒的人。

　　每當你的大腦預測一個動作，無論是早上起床或喝口咖啡，你的身體預算編列區都會校正你的預算。當你的大腦預測你的身體需要快速爆發的能量時，這些區域會指示腎臟的腎上腺釋放可體松。人們將可體松稱為「壓力荷爾蒙」，但其實這樣說是錯的。因為每當你瞬間需要大量的能量時，就會釋放可體松，而發生這種情況的時機也包括你感到壓力的時候。[32] 這麼做的主要目的是，讓滿載葡萄糖的血流為細胞提供即時能量，使得（舉例來說）肌肉細胞伸展、收縮好讓你能奔跑。你的身體預算編列區也讓你的呼吸更深，使得血流中的氧氣更多，並且擴張你的動脈，好讓氧氣更快進入你的肌肉，這樣你就可以動作。這些內部的運動全都伴隨著內感感覺，不過你天生無法精確地經驗它們。也就是說，你的內感網絡在同個時間一起控制你的身體、編列能量資源的預算，並且表現你的內部感覺。

　　就算沒有實際的身體運動，也會從身體預算提取能量。假設你看到老闆、老師或棒球教練向你走過來，你相信她會批判你所說和所做的一切。即便看似沒有身體運動的必要，但你的大腦還是預測你的身體需要能量而從預算提取：釋放可

28. 「和預設模式網絡」（and the default mode network）：許多研究似乎證明，預設模式和突顯網絡的作用相反：大腦可能處於內部模式，其中預設模式網絡「啟動」而突顯網絡「停用」（意思是一個傳送比休息期間更多的信號，另一個則顯示較少），或大腦可能處於相反模式的外部模式。這裡的相反是分析的產物。兩個網絡可能一起作用，或是作用相反。內感網絡中皮質和皮質下區的詳細列表，請見heam.info/regions-1。

29. 「以往常的方式被模擬」（simulated in the usual way）：Barrett & Simmons 2015。大腦每隔一個內在網路，就在至少一個區域跟內感網絡重疊（van de Heuvel & Sporns 2013）。因此，內感網絡不用自己製造所有的預測，參見heam.info/interoception-11。

30. 「為你的身體編列預算」（a budget for your body）：科學家將這種平衡預算的行動稱為「應變穩態」（"allostasis", Sterling 2012）。參見heam.info/allostasis-1。

31. 「在內感網絡裡的身體預算編列區」（region within the interoceptive network）：這些區被稱為「邊緣」，其中包括杏仁核；伏隔核與紋狀體腹側核區的其餘部分；前、中、後扣帶迴皮質；腹內側前額葉皮質（眼眶額葉皮質的一部分）；以及前腦島等等。

32. 「你感到壓力的時候」（times when you are stressed）：關於可體松的更多內容，請見heam.info/cortisol-1。

體松並把葡萄糖大量送進血流。你也會出現澎湃的內感感覺。請停下來想一想這整件事：不過是有人在你站著不動時向你走來，你的大腦竟然預測你需要燃料！所以說，只要是重大影響你的身體預算的任何事件，都會以這種方式變得對你有**個人意義**。

不久以前，我的實驗室在評估一台監測心臟的可攜式儀器。每當穿戴者的心跳速率超過正常的15%時，儀器就會發出嗶聲。我的一個研究生艾莉卡・席格（Erika Siegel）戴著這個儀器坐在書桌旁靜靜地工作，儀器安靜了好一陣子。在某個時刻，我走進了研究室，當艾莉卡轉頭看到我（她的博士班指導教授）時，儀器發出大聲的嗶嗶叫，讓她尷尬得嚇一大跳，也讓周圍的每個人都樂不可支。[33] 那天稍晚，我也穿戴儀器一段時間，而在跟艾莉卡開會的期間，只要我收到經費核發單位的電子郵件，儀器就開始嗶嗶叫。（所以說，那天最後贏的人是艾莉卡。）

我的實驗室已好幾百次用實驗證明大腦的預算編列成果（其他實驗室也是），我們觀察到人的身體預算編列迴路把資源移來移去，有時也觀察到身體預算會在平衡與不平衡間波動。我們要求受試者文風不動地坐在電腦螢幕前，觀看動物、花朵、嬰兒、食物、錢、槍、衝浪者、跳傘者、嚴重車禍，以及其他物體和場景的照片。這些照片會影響他們的身體預算，他們的心跳加速、血壓改變、血管擴張。這些讓身體準備好戰鬥或逃跑的預算改變，即使在受試者**沒有移動**且**沒有打算移動**的狀態下也會發生。受試者在進行fMRI實驗的期間看這些照片時，我們觀察到他們的身體預算編列區在控制這些體內運動。[34] 即使受試者躺著、完全不動，他們還是模擬像跑步和衝浪等動態運動，以及來自肌肉、關節和肌腱的感覺。這些照片也改變了他們的感受，因為受試者體內的內感改變受到模擬和訂正。根據這些和其他數百個研究，我們現在有充分的證據證明，你的大腦會利用情境和對象相似的過去經驗，預測你的身體反應，即使你的身體完全沒有活動。結果就是內感感覺。

甚至不需要另一個人或物體出現，就可以擾亂你的預算。你只要**想像**你的老闆、老師、教練或任何跟你有關的事物。無論會不會變成情緒，所有的模擬都會影響你的身體預算。事實證明，人醒著的時候至少有一半時間花在模擬，而不是注意周遭的世界，這種純粹的模擬強烈地驅動人的感受。[35]

在管理你的身體預算上，你的大腦並非單打獨鬥。其他人也會調節你的身體

預算。當你跟父母、小孩、朋友、隊友、治療師、男女朋友或其他親密同伴互動時，你們的呼吸、心跳和其他生理信號會同步，由此帶來實質的好處。握著心愛的人的手，甚至是在辦公桌放他們的照片，都能減少身體預算編列區的活化，使你比較不那麼痛苦。如果你跟朋友一起站在山腳下，山看起來似乎沒那麼陡，也好像比你一個人更容易爬上去。如果你在貧窮的環境中長大，導致身體預算長期不平衡和免疫系統過度反應，只要生命中有支持你的人，這些身體預算問題就會減少。相反的，當你跟親愛的另一半分手並為此感到身體不舒服時，部分原因就是你愛的人不再幫助你調節你的預算。[36] 你覺得自己好像失去了一部分的自己，在某種意義上確實已經失去。

　　你遇到的每一個人、你做出的每個預測、你想像的每個想法，以及你無法預料的每個景象、聲音、味道、觸摸和氣味，全都具有預算結果和相應的內感預測。你的大腦必須應付這種持續、不斷改變的內感感覺流動，因為它們來自讓你保持活著的預測。有時你能覺察它們，另有些時候你覺察不到，但它們永遠都是大腦中世界模型的一部分。正如我說過的，它們是你每天經驗的愉快、不愉快、喚起和平靜等簡單感受的科學基礎。[37] 對某些人而言，這種流動像是寧靜小溪的涓涓細流。對其他人來說，這種流動像是奔騰洶湧的河流。有時，感覺會轉變成情緒，但如同你很快會看到的，即使當它們只在幕後，還是會影響你的作為、你

---

33. 「周圍的每個人」（of everyone else around us）：如果我們也測量了艾莉卡的內分泌和免疫反應，我們會發現兩者都提高了。例如，身體預算編列迴路指示自律神經系統調節免疫反應，避免在你運動時關節發炎。參見 Koopman et al. 2011.

34. 「其他物體和場景」（and other objects and scenes）：實驗刺激出自「國際情感圖片系統」（International Affective Picture System, Lang et al. 1993）。「血管擴張」（blood vessels dilate）：參見heam.info/galvanic-1。「控制這些體內運動」（controlling these inner-body movement）：Weierich et al. 2010; Moriguchi et al. 2011. 另外參見 heam.info/fMRI.

35. 「任何跟你有關的事物」（anything else relevant to your）：我的實驗室與認知科學家勞瑞‧巴薩盧（Larry Barsalou）和克里斯蒂‧威爾森－門登豪爾（Christy Wilson-Mendenhall，勞瑞以前的博士班學生，她在我的實驗室完成博士後研究）合作，一起證明了這點。我們請受試者想像一些我們提供的情節，同時利用fMRI掃瞄觀察他們的大腦活動（Wilson-Mendenhall et al. 2011）。參見heam.info/scenarios。「模擬強烈地驅動人的感受」（simulation strongly drives their feelings）：Killingsweeth & Gilbert 2010.

36. 「帶來實質的好處」（leading to tangible benefits）：Palumbo et al.，印行中。如果一個人感到壓力，同步也可能引發消耗，參見Water et al. 2014; Pratt et al. 2015。「比較不那麼痛苦」（less bothered by pain）：科學家已經在使用電擊的實驗中看到這點（Coan et al. 2006; Younger et al. 2010）。相關回顧，請見Eisenberger 2012; Eisenberger & Cole 2012。「比你一個人更」（than if you are alone）：Schnall et al. 2008。「生命中有支持你的人」（supportive person in your life）：John-Henderson、Stellar et al. 2015。更多討論請見第十章和heam.info/children-2。「幫助你調節你的預算」（helping to regulate your budget）：Sbarra & Hazan 2008; Hofer 1984, 2006.

37. 「你每天經驗的」（that you experience every day）：這就是有些人所謂的「心情」。

的思想和你的知覺。

＊　　＊　　＊

　　早晨醒來時，你是感到神清氣爽、還是暴躁煩悶？到了中午的時候，你是感到精疲力竭、還是精神滿滿？仔細想想你現在的感受如何，平靜？興致勃勃？精力充沛？厭煩無聊？疲憊不堪？躁動不安？這些全都是我們在本章一開始討論的感受，科學家稱之為「情感」（affect）[38]。

　　情感是你每天經驗到的一般感受。它並不是情緒，而是具有兩個特徵的更簡單感受。第一個特徵是你感到多愉快或多不愉快，科學家稱之為「效價」。[39] 陽光灑在身上的愉悅、喜愛食物的美味，以及胃痛或緊緊的不適……全都是情感效價的例子。情感的第二個特徵是你感到多平靜或多激動，科學家稱之為「喚起程度」（arousal）。期待好消息的活力感受、喝太多咖啡後的不安感受、長跑之後的疲勞感受，以及缺少睡眠的困乏感受，這些分別是高喚起和低喚起的例子。每當你對於這個投資出現有風險或可獲利的直覺，或直覺認為某個人值得相信或是混蛋，這也都是情感。甚至連完全中性的感受都是情感。

　　西方和東方的哲學家將效價和喚起程度描述成人類經驗的基本特徵。即使科學家對新生兒是否一來到世上就具備完全成形的情緒沒有共識，但他們大多同意情感從出生就有，也同意嬰兒能感到及知覺愉快和不愉快。[40]

　　或許你還記得，情感取決於內感，意思是情感在你一生中持續不斷地流動，即使在你完全靜止或睡著的時候。它並不會打開或關上以回應你經驗的情緒事件。就這個意義來說，情感是意識的基本面向，像是亮度和響度。當你的大腦表現從物體反射的波長時，你經驗到亮度和暗度；當你的大腦表現空氣壓縮的改變時，你經驗到響度與柔和度；而當你的大腦表現內感改變時，你經驗到愉悅和不愉悅，以及平靜和激動。情感、亮度和響度，全都從你出生一路陪伴你到老死。[41]

　　我要先澄清一件事：內感不是專門用來操控情感的機制。內感是人類神經系統的基本特徵，至於為什麼你會把這些感覺經驗成情感，仍然是科學的最大謎題之一。內感不是演化來讓你擁有感受，而是要調節你的身體預算。內感幫助你的大腦在同一時間追蹤你的體溫、用了多少葡萄糖、是否有任何組織受傷、心臟使否怦怦跳、肌肉是否在伸展，以及其他的身體狀況。你感到愉快和不愉快、平靜和激動的情感，只不過是身體預算狀態的簡單總結。你的預算滿滿嗎？你的身體

透支了嗎？你是否需要再存一些，如果需要，那有多迫切呢？[42]

　　你的預算不平衡時，你的情感不會指導你如何以任一特定的方法行動，而是促使你的大腦尋找解釋。你的大腦不斷利用過去經驗，預測哪些物體和事件會影響你的身體預算，改變你的情感。這些物體和事件統稱為你的「情感棲位」。[43]直覺上，你的情感棲位包含當下任何跟你的身體預算有關的一切。此時此刻，這本書就在你的情感棲位裡，字詞的組合、你讀到的想法、字裡行間勾起的任何回憶、周遭環境的氣溫，以及過去在類似情境下影響你的身體預算的任何物體、人物和事件。情感棲位以外的一切對你都是噪音：你的大腦不會對它發出預測，你也不會注意到它。衣料貼著皮膚的觸感通常不在情感棲位裡（不過此時可能就在，因為我才剛剛提到），除非它碰巧跟你的（舉例來說）身體舒適有關。

　　心理學家詹姆斯・羅素發展了追蹤情感的方法，這個方法在臨床醫師、老師和科學家之間很受歡迎。他證明了你可以把當下的情感，描述成二維空間中的一個點，這個二維空間被稱為「環狀」（circumplex），是有兩個維度的圓形結構，如圖4-5所示。羅素的兩個維度分別是「正負效價」和「喚起程度」，距原點的距離代表強度。[44]

---

38. 「情感」的英文affect當名詞時，a的發音是像apple的a [æ]，重音在第一個音節、短音的a。當名詞使用的affect一般比較少見，大多出現心理學中。

39. 「具有兩個特徵的更簡單感受」（simpler feeling with two features）：幾世紀以來，學者和科學家一直都無法分清楚情感和情緒。參見heam.info/affect-1。在情緒的科學中，「情感」一詞有時用來意指情緒的一切。在本書中，我們將這個詞限制在特定意義，亦即你經驗成正負效價和喚起程度感受的內在環境改變。情感的這種現代概念，是由威廉・馮特發展出來。參見heam.info/wundt-1。「科學家稱之為『效價』」（which scientist call valence）：Barrett & Bliss-Moreau 2009a; Russell 2003。「效價」（valence）這個名詞在科學中有其他意義，參見heam.info/valence-1。

40. 「人類經驗的基本特徵」（basic features fo human experience）：東方和西方哲學都把效價和喚起描述成人類經驗的基礎，參見heam.info/affect-2。「完全成形的情緒」：即使沒有一致的證據顯示嬰兒會經驗情緒，但他們能經驗情感（Mesman et al. 2012），參見heam.info/affect-3.

41. 「從你出生一路陪伴你到老死」（from birth until death）：Barrett & Bliss-Moreau 2009a; Quattrocki & Friston 2014。參見heam.info/affect-4.

42. 「科學的最大謎題之一」（the great mysteries of science）：大腦皮質的結構為情感之謎提供了一些暗示，參見heam.info/cortex-2。「調節你的身體預算」（to regulate your body budget）：人們相信內感是「為了」感受，因為感受對人相當重要，而同樣為人的科學家，創造了因果假設來解釋什麼對他們很重要。參見heam.info/teleology。「如果需要，那有多迫切呢」（if so, how desperately）：不愉快的情感，可能是大腦對不平衡的身體預算發出的信號，參見heam.info/budget-1.

43. 「尋找解釋」（to search for explanation）：例如，喚起是學習的線索（亦即處理預測失誤；Johansen & Fields 2004; Fields & Margolis 2015; McNally et al. 2011.）。學習帶來更好的預測和分類，因此產生具體的行動計畫。「統稱為你的『情感棲位』」（are collectively your affective niche）：類似的概念是「生態棲位」（ecological niche），指的是跟生物生存有關的物理環境的各個面向。

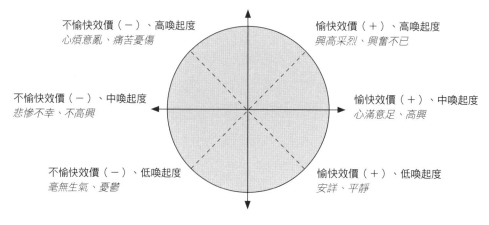

不愉快效價（－）、高喚起度
心煩意亂、痛苦憂傷

愉快效價（＋）、高喚起度
興高采烈、興奮不已

不愉快效價（－）、中喚起度
悲慘不幸、不高興

愉快效價（＋）、中喚起度
心滿意足、高興

不愉快效價（－）、低喚起度
毫無生氣、憂鬱

愉快效價（＋）、低喚起度
安詳、平靜

圖4-5：情感的環狀模型。

你的情感永遠都是正負效價和喚起程度的某種組合，可由情感環狀模型中的一點表示。當你安靜坐著時，你的情感是位於環狀模型的中心點，也就是「中性效價、中性喚起」。如果你在熱鬧的派對中玩得開心，你的情感可能位於「愉快、高喚起度」的象限。如果派對變得無聊，你的情感可能進入「不愉快、低喚起度」的象限。年紀較輕的美國成人往往偏好第一象限（右上）：愉快、高喚起度。中年和年紀更大的美國人往往偏好第四象限（右下），也就是愉快、低喚起度，而東方文化的人（例如中國和日本）也偏好這個象限。[45] 這就是為什麼好萊塢的產業價值高達五千億，因為人們願意花錢看幾小時的電影，好讓自己能遊遍情感的各個象限。你甚至不需要張開眼睛，就能來一場情感冒險。當你做白日夢而讓內感出現大改變時，你的大腦也會隨著情感旋轉。

情感具有超越簡單感受的深遠後果。想像你是個主持囚犯假釋案的法官，你仔細聆聽犯人的故事、得知他在監獄的表現如何，而且你出現不好的感受。如果你同意假釋，他可能傷害別人。你的預感是，你應該讓他繼續留在監獄裡，因此你拒絕假釋。你的不好感受，也就是不愉快的情感，似乎證明你的判決是正確的。但你的情感可不可能誤導你呢？這個情況完全就是2011年法官研究的主題。[46] 以色列的科學家發現，如果聽證會在接近午餐的時間舉行，法官明顯更可能拒絕囚犯的假釋。法官把自己的內感感覺，經驗成假釋判決的證據，而不是飢餓。就在午餐過後，法官立刻開始以慣例的頻率核准囚犯的假釋。

在經驗到情感卻不知道原因時，你更有可能把情感當作有關世界的訊息，而

不是你對世界的經驗。心理學家傑拉德·克羅爾（Gerald L. Clore）花了幾十年的時間進行設計精巧的實驗，希望更了解人每天如何根據直覺做決定。這個現象被稱為「情感現實主義」（affective realism），因為關於世界的假定事實，我們所經驗的有部分是由自己的感受創造。舉例來說，人在陽光普照的日子更常說自己感到快樂和生活滿意，但只有在他們沒有被明白地問到天氣時才如此。所以，當你找工作或申請大學或醫學院時，請確保你是在晴天面試，因為在下雨的時候，面試官傾向對申請者做更負面的評價。下次你的好朋友嚴厲指責你時，請想一想情感現實主義。你的朋友或許是對你生氣，但或許是她昨天晚上沒睡好，亦或是她肚子餓了。她經驗成情感的身體預算改變，可能跟你完全沒有關係。[47]

情感讓我們相信，世界上的人和物體天生就分成正向或負向。[48] 小貓的照片被認為是愉快的，腐爛的屍體被認為是不愉快的。然而，這些影像本身都沒有情感屬性。「不愉快的影像」這句話，實際上是「影響我的身體預算，因此產生我經驗成不愉快的感覺的影像」的簡化。處於情感現實主義的這些時刻，我們把情感經驗成外在世界的物體或事件的屬性，而不是我們自己的經驗。「我覺得很糟，因此你一定是做了什麼糟糕的事，你是個壞人。」在我的實驗室裡，當我們在受試者不知道的情況下操弄他們的情感時，會影響到他們是否把陌生人經驗成值得信賴、有能力、有魅力或值得喜愛，甚至連陌生人的臉都看起來不同。[49]

人在日常生活的每一天，都把情感用作訊息，創造情感現實主義。食物是

---

44. 「距原點的距離代表強度」（from the origin representing intensity）：環狀代表穿過整個幾何圓形的關係（Barrett & Russell 1999），參見heam.info/circumplex.

45. 「『不愉快、低喚起度』」（unpleasant, low arousal）：過去30年來，已有上千個研究證明，感受能用這個情感環狀中的一點描述特性（Russell & Barrett 1999; Barrett & Bliss-Moreau 2009a）。有些人會同時感到效價和喚起程度的改變，對其他人來說，這兩個屬性是獨立的（Kuppens et al. 2013）。「例如中國和日本」（cultures like China and Japan）：Tsai 2007; Zhang et al. 2013.

46. 「你的判決是正確的」（that your judgment was correct）：哲學家稱之為「聚焦世界」的情感，參見heam.info/affect-8。「2011年法官研究」（a 2011 study of judges）：Danziger et al. 2011。在實驗中，當受試者用強烈情感做出嚴厲的審判決定時，我們看見內感網絡中內臟運動區的活動增加（Buckholtz et al. 2008）。

47. 「根據直覺」（based on gut feelings）：Huntsinger et al. 2014。人們把情感當作自己所關注的任何焦點的訊息，參見heam.info/realism-3。「被明白地問到天氣」（explicitly asked about the weather）：Schwarz & Clore 1983。「更負面的評價」（negatively when it is rainy）：申請者在雨天得到的評分較低，參見Redelmeier & Baxter 2009; heam.info/realism-4。「或是她肚子餓了」（maybe it's just lunchtime）：人們發明了「餓到生氣」（hangry）的概念來指稱這種經驗。「跟你完全沒有關係」（anything to do with you）：即使像喝東西的簡單動作，都能成為情感現實主義的時刻（Winkielman et al. 2005），參見heam.info/realism-5.

48. 情感現實主義是普通但有力的素樸現實主義形式，它的信念是，一個人的感官提供了準確和客觀的世界表現形式。

「美味」或「無味」；畫作是「美麗」或「醜陋」；人是「善良」或「卑鄙」。某些文化的女性必須戴上頭巾，這樣才不會露出頭髮來「誘惑男性」。情感現實主義有時很有幫助，但它也會形塑出最令人不安的問題。敵人是「邪惡的」，被強暴的女性被認為是「自作自受」，家暴的受害者被說成是「自討苦吃」。[50]

重點是，糟糕的感受並非永遠代表出了什麼差錯。它只不過是表示你在支付你的身體預算。舉例來說，當人運動到呼吸困難的程度時，在能量耗盡以前，會感到疲倦和糟得不得了。人在解決數學問題和表演困難的記憶術時，很可能感到悲慘無望，即使他們的表現良好。[51] 我的研究生中如果有人從未感到痛苦，很顯然是他做錯了什麼。

情感現實主義也可能導致悲劇的後果。2007年7月，在伊拉克有個美國槍手從阿帕契直升機上誤殺了11名手無寸鐵的人，其中包括幾個路透社的記者。這個士兵把記者的攝影機誤認成槍。[52] 對於這個意外的一個解釋是，情感現實主義造成那個士兵在盛怒之下把中性物體（攝影機）添上不愉快效價。士兵每天都必須對他人做出快速決定，無論他們是在戰爭期間隨軍隊採訪、正在執行維護和平的任務、在跨文化環境中進行談判，或是跟美國本土基地的隊員合作。這些快速判斷極其難以協商，特別是在這樣情緒高漲的高風險環境中，這裡所犯的錯誤通常是以某個人的生命作為代價。

回到美國境內來看，情感現實主義或許也在警察槍擊手無寸鐵的平民時扮演一定的角色。美國司法部分析了2007年到2013年間費城的警察槍擊案，結果發現15%的受害者手無寸鐵。其中有一半的案件，據稱是警察將「沒有威脅性的物體（如手機）或動作（如拉腰帶）」誤認成武器。[53] 造成這些悲劇的因素有許多，從粗心大意到種族偏見都有可能，但也有可能是槍手因為高壓和危險背景下的情感現實主義，而在沒有武器的情況下卻真的知覺到武器。[54] 人類大腦為這種妄想而串連，部分原因是無時不在的內感使我們情感滿滿，然後我們使用情感作為關於世界的證據。

人們喜歡說「眼見為憑」，但情感現實主義證明「相信就會看見」。跟你的預測相比，世界通常位居次位。（好比說，仍然在車裡，但主要會是乘客。）此外，誠如你即將學到的，這樣的安排不僅限於視覺。

＊　　＊　　＊

　　假設你一個人走在森林裡，你聽到葉子沙沙作響，看到地上隱約有些動靜。如同往常一般，你的身體預算編列區啟動預測，比如說，附近有蛇。這些預測會讓你準備好看到和聽到蛇。在此同時，身體預算編列區也預測你的心跳應該加速，你的血管應該擴張等等，以便隨時準備逃跑。怦怦跳的心臟和充血的血管會造成內感感覺，因此你的大腦也必須預測這些感覺。[55] 結果是，你的大腦模擬了蛇、身體改變和身體感覺。這些預測轉譯成為感受，在這個例子中，你開始感到激動不安。

　　接下來會發生什麼呢？或許有條蛇從樹叢中滑行出來。以這個情況來說，感覺輸入符合你的預測，於是你開始逃跑。亦或許是根本沒蛇，樹葉只是被風吹得沙沙作響，但不管怎樣你還是看到蛇，這就是情感現實主義。現在請仔細想想第三種可能：沒有蛇，你也沒有看見蛇。在這種情況下，你做出的蛇的視覺預測立刻被糾正，然而，你的內感預測卻沒被糾正。不再需要預測過後很久，你的身體預算編列區卻還在繼續預測預算調整。[56] 因此，你可能要花上一段時間才能冷靜，即使你知道沒有任何錯誤。還記得我把你的大腦比喻成提出假設並加以檢驗的科學家嗎？你的身體預算編列區像是個幾乎全聾的科學家：他們做出預測，但是很難聽到接踵而來的證據。

　　有些時候，你的身體預算編列區懶得訂正自己的預測。[57] 回想一下上次你吃得太多、感到快要撐爆的時候，或許你可以怪罪你的身體預算編列區。它們的工作之一是預測血糖的濃度，由此決定你需要多少食物，但它們沒有及時從身體

49. 「臉都看起來不同」（see the person's face differently）：Anderson et al. 2010。情感把當時心中的任何事物都當作對象，參見heam.info/realism-1。

50. 「『自討苦吃』」（bring it on themselves）：情感現實主義讓我們迴避責任，參見heam.info/realism-2。

51. 「他們的表現良好」（when they are performing well）：Shenhav et al. 2013; Inzlicht et al. 2015。

52. 「攝影機誤認成槍」（camera to be a gun）：路透社記者納米爾・努爾－艾登（Namir Noor-Eldeen）、司機薩義德・舒瑪哈（Saeed Chmagh），還有其他幾個人被殺害，參見heam.info/gunner-1。

53. 「誤認成武器」（as a weapon）：Facher et al. 2015, 27-30。

54. 我絕對不是說情感現實主義是警察開槍的主要原因。我只是從科學觀點指出，大腦是為了預測而串連。我們每個人都確實根據自己的過去經驗，看見我們所相信的，除非我們的預測被來自外界的感覺輸入糾正。

55. 「隨時準備逃跑」（in preparation to run）：你的動脈內含名為壓力受器（baroreceptors）的特殊細胞，參見heam.info/budget-2。「也必須預測這些感覺」（predict those sensation as well）：參見heam.info/interoception-8。

56. 「你的內感預測卻沒被糾正」（your interoceptive predictions are not）：Barrett & Simmons 2015。「不再需要預測」（the predicted need is over）：參見heam.info/cortex-1。

57. 「懶得訂正自己的預測」（sluggish to correct their predictions）：有時，你的身體預算編列區能動作很快地改變它們的預測，像是在你命懸一線時。如果你在高速公路上開車而另一個駕駛突然超車，這些身體預算編列區會讓你足夠快速去修正你的軌道。

收到「我飽了」的信息，所以你會吃個不停。你是否曾聽過這樣的建議：「在添第二碗飯以前先等個20分鐘，這樣你才知道是否真的還沒吃飽。」現在，你應該了解了這句話的道理。每當你從身體預算大量提取或大筆存入時（運動、受到傷害、吃東西），你可能必須等一等大腦追上進度。馬拉松選手清楚知道這點，他們在比賽初期就感到疲憊，但此時身體預算還有餘裕，所以他們繼續跑，直到不愉快的感受消失。他們會忽略堅決認定自己已耗盡能量的情感現實主義。

花點時間仔細想想，這對你的日常生活有什麼意義。你剛剛才學到，你從身體感到的感覺，並不是永遠反映身體的真實狀態。那是因為熟悉的感覺，像是心臟在胸口跳動、肺臟充滿空氣，以及最重要的，情感的一般愉快、不愉快、喚起和靜止感覺，**並不是真正來自你的體內**。它們是被內感網絡中的模擬激發。[58]

總而言之，你會感到你的大腦所相信的。情感主要來自預測。

先前你已得知，你會看到你的大腦所相信的，那就是情感現實主義。現在你學到了，你在生活中經驗到的多數感受也是如此。就連手腕脈搏的感受也是模擬，由大腦的感覺區建構並由感覺輸入（實際脈搏）訂正。你感到的一切，都是基於來自過去經驗和知識的預測。你才是你的經驗的真正創建者。相信就會感受。

這些想法不僅僅是推測。科學家如果有適當的設備，可以直接操弄發出預測的身體預算編列區，改變人的情感。神經學的先驅海倫‧馬伯格（Helen S. Mayberg）發展出深層腦部刺激，用於治療難治型憂鬱症患者。這些患者不只是經歷重鬱期的極度痛苦，他們也一直處於極度的痛苦掙扎，被困在自我厭惡和無止境折磨的深淵。他們之中有些人幾乎動也不能動。馬伯格和神經外科醫師團隊一起進行手術，他們在頭骨上鑽一個小洞，將電極插進內感網絡中的關鍵預測區域。當神經外科醫師打開電極時，馬伯格的患者自述他們的痛苦**立即**緩解。隨著電流打開或關上，重創患者的懼怕浪潮跟著刺激同步消退和來襲。馬伯格的卓越成就，或許是在科學史上首次表明，直接刺激人類大腦能一致地改變人的情感感受，這有可能為心理疾病帶來新的治療方法。[59]

雖然預測的大腦迴路對情感相當重要，但它有可能不是必要。仔細想想羅傑（Roger）的案例，這位56歲患者的相關迴路因為罕見疾病而被破壞。他有高於一般的智商和大學學位，但也有許多心智問題，例如嚴重的失憶症以及嗅覺和味覺困難。然而，羅傑可以經驗到情感。最有可能的是，他的情感受到來自身體的

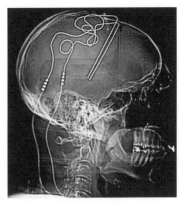

圖4-6：深層腦部刺激。

實際感覺輸入驅動，而預測可能是由大腦的其他部位提供，這是個簡並性的例子（不同組的神經元產生相同的結果），相反的情況也可能發生。脊髓受傷或單純性自律神經衰竭（自律神經系統的退行性疾病）的患者有內感預測，但無法接收來自器官和組織的感覺輸入。這些患者很有可能主要根據沒有校正的預測來經驗情感。[60]

＊　　＊　　＊

你的內感網絡不只幫助你決定如何感受，它的身體預算編列區是整個大腦中連結最好、也最強力的預測者之一。這些區域講話大聲而且十足專橫，像是幾乎

58. 「被內感網絡中的模擬」（simulations in your interoceptive network）：Barret & Simmons 2015。我的實驗室已經證明，情感主要是預測，參見heam.info/affect-5.

59. 「想法不僅僅是推測」（ideas are not just speculation）：在腦部造影期間，是否可能窺視一個人的大腦，確切地看見內感預測如何被轉變成情感？答案恐怕是還不可能。但我實驗室的成員，在檢驗四百多個腦部造影研究後所做的統合分析發現，當受試者報告自己的情感感受出現強烈的改變時，內感網絡（發出內感預測）中身體預算編列區的活動一致地增加（Lindquist et al. 2015）。「難治型憂鬱症」（from treatment-resistant depression）：Holtzheimer et al. 2012; Lujan et al. 2013。「插進內感網絡中」（in the patient's interoceptive network）：具體來說，是連結內感網絡中身體預算編列區的幾束軸突，參見heam.info/mayberg-1。「跟著刺激同步」（in synchrony with the stimulation）：Choi et al. 2015。「為心理疾病帶來新的治療方法」（new treatments for mental illness）：然而，馬伯格刺激的神經元並不是專屬於情感，參見heam.info/affect-6.

60. 「因為罕見疾病而被破壞」（destroyed by a rare illness）：Feinstein et al. 2010，參見heam.info/HSE。「嗅覺和味覺困難」（difficulty with smell and taste）：後面幾項並不令人驚訝，因為邊緣組織調節這些身體功能。「產生相同的結果」（producing the same outcome）：因為羅傑有作用正常的自律神經、內分泌和免疫系統，而且涉及內感的多數皮質下迴路依然完整（如下視丘和腦幹的部位），所以他還是有從身體進入內感皮質的感覺輸入，可以用來計算預測失誤。參見heam.info/roger。「主要根據沒有校正的預測」（based primarily on uncorrected predictions）：這些患者仍然有內感知覺，參見heam.info/PAF.

全聾的科學家用大聲公說話。它們發出視覺、聽覺和其他感覺的預測,你的初級感覺區自己不會發出預測,只被串連成聽從。[61]

你知道這代表什麼意義嗎?或許你這麼以為:在日常生活中,你的所見、所聽影響了你的感受。但其實是反過來的,也就是你所感受的會修改你的視覺和聽覺。此時此刻,內感對你的知覺、還有你如何行動的影響力超過外在世界。

你可能相信自己是理性的動物,在決定如何行動前會權衡利弊,但你大腦皮質的結構可不是為了這麼做設計的。你的大腦是串連來聽從你的身體預算。情感是這輛車的駕駛,理性只不過是乘客。無論你是從兩種零食、兩份工作、兩項投資或兩位心臟外科醫生中做選擇,你每天的決定,都是受到這個幾乎全聾的大嗓門科學家驅動,而他則是透過被情感染色的眼鏡來看世界。[62]

安東尼歐・達馬吉歐(Antonio Damasio)在他的暢銷書《笛卡兒的錯誤》(Descartes' Error)提到,心智需要熱情(我們所謂的情感)才有智慧。他提出證據證明,內感網絡受傷(特別是在一個關鍵的身體預算編列區)的人,決策判斷的能力也會受損。達馬吉歐的病人在失去產生內感預測的能力後,變得漫無目的。大腦解剖學的新知識,現在在迫使我們往前邁進一步。情感不只是智慧的必需品,它還不可逆地滲入每一個決定的結構之中。[63]

身體預算編列迴路的強大力量,對金融世界的影響絕對不容小覷。它助長了本世紀最大的幾個經濟災難,其中最近期的是2008年的全球金融風暴,這場風暴使得無數家庭陷入困頓。

經濟學過去常用一個概念名叫理性「經濟人」(homo economicus),經濟人會控制自己的情緒,做出合理的經濟判斷。這個概念是西方經濟理論的基礎,即使現已不再受到經濟學家的青睞,但它還是繼續作為經濟實踐的指南。[64] 然而,如果對其他任何大腦網絡的預測都是由身體預算編列區驅動,那麼理性經濟人的模型就是奠基在一個生物學的謬誤。如果你的大腦靠著滿是預測的內感運轉,你不可能會是理性的行動者。作為美國經濟(或許有人會說是全球經濟)基礎的經濟模型,其實根植於一個神經的童話故事。

過去30年來,每一次的經濟危機至少在某些部分都跟理性經濟人模型有關。根據著有《謬論時代:看當代經濟理論如何毀了這世界》(Seven Bad Ideas: How Mainstream Economists Have Damaged American and the World)的新聞工作者傑夫・麥德瑞克(Jeff Madrick)所說,經濟學家最基本的想法中有幾個引發一連串的金

融危機，最後導致經濟大衰退（Great Recession）。貫穿這些想法的共同主題是，不受約束的自由市場經濟運作良好。在這些經濟體制中，關於投資、生產和分配的決定是根據供給和需求，而不是政府管制或監督。數學模型指出，在某些條件下，不受約束的自由市場確實運作良好。但「某些條件」的其中之一是，人是理性的決策判斷者。過去50年來，已有數不清的發表實驗證明，人不是理性的行動者。你無法透過理性思考來克服情緒，因為你的身體預算狀態是你每一個想法和知覺的基礎，因此每時每刻你都少不了內感和情感。即使在你自認為是理性的時候，你的身體預算和它跟情感的關聯都沒有消失，靜靜地潛伏在表面之下。[65]

如果理性人類心智的想法對經濟如此有害，而且神經科學也無法為它背書，那為什麼它還一直存在呢？因為我們人類一直以來都相信，理性使我們大大有別於其他動物。這個起源迷思反映了西方想法中最珍貴的敘事之一，亦即人類心智是認知和情緒爭奪行為控制權的戰場。甚至連我們在盛怒之下用來描述自己遲鈍或愚蠢的形容詞──「不經思考」，都暗示著缺乏認知控制，未能好好帶出自己內在的史巴克先生[66]。

這個起源迷思強烈到，科學家甚至依據它來創造模型。這個模型始於維持基本生存的古老皮質下迴路，據稱這是我們從爬蟲類繼承而來。位在這些迴路之上的是所謂的情緒系統，名為「邊緣系統」，據稱這是我們從早期哺乳動物繼承而來。包覆所謂的邊緣系統、像是蛋糕糖霜的是我們所謂的理性和獨特的人類皮質。這個假想的分層安排（有時也稱做「三重腦」），至今仍是人類生物學中最

---

61. 「整個大腦中」（predictors in your entire brain）：van de Heuver & Sporns 2011, 2013。「只被串連成聽從」（are wired to listen）：Chanes & Barrett 2016。根據知名的神經解剖學家海倫・巴巴斯（Helen Barbas）所說，身體預算編列區（也稱為「邊緣」區）是腦中最強力的回饋系統，這是基於它們跟其他皮質區的連結模式。「回饋」的另一個名字就是「預測」。參見Barbas & Rempel-Clower 1997，以及heam.info/cortex-1.

62. 「透過被情感染色的眼鏡」（through affect-colored glasses）：Seo et al. 2010。神經經濟學企圖了解，大腦如何估計不同選擇的價值，以便做出決策判斷。價值和情感是相關的概念。參見heam.info/neuroeconomics.

63. 「才有智慧」（for wisdom）：Damasio 1994。「滲入每一個決定的結構之中」（the fabric of every decision）：當然其他哲學家（如休謨〔David Hume〕）也持這種觀點，參見heam.info/affect-7.

64. 「繼續作為經濟實踐的指南」（continued to guide economic practice）：值得注意的是，經過上個世紀在危機、增加管制、訴狀、減少管制之間的擺盪後，接下來又是另一個危機。另外參見heam.info/econ-1.

65. 「導致經濟大衰退」（up to the Great Recession）：Madrick 2014。「人是理性的決策判斷者」（people are rational decision makers）：Krugman 2014。另一個條件是，假定人們擁有自己需要的所有價格和產品訊息，但這種情況實際上很少發生；哥倫比亞大學的財務金融學教授馬歇爾・索南夏恩（Marshall Sonenshine），2013年5月10日～7月31日，私人通訊。「靜靜地潛伏在表面之下」（lurking beneath the surface）：人類大腦皮質的解剖結構，或許已經促成其他的經濟災難。參見heam.info/crises.

66. 譯註：Mr. Spock，《星艦迷航記》的主角之一，身為瓦肯族的他最重視邏輯。

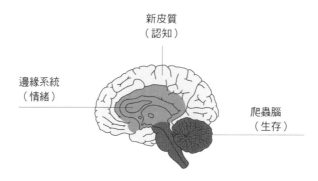

圖4-7：「三重腦」的想法，所謂的認知迴路層疊在所謂的情緒迴路之上。這個假想的安排描繪出思考如何調節感受的推測。

成功的誤解之一。卡爾·薩根（Carl Sagan）藉由《伊甸園之龍》（*The Dragons of Eden*）加以推廣，這本暢銷書（有人會說內容大部分是虛構）描述了人類的智力如何演化。丹尼爾·高曼（Daniel Goleman）也在他的暢銷書《EQ》中採用這個觀點。然而，任何大腦演化專家都知道，人類並沒有被包裝在認知裡的動物大腦。《行為與腦科學》（*Behavioral and Brain Sciences*）期刊編輯暨神經科學家芭芭拉·芬雷（Barbara L. Finlay）說：「把情緒放到大腦正中央的位置，再把理性和邏輯放在皮質上，簡直就是太可笑了。所有的脊椎動物都具有每一個大腦分區」。既然如此，那麼大腦是如何演化的呢？就像公司一樣，大腦隨著擴張而重組，保持自己的靈活和效率。[67]

最關鍵的是這點：人類大腦在解剖上是結構化的，因此無論小說人物如何告訴自己人類多有理性，但任何決定或行動都跟內感和情感脫不了關係。此時此刻，你的身體感受搶先一步影響你即將感到什麼和未來要做什麼。這是一個巧手編排、不著痕跡的自我實現預言，體現在你的大腦構造之中。

*　　　*　　　*

擁有數十億個神經元的大腦中正在發生的事，比我在本章能略略概述的還多上許多。神經科學家大多同意，光是獲悉大腦如何作用的奧妙都得再花上好幾十年，更別說是了解大腦如何創造意識。儘管如此，我們還是能相當確定某些事情。

此時此刻，在你的大腦賦予這些文字意義的同時，它也正在預測你身體預

算的改變。你建構的每一個想法、記憶、知覺或情緒，都包含了關於身體狀態的某些什麼：一點點的內感。舉例來說，視覺預測不僅止於回答這個問題：「上次我在這個情境下看到什麼？」它能回答的是：「上次我在這個情境下，**在我的身體處於這個狀態時，我看到什麼？**」在你閱讀這些文字的同時感到的任何情感改變，無論是更愉快、更不愉快或更平靜、更不平靜等等，都是內感預測的結果。情感是你的大腦對於身體預算狀態的最佳猜測。

在你經驗成現實的東西中，內感也是最重要的原料之一。如果你沒有內感，物理世界對你而言只不過是毫無意義的噪音。仔細想想：產生情感感受的內感預測，決定了你在當下關心什麼，也就是你的情感棲位是什麼。從大腦的觀點來看，情感棲位裡的一切都能潛在地影響你的身體預算，除此之外，全宇宙沒有什麼其他比這個重要。這句話實際上的意義是，**你自己建構出你生活的環境。**你可能會認為，你的環境存在於外在世界，有別於你個人，但這是個迷思。你（和其他生物）並不是單純地發現自己處在這個世界，要不適應、就是死亡。你其實是憑藉著大腦從物理環境所選的感覺輸入，自己建構出你的環境（你的現實）。大腦承認有些感覺輸入是訊息，同時忽略掉被認為是噪音的那些。這樣的選擇，跟內感緊密結合。為了滿足身體的代謝需要，你的大腦盡力擴大預測範圍到涵蓋可能影響身體預算的一切。這就是為什麼情感是意識的屬性。

內感作為預測過程的基礎部分，想當然爾是情緒的關鍵原料。然而，光是內感無法解釋情緒。情緒種類（像是生氣或悲傷）遠比不愉快和喚起的簡單感受複雜許多。

桑迪・胡克小學屠殺事件過後，康乃狄克州州長丹尼爾・馬洛伊在演講時聲音顫抖，他沒有哭，也沒有癟嘴，事實上他還一度笑了。然而，不知怎麼的，觀

67.「獨特的人類皮質」（uniquely human cortex）：就哺乳動物的大腦來說，「新皮質」並不是真正新的，參見heam.info/triune-1。「人類生物學中最成功的誤解」（successful misconceptions in human biology）：MacLean & Kral 1973。參見heam.info/triune-2。「在他的暢銷書《EQ》」（in his bestseller *Emotional Intelligence*）：Goleman 2006。在他後來出版的書中，持續採用三重腦的版本。「大腦演化專家都知道」（brain evolution knows）：演化生物學家、學術期刊《大腦、行為與演化》（*Brain, Behavior and Evolution*）編輯暨《大腦演化的原理》（*Principles of Brain Evolution, 2005*）作者耶奧格・施特理特（Georg Striedter）寫道：「關於脊椎動物大腦如何演化的許多『經典』想法（例如在祖先的『嗅腦』上增加新皮質），在許多非專家之間依然佔有主導地位，即使它們早已被反駁。」（Striedter 2006, 2）。「『所有的脊椎動物都具有』」（present in all vertebrates）：出自芬雷的更多引文，請見heam.info/finlay-1。「保持自己的靈活和效率」（keep themselves efficient and nimble）：Striedter 2006; Finlay & Uchiyama 2015。關於大腦演化的更多內容，請見heam.info/evolution-1。

眾推測他經歷著強烈的悲痛。感覺和簡單感受並不足以解釋成千上萬的，觀眾如何知覺馬洛伊的痛苦有多深。

光是情感無法解釋我們如何建構自己的悲傷經驗，也不能說明悲傷的一個實例跟另一個有什麼不同。情感也不會告訴你感覺是什麼意思，或該對它們做些什麼。這就是為什麼有人在累的時候吃東西，或在肚子餓的時候判決被告有罪。你必須賦予情感意義，這樣你的大腦才能執行更具體的行動。賦予意義的一個方法是建構情緒的實例。

既然如此，內感感覺如何變成情緒呢？又為什麼我們經驗這些感覺（實際上是預測）的方式如此多樣：身體症狀、對世界的知覺、簡單的情感感受，有時候是情緒？這就是下一個我們要解開的謎題。

第五章

概念、目標和話語字詞

當你看著彩虹時，你看到清楚的彩色條紋，大概就像圖5-1左側畫的那樣。但在自然界中，彩虹沒有條紋，它是光的連續光譜，波長範圍大概從400到750奈米。這個光譜沒有邊界，也沒有任何一種帶子。

那為什麼你會看見條紋呢？因為我們對於顏色有心智概念，像是「紅色」、「橙色」和「黃色」。你的大腦自動用這些概念，將光譜中某個範圍的光波群組在一起，把它們分類成同一種顏色。你的大腦淡化各顏色種類之中的變異，並且強化不同種類之間的差異，使得你知覺到一道一道的顏色。[1]

人類說話也是連續的一連串聲音，然而在聽母語時，你聽到的是一個一個的字。這是怎麼發生的呢？同樣的，你也是用概念將連續的輸入分類。從嬰兒時代起，你就開始學習連串說話聲中顯示音素間界線的規律性，音素是語言中你能區辨的最小聲音單位，例如ㄅ或ㄆ的聲音。這些規律性變成概念，之後你的大腦用它們將連串的聲音分類成音節和字。[2]

圖5-1：畫成條紋（左）以及自然界中連續無邊界（右）的彩虹。

---

1. 「知覺到一道一道的顏色」（to perceive bands of color）：這個過程叫做「類別知覺」，參見heam.info/rainbow-1。

2. 「聲音分類成音節和字」（sound into syllables and words）：如果聽到不熟悉的語言，你甚至可能無法分辨字與字的界線，參見heam.info/speech-1。

這個非凡的過程充滿挑戰，因為聲音串流（亦可稱為聲頻流）相當模糊且變化很大。子音會隨著背景而變：像是英文的D字母，Dad和Death這兩個單字在聲學上有所差異，但不知怎麼的，我們聽起來都是D。母音則隨著說話者的年齡、性別和體型而變，即使同一個說話者在不同背景下說的母音也有變化。我們聽到的語詞，若是除去背景（只單獨呈現）就無法理解的比例高達驚人的50%。然而利用你的概念，你的大腦學會分類，在幾十毫秒內從所有的多變、無用的訊息中建構音素，最終讓你得以跟他人溝通。[3]

你知覺的周遭一切，都是由大腦中的概念表現。花點時間看看附近的任一物體。然後，往那個物體稍左一點點看。你在自己完全不知道的情況下，剛剛完成了一項驚人的壯舉。你的腦袋和眼睛運動似乎沒什麼特別，但它們使到達腦中的視覺輸入產生巨大改變。如果你把你的視野想成一個大型的電視螢幕，那麼你些微的眼睛運動就改變了螢幕中數百萬的畫素。然而，你不會感到視野中有模糊的條痕劃過。那是因為你不是根據畫素來看世界：你看到物體，而它們在你移動眼睛時的改變非常微小。你知覺到的規律性不只是低層次的，像是線條、輪廓、條痕和模糊性，還有高層次的，像是複雜的物體和場景。[4] 你的大腦在很久以前就把這些規律性學成概念，現在大腦利用這些概念將不斷改變的視覺輸入分類。

如果缺乏概念，你經驗的世界就會是不斷波動的噪音。你曾遇到的一切，都跟任何其他事物毫不相像。你會處於經驗盲區，像是當你第一次看到第二章的斑點圖片那樣，只不過永遠如此。這樣的你沒有能力學習。[5]

所有的感覺訊息是個不斷改變的龐大難題，等待你的大腦解決。你看到的物體、你聽到的聲音、你聞到的氣味、你感到的觸摸、你嘗到的風味，以及你經驗成疼痛、痛苦和情感的內感感覺……全都涉及連續不斷的感覺信號，這些信號在抵達你的大腦時變化多端，而且模糊不清。你大腦的工作，是在它們抵達之前預測它們、填補缺失的細節，並且盡可能找到規律性，好讓你經驗到物體、人物、事件和音樂的世界，而不是確實就在那兒的「一團亂烘烘的騷動」。[6]

為了達成這項驚人壯舉，你的大腦利用概念賦予感覺信號意義，為它們從何而來、在世上指稱什麼，以及如何根據它們採取行動製造解釋。你的知覺如此鮮明且即時，以至於你不得不相信自己經驗到世界的原本模樣，但實際上你經驗的是你自己建構的世界。你經驗成外在世界的東西，絕大多數都始於你的腦袋裡面。當你利用概念分類時，你使用的不只是可用的訊息，就像你從一堆斑點中知

覺到蜜蜂所做的那樣。

　　在本章，我會解釋每次你經驗到情緒或知覺到他人的情緒時，你都再次用概念分類，賦予來自內感和五感的感覺意義。這就是情緒建構理論的關鍵主題。

　　我的重點不是說，「你藉由分類來建構情緒的實例：這不是唯一的嗎？」而是要表明，分類建構了每一個知覺、想法、記憶和你經驗的其他心智事件，因此你當然以相同的方式建構情緒的實例。這並不是需要努力的有意識分類，就好像昆蟲學家努力鑽研某個新的象鼻蟲標本，決定牠是長角象鼻蟲科（anthribidae）或毛象鼻蟲科（nemonychidae）的一員。我說的是在每一個醒著的時刻，你的大腦都在幾毫秒內不斷執行迅速又自動的分類，以此預測和解釋你遇到的感覺輸入。分類對你的大腦不過是家常便飯，它解釋了如何在不需要指紋的情況下生成情緒。

　　我們現在要非正式地談談分類的內部運作（亦即神經科學），正好也處理一些更基本的問題。概念是什麼？概念如何形成？什麼樣的概念是情緒概念？尤其是，人類心智必須擁有什麼超能力，才可以從零開始創造意義？其中許多問題仍然十分受研究者青睞。確鑿的證據存在時，我會加以呈現；證據較少時，我會做有根據的推測。這些答案不僅僅解釋情緒如何生成，還讓我們一窺身為人類有何意義的核心。[7]

＊　　　＊　　　＊

　　哲學家和科學家把種類定義成物體、事件或行動的集合，它們為了某個目的被一起群組成同等的東西。他們把概念定義成種類的心智表徵。傳統上，種類理應存在於世界，而概念存在於你的腦袋。例如，你有「紅色」的概念。當你把這個概念應用在光的波長，知覺到公園裡的紅玫瑰時，那個紅的顏色就是「紅色」

---

3. 「同一個說話者在不同背景下」（context within the same speaker）：非常感謝勞倫斯‧巴爾薩盧（Lawrence Barsalou）的描述；Barsalou 1992，第九章。「只單獨呈現」（when presented in isolation）：Pollack & Pickett 1964。「跟他人溝通」（to communicate with others）：Foulke & Sticht 1969; Liberman et al. 1967.

4. 「像是複雜的物體和場景」（like complex objects and scenes）：Grill-Spector & Weiner 2014.

5. 「沒有能力學習」（incapable of learning）：波赫士（Jorge Luis Borges）的故事《博聞強記的富內斯》（Funes the Memorious）生動地描述了這個狀況，參見heam.info/funes.

6. 「確實就在那兒」（really out there）：威廉‧詹姆士用「煩亂、嘈雜的混沌」描述新生嬰兒所知覺的世界。

7. 「身為人類有何意義」（means to be human）：有場熱烈且重要的辯論是關於幾個概念是否與生俱來，像是數字和原因。這場辯論不是我們在此討論的核心，因為它不會改變情緒建構理論，也不會改變實驗的任何詮釋。然而，我確實在相關處會提到這場辯論。

種類的一個實例。[8] 你的大腦淡化了種類中成員之間的差異（像是植物園中紅玫瑰的多樣紅色調），認為這些成員都是同等的「紅色」。你的大腦也放大了成員和非成員（比如說紅玫瑰和粉紅玫瑰）之間的差異，因此你知覺到它們之間的明確界線。

想像你帶著滿腦子的概念，走在城市或鄉鎮的街道上。你同時看到許多物體：花朵、樹木、汽車、房子、小狗、小鳥和蜜蜂。你看見人在走路，運動著他們的身體和臉。你聽到聲音，也聞到各式各樣的味道。你的大腦把這些訊息組裝在一起，知覺到像小孩在公園玩、有人在做園藝、老夫妻手牽手坐在長椅上之類的事件。你利用概念分類，自己創造出這些物體、行動和事件的經驗。[9] 你那不停預測的大腦敏捷地預期感覺輸入，同時問道：「我的哪一個概念像這樣？」舉例來說，如果你先從正面、然後從側面觀看汽車，而且你對這輛車有個概念，你就能夠知道，即使來自兩個角度、擊中視網膜的視覺訊息完全不同，它還是同一輛車。

當你的大腦立刻將感覺輸入分類成（比如說）汽車時，它是在利用「汽車」的概念。看似簡單的句子——「汽車的概念」，代表的東西比你可能期待的複雜許多。既然如此，那概念究竟是什麼呢？答案取決於你問的是哪一種科學家，這在科學中很常見。像「知識在人類心智中如何被分類和表現」這麼根本的主題，某種程度的爭議總是難免。而這個問題的答案，對於了解情緒如何生成絕對必要。

如果我請你描述「汽車」這個概念，你可能說是一種交通工具，通常有四個輪子、由金屬製成、裝有引擎，而且需要某種燃料才可以動。早期的科學取向假設，概念的確實作用像這樣：貯存在你腦中的字典定義，描述充分和必要的特徵。[10] 「汽車是有引擎、四個輪子、座椅、車頂和車門的載具。」、「鳥是會生蛋、有翅膀會飛的動物。」傳統概念觀點假設，它們相應的種類有明確的界線。「蜜蜂」種類的實例，永遠都不會在「鳥」的種類。這個觀點也認為，種類裡的各個實例都能同等代表這個種類。任何蜜蜂都有代表性，沒有什麼爭議，因為每隻蜜蜂都有些共同之處（不是牠們長的樣子、就是牠們做的行為），或有讓牠們成為蜜蜂的潛在指紋。不同蜜蜂之間的任何變化，都被視為跟牠們是蜜蜂這件事無關。或許你注意到，這種說法跟傳統情緒觀點相當雷同，在傳統情緒觀點中，「恐懼」種類的每一個實例都很類似，而「恐懼」的實例跟「生氣」的實例截然

不同。

　　從古代直到1970年代，哲學、生物學和心理學都一直受到傳統的概念主導。然而在現實生活中，種類的各個實例彼此間差異甚鉅。沒有門的汽車也實際存在，像是高爾夫球車，還有些車裝了六個門，像是Covini C6W。此外，種類的某些實例真的比其他的更有代表性：沒有人會說鴕鳥是有代表性的鳥類。在1970年代，傳統概念觀點終於瓦解。[11] 好吧，除了在情緒科學。

　　有個新的觀點，從傳統概念的灰燼中現身。它的說法是，概念在大腦中是代表所屬種類的最佳例子，稱為「原型」（prototype）。舉例來說，原型的鳥有羽毛和翅膀，也可以飛。並非所有「鳥」的實例都有這些特徵，像是鴕鳥和鴯鶓，但牠們依然是鳥。從原型變化是很好，但變化太多就不行：即使有翅膀、也可以飛，但蜜蜂仍然不是鳥。在這個觀點中，當你獲悉一個種類時，你的大腦理應把概念表現成單一原型。它可能是這個種類最常見的例子，或是最典型的例子，意思是這個實例最符合這個種類的特徵，或具有這個種類的大多數特徵。[12]

　　就情緒來說，人們似乎很容易描述特定情緒種類的原型特徵。[13] 如果請美國人描述原型的悲傷，他會說悲傷的特徵是臉上出現皺眉或癟嘴、垂頭喪氣、哭泣、悶悶不樂、聲音低沉單調，一開始有某種程度的失落，到最後是整體感到疲

---

8. 我謹代表世界上的哲學家、智者賢人、傑出人才和其他專業思想家向大家道歉，很抱歉關於種類和概念之間的區別狀態如此混亂。像汽車和鳥的種類據說是存在於世界，然而概念據說是存在於你的大腦，但如果你仔細想想，那是誰在創造種類呢？是誰在把當中的成員群組在一起，將它們視為同等的呢？是你。在做這件事的是你的大腦。因此，種類也跟概念一樣，存在於你的大腦。（它們之間的分別根植於名為「本質主義」〔essentialism〕的問題，你將會在第八章學到。）在本書中，當我談論知識時（像是紅色的知識），我指的是「概念」。談論我們用知識建構的實例時（像是我們知覺到的紅玫瑰），我指的是「種類」。（為「哲學家、智者賢人、傑出人才和其他專業思想家」這句話向道格拉斯・亞當斯〔Douglas Adams〕致敬。）

譯註：「哲學家、智者賢人、傑出人才和其他專業思想家」這句話出自亞當斯的名著《銀河便車指南》（*The Hitchhiker's Guide to the Galaxy : The Original Radio Scripts*）。

9. 「利用概念分類」（events by categorizing using concepts）：哲學家康德（Immanuel Kant）寫道，我們根據概念來知覺世界，參見heam.info/kant-2.

10. 「描述充分和必要的特徵」（describing necessary and sufficient features）：Smith & Medin 1981; Murphy 2002.

11. 「從古代直到1970年代」（from antiquity until the 1970s）：Murphy 2002。「鴕鳥是有代表性的鳥類」（an ostrich an representative bird）：哲學家路德維希・維根斯坦（Ludwig Wittgenstein）也指出，多數概念無法由充分和必要的特徵定義，反而用家族相似性（family resemblance）會更好。（Wittgenstein 1953；另外參見Murphy 2002; Lakoff 1990）。「觀點終於瓦解」（view of concepts finally collapsed）：Murphy 2002.

12. 「稱為『原型』」（known as the prototype）：Rosch 1978; Mervis & Rosch 1981; Posner & Keele 1968。「種類的大多數特徵」（majority of the category's features）：也稱為家族相似性，參見heam.info/prototype-1.

13. 「特定情緒種類」（of a given emotion category）：例如，詹姆斯・羅素（J. A. Russell）有情緒概念的原型觀點（Russell 1991b），參見heam.info/russell-1.

慼或無能為力。並非所有的悲傷實例都具備每一項特徵，但描述內容應該是典型的悲傷。

因此，如果沒有自相矛盾的細節，原型似乎是情緒概念的良好模範。當我們用科學工具測量實際的悲傷實例時，這種失落的皺眉／癟嘴原型，不是我們觀察到的最常見或最典型的模式。每個人似乎都知道原型，但它在現實生活中卻很罕見。[14] 誠如你在第一章所見，我們反而發現悲傷有很大的變異性，其他的情緒種類也都是如此。

如果腦中沒有貯存情緒原型，那麼人為什麼如此輕易地列出情緒的特徵呢？最有可能的是，你的大腦在需要原型時當場建構出原型。你曾經歷過「悲傷」概念的各式各樣實例，這些都零零散散地留你的腦袋裡，而在一轉眼間，你的大腦就建構出最符合情境的悲傷總結。[15]（族群思考在大腦中的一個例子。）

科學家已經證明，人在實驗室也可以建構類似的原型。在一張紙上列印隨機的點點圖樣，然後根據這個圖樣創造12個變化圖樣，並且讓受試者只看這12個變化圖樣。即使從未看過，但受試者只要從變化圖樣中找到相似性，就能產生原始的原型圖樣。意思是說，原型不需要存在於自然界中，大腦可以在需要時建構出

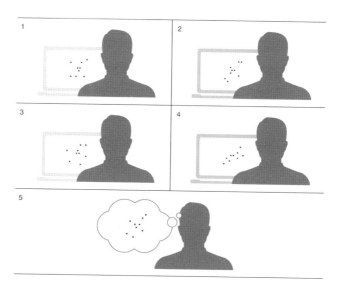

圖5-2：從例子中（步驟1至4）推測「原型」圖樣（步驟5）。受試者先看到在30×30格線上的各種九點圖樣。他們將各個圖樣分進A種類或B種類，這個過程稱為實驗的「學習階段」。接下來，他們將更多的圖樣分類，有些舊的、有些新的，其中包括A種類和B種類的原型，受試者之前未曾看過這兩個原型圖樣。受試者很容易將原型分類，但其他新的變形就比較困難。意思是，儘管在學習階段沒有看過，但各個受試者的大腦一定建構了原型。

來。情緒原型──如果它們確實是原型──可能以相同的方式建構。[16]

　　因此，概念不是在大腦中的不變定義，它們不是最典型或最常見實例的原型。相反的，你的大腦有汽車、點點圖樣、悲傷或其他任何一切的許多實例，大腦會在當下，根據你在特定情境的目標，強加它們之間的相似性。

　　舉例來說，你對載具的慣常目標是用它當作交通工具，因此如果有個物體符合你的目標，那麼它就是載具，無論它是汽車、直升機，或釘上四個輪子的一片板子。[17] 關於概念的這種解釋出自勞倫斯・巴薩盧（Lawrence W. Barsalou），他是研究概念和種類的頂尖認知科學家。

　　目標本位的概念極具彈性且能適應情境。如果你在寵物店為你家的水族箱添購新品，店員問：「你想買哪一種魚？」你可能說「金魚」或「孔雀魚」，但是大概不會說「熟鮭魚」。在這個情境下，你的「**魚**」概念適用的目標是買寵物、而不是點晚餐，因此你會建構最適合魚缸的「**魚**」概念的實例。

　　如果你正在浮潛，你的「**魚**」概念適用的目標是尋找令人興奮的海底生物，因此最佳的實例可能是巨大的鉸口鯊或色彩斑斕的米點箱魨。概念不是靜態不變，而是極為可塑且依賴背景，因為你的目標可以改變來配合情境。

　　單一物體也可能是不同概念的部分。例如，汽車不是永遠適用於交通工具的目標。有時，汽車是「**地位象徵**」概念的一個實例。在適合的情況下，汽車可能是無家可歸者的「**床**」，或甚至是「**殺人武器**」。如果把車開進海裡，汽車就變成「**人工魚礁**」。

　　若想了解目標本位概念的真實力量，可以仔細想想純粹的心智概念，像是「**保護你不被昆蟲叮咬的東西**」。這個種類的實例極其多樣：蒼蠅拍、防蜂衣、房子、瑪莎拉蒂跑車、大型垃圾桶、到南極洲度假、舉止冷靜，甚至是昆蟲學的學士學位。它們沒有共享任何知覺特徵。這個種類顯然完全是由人類心智建構。

---

14. 「在現實生活中卻很罕見」（rarely found in real life）：在我的研究中，我將這樣的事態稱為「情緒悖論」（Barrett 2006b），參見heam.info/paradox-1.

15. 「需要原型時當場」（need them, on the spot）：你的大腦致力於概念組合，本章稍後會討論，也可見hean.info/combination-1。「最符合情境」（that best fits the situation）：你的大腦正在使用像是模式分類的東西，參見hean.info/pattern-2.

16. 「從變化圖樣中找到相似性」（finding similarities in the variations）：Posner & Keele 1968。「以相同的方式建構」（constructed in the same manner）：然而，有些科學家依然相信，各個情緒概念是在腦中的固定原型，參見heam.info/prototype-2.

17. 「釘上四個輪子」（with four wheels nailed on）：Barsalou 1985; Voorspoels et al. 2011；但請見Kim & Murphy 2011。關於討論請見Murphy 2002.

不是所有實例在各個背景下都有用：例如，當你在做園藝、用力砍掉叢生的雜草時，意外捅到蜂窩，放出一大群蜜蜂，這時附近的房子遠比蒼蠅拍更能保護你。然而，你的大腦把這些實例全都歸為相同的種類，因為它們能達到相同的目標：不被叮咬。事實上，能把實例結合成種類的**只有「目標」**。

在分類的時候，你可能覺得自己好像只是觀察世界，找出物體和事件的相似性，但事實並非如此。純粹心智的目標本位概念（像是**「保護你不被昆蟲叮咬的東西」**）讓我們明白，分類不可能如此簡單和靜態。蒼蠅拍和房子沒有知覺相似性。因此，目標本位概念使你掙脫了物理表象的箝制。當你走進一個全新的情境時，你經驗這個情境的根據不僅僅是它看起來、聽起來或聞起來如何。你的經驗是根據你的目標。

既然如此，當你分類時，你的腦中正在發生什麼呢？你不是在世界上找到相似性，而是在**創造**相似性。當你的大腦需要概念時，它會將來自過去經驗的一群

物體	能飛的動物	能飛的動物	能飛的動物
物體＋目標	能飛的東西	能飛的東西	能飛的東西
目標	浪漫的愛 （熱情、渴望、情慾） 目標：慾望	嚴厲的愛 （紀律、批評、懲罰） 目標：幫助	手足的愛 （感情、合作、聯盟） 目標：連結

圖5-3：概念和目標。第一排圖解以知覺相似性（例如翅膀）為中心的概念。第二排展示物體的種類可能是目標本位。蝙蝠、直升機和飛盤沒有共享的知覺特徵，但可以用心理相似性描述：穿越空中的共同目標。第三排說明的是純粹的心理相似性。「愛」的概念可能跟不同的目標聯想在一起，端看背景為何。

實例混和搭配，飛快地建構一個概念，以最適合你在特定情境下的目標。[18] 於此潛藏著了解情緒如何生成的關鍵。

情緒概念是目標本位概念。舉例來說，快樂的實例非常多變。你可能快樂地微笑、快樂地啜泣、快樂地放聲尖叫、快樂地舉起手臂、快樂地握緊拳頭、快樂地蹦蹦跳跳跟人擊掌，甚至是快樂地目瞪口呆動也不動。你的雙眼可能睜大或瞇緊，你的呼吸可能加速或減緩。你可能是贏得樂透彩而心臟怦怦跳的興奮快樂，或可能是跟情人躺在野餐墊上感到放鬆的平靜快樂。你也以各種方式，知覺到許多其他人的快樂。總而言之，這些各式各樣的經驗和知覺，可能涉及不同的動作和身體內部改變，它們或許在情感上感到不同，它們可能包含不同的景象、聲音和氣味。然而，對當下的你來說，這些生理改變同樣都是為了某個目標。你的目標或許是感到被接受、感到愉快、實現抱負，或找到生命中的意義。你在當下的「**快樂**」概念是以這樣的目標為中心，將你過去的多樣實例結合在一起。

現在讓我們來解析一個例子。假設你在機場等待你的好朋友，這是她多年來第一次來訪。在你盯著出口等她即將現身時，你的大腦根據你的概念，在幾毫秒內忙碌地發出上千個預測，一切全都在你的覺察之外。畢竟，你在這樣的情境中可能經歷過一大堆不同的情緒。你的經驗可能有看見朋友的開心、她即將出現的期待、她無法到達的恐懼，或是擔心你們再也沒有共同的話題可聊。你也可能有非情緒的經驗，像是開很久的車到機場讓你累壞了，或因為染上感冒而出現胸口緊緊的知覺。

你的大腦利用急速來襲的大量預測，根據過去的機場、朋友、生病和相關情況等經驗，產生感覺的意義。你的大腦根據機率權衡各個預測，這些預測彼此爭著說明是什麼造成你的感覺，它們會決定你知覺什麼、如何行動，以及在這個情境下有何感受。到最後，最有可能的預測成為你的知覺，比如說，你很開心，你的朋友此刻正走過出口。你過去的「**快樂**」實例，不是每一個都符合當前的情況，因為「**快樂**」是由各式各樣實例組成的目標本位概念，但其中某些零碎片段因為最符合而勝出。這些預測符合來自外界和你的身體的實際感覺輸入嗎？或有必須解決的預測失誤呢？這是你的預測迴圈需要解答的重要問題，如有必要，還

---

18. 「在特定情境下」（in a particular situation）：你的大腦組合零碎的過去經驗，製造出最適合當前情境的感覺線索的概念，使你能在這個情境下達成你的目標。巴薩盧（Barsalou 1985）證明，概念是動態且彈性地建構出來，參見heam.info/goals-1.

得訂正。

假設你的朋友安全抵達，後來在喝咖啡時，她描述在飛機上遇到亂流，自己嚇得六神無主。她建構了「**恐懼**」的一個實例，目標是傳達在飛機顛簸晃動、心裡七上八下地擔心安危時，她被綁在飛機座位上、雙眼緊閉、悶熱又不安的感受像什麼。當她說出「嚇壞了」這幾個字的時候，你也建構出「**恐懼**」的一個實例，但不需要跟她的實例有完全相同的生理特徵，例如，你大概不會用力閉緊眼睛。但你還是能知覺到她的恐懼，並且對她感同身受。只要你們的實例關係到相同情境下（坐飛機遇到亂流）的相同目標（偵測危險），你和你的朋友就能清楚地溝通。另一方面，如果你建構了「**恐懼**」的其他實例，像是坐雲霄飛車那種興高采烈的恐懼，你大概就很難了解為什麼你的朋友對這次飛行感到如此不安。成功的溝通，需要你和你的朋友使用同步的概念。

回頭想想達爾文提出的關於物種內變異的重要性（第一章）。動物的各個物種，都是由彼此相異的獨特個體組成的一個族群。在族群中，沒有一個特徵或一組特徵對所有個體是充分、必要，甚至是常見或典型的。族群的任何總結都是統計假定，無法應用在個體身上。此外最重要的是，物種內的變異跟個體生活的環境息息相關。有些個體比其他更適合將遺傳物質傳遞給下一代。同樣的，概念的有些實例，在特定的背景脈絡下能更有效地達到特定目標。它們在你大腦中的競賽，就像是達爾文的物競天擇，但完成的時間只有數毫秒；最合適的實例在所有競爭對手中脫穎而出，與你當下的目標相符。[19] 這就是分類。

＊　　　＊　　　＊

情緒概念來自哪裡呢？像「**敬畏**」之類的概念如何能這麼多樣化呢？對浩瀚宇宙的敬畏、對首位登上聖母峰的盲人艾力克・偉漢梅爾（Erik Weihenmayer）的敬畏、對小小螞蟻卻能搬運自己體重五千倍的東西的敬畏等等。傳統觀點提出，你生下來就帶著這些概念，或是你的大腦在人的表達中找到情緒指紋，然後將它們內化成為概念。然而我們現在知道，科學家並沒有找到這樣的指紋，也沒有證據顯示嬰兒生下來就知道「**敬畏**」。

事實證明，人類大腦在一歲前將概念系統導入自己的串連。這個系統負責的是你現在用來經驗和知覺情緒的豐富情緒概念。

新生兒的大腦有學習模式的能力，這個過程名叫「統計學習」。[20] 打從你

初來乍到這個陌生的新世界起，你就不斷地被來自世界和自己身體的吵雜、模糊信號轟炸。接二連三的感覺輸入不是隨機，而是具有某些結構。規律性。你的小小腦袋開始計算哪些景象、聲音、氣味、觸摸、味道和內感感覺相配、哪些不配的機率。「這些邊緣形成界線，這兩個小斑點是更大斑點的一部分，短暫的無聲是分隔符。」你的大腦以驚人的速度，一點一點地學習將數量龐大的模糊感覺解析成模式：景象和聲音、氣味和味道、觸摸和內感感覺，以及由此產生的種種組合。

　　數百年來，科學家一直在爭辯什麼是與生俱來、什麼是學習得來，我不打算加入戰局。[21] 我們先假定有個東西與生俱來：從你周遭的規律性和機率學習的基本能力。（事實上，你甚至從出生前就開始進行統計學習，這讓判定某些概念是天生或學來變得更加複雜。）統計學習的驚人能力，使你今日擁有了特別的心智，具備特別的概念系統。

　　關於人類的統計學習，最初是在語言發展的研究中發現。嬰兒天生就對聽人說話很感興趣，或許因為從一出生、甚至在出生以前，聲音就跟身體預算編列一起出現。隨著他們聽見連續不斷的聲音，他們逐漸推測音素、音節和單字之間的分界。從一團聲音中（像是ㄔㄨㄅㄐㄅㄉㄨㄜ、ㄒㄧㄅㄗㄞㄜㄅㄨㄜ和ㄇㄅㄐㄅㄏㄠㄐㄏㄠㄐㄏㄨㄥㄅㄨㄜㄅㄜ），嬰兒學習哪些音節比較常配對在一起（「ㄨㄅ」、「ㄅㄅ」、「ㄏㄠ」），因此很可能是單字的一部分。很少一起出現的音節，更有可能屬於不同的單字。嬰兒學習這些規律性的速度極快，甚至光聽幾分鐘就學會。這個學習過程，強而有力到足以改變嬰兒大腦的串連。嬰兒出生時能聽出所有語言中、所有聲音之間的差異，但他們長到一歲左右時，統計學習使這個能力降低到只聽得出他們聽人說過的語言所包含的聲音。[22] 嬰兒藉由統計學

---

19. 「你當下的目標」（your goal in the moment）：這些想法雖然不完全相同，但很類似於你在Edelman 1987看到的想法，參見heam.info/edelman-1.
20. 「這個過程名叫『統計學習』」（a process called statistical learning）：Xu & Kushnir 2013; Tenenbaum et al. 2011。關於統計學習的更多內容，請見heam.info/stats-1.
21. 「我不打算加入戰局」（I won't enter that debate）：這是先天論／經驗論的辯論，參見heam.info/concepts-1.
22. 「聽人說話很感興趣」（interest in listening to speech）：Vouloumanos & Waxman 2014。「甚至在出生以前」（and even in utero）：Moon et al. 2013。「光聽幾分鐘」（a few minutes of exposure）：參見Maye et al.2002; Kuhl 2007。某種聲音概念（音素）的模式究竟是從經驗習得，或由經驗觸發（亦即與生俱來），是個需要辯論的重大問題。關於先天論觀點的絕佳論述，見Berent 2013。關於經驗論觀點（如何從相似性中學習概念）的討論，請見Goldstone 1994。另外參見heam.info/concepts-5。「聽人說過的語言」（heard spoken by live humans）：沒有使用的神經連結，很可能被修剪掉。關於更多世界上的語言調音，見Kuhl & Rivera-Gaxiola 2008.

習,逐漸鞏固自己的母語能力。

統計學習不是人類獲得知識的唯一方式,但這種學習從很小的時候就開始,而且不只用在語言。研究顯示,嬰兒很容易學會聲音和視覺的統計規律性,合理假設其餘三種感覺和內感感覺也是如此。更重要的是,嬰兒可以學習跨越多重感官的複雜規律性。如果你在箱子裡裝滿藍色和黃色的球,黃色球會發出吱吱聲而藍色球安靜無聲,嬰兒可以類化顏色和聲音之間的關聯。[23]

嬰兒利用統計學習做出關於世界的預測,以此指導自己的行動。就像小小的統計學家,他們形成假設、根據自己的知識評估機率、整合來自環境的新證據,並且執行檢驗。發展心理學家徐緋在一個很有創意的研究中,先讓十到十四個月的嬰幼兒表達對粉紅色或黑色棒棒糖的偏好,然後給他們看兩個糖果罐:一個罐子裡的黑色棒棒糖比粉紅色多,另一個罐子裡的粉紅色棒棒糖比黑色多。實驗者接著閉上眼睛,從兩個糖果罐各抽一根棒棒糖,只讓小孩能看到棍子、但看不到顏色。從不同罐子裡抽出的棒棒糖各自放進兩個不透明的杯子,只有棍子露在外面。嬰兒會爬向統計上更可能有他們偏愛顏色的那個杯子,因為放進這個杯子的棒棒糖來自他們喜歡的顏色比較多的糖果罐。[24] 像這樣的實驗證明,嬰兒不僅僅是對世界反應。即使在非常小的年紀,他們就主動地根據自己觀察和學習的模式來估算機率,好讓結果盡可能符合他們的理想。

人類不是唯一有統計學習能力的動物,人以外的靈長類、狗、老鼠等等也都可以。就連單細胞動物都能進行統計學習,然後預測:牠們不只是回應環境中的改變,還會預期改變。然而,人類嬰兒由統計學習獲得的不只是簡單概念。他們也很快地學到,他們關於世界所需的某些訊息是**常駐在周遭他人的心中**。[25]

你可能已注意到,幼兒假設其他人的偏好跟自己的一樣。喜歡餅乾勝過花椰菜的一歲小孩相信,世界上其他所有人也都比較喜歡餅乾。小孩無法像馬洛伊州長的觀眾推論他在桑迪・胡克小學屠殺事件後演講時滿懷悲傷那樣,推論他人的心智狀態。即便如此,徐緋和她的學生還是在幼兒身上,成功觀察到他們在進行統計學習時的心理推論雛形。他們讓十六個月大的幼兒看兩個碗,一個裝著無聊的白色方塊,另一個裝著有趣的彩色彈簧玩具。[26] 讓這些幼兒從任一個碗中選一個東西時,他們果然選擇喜愛的彈簧玩具給自己,也選了這個給實驗者。但接下來,實驗者拿出第三個碗,裡面裝著許多彈簧玩具還有少數幾個方塊,然後在幼兒的眼前選擇五個白色方塊給自己。在要求幼兒從那個碗挑選東西時,他們給了

實驗者一個方塊！換句話說，幼兒能夠學習實驗者跟自己不同的主觀偏好。這樣的領悟——一個東西對其他人有正向價值——就是心理推論的一個例子。

除了偏好，嬰兒甚至能從統計上推測他人的目標。他們可以判別，實驗者選擇彩色球的模式是隨機、還是有意。如果是有意，嬰兒能推論實驗者的目標是選擇特定的顏色，而且他們會預期實驗者將繼續遵守。[27] 看似好像嬰兒自動嘗試猜測另一個人行動背後的目標，他們形成假設（根據過去在類似情境下的經驗），並且預測幾分鐘後會發生的結果。[28]

然而，僅僅只有統計學習無法讓人類具備足夠的能力，來學會純粹心智的目標本位概念，因為這些概念的實例沒有共享任何知覺相似性。就拿「**金錢**」的概念為例。彩色的紙、金塊、貝殼和一堆大麥或鹽，在歷史上都曾被某些社會視為貨幣，但你光是看它們，並無法學到金錢的概念。同樣的，情緒種類（像是「**恐懼**」）的各個實例，沒有足夠的統計規律性（誠如第一章所示）讓人類大腦可以根據知覺相似性建立概念。若想建立純粹心智的概念，你需要另一個秘密原料：話語字詞。

從嬰兒期開始，小小人腦就很喜好處理言語信號，而且很快領悟到言語是獲取他人內心訊息的方法。他們特別懂得成人說的「兒語」：音調較高較多變化、句子較短，以及強烈的眼神接觸。[29]

甚至早在嬰兒了解話語的慣常意義之前，話語的聲音就帶給他們加速學習

---

23. 「顏色和聲音之間的關聯」（association between color and sound）：Gweon et al. 2010.

24. 「來自他們喜歡的顏色比較多的糖果罐」（color was in the majority）：Denison & Xu 2010。嬰兒在六個月大時就對機率相當敏感（Denison et al. 2013），可以利用機率做出預測和決定（Denison & Xu 2014）。

25. 「環境中的改變，還會預期改變」（environment but anticipate them）：Freddoino & Tavazoie 2012。「在周遭他人」（of the people around them）：Keil & Newman 2010; Gelman 2009。常駐在他人心中的訊息，是由他們的概念系統製造的相似性。

26. 「世界上其他所有人也都」（in the world does too）：Repacholi & Gopnik 1997。「有趣的彩色彈簧玩具」（interesting, colorful Slinky toy）：Ma & Xu 2011.

27. 萬一你很好奇科學家如何能知道嬰兒在「預期」什麼，在此提供你一個小妙招。嬰兒花更多的注意力在預料之外的事物。如果實驗者做的是可預測的事，像是選擇遵從他的目標的彩色球，嬰兒幾乎不會注意。但如果實驗者選擇不同的球，嬰兒會密切注意，而且注視更久，這就表示模式在意料之外。在心理學中，這被稱為「習慣化典範」（habituation paradigm）。

28. 「隨機、還是有意」（randomly versus with intent）：關於這個實驗的細節，請見heam.info/ball-1。「幾分鐘後會發生」（will occur several minutes later）：Southgate & Csibra 2009; Vouloumanos et al. 2012。八個月大的嬰兒就能推論目標（Hamlin et al. 2009; Nielsen 2009; Brandone & Wellman 2009）。

29. 「以及強烈的眼神接觸」（and strong eye contact）：Vouloumanos & Waxman 2014; Vouloumanos et al. 2012; Keil & Newman 2010; Lloyd-Fox et al. 2015; Golinkoff et al. 2015.

概念的統計規律性。這個研究領域的領導者、發展心理學家桑德拉‧華克斯曼（Sandra R. Waxman）和蘇珊‧吉爾曼（Susan A. Gelman）假設，話語鼓勵嬰兒形成概念，但只在成人有溝通意圖時說的：「寶貝，看，那裡有一朵花！」[30]

華克斯曼證明，話語對三個月大的嬰兒就有這樣的力量。受試的嬰兒先看不同恐龍的圖片。每出現一張圖片，嬰兒同時聽到實驗者說一個假造的字（toma）。之後當嬰兒看新恐龍和非恐龍（例如魚）的圖片時，聽過toma的嬰兒更確實地區辨哪些圖片描述toma，這意味著他們已經形成簡單的概念。當使用音頻聲調而不是人類說話進行相同的實驗時，效果永遠都不會出現。[31] 說出來的話讓嬰兒大腦能獲取觀察世界找不到且只常駐在他人心中的訊息，亦即**心理相似性**：目標、意向和偏好。話語讓嬰兒開始發展目標本位概念，包括情緒概念。

不斷聽到周遭他人說話的小小人腦，逐漸累積簡單的概念。有些概念無須話語就能學習，但話語讓發展中的概念系統得到明顯的好處。在嬰兒聽來，一個字詞剛開始可能僅僅是連串的聲音，只是整套統計學習的一部分，但很快就不僅止於此。它漸漸鼓勵嬰兒在多樣的實例之中**創造**相似性。一個字詞告訴嬰兒：「你看見這些外表看起來不同的所有東西嗎？它們在心理上是同等的。」[32] 這個同等，就是目標本位概念的基礎。

徐緋和她的學生已用實驗證明這點，他們讓十個月大的嬰兒看一些物體，並且給這些物體沒有意義的名字，像是「wug」或「dak」。這些物體極不相似，包括像狗和像魚的玩具、有彩色珠珠的圓筒，以及貼著塑膠花的長方形。每個物體也會發出鈴聲或嘎嘎聲。儘管如此，嬰兒還是學會了模式。聽到幾個不同物體（不管它們的外觀為何）都叫相同名字的嬰兒，預期這些物體會發出相同的聲音。同樣的，如果兩個物體有不同的名字，嬰兒會預期它們發出不同的聲音。這對嬰兒來說是很了不起的壯舉，因為他們利用字的聲音，預測物體是否發出相同的聲音，他們學會了超越單純物理表象的模式。話語經由啟發嬰兒把東西表現為同等的，促進他們形成目標本位概念。事實上，研究證明，相較於不用話語而由物理相似性定義的概念，嬰兒在得到話語的情況下，更能輕易地學習目標本位概念。[33]

我不知道你的想法為何，但每當我想到這點，我都覺得驚嘆不已。任何動物都能看一堆外表相似的物體，然後對它們形成概念。

但你可以給人類嬰兒一堆看起來不同、聽起來不同和感覺起來不同的物體，

只要加上一個字詞（一個**字詞**），這些小嬰兒就能克服物理上的差異，形成一個概念。他們了解，這些物體具有某種心理相似性，無法透過五官立刻地知覺。這種相似性就是我們所謂的概念的目標。嬰兒創造**一個新的現實**：有個名叫「wug」的東西，它的目標是「發出鈴聲」。

　　從嬰兒的觀點來看，在大人教自己以前，「wug」概念並不存在於這個世界。這種社會現實（兩個以上的人同意某個純粹心智的東西是現實的），是人類文化和文明的基礎。由此，嬰兒學會了用對我們（說話的人）一致、有意義且可預測的方式分類世界，這些方式最終也對他們一致、有意義且可預測。在他們心中的世界模型，變得跟我們的十分類似，因此我們可以溝通、分享經驗，並且知覺相同的世界。

　　我的女兒索菲雅兩、三歲時，我買了玩具車給她，我沒有意識到自己正在幫她擴展她的目標本位種類，磨練她創造社會現實的概念系統。她抓著玩具車靠近玩具卡車，在她讓兩台車「親親」時，這兩台車轉變成「媽媽」和「寶寶」。有時我們的乾女兒奧莉維亞來家裡玩，她也差不多是這個年紀。兩個女孩會爬進浴缸，演上好幾個小時的精緻想像戲劇，她們把玩具、肥皂、毛巾和各種浴室用品加上新的功能，當作她們水中歌劇的小道具。當其中一個小孩頭披浴巾、揮舞牙刷扮演萬能的神，另一個小孩跪在她跟前祈求時，人類的決定性時刻就此發生。

　　當我們成人對小孩說一個字詞時，這個看似沒什麼的舉動卻具有重大意義。在那個時刻，我們給了孩子工具用來擴展現實（純粹心智的相似性），他們將之併入腦中存放的模式，以供未來使用。尤其是，誠如我們即將看到的，我們給了孩子製造和知覺情緒的工具。

＊　　　＊　　　＊

　　嬰兒生下來時看不懂臉。他們沒有「**臉**」的知覺概念，因此處於經驗盲區。[34]

---

30. 「加速學習概念的統計規律性」（regularity that speeds concepts learning）：Sloutsky & Fisher 2012。「嬰兒形成概念」（infant to form a concept）：Waxman & Gelman 2010; Waxman & Markow 1995.

31. 「效果永遠都不會出現」（the effect never materialized）：其他的聲音也沒有用，參見heam.info/sound-1.

32. 「『在心理上是同等的』」（equivalence that is mental）：Waxman & Gelman 2010.

33. 「『wug』或『dak』」（wug or dak）：Xu et al. 2005。「把東西表現為同等的」（to represent thing as equivalent）：參見heam.info/goals-2。「不用話語而由物理相似性定義」（physical similarity without a word）：Yin & Csibra 2015。在heam.info/goals-3可以看見實驗結果。

然而，他們光從知覺規律性就很快學會了解人臉：兩隻眼睛在上方、中間有一個鼻子、還有一個嘴巴。

如果我們從傳統情緒觀點的角度來觀察這點，我們說的故事可能是，嬰兒同樣以統計學習的方式，從存在於體內或他人所謂的情緒表達中的快樂、悲傷、驚訝、生氣和其他情緒種類實例的知覺規律性，學到情緒概念。受傳統觀點啟發的許多研究者單純地假設，兒童的情緒概念搭建在他們天生或發展早期對臉部表情的理解。[35] 這個假設理應解釋兒童如何學習情緒詞，也該說明情緒的原因和後果。然而，我們先前已經學到，這套想法的絆腳石是人的臉和身體沒有一致的情緒指紋存在。兒童一定是用什麼其他方法獲得情緒概念。

此外，我們也才剛剛看到，話語鼓勵嬰兒將極不相似的物體視為同等。話語促使嬰兒尋找物理相似性之外的相似性，相似性的作用就像心理膠水黏出概念。嬰兒可能是以這種方式，合理地學習情緒概念。「**生氣**」的各實例或許沒有共享知覺相似性，但「生氣」這個詞可能把這些實例群組成單一概念，就像嬰兒組成「wug」和「dak」概念。目前我還在推測，但這個想法與我們討論過的資料相符。

我試著想像，我的女兒索菲雅在嬰兒時，如何能在我們夫妻倆有意地跟她說情緒詞的引導下，學習情緒概念。在我們的文化中，「**生氣**」的一個目標是克服某個該受譴責的對象對你造成障礙。[36] 因此，當有小朋友打索菲雅時，有時她會哭，有時她會打回去。當她不喜歡她的食物時，有時她會吐掉，有時她會笑著把碗倒在地上。這些肢體動作都伴隨著不同的臉部運動、不同的身體預算改變（配合肢體動作），以及不同的內感模式。在這不斷進行的動作中，她的父親和我會發出連串的聲音：「索菲雅，寶貝，你在生氣嗎？」、「親愛的，不要生氣。」、「索菲雅，你生氣了。」

剛開始，這些噪音對索菲雅來說一定很新奇，但隨著時間經過，如果我的假設是對的，她會經由統計學習把多樣的身體模式和帶有「ㄕㄥ、ㄑㄧˋ」聲音的背景聯繫起來，就像是把發出鈴聲的玩具跟「wug」聲連在一起。最終，「生氣」這個詞鼓勵我的女兒尋找方法讓這些實例相同——即使表面上它們看起來和感覺起來不同。實際上，索菲雅形成初步的概念，其中賦予各實例特色的是共同目標：克服障礙。最重要的是，索菲雅學到在各個情境下，哪些動作和感受能最有效地達成這個目標。

　　索菲雅的大腦以這樣的方式，將「**生氣**」概念導入自己的神經結構。當我們第一次對索菲雅說「**生氣**」這個詞時，我們跟她一起建構了她的生氣經驗。我們集中她的注意力，引導她的大腦貯存各個實例的所有感覺細節。[37] 這個詞幫助她用已在大腦的所有其他「**生氣**」實例創造共通性。她的大腦也記錄了在這些經驗之前和之後的是什麼。所有一切都變成她的「**生氣**」概念。

　　在先前看過的康乃狄克州州長馬洛伊的例子中，我描述觀眾如何從觀察他在某個背景下的動作和聲音，推測他的情緒狀態：強烈的悲傷。我認為，兒童學習做相同的事。在他們學習像「**生氣**」之類的概念時，他們可能預測，並且賦予他人的動作和發聲（微笑、聳肩、喊叫、竊竊私語、咬緊牙關、瞪大雙眼，甚至一動也不動）意義，也讓自己的身體感覺產生意義，以此建構生氣的知覺。[38] 或者，他們可能專注在預測，並且賦予自己的內感感覺和來自世界的感覺意義，由此建構情緒的經驗。隨著索菲雅漸漸長大，她的「**生氣**」概念擴展到甩門的人，自此她的實例群中又多添了一員。當她遇到打噴嚏的人，她說：「媽媽，那個人在生氣。」我糾正了她，而她又再一次磨練她的「**生氣**」概念。她的大腦利用適合情境的概念，賦予感覺意義，建構出情緒的一個實例。

　　如果我說得對，那麼隨著兒童持續發展「**生氣**」的概念，他們會學到並非「**生氣**」的所有實例在各個情境下都是為了相同的目標建構。「**生氣**」也可能是為了保護自己不被冒犯、對付行事不公的人、渴望侵略他人、想要贏得競賽或某種程度增進表現，或是希望看起來很強大。[39]

　　按照這個路線推理，索菲雅最終會學到，生氣相關的詞，例如「惱怒」、「輕蔑」和「報復」，各自指的是把一群多變的實例黏在一起的明確目標。經由這樣，索菲雅發展出生氣相關概念的專家詞彙，讓她為典型美國青少年的生活做好準備。（我必須強調，平常她不太有機會經驗到輕蔑或報復，但其他青少年遲

---

34. 「因此處於經驗盲區」（and so are experientially blind）：Turati 2004。另外參見heam.info/faces-1.

35. 「對臉部表情的理解」（understanding of facial expression）：例如，Denham 1998; Izard 1994; Leppänen & Nelson 2009.

36. 「對你造成的障礙」（has put in your path）：Clore & Ortony 2008; Ceulemans et al. 2012；Roseman 2011.

37. 「所有感覺細節」（in all its sensory detail）：Schyns et al. 1998.

38. 「建構生氣的知覺」（to construct perceptions of anger）：或許是在兒童開始學習情緒會造成行動時，參見heam.info/knowledge-1.

39. 「或是希望看起來很強大」（or wishing to appear powerful）：更多關於生氣相關的目標，也請見heam.info/anger-1.

早用得上這些概念。）

誠如你從索菲雅的發展故事中看到的，我的主要假設是，若想了解兒童如何在缺乏生物指紋且存在極大變化的情況下學習情緒概念，情緒詞就是關鍵。再提醒一下，不是字詞本身，而是在兒童的情感棲位中，使用情緒概念的其他人所說的話語。這些語詞鼓勵兒童形成目標本位的概念，像是「**快樂**」、「**悲傷**」、「**恐懼**」，以及在兒童身處文化中的其他所有情緒概念。

到目前為止，我對情緒詞的假設只是推論的猜測，因為情緒科學沒有系統性地探討這個問題。確實，在情緒概念和情緒種類方面，還沒進行過像華克斯曼、徐緋、吉爾曼和其他發展心理學家所做的很有創意的研究。但我們有些令人信服的證據，跟這個假設一致。

有些證據出自兒童在實驗室的謹慎檢驗，這些測試指出，兒童到了三歲左右才發展出成人般的情緒概念，像是「**生氣**」、「**悲傷**」和「**恐懼**」。在西方文化中，比較年幼的兒童交替使用像「傷心、「怕怕」和「發火」來意指「很糟」，他們展現低的情緒粒度，就像我在研究所遇到的受試者，他們的「憂鬱」和「焦慮」都不過是意指「不愉快」。身為父母的人，或許會看著嬰兒，從他們的哭泣、扭動和微笑中知覺到情緒。嬰兒的確從一出生就會感到愉悅和苦惱，而情感相關的概念（愉快／不愉快）到了三、四個月大才出現。[40] 但有許多研究指出，成人般的情緒概念更晚才發展出來。只不過晚了多久，還是個懸而未決的問題。

關於我的情緒詞假設，還有其他證據出自令人驚訝的來源：研究黑猩猩的人。我實驗室的前博士後研究員珍妮佛・傅格特（Jennifer Fugate）收集了黑猩猩的臉部形態照片（有些科學家視它們為情緒表達），包括「玩耍」的臉、「尖叫」的臉、「露牙齒」的臉和「叫囂」的臉。她測試了黑猩猩專家和普通人，想要了解他們是否能辨認這些臉部形態，而在一開始，沒有人能做到。因此，我們進行了類似對嬰兒做的實驗：一半的專家和普通人只看黑猩猩的臉部形態照片，另一半看的照片標上假造的字，像是玩耍的臉標上「peant」、尖叫的臉標上「sahne」。到最後，只有學習新字的受試者能正確分類新的黑猩猩臉部形態，由此證明他們獲得了臉部種類的概念。[41]

隨著兒童成長，他們肯定會逐漸形成完整的情緒概念系統，其中包括他們在生活中學到的所有情緒概念，這些概念靠著命名的字詞而穩固。他們把不同的臉部和身體形態分類成相同的情緒，也把單一的形態分類成許多不同的情緒。變異

才是常態。既然如此，將「**快樂**」或「**生氣**」之類的概念結合在一起的統計規律性在哪裡呢？就在字詞本身。「**生氣**」的所有實例共享的最明顯共同性，就是它們全被叫做「生氣」。

一旦兒童有了最初的情緒概念，字詞以外的其他因素，對於他們發展情緒的概念系統也變得重要。他們逐漸領悟到，情緒是隨時間發展的事件。情緒有個開始，或先於它的原因（「我的媽媽走進房間」）。然後有個中間，現在正在發生的目標本身（「我很高興看到媽媽」）。再來有個結尾，稍後發生、符合目標的結果（「我會笑，我媽媽也會對我笑和抱我一下」）。[42]意思是說，情緒概念的實例有助於理解較長的一連串感覺輸入，將它們分開成不同的事件。

你從眨眼、皺眉和其他的肌肉抽動看到情緒；你從聲音的音調和抑揚頓挫聽到情緒；你從自己的身體感到情緒，但情緒的訊息不是在信號本身。你的大腦不是生來就設計好認得臉部表情和其他所謂的情緒表現，然後反射性地對它們做出行動。情緒的訊息是在你的知覺裡。大自然為你的大腦提供原始材料，讓它能用概念系統、用助你一臂之力的成人謹慎且有意對你說的各種情緒詞來串連自己。

概念學習不是在兒童時期停止，而是會持續一輩子。有時，在你的主要語言中會出現新的情緒詞，產生新的概念。例如，意思是「幸災樂禍」的德文情緒詞schadenfreude，現在也用到英文中。我個人想把希臘文的*stenahoria*加進英文，這個字指的是的毀滅、絕望、窒息和緊迫的感受。[43] 我能想到一些用得上這個情緒概念的戀愛關係。

其他語言通常有些情緒詞在英文中找不到概念相關的對應字。例如，俄文有兩個不同的概念對美國人來說都是「**生氣**」。德文有三個不同的「**生氣**」，而中文則有五個。如果你打算學任何一種語言，你都需要獲得新的情緒概念，才能建構它們的知覺和經驗。如果你跟這種新語言是母語的人生活在一起，你會更快地發展出這些概念。新的概念會受到你主要語言的舊概念影響。舉例來說，母語是

---

40. 「到了三歲左右」（until around age three）：心理學家詹姆斯・羅素和雪莉・威登有個關於兒童情緒概念的長期計畫，相關回顧請見Widen, 印行中，也可參見heam.info/russell-2。「四個月大」（to four months of age）：關於嬰兒情感概念的細節，請見heam.info/infant-1。

41. 「『叫囂』的臉」（and hoot faces）：Parr et al. 2007。「臉部種類的概念」（concepts for the face categories）：Fugate et al. 2010。

42. 「『抱我一下』」（give me a hug）：Harris et al.，印行中。

43. 「窒息和緊迫」（suffocation, and constriction）：Panayiotou 2004.

英文的人如果學俄文，必須學會區辨對一個人的生氣（serdit'sia）以及為了更抽象原因（像是政治局勢）的生氣（zlit'sia）。[44] 後者的概念比較類似英文的「Anger」（**生氣**）概念，但說俄文的人比較常用前者，因此說英文的人也更常用serdit'sia，最後往往誤用了這個字。這不是生物意義上的失誤（因為兩個概念都沒有生物指紋），而是文化意義上的失誤。

來自第二語言的新概念，也可能修改你主要語言的這些概念。在我實驗室的研究員亞歷珊卓·圖魯托格魯（Alexandra Touroutoglou）從希臘來學習神經科學。隨著她英文越說越好，她的希臘文和英文的情緒概念開始混在一起。例如，希臘文中「**罪**」的概念有兩個，一個是輕微犯規，另一個是嚴重違法。英文用「guilty」（有罪）單一個字涵蓋兩種情況。當亞歷珊卓跟她還住在希臘的妹妹聊天時，她會用「嚴重」的罪字（enohi）描述她在實驗室的海灘派對上吃太多甜食。對她妹妹來說，亞歷珊卓顯得小題大作。在這個情況下，亞歷珊卓是用英文的guilt概念建構她的甜點經驗。[45]

我希望，現在的你能夠欣賞此處正在上演的戲。情緒詞並不是關於世界上的情緒事實，像靜態文件般貯存在你的大腦。它們是各種情緒意義的反映，你用你的情緒知識，光從世界上的物理信號建構的情緒意義。你獲得的知識，部分來自集體知識，而這些集體知識被包含在照顧你、跟你說話和幫助你創造你的社會世界的那些人的腦中。

情緒不是**對**世界的反應，而是你關於世界**的**建構。

　　　　　*　　　*　　　*

一旦你的腦中建立了概念系統，你就不需要明確地回憶或說出情緒詞來建構情緒的實例。事實上，即使你沒有給情緒一個字詞，還是能經驗和知覺那個情緒。早在schadenfreude成為英文單字以前，說英文的多數人就能對他人幸災樂禍。你所需的只有概念。你如何在沒有字詞的情況下得到概念呢？這麼說吧，你大腦的概念系統具有一種名為「概念組合」的特殊能力。[46] 它能組合現存的概念，為新奇的情緒概念創造出你的第一個實例。

我的朋友貝賈·麥斯奎塔（Batja Mesquita）是荷蘭的文化心理學家，我第一次到比利時拜訪她時，她跟我說我們正在共享gezellig情緒。當我們蜷坐在她的客廳、分享紅酒和巧克力時，她向我解釋，這個情緒的意思是跟朋友和心愛的人舒

適溫暖地一起待在家裡。gezellig不是一個人對另一個人的內在感受，而是一種在世界上自我體驗的方式。英文中沒有任何一個單字能描述gezellig的經驗，然而一旦貝賈向我解釋，我立刻就能體驗。她的用字鼓勵我像嬰兒那樣形成概念，但這是透過概念組合：我自動地採用我的「**好朋友**」、「**愛**」和「**高興**」概念，再加上一點點「**舒適**」和「**安康**」概念。然而，這個翻譯並不完美，因為我還是以美國的方式經驗gezellig，我使用的情緒概念更強調內在感受，而不是描述情境。[47]

　　概念組合是大腦的偉大才能。[48] 科學家仍在爭論負責概念組合的機制為何，但他們都十分同意它是概念系統的基本功能。它讓你從現存的概念建構出無限可能的新奇概念，其中包括目標本位概念，像是「**保護你不被昆蟲叮咬的東西**」（這句話的目標很短暫）。

　　概念組合相當強大，但它遠不及一個字詞有效。如果你問我今天晚餐吃什麼，我可以說「烤過的麵團加上番茄醬和乳酪」，但不如說「比薩」有效得多。嚴格來說，你不需要情緒詞來建構那個情緒的實例，但你有了那個字詞就更加容易。如果你希望概念有效，而且想把這個概念傳達給他人，那麼字詞就非常方便。

　　嬰兒在會說話以前，就能受益於這種「比薩效應」。舉例來說，還不會說話的嬰兒通常能同時記住大約三個東西。如果你在嬰兒看得到的情況下把玩具藏進盒子，他最多能記住三個藏匿的地點。然而，如果你在藏玩具以前，用無意義的字如「dax」標記幾個玩具、用「blicket」標記其他幾個玩具（將玩具分配到不同種類），嬰兒可以記住的地點就高達六個！[49] 即使六個玩具外表看來完全相同，同樣的情況還是發生，由此強力指出，嬰兒跟大人一樣能從概念知識獲得功效益

---

44. 「英文中找不到概念相關的對應字」（no equivalent in English）：Pavlenko 2014。「你主要語言的舊概念」（one from your primary language）：Pavlenko 2009。另外參見heam.info/language-1。「更抽象原因（像是政治局勢）的生氣（zlit'sia）」（situation, know as zlit' sia）：同前，第六章。

45. 「英文的guilt概念」（the English concept for guilt）：我丈夫的同事、電腦科學家維克多·丹尼爾琴科（Victor Danilchenko）是來自烏克蘭的移民，他告訴我，在美國的俄文母語者，有時在說俄文時會使用英文片語。很受歡迎的一個例子是「to run out of sugar」（糖用完了），字面上的翻譯是從一堆糖奔跑出來。

46. 「名為『概念組合』的特殊能力」（special power called conceptual combination）：Wu & Barsalou 2009。另外參見 heam.info/combination-1。

47. 「描述情境」（those that describe the situation）：這是情緒建構理論跟傳統觀點分歧的另一個重點，傳統觀點會說一個人「在同時感到幾種情緒」，就好像是這些情緒能客觀地區辨，而不是建構一個全新的情緒經驗。

48. 「大腦的偉大才能」（potent capability of the brain）：參見heam.info/combination-1。

49. 「可以記住的地點就高達六個」（to six objects in mind）：Feigenson & Halberda 2008。

處。概念組合加上字詞，等同於創造真實的力量。

在許多文化中，你都找得到擁有成百、或許上千種情緒概念的人，也就是說，他們展現高的情緒粒度。例如，在英文中，這樣的人或許擁有anger（生氣）、sadness（悲傷）、fear（恐懼）、happiness（快樂）、surprise（驚訝）、guilt（罪惡）、wonder（好奇）、shame（羞愧）、compassion（悲憫）、disgust（厭惡）、awe（敬畏）、excitement（興奮）、pride（驕傲）、embarrassment（尷尬）、gratitude（感激）、contempt（輕蔑）、longing（憧憬）、delight（欣喜）、lust（慾念）、exuberance（興高采烈）和love（愛）等族繁不及備載的概念。他們對彼此相關的字詞也有區別概念，像是「aggravation」（惱怒）、「irritation」（煩躁）、「frustration」（挫敗）、「hostility」（敵意）、「rage」（暴怒）和「disgruntlement」（不滿）。這樣的人是情緒專家，他們是最懂情緒的人。每個字詞都對應到各自的情緒概念，每個概念都至少能為一個目標所用——但通常會有許多不同目標。如果情緒概念是種工具，那麼這樣的人擁有一個專業職人適用的龐大工具箱。

展現中等情緒粒度的人，擁有的情緒概念可能是幾十種而不是上百種。在英文中，他們可能有anger（生氣）、sadness（悲傷）、fear（恐懼）、disgust（厭惡）、happiness（快樂）、surprise（驚訝）、guilt（罪惡）、shame（羞愧）、pride（驕傲）和contempt（輕蔑）等概念，或許比所謂的基本情緒多不了幾個。對於這樣的人，像「aggravation」（惱怒）、「irritation」（煩躁）、「frustration」（挫敗）、「hostility」（敵意）、「rage」（暴怒）和「disgruntlement」（不滿）之類的概念，全都屬於「**生氣**」概念。這樣的人具有家庭必備的小工具箱，裡面裝滿一些非常實用的工具。不算花俏，但足以完成任務。

展現低情緒粒度的人，只擁有少數幾個情緒概念。在英文中，他們可能擁有像「sadness」（悲傷）、「fear」（恐懼）、「guilt」（罪惡）、「shame」（羞愧）、「embarrassment」（尷尬）、「irritation」（煩躁）、「anger」（生氣）、和「contempt」（輕蔑）的詞彙，但這些字全都對應到相同的概念，而這個概念的目標是像「感到不愉快」之類的事。這樣的人只有少數幾樣工具：榔頭和瑞士刀。或許他們會覺得無所謂，但多幾樣新工具也無妨，至少生活在西方文化環境中的人是如此。（我的丈夫開玩笑說，在我們認識以前，他只知道三種情緒：快樂、傷心和肚子餓。）

　　當心智擁有的情緒概念系統很貧乏時，它還能知覺情緒嗎？從我們的實驗室所做的科學實驗得知，答案通常是不能。誠如你在第三章看到的，我們可以藉由妨礙他們取用自己的情緒概念，輕易地干擾他人從橫眉知覺生氣、從癟嘴知覺難過，以及從微笑知覺快樂的能力。

　　如果人們缺少健全完善的情緒概念系統，他們的情緒生活會像什麼樣呢？他們是否只感知到情感呢？這些問題很難用科學檢驗。情緒經驗在臉部、身體或大腦都沒有客觀的指紋，所以我們也無法計算答案。我們能做的最多只有問問人的感受如何，但他們必須使用情緒概念才能回答這個問題，這又違背了實驗的最初目的！

　　解決這個難題的方法，是研究情緒概念系統天生貧乏的人，這個症狀被稱為「述情障礙」（alexithymia），罹患這種症狀的人據估計約佔全球人口的10%。誠如情緒建構理論所預測，這類患者確實難以經驗情緒。在概念系統作用良好的人經驗到生氣的情境下，患有述情障礙的人更有可能將之經驗成胃痛。他們抱怨身體症狀並報告情感感受，但是無法將這些症狀或感受經驗成情緒。患有述情障礙的人，也很難知覺到他人的情緒。如果概念系統作用良好的人看到兩個人彼此咆哮，可能做出心理推論並知覺到生氣，然而患有述情障礙的人只會報告知覺到咆哮。患有述情障礙的人，擁有的情緒詞彙也很受限且難以記住情緒詞。[50] 這些線索進一步證明，經驗和知覺情緒的關鍵就是概念。概念跟你知覺和所做的一切都有關聯。此外，誠如你在先前的章節所見，你知覺和所做的一切，都跟你的身體預算有關。因此，概念一定也跟你的身體預算有關。事實上，它們確實有關。

　　剛出生時，你無法調節自己的預算，所以由照顧你的人為你調節。每次媽媽把你抱起來餵奶，都是一個具有規律性的多重感覺事件：看見媽媽的臉、聽見媽媽的聲音、媽媽的香氣、媽媽的觸摸、母奶（或配方奶）的味道，還有跟你被擁抱和餵食有關的內感感覺。你的大腦捕捉當下的**整個感覺背景**，作為景象、聲

50. 「全球人口的10%」（10 percent of the world's population）：Salminen et al. 1999。「alexithymia」（述情障礙）的字根是「a」（缺乏）、「lexis」（語詞），以及「thymos」（心情）。參見Lindquist & Barrett 2008的回顧論文，以及heam.info/alexithymia-1。「經驗成情緒」（to experience them as emotional）：Lane et al. 1997; Lane & Garfield 2005。「也很難知覺到他人的情緒」（emotion in others as well）：Lane et al. 2000。參見heam.info/alexithymia-1。「擁有的情緒詞彙也很受限」（have a restricted emotion vocabulary）：Lecours et al. 2009; Meganck et al. 2009。參見heam.info/alesithymia-1。「難以記住情緒詞」（have difficulty remembering emotion words）：Luminent et al. 2004.

51. 「觸摸和內感感覺」（touches, and interoceptive sensations）：Forest et al. 2015.

音、氣味、味道、**觸摸**和內感感覺的模式。[51] 這就是概念如何開始形成。你以多重感覺的方式學習概念。無論自己有沒有察覺，你的身體內部改變和改變的內感後果，都是你學到的所有概念的一部分。

當你用你的多重感覺概念來分類時，你也是在調節你的身體預算。身為嬰兒的你在玩球時，用來分類的不只是球的顏色、形狀和質地（以及房間的氣味、你的手和膝蓋碰到地板的感受、先前吃的東西殘留的味道等等），還有你在當下的內感感覺。這讓你能預測你的行動，像是用力拍球或把球放進嘴裡，這些都會影響你的身體預算。

長大成人後，當你學到一個事件是某種情緒（例如「**尷尬**」）的一個實例時，你同樣把這個事件的景象、聲音、氣味、味道、觸摸和內感感覺抓在一起作為你的概念。當你利用那個概念來產生意義時，你的大腦再次考慮到你的整個情境。舉例來說，如果你從海面下浮出來游到沙灘，發現自己的泳衣掉了，你的大腦可能建構一個「**尷尬**」的實例。你的概念系統從過去抽樣尷尬裸體實例，這比你從蒸氣房走出來的煥然一新裸體、或跟戀人在下午激情過後的舒適自在裸體更耗費身體預算。根據當前的情況，你的大腦可能也會抽樣衣著完整卻感到暴露的「**尷尬**」實例，像是在課堂上答錯問題，但不會抽樣比較私人的尷尬實例，像是忘記你最好朋友的生日。[52] 誠如你所見，你的大腦根據你在特定情境下的目標，從更大的概念系統中抽樣。而從中獲勝的實例，將會引導你適當地調節你的身體預算。

所有分類全都基於機率。舉例來說，如果正在巴黎度假的你，在地鐵車廂裡知覺到有個陌生人對你皺眉，你可能沒有任何關於那個陌生人或那個地鐵的過去經驗，而且你可能以前沒有造訪過巴黎，但你的大腦裡確實有在不熟悉的地方看見其他人皺眉的過去經驗。你的大腦接下來可能基於過去經驗和機率，建構一個概念樣本，用來作為預測。[53] 每增加一點脈絡（你一個人或車廂擁擠嗎？對方是男性或女性呢？眉毛是挑起來或皺起來？），都讓你的大腦提高機率，直到它選定預測失誤最小的最適合概念為止。這是用情緒概念分類。你不是在偵測或辨認某個人臉上的情緒，你也不是在辨認自己身體的生理模式。你是基於機率和經驗，預測並且解釋這些感覺的意義。每當你聽到情緒詞或面對一系列的感覺時，這個過程都會發生。

這些分類、脈絡和機率，或許看似極度違反直覺。當我走在樹林間、看見

路上有條巨大的蛇時，我當然不會對自己說：「嗯，我主動地從一群競爭的概念中預測那條蛇，這些概念是從過去經驗建構，而且跟當前這組感覺有某種程度相似，我由此創造出我的知覺。」我就是「看見一條蛇」。此外，當我躡手躡腳地轉身逃跑時，我不是想：「我把許多預測歸結成『**恐懼**』情緒種類的一個獲勝實例，使得我開始逃跑。」不，我就是害怕得想立刻逃走。恐懼不受控制地突然來襲，就好像是刺激（蛇）觸發了小小炸彈（神經指紋），造成我的反應（恐懼和逃跑）。

當我之後喝咖啡時跟朋友講述蛇的故事，我沒有跟他們說：「我利用我的過去經驗，建構了『**恐懼**』概念的實例來配合我的周遭環境。我的大腦在蛇出現在路上以前就改變了視覺神經的激發，讓我準備好看到蛇，並且往另一個方向跑。一旦我的預測獲得證實，我的感覺就被分類，我建構了根據目標解釋感覺的恐懼經驗，也做出了把蛇知覺成感受原因的心理推論，而逃跑是感受的結果。」不，我的故事簡單許多：「我看到一條蛇，我尖叫著逃走了。」

我遇到蛇的這件事，沒有絲毫一點讓我覺得自己是整個經驗的創建者。[54]然而，無論我是否感受得到，我就是它的創建者，就像你是斑點蜜蜂的創建者一樣。早在我察覺到這條蛇以前，我的大腦就忙著建構恐懼的實例。或者，如果我是希望有天能養條蛇當寵物的八歲女孩，我可能建構出興奮的實例。如果我是她的爸媽，絕對不允許一條蛇進入家門，我可能建構出煩躁的實例。刺激－反應的大腦是個迷思，大腦的活動其實是預測和校正，我們則在覺察之外建構出情緒經驗。這個解釋符合大腦的結構和運作。

簡單地說，我沒有看到蛇並將之分類。我沒有感到逃跑的衝動並將之分類。我沒有感到心臟怦怦跳並將之分類。我分類感覺，是為了看到蛇、感到我的心臟怦怦跳，並且趕緊逃跑。我正確地預測這些感覺，在這麼做的時候，我用「**恐懼**」概念的實例解釋了它們。這就是情緒如何生成。

此時此刻，在閱讀這些文字的同時，你的大腦也在用強大的情緒概念系統自

---

52. 「忘記你最好朋友的生日」（forgetting your best friend's birthday）：參見heam.info/shepard-1.

53. 「用來作為預測」（to use as predictions）：使用貝氏的機率法則（Bayes rule, Perfors et al. 2011）。另外參見heam.info/bayes-1.

54. 「整個經驗的創建者」（architect of the whole experience）：儘管如此，人們還是主動建構事件的時間順序，參見heam.info/causality-1.

我串連。這個系統剛開始純粹是為了得到訊息，透過統計學習獲取關於這個世界的知識。但語詞讓你的大腦超越你與其他大腦集體習得的物理規律性，發明了自己世界的一部分。你創造了有力、純粹的心理規律性，幫助你控制自己的身體預算以求生存。這些心理規律性有些是情緒概念，它們的功能是作為心理解釋，說明在某些環境下為什麼你的心臟在胸口猛跳、為什麼你的臉頰泛紅，以及為什麼你這樣感受和行動。由於在分類期間同步了彼此的概念，因此當我們分享這些抽象概念時，我們得以知覺彼此的情緒，並且互相溝通。

總而言之，這就是情緒建構理論：不需要情緒指紋，就能解釋你如何毫不費力地經驗和知覺情緒。情緒的種子是在嬰兒期種下，那時你在十分多變的情境下，一次又一次地聽到同一個情緒詞（例如「煩躁」）。「煩躁」這個詞把一群多樣的實例結合成一個概念：「**煩躁**」。這個詞鼓勵你尋找這些實例的共同特徵，即使這些相似性只存在於其他人的心中。一旦你在自己的概念系統中確立了這個概念，你就能在十分多變的感覺輸入出現時，建構「**煩躁**」的實例。如果分類期間注意力的焦點是放在自己身上，那麼你建構出氣惱的經驗。如果焦點是放在另一個人身上，那麼你建構出氣惱的知覺。無論哪一種情況，你的概念都會調節你的身體預算。

當你在路上被另一個人超車，你的血壓升高、你的手心冒汗，而且你一邊大叫、一邊猛踩煞車並感到煩躁時……這是分類的行為；當你年幼的孩子撿起一把刀子，你的呼吸減緩、你的手心乾燥、你微笑，而且你一邊冷靜地叫她把刀放下、一邊內心感到煩躁時……這是分類的行為；當你看見另一個人瞪大眼睛古怪地盯著你，而且覺得他很煩躁時，這也是分類的行為。在前述的所有實例中，你關於「**煩躁**」的概念知識驅使你分類，而你的大腦則產生與背景相關的意義。我在第二章曾說過，我念研究所時有個傢伙約我吃午餐，當時我認為自己感到被他吸引，但事實上是我得了流感，這是另一個分類的例子。我的身體預算被病毒擾亂，但我因為自己建構了迷戀的實例，而將產生的情感變化經驗成我被一起午餐的對象吸引。如果我在不同的背景脈絡下分類我的症狀，我可能會把它們理解成幾顆感冒藥和休息幾天就能痊癒的東西。

你的基因給你的這顆大腦，可以按所屬的物理環境和社會環境自我串連。在你的文化中，你周遭的人用他們的概念維持這個環境，並且經由把這些概念從他們的大腦傳送到你的大腦，幫助你在這個環境中生活。之後，你也會把你的概念

傳送到下一代的大腦。創造人類心智，不能光靠一顆人類大腦。

　　然而，我還沒解釋這一切如何在你的大腦裡面作用：分類的生物學。大腦網絡涉及什麼？這個過程如何跟大腦的內在、預測能力有關，以及它如何影響你極其重要的身體預算？這就是我們接下來要討論的重點，你將學到情緒如何在大腦中生成的最後一塊拼圖。

第六章

大腦如何製造情緒

你是否曾想揍你的老闆一拳？當然，我絕對不提倡職場暴力，而且很多老闆是很棒的工作夥伴。但有時，我們有幸遇到這個德文情緒詞Backpfeifengesicht化身的上司，意思是「超級欠揍的臉」。

假設你有這樣的老闆，一整年幾乎不間斷地交付你額外的工作。你因為自己的良好表現而一直期待晉升，但他剛剛才通知你，得到晉升的是另一個人。你會感到怎樣呢？

如果你生活在西方文化，你可能會感到生氣。你的大腦會同時發出好幾個「**生氣**」的預測。[1]一個預測可能是，用力拍打桌子，並且對著你的老闆大吼。另一個預測是起身慢慢地穿過辦公室、走向你的老闆，傾身在他耳邊低聲威脅說：「你會後悔的。」或者你可能安靜地坐在自己的位子上，密謀著暗中破壞老闆的職業生涯。

「**生氣**」的多樣預測之間有相似性，像是老闆、失去晉升機會，以及復仇的共同目標。它們也有許多差異，因為大吼、低語和默不作聲需要不同的感覺和運動預測。你在各個情況下的行動也不同（拍打、傾身、坐著），所以你的身體內部改變不同，身體預算的後果不同，因此你的內感後果和情感後果也會不同。到最後，透過我們即將討論的過程，你的大腦從「**生氣**」的多樣實例中，選出在這個特定情境下最適合你的目標的**獲勝實例**。你如何表現與你經驗到什麼，都是由獲勝實例決定。這個過程就是分類。

然而，關於老闆的劇情可以有不同的結局。你的生氣可能有不同的目標，像是改變老闆的心意，或是跟取代你晉升的同事維持社交關係。[2]或者你可能建構不同情緒的實例，像是「**後悔**」或「**恐懼**」；或非情緒的實例，像是「**解放**」；或身體症狀，像是「**頭痛**」；或你的老闆是「**白痴**」的知覺。在各個情況中，你的大腦都依循類似的過程，基於過去的經驗分類，以最適合整個情境和自己的內在

感覺。分類的意思是選出獲勝實例，成為你的知覺，並且引導你的行動。

誠如你在先前的章節所讀，建構情緒需要一大套的概念。現在你即將學到的是，從你一出生開始，你的大腦**如何**獲得和利用你的概念系統。過程中，你也會學到先前看過的幾個重要主題的神經基礎：情緒粒度、族群思考、為什麼情緒感覺起來像被觸發而不是建構出來，以及為什麼你的身體預算編列區能影響你所做的每個決定和行動。[3] 從整體來看，這些解釋都暗示著有個統一架構是**大腦如何產生意義**，這是人類心智最奇特的謎題之一。

＊　　　＊　　　＊

嬰兒大腦缺少我們成人擁有的多數概念。嬰兒不知道什麼是望遠鏡、海參或野餐，更別說是純粹的心智概念，像「**異想天開**」或「**幸災樂禍**」。新生兒在大多數情況下都處於經驗盲區，所以嬰兒大腦無法良好預測也就不足為奇。成熟的大腦由預測主導，但嬰兒的大腦充斥著預測失誤。因此。嬰兒在大腦能塑造世界以前，必須先從感覺輸入學習這個世界。這種學習是嬰兒大腦的主要任務。

起初，猛烈來襲的感覺輸入對嬰兒的大腦大多是新的，它們的重要性還不確定，所以很少會被忽略。如果感覺輸入像躍過一波波大腦活動浪潮的石頭，對嬰兒來說，這顆石頭就是巨石。嬰兒吸收四周的感覺輸入，他們不斷學習、學習、學習。發展心理學家艾莉森‧高普尼克（Alison Gopnik）認為嬰兒的注意力像「燈籠」，細緻明亮卻四散各方。相較之下，成人大腦有網絡可以關掉可能拖延預測的訊息，讓你可以不分心地做些看書之類的事。你的注意力像「聚光燈」，只照亮某些東西（像是書中文字），同時把其他東西留在黑暗之中。[4] 嬰兒大腦的「燈籠」無法以這樣的方式聚焦。

經過幾個月，如果一切進行順利，嬰兒大腦就開始更有效地預測。來自外界的感覺，變成在嬰兒的世界模型中的概念，曾經是在外面的東西現在到了裡面。漸漸地，這些感覺經驗為嬰兒大腦創造機會，讓他能做出跨越不同感官的**協調預**

---

1. 「同時發出好幾個『生氣』的預測」（predictions of "Anger" simultaneously）：在西方文化中，「生氣」的共同目標是防衛自己不受威脅或傷害（Clore & Ortony 2008；Ceulemans et al. 2012）。
2. 「取代你晉升」（the promotion in your place）：參見heam.info/anger-1。
3. 在附錄D，可以找到支持本章內容的更詳細科學證據。
4. 「細緻明亮卻四散各方」（is exquisitely bright bud diffuse）：Gopnik 2009，另外參見heam.info/gopnik-1。「其他東西留在黑暗之中」（other things in the dark）：Ponser et al. 1980。

測。[5] 醒來後在明亮房間裡咕嚕嚕叫的肚子，意指現在是早上；而溫暖潮濕加上頭頂有亮亮的燈，意指現在是晚上的洗澡時間。我女兒索菲雅只有幾週大的時候，我們利用這樣的多重感覺預測，幫她培養睡覺習慣，好讓我們不會變成睡眠不足的殭屍。我們讓她接觸明顯不同的歌曲、故事、彩色被被和其他儀式，幫助她在統計上區辨午休和睡覺時間，好讓她睡的時間較短或較長。

對具體概念一知半解而且受預測失誤支配的嬰兒大腦，最終如何能涵蓋成千上萬複雜的純粹心智概念，像是「**敬畏**」和「**絕望**」等各自都有一群多樣的實例呢？實際上這是個工程問題，解決之道可以在人類大腦皮質的結構中找到。一切全都歸結於某些有效性和能量的基本問題。嬰兒大腦必須持續學習，在不斷變化的環境中更新它的概念。這個任務需要一個絕對強力、有效的大腦。但這個大腦有實質上的限制。它的神經網絡再怎麼長，都不能大過頭骨，而這個頭骨必須在生產時能通過人類骨盆。另外，養活神經元這些小小細胞的代價也很高昂（它們需要許多能量），因此大腦在代謝方面能支撐多少連結並保持運作也有限度。基於這些限制，嬰兒大腦在轉換訊息時，必須藉由盡可能減少通過的神經元來**提高效率**。

這個工程挑戰的解答就是由大腦皮質來表現概念，好讓**相似性與差異性得以分離**。誠如你即將看到的，這樣的分離會帶來驚人的最佳化。

每當你在YouTube看影片時，你都是在見證類似的有效訊息轉換。影片是連續的靜止畫面，或快速連續顯示的「鏡頭」。然而，從一個鏡頭到下一個鏡頭有大量的冗餘碼，因此當YouTube的伺服器送出影片訊息流、經過網際網路到達你的電腦或手機時，它不需要送出每個鏡頭的所有單一畫素。比較有效的是僅僅傳遞從一個鏡頭到下一個鏡頭**改變**了什麼，因為前一個鏡頭的任何靜態區域都已被傳送。YouTube將影片的相似性和差異性分離以加速傳遞，你的電腦或手機的軟體再將所有片段彙編成完整影片。

人類大腦在處理預測失誤時所做的事相當類似。來自視覺的感覺輸入像影片一樣非常冗餘，來自聽覺、嗅覺和其他感官的訊息也是如此。大腦把這些訊息表現成激發神經元的模式，這樣的有利（和有效）之處是盡可能用最少的神經元表現。

舉例來說，視覺系統在初級視覺皮質中把一條直線表現成神經元激發的模式。假定有第二組神經元要激發來表現第二條直線，而這條直線跟第一條互相垂

直。第三組神經元就能把這兩條直線的統計關係有效地**總結**成簡單的「**角度**」概念。嬰兒大腦可能遇到100對長度、粗度和顏色各異的不同交叉線段，但概念上它們全都是「**角度**」的實例，各自都是由某一小組的神經元有效地總結。這些總結消除了冗餘性。大腦用這種方式，將統計相似性跟感覺差異性分離。

同樣地，「**角度**」概念的各實例本身也是其他概念的一部分。例如，嬰兒從許多不同的有利位置接收有關媽媽臉部的視覺輸入：白天和晚上，在餵奶的時候、在面對面坐著的時候。她的「**角度**」概念是她的「**眼睛**」概念的一部分，這是總結在不同角度和不同光線下看到媽媽的眼睛持續變化的線條和輪廓。不同組的神經元激發來表現「**眼睛**」概念的各種實例，讓嬰兒不管感覺是否有差異，每次都能認出這對眼睛是媽媽的眼睛。[6]

隨著概念從非常特定到越來越一般（前述的例子是從線到角度到眼睛），大腦也逐步創造更能有效總結訊息的相似性。例如，「**角度**」是關於線條的有效總結，但它是關於眼睛的感覺細節。同樣的邏輯也適用於「**鼻子**」概念和「**耳朵**」概念等等。這些概念全都是「**臉部**」概念的一部分，而臉部概念的實例，是臉部特徵中感覺規律性的更有效總結。最終，儘管低層次的感覺細節有驚人的變化，但嬰兒的大腦對足夠的視覺概念形成總結表徵，讓他能看見一個穩定的物體。請想一想：你的每隻眼睛都在瞬間將數百萬的微小訊息片段傳送到你的大腦，而你只是簡單地看「一本書」。

這個原則（為了有效性而找出相似性），不只是描述視覺系統，它也作用在各個感覺系統（聽覺、嗅覺、內感感覺等等），而且適用於不同感官模式的組合。仔細想想純粹的心智概念，像是「**媽媽**」。嬰兒早上喝奶時，在他的各種感覺系統裡，有幾組神經元以統計相關的模式激發，表現媽媽的視覺影像、她的聲音、她的氣味、被扶著的觸感、喝奶而提高的能量、肚子飽飽的感覺，再加上喝奶和摟抱的愉快。這些表徵全都互有關聯，而它們的總結，在別處以一小組神經元內的激發模式，表現成初步、多重感覺的「**媽媽**」實例。下一次餵奶的時候，嬰兒會用類似但不完全相同的神經元群組，製造「**媽媽**」概念的其他總結。[7]此

---

5. 「跨越不同感官的預測」（predictions that span the senses）：不同的感官為彼此扮演「支持角色」。參見heam. info/multi-2.

6. 「不管感覺是否有差異」（regardless of the sensory differences）：許多論文用臉作為範例來解釋概念形成，因為視覺系統被研究得比較透徹，所以比多數的其他感覺系統更容易了解，此外也因為在感覺輸入中，人類是看臉的專家。關於使用臉的良好例子，請見Hawkins & Blakeslee 2004；另外參見heam.info/muller-1.

外，當嬰兒拍打搖籃上掛著的玩具、看著玩具在空中搖來搖去，並且感到任何相關的觸覺和內感感覺時，一切都跟運動造成的能量消耗連上關係，她的大腦會將這些統計相關的事件，總結為初步、多重感覺的「**自我**」概念實例。

嬰兒大腦以這樣的方式，將分散各地的個別感官激發模式，提煉成一個多重感覺總結。這個過程能降低冗餘性，並以最精簡有效的形式表現訊息，以供未來使用。就像是乾燥食物佔的空間較小，但在吃之前需要先恢復原狀。這樣的有效性，讓大腦實際能形成習得的初步概念，像是「**媽媽**」和「**自我**」。

隨著孩子漸漸長大，他的大腦開始用自己的概念更有效地預測，不過當然還是會犯錯。例如，索菲雅三歲的時候，有次我們在購物中心，她從編辮子的頭髮認出走在前面的一個男人。那時，她認識三個有這種辮子頭的人：一個是她心愛的叔叔凱文（Kevin），他的身高中等、皮膚黝黑；另一個是我們的熟人，他的皮膚也很黑，但個頭相當高，而且肩膀很寬；第三個人是我們的鄰居，她是個子小小、皮膚白白的女性。在那個當下，索菲雅的大腦猛烈發出相互競爭的多重預測，這些預測很有可能成為她的經驗。為了便於論述，我們先假設其中包括索菲雅從自己的過去經驗，從不同的地點、時間和角度所做的關於凱文叔叔的100個預測，還有熟人的14個預測，以及女性鄰居的60個預測。每個預測都是由她腦中零散的模式混和搭配組成。而這174個預測，也伴隨著來自索菲雅過去經驗的人事時地物——跟她前面的場景有統計相關的任何一切——的許多其他預測。

總之，索菲雅的這群174個預測，就是我們一直所說的「概念」（在這個例子中是「**有辮子頭的人**」概念。）當我們說這些實例被「分組」成概念時，請注意在索菲雅的大腦中，沒有貯存任何「小組」。單一組神經元之中的訊息流並不代表任一特定的概念，各個概念本身就是一群實例，而代表這些實例的在各個情況下是不同的神經元模式。[8]（這就是簡並性。）概念是在當下臨時建構出來。在這大量的實例當中，有一個會最類似（藉由模式配對）索菲雅當前的情況。這就是我們一直提到的「獲勝實例」。

在那特別的一天，索菲雅跳出她的娃娃車、匆匆穿過購物中心，用她小小的手臂環抱那個男人的腿，同時大聲喊著「凱文叔叔！」然而，她高興的時間沒有持續太久，因為凱文叔叔遠在差不多一千公里外的家中。她抬頭看見一張全然陌生的臉，然後放聲尖叫。[9]

相同的一般過程也發生在純粹的心智概念，像是「難過」。一個小孩在三個

不同的情境下聽到「難過」這個詞。這三個實例零散地留在小孩的大腦中。它們沒有以任何具體的方式被「分組在一起」。[10] 在第四個情境下，小孩看到班上有個男孩在哭，這時老師用了「**難過**」這個詞。小孩的大腦把先前的三個實例建構成預測，再加上與當前情境有任何統計相似性的預測。

這個預測集合是在當下創造的一個概念，憑藉的是「**難過**」各實例之間一些純粹的心理相似性。再一次，最類似當前情境的預測成為她的經驗：情緒的一個實例。

＊　　　＊　　　＊

該是時候直接解釋我到目前為止還沒有明說的內容。我一直在討論的兩個現象，實際上算是完全相同的一個。我指的是概念和預測。

當你的大腦「建構一個概念的一個實例」，像是「**快樂**」的實例，就等同於說你的大腦「發出快樂的一個預測」。[11] 索菲雅發出關於凱文叔叔的100個預測時，各個預測都是瞬間的「**凱文叔叔**」概念的一個實例，這些預測在她抱住陌生人的腿之前就形成。

我先前把預測和概念的想法分開來講，是為了簡化一些解釋。我可以在整本書都用「預測」這個詞，完全不提到「概念」這個詞，或是相反過來。不過，用飛越大腦的預測來說，比較容易了解訊息傳送，而用概念這個詞，則更容易了解知識。既然我們現在要討論概念如何在腦中作用，我們必須承認概念就是預測。

出生後沒多久，你就從來自身體和外界的詳細感覺輸入（作為預測失誤）建立概念。你的大腦有效地壓縮自己接收的感覺輸入，就像YouTube壓縮影片、從差

---

7. 「不完全相同的神經元群組」（identical, groupings of neurons）：更多關於這些分散的神經元反應模式，請見 heam.info/concepts-2.

8. 「各個情況下是不同的神經元模式」（of neurons on each occasion）：你現在已多次讀到，神經元是多重目的，即使談到概念也如此。神經元改變自己的激發率來參與許多不同的裝配，因此單一的神經元會促成同一概念的許多實例，也會促成不同概念的實例。當然，多重目的並不代表萬用。相同概念的不同實例不需要共享相同的神經元，而不同概念的實例不需要定位在不同的神經元群組；不同的實例必須可以分開，不是一定分開。參見 Grill-Spector & Weiner 2014，以及 heam.info/multi-1.

9. 幸運的是，這位男士的名字碰巧也叫凱文。

10. 「以任何具體的方式」（in any concrete way）：參見 heam.info/multi-1.

11. 「快樂的一個『預測』」（"a prediction" of happiness）：此外，當你的大腦「學習概念的一個實例」，等同於說你的大腦接收和處理感覺輸入（亦即預測失誤），產生更類似於某些先前實例、而比較不類似其他實例的新實例。

異性中抽取相似性，最後製造有效的多重感覺總結。一旦你的大腦用這種方式學到了概念，它可以反過來進行這個過程，把相似性擴展到差異性來建構概念的實例，非常像是你的電腦或手機擴展接收的YouTube影片來播放，這就是預測。你可以把預測想成「應用」一個概念、修改初級感覺區和運動區的活動，並且在需要時訂正或潤飾。

想像你正在購物中心，就像我跟我女兒那樣，推著娃娃車逛過一間又一間的店。購物中心到處都是聲音，裡面的人四處奔走，櫥窗擺滿誘人的商品等待出售，而你的大腦一如往常忙著發出成千上萬的同步預測。「我的前面有動作。」、「我的左邊有動作。」、「我的呼吸在變慢。」、「我的胃在咕嚕嚕地叫。」、「我聽到笑聲。」、「我很鎮定。」、「我很孤單。」、「我看見我的鄰居。」、「我看見在郵局工作的好人。」、「我看見我的凱文叔叔。」我們先假設，最後三個關於人的預測是「**快樂**」概念的實例，是跟朋友相關的感受有關。你的大腦同時建構這個概念的許多實例，根據的是你意外遇到朋友這種類似情境的過去經驗。在那個當下，每個實例都有可能是對的。

我們先把重點放在其中一個實例：「你在購物中心意外看見心愛的凱文叔叔」這個預測。你的大腦會發出這個預測，是因為過去某個時候你在類似的情境看見凱文叔叔，並且經驗到你分類成快樂的感覺。這個預測有多符合此刻進來的感覺輸入呢？如果它比其他所有的預測更符合，那麼你會經驗「**快樂**」的實例。如果它不符合，那麼你的大腦會調整預測，而你可能經驗到「**失望**」的實例。或如果需要，你的大腦會**使得**預測符合感覺輸入，而你則錯誤地把別人知覺成你的凱文叔叔，就像索菲雅那天在購物中心發生的事。

因此，站在購物中心的你，大腦必須決定關於凱文叔叔的預測，最終是否成為你的預測並且指導你的行動，或是否需要修訂路線。為了判定細節，大腦把所有感覺輸入的總結解壓縮成更詳細預測的巨大「串接」（cascade），像是為了看YouTube影片而解壓縮，或為了吃乾燥食物而把它加水。如圖6-1所示的這個過程，就跟從細節建立概念的過程相同，只是相反過來。

舉例來說，當「**快樂**」的預測到達視覺系統的上層時，預測可能解壓縮成凱文叔叔現身的細節，比如說，他是面對你或背對你，以及他穿著什麼衣服。這些細節本身是基於機率（例如，凱文叔叔從來不穿格子襯衫）的預測，因此你的大腦能比較模擬和實際的感覺輸入，並且計算和解決任何預測失誤。解決不是一步

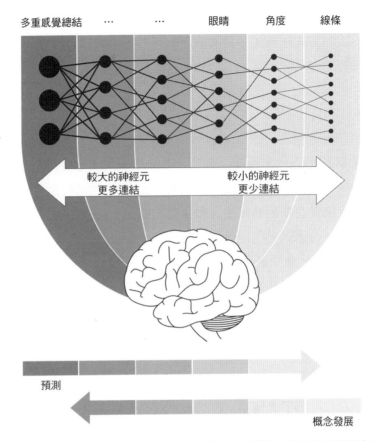

圖6-1：概念串接。在發展一個概念時（由右到左），感覺輸入被壓縮成有效的多重
　　　感覺總結。在透過預測建構概念的實例時（由左到右），這些有效的總結被
　　　解壓縮成更詳細的預測，在每個階段對照實際的感覺輸入進行檢查。

就成功，而是零碎的幾百萬步（誠如第四章討論的預測迴圈）。各個視覺細節輪
流被解壓縮成更詳細的預測，比如說顏色、襯衫質地等等，其中每一個都涉及更
多的預測迴圈、串接和解壓縮。串接結束在大腦的初級視覺皮質，這裡以變化萬
千的線條和邊緣表現最低層次的視覺概念。

　　串接開始於我們的老朋友：內感網絡。[12] 這裡就是你的大腦中建構多重感覺
總結的地方。串接結束在你的初期感覺區（表現經驗的最微小細節之處），不只
是我們例子中的視覺，還包括聽覺、觸覺、內感和其餘感覺。

---

12. 具體來說是名為預設模式網絡的內感網絡部分。附錄D有詳細說明。

如果預測的一個串接說明了進來的感覺輸入（凱文叔叔確實在你的前面，他的頭髮以特定的方式往後梳、穿著特定的襯衫、他的聲音以特定的方式發出、你的身體處於特定的狀態等等），那麼你就建構了跟朋友相關的感受中有關「**快樂**」的實例。也就是說，在你瞥見你的叔叔時，**整個串接**就是「**快樂**」概念的那個實例。你正感到快樂。

我在本書前幾章提過的幾個主張，可以從概念串接看出神經的原因。首先，你的預測串接解釋了為什麼快樂之類的經驗感覺起來像被觸發，而不是建構出來。早在分類完成之前，你就在模擬「**快樂**」的實例。在你感到任何移動的主體感之前，你的大腦就在準備執行臉部和身體的運動，而且在感覺輸入到達以前就在預測感覺輸入。[13] 因此，情緒看似「發生在」你身上，但事實上是你的大腦主動地建構經驗，不過它會受到身體和世界的狀態約束。

第二，串接解釋了我在第四章所做的陳述：你在生活中建構的每一個想法、記憶、知覺或情緒，都包含了關於身體狀態的某些什麼。發出這些串接的是，調節你的身體預算的內感網絡。你所做的每一個預測、你的大腦完成的每一個分類，都永遠脫離不了你的心臟和肺臟的活動、你的新陳代謝、你的免疫功能，以及對身體預算有助益的其他系統。

第三，串接也強調了高情緒粒度的神經優勢，我在第一章描述過的高情緒粒度現象，是能建構更精確的情緒經驗。你的大腦在看見凱文叔叔時，建構了「**快樂**」的多重實例，它必須從中挑出哪一個最符合你目前的感覺輸入，讓它成為獲勝實例。這對你的大腦來說，是個需要一些代謝消耗的重要工作。但請想像，如果英文有個比「happiness」（**快樂**）更具體的單字能形容對親密友人的依戀感受，像是韓文的「정」。[14] 如果用這個比較精確的概念來建構，你的大腦就不需要那麼費力。更好的是，如果你有特別的字詞可用在「感到親近凱文叔叔的快樂」，你的大腦就能更有效地決定獲勝實例。反過來說，如果你在建構時用的是非常廣泛的概念，像是「**愉快感受**」而不是「**快樂**」，你大腦的工作就會比較艱難。精確性能帶來有效性，這是情緒粒度較高的生物報酬。

最後，我們要了解的是在大腦中作用的族群思考，因為在當下組成一個概念的是多個預測。你不是只建構「**快樂**」的一個實例並經驗它，你是建構了一大群預測，其中每個都有自己的串接，這一整群就是一個概念。它不是代表你對快樂所知的一切總和，只是在類似的情境中適合你的目標——偶然遇到朋友的總結。

在不同的快樂相關情境中（像是收到禮物或聽到喜愛的歌曲），你的內感網絡會發出非常不同的總結（和串接），代表那個當下的「**快樂**」。這些動態的建構，是大腦有效性的另一個例子。

　　科學家早就知道，被串連進大腦連結的過去知識，會製造出未來的模擬經驗，例如想像。其他科學家關注的是這個知識如何製造當下的經驗。諾貝爾得主、神經科學家傑拉德・愛德蒙（Gerald M. Edelman）將你的經驗稱為「被記得的當下」。[15] 今日要感謝神經科學的進展，讓我們得以了解愛德蒙是對的。作為全腦狀態的概念實例，是對你在當下應該如何行動和你的感覺有什麼意義的預先猜測。

　　我將概念串接描述成只是更大許多的並行過程速寫。在現實生活中，你的大腦不曾用一個概念來百分百分類，也不會用其他概念來完全不分類。預測比分類更為相對。[16] 你的大腦時時刻刻都在同時發出成千上萬機率不一的預測，而且不曾留戀任何單一的獲勝實例。你在瞬間對凱文叔叔建構100個各式各樣的模擬預測，各個都是一個串接。（如果你想更了解神經科學方面的細節，可以參見附錄D。）

＊　　　＊　　　＊

　　每當你用概念分類時，你的大腦一邊不斷地接收感覺輸入，一邊製造許多相互競爭的預測。哪些預測應該勝出？哪些感覺輸入很重要，而哪些只是噪音呢？

---

13. 「在感覺輸入到達以前」（sensory input before it arrives）：Chanes & Barrett 2015。如果事物太快「解決」和「預測」，那麼預測似乎無法根據背景脈絡校準。這大概是心理病理學的一個特點。

14. 「像是韓文的『정』」（such as the Korean word jeong）：Lin 2013.

15. 「未來的模擬經驗，例如想像」（future, such as imagination）：也稱為展望（prospection，如Schacter et al. 2012; Buckner 2012; Mesulam 2002）。「當下的經驗」（experiences of the present moment）：Clark 2013; Friston 2010; Bar 2009; Bruner 1990; Barsalou 2009。參見第四章，圖4-3。誠如我在第五章的解釋，如果生活中的每時每刻都從零開始計算知覺和計畫行動，代謝上的效率很低。我們已經演化出有效的神經系統，能將冗餘性（從代謝上來說就是浪費）降至最低來節省消耗。大腦利用的是，感覺和事件的某些模式傾向以某種規律性重複出現。大腦只學習（亦即改變神經激發率，最終長出新的神經元或連結）新奇且跟身體預算有關的事，這就是為什麼大腦在可能的情況下預測（亦即重構、推論或猜測）這些規律性，而不是浪費資源來一次又一次地偵測它們。參見heam.info/present-1。「『被記得的當下』」（the remembered present）：Edelman 1990.

16. 「預測比分類更為相對」（are more probabilistic than that）：因為發出成千上萬的預測，所以能在同一時間活躍的有許多，但最適合感覺輸入的預測會成為你的經驗，要不證實你的行動、要不校正你的行動。這就是為什麼在完全相同情境中的生氣感受，可能在其他場合會感到稍有不同的一個可能原因。族群中的其他預測可能不同。因為噪音和背景，確切身分可能需要比大腦能達成的更精確——在每個單一神經元的層次。

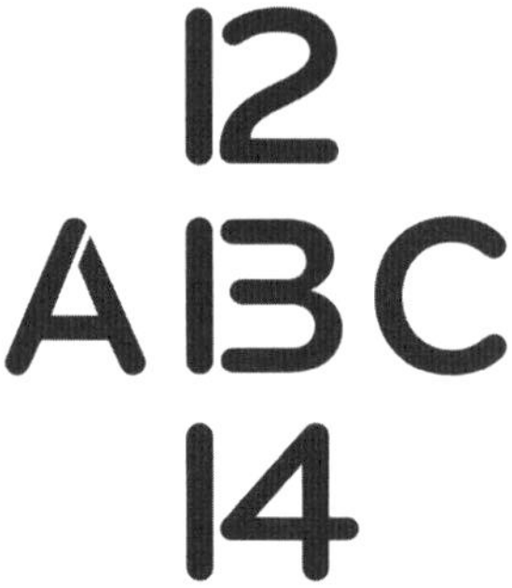

12
ABC
14

圖6-2：控制網絡幫助大腦從可能的分類中選擇：
這個例子是「B」或「13」。

你的大腦有網絡來幫助解決這些不確定性，這個網絡名叫「控制網絡」（control network）。[17] 同樣的這個網絡，也把嬰兒的「燈籠」注意力轉變成你現在具備的成人「聚光燈」。

圖6-2是著名的視錯覺，可以說明你的控制網絡如何起作用。根據背景不同（橫著看或直著看），你會將中央的符號知覺成「B」或「13」。你的控制網絡幫助你在各個時刻選出獲勝概念：字母或數字？[18]

你的控制網絡也幫助你建構情緒的實例。假如你最近跟重要的人起爭執，現在你的胸口很痛。這是心肌梗塞、消化不良、焦慮的經驗，或是你的同伴不講理的知覺呢？為了解決這個難題，你的內感網絡發出數百個不同概念的相互競爭實例，各個都是遍佈全腦的串接。你的內感網絡協助你有效建構候選實例並從中選擇，好讓你的大腦可以挑出優勝者。它幫助神經元參與某些建構而不加入其他建構，並且保留某些概念實例，同時壓制其他實例。結果很類似天擇，其中最適合當前環境的實例生存下來，形塑你的知覺和行動。[19]

「控制網絡」的名字取得不好，因為它暗示著權威的中心地位，就好像是網絡在做決定並且指揮過程。事實並非如此，你的控制網絡比較像是一個優化器。它不斷修補神經元之間的訊息流，提高某些神經元的激發率並降低其他的激發率，藉此將感覺輸入移進和移出你的注意力聚光燈，使某些預測適合而其他的則變得無關。就像賽車團隊不斷優化引擎和車體，使賽車能稍微更快、更安全。這種修補最終幫助你的大腦同時調節你的身體預算、產生穩定的知覺，並且發起行動。[20]

你的控制網絡幫助你從中做出選擇：在情緒和非情緒概念之間（是焦慮還是消化不良）、在不同的情緒概念之間（是興奮，還是恐懼？）、在同一情緒概念的不同目標之間（恐懼時，我應該逃跑，還是進攻？），以及在不同的實例之間（逃跑時，我應該尖叫，還是不要？）。[21] 當你看電影時，你的控制網絡可能偏愛你的視覺和聽覺系統，讓你融入故事情節。在其他時候，控制網絡可能把傳統五感當作背景來襯托更強烈的情感，因此產生情緒的經驗。這種修補大多是在你沒有覺察的情況下發生。

有些科學家將控制系統稱為「情緒調節」網絡。他們假設，情緒調節是認知過程，獨立於情緒本身而存在，好比說你被老闆惹毛，但忍住不揍他一拳。[22] 然而，從大腦的觀點來看，調節就是分類。當你有個經驗是感到像你所謂的理性面在安撫你的情感面時（現在你已經知道大腦串連不遵守這種神秘安排），其實是你正在建構**情緒調節**概念的一個實例。

現在你應該了解，你的控制網絡和內感網絡對於建構情緒相當重要。此外，整個大腦相互溝通的主要樞紐，絕大多數都包含在這兩個核心網絡。想想全世界最大的機場，進駐的航空公司不止一家。在紐約JFK國際機場的旅客，可以在美國航空和英國航空之間轉機，因為這兩家航空公司都會飛到這裡。同樣的，訊息經由內感和控制網絡中的主要樞紐，能在大腦中的不同網絡之間有效傳遞。[23]

這些主要樞紐幫助同步的腦中訊息流，多到甚至有可能是意識的先決條件。如果任何一個樞紐受到損傷，你的大腦就有了大麻煩：憂鬱症、恐慌症、思覺失調症、自閉症、失讀症、慢性疼痛、失智症、帕金森氏症和注意力缺失過動症等

---

17. 「網絡名叫『控制網絡』」（known as your control network）：科學家已經確認三個用於這個目的的重疊內感網絡（例如，Power et al. 2011），參見heam.info/control-4.

18. 「在各個時刻選出獲勝概念：字母或數字？」（number? – in each moment）：大腦中有另一個選擇機制，參見heam.info/selection-1.

19. 「形塑你的知覺和行動」（shape your perception and action）：我在heam.info/edelman-1簡短地討論愛德蒙的神經達爾文主義理論。

20. 「知覺，並且發起行動」（perception, and launch an action）：在心理學中，描述這種「修補」的名稱有許多，像是記住目標、集中注意力、除去分心、選擇最佳行動等等，我們將它們稱為不同的過程，像是工作記憶、選擇性注意等等。參見heam.info/control-5.

21. 「我應該尖叫，還是不要？」（I scream or not?）：參見heam.info/selection-1.

22. 「但忍住不揍他一拳」（but refrain from punching him）：Gross & Barret 2011; Ochsner & Gross 2005。參見heam.info/regulation-1.

23. 「內感和控制網絡」（the interoceptive and control networks）：這種有效的結構，是個擁有富豪俱樂部樞紐的小小世界建築。參見heam.info/hubs-1.

全都跟樞紐受傷有關。[24]

在內感和控制網絡中的主要樞紐，使我在第四章描述的內容成為可能，亦即你每天的決定，都是受到你的身體預算編列區——透過被情感染色的眼鏡看世界的那個內在、幾乎全聾的大嗓門科學家驅動。要知道，大腦的身體預算編列區**就是**主要樞紐。透過它們的龐大連結，它們廣為播送預測，改變你的所見、所聽，以及在其他方面的知覺和行事。這就是在大腦迴路的層次，沒有任何決定能擺脫情感的原因。

＊　　　＊　　　＊

我一再提到，大腦的行動就像是科學家。它透過預測形成假設，並且對照感覺輸入的「資料」檢驗假設。它會經由預測失誤訂正自己的預測，就像科學家在面對相反的證據時校正自己的假設。如果大腦的預測符合感覺輸入，這就構成那一瞬間的世界模型，如同科學認為，正確的假設是通往科學確定性的道路。

幾年前，我們一家人在波士頓的自家廚房裡吃晚餐，突然之間，我們所有人都同時有種全新的感覺。我們的椅子向後傾斜了一會兒，然後自己恢復正常，但就像在浪頭上高高低低地晃動。全然新奇的經驗讓我們處於經驗盲區的狀態，因此我們開始形成假設。我們全都只是短暫地失去平衡嗎？不，這不可能同時發生在三個人身上。房子外面有車禍嗎？不，我們沒有聽到任何聲音。在我們聽不到的遠方有建築物爆炸，造成地面震動嗎？或許，但感受不那麼像是突然來襲的震動。會不會是地震呢？或許，但我們以前從來沒有遇過地震，而且我們的震動只持續了幾秒，比我們在災難電影中看過的地震短很多。然而，幾乎呈現正弦運動的上升、下降形狀，跟我們對地震的理解一致。地震最符合我們的知識，因此我們選定那個假設。幾個小時後，我們得知附近的緬因州發生規模4.5級的地震，整個新英格蘭地區都受到波及。

我的家人有意識地排除一些可能性，大腦則是自然、自動，而且極為快速地進行相同過程。你的大腦具有一個世界在下一刻將會如此呈現的心理模型，這是從過去的經驗發展出來。這個現象是利用概念，從外界和身體**產生意義**。在每一個醒著的時刻，你的大腦都利用過去的經驗組織成為概念，以此引導你的行動並且賦予你的感覺意義。

我一直把這個過程叫做「分類」，但在科學中它還有其他許多名稱：**經驗、**

知覺、概念化、模組完成、知覺推論、記憶、模擬、注意、道德、心理推論。在日常生活的大眾心理學中，這些名詞都有不同的意義，科學家通常也把它們當作不同的現象研究，假設它們各自都由大腦中的一個獨特過程產生。但實際上，它們是經由相同的神經過程出現。

當我的姪子雅各（Jacob）雀躍地用他小小的手臂圈著我的脖子、給我一個大大的擁抱時，我感到興高采烈，依照慣例這被稱為「一個情緒的經驗」。當他抱著我而我從他臉上燦爛的笑容看到快樂時，我不再是經驗、而是「知覺」。當我回憶這個擁抱以及這讓我感到多麼溫暖時，我不再是知覺、而是「記憶」。當我思忖自己是感到快樂或是感傷時，我不再是記憶、而是「分類」。就我的觀點，這些詞彙沒有標示鮮明的區別，它們全都可以用產生意義的相同大腦原料來說明。

產生意義就是要超越得到的訊息。[25] 狂跳的心臟有生理功能，像是為四肢提供足夠的氧氣好讓你能奔跑，但分類讓心臟狂跳成為情緒經驗，像是快樂或恐懼，多了一些在你的文化中能被了解的意義和功能。當你經驗到不愉快效價和高喚起度的情感時，你根據自己如何分類從而產生意義：它是恐懼的一個情緒實例嗎？是喝太多咖啡的生理實例嗎？是跟你講話的傢伙是個混蛋的知覺嗎？分類給予生物信號新的功能，憑藉的不是它們的物理性質，而是你的知識和你周遭世界的背景脈絡。如果你把感覺分類成恐懼，你產生的意義是說：「恐懼是造成我的身體出現這些生理改變的原因。」當涉及的概念是情緒概念時，你的大腦就建構了情緒的實例。

當你把第二章的斑點圖片知覺成蜜蜂時，你就是從視覺感覺產生意義。你的大腦藉由預測蜜蜂並且模擬線條來連接斑點，完成了這一項壯舉。先前的經驗（看見真正的蜜蜂照片），支持你的大腦維持原來的預測。因此，你從斑點中知覺到蜜蜂。你先前的經驗，形塑了瞬間感覺的意義。情緒也是由這個相同的神奇過程產生。

情緒是意義。情緒根據情境，解釋你的內感改變和相應的情感感受。它們是

---

24. 「是意識的先決條件」（be a prerequisite for consciousness）：Chanes & Barrett 2016，另外參見heam.info/meg-1。「全都跟樞紐受傷有關」（all associated with hub damage）：尤其是前腦島和前扣帶迴皮質（Menon 2011; Crossley et al. 2014）。

25. 「超越得到的訊息」（go beyond the information given）：認知心理學家傑羅姆・布魯納（Jerome S. Bruner）創造了「意義的行動」（acts of meaning）這個術語。另外參見heam.info/bruner-1.

行動的處方箋。執行概念的大腦系統（像是內感網絡和控制網絡），則是製造意義的生物學。

　　因此，現在你知道情緒在大腦中如何生成。我們預測並且分類。我們調節自己的身體預算，就像任何動物一樣，但這種調節被包含進當下建構的純粹心智概念，像是「**快樂**」和「**恐懼**」。我們跟其他成人共享這些純粹的心智概念，我們也把這些概念教給我們的孩子。我們每天創造新的現實，並在其中生活，但我們大多沒有察覺自己正在這麼做。這就是下一章的主題。

情緒也是社會現實

如果有棵樹在森林中倒下而沒有人在場聽到，它有發出聲音嗎？這個老掉牙的問題被哲學家和學校老師一問再問，但它也揭示出有關人類經驗的某些關鍵事物，特別是我們如何經驗和知覺情緒。

用常識回答這個謎團的答案是「有」，樹倒下當然會發出聲音。如果你和我那時正在森林裡散步，我們會清楚地聽到木頭爆裂、樹葉沙沙作響，以及樹幹猛擊森林地面的巨大聲響。很顯然，即使你和我不在場，這些聲音依然存在。

然而，這個謎團的科學答案是「沒有」。樹倒下本身沒有發出聲音。它的傾倒只不過是在空氣中和地面上製造了振動。唯有某些特殊的東西在場接收並加以轉譯，這些振動才會變成聲音，比如說，連到大腦的耳朵。任何哺乳動物的耳朵都能好好地做到這點。外耳收集氣壓的改變，將它們集中在鼓膜，在中耳產生振動。這些振動讓內耳中的液體流經毛細胞，將壓力改變轉譯成電子信號，再由大腦接收這些信號。沒有這個特殊的機器，就沒有聲音，只有空氣移動。

即使在大腦接收這些電子信號之後，它的任務還沒有完成。這個波長還必須被翻譯成樹倒下的聲音。為了達成這點，大腦需要「**樹**」和樹能做些什麼（像是在森林中倒下）的概念。這個概念可能來自過去有關樹的經驗，或來自書上學到的樹，或來自另一個人的描述。沒有這個概念，就沒有樹倒下的轟隆巨響，只有經驗盲區的無意義噪音。

因此，聲音並不是在世界上**被偵測**的事件。它是在世界跟偵測氣壓改變的身體交互作用、也跟能賦予這些改變意義的大腦交互作用時，**被建構**的經驗。[1]

沒有知覺的人就沒有聲音，只有物理現實。在本章，我們將探討人類建構的

---

1. 「能賦予這些改變意義」（can make changes meaningful）：有些人相信，這些振動是聲音的本質，因為沒有它們就聽不到聲音。但這個解釋搞錯了重點。光是振動並不足以發出聲音，聲音沒有簡單的單一原因。參見heam.info/sound-1.

另一種現實，這種現實只為了配有裝備能知覺它的人存在。「什麼是情緒？」這個問題的答案，就藏在這毫不費力的能力裡。這種能力也解釋了情緒如何在沒有生物指紋的情況下，一代傳過一代。

接下來，請仔細想想另一個問題：「蘋果是紅色的嗎？」這也是一個謎團，但沒有像倒下的樹那個謎團那麼明顯。同樣的，用常識回答這個謎團的答案是「是」，蘋果是紅色的（如果你喜歡也可以是黃色或綠色）。然而，科學的答案是「不是」。「**紅色**」並非物體本身內含的顏色。它是一種涉及光反射、人類眼睛和人類大腦的經驗。只有在某種波長（比如說600奈米）的光從物體（處於其他波長的其他反射之中）反射，而且唯有接收者同時將對比的一系列光轉譯成視覺感覺，我們才會經驗到紅色。我們的接收器是人類視網膜，視網膜利用名為「錐細胞」的三種光受體將反射的光轉換成電子信號，再由大腦賦予意義。[2] 視網膜如果缺少對中波長（綠）和長波長（紅）敏感的錐細胞，600奈米的光會被經驗成灰色。但如果沒有了大腦，那就完全沒有色彩經驗。只有在世界上反射的光。

即使在適當的地方有正確的裝備（眼睛和大腦），紅色蘋果的經驗還不是完全底定的事。大腦要將視覺感覺轉換成紅色的經驗，必須擁有「**紅色**」概念。這個概念可能來自過去你知覺成紅色的蘋果、玫瑰和其他東西的經驗，或是來自你從其他人學到的紅色。（即使從一出生就失明的人都有「**紅色**」的概念，他們是從對話和書中學到。）沒有了這個概念，你對蘋果會有不同的經驗。例如，在巴布亞紐幾內亞說博潤莫語（Berinmo）的人將反射光為600奈米的蘋果經驗成褐色，因為他們的顏色概念將連續光譜以不同方式分配。[3]

關於蘋果和樹的這些謎團，讓身為知覺者的我們面臨兩個互相矛盾的觀點。一方面，常識告訴我們，聲音和顏色存在於身體之外的這個世界，我們利用將訊息帶進大腦的眼睛和耳朵偵測它們。另一方面，我們在第四到第六章學到，人類是自己經驗的創建者。我們不是被動地偵測世界上的物理改變。我們主動地參與建構自己的經驗，雖然我們大多時候無法察覺。物體看似能將自己的顏色訊息傳輸到你的大腦，但你經驗顏色所需的訊息主要來自你的預測，這個預測會被你的大腦從外界接收的光所校正。

有了預測，你能一經要求，就在心眼中「看見」顏色。現在請你試著看看青翠森林的綠色。顏色或許不如往常那麼鮮活，經驗或許稍縱即逝，但你大概還是可以做到。當你這麼做時，在你視覺皮質的神經元改變了它們的激發。這時的你

正在模擬綠色，你也能在心中想像倒下的樹，並且聽到聲音。試著這麼做時，在你聽覺皮質的神經元會改變它們的激發。

　　氣壓的改變和光的波長都存在於世界，但對我們來說，它們是聲音和顏色。我們知覺它們所憑藉的訊息超過自己所得，我們利用來自過去經驗的知識（也就是概念），從它們之中產生意義。每個知覺都是由知覺的人所建構，通常有一個原料是來自外界的感覺輸入。只有氣壓的某些改變會被聽成樹倒下，只有擊中視網膜的是光的某些波長，會被轉變成紅色或綠色的經驗。素樸現實主義持相反的意見，認為知覺跟現實是同義詞。

　　第三、也是最後一個謎團是：「情緒是真的嗎？」你可能認為這個問題很荒謬，完全是為學術而問的典型例子。情緒當然是真的。想想上次你很激動或難過或暴怒的時候，這些都是清楚且真的感受。但事實上，第三個謎團就跟樹倒下和紅蘋果一樣，是個關於什麼存在於世界，對上什麼存在於人類大腦的兩難。這個謎團，迫使我們直接面對關於現實的本性和我們在創造現實中扮演什麼的假設。不過這一次，答案比較複雜了點，因為它取決於我們所謂的「現實」是什麼。

　　如果你是跟化學家說，「現實」就是分子、是原子、是質子。跟物理學家說，「現實」是夸克、是希格斯玻色子，或也許是在十一維空間裡振動的一組小小的弦。無論人類是否出現，它們都理應存在於自然界中，也就是說，它們被認為是**獨立於知覺者**的種類。[4] 如果明天所有人類全都從地球上消失，次原子粒子仍然會在。

　　但演化讓人類心智具備了創造另一種現實的能力，這種現實徹底地取決於人類觀察者。我們從氣壓的改變建構聲音，我們從光的波長建構顏色，我們從烘焙產品建構杯子蛋糕和瑪芬——除了名字以外無法區別的兩種東西（第二章）。只要幾個人同意某個東西是真的，並且給它一個名字，他們就創造了現實。大腦功

---

2. 「大腦賦予意義」（made meaningful by a brain）：三種錐細胞必須全部共同作用，才能知覺單一顏色種類，像是紅色。參見heam.info/cone-1.

3. 「對話和書中學到」（learn from conversations and books）：Shepard & Cooper 1992。參見heam.info/shepard-1。「將連續光譜以不同方式分配」（up the continuous spectrum differently）：Roberson et al. 2005。參見heam.info/color-1.
　　譯註：只分成五個顏色。

4. 「獨立於知覺者的種類」（perceiver-independent categories）：哲學家稱之為「本體的客觀」（ontologically objective）。參見heam.info/perceiver-1.

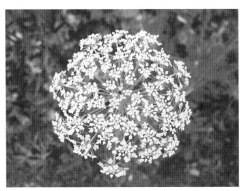

圖7-1：鶴虱草（安妮皇后的蕾絲）。

能正常的所有人類都有施展這一點點魔法的潛能，而且我們隨時都在使用。

　　如果你對自己如魔術師般變出現實的能力有所懷疑，你可以看看圖7-1。這種植物是野胡蘿蔔（*daucus carota*），比較常聽到的名字是鶴虱草（安妮皇后的蕾絲）。花通常是白色的，但有極少數是粉紅色（亦即它們反射的光的波長，在西方文化中會經驗成粉紅色）。我的朋友凱文（就是前一章提到的凱文叔叔）曾費盡心思買到了粉紅色的鶴虱草，他洋洋得意地把花種在花圃中央。有一天，我和他正在他家後院喝茶，那時有另一個朋友順道來訪。凱文和我進到屋裡為她倒一些茶。回來時，正好看見這位朋友搖搖頭、彎下腰，用數十年經驗養成的敏捷動作，把鶴虱草從土裡拔出來。

　　在自然的世界中，沒有任何東西能表明一棵植物絕對是花、或是雜草。鶴虱草在凱文的眼中是花，但在他朋友的眼中是雜草。之間的差別取決於知覺的人。玫瑰通常被認為是花，但如果你在菜園裡發現了它，它可能就會變成雜草。蒲公英通常被認為是雜草，但如果被放進一束野花或如果它是你的兩歲小孩送你的禮物，它就轉變成花。植物在自然界是客觀地存在，但花和雜草需要知覺的人才能存在。它們是**取決於知覺者**的種類。愛因斯坦以下的這句話精巧地闡明了這點：「物理概念是人類心智的自由創造，儘管看似、但並不是由外在世界唯一決定。」[5]

　　常識使我們相信，情緒在自然界是真的，獨立於任何觀察者存在，就跟希格斯玻色子和植物一樣。情緒似乎存在於抖動的眉毛和皺起的鼻子、下垂的肩膀和汗濕的手心、加速的心跳和噴發的可體松，以及沉默、尖叫和嘆息。

　　然而，科學告訴我們，情緒需要知覺的人，就像顏色和聲音一樣。當你經驗

或知覺情緒時，感覺輸入被轉變成激發神經元的模式。那時，如果你把注意力的焦點放在自己的身體，你會經驗到情緒好像正在你的身體裡發生，就像是你在蘋果上經驗到紅色、在世界上經驗到聲音。如果你把注意力的焦點轉而放在世界，你會經驗到臉部、聲音和身體好像在表達需要你解碼的情緒。但誠如我們在第五章所學，你的大腦利用情緒概念分類，賦予這些感覺意義。結果是，你建構了快樂、恐懼、生氣或其他情緒種類的實例。

情緒是現實的，但屬於樹倒下的聲音、紅色的經驗，以及花和雜草之間的差別那種現實。它們全都在知覺者的大腦中被建構出來。

你隨時都在運動你的臉部肌肉。你擠擠眉頭，你撇撇嘴唇，你皺皺鼻子，這些都是獨立於知覺者的動作，它們幫助你領略這個感覺世界。[6] 睜大眼睛增強你的周邊視覺，好讓你能更輕易地偵測周遭的物體。瞇起眼睛提高你的視覺敏銳度，讓你看清就在眼前的物體。皺起鼻子能幫助你阻擋有害的化學物質。但這些運動本質上不是情緒。

在你的身體裡，你的心跳、血壓、呼吸、體溫和可體松濃度一整天都在波動。這些改變具有生理功能，可以調節你在世上的身體，它們是獨立於知覺者的改變。同樣的，它們本質上也不是情緒。**唯有當你用那樣的方式將它們分類**，賦予它們作為經驗和情緒的新功能，你的肌肉運動和身體改變才會發揮情緒實例的作用。沒有了情緒概念，這些新功能也不存在。只有會動的臉、跳動的心臟、循環的荷爾蒙等等，就像是少了顏色和聲音概念，「紅色」和樹倒下的聲音就不會存在。只有光和振動。

歷史上，科學家一直在辯論恐懼和生氣等情緒種類的本質到底是真的或是虛幻的。我們在第一章已經看到，擁護傳統觀點的人相信，情緒種類是大自然雕琢而成，因為（比如說）「**恐懼**」的任何實例都共享同一個生物指紋。他們說，在你腦袋裡的情緒概念，跟那些自然種類是不同的存在。批評者通常反駁，生氣、恐懼等等只不過是大眾心理學的詞彙，科學努力不應該浪費在這裡。在我職業生涯

5. 「你的兩歲小孩」（your two-year-old child）：就連生物學家對花和雜草的準則都很主觀，參見heam.info/flower-1。「由外在世界」（by the external world）：Einstein & Infeld 1938, 33. 或參見馬克斯‧普朗克（Max Planck）在《從近代物理學看宇宙》（*The Universe in the Light of Modern Physics*，1931, 58-59）一書中更慎世嫉俗的說法：「我們沒有權利假設任何物理法則存在、或是否到目前為止都存在，也無權假設它們在未來會以類似的方式繼續存在。」

6. 「你領略這個感覺世界」（you sample the sensory world）：Susskind et al. 2008.

的早期，我採取後者的觀點，但我現在認為還有另一種可能性更切實際。[7]

本質「真」與「虛幻」之間的區別是錯誤的二分法。**同意**身體、臉部等某些改變有情緒意義的這群人，認為恐懼和生氣是真的。換句話說，情緒概念具有**社會現實**。它們存在於人類大腦像魔術般變出的人類心智，而你的大腦是自然的一部分。分類的生物過程——根植於物理現實且在大腦和身體都觀察得到，其創造出社會現實的種類。「恐懼」和「生氣」之類的通俗概念，不僅僅是科學想法該丟棄的名詞，而且在大腦如何創造情緒的故事中扮演重要角色。

*　　*　　*

社會現實不只是像花朵、雜草和紅蘋果等聽來瑣碎的例子，人類文明不折不扣就是用社會現實所建立的。生活中的多數事物是由社會建構：你的工作、你的住址、你的政府和法律、你的社會地位。戰爭開打時鄰國互相屠殺，一切都是因為社會現實。當巴基斯坦的前總理貝娜齊爾・布托（Benazir Bhutto）說：「你能殺掉一個人，但殺不掉一個想法」時，她就是在宣揚社會現實重塑世界的力量。

金錢是社會現實的典型例子。[8]印有過往總統肖像的長方形紙張、一片金屬、一些貝殼、或是某類大麥，人們把那個物體分類成金錢，它就**變成了**金錢。我們基於名為股票市場的社會現實，每天來來去去數十億元。我們用複雜的數學公式，科學地研究經濟。2008年金融危機的災難效果，也是社會現實的產物。在很短的時間內，眾多的抵押權——本身也是社會現實的建構——從價值連城變得一文不值，讓人陷入經濟崩盤的災禍。沒有任何客觀的生物或物理原因造成這個事件發生，這不過是一次想像力的集體和毀滅性改變。另外再請想一想：200張1美元鈔票和一幅200張1美元鈔票的絲網印刷畫之間有什麼差異？答案是，「4,380萬美元」。這是安迪・沃荷（Andy Warhol）的〈200張1元美鈔〉（200 One Dollar Bills）畫作在2013年拍賣的價格。這幅畫的內容完全就像它的名稱，畫著栩栩如生的200張1美元鈔票。兩者價值的巨大差異，完全就是社會現實。價格也會波動（這幅作品在1990年代售出時僅值30萬美元，相對便宜很多），這也反映了社會現實。如果你覺得4,380萬美元的價格很高，那麼你也加入了這個社會現實。

編造某個東西、給它一個名字，你就創造了一個概念。你把你的概念教給他人，只要他們同意，你們就創造了某個現實的東西。我們如何施展這種創造的魔力呢？我們分類。我們將自然界存在的東西，強加超越本身物理屬性的新功能。

然後我們在彼此間傳輸這些概念，串連彼此的大腦形成社會世界。這就是社會現實的核心。[9]

情緒是社會現實。我們建構情緒實例的方式，就跟建構顏色、倒下的樹和金錢一模一樣：利用在大腦串連內被現實化的概念系統。我們將來自身體和外界的感覺輸入（獨立於知覺者），轉變成比如說在「**快樂**」概念（在許多人類心智中都找得到）背景下的快樂實例。概念在這些感覺上強加新的功能，創造出以前沒有的現實：情緒的經驗或知覺。

與其問「情緒是真的嗎？」倒不如問「情緒如何變成現實？」理想上，答案是建一座橋，從獨立於知覺者的大腦和身體的生物學（像是內感），通往日常生活中的通俗概念（像是「**恐懼**」和「**快樂**」）。

情緒透過兩種人類的能力成為我們的現實，這兩種能力是社會現實的先決條件。首先，你需要一群人同意一個概念存在，像是「**花**」或「**現金**」或「**快樂**」。這種共享的知識被稱為「集體意向性」。[10] 多數人都幾乎沒考慮過集體意向性，但它卻是每一個社會的基礎。就連你自己的名字，都是透過集體意向性才變成現實。

就我的觀點，情緒種類也是透過集體意向性變成現實。為了讓某個人知道你感到生氣，你們兩個人需要對「**生氣**」有共同理解。如果人們同意，在特定的背景脈絡下，特定一群臉部動作和心血管改變是生氣，那麼這就是生氣。你不需要明確地察覺這個協議，甚至不必同意某個特別的例子是不是生氣。你只需要原則上同意，生氣與某些功能並存。到那時，人們可以十分有效地在彼此間傳輸有關那個概念的訊息，效率高到就像生氣是與生俱來。如果你和我都同意在特定的背景下皺起眉頭表示生氣，當我皺起我的眉頭時，我就是在有效地跟你分享訊息。

---

7. 「科學努力不應該浪費在這裡」（be discarded for scientific endeavors）：例如，16世紀的哲學家培根（Francis Bacon）對於在科學中使用常識語言提出警告，認為這具體化含義不正確的指稱詞。威廉‧詹姆士同樣也這麼做。從那時起，許多科學家和哲學家都對「通俗心理學」的邪惡提出警告。常識的概念或用語，或許不是照亮探尋潛在機制之路的最佳手電筒。「我採取後者的觀點」（I took this latter view）：Barrett 2006a.

8. 「社會現實的典型例子」（classic example of social reality）：Searle 1997。恩斯特‧卡西勒（Ernst Cassirer）預言了社會現實的想法，參見heam.info/reality-3.

9. 「社會現實的核心」（the core fo social reality）：一個概念是一群物理上可能不同、但出於某個目的被視為相似的實例。在社會現實中，那個目的是人們強加的一組功能，超越實例本身的物理性質（亦即，儘管這些實例在物理上有差異，人們還是把它們視為心理上相似）。

10. 「知識被稱為『集體意向性』」（knwoledge is called collective intentionality）：關於集體意向性的更多內容，請見heam.info/collective-1.

我的動作本身不會帶給你生氣，就像空氣中的振動不會帶來聲音。但憑藉著我們共享的概念，我的動作啟動你大腦中的預測……這是人類獨有的神奇能力。這是合作行動的分類。[11]

集體意向性是社會現實的必要條件，但不是充分條件。某些非人類的動物也能形成集體意向性的基本形式，卻沒有社會現實。螞蟻一起做工，實現共同的活動，蜜蜂也是；一整群鳥和一大群魚同步移動；某些黑猩猩會使用工具，像是用棍子抓白蟻來吃、用石頭敲碎堅果，這些用法會傳給下一代。黑猩猩甚至看似學到「**工具**」的概念，因為牠們理解看起來不同的東西，可以用作相同的目的，例如，手上拿的某個東西可以用來獲得食物，像是木棍或螺絲起子。

然而，人類還是最獨特的，因為我們的集體意向性涉及心智概念。我們可以看著鎯頭、電鋸和冰鑽，將它們全部分類成「**工具**」，然後改變我們的心智，將它們全部分類成「**殺人武器**」。我們可以強加原本不存在的功能，由此發明了現實。我們能施展這種魔術，是因為我們有社會現實的第二種先決條件：語言。

任何其他動物都沒有結合語詞的集體意向性。極少數的物種確實具有某種符號溝通。大象似乎透過能穿越好幾公里的低頻隆隆聲溝通[12]。某些大猿似乎以有限的方式使用手語，大約是人類兩歲小孩的程度，通常或多或少是為了得到獎勵。但只有人類這種動物，同時具有語言和集體意向性。這兩種能力以複雜的方式相輔相成，讓人類嬰兒能將概念系統導入自己的大腦，在過程中改變大腦的串連。兩者的組合，也讓人類能合作地進行分類，這就是溝通和社會影響的基礎。[13]

誠如我們在第五章所學，語詞鼓勵我們形成概念，憑藉的是為了某個目的將物理上不相似的東西群組在一起。小喇叭、定音鼓、小提琴和加農砲看起來沒有一處相像，但「樂器」這個名詞，讓我們將它們視為符合一個目標的類似東西，像是表演柴可夫斯基的〈1812序曲〉。「恐懼」這個詞把多樣的實例群組在一起，而這些實例可能有差異甚鉅的運動、內感感覺，以及在世界上發生的事件。即使還不會說話的嬰兒，都能使用話語來形成關於球和發聲器的概念，只要身旁的人有意地對他們說這些字詞。

語詞也是我們所知最有效的簡略表達，可以用來傳達團體共享的概念。當我訂比薩時，我絕不會出現以下的對話：

我：你好，我想訂一個比薩。

電話那頭的聲音：沒問題，你想要訂什麼呢？

我：我想要一個壓扁、整成圓形或有時是長方形的麵團，上面鋪著番茄醬和乳酪，然後在非常熱的爐子裡烤到乳酪融化、餅皮呈金黃。這是拿來吃的。

電話那頭的聲音：總共是9.99元。長針指到12、短針指到7的時候就好了。

「比薩」這個詞大大地縮短這通電話的時間，因為我們有共享的經驗，因此我們有我們文化中關於比薩的共享知識。只有對著某個從來沒看過比薩的人、某個也努力從一個又一個特徵了解比薩的人，我才會描述比薩的個別屬性。

語詞也擁有力量。它們讓我們直接把想法放進另一個人的腦袋。如果我請你坐在一個完全不動的椅子，對你說「比薩」這個詞，你大腦中的神經元會自動改變激發模式，做出預測。在你模擬義式臘腸和蘑菇的味道時，甚至還可能流口水。語詞賦予我們專屬於人類的特殊心電感應。

語詞也助長「心理推論」（mental inference）：釐清他人的意向、目標和信念。我們在第五章討論過，人類嬰兒學習常駐在他人心中的關鍵訊息，而推論這些訊息的載具就是語詞。

當然，語詞不只是傳達概念的方法。如果我結婚了，而且想讓其他人知道這件事，我不需要到處重複說：「我結婚了、我結婚了、**我結婚了！**」我只要戴上戒指，最好上面有顆非常大的鑽石。或是在北印度，我可以在眉間貼上bindi（紅點）。同樣的，如果我很開心，我不必用話語來傳達這點。我只要微笑，周遭的人透過集體意向性就能了解，因為源源不絕的預測會在他們的大腦中傾洩而出。我女兒四、五歲左右時，我只要瞪大眼睛就能警告她別再搗蛋，完全不需要說什麼話。

然而，你需要用語詞來有效地教導概念。集體意向性需要團體中的每個人都共享類似的概念，無論是「**花**」、是「**雜草**」或是「**恐懼**」。每一概念的各個實例在物理特徵上差距甚大，幾乎沒有統計規律性，但所有的團體成員都必須以某種方法學習這些概念。實際上，這種學習需要語詞。

---

11. 「合作行動的分類」（categorization as a cooperative act）：我透過合作分類，創立了我的實驗室。我聚集了所有跟我一起工作的人、給我們一個名稱（因此我們認同自己是有共同目標的團體），然後咻地一下實驗室就成立了。印有實驗室標章的T恤和滑鼠墊更是大大加分。
12. 譯註：大象發出低頻聲音，這些震動波會透過地面傳導，經由極為敏感的腳部接收，藉此跟好幾公里外的象群溝通。
13. 「溝通和社會影響」（of communication and social influence）：Tomasello 2014.

　　是先有概念、還是先有語詞呢？這是一場進行中的科學與哲學辯論，我們在此也提不出解答。但無論如何，人顯然在認識語詞以前就形成某些概念。我們在第五章提過，出生後短短幾天，即使不認識「臉」這個字，嬰兒還是快速地學會臉的知覺概念，因為臉具有統計規律性：兩隻眼睛、一個鼻子、一張嘴巴。同樣的，我們不需要「**植物**」和「**人類**」這兩個名詞，就能區辨這兩個概念：植物行光合作用，人類不行光合作用。無論兩個概念如何命名，之間的差異都是獨立於知覺者。[14]

　　另一方面，某些概念就需要話語字詞。仔細想想「**假裝打電話**」的種類，我們都曾看過小孩把一個東西靠在耳邊、對它說話，模仿父母講電話的行為。他們選的東西形形色色：可能是香蕉、手、杯子，甚至是小被被。這些實例都沒有顯著的統計規律性，但爸爸可能遞給年幼的兒子一根香蕉說：「鈴鈴鈴、鈴鈴鈴，你的電話」，這樣的簡略表達足以讓兩個人都了解接下來要做什麼。反過來說，如果你不知道「**假裝打電話**」概念，在看到兩歲小孩把玩具車靠在耳朵上說話時，你只會看成拿著玩具車靠在頭旁邊的小孩在講話。

　　同樣的，情緒概念最容易透過情緒詞學習。現在你已知道，情緒種類在臉部、身體或大腦中都沒有一致的情緒指紋。意思是，你的大腦不需要物理相似性，就能把單一情緒概念（像是「**驚訝**」）的各實例群組在一起。任兩種情緒概念，例如「**驚訝**」和「**恐懼**」，也不需要一致的指紋就能確實地加以區分。因此，我們利用語詞**介紹**心理相似性，作為一種文化。從孩提時代，我們就在特定的背景脈絡下聽人說「**驚訝**」和「**恐懼**」。各個字詞的聲音（或在往後的人生是各個字詞的書寫），在各個種類之中製造足夠的統計規律性，而在各個種類之間則是統計差異，讓我們能開始學習。語詞很快地促使我們推論目標以穩固各個概念。少了「恐懼」和「驚訝」的語詞，這兩個概念很可能無法在人與人之間散播。沒有人知道概念是在語詞之前或之後形成，但很顯然，語詞跟我們發展和傳輸純粹心智概念的方法密不可分。

＊　　　＊　　　＊

　　持傳統觀點論調的人，無止境地爭論情緒到底有多少種。愛是情緒嗎？敬畏又如何呢？好奇呢？飢餓呢？像快樂、高興、開心之類的同義詞指稱不同的情緒嗎？慾念、渴望和熱情又如何呢，它們有區別嗎？它們到底是不是情緒呢？從社

會現實的觀點來看，這些爭論全都是不成問題的問題。只要人們同意愛或好奇、飢餓等等的實例有發揮情緒的功能，它們就是情緒。[15]

　　我們在上一章節已經描繪了一些功能。第一個功能源自於一個事實：情緒概念就像所有的概念一樣，都會**產生意義**。假設你發現自己呼吸急促而且正在流汗。你很興奮嗎？害怕嗎？精疲力竭嗎？不同的種類代表不同的意義，也就是根據你的過去經驗，你對這個情境下的身體狀態可能有不同的解釋。一旦你用情緒概念進行分類，產生一個情緒實例，你的感覺和動作就得到解釋。

　　情緒的第二個功能源自於概念**指定**行動：如果你呼吸急促而且正在流汗，你應該做什麼呢？你應該興奮地開懷大笑、恐懼地拔腿就跑，還是躺下來休息片刻呢？從預測建構出的情緒實例，在過去經驗的指導下，量身打造你的行動以符合特定情境下的特定目標。

　　第三個功能跟概念**調節身體預算**的能力有關。根據你如何分類你的流汗和氣喘吁吁，你的身體預算會受到不同影響。分類成興奮，可能造成適度地分泌可體松（比如說舉起手臂）；分類成恐懼，可能導致更多的可體松釋放（因為你準備逃跑），然而小睡一下完全不需要額外的可體松，分類名符其實地深入你的體表。情緒的每一個實例，多少都涉及為不久的將來編列身體預算。

　　這三個功能有個共同之處：它們全都只跟你個人有關。你的經驗不需要牽扯任何其他人來產生意義、做出行動，或調節你的身體預算。但情緒概念還有另外兩個功能，這些功能把其他人拉進你的社會現實範圍內。第一個功能是**情緒溝通**，兩個人在其中同步地用概念分類。如果你看見一個男人氣喘吁吁且汗流浹背，這時的他穿著全身運動服或新郎的燕尾服，傳達的內容完全不同。此時的分類傳達意義，並且解釋為什麼這個男人這樣行動。[16]另一個功能是**社會影響**。像「**興奮**」、「**恐懼**」和「**精疲力竭**」等概念是工具，除了讓你用來調節自己的身體預算，還能調節他人的身體預算。如果你可以讓其他人把你的氣喘吁吁、汗流

---

14. 「兩個概念如何命名」（the two concepts are named）：關於概念學習如何在沒有字詞的情況下發生的更多內容，請見heam.info/concepts-3.

15. 「情緒的功能」（the functions of an emotion）：語言學家喬治・雷可夫（George Lakoff）稱情緒為本質上具有爭議的概念，因為在美國文化中，人們都同意情緒存在，但他們不一定都同意情緒的定義，然而科學家無法解決問題。就我看來，具有爭議的概念似乎是社會現實戰爭下的受害者：誰的概念將會獲勝，並且定義什麼存在呢？

16. 「這個男人這樣行動」（man acts as he does）：Tomasello 2014.

狹背知覺成恐懼，你對他人行動的影響，就超出了僅僅是快速呼吸和汗濕眉毛所能及。你能作為他人經驗的創建者。

最後提到的兩個功能需要其他人（你正在溝通或影響的人）同意，某些身體狀態或身體動作在某些背景脈絡下發揮特定的功能。若缺少這樣的集體意向性，一個人的行動無論對自己多有意義，都會被他人知覺成無意義的噪音。

假設你跟朋友一起散步時，看見一個男人在用力地踩踏人行道，你把這個人分類成生氣，你的朋友把他分類成沮喪。這個人認為，自己只不過是在敲掉鞋子上卡著的泥塊，這表示你和你的朋友是錯的嗎？可不可能這個人在當下沒有察覺自己的情緒呢？在這個情況下誰是正確的呢？

如果是一個物理現實的問題，你可以明確地解決問題。如果我說我的襯衫是絲做的，而你說不是、是聚酯纖維做的，我們可以進行化學檢驗來找出答案。然而，社會現實的問題沒有這樣的準確性。如果我說我的襯衫很好看而你說它很醜，我們兩個人都不是客觀上正確。對踏腳男人的情緒知覺也是如此，情緒沒有指紋，因此不可能有準確性，你們最多只能找到共識。我們可以問問其他人對於襯衫或踏腳男人是同意你的觀點，還是我的，或者我們可以將我們的分類跟我們文化的常態做比較。[17]

你、你的朋友和踏腳的男人，各自都由預測建構了知覺。踏腳的男人本身可能感到不愉快的喚起，他或許將自己的內感感覺連同他從外界預測的感覺，一起分類成「**除去鞋子上的泥巴**」的實例。你或許建構了生氣的知覺，而你的朋友建構了沮喪的知覺。每個建構都是真的，因此從嚴格的客觀意義來說，這個問題沒有準確的答案。這並不是科學的局限，只不過在一開始問錯問題。[18] 這個問題，沒有獨立於觀察者的測量可以具體且可靠地裁定。當你找不到客觀準則來計算準確性而只留下共識時，就是你在處理社會現實而非物理現實的線索。

這一點很容易也很常被誤解，因此我必須先把話說清楚。我不是說情緒是錯覺，它們是真的，但它們是社會現實，就像花和雜草那樣的現實。我不是說一切都是相對的。若真是如此，文明就會崩解。我不是說情緒「只在你的腦袋裡」。這句話貶低了社會現實的力量。金錢、名譽、法律、政府、友誼，以及我們最強烈的信念，一切也都「只在」人類的心智中，但人們**從生到死**都離不開它們。它們是真的，因為人們同意它們是真的。但它們跟情緒一樣，只有在人類知覺者在場時才存在。

　　　　＊　　　　＊　　　　＊

　　請想像你的手伸進一袋洋芋片，發現你剛剛已吃掉最後一片的感受。你感到袋子空空的失望、不再吸收任何熱量的輕鬆、吃掉一整包洋芋片的些微罪惡，以及還想再吃一片的渴望。我剛剛發明了一個情緒概念，在英文中當然沒有專用的單字。然而，在你閱讀我對這個複雜感受的冗長描述時，你最有可能模擬了整個過程，一直模擬到袋子的沙沙作響和袋子底下索然無味的小屑屑。你無須任何語詞，就能經驗這個情緒。

　　你的大腦藉由組合你已知的概念實例，像是「**袋子**」、「**洋芋片**」、「**失望**」、「**輕鬆**」、「**罪惡**」和「**渴望**」，完成了這項壯舉。大腦的概念系統具備的這種強大能力（我們在第五章稱之為概念組合），為洋芋片相關的新的情緒種類創造出第一個實例，做好了模擬的準備。現在如果我把我的創新產物命名為「Chiplessness」（**沒有洋芋片**），並且把它教給我的美國同胞，它就變得像「Happiness」（**快樂**）和「Sadness」（**難過**）的情緒概念一樣真實。人們可以用它預測、用它分類，用它調節自己的身體預算，並且在不同的情境下建構「**沒有洋芋片**」的多樣實例。

　　由此我們看到本書中最具挑戰性的想法之一：你需要情緒概念，才能經驗或知覺相關的情緒。概念是個必需品。沒有「**恐懼**」的概念，你就無法經驗到恐懼；沒有「**難過**」的概念，你也無法從另一個人身上知覺到難過。你可以學習必要的概念，或你能在當下透過概念組合建構概念，但你的大腦必須有能力產生概念，並且用它預測。否則，你對那個情緒就是經驗盲區。

　　我很明白，這個想法聽來可能有違直覺，所以讓我先從幾個例子開始說起。

　　你大概不熟悉一種名為「liget」（化憤怒為力量）的情緒。這種感受是菲律賓的獵頭部落伊朗革族（Ilongot）所經驗的激情、衝動、充滿力量的攻擊。liget指的是一群人對抗另一群人，在他們進行危險挑戰時所需的強烈專注、激情和精力。危險和精力讓他們逐漸獲得凝聚力和歸屬感。liget不只是種心智狀態，還是具

---

17. 「我們文化的常態」（the norms of our culture）：情緒表現者和知覺者不是在分類相同的心理瞬間，參見heam. info/concepts-4.

18. 「在一開始問」（asking in the first place）：這是一個「種類錯誤」（category error，或譯為範疇錯誤）的例子。根據哲學家吉伯特・萊爾（Gilbert Ryle）所說，種類錯誤是本體論的錯誤，指的是歸屬於某一種類的東西被誤解為歸屬於另一個種類。在此是社會現實被誤解為物理現實。

有社會規則的複雜情況，規則包括哪些活動引起它、何時感受適當，以及其他人在期間應該如何待你。對於伊朗革族的成員來說，liget就跟你心中的快樂和難過一樣真。

西方人當然也會經驗愉快的攻擊。運動員在激烈的競賽中感受它。電競玩家在第一人稱射擊遊戲中培養它。然而，除非這些人能利用概念組合建構「liget」，否則他們無法經驗liget的所有意義、指定的行動、身體預算改變、溝通和社會影響。liget是一整包的概念，如果你的大腦不能產生這個概念，你就無法完整地經驗liget，不過你能經驗其中一部分：愉快、高喚起的情感；攻擊；進行危險挑戰的激動，或是身為團體一員感到的兄弟或姊妹情誼。

接下來，請仔細想想美國文化近期採納的情緒概念。最近我跟實驗室成員開會時，我得知有位認識的人（請叫他羅伯特）在諾貝爾獎競爭中落敗。羅伯特過去對我很差（這是「他簡直是個混蛋」的禮貌說法），因此當我聽到這個消息時，我必須承認自己有複雜的情緒經驗：我對羅伯特感到有些同情，加上對他不幸的一點點竊喜，加上為自己氣量小感到的深深內疚，另外還有被別人發現我這樣不厚道的難堪。

想像一下，如果我把我的概念組合對實驗室成員描述：「羅伯特大概對自己的失敗感到糟透了，而我為此感到高興。」如果我這樣說，真的十分不恰當。實驗室的其他人都不知道我跟羅伯特過去的恩怨，也不知道我同時感到的內疚和難堪，因此他們不了解我的看法，還可能認為我才是個混蛋。所以我說：「我感到有點schadenfreude（幸災樂禍）」，會議室裡的每個人都笑著點頭認可。一個字就有效地傳達我的情緒經驗，並使它被社會接受，因為實驗室的所有人都有這個概念，而且能建構schadenfreude的知覺。我們在別人遭遇不幸時，不太可能僅僅只有愉快的情感。

我們比較熟悉的西方情緒（如難過），也是完全相同的情況。任何健康的人都能經驗低喚起、不愉快的情感，但除非你具有「**難過**」概念，否則你無法經驗難過的所有文化意義、適當行動，以及其他的情緒功能。

有些科學家主張，即使沒有情緒概念，情緒依然存在，但受影響的人意識不到，暗示有意識之外的情緒狀態。我猜想這有可能，但我對此表示懷疑。如果你沒有「**花**」的概念，在有人讓你看一朵玫瑰花時，你只會經驗到植物、而不是花朵。沒有科學家會主張，你正在看一朵花，但只是「沒有意識到它」。同樣的，

第二章的斑點圖片裡也沒有隱藏的蜜蜂。你只是因為概念知識，才知覺到蜜蜂。同樣的推論也可應用在情緒，沒有「liget」或「**難過**」或「**沒有洋芋片**」概念來藉此分類，也就沒有情緒，只有感覺信號的模式。

想想「liget」的概念在西方文化會多麼有用。當軍校學生接受戰術訓練時，據稱有極少數人發展出殺戮的愉快感受。他們確實追求殺戮來感到愉快，他們並不是心理病態患者，但進行獵殺時，他們經驗到愉快。他們的戰鬥故事常常描述狩獵帶來的興奮，或與戰友順利達成任務帶來的強烈愉快感受。然而，在西方文化中，帶著愉快的殺戮被視為恐怖和不道德，對於那些曾經驗過這種感受的人，我們很難同理或發起慈悲。因此請仔細想想：如果我們教軍校生liget這個字和它的概念（包括何時適合感到liget的整套社會規則）會如何呢？我們可以在更廣泛的價值和常態的文化背景中植入這個情緒概念，就像我們對schadenfreude所做的那樣。或許這個概念甚至能讓軍人在執行自己的軍事任務所需時，靈活地培養liget的經驗。[19] 像liget這樣新的情緒概念，可以擴展他們的情緒粒度，增進他們部隊的凝聚力和他們的工作表現，同時保護三軍成員的心理健康，無論是在戰爭期間或當他們退伍回家。

我很明白我所說的十分挑釁：我們每個人在能經驗或知覺一種情緒以前，都需要那種情緒的概念。這個說法肯定不符合常識或日常經驗，因為情緒感覺太像是天生內建。但如果情緒是由預測建構，而你只能用你擁有的概念來預測，好吧……那就這樣吧。

＊　　　＊　　　＊

你能毫不費力地經驗且感到天生內建的那些情緒，最有可能在你父母的那一代也眾所周知，而在他們的父母那一代也是。傳統觀點對於這種進展的說明是提出情緒（與情緒概念分開）透過演化，內建在神經系統。我也有個演化的故事要說，但內容是關於社會現實，不需用到神經系統裡的情緒指紋。

像「**恐懼**」、「**生氣**」和「**快樂**」之類的情緒概念被一代傳過一代。發生這種情況不僅僅是因為我們傳遞我們的基因，還因為這些基因讓每一代都能串連下

---

19. 「戰友」（comrades-in-arms）：Bourke 2000; Jamison 2005; Lawrence (1992) 2015。「執行自己的軍事任務所需時」（needed for their military duties）：心理學家瑪雅・塔米婭（Maya Tamir）稱此為工具性情緒調節的例子。人們會因為在特定的背景下有用，而建構不愉快的情緒（Tamir 2009）。

一代的大腦。嬰兒隨著學習自己文化的風俗習慣和價值，漸漸長成概念滿滿的心智。這個過程有許多名稱：大腦發展、語言發展、社會化。

　　人類的主要適應優勢，也是我們成為興盛物種的原因之一，就是我們生活在社會團體。這樣的安排讓人類能遍及全球，藉由餵養、供衣和彼此學習，在惡劣的物理條件下創造可以居住的棲地。我們因此能累積跨越世代的訊息（故事、處方、傳統……我們能描述的任何一切），幫助各代形塑下一代的大腦串連。代代相傳的珍貴知識，使得我們主動形塑物理環境、而不只是單純適應，還讓我們創造出文明。[20]

　　團體生活當然有些缺點，特別是所有人類都必須面對的重大兩難：與人相處對上領先群雄。像「**生氣**」和「**感激**」等日常概念，就是處理這兩個競爭問題的重要工具。它們是文化的手段。它們指定情境特有的行動，讓你得以溝通，並且影響他人的行為，一切全都是為了管理你的身體預算。

　　光是因為恐懼在你的文化中一代又一代地出現，並不能證明恐懼被編碼在人類的基因組裡，也無法證實恐懼是從數百萬年前，在非洲大草原上的人類祖先經由天擇雕琢出來。這些單一原因的解釋，低估了集體意向性的龐大力量，更別說來自現代神經科學的大量證據。演化確實讓人類創造了文化，而文化的一部分是目標本位的概念系統，用來管理自己和彼此。我們的生物學讓我們創造了目標本位概念，但確切是哪些概念就跟文化演化有關。[21]

　　人類大腦是文化的工藝品。我們不是像電腦裝軟體那樣，把文化裝進全新的大腦，相反的，文化有助於**串連大腦**。然後大腦變成文化的載體，幫助創造文化，並使它永垂不朽。

　　生活在團體中的人類，全都有共同的問題必須解決，因此在不同文化中找到一些類似的概念也就不足為奇。舉例來說，多數人類社會都有關於超自然存在的神話：古希臘的女神、凱爾特傳奇（Celtic legend）的精靈、愛爾蘭的妖精、美國原住民故事的小矮人、夏威夷原住民傳說的美內互納人（Menehune）、斯堪地納維亞的食人妖、非洲的阿齊扎族（Aziza）、因紐特文化（Inuit）的守護靈（Agloolik）、澳洲原住民的迷米思精靈（Mimis）、中國的神明、日本的神等，族繁不及備載。

　　這些神秘生物的傳說，是人類歷史和文學的重要部分。然而，它們並非意味著神秘生物在自然界實際存在或曾經存在（無論我們多麼希望，都進不了霍格華

茲學校）。「**神秘生物**」種類是由人類心智建構出來，既然它存在於這麼多不同的文化，它大概能發揮某些重要的功能。同樣的，因為具有重要功能，「**恐懼**」也存在於許多文化（但不是全部，像在喀拉哈里沙漠的昆族〔!Kung〕就沒有）。[22] 據我所知，沒有任何情緒概念是普世的，就算真有一個，普世性本身也不是自動地暗指獨立於知覺者的現實。

　　社會現實是人類文化背後的驅動力量。完全可以合理地說，情緒概念（社會現實的元素）是在嬰兒時期、甚至晚到當某個人從一個文化搬到另一個文化時（稍後會有更多討論），從他人身上習得。因此，社會現實是條管道，經由天擇，將行為、偏好和意義從祖先傳輸到後代。概念不僅僅是蓋在生物學上的社會裝飾。它們也是由文化串連進你的大腦的生物現實。生活在某些概念、或更多樣概念的文化中的人，或許更適合繁殖。[23]

　　在第五章，我們看到了我們切分成彩虹的幻覺條紋，因為我們用顏色的概念分類光的波長。如果你上俄國的Google網站（images.google.ru），搜尋俄文的彩虹（радуга），你會看到俄國的彩虹圖畫包含七種顏色，而不是六種：西方的藍色條紋被細分成淺藍色和深藍色（靛），如圖7-2所示。[24]

　　這些圖片證明，顏色的概念受到文化影響。在俄國的文化中，顏色 синий（藍色）和 голубой（西方人的天藍）是不同的種類，就像blue（藍色）和green（綠色）

---

20. 「還讓我們創造出文明」（and to create civilizations）：Boyd et al. 2011.

21. 「在非洲大草原上」（on the African savanna）：就連普世性都不一定意指天生，試想可口可樂。「跟文化演化有關」（a matter of cultural evolution）：典型例子：坦尚尼亞的哈德薩人，他們自更新世（Pleistocene Epoch）起在非洲大草原上生活了至少15萬年，根據我的實驗室成員在2016年造訪的結果，哈德薩人不認得擺出的臉部形態。關於文化和演化之間關係的絕佳論述，請見Laland & Brown 2011; Richerson & Boyd 2008，以及Jablonka et al. 2014。另外參見heam.info/culture-1.

22. 「在喀拉哈里沙漠的昆族」（people of the Kalahari Desert）：更多關於昆族的訊息，以及似乎缺少「恐懼」明確用詞的語言，請見heam.info/kung-1.

23. 「人類文化背後的驅動力量」（driving force behind human culture）：社會現實暗藏在文化的定義裡。動物學家凱文·拉蘭德（Kevin N. Laland）和吉莉安·布朗（Gillian R. Brown）稱文化是「在個體之間傳輸，並且透過社會學習獲得的一整組心智表徵，是想法、信念和價值的集合」（Laland & Brown 2011, 9）。遺傳學家伊娃·賈布隆卡（Eva Jablonka）的定義增加了行為和產物（Jablonka et al. 2014）。「更適合繁殖」（be more fit to reproduce）：Boyd et al. 2011。這篇論文主張，生物和文化並沒有在彼此爭奪人類行為的控制權（就像認知和情緒並沒有開戰）。戰爭只在我們的心裡，它是心智創造的社會現實，既是文化的結果、也是基因的結果。羅伯特·博伊德（Robert Boyd）和同事寫道：「文化就像我們特殊的骨盆，也是人類生物學的一部分」（2011, 10924）。創造情緒概念、與他人共享情緒概念，以及利用情緒概念建構社會現實的能力，是我們生物構造的功能。

24. 「俄文的彩虹（радуга）」（word for rainbow, радуга）：若想在沒有俄文的鍵盤上打出радуга，請上translate.google.com將rainbow翻譯成俄文，然後將翻譯的字複製貼上。

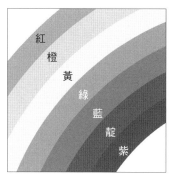

圖7-2 彩虹圖畫屬於文化特有。

對美國人來說截然不同。[25] 兩者間的區別,不是因為俄國人和美國人的視覺系統有天生的結構差異,而是文化特有、習得的顏色概念。在俄國長大的人,確實學到淺藍和深藍是不同名字的不同顏色。這些顏色概念被串連進他們的大腦,因此他們知覺到七條顏色。

語詞代表概念,而概念是文化的工具。父母將概念傳給子女,一代傳過一代,就像從你的曾曾祖母一路傳下來的古董燭台。「彩虹有六種顏色。」、「金錢可以交易貨品。」、「杯子蛋糕是甜點,而瑪芬是早餐。」

情緒概念也是文化的工具。它們有一整套詳細的規則,全都為了用於調節你的身體預算、或影響他人的身體預算。這些規則可能特有於文化,規定何時可以接受在特定的情況下建構特定的情緒。在美國,當你坐雲霄飛車、或即將聽到癌症篩檢的結果、或如果有人拿槍指著你,感到害怕是恰當的。在美國,如果你住在安全的社區,每次走出家門都感到害怕就是不恰當,那樣的感受被視為病態、一種名為廣場恐懼症的焦慮症。

我的朋友卡門(Carmen)出生在玻利維亞。當我跟她說,不同文化的情緒概念差異甚大,她十分驚訝。她用西班牙文向我解釋:「我以為,世界上的每一個人都有相同的情緒。對啦,玻利維亞人的情緒確實比美國人強烈。Más fuerte(更強)。」多數人一輩子都只用一套情緒概念生活,就像卡門,因此他們覺得這種文化相對性令人驚訝。然而,科學家已提出證據證明,全世界有許多情緒概念沒有英文單字可表達。挪威人有個概念是墜入愛河的極度喜悅,他們稱之為「Forelsket」。丹麥人有個概念叫「Hygge」,是用於某種親密友誼的感受。俄文的「Tocka」是精神極其苦悶,而葡萄牙文的「Saudade」是強烈的精神渴望。經過

一番小小研究，我找到了西班牙文的一個情緒概念沒有直接等同的英文，那就是「Pena Ajena」。[26] 卡門對我說，這個字的意思是「為別人的失去而難過」，但我向來都把這個字當成替別人感到不舒服或難堪。以下還有幾個幾個令人讚嘆的字：

- gigil（菲律賓文）：可愛的不得了讓人忍不住想緊緊擁抱或捏一下。[27]
- voorpret（荷蘭文）：在事件發生以前對這件事感到的愉快。[28]
- age-otori（日文）：剛剪完頭髮看起來很糟的感受。[29]

其他文化的某些情緒概念極為複雜，或許不可能翻譯成英文，但當地人視它們為理所當然的經驗。依伐露族（密克羅尼西亞）文化的「fago」概念可能意指愛、同理、同情、難過或憐憫，端看前後脈絡而定。在捷克文化中，「Litost」概念據說無法翻譯，但大概的意思是「對自己的悲慘不幸深感痛苦兼具渴望復仇。」日本的情緒概念「Arigata-Meiwaku」是指，有人不請自來地主動幫忙，實際上卻對你造成困擾，但無論如何你還是要感謝他。[30]

當我在美國，對聽眾說情緒概念非常多變且為文化特有，然後指出我們的英語概念同樣有文化的地方性時，有些人非常驚訝，就像我的朋友卡門一樣。他們堅持，「但快樂和難過是**真**的情緒啊」，彷彿其他文化的情緒不像我們自己的那麼真。對此我往往說：你說得沒錯，fago、litost和其他的字確實不是……**你的**情緒。那是因為你不知道這些情緒概念，相關的情境和目標在美國中產階級文化中並不重要。你的大腦無法根據「Fago」發出預測，因此不會像自動感到快樂和難過那樣感到fago。若想了解fago，你必須結合你確實知道的其他概念，進行概念組合並付出心智努力。但依伐露族的確擁有這個情緒概念。他們的大腦能用這個概

---

25. 「對美國人來說截然不同」（green are to an American）：其他文化的例子包括辛巴族，他們把西方的green（綠色）和blue（藍色）的某些色度分類成單一顏色；還有巴布亞紐幾內亞的博潤莫語，其中的顏色種類只有五種。

26. 「沒有英文單字可表達」（that don't exist in English）：在Russel 1991a; Mesquita & Frijda 1992，以及Pavlenko 2014可以找到很好的總結。「稱之為『Forelsket』」（calling it "Forelsket"）：So Bad So Good 2012。「某種親密友誼的感受」（certain feeling of close friendship）：Verosupertam85 2012。「『Tocka』是精神極其苦悶」（"Tocka" is a spiritual anguish）：同前。「強烈的精神渴望」（a strong, spiritual longing）：英文維基百科查詢「Saudade」，最後一次編輯是在2016年4月1日（譯註：最新編輯時間為2019年11月14日），https://en.wikipedia.org/wiki/Saudade。「那就是『Pena Ajena』」（called "Pena Ajena"）：So Bad So Good 2012.

27. 「可愛的不得了」（something that is unbearably adorable）：Garber 201; So Bad So Good 2012.

28. 「事件發生以前」（before the event takes place）："Better Than English" 2016.

29. 「剛剪完頭髮看起來很糟」（looking worse after a hair cut）：Pimsleur 2014.

30. 「端看前後脈絡而定」（depending on context）：Lutz 1980; Russell 1991b。「渴望復仇」（the desire for revenge）：Kundera 1994。「無論如何你還是要感謝他」（required to be grateful anyway）：So Bad So Good 2012.

念自動預測。當他們經驗fago時，感受就像你經驗快樂或難過一樣自動和真，彷彿fago剛發生在他們身上。

沒錯，fago、litost和其他都只是人類編造的字，但「快樂」、「悲傷」、「恐懼」、「生氣」、「厭惡」和「驚訝」也是。發明出來的語詞，定義完全屬於社會現實。你會說自己的當地貨幣是真實的錢，而其他文化的貨幣只是假造的嗎？對於從未旅行的人來說，可能看似如此，因為他們缺少其他貨幣的概念。但常常旅行的人就有「**其他文化的貨幣**」的概念。現在我請你學習「**其他文化的情緒**」的概念，因此你能了解，這個概念的實例對他人的現實性，就像你自己的情緒對你一樣現實。

如果你覺得這些想法很有挑戰性，請再試試這個：有些西方人珍惜的情緒概念，在其他的文化中完全找不到。尤特卡愛斯基摩人（Utka Eskimos）沒有「**生氣**」的概念。大溪地人沒有「**悲傷**」的概念。[31] 西方人對第二點相當難以接受……沒有悲傷的人生？真的嗎？當大溪地人處於西方人描述為悲傷的情境時，他們感到不舒服、混亂、疲憊或冷淡，這些全都涵蓋在一個更廣義的字「pe'ape'a」。傳統情緒觀點的信徒會替這樣的變異性辯解，認為皺眉的大溪地人真的處於悲傷的生理狀態，不管他自己知不知道。建構論者就不敢這麼有把握，因為人類會為了許多原因皺眉，像在思考、用力、遷就、審視想法，或感到pe'ape'a時。

除了個人的情緒概念，不同的文化甚至對「**情緒**」是什麼也有不同的意見。西方人認為情緒是個體內在的經驗，是在身體裡面。然而，其他許多文化把情緒描繪成需要兩個人以上的人際事件，包括密克羅尼西亞的依伐露族、印尼的峇里人、非洲的富拉人（Fula）、菲律賓的伊朗革族、巴布亞紐幾內亞的卡露里族（Kaluli）、印尼的米南佳保族、澳洲的原住民賓土比（Pintupi），以及薩摩亞族（Samoans）。更有趣的是，有些文化甚至沒有統一的「**情緒**」概念，可用於西方人因情緒而併在一起的經驗。[32] 大溪地人、澳洲的原住民吉迪加利（Gidjingali）、迦納（Ghana）的方提語（Fante）和達巴尼語（Dagbani）、馬來西亞的仄翁語（Chewong），以及我們在第三章出現的朋友辛巴族，是少數幾個受到充分研究的例子。

情緒方面的多數科學研究是用英文進行，使用美國的概念和美國的情緒詞（及其翻譯）。根據知名的語言學家安娜‧威爾茲彼卡（Anna Wierzbicka）所說，

英文已經成為情緒科學的概念囚牢。「英文的情緒術語構成一種通俗分類，而不是客觀、超脫文化的分析架構，因此顯然我們無法假設disgust（厭惡）、fear（恐懼）或shame（羞愧）之類的英文情緒詞是普世人類概念、或基本心理現實的線索。」讓事態更顯帝國主義的是，這些情緒詞來自20世紀的英文，有證據顯示其中某些相當現代。「情緒」概念本身是17世紀的發明。[33] 在那之前，學者撰寫的熱情、感性和其他概念的意義跟之後稍有不同。

不同的語言以不同的方式描述多樣的人類經驗：情緒和其他心理事件、顏色、身體部位、方向、時間、空間關係和因果關係。不同語言之間的多樣性令人驚嘆，我的朋友貝賈‧麥斯奎塔（你在第五章看過的文化心理學家）的經驗提供了一個範例。[34] 她在荷蘭出生成長，後來移民到美國接受博士後訓練。在接下來的15年，她結了婚、組成家庭，並且成為北卡羅萊納州威克森林大學（Wake Forest University）的教授。住在荷蘭的時候，貝賈覺得自己的情緒很……自然（沒有更好的形容詞）。然而，搬到美國之後，她很快地注意到自己的情緒不那麼適合美國文化。美國人給她的印象是不自然地快樂，我們不斷地用樂觀的語氣說話，我們時常在笑，貝賈問候人時，我們的回答往往積極正向（我過得很棒！）貝賈自己的情緒反應，在美國的文化背景下似乎不太適切。當她被問到過得如何時，她不會充滿熱情地回應或是說「棒極了」或「太好了」。我曾聽過一場她的演講是關於她的經驗，整場我都點頭如搗蒜，結束時熱烈地鼓掌，然後起身走向她、給她一個擁抱並說「演講實在是太精彩了！」我花了一點時間才意識到，我剛剛證實了她的每一項觀察。

貝賈的經驗不是唯一。我們來自俄羅斯的同事尤莉亞‧切特索娃─杜頓（Yulia Chentsova-Dutton）說，搬到美國之後，她的臉頰整整痛了一年，因為她以

---

31. 「沒有『生氣』的概念」（no concept of Anger）：Briggs 1970。「沒有『悲傷』的概念」（no concept of Sadness）：Levy 1975; Levy 2014.

32. 「個體內在的經驗，是在身體裡面」（individual, in the body）：Nummenmaa et al. 2041。歷史上的各種學者也都曾將情緒定位在身體裡，參見heam.info/body-3。「需要兩個人以上」（require two or more people）：Pavlenko 2041。「西方人因情緒而併在一起」（Westerners lump together as emotional）：同前。

33. 「基本心理現實」（to basic psychological realitites）：Wierzbicka 1986, 584。「17世紀的發明」（invention of the seventeenth century）：Danziger 1997.

34. 「空間關係和因果關係」（spatial relations, and causality）：把語詞對應到概念表徵，既不簡單、也不是全球通用，參見heam.info/concepts-13。「不同語言之間的多樣性令人驚嘆」（language to language is astonishing）：Malt & Wolff 2010, 7.

前從來沒有笑那麼多。我的鄰居保羅・哈里斯（Paul Harris）是從英國移民的情緒研究者，他觀察到，美國學者總是對科學難題感到相當興奮（高喚起、愉快的感受），從來不是只有好奇、茫然或困惑——他比較熟悉的低喚起且相當中性的經驗。一般來說，美國人偏愛高喚起、愉快的狀態。[35] 美國人經常在笑。美國人彼此讚美、恭維，而且互相打氣。美國人對於各式各樣的成就都會給彼此獎勵，甚至還會頒「參加證書」。電視上似乎每兩週就有一場頒獎典禮。我已數不清在過去10年間，美國出版了多少本有關快樂的書。美國人的文化是積極正向。美國人喜歡快樂，而且樂於慶祝自己有多棒。貝賈待在美國的時間越長，她的情緒就越來越融入美國的背景。她的愉快情緒概念擴展，變得更加多樣。她的情緒粒度提高，經驗到不同於滿足和滿意的美式快樂。她的大腦導入了美國常態和習俗的新概念。這個過程被稱為「情緒文化適應」（emotion acculturation）。你從新的文化獲得新的概念，再將新的概念轉譯成新的預測。利用這些新的預測，你漸漸能經驗和知覺新故鄉的情緒。

事實上，發現情緒文化適應的科學家，正是貝賈她自己。她發現，人的情緒概念不只因為文化不同，而且還會轉變。舉例來說，在比利時會引發生氣的情境，像是你的目標受到同事阻礙，在土耳其還會包含（美國人經驗成）內疚、羞愧和尊敬的感受。[36] 但移民到比利時的土耳其人，隨著住在比利時的時間越久，情緒經驗也逐漸變得更像「比利時人」。

浸淫在新文化情境的大腦，或許有點像嬰兒的大腦：相比於預測，更常被預測失誤驅動。因為缺乏新文化的情緒概念，移民的大腦會吸收感覺輸入並且建立新的概念。雖然新的情緒模式可能造成干擾，但它們不會取代舊的，就像我的研究夥伴、來自希臘的亞歷珊卓（你在第五章曾看過她）。如果你不知道當地的概念，你就無法有效預測。你必須靠概念組合來應對，這可能需要努力，而且只能產生近似的意義。如果不這麼做，多數時候你會被預測失誤淹沒，文化適應的過程因此加重你的身體預算負擔。事實上，情緒文化適應較差的人，也自己說比較容易生病。[37] 再一次，分類名符其實地深入你的體表。

$*$ $*$ $*$

在本書中，我試著讓你適應有關情緒的嶄新思考方式。無論你是否意識到，你自己都有一套關於情緒的概念：它們是什麼、它們從何而來，以及它們有什麼

意義。或許你剛開始看這本書時還帶著傳統觀點的概念，像是「**情緒的反應**」、「**臉部表情**」和「**大腦中的情緒迴路**」。若是如此，我會一直慢慢地用新一套的概念來取代，其中包括「**內感**」、「**預測**」、「**身體預算**」和「**社會現實**」。就某種意義來說，我正試圖把你帶進一個名為情緒建構理論的新文化中，因此你也是在進行文化適應。新的文化常態或許看似古怪，甚至有誤，除非你進入新文化一段時間而逐漸開始了解它們……我希望你已經這麼做或即將如此。到最後，如果我跟其他志同道合的科學家成功地用新的概念代替舊的，好吧，這確實是一場科學革命。

　　情緒建構理論解釋了在臉部、身體或大腦沒有任何一致生物指紋的情況下，你如何經驗和知覺情緒。你的大腦不停地預測和模擬來自身體內外的所有感覺輸入，因此它了解這些輸入的意義以及該對它們做些什麼。這些預測穿越你的大腦皮質，從內感網絡中的身體預算編列迴路一路串接到初級感覺皮質，創造出遍佈全腦的模擬，各個模擬都是概念的一個實例。最接近實際情況的那個模擬會勝出成為你的經驗，如果它是情緒概念的實例，那麼你就經驗到情緒。在控制網絡的幫助下，整個過程盡心盡力地調節你的身體預算，好讓你能保持健康和生氣勃勃。過程中，你也影響周遭他人的身體預算來幫助自己生存，好讓自己的基因能傳遞到下一代。這就是大腦和身體如何創造社會現實。這也是情緒如何變成現實。

　　是的，說起來有點饒舌。而且有些細節仍然只是合理推測，像是概念串接的確切機制。但我們可以自信地說，情緒建構理論是思考情緒如何生成的可行方式。這個理論能說明傳統觀點的所有現象，就連它的異常現象都可以解釋，例如在情緒出現期間，情緒經驗、情緒概念和身體改變的極大變異。建構理論用單一架構，同時了解物理現實和社會現實，藉此消解無用的先天／後天辯論（例如，什麼是與生俱來與什麼是學習得來），讓我們往社會世界和自然世界之間的科學橋梁邁進一步。就跟所有的橋梁一樣，這座橋梁也將引導我們走向新的天地，亦即下一章的內容：身而為人是什麼意思的現代起源故事。

35. 「從來沒有笑那麼多」（had never smiled so much）：我丈夫的同事維克多·丹尼爾琴科告訴我，在他的祖國烏克蘭，習慣性微笑不是常態，而「美式微笑」的意思是不真誠的假笑。「偏愛高喚起、愉快的狀態」（prefer high arousal, pleasant states）：Tsai 2007.

36. 「羞愧和尊敬」（shame, and respect）：De Leersnyder et al. 2011.

37. 「自己說比較容易生病」（report more physical illness）：Consedine et al. 2014.

第八章

人類天性的新觀點

　　情緒建構理論不只是情緒如何生成的現代解釋，也是有關**身而為人是什麼意思**的觀點，它也是個截然不同的觀點。這個觀點與最新的神經科學研究一致。相較於傳統觀點，它也讓你更能控制自己的感受和行為，對於如何過好你的生活具有深遠意涵。你不是個被動反應的動物，生來只會對世界上所發生的事有反應。說到你的經驗和知覺，其實你比自己以為的更像掌控全車的駕駛。你能預測、建構，並且行動。你才是自己經驗的創建者。

　　關於人類天性的另一個強勢觀點，出自傳統情緒觀點。這個觀點已存在了好幾千年，至今仍深植在法律、醫學，以及社會的其他關鍵元素。事實上，從有歷史以來，這兩種觀點就一直處於對立狀態。在先前的戰役中，傳統人類天性觀點屢戰屢勝，我們即將看到原因。但現在，由於我們正處於心智和大腦的革命之中，因此現代神經科學給了我們解決衝突的工具。根據壓倒性的證據，傳統觀點已經戰敗。

　　在本章，我將提出情緒建構理論所代表的嶄新人類天性觀點，並且比較傳統觀點信奉的舊式想法。我也打算向你介紹幕後的罪魁禍首，就是它讓傳統觀點即使面對源源不絕的相反證據，還是長久屹立不搖地獨領風騷，根深柢固地存在於科學和文化之中。

*　　　*　　　*

　　我們多數人把外在世界想成不同於自己的物理世界。事件在世界「那裡」發生，而你在大腦「這裡」對它們反應。

　　然而，在情緒建構理論中，大腦和世界之間的分界可以相互穿透，或許根本就不存在。你大腦的核心系統以各種方式結合，建構你的知覺、記憶、思想、感受和其他心智狀態。當你看到實際上不存在的形狀時，像是從第48頁的斑點看出

蜜蜂圖案，就是在經驗這點，這展示了你的大腦如何透過模擬來塑造你的世界。你的大腦猛烈發出大量預測、模擬預測的結果就好像它們真的存在，然後對照實際的感覺輸入檢查和校正這些預測。過程中，你的內感預測產生你的情感感受，影響你做的每一個行動，並且決定當下你該在意世界的哪些部分（你的情感棲位）。若是沒有內感，你就無法注意或在意你周遭的物理環境或任何其他東西，你也不太可能活得太久。內感讓你的大腦有能力建構你所居住的環境。

在你的大腦塑造你的世界的同時，外在世界也幫助你串連你的大腦。當你還是個嬰兒、被滿滿的感覺輸入包圍時，外在世界為你種下最早的概念，因為你的大腦自己會固定串連到周遭物理世界的現實。這就是嬰兒的大腦如何被串連成認得人類的臉。隨著你的大腦發展且你開始學習語詞，你的大腦自己會固定串連到社會世界，你也開始創造純粹的心智概念，像是「**保護你不被昆蟲叮咬的東西**」和「**悲傷**」。出自文化的這些概念，看似存在於外在世界，但其實是你的概念系統的建構產物。

在這個觀點中，文化不是包圍著你的虛無縹緲的氣息。它能幫助串連你的大腦，你的行為舉止則會串連下一代人的大腦。舉例來說，如果文化規定某種膚色的人比較沒有價值，這種社會現實會對團體產生實質影響：他們的薪水較低，他們小孩的營養和生活條件較差。這些因素使得他們小孩的大腦結構變得更糟，讓他們的學業不佳，使得他們在未來收入較低的可能性大增。[1]

你的建構並不是任意為之，你的大腦（和它創造的心智）必須跟現實的重要片段保持聯繫，才能維持你的身體健康和生氣勃勃。建構無法讓硬邦邦的牆變軟（除非你有突變的超能力），但你可以重劃國界、重新定義婚姻，並且決定誰有或沒有價值。你的基因讓你的大腦能把自己串連到物理和社會環境，而所處文化的其他成員會跟你一起建構這個環境。創造心智所需的大腦超過一個以上。

情緒建構理論也帶給我們思考個人責任的嶄新方式。假定你很氣你的老闆且怒不可遏，你用力猛拍桌子，同時大罵他白痴。對於這些表現，傳統觀點可能部

---

1. 「未來收入較低」（lower salaries in the future）：人類大腦會一直發育到青春期後期，但最敏感的時間是從懷孕的第一孕期開始，一直持續到幾歲，尤其是對身體預算編列、控制和學習相當重要的大腦部位（Hill et al. 2010）。在貧窮環境中成長的嬰兒和幼兒，大腦的這些部位比較薄（神經元之間的連結較少，甚至連神經元也比較少）。重要的是，他們的大腦到三歲左右沒有開始變小、卻長得更慢（Hanson et al. 2013），這時的成長主要是神經元之間的連結（Kostovi ́ & Judaš 2015），因此降低的連結性會局限概念的發展和處理的速度，這些都跟智商密切相關。社會現實由此成為物理現實，參見heam.info/children-1.

分歸咎假設的生氣迴路，多少免除了你自己的責任，但建構理論將責任的觀念擴展到超越傷害的那一瞬間。你的大腦會做預測，不單只是反應。它的核心系統不停地設法猜測接下來會發生什麼，好讓你能繼續生存。因此，你的行動，還有發起這些行動的預測，都是受到你所有的過去經驗（作為概念）形塑，一路造就了當下這個瞬間。你猛拍桌子是因為你的大腦利用你的「**生氣**」概念預測生氣的一個實例，而且你的過去經驗（無論出於直接、或是來自電影或書籍等等）包含了在類似情境中猛拍桌子的行動。

或許你還記得，你的控制網絡不斷形塑你的預測和預測失誤的路線，幫助你從眾多行動中做出選擇——無論你是否經驗到自己處於控制之中。[2] 這個網絡只能跟你既有的概念一起作用。因此，責任的問題變成：你是否對自己的概念負責？當然不是負責全部。當你還是嬰兒時，你無法選擇別人把什麼概念放進你的腦袋，但是當你長大成人，你絕對能選擇自己要接觸什麼和因此學到什麼，從而創造最終驅動你的行動的概念——無論這些行動感覺起來是有意還是無意。既然如此，「責任」就意味著做出審慎的選擇，改變自己的概念。

任選一個世界上的長期衝突作為現實例子：以色列人對巴勒斯坦人、胡圖族（Hutus）對圖西族（Tutsis）、波士尼亞人（Bosnian）對塞爾維亞人（Serbs），以及伊斯蘭教的遜尼派（Sunni）對什葉派（Shia）。我在此提出大膽假設：我認為這些族群的現存成員，沒有人要為他們對彼此感到的生氣負責，因為我們討論的這些衝突早在好幾代以前就開始。但今日的所有個體確實都要為衝突持續負某些責任，因為每個人都**有可能**改變自己的概念，由此改變自己的行為。演化沒有預先決定任何特定的衝突。衝突持續是由於社會環境，而環境串連了參與其中的個體大腦。**某人**必須負起責任改變這些環境和概念。如果不是人們自己，那要誰去做呢？

關於這點，有項科學研究讓我們看見一線曙光。研究者訓練一組以色列人考慮各種負面事件，像是巴勒斯坦人發射火箭和綁架一名以色列士兵，然後將這些事重新分類成較不負面。受過訓練後，這些人不只比較不生氣，還更支持邁向和平與和解的政策（像是提供巴勒斯坦人援助），而且也比較不支持武力攻擊住在加薩走廊（Gaza Strip）的巴勒斯坦人。這項重新分類訓練（與巴勒斯坦爭取加入聯合國密切相關），使受試者贊成放棄安全控制東耶路撒冷（East Jerusalem）的鄰居以換取和平，而且表示比較不支持限制性政策，如禁止巴勒斯坦人使用以色列

的醫療系統。關於限制性政策的態度改變，在訓練之後持續了五個月。[3]

如果你成長的社會充滿憤怒與憎恨，那就不能責備你具有相關的概念，但作為一個成人，你可以選擇教育自己和學習額外的概念。這當然不是件簡單的任務，但確實可行。這也奠定我一貫的主張：「你是自己經驗的創建者。」你的確要為自己的行動負部分的責任，即使是對你經驗成所謂無法控制的情緒反應。透過預測，你有責任學習讓你避開有害行動的概念。你也部分承擔了別人的責任，因為你的行動會形塑他人的概念和行為，創造環境來打開和關上基因以串連他們的大腦，包括下一代人的大腦。社會現實隱含我們每個人都對彼此的行為負有部分責任，負責並不是以全都歸咎給社會的空洞方式，而是以非常真實的大腦串連方式。

我還在當治療師的時候，曾面對從小一直被父母虐待的大學年紀女性。我通常會幫助我的個案了解，她們是雙重的受害者：一次是被虐待的當下，另一次是留下了深深的情緒痛苦，這種痛苦唯有自己才能解決。由於受到創傷，她們的大腦持續塑造充滿敵意的世界，即使她們已經逃到更好的世界。她們的大腦會串連出這樣特定、有害的環境，並不是由她們自己造成。但能改變自己的概念系統讓事情好轉的人，唯有她們自己。這就是我所謂的責任。有時，責任意味著你是唯一能改變事物的人。

接下來，我們要談談人類起源的問題。我們習慣將人類視為漫長演化之旅的終點站，情緒建構理論採取的觀點比較平衡，天擇並沒有瞄準人類作為最終目標，我們只是另一個具有特定適應力的物種，這種適應力幫助我們將自己的基因一代傳過一代。其他動物也演化出我們沒有的許多能力，像是跳得很遠和攀爬牆面，這就是為什麼我們對蜘蛛人之類的超級英雄深深著迷。人類最有天分之處，顯然是在建造火箭飛抵其他星球，以及發明和執行存在心中且規定如何彼此對待的法律。人類大腦中的某些東西賦予我們獨一無二的能力，但所謂的「某些東西」，不需要是專門用來研究火箭和執行法律（或就此而言是情緒）的大腦迴路從非人類祖先一路傳承下來。

2. 「是否經驗到自己處於控制之中」（as in control or not）：處於控制之中的經驗，通常是情感和信念的作用，大多跟你實際上的控制多寡無關（Job et al. 2013; Inzlicht et al. 2015; Job et al. 2015; Barrett et al. 2004）。參見heam.info/control-7.

3. 「在訓練之後持續了五個月」（for five months after training）：Halperin et al. 2013。在這些研究中，重新分類的方法被稱為「重新評估」（reappraisal），定義是改變情境的意義。

你最值得注意的適應力之一，是你不需要攜帶所有遺傳物質來製造大腦中的所有串連。從生物學上來說，這樣的代價極其昂貴。相反的，你的基因讓你的大腦在被其他大腦環伺下，也就是在文化背景下發展。就像一個大腦會利用冗餘性把訊息壓縮成相似性和差異性，多個大腦也會利用彼此的冗餘性（亦即我們在相同的文化中學習相同的概念）相互串連。實際上，演化經由人類文化提高自己的效率，而我們透過串連下一代的大腦將文化傳給他們。

從微觀層次到巨觀層次，人類大腦都是為了變化性和簡並性而組織。在它交互作用的網絡中，各叢神經元部分獨立並有效地共享大量訊息。這樣的編排，讓不斷改變的神經元群體能在幾毫秒內形成和瓦解，好讓個別神經元在不同的情境中參與不同的建構，塑造多變且只有部分可預測的世界。[4] 神經指紋在這樣的動態環境中，完全沒有立足之地。世界各地人類居住的地理和社會環境極其多樣，如果全人類只有一套遺傳得來的心理模組，就會效率太低。人類大腦演化成能創造不同種類的人類心智，用以適應不同的環境。我們不需要一顆創造普世心智的普世大腦，就能主張我們同屬於一個物種。

總體來說，情緒建構理論是身為人類的你是誰的心理學解釋，同時也帶有生物學情報。這個理論既考慮演化、也考慮文化。你天生帶來的大腦，有部分串連取決於你的基因，但環境可能打開和關上某些基因，讓你的大腦能把自己跟你的經驗串連。形塑大腦的是你發現自己所處世界的現實，包括人們之間的協議所組成的社會世界。你的心智是你沒有覺察的巨大合作團隊。你不是以任何客觀的準確感知覺世界，而是經由建構，透過自己的需要、目標和過去經驗來知覺世界（就像你看斑點蜜蜂時所做的）。你也不是演化的頂點，只是具有某些獨特能力的一種非常有趣的動物。

* * *

對於人類天性，情緒建構理論提供了與傳統觀點非常不同的看法。關於人類的演化起源、個人的責任，以及與外在世界的關係，傳統的想法已在西方文化中主導了數千年。若想了解人類天性的舊式觀點，以及它為什麼長久以來屹立不搖，簡單的方法（就像許多科學故事一樣）是從達爾文開始。

1872年，達爾文出版了《人類與動物的表情》。他在書中寫道，情緒是從早期的動物祖先傳遞下來，世世代代都不會改變。[5] 根據達爾文的說法，現代人類的

情緒是由我們神經系統的古老部分所造成，各個情緒都有特定、一致的指紋。

達爾文借用哲學的術語說，各個情緒都有「本質」（essence）。如果悲傷的實例跟癟嘴和心跳速率減慢一起出現，那麼「癟嘴和心跳速率減慢」的指紋或許就是悲傷的本質。亦或者，本質可能是讓悲傷的所有實例成為悲傷情緒的潛在原因，例如一組神經元。（我用「本質」一詞同時指稱這兩種可能性。[6]）

對本質的信仰被稱為「本質主義」（essentialism）。它預先假定，某些種類（悲傷和恐懼、狗和貓、非洲人和歐裔美國人、男人和女人、善良與邪惡）各有真正的真實或本性。各種類之中的成員被認為共享一個深層基本的屬性（本質），使它們就算有些表面差異但還是非常相似。各式各樣的狗在體型、樣貌、顏色、步態和性情等方面有所差異，但就每一隻狗共享的某一本質來說，這些差異都只是表面。一隻狗絕對不會是一隻貓。

同樣的，各式各樣的傳統觀點全都認為，情緒（像是悲傷和恐懼）具有清楚明確的本質。舉例來說，神經科學家雅克·潘克沙普（Jaak Panksepp）寫道，情緒的本質是大腦皮質下區的迴路。演化心理學家史蒂芬·平克則寫道，情緒像是心智器官，很類似功能特化的身體器官，他還寫道情緒的本質是一組基因。演化心理學家萊達·科斯米德斯（Leda Cosmides）和心理學家保羅·艾克曼假設，各個情緒都有觀察不到的先天本質，他們稱之為隱喻的「程式」。艾克曼的傳統觀點版本（名為基本情緒理論）假設，快樂、悲傷、恐懼、驚訝、生氣和厭惡的本質是由世界上的物體和事件自動觸發。名為傳統評估理論的另一個版本，在你跟世界之間多加了一個步驟，認為你的大腦會先判斷（「評估」）情境，決定是否觸發情緒。[7] 傳統觀點的所有版本都同意，各個情緒種類都有清楚明確的指紋，它們只是對於本質的性質持有不同的意見。

本質主義就是造成傳統觀點極難以棄之不顧的罪魁禍首。它鼓勵人們相信，自己的感官能揭示自然界中的客觀界線。根據它的論述，快樂和悲傷看起來和感覺起來不同，因此它們一定在大腦中有不同的本質。人們幾乎永遠無法察覺自己在做本質化這件事，因為在刻劃自然世界中的分界線時，我們看不見自己在動作

4. 「且只有部分可預測」（and only partly predictable world）：Sporns 2011.
5. 「從早期的動物祖先」（from an early animal ancestor）：Darwin (1872) 2005.
6. 「同時指稱這兩種可能性」（to refer to both possibilities）：哲學家一直在辯論本質的定義，參見heam.info/essences-1.

的手。

誠如《人類與動物的表情》所示，達爾文對情緒本質的信念，幫助現代的傳統情緒觀點發揚光大。相同的信念，也使達爾文不知不覺地看起來像是個偽善者。批評、更別說反駁歷史上最偉大的科學家之一，絕對不是個簡單的任務。但請容我試上一試，好嗎？

達爾文最知名的著作《物種起源》（On the Origin of Species），觸發了從生物學轉變成現代科學的典範轉移。演化生物學家恩斯特・麥爾（Ernst Mayr）精彩地總結，達爾文最偉大的科學成就是讓生物學擺脫了「本質主義的箝制」。[8] 然而在情緒方面，達爾文卻在13年後[9]做出了難以理解的立場轉向，寫出《人類與動物的表情》這本處處可見本質主義的書。這麼做的達爾文等於是拋棄了自己非凡卓越的革新，重新回到本質主義的箝制──至少在涉及情緒方面。

你知道，在19世紀《物種起源》提出的理論大受歡迎以前，本質主義執掌整個動物界。各個物種都被假定具有神所創造的理想形式，各自的定義屬性（本質）能將自己與其他所有物種（各自都有自己的本質）做出區隔。偏離理想被認為是因為誤差或意外。可以把這想成生物版的「狗展」。所謂的狗展（萬一你從來沒看過），是在全場參賽者中鑑定「最棒的」狗的比賽。狗本身不會直接互相競爭，而是由裁判將牠們跟假設的理想狗做比較，找出最接近理想的狗。舉例來說，如果評比的是黃金獵犬，裁判將各參賽者跟黃金獵犬的理想形象做比較。狗的高度恰當嗎？牠的四肢是否勻稱？口鼻端正、與頭骨均勻相稱嗎？皮毛是否豐盈濃密、呈現光澤的金黃色呢？[10] 跟理想狗之間的任何差異都被視為誤差，其中誤差最少的狗贏得勝利。19世紀初期有影響力的思想家，以同樣的方式將所有生物存在的世界視為一場大型的狗展。如果你看著一隻黃金獵犬，觀察到牠的步伐大於平均，那麼相較於理想，牠的步伐就是**太大**，甚至是錯誤。

然後達爾文出現了，他主張物種內的變異（例如步伐大小）不是誤差，反而是在意料之中，而且變異跟物種生活環境的關係意味深長。任何一群黃金獵犬都有各式各樣的步伐大小，其中有些為奔跑、攀爬或狩獵提供了功能優勢。步伐最適合自己生活環境的個體，活得比較久且下一代比較多。這就是達爾文在《物種起源》中提出的演化論，也就是我們熟知的物競天擇，有時也會稱為「適者生存」。對達爾文來說，各個物種都是個概念的種類：彼此相異的獨特個體組成的一個族群，核心沒有所謂的本質。理想的狗並不存在，只有各式各樣的狗的統計

總結。在族群中，沒有任何特徵是所有個體的充分、必要，甚至是典型特徵。被稱為族群思考的這個觀察，就是達爾文演化論的中心思想。[11]

　　族群思考是基於變化，而本質主義則是基於相同。兩個想法根本上並不相容，因此《物種起源》被視為極度反本質主義的書。正因為如此，在談到情緒方面卻令人相當困惑，因為達爾文撰寫的《人類與動物的表情》推翻了自己最偉大的成就。[12]

　　同樣令人困惑、更別說嘲諷的是，傳統情緒觀點所根據的，就是達爾文在生物學上擊潰而因此聞名的本質主義。傳統觀點明確地標榜自己是「演化的」，並且假設情緒和情緒表達是天擇的產物，然而達爾文在思考情緒時完全沒有考慮天擇。任何用達爾文包裝自己的本質主義觀點，都是在展現對達爾文演化論的中心思想的深切誤解。

　　本質主義的強制力量，致使達爾文出現一些關於情緒的荒謬想法。他在《人類與動物的表情》書中寫道：「就連昆蟲都會在摩擦自己的身體部分來發出聲音時，表達生氣、恐怖、嫉妒和愛。」下次你在廚房打蒼蠅時，請仔細想想這一句

---

7. 「大腦皮質下區」（subcortical regions of your brain）：另外參見Panksepp 1998; Pinker 2002, 220; Tracy & Randles 2011。「一組基因」（is a set of genes）：Pinker 1997。各種情緒理應都出自於「計算的器官」，這個器官是特別設計來為你在非洲大草原上的人類祖先解決特定的問題，好讓你的基因更有機會複製到下一代。關於心智器官和演化的想法已有很多論述，請見heam.info/organs-1。「隱喻的『程式』」（a metaphorical program）：Cosmides & Tooby 2000; Ekman & Cordaro 2011。平克不打算將情緒程式當作本質，而是採用更細微的方法。他在《心智探奇》（*How the Mind Work*）中寫道：「情緒的問題不在於它們是未馴服的力量或我們的動物過去的遺跡，問題在於情緒是設計來將建立它們的基因副本繁殖下去，而不是促進快樂、智慧或道德價值」（Pinker 1997, 370）。因此，即使我們理應帶著石器時代大腦創造的石器時代心智行走天下，但情緒「在大腦中的烙印，沒有深到有機體注定能像他們遙遠的祖先那樣感受」（第371頁）。「世界上的物體和事件」（and events in the world）：科學家爭論哪些情緒應被視為基本，參見heam.info/basic-1。「是否觸發情緒」（whether to trigger an emotion）：例如，Frijda 1988; Roseman 1991.

8. 「生物學轉變成現代科學」（biology into a modern science）：Darwin (1859) 2003。「『本質主義的箝制』」（paralyzing grip of essentialism）：Mayr 1982, 87。另外參見heam.info/darwin-2.

9. 譯註：《物種起源》在1859年出版、《人類與動物的表情》則出版於1872年。

10. 「有自己的本質」（with their own essence）：類型按照肉眼看見的外觀嚴格地排序和編目，這種編排被稱為類型學，參見heam.info/typology。「豐盈濃密、呈現光澤的金黃色」（rich, dense, lustrous gold）：American Kennel Club 2016.

11. 「『適者生存』」（survival of the fittest）：1864年，學者赫伯特‧史賓賽（Herbert Spencer）在閱讀達爾文的《物種起源》後創造了這句話。「核心沒有所謂的本質」：物種是個目標本位的概念，這裡的目標是成功地生育下一代。有不同的屬性和機制能用來標定這個概念，參見Mayr 2007, chapter 10。使用物種概念將個體歸類成屬於相同的生殖群落，能使這些個體成為一個概念種類。「達爾文演化論」（to Darwin's theory of evolution）：《物種起源》實際上內含五個概念革新，參見heam.info/origin-1.

12. 「撰寫的《人類與動物的表情》推翻了自己最偉大的成就」（greatest achievement by writing Expression）：為什麼說達爾文偽善呢？參見heam.info-darwin03.

話。另外，達爾文也寫道，情緒不平衡可能造成頭髮毛躁。[13]

本質主義不只是強大，還具有感染力。在達爾文過世後，他對情緒本質不變的莫名信念繼續存在，扭曲了其他著名科學家遺留下來的成果。過程中，傳統情緒概念獲得發展的動能。最重要的例子是被許多人視為美國心理學之父的威廉・詹姆士，詹姆士或許不像達爾文那樣家喻戶曉，但他絕對稱得上知識巨擘。他厚達1,200頁的巨作《心理學原理》（*Principle of Psychology*）涵蓋多數西方心理學的最重要想法，經過一百多年仍是這個領域的基礎。他的名字因心理學協會（Association of Psychological Science）授予的最高榮耀威廉・詹姆士獎而更添光彩，哈佛大學心理系的建築也命名為威廉・詹姆士大樓。

有個詹姆士的說法被廣為引用：各類型的情緒（快樂、恐懼等等）在身體裡都有清楚明確的指紋。這種本質主義的想法是傳統觀點的關鍵論據，而受詹姆士影響的好幾代研究者，不斷從心跳、呼吸、血壓和其他身體標記尋找這些指紋（並且寫了不少情緒的暢銷書）。然而，詹姆士的論述有個陷阱：他的說法根本不是這樣。他廣受相信的主張，其實是這一百年來透過本質主義對他的話錯誤解讀。

詹姆士實際上寫的是，情緒的**各實例**（而不是情緒的各種類）來自獨特的身體狀態。這是完全不同的論述。這句話的意思是，你可以恐懼得顫抖、恐懼得猛跳、恐懼得戰慄、恐懼得尖叫、恐懼得緊握、恐懼得躲藏、恐懼得攻擊，甚至是恐懼得大笑。各個恐懼事件跟不同組的內在改變和感覺有關。傳統觀點對詹姆士的誤解，根本是把他的意思做了180度的轉彎，就像是說他主張情緒本質的存在，但諷刺的是，那時他正據理反對情緒本質的存在。用詹姆士的話來說：「怕弄濕的『恐懼』跟怕熊的恐懼是不同的恐懼。」[14]

對詹姆士的這種廣泛誤解是如何產生的呢？我發現，埋下了混亂種子的人是和詹姆士同期的哲學家杜威（John Dewey）。即使兩個想法根本上並不相容，他還是把達爾文《人類與動物的表情》的本質主義想法嫁接到詹姆士的反本質主義想法，由此提出自己的情緒理論。結果出現科學怪人般的怪獸理論，他分配給每個情緒種類一個本質，以此倒轉了詹姆士的意思。最後一擊是，杜威還用詹姆士來命名自己捏造的東西，稱之為「詹姆士－蘭格情緒理論」。[15]如今，杜威在這場混戰中的角色已被遺忘，無數的發表都將他的理論歸於詹姆士。有個重要的例子是神經學家安東尼奧・達馬吉歐（Antonio Damasio）的著作，包括《笛卡兒的錯

誤》（*Descartes Error*）和其他關於情緒的暢銷書。對達馬吉歐來說，情緒的獨特生理指紋（他稱為軀體標記），是大腦用來做出良好決定的訊息來源。這些標記像是零散的智慧。根據達馬吉歐的說法，情緒經驗在軀體標記被轉變成意識感覺時出現。[16] 達馬吉歐的假設，事實上是併入詹姆士－蘭格的產物，而不是詹姆士對情緒的實際觀點。

　　杜威對詹姆士的錯誤解讀，是現代心理學最嚴重的錯誤之一，而造就這個誤解的是以達爾文為名的本質主義。一想到達爾文的名字被援引來發揚本質主義的科學觀點，但他最偉大的科學成就卻是擊潰生物學中的本質主義，就讓人覺得相當諷刺，更別說是荒謬可悲。

　　既然如此，為什麼本質主義如此強大有力到能扭曲偉大科學家的話，並且誤導科學發現的道路呢？

　　最簡單的理由是，本質主義相當直觀。我們把自己的情緒經驗成自動的反應，因此很容易相信情緒是從大腦的古老、專用部分冒出來。我們也不需任何努力或媒介，就能從眨眼、皺眉和其他肌肉抽動看到情緒，從聲音的音高和輕快節奏聽到情緒。因此，我們也很容易相信自己先天被設計成認得情緒表現，而且早就編寫好如何對它們行動。然而，這個結論相當可疑。全世界有幾百萬人可以毫不費力地立刻認得科米蛙（Kermit the Frog），但這並不表示人類大腦是為了辨認《大青蛙布偶秀》（*The Muppet Show*）串連。本質主義斷言有個反映常識的簡單又單一的原因解釋，但事實上我們活在一個複雜的世界。

　　本質主義也相當難以反駁。既然本質可能是無法觀察的屬性，就算找不到也可以自由地相信。實驗偵測不到本質的原因很容易便能想出：「我們還沒有到處查找」，或「它在我們還看不到的複雜生物結構裡面」，或「我們現今的工具還沒強大到足以發現本質，但有天會出現這樣的工具。」這些懷抱希望的想法相當

---

13. 「部分來發出聲音」（parts together to make sounds）：Darwin (1872) 2005, 188。「不平衡可能造成頭髮毛躁」（imbalance could cause frizzy hair）：這是代表性誤差的絕佳例子，參見heam.info/frizzy.

14. 「怕熊的恐懼」（fear of a bear）：James 1894, 206.

15. 此處的「蘭格」指的是卡爾・蘭格（Carl Lange），他也跟詹姆士和杜威同期。他對情緒的想法表面上跟詹姆士很類似，但保留了本質主義的信念，相信情緒的各種類都有清楚明確的指紋。他恰巧在對的時間、對的位置讓自己的名字被掛上杜威的理論。

16. 「其他關於情緒的暢銷書」（other popular books on emotion）：Damasio 1994。「像是零散的智慧」（like little bits of wisdom）：Damasio & Carvalho 2013。達馬吉歐在他三本暢銷書中進一步概述他的軀體標記假設。另外參見heam.info/damasio-1。「被轉變成意識感覺」（are transformed into conscious）：Damasio & Carvalho 2013.

真誠，邏輯上不可能證實虛假。[17] **本質主義讓自己免疫於反證**，它也改變了科學實踐的方法。如果科學家相信有本質的世界等待我們去發現，那他們會奮不顧身地尋找這些本質，儘管這可能是一場沒有盡頭的探求。

本質主義看似也是我們心理組成的天生部分。你在第五章曾看過，人類由發明純粹的心理相似性來創造種類，我們再用語詞將這些種類命名。這就是為什麼像「寵物」、「難過」之類的詞能應用在大量的多樣實例。語詞是人類不可思議的成就，但語詞也是人類大腦所做的浮士德交易[18]。一方面，當「難過」之類的詞被應用在一組不同的知覺時，它會鼓勵你尋找（或發明）超越外顯差異的一些潛在相同。也就是說，「難過」這個詞引導你創造一個情緒概念，這是件好事。但語詞也鼓勵你相信，那樣的相同有個**原因**：讓它們變得等同的某個深刻、難以觀察，甚至無法知道的性質，由此賦予它們真正的身份。換句話說，語詞鼓勵你相信本質存在，那個過程可以想像是本質主義的心理起源。威廉·詹姆士在一百多年前也有類似的觀察，他寫道：「每當我們產生一個字詞……來指稱某一群現象時，我們傾向於猜想現象之外存在一個實存個體，這個字詞應該就是它的名字。」幫助我們學習概念的語詞，可能也正是哄騙我們相信它們的種類反映自然界中堅實界線的語詞。[19]

兒童的研究說明了人類大腦如何建構本質的信念。科學家讓小孩看一個紅色圓柱，給它一個沒有意義的名字「blicket」，然後示範這個圓柱有照亮機器的特殊功能。接下來讓小孩看另外兩個物體，一個是藍色方塊，科學家也叫它blicket，還有一個是紅色圓柱，但不叫做blicket。雖然外觀跟原始的紅色「blicket」看起來不一樣，但小孩仍只預期藍色方塊會照亮機器。兒童推論，各個「blicket」都含有看不見的因果力讓機器變亮。這個現象（科學家稱之為「歸納」）是大腦藉由忽略變化，極其有效地擴展概念。[20] 然而，歸納也會助長本質主義。在兒童時期，當你看見朋友攤在地上、因為掉了玩具在哭，然後有人告訴你那個小孩感到難過，你的大腦會推論，那個小孩的內在有看不見的因果力造成難過的感受。你對此一本質的信念，擴展到小孩癟嘴、發脾氣、咬牙切齒和做出其他行為的其他實例，因為大人跟你說，這些全都叫做難過。情緒詞增強了這個虛構想像：我們創造的同等性在世界上是客觀現實的存在，等待我們去發現。

本質主義或許也是你的大腦如何被串連的自然結果。讓你形成概念並用概念預測的迴路，同樣也使本質化變得容易。誠如你在第六章所見，你的大腦皮質學

習概念的方法是將相似性跟差異性分離。它整合了跨越視、聽、內感和其他感覺範疇的訊息，將它們壓縮成有效的總結。[21] 大腦發明的各個總結就像是小小的想像本質，用來代表過去一大堆相似的實例。

因此，本質主義是直觀、邏輯上不可能反駁、我們的心理和神經組成的部分，而且是在科學中消滅不了的禍患。它也奠基了傳統觀點最根本的想法：情緒有普世的指紋。因為傳統觀點的動力來自幾乎殺不死的信念，這也難怪它具有這樣持久的耐力。

把本質主義植入情緒的理論時，你得到的不只是你如何與為什麼有感受的原理。你還得到一個令人讚嘆的故事，告訴你身而為人是什麼意思。這個故事就是傳統人類天性理論。

傳統故事要從你的演化起源開始說起。你應該聽過，人類骨子裡就是動物。據說你從非人類的祖先繼承了各種心理本質，包括深深埋進皮質下區的情緒本質。借用達爾文的話說：「人類即使擁有一切高貴的才能……像神般的智力……所有崇高的力量……但在身體骨架裡還是留有不可抹滅的卑微起源印記。」然而，傳統觀點因為你的動物本質被理性思考包裹，認為你相當特別。獨一無二的人類理性本質，應該能讓你用理性的方法調節你的情緒，將你推上動物王國的最高地位。[22]

傳統人類天性觀點也談到個人的責任。它認為，你的行為受制於你無法掌控的內在力量：你受到世界衝擊，一時衝動地情緒性反應，像是爆發的火山或一

---

17. 「邏輯上不可能證實虛假」（logically impossible to prove false）：「希望」在科學中可能相當危險，參見heam. info/essentialism-1.

18. 譯註：Faustian bargain，浮士德是歌德作品中的人物，為了追求知識和權力跟魔鬼交易，出賣了自己的靈魂。

19. 「本質主義的心理起源」（the psychological origin of essentialism）：我們在第五章看過的發展心理學家徐緋，把語詞稱為「本質標識符」（essence placeholder, Xu 2002）。「應該就是它的名字」（shall be the name）：James (1890) 2007, 195.「反映自然界中堅實界線」（reflect firm boundaries in nature）：哲學家用「自然類」（natural kind）一詞來描述具有本質的種類，這些種類在自然界中有堅實的界線。舉例來說，如果你假設一個情緒種類是自然類，那麼它的指紋就是描述所有實例的一組必要且充分的特徵；它用類比來定義情緒的類別。情緒的根本原因經由同源來定義種類（Barrett 2006a）。

20. 「原始的紅色『blicket』」（original red "blicket"）：Gopnik & Sobel 2000.「藉由忽略變化，極其有效地擴展概念」（extend concepts by ignoring variation）：剛出生沒多久，嬰兒就有許多概念，因此能進行歸納，例如，Bergelson & Swingley 2012; Parise & Csibra 2012.

21. 「將它們壓縮成有效的總結」（compressing them into efficient summaries）：更多細節，請見heam.info/finlay-2.

22. 「『卑微起源』」（of his lowly origin）：Dawrin (1871) 2004, 689.「動物王國的最高地位」（pinnacle of the animal kingdom）：亞里斯多德、達爾文和其他人的評論，請見heam.info/beast-1.

鍋滾水。根據這個觀點，有些時候你的情緒本質和認知本質相互爭奪控制你的行為，還有些時候這兩組本質攜手合作使你變聰明。此一觀點推論，無論是哪一種，既然你受到劫持你的強烈情緒擺佈，那你可能比較不該因為你的行動受到譴責。這個假設現在位居西方法制系統的基礎，因此所謂的激情犯罪可以得到特殊待遇。此外，如果你徹底缺乏情緒，你就更可能做出殘忍的行為。有些人相信，不會感到懊悔的連環殺手，或多或少比對自己行為深感後悔的殺人犯更沒有人性。如果真是如此，那麼道德就根植在你感到某些情緒的能力。

傳統觀點也在你和外在世界之間畫了清楚的界線。當你環顧四周，你會看見樹木、岩石、房屋、蛇和其他人之類的物體。這些物體存在於你的解剖結構身體之外。根據這個觀點，無論你有沒有在場，樹倒下都會發出聲音。另一方面，你的情緒、想法和知覺據說存在於你的解剖結構身體裡面，各個都有屬於自己的本質。因此，言外之意是，你的心智完全在你之內，而世界完全在你之外。[23]

就某種意義來說，傳統觀點將人類天性從宗教的手中搶走，交到演化的手中。你不再是不朽的靈魂，而是特化、明確、內在力量的集合。你來到世上前早已成形，不是以神的形象，而是按照你的基因。你準確地知覺世界，不是因為神這樣設計你，而是因為你的基因能否存活到下一代就取決於此。你的心智也是一個戰場，交戰的不是善與惡、義與罪，而是理性和情緒性、皮質高於皮質下、內在對上外在力量、大腦中的想法對上身體裡的情緒。你的動物腦被理性皮質包裹，所以你跟自然界的其他動物截然不同，這不是因為你有靈魂，而是因為你位在演化的頂端，擁有理性和洞察力。

達爾文體現了本質主義的人類天性觀點。雖然他擊潰了我們從理解自然世界得出的本質主義，但一談到人類在世界上的地位，本質主義反倒戰勝了他。《人類與動物的表情》完整涵蓋傳統人類天性觀點的三個部分：動物和人類共享普世的情緒本質、我們無法控制情緒在臉部和身體的表達，以及情緒是被外在世界觸發。

然而，在接下來的幾年，達爾文自己的本質主義回過頭來反咬他一口。當達爾文聰明的後輩採納他的觀點、形塑傳統觀點時，他們卻諷刺地錯誤解讀（或扭曲？）達爾文的話來更徹底地奉行本質主義。

達爾文在《人類與動物的表情》中確實宣稱，人類會展現從共同祖先演化而來的普世臉部表情：

　　除非我們相信人類曾經存在於更低階和更像動物的狀態，否則人類的某些表達實在很難理解，像是極端恐懼造成的毛髮直豎或大發雷霆時的齜牙裂嘴。如果我們相信它們承襲自共同的祖先，那不同的近親物種共有某些表達（像是人類和各種猴子在大笑時運動相同的臉部肌肉）就變得稍微容易理解。[24]

　　乍看之下，你可能認為達爾文在說臉部表情是有用且有功能的演化產物，事實上，傳統觀點就是基於這個想法建立。然而，達爾文實際上說的正好相反。他寫道，微笑、皺眉、瞪大眼睛和其他表情都是無用、退化的運動，亦即不再發揮功能的演化產物，像是人類的尾椎骨和盲腸以及鴕鳥的翅膀。他在《人類與動物的表情》中提到十幾次這樣的說法。情緒表達主要是作為令人信服的例證，好讓演化相關的論證更廣。[25] 根據達爾文的說法，如果這些表達對人類無用、但與其他動物共享，一定是因為在早已消失的共同祖先身上有功能才存在。退化的表達提供有力的證據，證明人類曾是動物，也為他先前在1859年的《物種起源》提出的天擇觀點辯護，然後他在1871年出版的下一本書《人類的由來及性選擇》（The Descent of Man, and Selection in Relation to Sex），將之應用於人類演化。

　　如果達爾文沒有主張情緒表達演化成具有生存的功能，那為什麼如此多的科學家都強烈相信他這樣主張呢？我在20世紀初的美國心理學家弗勞德·奧爾波特（Floyd Allport）的手稿中找到答案，他寫了相當多關於達爾文想法的文獻。1924年，奧爾波特從達爾文的著作提出全面性的推論，大大地改變了達爾文的原始意義。奧爾波特寫道，表達在剛出生時像是退化，但很快就承擔起功能：「與其說表達是存在於祖先的生物上有用反應而在後代退化，我們反倒認為後代兼具兩種功能，前者是後者發展的基礎」。[26]

23. 「世界完全在你之外」（the world completely outside you）：傳統觀點的不同分支，以不同的方式框出界線，參見heam.info/boundary-1.

24. 「共同的祖先」（a common progenitor）：Dawrin (1872) 2005, 11.

25. 「《人類與動物的表情》中提到十幾次」（a dozen times in Expression）：同前，第19頁（兩次）；第25、27頁（兩次）；第30頁（兩次）；第32、39、44頁（三次）；第46、187頁（兩次）。「演化相關的論證更廣」（his broader arguments about evolution）：這個主張觸怒了許多同時代的人，參見heam.info/Darwin-4.

26. 「寫了相當多關於達爾文想法的文獻」（wrote extensively on Darwin's idea）：在現代心理學中不常討論弗勞德·奧爾波特，但他的弟弟高頓·奧爾波特（Gordon Allport）是社會心理學的指標性人物，他撰寫了有關人格和偏見的重要科學文獻，還訓練了一些20世紀最有影響力的心理學家。「前者是後者發展的基礎」（which the latter develops）：Allport 1924, 215.

　　儘管奧爾波特的修改並不正確，但還是獲得某些真實性和有效性，因為它支持了傳統人類天性觀點。志同道合的科學家們爭先恐後地採用這點，現在他們可以聲稱，自己是無懈可擊的達爾文的後繼者。實際上，他們只不過是竄改達爾文的弗勞德‧奧爾波特的後繼者。

　　誠如你所見，達爾文的名字有時像是魔術斗篷，可以用來避開科學批評的惡靈。它讓弗勞德‧奧爾波特和杜威把威廉‧詹姆士和達爾文本人的話變形成完全相反，並且支撐傳統情緒觀點。斗篷可以帶來保護，因為如果你不同意達爾文的想法，那你一定是在否認演化。（唉呀，你背地裡大概是個創造論者。）

　　達爾文的魔術斗篷也有助於傳播這個錯誤想法：大腦演化成具有明確、專用功能的一團團斑塊。這個傳統觀點的關鍵信念，導致許多科學家走上尋找腦中情緒斑塊的這條徒勞無功之路。鋪設這條路的人是19世紀中期信奉達爾文的法國醫生保羅‧布洛卡（Paul Broca），他聲稱已發現人類語言的大腦斑塊。他觀察到左腦額葉部位受傷的患者無法流利地說話，這個症狀被稱為非流利型或表達型失語症。當患有布洛卡失語症的人試著說些有意義的話時，說出的句子會雜亂無章：「星…期…四…ㄜ…ㄜ…ㄜ…星期…五…芭芭…ㄅ…拉…太…ㄊ…ㄛ…車…開…狗路…你…知…休息…和…電…ㄕ。[27]」布洛卡推論，他在大腦中找到了語言的本質，非常像是傳統觀點科學家指出杏仁核損傷證明了恐懼迴路。從那時起，這個部位就被稱為布洛卡區（Broca's area）。

　　重點是，布洛卡用來證實其主張的證據不足，而且其他科學家有大量證據證明他是錯的。例如，他們提出其他患有非流利型失語症的人有全然健康的布洛卡區。但無論如何，布洛卡的想法還是相當盛行，因為它受到達爾文的魔術斗篷保護，這件斗篷被足量的本質主義加持而法力大增。感謝布洛卡讓科學家現在有了語言起源（被定位在「理性」皮質）的演化故事可說，這個故事反駁了上帝賦予我們語言的普遍信念。現今，心理學和神經學的教科書依然把布洛卡區視為定位大腦功能的最清楚範例，即使神經科學已經證明那個區域對語言既非必要、也不充分。[28] 布洛卡區實際上是把心理功能定位到大腦斑塊的**失敗之作**。然而，歷史已被改寫成站在布洛卡那邊，為本質主義的心智觀點增添了不少力量。[29]

　　布洛卡和他的達爾文斗篷，繼續增強這個傳統虛構故事，亦即情緒和理性在大腦中分層演化，就是你在第四章看過的「三重腦」。啟發布洛卡的是達爾文在《人類的由來及性選擇》提出的主張：人類心智就像人類身體一樣，是由演化

雕塑而成。達爾文寫道，「讓動物興奮的情緒也讓我們興奮」，由此推測人類大腦就像人類身體的其他部分，反映出我們的「卑微起源」。[30] 因此，布洛卡以及其他的神經學家和生理學家發起一場盛會，尋找動物的情緒迴路：我們的內在野獸。他們專攻他們相信是大腦的古老部分，這裡的迴路據說受到更進化的皮質調節。

　　布洛卡把「內在野獸」定位在人類大腦深處，他相信這裡是古老的「葉」。他把這裡命名為 le grand lobe limbique，亦即「邊緣葉」。布洛卡並沒有把他假定的葉冠上情緒的發源地（實際上，他認為這裡藏有嗅覺和其他原始生存迴路），但他確實把邊緣組織視為單一的統一實體，奠基了通往將之本質化為情緒發源地的道路。到了下一個世紀，布洛卡的邊緣葉在傳統觀點其他信徒的引導下，搖身一變成為統一的情緒「邊緣系統」（Limbic system）。這個所謂的系統，據說在演化上相當古老、源起自非人類的哺乳動物直到人類都幾乎沒什麼改變，而且控制心臟、肺臟和身體的其他內臟。據稱它位在腦幹裡的古「爬蟲類」迴路（負責飢餓、口渴等等）之上，並且在較新的獨特人類皮質層（調節人類的動物情緒）之下。這個幻想的層級，體現了達爾文關於人類演化的想法：最先演化出的是基本慾念，接下來是狂野的熱烈情緒，然後由理性讓我們登上最高榮耀。[31]

　　受到傳統觀點啟發的科學家，聲稱已將許多不同的情緒定位在邊緣腦區，像是（據稱）皮質和認知控制之下的杏仁核。然而，現代的神經科學已經證明所謂

27. 「休息…和…電…尸」（rest and …TV）：Grander 1975.
　　原文為Thursday, er, er, er, no, er, Friday…Bar-ba-ra…wife…and, oh, car…drive…purnpike〔原文如此〕…you know…rest and …TV.
28. 大量的布洛卡失語症患者在布洛卡區沒有受傷，反過來說，布洛卡區損傷的人大約一半沒有布洛卡失語症。科學家仍持續辯論布洛卡區（最好稱為側前額葉皮質）的功能，但少有人相信它專屬於文法能力、語言產出，甚至一般的語言處理。目前一致同意的是，它隸屬於幾個內在網絡，包括內感和控制網絡。在語言方面，控制網絡幫助你的大腦在衝突的選項之間選擇（像是your和you're），但誠如我們在第六章所見，這個網絡也參與其他的非語言任務。
29. 「證據證明他是錯的」（evidence that he was wrong）：Finger 2001。「全然健康的布洛卡區」（a perfectly healthy Broca's area）：這點符合當時可得的其他證據，參見heam.info/broca-1。「足量的本質主義」（a healthy dose of essentialism）：Lorch 2009。另外參見heam.info/broca-2。「本質主義的心智觀點」（essentialist views of the mind）：布洛卡區的完整故事請見heam.info/broca-3.
30. 「是由演化雕塑而成」（was sculpted by evolution）：更多內容，請見heam.info/darwin-5的《人類的由來及性選擇》。「我們的『卑微起源』」（our "lowly origin"）：Darwin (1871) 2004, 89, 689.
31. 「調節人類的動物情緒」（that regulate mankind's animalistic emotions）：「邊緣」（limbic）一詞源自於17世紀解剖學的黑暗世界，參見heam.info/limbic-1。「理性讓我們登上最高榮耀」（rationality as our crowning glory）：達爾文的想法出自柏拉圖和亞里斯多德，參見heam.info/darwin-6.

的邊緣系統只是虛構，大腦演化的專家也不再認真地看待它，更別說是將它視為一個系統。[32] 因此，說它不是大腦中的情緒發源地並不令人意外，因為沒有任何單一的大腦部位專屬於情緒。「邊緣」這個詞仍然有意義（在指稱大腦解剖結構時），但邊緣系統的概念只不過是另一個例子，示範如何把達爾文風格的本質主義意識形態，應用到人類身體和大腦的結構。

　　早在布洛卡形成第一個大腦斑塊的很久以前，關於人類天性的傳統和建構觀點就打得不可開交。在古希臘，柏拉圖將人類心智分成三類型的本質：理性思考、熱情（今日我們稱之為情緒），以及慾念（像是飢餓與性慾）。理性思考位於主導，負責控制熱情和慾念，柏拉圖將這種安排描述成御者看管兩匹長著翅膀的馬。然而，再往前一百年，同為希臘人的赫拉克利特（第二章）則主張，人類心智在當下建構概念，像是從無數的水滴建構河流。在古老的東方哲學中，傳統佛教列舉了50多個抽象的心理本質，稱之為「法」（dharma），其中有些與傳統觀點所謂的基本情緒有驚人的相似之處。經過幾個世紀，佛教徹底修正，將「法」改寫成仰賴概念的人類建構。[33]

　　從最初的小規模衝突開始，這場戰爭在整個歷史上一路延燒。11世紀在發展科學方法上有開拓性貢獻的科學家海什木（Ibn al-Haytham），抱持建構的觀點，認為我們透過判斷和推論來知覺世界。中世紀基督教神學家是本質主義者，他們將大腦中的腔室跟記憶、想像和智力的明確本質連在一起。17世紀的哲學家，例如笛卡兒和史賓諾沙（Baruch Spinoza）等相信情緒本質，並且將它們編目，而18世紀的哲學家，例如大衛·休謨和康德等等對於人類經驗則是更贊同建構和基於知覺的解釋。19世紀的神經解剖學家弗朗茲·約瑟夫·高爾（Franz Joseph Gall）建立了顱相學，用顱骨的隆起（！！）來偵測和測量心理本質，或許這才是終極的大腦本質觀點。此後不久，威廉·詹姆士和威廉·馮特擁護建構的心智理論，誠如詹姆士寫道：「心腦關係的科學，必須證明前者的基本元素對應於與後者的基本功能。」詹姆士和達爾文也是這場人類天性戰役的受害者，因為他們的情緒觀點（應該說是）「被調整」，戰利品則落入像布洛卡這些宣告演化……或至少本質主義之類的演化勝利的人手中。[34]

　　柏拉圖的心理本質至今依然存在，不過它們的名字已經更改（而且我們也不再用馬來做比喻）。現今，我們將它們稱為知覺、情緒和認知。佛洛伊德稱它們是本我（id）、自我（ego）和超我（superego）。心理學家暨諾貝爾得主丹尼爾·

康納曼（Daniel Kahneman）比喻地稱它們為系統一和系統二。（康納曼**非常謹慎地**說這是個比喻，但許多人似乎不加理會而將系統一和系統二本質化為大腦中的斑塊。）[35]「三重腦」將它們命名為爬蟲腦、邊緣系統和新皮質。最近期的是，神經科學家約書亞·葛林（Joshua Greene）直觀地類比成照相機，使用自動設定時能輕鬆快速地操作，而在手動模式下則比較靈活和從容。

至於另一方，心智的建構觀點在今日相當豐富。心理學家暨暢銷書作者丹尼爾·沙克特（Daniel L. Schacter）抱持記憶的建構理論。[36]此外，你能輕易地找到知覺、自我、概念發展、大腦發展（神經建構）的建構理論，當然也少不了情緒建構理論。

現今的戰爭更加激烈，因為很容易在諷刺漫畫中看到雙方人馬。傳統觀點往往駁斥建構認為一切都是相對的，就好像心智不過是一面白板而生物學可被忽視。建構則強烈譴責傳統觀點忽略文化的強力影響，還為現狀極力辯護。在諷刺漫畫中，傳統觀點喊著「先天」，建構則大叫「後天」，結果就是一場兩個稻草人的摔角比賽。

然而，不管哪種諷刺漫畫都已被現代的神經科學燒毀。我們不是白板，我們的小孩不是被這樣、那樣捏來捏去的「橡皮泥」[37]，生物命運也不是。窺探運作中的大腦在做什麼時，我們不會看見心智模組。我們看見的是，核心系統以複雜的方式持續互動產生多種心智，而這一切都離不開文化。人類大腦本身是文化的工

---

32. 「更別說是將它視為一個系統」（alone consider it a system）：關於邊緣系統概念的批評，請見heam.info/limbic-2。

33. 「御者看管兩匹長著翅膀的馬」（charioteer wrangling two winged horse）：柏拉圖將他的模型稱為三分魂，參見heam.info/plato-1。「仰賴概念的人類建構」（human constructions dependent on concepts）：現今兩種觀點都在實踐（Dreyfus & Thompson 2007）。

34. 「透過判斷和推論來知覺世界」（world through judgment and inference）：Sabra 1989，引自Hohwy 2013，5。「想像和智力」（imagination, and intelligence）：關於這些基督教神學家的更多內容，請見heam.info/medieval-1。「後者的基本功能」（functions of the latter）：James (1890) 2007, 28。「本質主義之類的演化」（an essentialist sort of evolution）：參見heam.info/war-1.

35. 「大腦中的斑塊」（as blobs in the brain）：「我用兩個東西的比喻來描述心智生活，分別叫做系統一和系統二，兩者各自產生快和慢的思考。我說的是直覺和深思熟慮的特徵，就好像是心智中兩個角色的特質和性情。從新近的研究可以看出，直覺的系統一比你的經驗告訴你的更有影響力，它是許多決定和判斷的幕後主使者」（Kahneman 2011, 13）。就像心理學中的多數想法，系統一和系統二只是比喻，或人們協議用來指稱現象的社會現實概念，並不是指稱過程或大腦系統。系統一指的是在預測較少被預測失誤訂正時，系統二指的是在預測較多被預測失誤訂正時。

36. 「記憶的建構理論」（a construction theory of memory）：Schacter 1996.

37. 譯註：Silly Putty，通常裝在蛋形塑膠容器、像黏土的玩具，可以做成各種形狀。

藝品，因為它的串連是憑藉經驗。我們具有能被環境打開和關上的基因，還有其他調節我們對環境有多敏感的基因。[38] 我並不是第一個提出這些觀點的人。但我或許最早點出，大腦演化、大腦發展及其產生的解剖結構，如何為情緒科學和人類天性觀點指出明確的方向。

諷刺的是，關於人類天性的這場千年之戰，本身已被本質主義污染。因為兩方人馬都假設，必定有個單一的優勢力量在形塑大腦和設計心智。在傳統觀點中，這個力量向來是自然、上帝，然後是演化。在建構觀點中，這個力量向來是環境，然後是文化。然而，無論是生物或文化都不能單獨負責。在我之前就有其他人提出這點，但現在我們必須認真看待。我們不知道心智和大腦如何作用的每一個細節，但我們的知識足以讓我們肯定地說，生物決定論和文化決定論都不正確。這層皮膚的界線其實是人為而且可以穿透。誠如史蒂芬・平克巧妙地寫道：「現在我們完全被誤導去追問，人類是靈活彈性還是早已編定、行為是普世還是因文化而異、行動是習得還是天生。」魔鬼藏在細節裡，而細節帶給我們情緒建構理論。[39]

＊　　　＊　　　＊

現在，神經科學此領域將給傳統觀點最後致命一擊，這次我願意相信，我們真的把本質主義拋到一旁，不受意識形態影響開始來了解心智和大腦。這是個不錯的想法，但過往經驗並不是這樣。上次建構理論雖佔上風，但它還是輸掉了戰役，它的實踐者也跟著消聲匿跡。借用我喜愛的科幻影集《星際大爭霸》（*Battlestar Galactica*）所說：「這一切從前發生過，以後可能再發生。」自從上次發生以來，社會已損失了數十億、白費了無數工時，而且失去了真實生活。

我的警示故事要從20世紀初開始說起，那時受達爾文和變種詹姆士－蘭格論理論啟發的科學家，徒勞無功地尋找生氣、悲傷、恐懼等等的本質。他們一再失敗，終於使他們開發有創意的解決之道。他們說，如果我們無法在身體和腦中測量情緒，那我們就只測量之前和之後發生什麼：引發情緒的事件，以及事件導致的身體反應。不要介意中間在那個頭殼裡發生什麼。自此展開心理學中最惡名昭彰的歷史時期，名叫「行為主義」（behaviorism）。情緒被重新定義成只是為了生存的行為：戰鬥（fighting）、逃跑（fleeing）、餵食（feeding）和交配（mating），統稱為「四個F」[40]。對行為主義者來說，「快樂」等同於笑、「難

過」等同於哭，至於「恐懼」則是僵硬反應的行為。因此，尋找情緒感受的指紋這種令人煩躁的問題，被大筆一揮，定義成不復存在。

　　心理學家通常用在營火旁講鬼故事的恐怖語調，詳述有關行為主義的種種事蹟。行為主義宣稱，想法、感受和其他心智活動對行為都不重要，甚至根本不存在。在這段持續幾十年的情緒研究「黑暗時代」，關於人類情緒方面（據說）沒有發現任何有價值的東西。到最後，多數科學家都否決了行為主義，因為它忽略一個基本事實：每個人都有心智，在生命中每一個醒著的時刻，我們都有想法、感受和知覺。這些經驗，還有它們與行為的關係，都必須用科學詞彙加以解釋。根據官方歷史，心理學從1960年代的黑暗中崛起，因為認知革命重新將心智當作科學探究的主題，它把情緒本質比喻成心智模組或器官，認為它們像電腦一樣運作。[41] 經過這次轉變，現代的傳統情緒觀點終於找到最後一塊拼圖，而傳統觀點的兩大風格——基本情緒方法和傳統評估理論，也被正式選定。

　　這是歷史書上的內容……但歷史是由勝利者所編寫。從達爾文到詹姆士到行為主義到救世主，情緒研究的官方歷史都是傳統觀點的副產品。實際上，即使在所謂的暗黑時期，證明情緒本質不存在的研究，仍舊源源不絕。是的，我們在第一章看過的相同反證，早在70年前就被發現……然後被遺忘了。因此，今日我們浪費了大量的時間和金錢，無謂地尋找情緒的指紋。

　　2006年，我在清理辦公室時相當偶然地發現這點，當時我碰巧發現1930年代的幾篇舊論文，那個年代的情緒研究據說已死。這些論文沒有談到行為主義，它們說的是情緒沒有生物的本質。順著參考文獻一看，我發現這個寶庫藏有100多篇發表，時間橫跨50年，然而我的科學同事們大多沒有聽過。這些作者雖然沒有使用建構這個名稱，但他們算得上是初期的建構論者。他們原本進行實驗想找出不同情緒的生理指紋，因為找不到，所以推斷傳統觀點並不合理，同時推測出建構

---

38. 「被這樣、那樣捏來捏去」：（shaped this way and that）Pinker 2002。「我們對環境」（to the environment we are）：例如，Charney 2012，參見heam.info/genes-1.

39. 「習得還是天生」（are learned or innate）：Pinker 2002, 40-41。「魔鬼藏在細節裡」（devil is in the details）：參見heam.info/evolution-3.

40. 「『四個F』」（the "four F's"）：心理學家卡爾‧皮伯姆（Karl H. Pribram）在1958年把這些行為當成一組，不過他把第四個「F」稱為「sex」（性）（Pribram 1958）。
　　譯註：第四個F是fucking，但多以其他字代替，例如這裡以mating代替。

41. 「像電腦一樣運作」（to function like a computer）：Neisser 2014; Fodor 1983; Chomsky 1980; Pinker 1997.

的想法。[42] 我將這幫科學家取了個名字叫「失落的樂團」（Lost Chorus），因為他們發表在著名期刊上的研究，從假想的黑暗時代結束以來一直被嚴重地錯過、忽略或誤解。

為什麼「失落的樂團」紅了半個世紀，然後就銷聲匿跡了呢？我認為最有可能是，這些科學家沒有提供完全成形的替代情緒理論，可以跟令人信服的傳統觀點一較高下。他們的確提出了反證，然而光是批評並不足以與時俱進。誠如哲學家湯瑪斯・孔恩（Thomas Kuhn）對科學革命的結構所做的描述：「否決一個典範卻沒有同時以另一個典範代替，其實是在否決科學本身。」因此，當傳統觀點在1960年代重申自己的主張時，長達半世紀的反本質主義研究，就被掃進了歷史的垃圾桶裡。想想今日浪費了多少時間和金錢在追尋虛幻的情緒本質，實在是我們莫大的損失。這本書即將完成之際，微軟公司正在分析臉部照片，試圖辨認情緒。蘋果公司近期收購了Emotient，這是一家利用人工智慧技術，試圖從臉部表情偵測情緒的新創公司。[43] 幾家公司公開編寫Google眼鏡的程式來偵測臉部表情的情緒，試圖以此幫助自閉症兒童。西班牙和墨西哥的政治人物投身所謂的神經政治學，希望從選民的臉部表情看出他們的偏好。關於情緒的最迫切問題有些仍未得到解答，而且重要的問題仍含糊不清，因為當我們其他人在釐清情緒如何生成的同時，許多企業和科學家還在繼續追隨本質主義。[44]

傳統觀點很難放棄，因為它代表了關於身而為人是什麼意思的堅定信念。然而，眼前的事實就是，沒人找得到任何一個值得信賴、可廣為複製且能客觀測量的情緒本質。當堆積如山的相反資料都無法迫使人放棄自己的想法時，他們遵循的就不再是科學方法。他們遵循的是意識形態。[45] 作為意識形態的傳統觀點，在過去一百多年來已浪費了數十億的研究經費，還誤導了科學探究的路線。如果在70年前——「失落的樂團」相當一致地廢除情緒本質的年代——人們就依循證據而不是意識形態，天曉得今日關於心理疾病的治療或養育小孩的最佳策略會發展到什麼程度。

*　　*　　*

每一趟科學旅程都是一個故事。有時候，這是一個逐漸發現的故事：「很久以前，人們知道的不太多，但這些年來我們越學越多，時至今日，我們知道了很多。」另有時候，這是一個劇烈改變的故事：「所有人都曾經相信某個東西似乎

是對的，但天啊，我們全都錯了！現在，迷人的真相就在這裡。」

我們的旅程更像是一個故事套著另一個故事。內層的故事是情緒如何生成，包在外層的故事是身而為人的意義。「兩千年來，儘管我們置身在大量的反證之中，我們還是對情緒有些信念。你知道，人類大腦被串連成會把自己的知覺誤認為真實。今日，強大的工具已產生了更有證據基礎的解釋，幾乎不可能忽視……但有些人依然設法相信。」

好消息是，我們正處於心智和大腦研究的黃金年代。現在，鑽研情緒和人類的許多科學家所走的路，是由資料、而非意識形態鋪設而成。這種資料驅動的全新理解，將為我們帶來如何過上充實、健康生活的創新想法。如果你的大腦經由預測和建構運作，並且透過經驗重新串連，那我們能毫不誇張地說，只要你今天改變當前的經驗，明天就能改變自己是誰。[46] 接下來幾章將探討建構論在這些領域的意涵：情商、健康、法律，以及我們跟其他動物的關係。

42. 「情緒研究據說已死」（emotion research was allegedly dead）：Duffy 1934、1941。「同事們大多沒有聽過」（colleagues had never heard of）：我在heam.info/chorus-1簡短列出一些論文。「推測出建構的想法」（and speculating about constructionist ideas）：Gendron & Barrett 2009.

43. 譯註：蘋果公司在2016年收購了這家公司。

44. 「『否決科學本身』」（to reject science itself）：Kuhn 1966, 79。「情緒如何生成」（how emotions are made）：關於微軟、蘋果和其他公司的讀臉初始計畫細節，請見heam.info/faces-3.

45. 「他們遵循的是意識形態」（They are following an ideology）：Lewontin 1991.

46. 「明天就能改變自己是誰」（change who you become tomorrow）：我們在此不是談論激烈的轉變，而是微小的漸進改變。

第九章

掌控你的情緒

每當你咬著多汁的桃子或大啖整袋香脆的洋芋片時，你不完全是在增添你的能量。這時你擁有的經驗是愉快、不愉快，或介於兩者之間。你泡澡不只是預防疾病，還為了享受溫暖的水包圍全身肌膚。你尋找其他人不是為了在人群中受到保護，而是想感到滿滿友誼或傾訴煩惱。至於性的目的，顯然超越了繁衍你的基因。

這些例子讓我們看到，你的生理和心理之間有特殊的聯繫。每當你為身體預算進行身體活動時，你也在用概念做了心理活動。每一個心理活動也都有個身體效應。你可以有效運用這個連結來掌控你的情緒、增強你的復原力、成為更好的友人、情人或父母，甚至改變你對自己是誰的概念。

改變並不容易。問問任何一位治療師或佛教僧侶就知道，他們接受多年訓練才逐漸覺察自己的經驗並且控制經驗。即便如此，現在你還是能根據情緒建構理論及其意涵的新的人類天性觀點，自己採取簡單步驟做出改變。

我在本章提出的建議，有些聽來相當熟悉，像是睡眠充足，但我會用新的科學依據讓你更有動機。其他建議大概全然陌生，像是學習外國語言的字詞，你大概想都沒想過這會跟情緒健康扯上關係。不是所有建議都適合你，有些更適合你的生活型態。但只要努力，就有機會變得更幸福和成功。情緒詞彙比較豐富的學生，在學校的表現比較好。身體預算平衡的人，不太可能罹患糖尿病和心臟病之類的嚴重疾病，此外隨著年齡增長，他們的心智能力也能更長期地保持敏銳。因而，生活可能變得更有意義和令人滿意。

你能一彈指就任意改變自己的感受，像是換衣服一樣嗎？即使建構情緒經驗的人是你自己，但它們在當下還是可以擊倒你。然而，現在你能採取步驟，影響你**未來**的情緒經驗，塑造明天的你將會是誰。我的意思不是那種曖昧、假靈性、照亮你的宇宙靈魂之類的方法，而是一種非常真實、大腦預測的方法。

　　你到目前為止所讀的關於內感、情感、身體預算、預測、預測失誤、概念和社會現實等等，對於你是誰和你如何過自己的生活有既廣且深的實際意涵，這是本書最後部分的主題。現在，我們先從幸福感開始，接著談談健康（第十章）、法律（第十一章）和非人類動物（第十二章）。

　　到了最後一章，我們打算把新的人類天性觀點，特別是物理和社會之間的可穿透界線，應用到創建生活的良方。配方裡的主要原料是你的身體預算和你的概念。如果你保持身體預算平衡，總體上你會感到更好，因此我們就從這裡開始。此外，如果你發展一套豐富的概念，你就有了一個能過有意義生活的工具箱。

＊　　　＊　　　＊

　　典型的心理勵志書通常把焦點放在你的心智。書上說，如果你用不同的方式思考，你會有不同的感受。如果你盡力嘗試，就能調節你的情緒。[1]然而，這些書幾乎沒怎麼考慮你的身體。如果（我希望）你從前五章學到一件事，那應該是你的身體和你的心智深深地相互連結。你的內感驅動你的行為。你的文化串連你的大腦。

　　事實上，掌控情緒的最基本功夫，就是保持身體預算處於良好狀態。不要忘記，你的內感網絡日日夜夜都在勞動，發出預測來維持健康的預算，這個過程是你情感感受（愉快、不愉快、喚起和平靜）的起源。如果你希望感到良好，那麼你的大腦關於心跳速率、呼吸、血壓、體溫、荷爾蒙、新陳代謝等等的預測，必須根據身體的實際需要好好校準。如果沒有好好校準，你的身體預算會亂了套，那麼無論你再怎麼遵循自助的訣竅，你還是會感到整個人亂糟糟。問題只在於是哪一種亂糟糟。

　　不幸的是，現代文化簡直是設計來搞砸你的身體預算。超市和連鎖餐廳販售的許多產品都是偽食物，滿滿都是扭曲預算的精緻糖和壞脂肪。上學和上班需要你早早起床、晚晚就寢，使得13歲到64歲之間的美國人有超過40%經常性睡眠不足，這種狀況可能導致長期的預算編列錯誤，且有可能造成憂鬱和其他心理疾病。廣告商利用你的不安全感，暗示你如果不買適合的服裝或汽車，你就會被你的朋友嚴厲批判，而社會拒絕對你的身體預算有害。社交媒體讓我們有更多機會

---

1. 「如果你盡力嘗試」（if you try hard enough）：心理勵志書裡常用的情緒調節理論，出自心理學家詹姆斯·格羅斯（James J. Gross）。近期的例子可參見Gross 2015。另外參見heam.info/gross-1.

面臨社會拒絕並加深模稜兩可，這讓你的身體預算變得更糟。朋友和老闆期待你24小時都手機不離身，意思是你從來不曾真正放鬆，而且深夜使用手機會擾亂你的睡眠模式。[2] 你的文化對於你工作、休息和社交的期待，決定你能管理內在預算的難易程度。社會現實變質成物理現實。

或許你還記得，你的身體預算受到內感網絡中的預測迴路調節。如果這些預測長期跟你的身體實際需求不同步，那就很難讓它們回到平衡。你的身體預算編列迴路——大腦的大嘴巴——沒有對來自身體的反證（預測失誤）快速回應。一旦預測錯誤的時間夠久，你將長期地感到悲慘不幸。

當人經常性地感到紊亂時，不少人會自行服藥。在美國，服用的藥物中有三成是用來排解某種形式的煩憂。[3] 這些人的預測，經常沒有根據身體的實際消耗校準，很有可能是因為他們的大腦錯估了花費。因此，他們感到悲慘不幸並且服藥，或是他們轉而依賴酒精或某種毒品，像是鴉片酊。

這是個壞消息。你實際上能做什麼來保持預測校準和身體預算平衡呢？如果我突然聽起來像是你媽，請容我先向你致歉，但問題的答案就是從健康飲食、規律運動和充足睡眠開始。我知道、我知道，這些話聽起來無聊甚至老套，但遺憾的是，從生物學角度來看，沒有別的可以替代。身體預算就跟財務預算一樣，在你的基礎穩固時比較容易維持。在你還是嬰兒時，你的身體預算全都由照顧你的人管理。隨著你日益成長，他們逐漸把越來越多維持預算的責任轉交給你。今日你的朋友和家人可能貢獻一些，但它的養分大多是由你決定。因此請你盡其所能，多吃綠色蔬菜、少吃精緻糖和壞脂肪和咖啡因，積極規律地鍛鍊，並且有充足的睡眠。[4]

除非生活習慣和結構有重大改變，否則這個忠告似乎不太不可行。有些人的困難在於抗拒垃圾食物和看太多電視，還有主流文化中的其他誘惑。另有些人得奮力維持生計、必須在吃飯和付帳之間選擇，他們可能沒有餘裕改變自己的生活型態。但請盡你所能去做。科學已經清楚證明，健康食物、規律運動和睡眠，是身體預算平衡與情緒生活健康的先決條件。身體預算長期透支會提高罹患各種疾病的機會，我們即將在下一章看見。

接下來如果可能，請改變你的身體舒適度。試著找伴侶、好朋友或按摩師（如果你負擔得起）幫你按摩。人與人的接觸對你的健康有益，它能經由你的內感網絡改善你的身體預算。強力運動之後，按摩特別有幫助。按摩能減少發炎，

並且促進運動造成的肌肉組織微小撕裂更快痊癒，若非如此，你可能把這些經驗成不愉快。[5]

　　另一種平衡預算的活動是瑜珈。長期做瑜珈的人能更快、更有效地平靜下來，原因大概是身體活動的某些組合以及慢速呼吸法。瑜珈也能降低某種名為促發炎細胞激素（proinflammatory cytokine）的蛋白質濃度，從長遠來看，這種蛋白質會助長體內的有害發炎（關於這些蛋白質，我們在下一章有更多討論）。規律運動也能提高另一種名為抗發炎細胞激素（anti-inflammatory cytokine）的蛋白質濃度，這種蛋白質能減少罹患心臟病、憂鬱症和其他疾病的機會。[6]

　　你的物理環境也會影響你的身體預算，因此如果可能，試著花點時間去安靜、空曠、充滿綠意和自然光的地方。我們大多負擔不起搬新家或重新裝潢來改造自己的環境，但簡單的室內盆栽就能帶來令人驚嘆的效果。像這些環境因素，對身體預算的重要性頗高，甚至好像有助於精神病患者更快恢復。[7]

　　沉浸在引人入勝的小說，也對你的身體預算相當有益。這不僅止於逃避現

2. 「精緻糖和壞脂肪」（refined sugar and bad fats）：Kiecolt-Glaser 2010。「經常性睡眠不足」（regularly sleep-deprived）：National Sleep Foundation 2011。「憂鬱和其他心理疾病」（depression and other mental illnesses）：Gassoff et al. 2012; Banks & Dinges 2007; Harvey et al. 2011; Goldstein & Walker 2014。「對你的身體預算有害」（toxic for your body budget）：有些證據顯示，人有不切實際的目標，出自Rottenberg 2014；在2006年，超過25%的高中生說賺很多錢對他們極為重要，這個數字在1976年是16%（Bachman et al. 2006）；31%說自己的目標是有天成為名人（Halpern 2008）；另外，光是在2015年做過醫學美容的人數就上升了20%，從1997到2007年則上升了500%（American Society for Aesthetic Plastic Surgery 2016）。「會擾亂你的睡眠模式」（time disrupts your sleeping patterns）：Chang, Aeschbach et al. 2015。參見heam.info/sleep-1.

3. 「某種形式的煩憂」（some form of distress）：TedMed 2015。梅約診所（Mayo Clinic）的近期研究證實了這麼高的數字，研究報告26%的美國人服用鴉片類處方藥物或抗憂鬱劑（Nauert 2013）。80%到90%的受訪者相信，人們服用藥物來緩解壓力（American Psychological Association 2012）。從2002到2012的10年間，比嗎啡更強的鴉片類藥物使用量增加了200%，服用鴉片類處方藥物的人絕大多數（80%）也服用嗎啡等效物或更強的藥物；這幾乎是2012年美國成年人口的7%（Center for Disease Control and Prevention 2015）。

4. 「積極規律地鍛鍊」（work out vigorously and regularly）：許多研究證明，運動以許多不同的方式有益健康（Gleeson et al. 2011; Denham et al. 2016; Erickson et al. 2011），尤其是慢跑──至少就老鼠來說（Nokia et al. 2016）。「並且有充足的睡眠」（and get plenty of sleep）：Goldstein & Walker 2014.

5. 「經由你的內感網絡」（way of your interoceptive network）：Olausson et al. 2010; McGlone et al. 2014。「把這些經驗成不愉快」（might otherwise experience as unpleasant）：例如，Tejero-Fernández et al. 2015.

6. 「慢速呼吸法」（the slow-paced breathing）：緩緩的深呼吸，有助於提振你的副交感神經系統，由此帶來平靜的效果。這個簡單的方法，可以讓你自主地控制身體預算編列區的活化。快而急促的呼吸有相反的效果。「體內的有害發炎」（harmful inflammation in your body）：Kiecolt-Glaser et al. 2014; Kiecolt-Glaser et al. 2010。「憂鬱症和其他疾病」（depression, and other illnesses）：Pinto et al. 2012; Ford 2002; Josefsson et al. 2014.

7. 「精神病患者更快恢復」（psychiatric patients recover more quickly）：Park & Mattson 2009; Beukeboom et al. 2012。此外，我們都知道，無法控制的噪音、缺乏綠色空間、不一致的溫度、擁擠、缺乏新鮮蔬菜以及貧窮等其他不幸，也會帶來有害的效果，我們將在第十章討論。

實，當你投入別人的故事時，你就不會那麼投入自己的故事。這樣的心理遠足，佔用了部分的內感網絡（名為預設模式網絡），讓你不要反覆地鑽牛角尖（這對你的預算不利）。如果你不想閱讀，也可以看場精彩的電影。如果看的是傷心的故事，那就好好地哭一場，這樣也對你的預算有益。[8]

還有另一個簡單的方法能增進預算：定期跟朋友共進午餐，而且輪流請客。研究顯示，給予和感激能讓參與雙方的身體預算都受益，因此當你們輪流請客時，你們彼此都獲益。[9]（而且從長遠來看，花費跟你們一直各付各的不相上下。）

還有許多你能嘗試的事物我沒有提到。養隻寵物，能同時帶給你接觸和無條件的崇拜；到公園或花園散步；上網搜尋你喜愛的嗜好，看看它們是否有利於緩解壓力，或只是隨意嘗試看看什麼有用。編織顯然也可以，像十字繡就對我有用。[10]

改變習慣來適合身體預算絕不是件容易的事，有時根本不太可能。但只要一有機會，請你試試這些技巧。它們會提振你的心情，讓你多數時候感到輕鬆自在。

＊　　　＊　　　＊

注意自己的身體預算之後，改善情緒健康的下一步是增強你的概念，也就是「提高情商」。傳統觀點認為，情商（emotional intelligence，EI）是「準確地偵測」他人的情緒，或「在適當的時候」經驗快樂和避免悲傷。然而，對情緒有了新的理解後，我們可以用新的方式考慮情商。「**快樂**」和「**悲傷**」各是一群多樣的實例。因此，情商是讓你的大腦在特定情境下，用最有用的情緒概念建構最有用的實例。（還有何時**不要**建構情緒而是其他概念的實例。）

暢銷書《EQ》的作者丹尼爾‧高曼主張，高情商能讓學業、事業和社會關係都更成功。他寫道：「想在各個領域的每項工作有傑出表現，情緒能力的重要性是純粹認知能力的兩倍。」因此，或許你很難相信，科學對於這麼重要的情商，目前還沒有普遍接受的定義和測量。高曼的書提供許多合理、實用的建議，但書裡沒有適當地解釋他的建議**為什麼**有用。這些書的科學依據深受過時的「三重腦」模型影響：如果你有效調節所謂的情緒內在野獸，那麼你就具備了**高情商**。[11]

情商更適合用概念描述。假如你只知道兩個情緒概念：「**感到棒透了**」和「**感到亂糟糟**」。每當你經驗到情緒或知覺到其他人的情緒時，你只能用這

麼粗略的概念分類。這樣的人情商不可能太高。相較之下，如果你能區辨「**棒透了**」內含的更細微意義（快樂、滿意、興奮、放鬆、喜悅、希望、驕傲、崇拜、感激、極樂……），以及「**亂糟糟**」的五十道陰影（生氣、惡化、驚慌、懷恨、乖戾、悔恨、陰鬱、受辱、不安、深深恐懼、怨恨、害怕、嫉妒、悲哀、鬱悶……），你的大腦就有更多選擇能用來預測、分類和知覺情緒，讓你有工具能做出更靈活、有功能的反應。你可以更有效地預測和分類你的感覺，而且更能依照環境制訂你的行為。

我所描述的就是情緒粒度，在第一章提過的這個現象，指的是有些人能建構比其他人更精細的情緒經驗。產生的經驗相當精細的人是情緒專家：他們發出預測，並且量身訂製地建構情緒實例來符合各個特定的情境。另一個極端是年幼的兒童，他們還沒發展出成人般的情緒概念，所以會交替使用「傷心」和「發火」來表示感到不愉快（誠如我們在第五章的討論）。我的實驗室已經證明，成人的情緒粒度範圍從高到低都有。[12] 因此，情商的關鍵是獲得新的情緒概念，並且磨練現有的情緒概念。

獲得新概念的方法有許多：旅行（即使只在森林裡散步）、閱讀、看電影、嘗試不熟悉的食物；盡可能地收集各種經驗。請用你試新衣服的態度嘗試新的觀點。這類活動可以激發大腦組合既有概念來形成新的概念，先行一步地改變你的概念系統，好讓你之後能以不同的方式預測和表現。

舉例來說，在我家，我的丈夫丹負責回收，因為我每次都會把不適當的東西放進回收桶裡，像是玻璃紙或木頭，那是因為我真心認為它們**應該**要回收。丹並沒有因為我造成的額外工作感到挫折，反而應用一個他小時候學到的概念，那時的他在收集超級英雄漫畫。我反抗現實的徒勞嘗試，變成了他稱為渴望回收的「**超能力**」。這個惱人習慣，搖身一變成為有趣的怪癖。

獲得概念的最簡單方法，或許是學習新的語詞。你大概從未想過，學習語詞有可能增進情緒健康，但從建構的神經科學可以發現相當直接的理由。語詞種下

---

8. 「也對你的預算有益」（also beneficial to the budget）：若在同時減緩你的呼吸，哭泣能微調你的副交感神經系統，幫助你冷靜下來，參見heam.info/crying-1.

9. 「你們彼此都獲益」（you reap the benefits）：Dunn et al. 2011。另外參見Dunn & Norton 2013.

10. 「編織顯然也可以」（Knitting works, apparently）：Clave-Brule et al. 2009.

11. 「『純粹認知能力』」（as purely cognitive abilities）：Goleman 1998, 34。「那麼你就具備了情商」（then you're emotionally intelligent）：例如，Bourassa-Perron 2011.

12. 「情緒粒度範圍從高到低」（low to high emotional granularity）：相關回顧，請見Barrett & Bliss-Moreau 2009a.

新的概念，概念驅動你的預測，預測調節你的身體預算，而你的身體預算決定你如何感受。因此，你的詞彙越是細緻，你預測的大腦越能根據身體所需，精確地校準你的預算。事實上，情緒粒度較高的人比較少看醫生、較少使用藥物，而且生病住院的天數也更少。[13] 這不是變魔術，而是當你充分利用社會和物理之間可穿透的界線時自然發生的事。

因此，盡可能地多多學習新的語詞。閱讀舒適圈以外的書籍，或聽聽發人深省的廣播，例如美國公共廣播電台（National Public Radio，NPR）。不要滿足於只用「快樂」，找出並使用更特定的字詞，像是「狂喜」、「極樂」和「鼓舞」。學習「沮喪」或「低落」相對於一般「難過」之間的差異。隨著相關的概念越來越多，你也越來越能更細緻地建構自己的經驗。此外，不要把語詞局限在自己的母語。挑選其他的外語，從中找出你的母語沒有對應字詞的概念語詞，像是荷蘭文的親密情緒——gezellig，以及希臘文中嚴重的罪——enohi。各個字詞都能再再地鼓勵你用新的方式建構自己的經驗。[14]

你也可以利用社會現實和概念組合的力量，試著發明自己的情緒概念。作家傑佛瑞・尤金尼德斯（Jeffrey Eugenides）在他的小說《中性》（*Middlesex*）裡呈現了大量有趣的情緒概念，包括「始於中年的憎恨鏡子」、「與夢幻情人共眠的失望」，以及「房間附帶迷你酒吧的興奮」，只不過他沒有給這些概念分派名詞。你自己也能做相同的事。閉上眼睛，想像自己坐在車裡，遠遠駛離你的家鄉，心裡明白自己再也不會回來。你能不能藉由組合情緒概念表徵那個感受呢？如果你能日復一日地運用這個技術，你將能以更良好的校準因應各式各樣的環境，而且更有同理他人的可能，同時提升協商衝突與和睦相處的技巧。你甚至能給你創造的東西一個名字，就像我在第七章取名的「chiplessness」，然後把它教給你的家人和朋友。一旦你們共享你創造的東西，這些東西就跟任何其他情緒概念一樣真，也能為你的身體預算帶來相同的益處。

具備高情商的人，不只擁有許多概念，還知道在什麼時候該用哪一個。就像畫家學習看出顏色的細緻區別、紅酒愛好者培養自己的口感來經驗非專家經驗不到的味道，你也能像練習任何其他技巧一樣練習分類。假設你青春期的兒子出門上學時，一副剛起床的模樣：頭髮亂翹、衣服很皺，襯衫上還有昨天晚餐留下來的污漬。你可以訓斥他一頓，然後叫他回房間換衣服，但你反而可以問問自己你的感受是**什麼**。你擔心他的老師不看重他嗎？他的油頭很噁心嗎？緊張他的衣

著會讓人覺得沒家教嗎？不高興你花錢買的衣服他都不穿嗎？或你可能難過自己的小男孩長大了，你很想念他小時候的充沛活力。如果這樣的內省聽起來難以置信，那麼請你想想，人們花大把鈔票找治療師和生活教練，不就是為了完全相同的目的：幫助自己重新架構情境，也就是為了行動找出最有用的分類。只要有足夠的練習，你靠自己就能成為情緒分類的專家，重複越多就越容易。

在一個關於害怕蜘蛛的研究中，已經證明精細的分類勝過其他兩種受歡迎的「調節」情緒方法。[15]第一種方法名為「認知再評估」（cognitive reappraisal），受試者在實驗中學習用沒有威脅性的方式描述蜘蛛：「在我面前的是一隻小小蜘蛛，它很安全。」第二種方法是注意力分散，讓受試者將注意力放在無關的東西而不是蜘蛛。第三種方法是更精細地分類感覺，像是：「在我面前的是一隻很醜的蜘蛛，牠很噁心，讓人快要抓狂，不過也挺奇妙有趣。」在觀察蜘蛛和實際接近蜘蛛時，第三種方法最能有效幫助蜘蛛恐懼症患者降低焦慮。實驗過後，效果還持續了一星期。

高情緒粒度還對生活滿意度有其他益處。在一系列的科學研究中發現，能細緻地區辨不愉快感受的人（可以「感到亂糟糟的五十道陰影」的人），在調節情緒時彈性多了30%、在感到壓力時較不可能過度飲酒，而且較不可能攻擊性地報復傷害他們的人。思覺失調症（schizophrenia）的患者中，相較於情緒粒度較低者，情緒粒度較高的人自述跟家人和朋友的關係更好，而且更能在社會情境中選擇正確的行動。[16]

相反的，低情緒粒度跟各式各樣的痛苦煩惱有關。患有重度憂鬱症、社交焦慮症、飲食失調疾患、泛自閉症障礙、邊緣性人格違常的人，或只是感到比較焦

---

13. 「生病住院的天數也更少」（fewer days hospitalized for illness）：Quoidbach et al. 2014, Study 2，受試者有一萬人。
14. 「新的方式建構自己的經驗」（your experiences in new ways）：參見heam.info/emotions-1.
15. 「關於害怕蜘蛛的研究」（study about fear of spider）：Kircanski et al. 2012。他們所謂的「情緒標記」或「情感標記」，跟內感網絡的身體預算編列區的活動降低，以及控制網絡區的活動增加有關（Lieberman et al. 2007; Lieberman et al. 2005）。
16. 「在調節情緒時彈性」（flexible when regulating their emotions）：Barrett et al. 2001。這篇論文首次證明，強烈的負面情感（如果被分類成情緒經驗）跟改善情緒調節有關。相關回顧，請見Kashdan et al. 2015。另外參見heam.info/negative-1。「在感到壓力時較不可能過度飲酒」（to drink excessively when stressed）：他們比粒度較低的同儕少喝了大約40%（Kashdan et al. 2010）。「傷害他們的人」（someone who has hurt them）：可能性少了20%到50%（Pond et al. 2012）。「在社會情境中選擇正確的行動」（correct action in social situations）：Kimhy et al. 2014.

慮和憂鬱的人，在負面情緒方面全都傾向於展現較低粒度。被診斷為思覺失調症的人，在區辨正面和負面情緒方面展現低粒度。[17] 我必須先說清楚，沒有人主張低粒度會造成這些疾病，但可以想見它起了某些作用。

提高你的情緒粒度之後，磨練概念的另一個方法——治療師和心理勵志書也很愛使用——是每天記錄自己的正向經驗。你能不能找到任何可以讓你微笑的事，即使只笑一下？每當你注意正向事物，你就微調自己的概念系統、增強關於這些正向事件的概念，讓它們在你心理的世界模型中脫穎而出。如果你能書寫你的經驗那就更好，因為如前所述，字詞會帶來概念發展，而發展概念能幫助你預測新的時刻來培養正向性。[18]

相反的，一再想著不愉快的事物時，你會造成自己的身體預算波動。反覆鑽牛角尖是個惡性循環：每次沉溺在（比如）最近的分手事件，你就多了一個用來預測的實例，這讓你有更多機會繼續鑽牛角尖。關於分手的某些概念，像是你們最後的大聲爭吵，或對方最後一次離開時臉上的神情，逐漸深植在你的世界模型。這些概念以神經活動的模式，越來越容易在你的腦中重新創造，就像人來人往的步道，每有行人踏過就加深一些，但你絕對不會希望它們從此變成平坦的大道。你建構的每一個經驗都是投資，所以請聰明地投資。多多培養你希望未來再次建構的經驗。

有時，故意建構不愉快情緒的實例也有幫助。想一想在重要比賽前培養憤怒的美式足球選手。[19] 他們大叫、大跳，拚命揮舞拳頭，好讓自己進入擊敗對手的最佳狀態。他們藉由提高心跳速率、呼吸更深，以及整體地影響自己的身體預算，製造熟悉的生理狀態，並且在運動場的背景下加以分類。他們的分類是基於過去情境的知識，在那些情境中，特定的情緒有助於表現。他們的攻擊也增強了隊友間的相互聯繫，同時警告對手要小心一點。這是情商在不太可能需要的地方發揮作用。

如果你為人父母，你能幫助你的小孩發展技巧，提高情商。即使你認為你的孩子太小而無法理解，還是盡早對他們說說情緒和其他心智狀態。還記得嗎？嬰兒早在你意識到之前，就好好地發展出概念。因此，請直視著你的孩子，張大眼睛吸引他們的注意，然後根據情緒和其他心智狀態對他們說說身體感覺和動作。「看到那個小男孩嗎？他在哭喔。他因為跌倒擦破膝蓋感到很痛。他很難過，大概想要媽媽抱抱。」詳細描述故事書裡人物的感受、小孩自己的情緒，還有你的

情緒。多多使用各式各樣的情緒詞。談談造成情緒的是什麼，以及這些情緒對其他人的後果。一般來說，你可以把自己想成小孩的導遊，帶他領略充滿人類和人類的動作與聲音的神秘世界。你的詳細描述，有助於你的孩子建立完善的情緒概念系統。[20]

當你教導小孩情緒概念時，你在做的不僅僅是傳達。你也在為這些孩子**創造現實**：社會現實。你給他們工具來調節他們的身體預算、賦予他們的感覺意義並且據此行動、傳達他們如何感受，以及更有效地影響他人。這些技巧能讓他們用上一輩子。

在教導小孩情緒時，試著不要把自己局限在本質主義的刻板印象：開心時微笑、生氣時橫眉等等。（這點或許相當困難，因為你得對抗固守西方情緒刻板印象的電視卡通。[21]）幫助他們了解現實世界的變化：微笑或許是快樂、尷尬、生氣，甚至是難過，端看背景脈絡而定。當你不確定自己的感受為何、當你猜測別人的感受為何，或是當你猜錯時，也請試著承認這點。

跟年幼的孩子進行完整的對話，彼此有來有往，即使他還是個無法用言語回應的小嬰兒。當小孩長到兩、三歲時，交談模式對建立情緒概念的重要性跟語詞本身一樣。[22] 我丈夫和我從來不用「兒語」跟我們的女兒講話。從她一出生，我們就用完整的成人句子對她說話，說完後會暫停，等她用任何可能的方式「回應」。在超市的時候，周圍的人都以為我們瘋了，但我們確實養出具備情商的青少女，真的可以跟大人好好交談。（而且她能用非常精確地話拷問我。我真是太

---

17. 「重度憂鬱症」（major depressive disorder）：Demiralp et al. 2012。「社交焦慮症」（social anxiety disorder）：Kashdan & Farmer 2014。「飲食失調疾患」（eating disorders）：Selby et al. 2013。「泛自閉症障礙」（autism spectrum disorder）：Erbas et al. 2013。「邊緣性人格違常」（borderline personality disorder）：Suvak et al. 2011; Dixon-Gordon et al. 2014。「感到比較焦慮和憂鬱」（more anxiety and depressed feelings）：Mennin et al. 2005, Study 1; Erbas et al. 2014, Study 2& 3。「區辨正面和負面情緒」（distinguishing positive from negative emotions）：Kimhy et al. 2014.

18. 「新的時刻來培養正向性」（new moments to cultivae positivity）：例如，Emmons & McCullough 2003; Froh et al. 2008.

19. 「重要比賽前培養憤怒」（anger before a big game）：Ford & Tamir 2012.

20. 「和人類的動作與聲音」（and their movements and sounds）：Gottman et al. 1996; Katz et al. 2012。「完善的情緒概念系統」（well-developed conceptual system for emotion）：例如，Taumoepeau & Ruffman 2006、2008。相關回顧，請見Harris et al.，印行中。

21. 皮克斯的電影令人激賞，就是因為它們極力擺脫刻板印象。即使是《腦筋急轉彎》裡的角色（徹頭徹尾是本質主義對情緒的幻想），在情緒的情節中，還是顯現各式各樣微妙且迷人的臉部和身體形態。

22. 「對建立情緒概念」（themselves for building emotion concepts）：Ensor & Hughes 2008.

驕傲了。）

　　你的小孩是否大吼大叫或亂發脾氣呢？只要善加利用社會現實，你就能幫助他們掌控自己的情緒並冷靜下來。我女兒索菲雅兩歲、正處於愛鬧脾氣的階段時，叫她冷靜下來當然沒有效果。因此，我們發明了叫做「**胡鬧小精靈**」（Cranky Fairy）的概念。每當索菲雅發脾氣時（或如果我們夠幸運，在她即將發脾氣時），我們會向她解釋「喔，糟糕，胡鬧小精靈來找你了，她讓你想大鬧特鬧，我們一起來試試讓胡鬧小精靈離開。」接著我們把她帶到一張特別的椅子：毛茸茸的紅色椅子，上面放著《芝麻街》艾蒙（Elmo）的照片，這張椅子是她冷靜下來的專用位置。（我保證，椅子上絕對沒有毛茸茸的紅色小手銬。）起初是我們把她抱到椅子上，有時她會氣得一腳踢翻椅子，到最後她會自己主動走向椅子，坐在那兒直到不愉快的感受消退。有時，她甚至會自己宣布胡鬧小精靈快要來了。這些練習或許聽起來很蠢，卻有實質的效果。藉由發明和共享「**胡鬧小精靈**」和「**艾蒙椅子**」概念，我們創造了工具幫助索菲雅自己冷靜。對她來說，這些概念就跟我們心目中的金錢、藝術、權力和社會現實的其他建構產物一樣真實。

　　一般來說，情緒概念系統較豐富的兒童，將來的學業成就可能更高。在耶魯大學情商中心（Yale Center for Emotional Intelligence）進行的一項研究中，學齡兒童學習擴展他們的知識，每週使用情緒詞20到30分鐘。結果發現，他們的社會行為和學業表現都提升。[23] 採用這種教育模式的班級也更有秩序，此外遮盲觀察員[24]也認為這樣的模式，對學生提供了更好的教學支持。

　　相反的，如果你不用情緒術語跟小孩談談他的感覺，你可能真的會妨礙他發展概念系統。四歲以後，高收入家庭的小孩看過或聽過的語詞比低收入家庭的對照組多了**400萬**字，而且他們的詞彙更多、閱讀理解力更好。因此，低收入家庭的兒童在社會中也落於人後。一個簡單的調整，像是建議低收入父母多跟小孩說話，就能改善兒童的學業表現。[25] 多多使用情緒詞，應該能以相同方式增進兒童的情商。

　　相同的原則，可以應用在回饋孩子的行為時。研究顯示，同樣都是四歲的受試者，低收入家庭的兒童聽到的貶損詞彙比讚美多了12萬5千個，而高收入家庭的對照組聽到的讚美詞彙比貶損多了5萬6千個。意思是低收入家庭的小孩，身體預算的負擔更大，但應付壓力的資源更少。[26]

　　我們全都會時不時地批評自己的小孩，但回饋時請盡可能地具體。如果你

女兒不停哀哀叫，與其大喊「不要鬧了」，不如試著說：「你一直哀哀叫讓我很煩，請你不要再哀了。如果有什麼問題，你可以用說的。」當你兒子突然打你女兒的頭，不要喊他「壞蛋」。（那不是你希望他發展的概念。）請具體地說：「不要打你妹妹，這樣她會很痛，也會讓她難過。跟她說對不起。」讚美也是用相同的規則：不要說你的女兒「好乖」。請讚美她的行動：「好棒喔，你沒有打回去。」這些措辭有助於孩子建立更有用的概念。聲音的語調也很重要，因為它能輕易地傳達你的情感，而且直接影響小孩的神經系統。[27]

你有效調節孩子的身體預算，不只是引導他們建立更豐富的情緒概念系統，還有益於他們整體的語言發展更好，這讓他們未來更有可能在學校獲得好成績。

*　　*　　*

好啦，現在你已經為了平衡預算，盡力改造你的生活型態，你也充實了自己的概念系統，讓自己變成情緒專家。你的未來仍會起起伏伏，你還是必須處理基於愛所帶來的妥協、社交生活的模稜兩可、工作場合的偽善、友誼的變化無常，以及身體隨著年齡漸增而衰退。你能做什麼來掌控當下的感受呢？

無論你信或不信，最簡單的方法就是動動你的身體。所有動物都利用運動來調節自己的身體預算；如果牠們的大腦提供的葡萄糖超過身體所需，快快爬樹會使牠們的能量程度回到平衡。人類的獨特之處在於，我們可以利用純粹的心智概念，不用運動就能調節預算。然而，這個技巧失靈時，不要忘了我們也是動物。所以即使你不想做，還是要站起來動動身體，播放音樂在家裡跳跳舞，在公園散散步。[28] 這為什麼有效呢？運動身體能改變你的預測，因此改變你的經驗。運

---

23. 「將來的學業成就可能更高」（poised for greater academic success）：相關回顧，請見Merz et al. 2015。「社會行為和學業表現」（social behavior and academic performance）：Brackett et al. 2012。另外參見heam.info/yale-1。「對學生提供了更好的教學支持」（better instructional support for students）：Hagelskamp et al. 2013。

24. 譯註：不知道實驗目標的觀察人員。

25. 「詞彙更多、閱讀理解力更好」（better vocabulary and reading comprehension）：Hart & Risley 1995。關於這些研究的細節，請見heam.info/words-1。「在社會中也落於人後」（lag in the social world）：Fernald et al. 2013。「改善兒童的學業表現」（improves the children's school performance）：Merz et al. 2015; Weisleder & Fernald 2013; Leffel & Suskind 2013; Rowe & Goldin-Meadow 2009; Hirsh-Pasek et al. 2015。

26. 「應付壓力的資源」（resources to deal with it）：Hart & Risley 2003。

27. 「影響小孩的神經系統」（impacts the child's nervous system）：嬰兒也學習從聲音來知覺情感，時間比從臉部還早，參見heam.info/affect-10。

28. 「在公園散散步」（a walk in a park）：Reynolds 2015; Bratman et al. 2015。

動，或許也有助於你的控制網絡帶出其他較不煩人的概念。

　　掌控當下情緒的另一個方法是改變位置或情境，接著就能改變你的預測。例如，在越戰期間，15%的美國軍人海洛因成癮。當他們以榮民身分回家鄉時，這些人當中有95%在返鄉的一年內戒掉毒品，這個數字相當驚人，因為總人口中只有10%的吸毒者成功戒斷。[29] 位置的轉換，改變了他們的預測，由此降低他們對毒品的渴望。（有時我很好奇，中年危機是不是一種想藉由改變環境來改變預測的強烈企圖。[30]）

　　如果運動和改變環境都無法幫助你掌控情緒，下一個值得一試的方法是重新分類你如何感受。這點需要好好說明：每當你感到悲慘時，都是因為你的內感感覺造成你在經驗不愉快的情感。你的大腦盡責地預測這些感覺的原因。或許它們是來自身體的訊息，像是「我胃痛。」亦或者它們在說：「我的人生出了一些大錯。」這之間的區別是**不舒服**和**苦難**，不舒服完全是身體的，苦難則是個人的。

　　請想像面對大舉入侵的病毒，你的身體會像什麼。你就像一只大袋子，裡面裝了DNA、蛋白質、水，還有任何其他病毒必須竊取以複製自己的生物材料。流感病毒感染你的細胞時，才不在乎你的信念、品行或價值觀。病毒不會對你的特性做道德判斷，像是「噢，她是個髮型很醜的勢利鬼……不如就感染她吧！」不會的，病毒對它的受害者一視同仁。它會帶來不舒服，但跟個人無關。所有人類只要睡眠不足，長著濕潤的肺臟，都有可能成為病毒寄生的候選人。

　　另一方面，情感則是用你特定的優缺點，將你的內感感覺轉變成關於你的某些東西。現在感覺是個人的，它們就住在你的情感棲位裡面。當你感到不幸時，世界似乎像是個恐怖的地方，人人都在批判你，戰爭正在肆虐，兩極冰帽正在融化，你正在受苦。我們多數人都貢獻了大把時間在緩解苦難。我們吃東西常常是為了愉快或安慰自己，而不是為了營養。[31] 我認為，藥物成癮通常是為了緩解身體預算長期紊亂帶來的苦難，只不過這種企圖卻誤入歧途。

　　區辨當下是不舒服、還是苦難，不是一件簡單的事。你是感到煩躁不安、或只是咖啡因戒斷症？如果你是女性，你大概會出現跟生理期或更年期相關的模糊身體症狀，你或許把感覺分類成具有情緒意義，但其實沒有。我記得，2010年時，我把整個實驗室從一個大學搬到另一個大學，其中包括20位研究人員和數十萬元的儀器。過程好像諸事不順，雪上加霜的是我即將遠行兩個星期。我想方設法地努力硬撐，只要一想發火就立刻撲滅……然後我的筆記型電腦死機了。我

癱坐在廚房中央的地板上，開始止不住地啜泣。就在那個時刻，我的丈夫走進廚房，注意到我的狀態，然後天真地問：「你的生理期快來了嗎？」喔，我的天啊！我狠狠地大罵他該死的沙豬，在我勉強撐住不要崩潰的時候，他**竟敢**這樣自以為是？我的暴怒讓我們兩人都嚇了一大跳。三天後，我發現他說的是對的。

經由練習，你能學習將情感感受解構成僅僅是身體感覺，而不是讓這些感覺成為你觀看世界的濾鏡。你可以把焦慮分解成快速跳動的心臟。一旦你能解構成身體感覺，你就能利用豐富的概念，用其他方式將它們重新分類。或許胸口的怦怦跳不是焦慮而是期待，甚至是興奮。

此刻，請你環顧四周，找一個關注的對象。試著把它重新分類成建構知覺的一片片不同顏色的光，而不再是立體的視覺物體。很難，對吧？然而，你可以訓練自己做到。挑選物體最閃亮的部分，試著用眼睛勾勒出它的輪廓。經過多次練習後，你能學會用這樣的方式解構物體。像林布蘭這樣的偉大藝術家不但能做到這點，還能用顏料在畫布上寫實表現。你可以用類似的方法解構你的情緒。

重新分類是情緒專家的一個工具。你知道的概念越多，你能建構的實例就越多，你也更能有效地用這個方法重新分類，以此掌控你的情緒並且調節你的行為。舉例來說，如果即將參加考試，情感上感到高漲，你可能把你的感受分類成有害的焦慮（「慘了，我一定會搞砸！」），或是有利的期待（「我的精神飽滿，準備上考場囉！」）。我女兒空手道教室的負責人喬・艾斯波西多（Joe Esposito）大師對即將考黑帶的緊張學生這麼告誡：「讓你肚子裡的蝴蝶飛整齊點[32]。」他的意思是，沒錯，現在你感到情感高漲，好像肚子裡有蝴蝶亂飛，但不要把它知覺成緊張，而是建構一個「**果決**」的實例。

這種重新分類能為你的人生帶來實質的益處。許多研究探討了GRE之類的數學測驗表現，結果發現學生把焦慮重新分類成只是身體在因應的信號時，得到的分數比較高。把焦慮重新分類成興奮的人也出現類似的效應，在公開場合演講、甚至唱卡拉OK時，這些人的表現較佳且典型的焦慮症狀較少。他們的交感神經還是製造出四處亂竄的蝴蝶，但破壞表現且通常讓人心煩意亂的促發炎細胞激素

---

29. 「10%的吸毒者成功戒斷」（10 percent of users avoid relapse）：Spiegel 2012。另外參見Wood & Rünger 2016.
30. 我的朋友凱文（就是在第七章提到栽種鶴虱草的那個人）說：「親愛的，當一切全都失敗時，不如就披上美麗的飄逸圍巾、戴上時髦的太陽眼鏡，然後買輛敞篷車開遍全國。」
31. 「而不是為了營養」（rather than for the nutrients）：Mysels & Sullivan 2010.
32. 譯註：英文用butterflies in my stomach（肚子裡有蝴蝶在飛）表示忐忑不安、七上八下。

較少，因此他們的表現更好。研究已經證明，社區大學中數學不及格的學生能透過有效的重新分類，提高他們的考試成績和學期成績。這種顯著的進展可能改變一個人的人生軌跡，因為大學學歷或許是物質充裕和終其一生為錢所苦之間的差異。[33]

當你認真鍛鍊時，如果能把不舒服分類成有所助益，那你就能培養更大的耐力。美國海軍陸戰隊有句格言就體現了這個原則：「痛苦是軟弱正在離開身體。（Pain is weakness leaving the body.）」如果你每次都只鍛鍊到感受不愉快就停止，你就是在將你的身體感覺分類成精疲力竭，儘管持續鍛鍊有益健康，但你永遠都無法超越臨界。[34] 然而透過重新分類，你不但能持續鍛鍊，之後甚至感覺更好，因為你獲得了身體更強壯、更健康的報酬。你做得越多，未來你越能夠把你的概念系統對準鍛鍊更久。

下背痛、運動傷害、醫療帶來的酸痛，以及其他病痛，都讓你有類似機會來區辨身體不舒服和情感痛苦。例如，罹患慢性疼痛的人通常會有災難性思考，這對他們生活造成的衝擊似乎比疼痛的強度還要更高。當他們學習將身體感覺和不愉快情感分開時，他們或許使用的鴉片類藥物較少，對藥物的渴望也較低。這項發現的意義重大，因為每年使用處方藥物對付慢性疼痛的美國人約佔6%，而目前已知，大多數的成癮性鴉片劑長期使用會增強疼痛症狀。[35] 根據《追蹤疼痛》（Paintracking）的作者黛博拉・巴瑞特（Deborah Barrett，也是我的妯娌）所說，當你能把疼痛分類成身體上的，疼痛就不會成為個人的災難。

很早以前，把苦難重新分類成不舒服，或把心理解構成生理的想法就已經出現。在佛教中，某些形式的冥想有助於把感覺重新分類成身體症狀，以此減少苦難，佛教徒將這種修行稱為**解構自我**。你的「自我」是你的認同：以某種方式定義你這個人的特性集合，例如你各式各樣的記憶、信念、喜好、厭惡、期望、生活選擇、道德和價值觀。定義自己也可以用你的基因、身體特徵（體重、眼睛顏色）、種族、性格（風趣、值得信賴）、你跟其他人的關係（朋友、父母、小孩、戀人）、你的角色（學生、科學家、業務員、工人、醫生）、你在地理上或意識形態上的社群（美國人、紐約客、基督徒、民主黨員），甚至是你開的車。有個共同核心貫穿所有觀點：自我是你對自己是誰的感覺，終其一生連續不斷，就好像是你的本質。[36]

佛教將自我視為虛構，也是人類苦難的主要原因。佛教認為，每當你渴求物

質東西（像是昂貴的汽車和服飾），或渴望恭維來提高自己的名聲，或追求權力地位使自己的生活得利，你都是把你的虛構自我看作真實（**具象化的自我**）。這些物質玩意兒或許帶來立即的滿足和愉悅，但它們卻像金手銬使你陷入圈套，造成永不止息的苦難——我們稱之為延續的不愉快感受。對佛教徒來說，自我比罹患身體疾病更糟。它是持久的痛苦折磨。[37]

　　我對自我的科學定義主要受到大腦的作用啟發，但我也贊同佛教的觀點。自我是社會現實的一部分。它不完全是虛構，但本質上也不是像神經元那樣的客觀現實。自我取決於他人。用科學術語來說，你在當下的預測，還有你源自預測的行動，某種程度取決於他人對待你的方式。你不可能光靠自己就有自我。因此，我們可以了解，為什麼湯姆・漢克（Tom Hanks）在電影《浩劫重生》（*Cast Away*）裡的角色（獨自一人在荒島漂流了四年）需要用排球創造一個名叫威爾森（Wilson）的同伴。[38]

　　某些行為和偏好跟你的自我一致，某些則不一致。有些食物你很喜歡，另有些食物你寧可不吃。你可能稱自己是「愛狗人士」或「愛貓人士」。這些行為和偏好的變化很大：你喜愛的食物可能是薯條，但不想餐餐都吃。即使最愛狗的人

---

33. 「為你的人生帶來實質的益處」（tangible benefits to your life）：這個主題被稱為壓力重新評估（Jamieson、Mendes et al. 2013）。「身體在因應」（that the body is coping）：Jamieson et al. 2020; Jamieson et al. 2012; Jamieson, Nock et al. 2013。「通常讓人心煩意亂」（generally make people feel crappy）：Crum et al. 2013。「因此他們的表現更好」（so they perform better）：John-Henderson, Rheinschmidt et al. 2015。「透過有效的重新分類」（course grade through effective recategorization）：Jamieson et al. 2016。「終其一生為錢所苦」（struggle to make ends meet）：數學不及格的學生，只有27%取得大學學位，細節請見heam.info/math-1.

34. 「持續鍛鍊有益健康」（the health benefits of continuing）：Cabanac & Leblanc 1983; Ekkekakis et al. 2013; Williams et al. 2012。還要感謝伊恩・克萊克納（Ian Kleckner）提供海軍的例子。

35. 「疼痛的強度」（intensity of the pain does）：Sullivan et al. 2005。「藥物的渴望也較低」（and crave them less）：Garland et al. 2014。「長期使用會增強疼痛症狀」（symptoms with long-term use）：Chen 2014.

36. 「你的本質」（the essence of you）：關於西方心理學家如何呈現自我的更多內容，請見heam.info/self-1.

37. 「延續的不愉快感受」（would call prolonged unpleasant affect）：佛教將肯定自我的所有物、恭維等等稱為「心理毒藥」。它們不只會造成你的苦難（例如感覺是個冒牌貨），還會讓你急切地想傷害任何可能使你站不住腳、或威脅揭發你的虛構自我的東西。關於虛構自我的例子，請見heam.info/self-2。「持久的痛苦折磨」（It is an enduring affliction）：不再留戀人們保持不變的虛構想像，也是個不錯的想法，參見heam.info-self-3.

38. 「自我取決於其他的人」（It depends on other people）：我不是說，你的「自我」僅僅是反映他人如何看你或對待你。這是哲學家喬治・賀伯特・米德（George Herbert Mead）和社會學家查爾斯・庫利（C. H. Cooley）提出的符號互動論。然而，你是否曾發現，當你身處一個沒人認識你的新環境時（如獨自搭飛機旅行），自己的行為和感受相當不同？「光靠自己就有自我」（be a self by yourself）：這是社會心理學家海瑟・馬庫斯（Hazel Markus）的名言。「用排球創造一個名叫威爾森的同伴」（Wilson out of a volleyball）：這顆排球上印有威爾森（Wilson），因為它是威爾森運動器材公司（Wilson Sporting Goods Company）的產品。

都知道自己有幾種狗無法忍受，而且偷偷地喜歡某些貓。總體來說，你的自我像是總結你當下的喜愛、厭惡和習慣的做與不做集合。

我們先前看過類似的內容。這些做與不做，像是概念的特徵。因此就我的觀點，自我是個樸實平凡的概念，就像「樹」、「保護你不被昆蟲叮咬的東西」和「恐懼」一樣。[39] 我很確定你不習慣把你自己看作一個概念，但就這點，請先聽信我一會兒。

如果自我是個概念，那麼你會經由模擬，建構你的自我的實例。各個實例都配合你當下的目標。有時你根據你的職業分類自己；有時你是父母、或是小孩、或是情人；有時你只是個身體。社會心理學家說，我們擁有多重的自我，但你可以把全部看作是名為「自我」的單一、目標本位概念的多個實例，其中的目標會根據背景脈絡轉換。[40]

作為嬰兒、幼兒、青少年、中年人和更年長的人，你的大腦如何一路地完整記錄各式各樣的「自我」實例呢？因為你的一個部分保持不變：你永遠都有個身體。你曾學過的每個概念，都包含你學習當時的身體狀態（作為內感預測）。有些概念涉及大量的內感，像是「悲傷」，另一些則涉及較少，像是「保鮮膜」，但它們永遠都跟相同的身體有關。因此，你建構的每個分類——關於世上的物體、他人、純粹心智概念（如「正義」）等等——都包含一小部分的你。這就是你的自我感的心理基礎雛形。[41]

自我的虛構（類似佛教的思想）是指，你有某個使你成為你是誰的恆久本質。你其實沒有。我推測，你的自我是由建構情緒的同一個預測的核心系統（包括我們熟悉的內感網絡和控制網絡等等），在每個當下重新建構出來，就在它們將來自你的身體和外界的源源不斷感覺加以分類時。事實上，內感網絡中名為預設模式網絡的部分，向來被稱為「自我系統」。它的活動在自我反思期間一致地增加。如果你的預設模式網絡萎縮（阿茲海默症就會出現這個現象），最終你將失去你的自我感。[42]

解構自我，為你如何掌控自己的情緒提供新的靈感。藉由微調你的概念系統並改變你的預測，你不只改變了自己的未來經驗，還能實際改變你的「自我」。

假設你感到很糟，因為財務問題而擔心、沒得到應得的晉升而生氣、老師認為你不如其他學生聰明而沮喪，或是被心愛的人拋棄而心碎。佛教思維將這些感受描述成，為了具象化自我而執著於物質財富、名聲、權力和安全感所帶來的苦

難。以情緒建構理論的話來說，財富、名聲和其他種種全都在你的情感棲位裡佔住不走，影響你的身體預算，最終導致你建構不愉快情緒的實例。片刻的解構自我，就能讓你縮小情感棲位的範圍，好讓「**名聲**」、「**權力**」和「**財富**」等概念變得多餘。[43]

　　西方文化有些常見的智慧跟這些想法有關：不要太唯物主義、那些殺不死我們的終將使我們更強大、棍棒和石頭[44]。但我希望你能往前多跨一步。當你苦於某個疾病或加諸在你身上的污辱時，問問自己：此刻的你真正處於危險之中嗎？亦或這種所謂的傷害，僅僅是在威脅你的自我的社會現實呢？答案能幫助你將怦怦跳的心臟、糾結成一團的胃和汗濕的額頭重新分類成純粹的身體感覺，讓你的擔心、生氣和沮喪就像制酸錠在水中溶解般消融。[45]

　　我不是說這樣的重新分類很簡單，但你只要練習就有可能做到，而且有益健康。當你把某件事分類成「**與我無關**」時，它就離開了你的情感棲位，對你身體預算的影響也會變小。同樣的，在你成功並且感到驕傲、光榮或心滿意足時，也請退後一步努力想起，這些愉快的情緒完全是社會現實的結果，只會增強你的虛構自我。當然可以慶祝你的成就，但不要讓它們成為你的金手銬。沉著一點才能走得長遠。

　　如果你有興趣進一步採用這個策略，可以試試冥想。冥想的種類很多，其中之一的正念冥想教你如何保持警覺和處於當下，在感覺來來去去時不帶批判地觀察它們。[46] 這種狀態（需要相當大量的練習）讓我想起新生兒在觀察世界時的

---

39. 「『保護你不被昆蟲叮咬的東西』和『恐懼』」（Stinging Insects, and Fear）：自我是個概念，但不是社會心理學家指稱的那種，參見heam.info/self-4.

40. 「我們擁有多重的自我」（that we have multiple selves）：經過心理學家海瑟‧馬庫斯的開創性研究之後，參見hem.info/markus-1。「目標會根據背景脈絡轉換」：可不可能「你的自我」是由一個詞（或許是你的名字）結合在一起的一群實例呢？參見heam.info/self-5。

41. 「跟相同的身體有關」（relation to the same body）：Lebrecht et al. 2012。「你的自我感」（of your sense of self）：其他科學家和哲學家也有類似的直覺（Damasio 1999; Craig 2015）。

42. 「失去你的自我感」（lose your sense of self）：Prebble et al. 2012。

43. 「『財富』等概念變得多餘」（Wealth become unnecessary）：解構自我意味著拋開心理毒藥來揭開經驗的真實本性，亦即傳統的阿毘達摩佛教（Abhidharma Buddhism）所稱的法（dharma）。

44. 譯註：全文是Sticks and stones may break my bones, but words will never hurt me. 直譯為棍棒和石頭或許會打斷我的骨頭，但話語永遠都傷不了我。意思是面對他人的言語攻擊，聽聽就算，無須多加理會。

45. 「制酸錠在水中溶解般消融」（an antacid tablet in water）：被甩的心碎有那麼一點微妙，因為依附某個人意味著你們兩人共同調節彼此的身體預算，因此分手和失去，實際上需要重新校準你的身體預算才能解決這個問題。

安靜、警覺狀態，他們的大腦自在地被預測失誤淹沒，看不出一絲焦慮，他們經驗感覺並且釋放感覺。冥想能達到類似的狀態。這種狀態或許要花好幾年才能達成，在此之前，你能做的是把你的想法、感受和知覺重新分類成身體感覺，這樣比較容易放開它們。但至少在一開始，你能利用冥想，把著重於身體的分類排在前面，同時把那些為你或你在世上的地位添加更多心理意義的分類排到後面。

冥想對於大腦結構和功能有強力的影響，不過科學家還沒整理出確切的細節。冥想者在內感和控制網絡中的關鍵區域比較大，這些區域之間的連結也較強。這點符合我們的預期，因為內感網絡對於建構心智概念和表現來自身體的身體感覺至關重要，而控制網絡則是對調節分類必不可少。在某些研究中，我們甚至看到僅僅訓練了幾個小時，連結就變得更強。其他研究發現，冥想會減少壓力、增進預測失誤的偵測和處理、促進重新分類（稱為「情緒調節」），以及降低不愉快的情感，不過研究之間的發現往往不一致，因為不是所有的實驗都良好控制。[47]

解構自我有時太具有挑戰性。而更簡單能獲得某些相同益處的方法是培養和經驗敬畏：某些東西的存在比自己偉大許多的感受。這種感受能幫助你跟你的自我拉開一些距離。[48]

我們全家在羅德島的海濱別墅度過幾週暑假時，我親身經歷了這些益處。每天傍晚都有蟋蟀在房屋四周大合奏，我以前從來沒聽過這麼強烈的共鳴。在這之前我不太注意蟋蟀，但現在牠們進入了我的情感樓位。我開始每天傍晚期待牠們，而且發現在入睡時牠們的樂曲令人放鬆。[49]當我們結束假期回家後，我發現，如果我足夠安靜地躺著，就能透過家裡厚厚的牆壁聽到蟋蟀的聲音。現在，每當我在夏天午夜突然醒來、一整天的實驗室壓力讓我感到焦慮時，蟋蟀聲能幫助我重新入睡。我發展出心生敬畏的概念，覺得被大自然包覆，感到自己像微小生物。這個概念幫助我能隨時改變自己的身體預算。我能注意到小小的野草從人行道的裂縫中奮力生長出來，再次驗證大自然不受文明馴服，我也能用相同的概念，對自己的微不足道處之泰然。

聆聽海浪沖刷岸邊岩石的聲音、凝視滿天星星、正午走在烏雲下方、步行深入未知領域，或是參加靈性儀式，你都能經驗到類似的敬畏。自述更常感到敬畏的人，體內造成發炎的那些討厭的細胞激素濃度也最低（不過沒有人證實因果關係）。[50]

　　無論你是培養敬畏、冥想，或尋找其他方法將你的經驗解構成身體感覺，重新分類都是掌控你當下情緒的關鍵工具。當你感到很糟時，請將自己當成感染了病毒，而不是假設你的不愉快感受有什麼個人意義。你的感受或許只是噪音，你可能只是需要一些睡眠。

＊　　　＊　　　＊

　　此刻，你已經了解如何努力讓自己對於自身經驗更有情商。現在，我們要把重點轉向明智地知覺周遭他人的情緒，以及對你的幸福感有什麼後續好處。

　　我的丈夫丹在幾十年前經歷了短期的艱困，那時我們還不認識彼此，當時他被轉介到精神科。第一次治療剛開始30秒左右，丹就像他往常專注時那樣皺起眉頭，相信自己的知覺準確的精神科醫師斷言，丹「充滿了被壓抑的憤怒」。問題是，丹是我認識的最冷靜的人之一。丹向精神科醫師保證自己沒有生氣，但對讀懂病人的能力自信滿滿的精神科醫師堅持，「是的，你就是在生氣。」嗯……不到一分鐘的時間，丹就離開了房間。他可能創下治療時間最短的世界記錄。

　　我這裡的重點不是貶抑心理健康專業，只是舉例說明，一個人對他人的心理狀態有（或可能有）「正確」知覺的錯誤自信。這樣的信心出自傳統觀點，這個觀點認為，即使丹自己沒有察覺，他都以清楚明確的指紋傳播生氣，而治療師偵測到它。如果你想精通於知覺他人的情緒經驗，你必須先放下這種本質主義的假設。

　　在丹接受治療的那一分鐘發生了什麼呢？他建構了一個專注的經驗，治療師則建構了一個生氣的知覺。兩個建構都是真的，不是客觀意義的現實，而是社會意義的現實。情緒的知覺是猜測，它們只在符合另一個人的經驗時「正確」，也

---

46. 從佛教的觀點來看，我們可能說解構自我有助於「擱置分類」。然而，從神經科學的觀點來看，大腦從來不曾停止預測，因此你不可能關掉概念。

47. 「這些區域之間的連結也較強」（between these regions are stronger）：Tang et al. 2013; Creswell et al.，印行中。關於三種冥想練習的大腦相關影響總結，請見heam.info/meditation-1。「不是所有的實驗都受到良好控制」（[not all] have been well-controlled）：冥想如何幫助一個人解構自我並處於正念，目前仍是懸而未決的問題，參見heam.info/meditation-2.

48. 「比自己偉大許多」（something vastly greater than yourself）：Keltner & Haidt 2003。無神論者的敬畏類似於信徒的信仰（Caldwell-Harris et al. 2011）。

49. 「在入睡時牠們的樂曲令人放鬆」（song comforting while falling asleep）：只有公蟋蟀會叫，不同的樂曲有不同的目的，但多數是為了吸引母蟋蟀而叫。因此，請用上一點點心理推論，把這些聲音想成大自然的銷魂情歌。

50. 「沒有人證實因果關係」（nobody has proved cause and effect）：Stellar et al. 2015.

就是說，兩個人都同意要用哪一個概念。每當你認為自己知道別人感受為何時，你的自信都跟實際的知識完全無關。你只是有片刻的情感現實主義。[51]

若想增進情緒知覺，我們必須完全放棄我們**知道**他人如何感受的虛構想像。當你和朋友對感受的意見不一時，不要理所當然地認為你的朋友是錯的，就像丹的前治療師那樣。而是認為「我們的意見不一」，並且發揮好奇心，學習你朋友的觀點。對你朋友的經驗好奇，比你是對是錯還要重要許多。

既然如此，如果我們的知覺只是猜測，我們如何能彼此溝通呢？如果你告訴我，你對孩子在學校的成績感到驕傲，而「**驕傲**」是一群多樣的實例，沒有一致的指紋，我如何能知道你指的是哪一個「**驕傲**」呢？（傳統觀點不會出現這個問題，因為驕傲有清楚明確的本質，你完全就是傳播驕傲，而我則是辨認它。）你和我在面對巨大的變異下溝通情緒，靠的是大腦的預測機制。你的情緒是由你的預測引導。在我觀察你時，我知覺的情緒是由我的預測引導。因此，當你和我**同步地**預測和分類時，我們就出現了情緒溝通。[52]

科學家和酒保都知道，人在溝通時以各種各樣的方式同步，尤其是當他們喜歡或信賴彼此時。我點頭，然後你也點頭。你拍拍我的手臂，過了一會兒我也拍拍你的手臂。我們的非語言行為協調一致。另外也有生理上的同步，如果媽媽和孩子安全依附，他們的心跳速率就會同步，熱烈交談期間的所有參與者都可能發生相同的情況。其中的機制仍是個謎。我猜想，或許是因為他們無意識地觀察彼此胸口的起伏，所以他們的呼吸也跟著同步。還是受訓治療師的時候，我學會了有意地將我的呼吸跟個案的呼吸同步，好讓他們準備接受催眠治療。[53]

我們也會同步我們的情緒概念。我的情緒受到我的預測引導。在你觀察我的時候，你知覺的情緒受到你的預測引導。你的大腦知覺到我的聲音和我身體的動作，它們要不證實你的預測，要不成為你的預測失誤。

假設你告訴我：「我兒子在學校的表演中擔任主角。我感到十分驕傲。」你的話語和動作，在我的大腦中引發一群預測，幫助協調當下在我們之間共享的「**驕傲**」概念。我的大腦根據過去經驗計算機率，篩選它的預測來挑出獲勝實例，這可能使我對你說「恭喜」。然後在你知覺到我時，這個過程以另一個方向重複。如果我們共享文化背景或其他的過去經驗，如果我們同意某些臉部形態、身體動作、聲音發聲和其他線索在某些背景下有某些意義，那麼我們就更能同步。我們一點一點地共同建構，我們兩人都認同是「驕傲」這個詞的情緒經驗。

在這個情節中，不需要我們的概念確切相符，只需要概念有合理的相容目標，我就能了解你的感受為何。另一方面，如果我建構的驕傲實例是不愉快的那種，其中的你自大且目中無人，那我可能魯鈍得無法理解你在說什麼，因為你用的概念跟我在那個實例所用的並不相符。請注意，雖然我把整件事描繪成簡單的來回順序，但我們的相互建構其實是個持續過程，兩個大腦在其中不停活動。

經驗的共同建構也讓我們能調節彼此的身體預算，這是我們在群體中生活的莫大好處之一。群居物種的所有成員都會調節彼此的身體預算，就連蜜蜂、螞蟻和蟑螂也是。[54] 但人類是唯一能由教導彼此純粹的心智概念，然後同步地用這些概念做到這點的物種。我們的語詞讓我們能進入彼此的情感棲位，即使兩人的距離十分遙遠。就算你們相隔一片海洋，你還是能調節你朋友的身體預算（他也能調節你的）──只要透過電話或電子郵件，甚至光是想到對方。

你選擇的語詞對這個過程有巨大影響，因為這些語詞會形塑他人的預測。詢問孩子「你煩惱嗎？」而不是更籠統地問「你的感受如何？」的父母，正在影響答案、共同建構情緒，並且磨練孩子對煩惱的概念。詢問患者「你感到沮喪嗎？」的醫生，同樣也比說「告訴我你最近過得如何？」更有可能得到積極的反應。這些都是誘導性問題，律師在法庭上利用（和反對）證人就是問這樣的問題。日常生活也像在法庭一樣，你需要用你的話語，小心地影響他人的預測。

同樣的，如果你希望別人知道你的感受是什麼，你需要對他人傳送清楚的線索，好讓對方有效地預測並讓同步發生。在傳統情緒觀點中，責任全都在知覺者的身上，因為情緒表現理應是舉世皆然。而在建構的思維中，你也擔負做個好傳送者的責任。[55]

* * *

假設你沒有讀過本書，有人跟你說：「嘿！想要好好掌控自己的情緒嗎？那就少吃點垃圾食物，還要多學學新的語詞。」我承認，這話聽起來有違直覺。但

51. 「片刻的情感現實主義」（a moment of affective realism）：Rimmele et al. 2011.

52. 「同步地預測和分類」（predict and categorize in synchrony）：Gendron & Barrett，印行中；Stolk et al. 2016.

53. 「彼此胸口的起伏」（other's chest rising and falling）：關於間接的支持證據，請見Giuliano et al. 2015。「準備接受催眠治療」（to prepare them for hypnosis）：有些科學家將這個現象稱為「情感同步」或「情感傳染」。

54. 「蜜蜂、螞蟻和蟑螂」（bees, ants, and cockroaches）：Broly & Deneubourg 2015.

55. 「做個好傳送者」（to be a good sender）：Zaki et al. 2008.

健康的飲食能使身體預算更容易平衡，也更容易校準內感預測；新的語詞會種下新的概念，成為你建構情緒經驗和知覺的基礎。許多看似跟情緒無關的事物，實際上對你的感受如何有深遠的影響，因為社會和物理之間的界線可以穿透。

你是不可思議的動物，有能力創造影響身體狀態的純粹心智概念。社會世界和物理世界憑藉著你的身體和你的大腦緊密連在一起，而你在社會和物理世界之間有效移動的能力，取決於你能夠學習的一套技巧。因此，請好好增加你的情緒概念，讓大腦有更多機會把自己串連到社會世界的現實。如果你在當下感到不愉快，那就解構或重新分類你的經驗。同時意識到，你對他人的知覺只不過是猜測，而不是事實。

有些新的技巧真的十分難以培養。像我這樣的科學家對你說「這就是大腦如何作用」是一回事，但利用科學徹底顛覆你的生活型態又是另一回事。誰有時間徹底改變自己的飲食和睡眠習慣並且多做運動，更別說是學習新的概念、練習分類，偶爾跳脫自我的虛構想像呢？我們全都有工作和學業要顧，而且時間有限，另外還要應付各式各樣的個人和家庭狀況。此外，有些建議需要投入時間和金錢，最能受益的人可能正好缺乏這些。然而……每個人都能在本章找到自己可以嘗試的**某些事物**，即使只是散散步或在睡覺以前組合一些情緒概念。或者就乾脆戒掉洋芋片。（好吧，或許不是完全不吃。）

誠如你剛剛所見，情緒概念和身體預算編列可能增進你的幸福和健康，但它們也可能是疾病的催化劑。情緒據說會影響多種使人衰弱的病症，像是憂鬱症、焦慮症和無法解釋的慢性疼痛，也會影響代謝失調，導致第二型糖尿病、心臟病，甚至是癌症。同時，關於神經系統的新發現，正在消解我們劃分身體和心理疾病的神聖界線，就像情緒建構理論模糊了物理和社會世界之間的界線那樣。我們在下一章就要來談談這個主題。

第十章

情緒和疾病

回想一下，上次感冒的時候。你大概出現流鼻水、咳嗽、發燒和其他多樣的症狀。多數人把感冒歸咎於單一原因，亦即感冒病毒。然而，當科學家把感冒病毒放進100個人的鼻腔時，只有25%到40%的人生病。[1] 因此，感冒病毒不可能是感冒的本質，一定有什麼更複雜的事在發生。病毒是必要條件，但不是充分條件。

你統稱為「感冒」的這組多樣症狀，不只涉及你的身體，也涉及你的心理。舉例來說，如果你是個內向或負面思考的人，你更可能因為吸入一點病菌而罹患感冒。[2]

受情緒建構理論啟發的新的人類天性觀點，消解了心理和身體之間的界線，包括疾病上的。相較之下，舊有的本質主義想法則是讓這些分界線清楚鮮明。你的大腦有問題嗎？那就去看神經科。如果問題跟你的心智有關，那麼你需要的是精神科醫生。比較現代的觀點整合了心與腦，引導我們該如何更清楚地了解人類疾病。

舉例來說，如果你仔細探究在焦慮症、憂鬱症、慢性疼痛和慢性壓力等疾病中發現的多樣症狀，它們並不是整整齊齊地各自歸類，就像各種餐具放進分門別類的餐具盒。各種疾病都有極大的變異性，它們的症狀集合也有極大的重疊。這種情況應該聽起來很熟悉。你已經知道，快樂、悲傷等情緒種類沒有本質，它們是由你的身體和大腦中的核心系統，在其他的身體和大腦的背景下製造生成。現在，我將指出某些看似明確的疾病，同樣也是建構的產物：用人為方式強行將具高度變異性的生物加以分類。

從建構取向了解疾病，可以回答某些從未解決的複雜問題。為什麼如此多的

---

1. 「25%到40%的人生病」（25-49 percent get sick）：Cohen & Williamson 1991.
2. 「吸入一點病菌」（from a noseful of germs）：Cohen et al. 2003.

疾患共享相同的症狀呢？為什麼如此多的人既焦慮又憂鬱呢？慢性疲勞症候群是明確的疾病，或只是憂鬱的偽裝呢？患有慢性疼痛卻找不到組織受傷的人是心理生病了嗎？此外，為什麼有如此多的心臟病患者也罹患憂鬱症呢？如果名字不同的疾病跟同一組核心原因有關，模糊了這些疾病之間的分界線，那麼這樣的問題就不再是個謎。

本章是全書中推測最多的一章，但有資料作為依據，我希望你從中找到有趣和值得爭論的想法。我在後續的內容將證明，痛苦和壓力之類的現象，以及慢性疼痛、慢性壓力、焦慮症和憂鬱症之類的疾病，兩者間的糾纏超乎你能想像，它們也都是用建構情緒的相同方法建構出來。這個觀點的關鍵要素，是對預測的大腦和你的身體預算有更清楚的了解。

* * *

正常情況下，你的身體預算一整天都在波動，因為你的大腦預期身體的需要，並且切換你的預算資源，像是氧、葡萄糖、鹽和水。消化食物時，你的胃和腸道從你的肌肉「借用」資源。跑步時，你的肌肉從你的肝臟和腎臟借用資源。在轉換的期間，你的預算保持收支平衡。

當你的大腦評估能力不佳時，你的身體預算會失去平衡，這是相當正常的情況。如果發生的事對你有心理意義，像是看見老闆、教練或老師向你走來，你的大腦可能不必要地預測你需要燃料，因此活化生存迴路而影響你的預算。一般來說，這些短期的不平衡完全不需要擔心，只要你靠飲食和睡眠付清支出就好。

然而，如果預算不平衡變成長期，你的內在動力會變得很糟。你的大腦一次又一次地錯誤預測你的身體需要能量，迫使你的預算出現赤字。長期預算編列錯誤的效果，可能對你的健康造成極大破壞，並且召喚出身體裡的「討債人」，它是免疫系統的一部分。

通常，你的免疫系統是你體內的好人，因為它保護你不被侵入和傷害。它幫助你的方法是造成發炎，像是手指不小心被榔頭敲到、被蜜蜂叮到或感染時的腫脹。發炎出自名叫促發炎細胞激素的小小蛋白質，我在前一章曾稍微提過它。當你受傷或生病時，你的細胞會分泌細胞激素，把血液帶到受影響的部位，提高這裡的溫度並造成腫脹。[3] 這些細胞激素在執行幫助你痊癒的任務時，可能讓你感到疲倦和整體不太舒服。

　　然而，只要具備適當的條件，促發炎細胞激素也可能變成壞蛋向你討債。這種情況特別容易發生在你的身體預算長期不平衡時，比如說，你的住家附近很不安寧，每晚都會聽到槍聲。在這樣嚴峻的環境中，你的大腦可能經常預測你需要比你的身體所需更多的能量。這些預測造成你的身體更常釋放可體松，量也超過你的身體需要。可體松通常會抑制發炎（這就是為什麼吉舒乳膏〔Hydrocortisone Cream〕可以止癢以及注射可體松能減輕腫脹）。然而當你的血液中長期有太多可體松時，發炎會突然爆發。[4] 你會感到精神不濟，你可能還會發燒，如果這時有人把感冒病毒放進你的鼻腔，你就會生病。

　　現在，惡性循環可能接踵而來。當你因為發炎而感到疲倦時，為了節省（你的大腦錯誤地這麼相信）有限的能量資源，你會盡量不動。你開始吃得不好、睡得很差，而且忽略運動，這讓你的預算更加失衡，同時你也開始嚴重地感到自己糟透了。你的體重可能增加，進一步加重你的問題，因為某些脂肪細胞實際上會產生使發炎惡化的促發炎細胞激素。你也可能開始迴避其他人，這樣他們就無法幫助平衡你的身體預算。社交往來較少的人，也有較多的促發炎細胞激素，甚至可能更常生病。[5]

　　大約10年前，科學家很驚訝地發現，促發炎細胞激素可以越過身體進入大腦。我們現在知道，大腦也具備自己的發炎系統，裡面有分泌這些細胞激素的細胞。這些小小的蛋白質，用它們引發悲慘感受的能力重塑了大腦。大腦中的發炎會造成大腦結構改變，特別是在你的內感網絡裡面；它會干擾神經連結，甚至殺死神經元。慢性發炎也可能讓你更難集中注意力和記住事情，降低你的智力測驗表現。[6]

　　既然如此，仔細想想，如果你在壓力大的社交情境下會發生什麼，例如一群同事突然不再邀請你共進午餐，或是朋友對你的簡訊已讀不回。按照慣例，你的

---

3. 不是所有類型的發炎都跟細胞激素有關，也不是所有的細胞激素都會造成發炎。在此我們只關心慢性發炎，這是由促發炎細胞激素造成。為了簡化，有時我只用「細胞激素」代表。

4. 「發炎會突然爆發」（inflammation flares up）：Yeager et al. 2011。關於發炎的更多內容，請見heam.info/imflammation-1。

5. 「嚴重地感到自己糟透了」（to feel seriously like crap）：在實驗室中，如果受試者打了傷寒疫苗（造成促發炎細胞激素暫時增加），他們的內感網絡活動會增加，而且自述感到疲倦和非常不愉快（Eisenberger et al. 2010; Harrison, Bryodon, Walker, Gray, Steptoe & Critchley 2009; Harrison, Bryodon, Walker, Gray, Steptoe, Dolan et al. 2009）。「使發炎惡化的促發炎細胞激素」（cytokines that make inflammation worse）：Mathis & Shoelson 2011。「甚至可能更常生病」（even get sick more often）：Yang et al. 2016; Cohen et al. 1997; Holt-Lunstad et al. 2010。

大腦預測你需要身體不需要的燃料，暫時性地影響你的預算。但如果社交情境沒有很快解決，該怎麼辦呢？如果這樣的社交拒絕是你的日常，又該怎麼辦呢？你的身體一直保持警覺，體內充滿可體松和細胞激素。現在，你的大腦開始把你的身體當作好像生病或受傷，慢性發炎就此展開。[7]

大腦中的發炎相當糟糕。它會影響你的預測（特別是那些管理身體預算的預測），迫使你的預算透支。還記得嗎？你的身體預算編列迴路原本就嚴重重聽，幾乎聽不到來自身體的訂正聲音。發炎則雪上加霜地讓它變成「全聾」。你的身體預算編列區變得對你的情況不敏感，因而使你的預算更有可能繼續透支。你可能被疲勞和不愉快的感受吞噬。長期的預算編列錯誤會耗盡你的資源，造成你的身體嚴重折損，最終累積更多的促發炎細胞激素。發生這種情況時，你就真正遇上了大麻煩。[8]

長期失衡的身體預算，作用就像疾病的溫床。過去20年來，我們越來越清楚，涉及免疫系統的疾病遠比你預期的多，包括糖尿病、肥胖症、心臟病、憂鬱症、失眠、記憶衰退，以及其他跟早衰和失智有關的「認知」功能。舉例來說，如果你已經罹患癌症，發炎會使腫瘤長得更快。癌細胞在透過血流感染身體其他部位（這個過程叫做轉移）的冒險旅途中，也更可能存活下來。死於癌症的日子就更早到來。[9]

發炎已經改變我們對心理疾病的了解。多年來，科學家和臨床醫師對於慢性壓力、慢性疼痛、焦慮症和憂鬱症等心理疾病都抱持傳統觀點。各種病痛都被認為具有生物指紋，可以跟其他所有病痛加以區別。[10] 研究者會提出本質主義的問題，其中假設各個病症都各有不同：「憂鬱症如何影響你的身體？情緒如何影響疼痛？為什麼焦慮症和憂鬱症經常一起出現？」

近期，這些疾病之間的分界線已被抹去。被診斷有相同病名的人，症狀或許天差地遠——變異才是常態。同時，不同的病症也互相重疊：它們共享症狀、它們造成大腦的相同部位萎縮、它們的患者同樣表現低情緒粒度，以及因為有效而開一些相同的藥。

這些發現致使研究者脫離傳統觀點，不再認為不同的疾病有不同的本質。他們轉而關注使人更容易罹患種種病症的一組共同原料，像是遺傳因素、失眠症，以及內感網絡或大腦中的主要樞紐（第六章）受傷。如果這些區域受到損傷，大腦就有了大麻煩：憂鬱症、恐慌症、思覺失調症、自閉症、失讀症、慢性疼痛、

失智症、巴金森氏症和注意力缺失過動症等全都跟樞紐受傷有關。[11]

我的觀點是，某些被視為明確和「心理」的重大疾病，全都根源於長期失衡的身體預算和不受約束的發炎。我們根據背景脈絡把它們分類和命名成不同的疾患，非常像是我們把相同的身體改變分類和命名成不同的情緒。如果我說的沒錯，那麼像「為什麼焦慮症和憂鬱症經常一起出現？」之類的問題就不再是謎，因為像情緒一樣，這些疾病在自然界中沒有堅實的界線。我們在討論壓力、疼痛、憂鬱和焦慮的細節時，會提出更多理由證明這個觀點。

＊　　　＊　　　＊

我們先從壓力開始談起。你可能認為，壓力是發生在你身上的某些事，像是你試圖同時處理五個任務，或是你的老闆告訴你明天的工作其實昨天就到期，或是你失去了心愛的人。然而，壓力不是來自外在世界，是你建構了它。

有些壓力是正向的，例如在學校學習新科目的挑戰。有些壓力雖然負向但可以忍受，像是跟你最好的朋友吵架。另外有些壓力則是有害，像是長期貧窮、受虐或孤獨的慢性壓力。[12] 換句話說，壓力是一群多樣的實例。它是一個概念，就

---

6. 「越過身體進入大腦」（the body into the brain）：促發炎細胞激素能跨越血液－大腦的屏障（Dantzer et al. 2000; Wilson et al. 2002; Miller et al. 2013）。「分泌這些細胞激素的細胞」（cells that secrete these cytokines）：Louveau et al. 2015「特別是在你的內感網絡裡面」（particularly within your interoceptive network）：Soskin et al. 2012; Ganzel et al. 2010; McEwen & Gianaros 2011; McEwen et al. 2015。參見heam.info/inflammation-2。「集中注意力和記住事情」（pay attention and remember things）：Karlsson et al. 2010。「降低你的智力測驗表現」（lowering performance on IQ tests）：這裡有個惡性循環：通常跟兒童期的不幸和貧窮有關的低智商，還可以預測中年時的發炎程度較高（Calvin et al. 2011）。另外參見Metti et al. 2015.

7. 「體內充滿可體松和細胞激素」（flush with cortisol and cytokines）：關於細胞激素和可體松濃度之間關係的更多內容，請見heam.info/cortisol-2。「慢性發炎就此展開」（and chronic inflammation sets in）：Dantzer et al. 2014; Miller et al. 2013。這種情況真的會讓你對內感和痛感輸入變得敏感（Walker et al. 2014）。

8. 「你就真正遇上了大麻煩」（really, truly in trouble）：Dowlati et al. 2010; Slavich & Cole 2013; Slavich &Irwin 2014; Seruga et al. 2008.

9. 「作用就像疾病的溫床」（acts like fertilizer for disease）：Irwin & Cole 2011; Slavich & Cole 2013。更多關於壓力、基因和細胞激素的內容，請見heam.info/cytokines-1。另外參見heam.info/glial-1。「死於癌症的日子就更早到來」（Death from cancer comes sonner）：在β腎上腺素交感神經系統中，壓力相關的活動增加，會在細胞複製時助長促發炎基因表現並阻擋抗病毒免疫基因表現（Irwin & Cole 2011）。在乳房組織、淋巴結和腦中已經觀察到這些轉錄效應（William et al. 2009; Sloan et al. 2007; Drnevich et al. 2013）。如此一來，急性的身體狀態可能影響細胞構造數天、數周、數月，甚至數年（Slavich & Cole 2013），使人對癌症更沒有抵抗力。壓力相關的交感神經系統活動，也會直接影響腫瘤細胞的微環境，加速轉移、增強腫瘤細胞潛能，並且提高死亡率（Antoni et al. 2006; Cole & Sood 2012）。

10. 「其他所有病痛加以區別」（distinguished it from all others）：Zachar & Kendler 2007; Zachar 2014.

11. 「全都跟樞紐受傷有關」（all associated with hub damage）：Menon 2011; Crossley et al. 2014; Goodkind et al. 2015.

跟「**快樂**」或「**恐懼**」一樣，你用它從不平衡的身體預算來建構經驗。

你透過建構情緒的相同大腦機制，建構出「**壓力**」的實例。在各個情況下，大腦都發出關於身體預算（跟外界有關）的預測，並且產生意義。這些預測從你的內感網絡發出，沿著相同的路徑從大腦下降到身體。在相反的方向中，把感覺輸入從身體帶到大腦的上升路徑，也是壓力和情緒所走的路。同樣這對網絡（內感和控制）扮演相同的角色。（情緒和壓力研究者很少承認這些相似性，而是傾向問壓力如何影響情緒或相反過來，就好像情緒和壓力各自獨立。[13]）從建構的觀點來看，無論你的大腦將你的感覺分類成壓力、還是情緒，不同之處只在最終結果。

預測的大腦為什麼在特定的情境中建構壓力或情緒的實例呢？沒有人知道答案。或許你的身體預算紊亂了越久，你就越有可能用「**壓力**」概念分類，但這純粹是推測。

如果你的身體預算失衡了好一陣子，你可能經驗到慢性壓力。（長期預算編列錯誤通常被診斷成壓力，這就是為什麼人們認為壓力會造成疾病。）慢性壓力對你的身體健康相當危險。它真的會逐漸侵蝕你的內感和控制網絡，造成這些網絡萎縮，因為長期失衡的身體預算重塑了調節預算的那個大腦迴路。[14] 關於心理疾病和身體疾病之間的傳統區分到此為止。

科學家仍在想辦法解開免疫系統、壓力和情緒之謎，但我們此刻確實知道了一些事情。身體預算失衡的累積，比如說，在不幸中成長的你感到不安全或喪失基本必需品（像是營養的食物、安靜的睡眠時間等等），內感網絡的結構也會改變，重新串連你的大腦，並且降低它準確調節身體預算的能力。只要一些相當負面的經驗，就會讓兒童感到自己好像住在戰區，成年後的身體預算編列區也比較小。在滿是衝突或言語批評的嚴厲混亂家庭中成長，會讓青少女的發炎增加，也讓兒童更有可能發展出慢性疾病，對於這些網絡發展的危害，幾乎就像兒童期的虐待或忽略一樣糟糕。霸凌目標所受的苦也一樣，被霸凌的小孩會出現低度發炎而且持續到成年，這使他們更容易罹患精神疾病和身體疾病。這些都是不平衡的身體預算雕塑大腦的種種方法，最後轉化成終生都有更高風險罹患心臟病、關節炎、糖尿病、癌症和其他疾病。[15]

從積極面來看，情緒和壓力之間的關聯意指，你能運用先前章節學過的技巧減少發炎。例如，同樣都罹患癌症，情商較高的人似乎有較低濃度的促發炎細胞

激素。在研究中，當患者說自己經常分類、標記和了解自己的情緒時，他們從前列腺癌恢復的期間、或在壓力事件過後不太可能增加細胞激素，而在表達很多情感卻沒有加以標記的男性中，發現最高濃度的循環細胞激素。明確標記和了解自己情緒的女性乳癌存活者，健康狀況更好，而且因為癌症相關症狀的就醫次數更少。意思是隨著時間經過，能有效將自己的內感感覺分類成情緒的人，或許更能抵禦導致健康不良的慢性發炎過程。[16]

＊　　　＊　　　＊

　　「痛」像壓力和情緒一樣，也是個描述一群多樣經驗的詞：扭傷腳踝的隱隱作痛、撞擊般的持續頭痛、蚊子咬的搔痛，當然還有35公分的頭擠過10公分子宮頸的劇痛。

　　你可能認為，當你的身體受傷時，訊息簡單地從受災區發射到你的大腦，導致你大聲咒罵並且伸手去拿止痛藥和OK繃。當你的肌肉或關節受傷、或身體組織被過冷或過熱破壞、或是對化學刺激（如胡椒粉飛進眼睛）反應，神經系統確實是這樣將感覺輸入傳送到你的大腦。這個過程稱為「痛感」（nociception，亦稱為「傷害感受」）。過去，科學家相信你的大腦單純地接收和表現痛感感覺，那就

---

12. 「貧窮、受虐或孤獨」（poverty, abuse, or loneliness）：關於兒童期不幸和成年期較早死亡的討論，請見Danese & McEwen 2012。關於孤獨相關的死亡，請見Perissinotto et al. 2012。關於貧窮和大腦發育之間的關聯，請見Hanson et al. 2013，而關於兒童期貧窮和成年過早死亡（與家族史、種族、抽煙和其他危險因子無關）的關聯，請見Hertzman & Boyce 2012。另外參見Adler et al. 1994。

13. 「情緒和壓力各自獨立」（stress and emotion are independent）：關於罕見的反例，請見Lazarus 1998.

14. 「調節預算的那個大腦迴路」（circuitry that regulates the budget）：Ganzel et al. 2010; McEwen & Gianaros 2011; McEwen et al. 2015.

15. 「準確調節身體預算」（accurately regulate your body budget）：例如，Danese & McEwen 2012; Sheridan & McLaughlin 2014; Schilling et al. 2008; Ansell et al. 2012; Hart & Rubia 2012; Teicher & Samson 2016; Felitti et al. 1998。關於兒童期不幸如何串連大腦的更多內容，請見heam.info/adversity-1。「更有可能發展出慢性疾病」（trajectory toward chronic disease）：Miller & Chen 2010。「兒童期的虐待或忽略」（childhood abuse or neglect）：Teicher et al. 2002; Teicher et al. 2003; Teicher et al. 2006; Teicher & Samson 2016。「霸凌目標」（the target of a bully）：Teicher et al. 2002; Teicher et al. 2003; Teicher et al. 2006。「精神疾病和身體疾病」（psychiatric and physical disease）：Copeland et al. 2014。「癌症和其他疾病」（cancer, and other diseases）：Repetti et al. 2002。更多關於壓力的不良影響，請見heam.info/stress-3.

16. 「從前列腺癌恢復的期間」（during recovery from prostate cancer）：Hoyt et al. 2013。「或在壓力事件過後」（or after a stressful event）：Master et al. 2009。「情感卻沒有加以標記」（affect that they didn't label）：Hoyt et al. 2013。「因為癌症相關症狀」（for cancer-related symptoms）：Stanton et al. 2000; Stanton et al. 2002。「導致健康不良」（that leads to poor health）：標記會降低交感神經系統對負面圖像的反應性，影響時間長達一週（Tabibnia et al. 2008）。

是你經驗的痛。

　　但在預測的大腦中，痛的內部運作比較複雜。痛是一種**經驗**，不僅僅是因為身體受傷，還會在你的大腦預測傷害即將發生時出現。[17] 如果痛感經由預測作用，就像腦中的其他所有感覺系統，那麼你就是用「**痛**」的概念，從更基本的部分建構痛的實例。

　　在我看來，痛是以產生情緒的相同方法建構出來。假設你在醫生的診療室打破傷風疫苗，因為你有打針的過去經驗，你的大腦經由發出關於針刺穿皮膚的預測，建構出「痛」的實例。你甚至可能在針碰到你的手臂以前就感到痛。然後你的預測被來自身體的實際痛感輸入（針打下去）訂正，一旦處理了任何預測失誤，你就分類了痛感感覺，並賦予它們意義。[18] 針刺進來時經驗的痛，真的是在你的腦中。

　　有幾項觀察能支持我基於預測對痛所做的解釋。當你預期痛的時候，像是針就要打下去時，你大腦中處理痛感的部位改變了它們的活動。也就是說，你模擬了痛，因此你感到痛。這個現象被稱為「反安慰劑效應」（nocebo effect）。你比較熟悉的應該是相對的安慰劑效應，這是指使用沒有藥效的治療（像是糖錠）來緩解疼痛。如果你相信自己感到不那麼痛，你的信念會影響你的知覺，並調低你的痛感輸入，因此你確實會感到比較不痛。安慰劑和反安慰劑都涉及腦中處理痛感的部位發生化學改變。這些化學物質包括減緩疼痛的類鴉片，它的作用類似嗎啡、可待因、海洛因和其他鴉片劑藥物。類鴉片會在安慰劑作用期間增加而調低痛感，也會在反安慰劑效應期間減少，因此贏得「你體內的醫藥櫃」的稱謂。[19]

　　我女兒還是嬰兒時，曾在九個月中得了13次耳朵感染，那時我看到她經驗了反安慰劑效應。我們第一次去小兒科接受治療時，她在醫生檢查耳朵時因為不舒服嚎啕大哭（雖然這位醫生很仔細也很小心）。第二次，她在候診室就開始哭。第三次，她在我們走進醫院大廳時開始啜泣，而第四次，我們才剛進停車場她就哭了。之後，每次我們經過醫院附近的街道，她都會抽噎地哭。這就是預測的大腦在運作，小索菲雅很可能在模擬耳朵痛。經過好幾個月，索菲雅度過感染，健康地長成幼兒後，她才不再每次到了那附近時就問：「看醫生嗎？查查索菲雅的耳朵？」

　　痛就像情緒和壓力一樣，似乎也是全腦的建構。它涉及我們熟悉的這對網絡：內感網絡和控制網絡。相似性還不止於此。把痛感預測下傳到身體和把痛感

輸入上傳到大腦的路徑，與內感密不可分。（甚至有可能痛感**是**內感的一種形式。）[20] 總而言之，被分類成疼痛、壓力和情緒的身體感覺，基本上是相同的，即使在大腦和脊髓中的神經元層次也如此。[21] 區辨疼痛、壓力和情緒也是一種情緒粒度。

　　證明內感和痛感彼此互通有無並不困難。如果我在實驗室讓你感到不愉快的情感，同時在你的手臂加熱到疼痛，你會報告感到更痛。發生這種情況是因為，你的身體預算編列區發出像控制音量般能上下調整疼痛的預測。這些預測可能影響你的大腦對痛的模擬，它們也會下探到你的身體，擴大或縮減自己向大腦報告的狀態。因此，無論你的身體發生了什麼，你的身體預算編列區都能哄騙大腦相信有組織受傷。這樣一來，當你感到不愉快時，你的關節和肌肉可能更痛，或你可能出現胃痛。[22] 當你的身體預算狀況不佳，意思是你的內感預測被錯誤校準時，你的背痛可能更嚴重或你的頭痛可能更劇烈，這都不是因為你的組織受傷，而是因為你的神經在來回交流。這不是想像的痛，它是真實的痛。

---

17. 「大腦預測傷害即將發」（brain predicts damage is imminent）：International Association for the Study of Pain 2012。「國際疼痛研究協會」（International Association for the Study of Pain，IASP）現在將痛定義成情緒經驗，他們直接寫道：「痛永遠是主觀的。每個人都透過生命早期的傷害相關經驗，學會如何應用這個字。」用我的話翻譯：痛是一群彼此相異的知覺，建構這些知覺所需的概念是在生命早期學會。聽起來很像情緒建構理論，不是嗎？

18. 「感覺，並賦予它們意義」（sensations and made them meaningful）：關於處理痛感預測失誤的身體預算編列區的例子，請見Roy et al. 2014.

19. 「處理痛感的部位改變了它們的活動」（process nociception change their activity）：例如，Wiech et al. 2010。相關回顧，請見Tracey 2010; Wager & Atlas 2015。「治療（像是糖錠）」（treatment like a sugar pill）：Büchel et al. 2014; Tracey 2010; Wager & Atlas 2015。「其他鴉片劑藥物」（and other opiate drugs）：類鴉片不只是造成安慰劑效應的神經傳導物，也跟膽囊收縮素（cholecystokinin, CCK）有關。CCK作用於腦中的內生性大麻鹼受器，就跟大麻一樣。CCK會調高痛感，而類鴉片則調低痛感（Wager & Atlas 2015）。「『你體內的醫藥櫃』」（your internal medicine cabinet）：Benedetti et al. 2006; Benedetti 2014; Tracey 2014; Wager & Atlas 2015。另外參見heam.info/opiods-1。許多人相信，多巴胺這種神經化學物質跟正向性和獎勵有關，關於這方面的更多內容，請見heam.info/dopamine-1.

20. 「內感網絡和控制網絡」（interoceptive and control networks）：相同的這些大腦網絡，在疼痛經驗的建構期間如何配置來賦予痛感輸入意義的另一個例子，請見Woo et al. 2015。更多關於疼痛和情緒建構之間的相似性，請見heam.info/pain-1。「是內感的一種形式」（is a form of interoception）：最了解這個迴路的著名神經解剖學家巴德・克雷格（AD Bud Craig）主張，痛感是內感的一種形式（Craig 2015）。參見heam.info/craig-1.

21. 為了便於討論，我將繼續分別使用內感和痛感。

22. 「你會報告感到更痛」（you'd report feeling more pain）：例如，Wiech & Tracey 2009; Roy et al. 2009; Bushnell et al. 2013; Ellingsen et al. 2013。「像控制音量般」（like a volume control）：關於某些迴路的部分概述，請見Wager & Atlas 2015。「向大腦報告的狀態」（status reports to your brain）：關於痛感路徑的更多內容，請見heam.info/pain-1。「你可能出現胃痛」（you could develop a stomachache）：例如，Traub et al. 2014.

如果身體組織沒有任何損傷卻經驗持續的疼痛，那就叫做**慢性疼痛**。幾個常見的例子是纖維肌痛症、偏頭痛和慢性背痛。全球有超過15億人口患有慢性疼痛，其中包括1億個美國人，他們每年花在治療的費用總計5千億美元。如果再加上因此失去的生產力，疼痛一年就花掉了美國6,350億美元。慢性疼痛也相當難以治療，因為目前的處方止痛藥物半數以上沒有效果。慢性疼痛流行全球，是今日最大的醫學謎團之一。[23]

為何與如何有這麼多人在身體看似沒有生理損傷時，經驗持續的疼痛呢？若想回答這個問題，就要考慮當你的大腦發出不必要的疼痛預測，然後忽略與此相反的預測失誤時會發生什麼。你會真正地經驗到疼痛，卻沒有明顯的原因。十分像是你在第二章從斑點圖片看到蜜蜂的經驗，這時你真正知覺到並不存在的線條。你的大腦忽略感覺輸入，堅持認為自己的預測就是現實。如果把這個例子應用到疼痛，結果就得出慢性疼痛的合理模型：沒有訂正的錯誤預測。

科學家現在將慢性疼痛視為根源於發炎的大腦疾病。[24] 有可能是慢性疼痛患者的大腦，在過去某個時間接收了強烈的痛感輸入，雖然傷害逐漸痊癒，大腦卻沒有收到通知。總之，它繼續進行預測和分類，於是產生慢性疼痛。也有可能是關於身體內部運動的預測，在從身體前往大腦時調高了痛感輸入的強弱。

如果你不幸罹患慢性疼痛，大概會遇到不了解你在經歷什麼的懷疑者。他們試圖用這樣的說法解釋你的疼痛：「痛是來自你的腦袋」，意思是「你的組織沒有受傷，所以去看精神科吧。」我要說的是，你沒有發瘋。你確實**有**什麼出了差錯。你的預測大腦（的確位在你的腦袋）正在**產生真正的痛**，這個痛從你的身體痊癒後還一直持續。有點類似幻肢症候群，這是指截肢的人在失去手腳後仍感到它們存在，因為他的大腦繼續發出關於這些部位的預測。[25]

我們已有奇妙的證據，證明某些類型的慢性疼痛是因為預測作用。生命早期曾遭逢壓力或傷害的動物，更有可能發展出持久的痛。動過手術的人類嬰兒，更有可能在童年後期經歷加劇的痛。（難以置信的是，1980年代以前的嬰兒在進行重大手術期間通常**沒有麻醉**，因為那時相信嬰兒不會感到痛！）還有一種醫療狀況叫做「複雜性局部疼痛症候群」，這種狀況是受傷造成的痛，不知為何擴散到身體的其他部分，這似乎跟不良的痛感預測有關。[26]

因此，「痛」像「壓力」一樣，也是你用來賦予身體感覺意義的一個概念。你可以把疼痛和壓力描述成情緒，甚至是把情緒和壓力描述成某些類型的痛。我

的意思不是情緒和痛的實例在大腦中無法分辨，但它們也沒有指紋。如果我在你有牙痛和在你很生氣時掃瞄你的大腦，掃瞄結果看起來會稍微不同。但話說回來，如果我在你出現不同的生氣實例時掃瞄你的大腦，它們看起來也會稍微不同。[27] 不同的牙痛實例很可能一樣有所差異。這就是簡並性，變異才是常態。

　　情緒、急性疼痛、慢性疼痛和壓力都是在相同的網絡、在進出身體的相同神經路徑，以及最有可能是在皮質的相同初級感覺區建構，因此絕對有可能經由概念，區辨情緒和疼痛，亦即憑藉大腦應用的概念來理解身體感覺。慢性疼痛很可能是你的大腦誤用了「**疼痛**」概念，因為它在組織沒有受傷或受到威脅的情況下建構疼痛經驗。慢性疼痛似乎是拙劣預測加上從身體接收誤導資料的悲慘病症。[28]

＊　　　＊　　　＊

　　請記住你剛剛學到的慢性壓力和慢性疼痛，現在我們要把注意力轉向憂鬱，這是可能壓垮生活的另一個令人衰弱的症狀。也稱為重度憂鬱症的憂鬱，遠遠超出人們在抱怨「我好沮喪」時感到的日常苦惱。道格拉斯·亞當斯（Dauglas

---

23. 「慢性背痛」（and chronic back pain）：慢性疼痛可能是神經性、發炎或自發性的，參見heam.info/pain-3。「一年就花掉了美國6,350億美元」（$635 billion each year）：American Academy of Pain Medicine 2012。「半數以上沒有效果」（more than half the time）：Apkarian et al.（2013）估計，因為疼痛而部分或完全失能的美國人有5千萬人。「今日最大的醫學謎團之一」（today's great medical mysteries）：謎團的一部分：用來緩解疼痛的鴉片類藥物，實際上卻參與將急性疼痛轉變成慢性疼痛，關於鴉片類藥物引發痛覺過敏的綜合回顧，請見Lee et al. 2011。另外參見heam.info/opioids-2.

24. 「根源於發炎」（with its roots in inflammation）：Borsook 2012; Scholz & Woolf 2007; Tsuda et al. 2013。「國際疼痛研究協會」（International Association for the Study of Pains，IASP）對慢性疼痛（他們稱之為「神經性疼痛」）的定義：「體感系統的損傷或疾病造成的疼痛」（IASP 2012）。異常的預測也算是一種「疾病」。

25. 「繼續發出關於這些部位的預測」（keeps issuing predictions about it）：van der Laan et al. 2011。關於幻肢症候群的更多內容，請見heam.info/phantom-1.

26. 「有可能發展出持久的痛」（likely to develop persistent pain）：Beggs et al. 2012。「童年後期經歷加劇的痛」（heightened pain in later childhood）：Hermann et al. 2006; Walker et al. 2009。「通常沒有麻醉」（routinely not anesthetized）：英文維基百科查詢「Pain in Babies」（嬰兒的疼痛），最後一次編輯是2016年2月23日（譯註：最新編輯時間是2019年12月11日），https://en.wikipedia.org/wiki/Pain_in_babies。「跟不良的痛感預測有關」（linked to bad nociceptive predictions）：National Institute of Neurological Disorders and Stroke 2013; Maihöfner et al. 2005; Birklein 2005.

27. 「掃瞄結果看起來會稍微不同」（scan will look somewhat different）：在第一章，我們討論過用模式分類來診斷不同情緒種類的實例（例如，區辨生氣和恐懼的實例）。各分類器都不是情緒的大腦狀態，成功診斷情緒實例的模式，只是抽象的統計代表，不需要存在於種類的任一實例。情緒和疼痛都是如此。我的同事托爾·威格（Tor D. Wager）發表了成功區辨感疼痛和情緒的模式分類器（Wager et al. 2013; Chang、Gianaros et al. 2015），我們也一起發表了生氣、悲傷、恐懼、厭惡和快樂的模式分類器（Wager et al. 2015）。這些分類器並不是疼痛和情緒的神經本質，而是各個種類的多變實例的統計總結。「它們看起來也會稍微不同」（they look somewhat different too）：Wilson-Mendenhall et al. 2011.

Adams）的小說《銀河便車指南》（*Hitchhiker's Guide to the Galaxy*）寫道，有個叫偏執狂機器人馬文（Marvin the Paranoid Android）的角色真的相當憂鬱。有時，它對生活沮喪到把自己關掉。重鬱期同樣讓人無能為力。小說家威廉・史岱隆（William Styron）在自傳中回憶道：「沒有經歷過的人完全無法想像嚴重憂鬱的痛苦，它在許多情況下會摧毀生命，因為它的極度痛苦可能令人再也無法忍受。」[29]

對許多科學家和醫師來說，憂鬱症依然是心理的疾病。它被歸類成情感疾患，通常歸咎於負面思考：你對自己太過嚴厲，或有太多自我挫敗、災難的思維。或可能是創傷事件觸發了憂鬱，特別是如果你的基因讓你比較脆弱。[30] 亦或是你沒有好好地調節你的情緒，使你對負面事件反應太大而對正面事件太沒有反應。所有解釋都假設，思考控制著感受，也就是老舊的「三重腦」想法。按照邏輯推理，只要改變你的思維或好好調節你的情緒，憂鬱就會煙消雲散。咒語似乎是「別擔心、要快樂；如果念了沒有用，那就試試抗憂鬱劑。」

在美國有2,700萬人每天服用抗憂鬱劑，但還是有超過70%的人持續經驗憂鬱症狀，而且心理治療也不是對每個人都有效。症狀通常始於青春期到成年初期，然後在一生當中重現。世界衛生組織（World Health Organization）預計，到了2030年，憂鬱症造成的早逝和失能人數比癌症、中風、心臟病、戰爭或意外還多。[31]這些都是「心理」疾病的恐怖後果。

許多研究企圖找到憂鬱症的普世遺傳本質或神經本質。但最有可能的是，憂鬱不只是單一的事。[32] 憂鬱（你應該猜到了）是一個概念。它是一群多樣的實例，因此通往憂鬱的退化路徑有許多條，其中許多始於不平衡的身體預算。如果憂鬱症是情感的疾患，而情感是你的身體預算好不好（答案：非常糟糕）的整合總結，那麼憂鬱症或許實際上是預算編列錯誤和預測的疾患。

我們知道，你的大腦基於過去經驗，不斷預測你身體的能量需要。在正常的情況下，你的大腦也會基於來自身體的實際感覺訊息訂正自己的預測。但如果這樣的訂正沒有適當作用會怎麼樣呢？你的瞬間經驗是由過去建構，卻**沒有被現在訂正**。概括地說，這就是我認為憂鬱時發生的事。你的大腦不斷錯誤預測你的代謝需要。因此，你的大腦和身體表現得像是你在天下太平時，卻努力地擊退感染或從傷害中痊癒，就跟慢性壓力和疼痛一樣。結果是，你的情感出了毛病：你經驗到令人衰弱的悲慘、疲憊或其他的憂鬱症狀。同時，你的身體快速代謝不必要

的葡萄糖，滿足那些高但並不存在的能量需要，導致體重問題，並且使你更有可能罹患與憂鬱症同時出現的其他代謝相關疾病，包括糖尿病、心臟病和癌症。[33]

憂鬱症的傳統觀點認為，負面想法造成負面感受。我認為是相反過來。你此刻的感受，作為預測驅動你的下一個想法和你的知覺。因此，憂鬱的大腦根據過去的類似提取做出預測，無情地從預算中不斷提取。意思是不斷地再次經歷難熬、不愉快的事件。最終進入預算失衡的循環，因為預測失誤被忽略、調低或沒有進入大腦，所以無法打破這個循環。實際上，你被卡在預測沒有訂正的循環，深陷在代謝需要很高的有害過去。

憂鬱的大腦有效地讓自己陷入悲慘。它跟慢性疼痛的大腦一樣忽略預測失誤，但更大規模地讓你停止運作。它會讓你的預算長期舉債，因此你的大腦試圖削減支出。最有效的方法是什麼呢？停止運動，也不要關注世界（預測失誤）。這就是憂鬱時無法消除的疲勞。[34]

如果憂鬱症是長期預算編列錯誤造成的疾患，那麼嚴格來說，它不僅僅是精神疾病，它還是神經、代謝和免疫的疾病。憂鬱症是神經系統的許多交錯部分失去平衡，我們唯有探討整個人、而不是探討像機器零件的單一系統，才能真

---

28. 「理解身體感覺」（make sense of bodily sensations）：參見heam.info/pain-8。「組織沒有受傷或受到威脅」（or threat to your tissue）：參見heam.info/pain-5。「從身體接收誤導資料」（misleading data from your body）：慢性疼痛對傳統人類天性觀點不屑一顧，參見heam.info/pain-6。

29. 「『再也無法忍受』」（no longer be borne）：Styron 2010.

30. 「心理的疾病」（a disease of the mind）：為了比較哪些疾病是「神經」還是「精神」，有位匿名為神經懷疑論者（Neuroskeptic 2011）的神經科學暨部落客，按主題清點了1990到2011年間發表在《神經學》（Neurology）和《美國精神醫學期刊》（American Journal of Psychiatry）的學術論文數量。另外參見heam.info/neurology-1。「你的基因讓你比較脆弱」（your genes make you vulnerable）：某些基因讓你對環境更敏感或更不敏感（Ellis & Boyce 2008）。關於豐富的講座內容，請見Akil 2015。另外參見heam.info/depression-1.

31. 「也不是對每個人都有效」（not effective for everyone either）：Olfson & Marcus 2009; Kirsch 2010。另外參見heam.info/depression-5。「然後在一生當中重現」（and then recur throughout life）：Curry et al. 2011。「戰爭或意外」：Mathers et al. 2008.

32. 「不只是單一的事」（is not just one thing）：這是真的，因為多數的人類現象和特性是由簡並的基因組合造成，即使它們的遺傳商數很高，但組合多變到不太可能對任何一個有詳細的遺傳解釋（涉及它們互相影響的確切基因和機制），意思是，從那個特性觀察到的變化，大多是因為遺傳變異性（Turkheimer et al. 2014）。

33. 「來自身體的實際感覺訊息」（sensory information from you body）：例如，你的肌肉包含能量感應器，會把關於能量使用的回饋送回你的大腦（Craig 2015）。「其他的憂鬱症狀」（or other symptoms of depression）：Barrett & Simmons 2015。「心臟病和癌症」（heart disease, and cancer）：你的新陳代謝在某種程度上控制你的免疫系統；脂肪細胞會分泌促發炎細胞激素（Mathis & Shoelson 2011），意思是肥胖使得慢性發炎加劇。例如，參見Spyridaki et al. 2014.

34. 「規模地讓你停止運作」（scale that shuts you down）：Kaiser et al. 2015。探究憂鬱症患者的腦部時，我們發現符合這個假設的活動和連結性改變，參見heam.info/depression-2.

正了解這個病症。重鬱期的引爆點，可能出自許多不同的來源。你可能長期承受壓力或遭受虐待，尤其是在兒童期，使你隨身攜帶用有害的過去經驗建造的世界模型。你可能出現像慢性心臟病或失眠的身體狀況，導致不良的內感預測。你的基因可能使你對你的環境和每一個小小問題敏感。此外，如果你是生育年齡的女性，內感網絡的連結性在一整個月會隨時間改變，使你在週期中的某些時刻更容易受不愉快的情感、沉思影響，甚至可能有更高風險罹患情感疾患，像是憂鬱症和創傷後壓力症候群。[35]「正面思考」或服用抗憂鬱劑，可能不足以讓你的身體預算回到平衡，或許還必須加上其他的生活型態改變或系統調整。

情緒建構理論指出，我們能藉由打破編列預算錯誤的循環來治療憂鬱症，亦即把內感預測改變成更符合周遭發生的事物。科學家已經找到證明這點的證據。當抗憂鬱劑和認知行為療法開始作用使你感到較不憂鬱時，關鍵的身體預算編列區的活動回到正常程度，內感網絡的連結性也恢復正常。這些改變相符於減少過度預測的想法。我們也能借用更多預測失誤來治療憂鬱症，比如說，請他每天寫下自己的正向經驗，這樣做能減輕體預算的負擔。當然，問題是，沒有哪一種治療對所有人都有用，有些人就是找不到有用的治療方法。[36]

我曾見過最有希望的治療途徑之一，是海倫·馬伯格的開創性研究（第四章），她用電流刺激難治型憂鬱症患者的大腦。她的技術立即緩解憂鬱症的極度痛苦，不過只在電流打開的時候，這時患者的大腦從耗盡心力的內在聚焦切換到外在世界，因此大腦能正常預測和處理預測失誤。希望這些初步但振奮人心的結果，終將使科學家對憂鬱症發展出更持久有效的治療法。至少，這些結果應該有助於讓大家知道，憂鬱症是大腦疾病，而不只是缺少快樂的念頭。

*　　*　　*

焦慮似乎是跟慢性疼痛和憂鬱相當不同的症狀。焦慮時，你會感到擔憂或激動，像是你不知道該怎麼辦，而且通常會感到悲慘。焦慮跟憂鬱形成鮮明的對比，憂鬱使你感到整個人懶洋洋，像是你無法繼續生活，而且通常也感到悲慘，還會伴隨慢性疼痛，這確實是令人相當痛苦。

到目前為止，我們已看到情緒、慢性疼痛、慢性壓力和憂鬱症全都涉及內感網絡和控制網絡。相同的這兩個網絡對焦慮也至關重要。焦慮仍然是一個未解之謎[37]，但有一點似乎確定：它同樣是跨越這兩個網絡的預測和預測失誤的疾患。[38]

對於焦慮症所研究的預測和預測失誤的神經路徑，也是對情緒、疼痛、壓力和憂鬱症所研究的相同路徑。

關於焦慮疾患的傳統研究，立基在老舊的「三重腦」模型，也就是認知控制情緒。他們的假設是，所謂的情緒杏仁核過度活躍，而所謂的理性前額葉皮質無法加以調節。[39] 這個取向仍具有影響力，即使杏仁核不是任何情緒的發源地、前額葉皮質並沒有藏著認知，而且情緒和認知都是全腦建構，無法調節彼此。既然如此，那麼焦慮如何生成呢？我們還不知道所有細節，但有些令人期待的線索。

我推測，焦慮的大腦在某種意義上跟憂鬱的大腦正好相反。憂鬱時，預測被過度調高而預測失誤被過度調低，所以你被牢牢困在過去。焦慮時，這種比喻的調節器卡在允許太多來自外界的預測失誤，而且太多預測都不成功。沒有充分的預測，你就不知道接下來會發生什麼，生活也因此充滿許多擔憂。這就是典型的焦慮症。[40]

---

35. 「機器零件」（the parts of a machine）：在憂鬱症中，失調相當廣泛，參見heam.info/depression-3。「用有害的過去經驗建造」（built from toxic past experience）：Ganzel et al. 2010; Dannlowski et al. 2010。一旦（大鼠的）葡萄糖皮質素基因在幼年時過度表現，大腦路徑就會變得固定，造成一輩子都容易罹患情感疾患，而且更不穩定，即使這些基因在成年時已經關掉（Wei et al. 2012）。有害的過去經驗也會導致在兒童期持續發炎，提高往後罹患憂鬱症或其他疾病的風險（Khandaker et al. 2014）。「環境和每一個小小問題」（environment and every little problem）：有時稱為「神經質」或「情感反應性」，另外參見heam.info/depression-1。「創傷後壓力症候群」（post-traumatic stress disorder）：卵巢荷爾蒙黃體激素的濃度高時風險最大。這可能有助於解釋，為什麼患有情感疾患的女性比例，比男性高了許多（Lokuge et al. 2011; Soni et al. 2013），例如Bryant et al. 2011。另外參見heam.info/women-1.

36. 「內感網絡的連結性也恢復正常」（your interoceptive network is restored）：亦即，膝下前扣帶迴皮質的活動減少，而且它與內感網絡其餘部分的連結性增加，與視丘（攜帶預測失誤信號）的連結性也增加（Riva-Posse et al. 2014; Seminowicz et al. 2004; Mayberg 2009; Goldapple et al. 2004; Nobler et al. 2001）。關於統合分析的回顧，請見Fu et al. 2013。「有些人就是找不到有用的治療方法」（for whom no treatments work）：MaGrath et al. 2014.

37. 在本章，我把所有的焦慮疾患當成同一類來討論（除非有另外指出），因為已知這些疾患有共同原因。多年來，各式各樣的焦慮症被認為有生物學上的區別，但（現在你知道這些應該不會驚訝）它們的症狀側寫卻有大量重疊，因此研究單一疾患卻不考慮其他因素，將會產生誤解。

38. 「對焦慮也至關重要」（critical to anxiety as well）：關於焦慮期間內感和控制網絡的連結性，請見McMenamin et al. 2014。關於焦慮和慢性疼痛之間的相似性，請見Zhuo 2016，以及Hunter & McEwen 2013。此外，符合焦慮經由預測增強疼痛的想法的相關證據，請見Ploghaus et al. 2001。「跨越這兩個網絡」（error across these two networks）：Paulus & Stein 2010。「壓力和憂鬱」（stress, and depression）：例如，Menon 2011; Crossley et al. 2014。就連恐懼和焦慮，都曾被認為是由不同的迴路造成（Tovote et al. 2015）。另外參見heam.info/anxiety-1.

39. 「無法加以調節」（is failing to regulate it）：比較Suvak & Barrett 2011和Etkin & Wager 2007。另外參見heam.info/anxiety-2.

40. 「這就是典型的焦慮症」（That's classic anxiety）：焦慮之後接著憂鬱可能比憂鬱之後接著焦慮更糟，因為後者可以再次開始處理預測失誤。

　　罹患焦慮症的人出於各種原因，造成大腦中內感網絡的幾個關鍵樞紐（包括杏仁核）之間的連結變弱。這些樞紐當中有些也剛好位在控制網絡。這些變弱的連結，很可能轉譯成焦慮的大腦，在做出符合當前環境的預測時顯得笨手笨腳，而且無法有效地從經驗中學習。你可能沒必要地預測了威脅，或是因為預測不精確或一點也不預測而製造了不確定性。此外，當你的身體預算赤字了好一陣子，你的內感輸入會變得比平常更加嘈雜，結果就是你的大腦忽略它們。這些情況使你面臨許多不確定性，還有許多無法解決的預測失誤。相較於確定的危害，不確定會令人更不愉快和激動，因為如果未來是個謎，你就無法做好準備。舉例來說，當人們生了嚴重的病但有絕佳機會痊癒時，他們的生活滿意度反而比那些知道自己的病不會痊癒的人低。[41]

　　根據證據，焦慮像憂鬱一樣，似乎也是以建構情緒、疼痛和壓力的相同方式建構的種類。你在焦慮和憂鬱時感到的悲慘，其實是在告訴你，身體預算出了什麼嚴重的差錯。你的大腦要不就嘗試確保存款，提高不愉快的情感，要不就試圖藉由保持不動來降低存款的需要，結果造成了疲勞。你的大腦或許將這些感覺分類成焦慮、憂鬱，或就此而言的疼痛、壓力或情緒。

　　先說清楚，我的意思不是重度憂鬱症和焦慮症可以彼此互換。我指的是，心理疾病的各個種類都是一群多樣的實例，症狀的某些集合能理所當然地分類成焦慮症、也能分類成憂鬱症。另外還有嚴重性的問題，海倫・馬伯格的一些嚴重憂鬱的患者（像是幾近僵直的那些），顯然沒有被診斷出焦慮症。然而，其他一些身陷痛苦的患者，可能合理地被診斷出焦慮症、慢性壓力，甚至是慢性疼痛。一般來說，中度憂鬱和焦慮的症狀側寫可能彼此重疊，而且跟慢性壓力和慢性疼痛重疊，也跟慢性疲勞症候群重疊。[42]

　　這些觀察回答了在第一章剛開始提到的謎團：為什麼我在研究所進行的實驗，受試者似乎無法區辨焦慮和憂鬱的感受？我們談過的一個原因是情緒粒度：我的受試者中，有些人大概比其他人更能建構細緻合宜的情緒。但現在第二個原因真相大白：「**焦慮**」和「**憂鬱**」是用來分類相似感覺的概念。

　　當我的受試者感到不愉快時，我給他們評分量表來報告自己的感受，但僅限於焦慮和憂鬱。你給人們的度量基準是什麼，他們就會用那個來描述自己如何感受。如果有人感到亂糟糟而你只給他焦慮量表，他會用焦慮的字詞報告自己的感受。他甚至可能開始感到焦慮，因為字詞促發他模擬「**焦慮**」的實例。亦或者，

如果你給他的是憂鬱量表，他會用憂鬱的字詞報告自己的感受，而且同樣可能最終感到憂鬱。這可以解釋我的神秘結果。「**焦慮**」和「**憂鬱**」之類的概念非常多變且可塑性高。[43] 問卷上的字詞可能影響人的分類，就像基本情緒方法用它列出的情緒詞影響知覺。

　　不久之前，我在醫生的診療室遇到類似的事。有段時間我一直感到疲勞而且體重增加，醫生問我：「你憂鬱嗎？」我回答：「嗯，我沒有難過的感受，但我大多時候確實感到累得要命。」他反駁道：「或許你很憂鬱，只是你不知道。」我的醫生沒有意識到不愉快的感受可能有生理原因，就我的例子大概是因為管理上百人的實驗室、為了寫這本書熬夜工作，以及家裡有個青春期的女兒而缺乏睡眠，再加上一點點所謂的更年期。（最後我向他解釋了內感和身體預算。）但重點是：如果他簡單地將我診斷成憂鬱症，他在那一瞬間可能真的讓我產生憂鬱的感受。當然，我很疲倦，而且大概由於一些慢性壓力而有點發炎。如果我沒有反抗，我可能就帶著抗憂鬱劑的處方藥回家，同時相信自己或我的生活因為無法因應而出了什麼嚴重差錯。這個信念可能使我錯誤校準的身體預算更加惡化，如果我開始尋找生活中的問題……只要留意，永遠都找得到某些問題。幸好，我的醫生和我反而是發現身體預算編列問題，並且尋找方法來修復問題。我的醫生沒有意識到這點，但他確實正在共同建構我的經驗。他想建構一個社會現實，而我自己有另一個社會現實。

---

41. 「位在控制網絡」（sit in the control network）：van den Heuvel & Sporns 2013。「有效地從經驗中學習」（to learn effectively from experience）：Browning et al. 2015。「預測不精確或一點也不預測（imprecisely or not at all）」：充斥著預測失誤的大腦並不總是焦慮，仔細想想嬰兒的燈籠注意力（第六章），或當新奇和不確定性是愉快的時候（例如跟新戀人碰面），參見如Wilson et al. 2013。參見heam.info/anxiety-3。「你的大腦忽略它們」（your brain ignores them）：Damasio & Carvalho 2013; Paulus & Stein 2010。「無法解決的預測失誤」（error that you can't resolve）：具體來說，是將預測失誤用作「教學信號」（McNally et al. 2011; Fields & Margolis 2015）。「知道自己的病不會痊癒」（know their disease is permanent）：重大手術（大腸造口）過後六個月，知道造口有可能失敗的人，生活滿意度比那些永久失能的人低（Smith et al. 2009）。「希望」可能是殘忍的情人。

42. 「也跟慢性疲勞症候群重疊」（also with chronic fatigue syndrome）：澄清一下，我不是說憂鬱和和慢性疼痛是相同的現象，我說的是它們有一組共同原因。長久以來都在爭辯，某些慢性疼痛症候群是否獨立於憂鬱，而不是憂鬱的表現。過去，這場辯論向來被訂定為「全都在你的腦袋裡」版本，其中假設，沒有組織受傷卻自發經驗的疼痛是心理疾病的徵象。這一連串的爭論假設，憂鬱僅僅是心理疾病，但根據現代的神經科學，這個歷史區別沒有意義。憂鬱症和慢性疼痛都能視為具有代謝和發炎根源的神經退行性腦疾病。有些處方藥能成功減少某些憂鬱，但無法降低慢性疼痛（或相反過來），這個事實並不表示兩者屬於不同的生物種類，因為憂鬱症有簡並性的原因。此外，不是每個憂鬱症患者（亦即這個種類的多變成員）都能用相同的藥物成功治療（亦即變異才是常態）。相同的邏輯，大概也適用於任何種類的慢性疼痛。

43. 「非常多變且可塑性高」（are highly variable and malleable）：Barrett 2013.

*　　　*　　　*

來自外界的預測失誤支配了預測時，你可能會感到焦慮。如果假設你根本從不預測，那會發生什麼呢？

一開始，你的身體預算會亂七八糟，因為你無法預測你的代謝需要。你很難把來自視、聽、嗅、內感、痛感和他感覺系統的感覺輸入，結合成緊密的整體。因此你的統計學習會受到損害，使你難以學習基本概念，甚至很難從不同的角度認出同一個人。許多事物都會在你的情感棲位之外。如果你是處於這種情況的嬰兒，你最有可能對其他人類興趣缺缺，你不再看照顧者的臉，這使他們更難調節你紊亂不堪的身體預算，由此斷了人際之間的重要羈絆。你在學習社會現實的純粹心智概念上也會遇到麻煩，因為它們是用字詞學習，但是你對人類不感興趣，所以你大概很難學習語言。你永遠都發展不出適當的概念系統。

到最後，你的感覺輸入永遠含糊不清，幾乎沒有概念能幫助你理解它們。你隨時都感到焦慮，因為無法預測感覺。實際上，你的內感、概念和社會現實全都徹底崩潰。畢竟為了學習，你需要你的感覺輸入非常一致、甚至模式化，變化盡可能越小越好。我不知道你怎麼想，但對我來說，這個症狀集合聽起來就像自閉症。[44]

顯然，自閉症是極其複雜的狀況，這方面的研究領域相當廣泛，不是幾句話就能總結。自閉症的表現變化多端，這個名詞被用在各類多樣且複雜原因的症狀中。我想說的只是：自閉症是一種預測失調的可能性令人好奇。[45]

自閉症患者所描述的親身經驗跟這個想法一致。最知名且坦率的自閉症患者天寶‧葛蘭汀（Temple Grandin），清楚地寫下她的缺乏預測和她壓倒性的預測失誤。她在〈自閉症的內心世界〉（An Inside View of Autism）文中寫道：「突然的轟天巨響刺痛我的耳朵，就像牙醫的鑽子敲打神經。」葛蘭汀精彩描述自己如何奮力地形成概念：「當我還小的時候，我用區分動物的體型大小來分類狗和貓。在我的鄰居養臘腸狗以前，我家附近的狗全都很大隻。我還記得，當時我看著小小的狗，試圖弄清楚為什麼牠不是貓。」13歲時寫了《我想變成鳥，所以跳起來》（The Reason I Jump）的自閉症男孩東田直樹（Naoki Higashida），提到自己對分類的努力：「首先，我掃瞄我的記憶來找出最接近現在發生什麼的經驗。當我找到足夠接近的配對時，我的下一步是嘗試回想上次我說了什麼。如果幸運，

我會偶然發現可用的經驗，然後一切安好。」[46] 換句話說，因為缺乏適當運作的概念系統，東田必須很努力才做得到其他大腦自動做到的事。

現在也有其他的研究者推測，自閉症是預測失敗。有些人相信，造成自閉症的主因是控制網絡的功能失調，因此產生各個情境都太過獨特的世界模型。另有些人將問題視為名叫催產素的神經化學物質不足，導致內感網絡出現問題。我猜想，自閉症不只是一個網絡問題，而是有好多不同的可能性——這要歸因於簡並性。事實上，自閉症具有神經發展疾患的特徵，它的遺傳學、神經生物學和症狀都存在著極大變數。我推測，問題始於身體預算編列迴路，因為它從一出生就存在，而且所有統計學習都立基在身體預算調節（第四、五章）。迴路的變動會改變大腦發展的軌跡。[47] 若是預測的大腦沒有裝備齊全，你就任由你的環境擺佈。當神經系統為了大腦組織的代謝效率更高而最佳化時，你的大腦會任由刺激和反應驅動。這或許能解釋自閉症患者的經驗。

＊　　　＊　　　＊

現在你已經了解，幾種值得注意的嚴重疾患，可能全都跟你的免疫系統有關，在你的預測大腦中，免疫系統把心理和身體健康連在一起。當壞的預測沒有受到檢查時，可能導致長期的身體預算失衡，由此促成大腦發炎，在惡性循環中更進一步地毀壞你的內感預測。建構情緒的相同系統，也能以這樣的方式促成疾病。

我不是說身體預算舉債是所有心理疾病的單一成因，我也沒有暗示重新平衡預算就一定可以治癒。我的意思只是，感謝新的人類天性觀點，讓我們能了解傳統上被視為個別的疾病，其實有身體預算這個共同因素。

當你有太多的預測但沒有被足夠訂正時，你會感到很糟，至於是哪一種糟則取決於你使用的概念。量少時，你可能感到生氣或丟臉。極大量時，你會患上

44.「症狀集合聽起來就像自閉症」（symptoms sounds just like autism）：自閉症的診斷症狀跟我的描述一致，參見 heam.info/autism-1.

45.「多樣且複雜原因」（have multiple, complex cause）：Jeste & Geschwind 2014。另外參見heam.info/autism-2.

46.「〈自閉症的內心世界〉」（An inside View of Autism）：Grandin 1991。「『為什麼牠不是貓』」（why she was not a cat）：Grandin 2009。「『然後一切安好』」（and all is well）：Higashida 2013.

47.「預測失敗」（is a failure of prediction）：Van de Cruys et al. 2014; Quattrocki & Friston 2014; Sinba et al. 2014。「大腦發展的軌跡」（the trajectory of brain development）：相關討論，請見heam.info/autism-3.

慢性疼痛或憂鬱症。相較之下，感覺輸入和無效預測太多則會產生焦慮，極大量時，你可能罹患焦慮症。若是完全沒有預測，你可能有類似自閉症的症狀。

這些疾患似乎全都根源於預算編列錯誤。現在，請跟著我想像一下，年輕人可能發生預算長期透支的無數情況。明顯的虐待和有意的忽視當然名列其中，但蜂擁而來的大量瑣事也有可能。從電視、電影、影片和電腦遊戲看到接連不斷的暴力。從流行音樂聽到，以及在同儕打招呼說「嘿，婊子」時，若無其事地模仿不堪入耳的語言。（這是友善的問候、羞辱，還是威脅呢？）玩笑式的霸凌越來越多，因為電視上的人在罐頭笑聲的配音下對彼此說著可怕的話。[48] 除此之外，簡訊和某些社交媒體提供了幾乎沒有上限的社交拒絕機會，加上睡眠和運動不足，再加上營養品質堪慮的偽食物過多……然後你得到了製造長期預算編列錯誤的新一代成年人的文化配方。

長期預算編列錯誤的不幸，可能是美國為處於鴉片類藥物危機之中的一個原因嗎？[49] 大腦的天然類鴉片因為調節情感（不是痛感）而降低疼痛，鴉片類藥物就是模仿這些效果，這或許能解釋它們的普遍濫用。從1997到2011年，處方藥物成癮的美國成年人數量增加了900%。另有許多人訴諸海洛因、安非他命和其他毒品來減少痛苦。我們也知道，人口中有極大比例睡眠不足、飲食不良，或是沒有規律運動。有了鴉片劑藥物，人們很可能自行用藥，治療身體預算長期失衡引發的不適。他們一開始出於各種理由服用鴉片劑，但後來一直使用、甚至濫用的原因，我猜想是為了調節紊亂的情感，讓自己能好過一點。他們的身體預算太過混亂，以至於大腦的天然類鴉片無法做好自己的工作。

長期預算編列錯誤的悲慘，也可能藉由食物暫時降低，這些食物會刺激同樣對鴉片類藥物反應的某些大腦受器。在大鼠的實驗中，這種刺激使得大鼠猛吃高醣食物，即使牠們一點也不餓。在人類身上，吃糖會觸發大腦的類鴉片產量增加。因此，吃垃圾食物或白麵包，真的會讓人**感到心情好**。怪不得我喜愛脆皮的法國麵包。此外，糖實際上可能充當溫和的止痛劑。因此，當人們談論我們的社會對糖上癮時，他們可能說得沒錯。[50] 所以如果有人把高醣食物當作藥，以便管控情感和感到更好，我一點都不會驚訝。嗨，肥胖流行病。

身體預算失衡的公民人口，不只是在健康照護上花費了數十億美元，還消耗了人們自己的幸福感、人際關係，甚至是寶貴的生命。研究這些疾病的人，開始放棄創造「焦慮」、「憂鬱」和「慢性疼痛」等種類的本質主義，轉而期待共

同的潛在因素。[51] 如果我們能在共同因素的表單中加進內感、身體預算平衡與情緒概念，我想我們對於防治這些令人衰弱的疾患將取得更大的進展。在此同時，你對這些共同因素的知識，或許有助於你防止疾病，並且更有效地跟你的醫生溝通。

　　我們全都巍巍顫顫地走在世界和心智之間、自然與社會之間的鋼索上。曾被視為純粹心智的許多現象（憂鬱、焦慮、壓力和慢性疼痛），實際上可以用生物學的術語解釋。而被認為純粹生理的其他現象（例如疼痛）其實也是心智的概念。若想有效創建自己的經驗，你必須將物理現實和社會現實區別開來，絕對不要彼此混淆，同時還得了解，這兩者會一直緊緊交纏。

---

48. 「在罐頭笑聲的配音下」（sound of a laugh track）：現在有大量證據顯示，兒童和青少年從媒體學到身體和關係攻擊（Anderson et al. 2003）。在抽樣的節目中，情境喜劇（無論收視對象是兒童或一般觀眾）有超過90%內含某些攻擊，實境秀則有71%（Martins & Wilson 2011）。在2歲到11歲兒童間最受歡迎的50個電視節目中，每集平均每小時有14個不同的關係攻擊事件，或每四到五分鐘就有一個（Martins & Wilson 2012a）。在青少年（10到12歲左右）情境喜劇中，如果演出的人很可愛，青少年會覺得關係和身體攻擊很有趣（而不是令人不安）；此外，青少年報告他們更有可能自己模仿攻擊（Martins et al.，印行中）。在更小的學齡兒童中（幼稚園大班到5年級），女孩從電視上看到後，更有可能在學校模仿關係攻擊（Martins & Wilson 2012b）。最令人擔憂的是，這些節目通常把受害者描寫成不會經歷痛苦，尤其是實境秀（Martins & Wilson 2011）。電視節目影響的不只是兒童和青少年如何表現，還會影響他們對他人的預期。例如，看過一個角色以身體或關係攻擊傷害另一個角色的節目片段後，兒童更有可能預測他人有敵意（Martins 2013）。

49. 「處於鴉片類藥物危機之中」（midst of an opiate crisis）：Kolodny et al. 2015.

50. 「牠們一點也不餓」（when they are not hungry）：Mena et al. 2013。「充當溫和的止痛劑」（act as a mild analgesic）：Mysels & Sullivan 2010。「可能説得沒錯」（might not be far off）：Avena et al. 2008.

51. 「共同的潛在因素」（common underlying factors instead）：這些觀察使得「美國國家心理衛生研究院」（National Institute of Mental Health，NIMH）徹底修改自己的科學取向，他們的作法令人聯想到情緒建構理論。現在，科學家不再將不同名字的疾病視為各自具有清楚明確的本質，而是將每一個都看作充滿變化的種類，並且尋找共同的潛在原因（NIMH 2015）。

第十一章

情緒和法律

　　哪些情緒可被接受，何時可接受，以及該如何表達，每個社會都有自己的規則。在美國文化中，有人過世時感到哀傷是恰當的，但在下葬時咯咯地笑就不恰當。[1] 驚喜派對是讓人感到驚訝和喜悅，如果你事先知道為你辦的這場派對，在你到達時裝出驚喜是合適的。菲律賓的伊朗革族人在集體獵敵人的頭、慶祝工作順利完成時，或許會感受到liget（化悲憤為力量）。

　　如果違反你文化的社會現實的規則，你可能會受到懲罰。葬禮上的笑聲可能讓人對你避之唯恐不及。在你自己的驚喜派對上沒有出現驚喜，可能會讓賓客失望。此外，多數文化已不再重視獵人頭。

　　任何社會的最終情緒規則，都是由法制系統確定。[2] 這個主張或許看似令人驚訝，但請仔細想想這點。在美國，如果你的會計師偷了你一生積蓄，或是銀行員賣給你不良抵押，為此殺死他們是不被接受的；但如果你因為配偶偷情而在怒火攻心下殺了對方，法律或許會網開一面，尤其是對男性。讓你的鄰居害怕你會攻擊他是不被接受的，但某些州有「不退讓法」，如果感到人身安全受到威脅，你可以先出手，甚至殺了這個人。公開承認談戀愛可被接受，但（在美國歷史的不同時期）戀愛對象是同性或膚色不同就不被接受。違反這些規範，你可能失去你的金錢、你的自由，或是你的生命。

　　幾個世紀以來，美國的法律一直受到傳統情緒觀點影響，充斥著本質主義的人類天性觀點。例如，法官試圖拋開情緒，憑藉純粹的理性做出判決，這種信念假設，情緒和理性是兩個不同的實體。暴力的被告辯稱自己被憤怒挾持，假設憤怒是單獨一個大汽鍋，如果沒有清晰的思考加以約束，不受控的憤怒泡泡就會傾洩而出。陪審團在被告身上尋找懊悔，就好像懊悔是可以從臉部或身體偵測的單一表達。專家證人作證，被告的惡劣行為是由一個錯誤的大腦斑塊造成，這是毫無根據的斑塊學例子。

　　法律是存在於社會世界的社會契約。你對自己的行為負責嗎？本質主義的人類天性觀點說，是的，只要你沒有被你的情緒強行攻佔。其他人要對你的行為負責嗎？不用，你是具有自由意志的個體。[3] 你如何裁定被告的感受是什麼呢？藉由偵測他（她）表達的情緒。你如何做出公正、道德的判決呢？藉由拋開你個人的情緒。傷害的性質是什麼呢？身體傷害（亦即組織受傷）比情緒傷害更嚴重，情緒傷害被認為獨立於身體而且較不明顯。源於本質主義的這些假設，全都隱身在法律的最深處，驅使人們做出有罪和無罪的裁決並廣泛地用於量刑，即使神經科學一直在暗中戳破這個神話。

　　簡單地說，有些人受到不應得的懲罰，另有些人逃過懲罰，依據的就是根源於信念而非科學的過時心智理論。在本章，我們將探討在法制系統中關於情緒的一些常見迷思，並且提問更強調生物學的心智理論（特別是立基於真實神經科學的理論）能否增進社會對正義的追求。

＊　　　＊　　　＊

　　正如每個剛進入青春期的人所發現，自由很了不起。你能決定跟朋友夜宿在外，你能決定不做回家功課，你能選擇吃蛋糕當晚餐，但我們也全都知道，選擇會伴隨後果。法律建立在一個簡單的想法：你能選擇對別人好或不好。選擇會賦予責任。如果你對他人不好，結果他們遭受某些傷害，那你必須受到懲罰，特別是如果你蓄意造成傷害。[4] 這就是社會如何表達尊重作為個體的你。有些法律學者說，你身為人的價值，根源於你選擇自己的行為並且對它們負責。

　　法律假設，如果有什麼干擾了你自由選擇行為的能力，你對你所造成的傷害可能不用負那麼大的責任。就拿戈登‧派特森（Gordon Patterson）的案件來說，

---

1. 「在下葬時咯咯地笑就不恰當」（is lowered into the ground）：除非你是丹‧韋格納（Dan Wegner），他是社會心理學家，也是我的好朋友。2013年，他在勇敢地對抗肌萎縮性側索硬化症（amyotrophic lateral sclerosis，ALS）後離世。應他要求，在他的追悼會上，講者要戴著附著假鼻子和假眉毛的滑稽塑膠眼鏡。

2. 我在本章的評論僅限於美國的法制系統，不過在其他國家的法制系統或許也行得通。所有像是「法律」和「法制系統」等措辭都參照美國用法。

3. 「對自己的行為負責嗎」（responsible for your actions）：你對刑事訴訟負有法律責任，但不一定負有民事訴訟或過失訴訟（像是專業過失）責任，這方面的法律規定對另一個人的責任、對責任的失職、近因或法律原因，以及應予賠償傷害等等。「具有自由意志的個體」（an individual with free will）：有個例外可能是「挑釁言論」，意思是對方說的某些言語太過冒犯，以致你有正當理由傷害說話的人。

4. 「如果你蓄意造成傷害」（if you intended that harm）：法律區別行為、意圖和動機，參見heam.info/harm-1.

他逮到自己的妻子蘿貝塔（Roberta）「衣衫不整地」跟男朋友約翰‧諾思魯普（John Northrup）在一起。派特森朝諾思魯普的頭射了兩槍，當場殺死了他。派特森承認自己開槍，但他辯稱由於自己在犯罪當時處於「極端的情緒混亂」，所以應該從輕發落。[5] 根據美國法律，派特森突如其來的暴怒造成他無法完全控制自己的行為，因此他被判二級謀殺罪，而不是預謀犯罪且處以更嚴厲刑罰的一級謀殺罪。換句話說，在其他所有條件都相等的情況下，理性殺人被認為比激情殺人更惡劣。

美國法制系統假設，情緒是我們所謂的動物天性的一部分，造成我們做出愚蠢、甚至暴力的行為，除非我們用理性思考控制它們。幾百年前，法律思維決定人在被激怒時，有時會因為還沒有「冷靜下來」而殺人，憤怒自發地會大爆發。憤怒升溫、沸騰、爆炸，留下它破壞的痕跡。憤怒使人無法遵守法律，因此減輕部分一個人對自己行為的責任。[6] 這種論點被稱為**激情**辯護。

激情辯護仰賴的是出自傳統情緒觀點的某些熟悉假設。第一個假設是，世上有種具有特定指紋的普世憤怒，足以成為謀殺指控的正當辯護理由。這種憤怒大概包括臉頰泛紅、牙關緊咬、鼻翼外張，還有心跳加速、血壓上升和汗流不止。誠如你已知道的，所謂的指紋不過是西方文化的刻板印象，並沒有資料佐證。一般來說，人的心跳速率在生氣時會增加，但其中的變異極大，而快樂、悲傷和恐懼的刻板印象也有部分是類似的增加。[7] 然而，多數謀殺不是出於快樂或悲傷，就算真的是，法律也不會把這些情緒橋段視為減刑的因素。

此外，憤怒的多數實例並沒有導致殺戮。我可以相當肯定地說，在我實驗室製造憤怒的20年間，我們從未看過受試者殺掉任何人。我們看過各式各樣的表現：流汗、威脅、敲打桌子、離開房間、哭泣、試圖解決他們遭遇的任何衝突，甚至是邊詛咒壓迫者邊微笑。[8] 因此，憤怒觸發失控謀殺的想法，充其量只是值得懷疑。

當我向法律同業解釋憤怒不具有生物指紋時，他們通常以為我主張的是情緒並不存在。我完全不是這個意思。憤怒當然存在。你只是無法在被告的大腦、臉部或心電圖中指著一個點說，「看，憤怒就在這裡」，更別說是得出法律結論。

在法制系統中，激情辯護背後的第二個假設是，大腦中的「認知控制」是理性思考、謹言慎行、和自由意志的同義詞。如果要將你定罪，光是你做出危害的行為（法律術語稱做「犯罪行為」〔*actus reus*〕）並不足夠。你還必須有意地這麼

做。你帶著「犯罪意圖」（*mens rea*），對自己的自由意志造成傷害。另一方面，情緒被視為快速、自動觸發的反應，從你古老的內在野獸猛然噴出。人類心智被認為是理性和情緒的戰場，因此當你的認知紀律鍛鍊不足時，據說情緒就會突然衝出來劫持你的行為。它們會干擾你選擇了什麼行動，因此你的罪責就比較少。情緒是人類天性原始部分（受到更高級且獨特的人類理性部分控制）的這種敘事，就是「三重腦」迷思（第四章），根源可一路追溯到柏拉圖。

　　認知和情緒之間的區別，取決於它們在大腦中所謂的分離，其中一個可以調節另一個。故事是這樣的，你的情緒杏仁核暗中窺探沒人看管的收銀機，但接著你理性地考慮這麼做可能會坐牢，這會造成你的前額葉皮質猛踩煞車，阻止你把手伸進收銀機的抽屜。但誠如你目前已知，思考和感受在大腦中沒有清楚區別。你對眼前現金的渴望和你放棄這麼做的決定，都是由交互作用的網絡在你整個大腦中建構出來。每當你執行一個動作，無論是感到自動（像是把一個物體認成槍）、或比較深思熟慮（像是瞄準一個人），你的大腦永遠都有好幾個彼此競爭的預測，以此來決定你的行動和經驗。

　　在不同時候，你會有不同的主體經驗。情緒有時可能感到無法控制，像是毫無預警的突然暴怒，但你也可能故意生氣，井井有條地策劃除掉某人。此外，記憶或想法之類的非情緒，也可能沒來由地在你腦海中冒出來。然而，我們從來沒聽說過「突發奇想」犯下謀殺的被告。

　　你甚至能故意激出自己的憤怒。被控大宗謀殺犯（2015年6月在南卡羅來納州的一場查經聚會中槍殺了9人）的迪倫・羅夫（Dylann Roof），似乎在他走進教堂那天的前幾個月，就一直刻意培養對非裔美國人的憤怒。羅夫說，他幾乎無法完成自己的計畫，因為每個人都對他十分友善，他似乎用一再複誦「我不得不這麼做」和「你們必須死」這類的話，激出自己令人髮指的行徑。[9] 因此，總而言之，

<hr />

5. 「在犯罪當時」（the time of the crime）：判例People v. Patterson，39 N.Y.2d 288 (1976).

6. 「留下它破壞的痕跡」（of destruction in its path）：Kahan & Nussbaum 1996; Percy et al. 2012。關於精彩的比喻，請見Lakoff 1990。「一個人對自己行為的責任」（person's responsibility for his actions）：有些法律學者承認，情緒可能不是背離理性，反而是理性的一種形式，參見heam.info/rational-1.

7. 「悲傷和恐懼」（sadness, and fear）：Siegel et al.，審核中。

8. 「邊詛咒壓迫者」（wishing ill upon their oppressor）：Kuppens et al. 2007.

9. 「故意激出自己的憤怒」（deliberately into a frothing anger）：Kim et al. 2014。知道何時會生氣，就是情商的關鍵面向（Ford & Tamir 2012）。另外參見heam.info/anger-2「『你們必須死』」（You have to go）：Zavadski 2015; Sanchez & Foster 2015.

情緒的瞬間並不等同於你失控的瞬間。

　　憤怒是一群多樣的實例，不是這個詞彙真正意義的單一自動反應。情緒種類、認知、知覺和其他類型的心智事件也全都如此。似乎像是你的腦中有個快速、直觀的過程，還有一個比較慢的審慎過程，前者更像情緒，而後者更像理性，但這個想法在神經科學或行為的基礎上都站不住腳。在建構的過程中，有時你的控制網絡扮演重要角色，另有時候它的角色不太重要，但它永遠都有戲份，而戲份不重時，也不一定是情緒。[10]

　　除了本質主義的常見理由，還有什麼原因讓虛構的二分系統大腦繼續存在？因為多數的心理學實驗不經意地讓這個虛構想像持續不墜。在現實生活中，你的大腦毫不間斷地預測，各個大腦狀態都依賴自己之前的狀態。但實驗室的實驗打破了這個依賴性。受試者看或聽隨機出現的影像或聲音，然後加以反應，比如說按下按鈕。這樣的實驗，擾亂了大腦的自然預測過程。得到的結果看似受試者的大腦做出快速自動的反應，接著經過大約0.15秒後做出受控的選擇，就好像是這兩個反應出自大腦的不同系統。[11]二分系統大腦的錯覺是百年來實驗設計不良的副產品，我們的法律則維護了這個錯覺。[12]

　　法制系統帶著本質主義的心與腦（mind and brain）觀點，把意志（你的大腦在控制你的行為上是否實際發揮作用）和意志的**覺察**（你是否經驗到自己有選擇）混為一談。神經科學對於之間的區別有不少說法。如果你坐在椅子上把腿彎起、腳趾離開地板，然後輕敲你的膝蓋骨下方，你的小腿會微微翹起。把手放在火焰上，你的手臂會快速縮回。向你的眼裡吹氣，你會眨眼。前述各個例子都是反射：感覺直接導致行動。周邊神經系統的反射已將感覺神經直接串連到運動神經元。我們將產生的行動稱為「不自主」，因為直接串連導致特定的感覺刺激只會出現獨一無二的特定行為。[13]

　　然而，你的大腦並非像反射那般串連。如果它是這樣，你就會任憑世界處置，好像海葵反射地刺向任何碰巧輕拂到牠觸手的魚。海葵接收來自外界輸入的感覺神經元，直接連結到表現運動的運動神經元。其中沒有意志（volition）。

　　人類大腦的感覺和運動神經元透過名為「**聯合神經元**」（association neuron）的中介進行溝通，它們讓你的神經系統擁有卓越非凡的能力：決策判斷。[14]聯合神經元接收來自感覺神經元的信號時，它的可能行動不是一個，而是兩個。它可能刺激**或抑制**運動神經元。因此，相同的感覺輸入在不同狀況下，可能產生不同

的結果。這是選擇的生物基礎，也是人類最珍貴的財產。多虧有了聯合神經元，當魚輕拂到**你的**皮膚時，你可能出現無動於衷、大笑、嚇得要命或之間的任何反應。有時你可能覺得自己像是海葵，但你對魚叉的控制遠比你以為的高出許多。

　　協助你選擇行動的大腦控制網絡，是由聯合神經元組成。這個網絡永遠參與其中，主動選擇你的行動，只是你沒有隨時隨地都感到控制。換句話說，你的控制經驗就是：一個經驗。[15]

　　法律和科學會在此脫節，都要感謝傳統的人類天性觀點。法律把審慎選擇（自由意志）定義成你是否**感到**控制你的想法和行動。法律無法區辨選擇的能力（控制網絡的作用）和選擇的主觀經驗，但它們兩個在腦中是不一樣的。[16]

　　科學家仍在試圖釐清大腦如何創造控制的經驗。但有件事已經確定：把「缺乏控制覺察的時刻」標記成情緒並沒有科學依據。[17]

　　這一切對法律有什麼意義？請記住，法制系統根據意圖（某人是否有意犯下傷害）判決有罪或無罪。法律的刑罰應該繼續根據有意傷害的程度，而不是根據是否涉及情緒、或一個人是否感到自己作為意志的主體。

　　情緒不是理性的暫時偏離。它們不是未經你的同意就侵略你的外來力量，它們不是留下滿目瘡痍的海嘯，它們甚至不是你對世界的反應，它們是你對世界的建構。情緒實例並沒有比想法、知覺、信念或記憶更不受控制。實際情況是，你建構許多知覺和經驗，而且表現許多行為，有些你控制得多、有些則否。

---

10. 「戲份不重時，也不一定是情緒」（times are not necessarily emotoinal）：Barrett et al. 2004。另外參見heam.info/control-1.

11. 「大腦的不同系統」（distinct systems in the brain）：Cisek & Kalaska 2010.

12. 如果更挖苦地說，我還認為「二分系統大腦」是作為方便的替罪羔羊存在，這樣我們就可以把自己的不良行為，歸咎於大腦的動物、情緒部分。

13. 「直接串連導致」（due to the direct wiring）：事實上，就好像是有一個運動動作。許多稍微不同的運動動作，都能執行來表現相同的行為，因為運動動作是簡並的。關於有用的總結，請見Anderson 2014, Interlude 5。另外參見Franklin & Wolpert 2011.

14. 「決策判斷」（decision-making）：Swanson 2012，延續George Howard Parker（1919）和神經科學家暨諾貝爾得主Santiago Ramon y Cajal（1909 - 1911）。另外參見heam.info/association-1.

15. 「就是：一個經驗」（jus that – an experience）：無論你有沒有察覺，你的控制網絡永遠都主動參與，參見heam.info/control-2.

16. 「你的想法和行動」（of your thoughts and actions）：控制感受被定義為「覺察」（你能報告或反思自己的控制企圖）、「主體性」（你經驗到自己作為控制的主體）、「努力」（你經驗到過程需要努力），以及「控制」（你察覺到自動過程正在發生，而且有動機對抗它們），參見heam.info/control-3.

17. 「控制的經驗」（the experience of having control）：我猜想，大腦就像創造任何其他經驗一般，創造控制的經驗：你有個「**主體**」概念，你用它來作為一堆感覺的預測。關於類似的回顧，請見Graziano 2013.

＊　　　＊　　　＊

法制系統有個代表社會規範的標準，亦即文化中的社會現實，名為「**理性人**」（reasonable person）。被告是根據這個標準量刑。仔細想想激情辯護核心的法律論點：如果一個理性人被同樣激怒且沒有冷靜的機會，是否會犯下相同的謀殺？

理性人的標準及其背後的社會規範，不僅僅反映在法律中，根本是由法律創造。就好像說：「這是我們期待一個人的所作所為，如果你不遵守就會被我們懲罰。這是一種社會契約，指導一群多樣個體中的平均一般人如何表現。就像所有的平均一樣，理性人也是虛構的，無法確切應用到任何單一個體。它是一種刻板印象，涵蓋關於情緒「表達」、感受和知覺的刻板想法，屬於傳統情緒觀點和支持它的人類天性理論的一部分。

基於情緒刻板印象的法律標準，在平等對待男性和女性方面特別有問題。許多文化的普遍信念是，女性比較感性和富有同理心，而男性比較善於克己和分析。書店裡滿是將種刻板印象描繪成事實的暢銷書：《女性大腦》（*The Female Brain*）、《男性大腦》（*The Male Brain*）、《他的腦、她的腦》（*His Brain, Her Brain*）、《本質差異》（*The Essential Difference*）、《腦內乾坤》（*Brain Sex*）、《釋放女性大腦的力量》（*Unleash the Power of the Female Brain*）等等。這種刻板印象甚至影響了廣受尊重的有權女性馬德琳·歐布萊特（Madeleine Albright），她是美國史上第一位女性國務卿。歐布萊特在自己的回憶錄中寫道：「我的許多同事讓我覺得自己太過感性，而我一直努力克服這點。終於，我學會在討論我認為重要的議題時，保持聲音平淡和不帶情緒。」[18]

現在請花點時間反思自己的情緒。你傾向強烈還是比較適中地感受事物呢？當我們在實驗室問男女受試者這些類型的問題，請他們根據記憶描述自己的感受時，平均而言女性報告的情緒感受比男性多。也就是說，女性相信自己比男性更感性，男性也同意這點。有個例外是生氣，因為受試者相信男性更容易生氣。然而，當同一批受試者記錄自己日常生活中發生的情緒經驗時，結果並沒有性別差異。有些男性和女性非常感性，有些則不。同樣的，女性大腦不是天生為了情緒或同理心串連，男性大腦也不是天生為了克己或理性串連。[19]

這些性別刻板印象來自哪裡呢？至少在美國，相較於男性，女性通常「表

達」更多情緒。例如，看電影時，女性運動的臉部肌肉比男性多，但在觀看時，女性自己沒有報告更強烈的情緒經驗。[20] 光就這個發現，或許能解釋為什麼克己男性和感性女性的刻板印象滲入法庭，對法官和陪審團造成重大影響。

因為這些刻板印象，男性被告和女性被告所用的激情辯護（和一般的法律訴訟）往往不同。仔細想想以下兩件除了被告的性別，其他全都非常類似的謀殺案件。[21] 在第一個案件中，有個名叫羅伯·艾略特（Robert Elliott）的男性被控殺害自己的哥哥，據說是因為「極端的情緒混亂」，其中包括「對哥哥害怕得不得了」。陪審團判他謀殺罪，但康乃狄克州的最高法院引用艾略特對哥哥的「強烈感受」摧毀他的「自我控制」和「理性」，推翻了這個判決。在第二個案件中，有個名叫茱蒂·諾曼（Judy Norman）的女性在遭受丈夫多年家暴和虐待後殺死了他。北卡羅萊納州的最高法院駁回辯方主張的，諾曼出於「合理害怕迫近的死亡威脅或嚴重身體傷害」做出自我防衛，她仍然被判非預謀故意殺人罪。

這兩個案件都符合男女情緒的幾個刻板印象。在刻板印象中，男性生氣很正常，因為他們應該是侵略者。女性則應該是受害者，好的受害者不該生氣，她們應該害怕。女性因為表達生氣而受到懲罰，她們會失去尊重、薪俸，甚至是她們的工作。每當我看到精明的男性政治人物用「憤怒的潑婦」攻擊女性對手時，我都當它是這位女性一定真正實力堅強的反諷標記。[22]（我還沒遇過成功的女性在成為領導者以前，從未被當作是「潑婦」。）

在法庭上，像諾曼女士這樣的憤怒女性，失去了她們的自由。事實上，在家暴案件中，同樣是殺害自己的親密伴侶，殺人的男性被判的刑比女性短和輕，被

---

18. 「善於克己和分析」（are more stoic and analytical）：更多關於男女情緒的刻板印象，請見heam.info/stereo-1。「『我認為重要的議題』」（that I considered important）：Albright 2003。另外參見heam.info/albright-1.

19. 「沒有性別差異」（there are no sex difference）：Barrett et al. 1998。「天生為了克己或理性串連」（hardwired for stoicism or rationality）：神經科學證據指出，「男性大腦」和「女性大腦」是個迷思，參見heam.info/stereo-2.

20. 「更強烈的情緒經驗」（experiences of emotion while watching）：Kring & Gordon 1998; Dunsmore et al. 2009。實際上，女性一般只是運動臉部肌肉更多，因此她們不是真的「表達」更多（Kelly et al. 2006）。此外，在測量臉部肌電圖的研究中，發現性別差異的研究數量跟沒有發現差異的研究一樣多（Barrett & Bliss-Moreau 2009b）。

21. 「被告的性別」（the sex of the defendant）：Kahan & Nussbaum 1996.

22. 「應該是侵略者」（are supposed to be aggressors）：Tiedens 2001。「她們應該害怕」（they're supposed to be afraid）：即使所有的哺乳動物遇到威脅都會攻擊，這個信念依然存在，參見heam.info/attack-1。「甚至是她們的工作」（and perhaps even their jobs）：Brescoll & Uhlmann 2008; Tiedens 2001。「真正實力堅強」（be really competent and powerful）：希拉蕊·柯林頓也是一個例子，參見heam.info/clinton-1.

控的罪也沒有女性嚴重。[23] 行兇的丈夫只是表現得像個典型的丈夫，但行兇的妻子就不是典型的表現，因此她們很少能免除罪責。

家暴的受害女性是非裔美國人時，情緒刻板印象甚至更糟。美國文化中的典型受害者是恐懼、被動而且無助，但在非裔美國人社群中，女性有時會強力捍衛自己不受施虐的丈夫侵害，因而違反這個刻板印象。[24] 她們的反擊，增強了另一個女性情緒刻板印象——「憤怒的黑女人」，這種刻板印象在美國法制系統中也很普遍。這些女性更有可能本身被控家暴，即使她們的行為是出於自我防衛，也沒有最初受到的侵害那麼嚴重。（「不退讓法」在這裡就不管用！）如果她們傷害或殺死被指控的施虐者，她們的遭遇往往比相同處境的白人女性更差。

我們可以看看非裔美國女性珍·班克斯（Jean Banks）的案件，多年來她一直被同居人毆打，有時嚴重到需要進醫院，後來她刺死了這個同居人詹姆士·麥當勞（James "Brother" McDonald）。案件發生那天，兩個人都喝了酒，在爭吵的過程中，麥當勞把班克斯推到地上，試圖用玻璃割刀劃她。為了保護自己，班克斯抓了把刀刺穿麥當勞的心臟。雖然她主張自我防衛，但仍被判二級謀殺。（相較之下，膚色白的茱蒂·諾曼被判了罪名較輕的非預謀故意殺人罪。）[25]

憤怒女性在家暴案件以外的遭遇也不是太好。法官推測憤怒的女性強暴受害者有各式各樣的負面人格特質，但他們往往不認為憤怒的男性犯罪受害者有這些特質。舉例來說，當女性被強暴時，法官（以及陪審團和警察）預期看到她們在證人席上表達悲痛，這樣往往能加重強暴犯的刑罰。當女性受害者表達憤怒時，法官會負面地評價她。這些法官落入了另一版「憤怒的潑婦」現象的魔掌。當人們覺得男人有情緒時，他們通常會歸因於他的情境；但當他們覺得女人有情緒時，他們會把情緒和她的人格連在一起。她是一個潑婦，但他只是那天過得很糟。[26]

在法庭之外，我們也找到性別刻板印象規定了我們必須感受和表達什麼情緒才可接受的法律。成文的墮胎法明言女性感到哪些情緒恰當，亦即懊悔和罪惡，然而卻隻字未提寬慰和幸福。關於同性婚姻合法性的爭論，在某種意義上是法律應不應該認可兩個同性之間的戀愛情緒。[27] 男同志適用的收養法，則是引出父愛是否等同於母愛的問題。

總而言之，法律對於男性和女性情緒的觀點並沒有科學依據。它們只是出於過時人類天性觀點的信念。無論是在法律面或科學面，我選擇的案例都只代表一

小部分的問題。例如，在法庭內外都面臨類似難處的其他種族團體，對於他們的情緒刻板印象我幾乎沒什麼提及。但只要將情緒刻板印象編成法律，人們就會繼續受到裁決不一致的待遇。[28]

＊　　　＊　　　＊

當斯蒂法尼亞・阿貝塔妮（Stefania Albertani）承認餵毒和殺害自己的親姐姐，甚至還焚燒屍體時，她的辯護團隊採取大膽的手段，將責任歸咎於她的大腦。

腦部造影顯示，相較於10位健康女性的控制組，阿貝塔妮的大腦皮質有兩個部位的神經元較少。第一個部位是腦島，辯護律師主張這裡跟攻擊性有關。第二個部位是前扣帶迴，據稱這裡跟降低一個人的抑制作用有關。

兩位專家證人推斷，她的大腦結構跟她的罪行之間可能有「因果關係」。[29]在這項證詞之後，阿貝塔妮的監禁刑期從無期徒刑減少為20年。

隨著律師開始在辯護策略中運用神經科學的發現，像這樣的法律判決（2011年在義大利成為媒體焦點）也變得越來越普遍。[30]但這些判決合理嗎？大腦結構能不能解釋一個人為什麼會犯罪？大腦部位的某種大小或連結性真的能造成兇惡的行為，因而在過程中減少被告的犯罪責任嗎？

像阿貝塔妮的辯護團隊做出的這類法律辯證，嚴重扭曲了神經科學的發現和從中得出的結論。因為簡並性，所以不可能把「攻擊性」之類的複雜心理種類定

---

23. 「殺害自己的親密伴侶」（who kill their intimate partners）：Percy et al. 2010; Miller 2010.

24. 「被動而且無助」（passive, ahd helpless）：Morrison 2006; Moore 1994。另外參見 *Developments in Law* 1993，引用法庭意見，將受暴婦女描繪成「無助、被動或心理失常」（第1592頁）。

25. 「二級謀殺」（of second-degree murder）：Moore 1994。「罪名較輕的非預謀故意殺人罪」：非裔美國女性處於進退兩難的困境（in a catch-22），參見 heam.info/defense-1.

　　譯註：in a catch-22，出自小說《第二十二條軍規》，書中提到根據第二十二條軍規，精神失常可以免於飛行，同時又規定必須由本人提出申請；但如果本人提出申請，就證明自己神智清醒。後來引申為荒謬矛盾的局面。

26. 「加重強暴犯的刑罰」（the rapist a heavier sentence）：Schuster & Propen 2010，在即將出版的 Bandes 書中。「只是那天過得很糟」（just having a bad day）：Barrett & Bliss-Moreau 2009b.

27. 「卻隻字未提寬慰和幸福」（relief and happiness go unmentioned）：Abrams & Keren 2009。「兩個同性之間」（people of the same sex）：Callhoun 1999.

28. 「在法庭內外」（in and out of court）：例如，理查・尼克森（Richard Nixon）制訂「對犯罪宣戰」的相關法律，創造了美國恐懼某些種族團體的文化（Simon 2007）。「裁決不一致的待遇」（the target of inconsistent ruling）：Abrams & Keren 2009, 2032.

29. 「她的罪行之間可能有」（and her crime was possible）：Feresin 2011.

30. 「在辯護策略中」（findings in their defense strategy）：相關回顧，請見 Edersheim et al. 2012.

位在一組神經元。「攻擊性」就像其他所有概念一樣，每次建構時都在大腦中以不同的方式執行。就連簡單的動作（像是打或咬），都無法定位在人類大腦的單一組神經元。[31]

阿貝塔妮的辯護團隊提到的大腦部位，是整個大腦中最緊密連結的樞紐之一。幾乎在你能說出的每一個心智事件中，從語言、到疼痛、到數學技巧，它們的活性都會增加。因此想當然爾，它們在某些情況下可能對攻擊性和衝動性造成影響。[32] 然而，聲稱這些部位和極端的謀殺攻擊之間有任何特定的因果關係，完全是誇大其詞……即使阿貝塔妮一開始的動機就是攻擊。

主張大腦尺寸的變化能轉譯成行為的變化，同樣是誇大其詞。沒有兩個大腦完全相像。它們通常在大約相同的位置有相同的部分，以幾乎相同的方式連結在一起，但在精細的層次，它們的微小迴路有著巨大差異。有些可能轉譯成行為差異，但多數沒有。你的腦島可能比我的更大、更緊密連結，但比較我們的行為時，這樣的差異沒有造成任何明顯的影響。即使我們檢驗許多大腦，發現高攻擊和低攻擊之間的腦島尺寸有顯著差異，這也不表示腦島較大會**造成**攻擊，更別說是謀殺。（另外，就算腦島較大確實會造成攻擊，但它需要多大才會製造一個殺人犯呢？）在罕見的案例中，腫瘤可能壓迫大腦，造成嚴重的人格改變，但一般來說，在科學上，把謀殺推諉給大腦部位並不合理。[33]

關於阿貝塔妮的案件，或許最令人驚訝的是，專家證人和法官認為大腦為阿貝塔妮的謀殺行為提供了「情有可原的解釋」。**所有**行為都源自於大腦。人類的行動、思考或感受都少不了激發的神經元。法庭錯用神經科學的方式在於，主張生物解釋能自動免除一個人的責任。你就是你的大腦。[34]

法律通常尋找簡單的單一原因，因此把犯罪行為怪罪在大腦畸變的說法相當誘人。然而，現實生活中的行為一點都不簡單。行為是多重因素共同作用的結果，其中包括來自大腦的預測、來自五感加上內感的預測失誤，還有涉及數十億預測迴圈的複雜串接。而且這只是在單一個體內發生的事。你的大腦也被各自住在體內的其他大腦包圍：每當你說話或行動時，你都會影響周遭他人的預測，然後這些人再反過來影響你的預測。整個文化集體影響你建立的概念和你做出的預測，由此影響你的行為。人們可以辯論文化的影響力是大或小，但它有影響力的事實則不容爭辯。

總歸一句：有時生物問題可能干擾你的大腦意圖選擇行動的能力。或許你長

了腦瘤，或剛好在不對的地方有神經元開始死亡。然而光是大腦的變化性（結構、功能、基因或化學物質），並不足以作為犯罪情有可原的理由。變異就是常態。

＊　　　＊　　　＊

波士頓馬拉松的炸彈客焦哈爾・查納耶夫（Dzhokhar Tsarnaev）在2015年被判處死刑。判刑以前，查納耶夫接受陪審團的審判，這是美國憲法保障所有美國人的權利。根據BBC在宣判時的報導，「只有兩位陪審員相信查納耶夫感到懊悔，另外10位跟麻薩諸塞州的許多人一樣，認為他一點悔意都沒有。」陪審團透過在審判期間近距離的觀察，形成查納耶夫是否懊悔的意見，據報導，他在整個訴訟程序中都「面無表情」地坐著。slate.com網站提到，查納耶夫的辯護律師「沒有（或可能無法）提交證據，來證明焦哈爾・查納耶夫已感到任何檢方說他缺乏的懊悔。」[35]

一般認為，陪審團的審判，是犯罪案件是否公正的黃金準則。陪審員接受的指導，是僅僅根據提交的證據做出判決。然而，在預測的大腦中，這是一個不可能的任務。陪審員對所有被告、原告、證人、法官、律師、法庭和少量證據的知覺，都是透過自己的概念系統，因此陪審員公正不阿的想法根本是天方夜譚。實際上，陪審團是理應產生一個公平客觀真相的12個主觀知覺。

陪審員以某種方法——從他的臉部型態、身體運動或話語——偵測被告是否懊悔的想法，清晰可見傳統觀點的身影，因為其中假設所有人都能表達和辨認情緒。法制系統假設，懊悔就像憤怒和其他情緒一樣，具有單一、普世的本質，而且有可偵測的指紋。然而，懊悔是由許多不同實例組成的情緒種類，各個實例都是為了特定情境而生。

31. 「人類大腦的單一組神經元」（neurons in the human brain）：Graziano 2016.

32. 「到疼痛、到數學技巧」（to pain to math skill）：誠如近六千個腦部造影實驗的統合分析所示，參見heam.info/meta-1。「衝動性造成影響」（and impulsivity in some instances）：這被稱為「逆向推論問題」，參見heam.info/rev-1。

33. 「攻擊，更別說是謀殺」（agression, let alone murder）：關於大腦部位的尺寸和自由意志的更多內容，請見heam.info/size-1。「嚴重的人格改變」（and cause severe personality changes）：Burns & Swerdlow 2003; Mobbs et al. 2007.

34. 「自動免除一個人的責任」（automatically releases someone from responsibility）：同樣的論點，也可能成為監禁阿貝塔妮的理由，參見heam.info/albertani-1。

35. 「『他一點悔意都沒有』」（he has no regrets）：McKelvey 2015。「『他缺乏的懊悔』」（he is devoid of）：Stevenson 2015.

被告的懊悔建構取決於他的「**懊悔**」概念，這個概念出自他在自己文化中的過去經驗，作為指導他的表達和經驗的預測串接存在。在法庭的另一邊，陪審員的懊悔知覺是一種心理推論，依據的是自己腦中理解被告的臉部運動、身體姿勢和聲音的預測串接。為了讓陪審員的知覺「準確」，陪審員和被告必須用類似的概念分類。這種同步，也就是一個人感到懊悔，而另一個人知覺到它（即使兩人都不發一語），比較可能發生在背景、年齡、性別或種族相似的兩個人身上。[36]

在波士頓馬拉松爆炸案中，如果查納耶夫對自己的所作所為感到懊悔，看起來會像什麼樣呢？他會公然哭泣嗎？會乞求受害者的原諒嗎？會詳述自己做錯了什麼嗎？如果他仿效美國表達懊悔的刻板印象，或如果這是在好萊塢電影裡的審判，畫面或許會像這樣。但查納耶夫是來自車臣共和國（Chechnya）的年輕伊斯蘭信徒。雖然查納耶夫住在美國，而且有美國人好朋友，但（根據他的辯護團隊描述）他也跟他的車臣哥哥長時間相處。車臣文化期待男人在面對逆境時要堅忍克己。如果他們輸掉戰役，他們應該勇敢地接受戰敗，這是名為「車臣灰狼」的思維。[37] 因此，就算查納耶夫感到懊悔，他很可能仍然保持面無表情。

據報導，查納耶夫確實在他的阿姨出庭為他求情時流下眼淚。車臣有榮譽的文化，因此讓家人蒙羞會令人痛苦。[38] 如果查納耶夫看見心愛的家人公開受辱，比如說阿姨代替他乞求，那麼流幾滴淚就符合了車臣的榮譽文化。

我們（和陪審員）在建構知覺來解釋查納耶夫的冷漠態度時，只能猜測。我們利用西方文化的懊悔概念，將他知覺成冷漠無動於衷或虛張聲勢，而不是堅忍克己。因此在這個案件中，我們的猜測結果有可能在法庭上產生文化誤解，最終導致他被判死刑。[39] 亦或者，他也可能真的毫無悔意。

事實證明，查納耶夫在他2013年寫的一封道歉信中，確實傳達了對自己行為的懊悔，寫信時間就在爆炸案過後幾個月，在他接受審判的兩年以前。然而，陪審員從來沒看過這封信。根據美國政府的特別行政措施（Special Administrative Measure），這封信因為「國際安全問題」被列為機密，從審判證據中排除。[40]

2015年6月25日，查納耶夫終於在他的量刑聽證會上開口說話。他坦承犯下爆炸案，聲明他了解自己罪行造成的影響。他冷靜輕聲地道歉說：「對於我奪走的生命、造成你們的痛苦、製造的這些傷害，無法挽回的傷害，我很抱歉。」果不其然，受害者和媒體對這場審判的反應各有不同：有些人震驚；有些人不安；有些人憤怒；有些人接受他的道歉；還有許多人就是無法確定他的道歉是否真誠。

我們永遠無法知道查納耶夫是否為他的恐怖行為感到懊悔，也不知道他寫的信能否影響他的判決。但有件事可以確定：在死刑訴訟中，被告的懊悔是陪審員在依法做出監禁或死刑的判決時，必須仰賴的關鍵特徵。[41] 然而這些懊悔的知覺，就像所有情緒的知覺一樣，不是被偵測，而是建構出來。

另一個極端是，懊悔的表現可能完全沒有意義。就拿多明尼克・西耐利（Dominic Cinelli）的例子來說，他是前科累累的兇殘罪犯，30年間犯下武裝搶劫、施暴和逃獄等罪。2008年，當西耐利出現在麻薩諸塞州假釋委員會面前時，他正在服三個連續終生監禁的徒刑。假釋委員會由心理學家、教化人員和其他具有相關知識的專家組成，他們負責決定囚犯需服最低刑期以上或是可被釋放。他們目睹一批又一批的懊悔，有些是偽裝的、有些是真實的，他們對大眾所負的重責大任，仰仗他們辨別偽裝與真實差異的能力。

2008年11月，西耐利說服了假釋委員會，相信他再也不是內心藏著黑暗靈魂的罪犯。委員會全體一致地投票通過他的假釋。不久之後，西耐利再次犯下連續搶劫，而且還槍殺警察。後來，西耐利在跟警察槍戰的過程中被射殺身亡。麻薩諸塞州州長德瓦爾・派屈克（Deval Patrick）辭退了七名假釋委員中的五名。[42] 他似乎認為，他們缺乏偵測真實懊悔的能力。

有可能是西耐利在演戲。也有可能是西耐利在作證當下真的感到懊悔，然而一旦出了監獄，他的舊有世界模型再次浮現，因而他用舊有的預測製造他的舊有自我，此時他的懊悔就煙消雲散。既然懊悔的感受沒有客觀標準，所以我們永遠無法確實知道。憤怒、難過、恐懼，或任何其他跟審判有關的情緒，也同樣都沒有客觀標準。

---

36. 「性別或種族」（sex, or ethnicity）：Haney 2005, 189-209; Lynch & Haney 2011。另外參見heam.info/empathy-1。同儕審判──陪審團的組成是與被告同等地位的人──的想法相當重要（載入《大憲章》和《美國權利法案》）。

37. 「『車臣灰狼』」（the Chechen wolf）：英文維基百科查詢「Chechen Wolf」，最後一次編輯是2015年3月18日（譯註：最新編輯時間是2018年12月9日），https://en.wikipedia.org/wiki/Chechen_wolf。

38. 「讓家人蒙羞會令人痛苦」（painful to shame your family）：Nisbett & Cohen 1996.

39. 「導致他被判死刑」（leading to his death sentence）：試著想像謀殺案的被告在整個訴訟程序中微笑，參見heam.ino/trial-1.

40. 「從審判的證據中排除」（as evidence from the trial）：另外參見Gertner 2015.

41. 「做出監禁或死刑的判決」（decision between imprisonment and death）：事實上，陪審團對被告是否懊悔的知覺，大大地決定他們是否建議判處死刑（Lynch & Haney 2011）。

42. 「假釋委員中的五名」（of the parole board resign）：有些報告說辭退六名成員，參見heam.info/tasrnaev-1.

美國最高法院大法官安東尼・甘迺迪（Anthony Kennedy）曾說，為了讓被告得到公平的審判，陪審團必須「了解犯罪者的心情和心智」。[43] 然而，情緒在臉部運動、身體姿態和手勢或聲音都沒有一致的指紋。陪審員和其他知覺者只能對這些運動和聲音的情緒意義，做出有根據的猜測，但沒有客觀的準確性。我們最多只能測量不同陪審員的情緒知覺是否一致，但是當被告和陪審員有不同的背景、信念或期待時，一致性就很難適當地取代正確性。如果被告的行為舉止無法揭露情緒，那麼法制系統就得努力克服一個難解的問題：審判在什麼情況下可以完全公平？

＊　　　＊　　　＊

當陪審員或法官從被告的微笑看到沾沾自喜，或當他們從目擊者的顫抖聲音聽到恐懼，他們會做出心理推論，運用他們的情緒概念來猜測那個行為（微笑或顫抖）是由特定的心智狀態造成。還記得嗎？心理推論是你的大腦如何透過預測串接賦予他人的行為意義（第六章）。[44]

心理推論如此地自動和無所不在（至少在西方文化中），以致我們往往沒有察覺自己在這麼做。我們相信，我們的感官提供準確和客觀的世界表徵，就好像是我們有X光透視能破解另一個人的行為，藉此發現他的意圖（「我可以完全看穿你」）。在這些時刻，我們將自己對他人的知覺，經驗成他們的明顯屬性（我們稱為情感現實主義的現象），而不是他們的行為和我們腦中概念的組合。

有人因為犯罪接受審判，自由和生命都岌岌可危時，表象和現實之間可能有很大的鴻溝。我們內心深處知道這點，但在同時我們也自信滿滿地認為，**我們**比法庭上的其他笨蛋更能準確地分辨真實和虛構。法庭上的問題就出在這裡。

陪審員和法官承擔著幾乎不可能的任務：讀取他人的心，或你更希望他們是測謊器。他們必須決定一個人是否**有意**造成傷害。根據法制系統，意圖是像被告臉上的鼻子那樣簡單直接的事實。但在預測的大腦中，對於他人意圖的判斷，永遠都是你根據被告的行為、而非你偵測的事實所建構的**猜測**。就跟情緒一樣，意圖也沒有客觀、獨立於知覺者的標準。70年的心理學研究證實，像這樣的判斷是心理推論，也就是猜測。[45] 即使DNA證據顯示被告和犯罪現場有關，它也無法確定被告是否有犯罪意圖。

法官和陪審員推論意圖，通常是按照自己的信念、刻板印象和當下的身體狀

態。我舉一個例子來說明其中如何運作。實驗讓受試者看抗議者被警察驅離的影片。一組受試者被告知這是反墮胎的抗議活動，抗議者正在圍剿墮胎診所。傾向擁護有選擇權的自由派民主黨人士推論，抗議者有暴力意向，而社會保守主義的受試者則推論意圖是和平的。研究者也讓另一組受試者看相同的影片，這次的描述是抗議者在爭取同志權利，反對美國軍隊的「不問、不說」政策。[46] 這一次，傾向支持同志權利的自由派民主黨人士推論抗議者的意圖是和平的，而社會保守主義的受試者則推論意圖是暴力的。[47]

　　現在，想像這段影片是審判的證據。所有陪審員都會看相同的畫面，螢幕上的行為完全相同，但透過情感現實主義，他們離開時只會帶著知覺、而非事實，這個知覺是在他們毫無察覺的情況下按照自己的信念建構出來。我的重點是，陪審員這個閃亮亮的名號並不會讓偏見更加顯眼；我們全都會有偏見，因為大腦的串連是為了讓我們看見我們所相信的，而它往往發生在每個人的覺察之外。

　　情感現實主義重挫了陪審員公正不阿的理想。想要在謀殺審判中提高定罪的可能性嗎？讓陪審團看一些殘忍可怕的照片證據。這會打亂他們的身體預算，有機會讓他們把自己的不愉快情感歸咎於被告：「我感到很不舒服，因此你一定做了什麼壞事。你是個壞人。」或是允許受害者家屬描述罪行傷了他們多深，這是稱為「被害人影響陳述」的訴訟手續，會讓陪審團傾向建議更嚴重的刑罰。藉由拍攝專業影片加上劇情片般的配樂和旁白，提高被害人影響陳述的情緒衝擊，如此一來，你就成功打造能左右陪審團的傑作。[48]

　　在法庭之外，情感現實主義也跟法律緊緊糾纏。想像自己傍晚時分正在家中享受寧靜片刻，突然間你聽到外面傳來巨大的撞擊聲。你從窗戶往外看，看見一

---

43. 「得到公平的審判」（to have a fair trial）：判例Riggins v. Nevada，504 U.S. 127, 142 (1992)（J. Kennedy，同意）。想必，干擾陪審團知覺懊悔的那些東西，剝奪了被告得到公平審判的權利。

44. 「預測串聯賦予他人的行為意義（第六章）」（cascade of predictions [chapter 6]）：它在西方文化中普遍到學者不斷重新發現，並且用不同的名字稱呼，例如「心智知覺」、「個人知覺」和「心智化」。關於這個議題有趣和見解深刻的論述，請見Wegner & Gray 2016.

45. 「心理推論，也就是猜測」（mental reference, that is, guesses）：Gilbert 1998.

46. 譯註：美軍在1994年2月28日到2011年9月20日間對待同性戀者的政策。不問，是指美國政府雖不支持同性戀者參軍，但軍隊長官不得詢問成員的性傾向；不說，則是只要同性戀者不公開自己的性取向，長官就不能試圖揭露、驅逐同性戀者。

47. 「保守主義的受試者則推論暴力意向」（conservative subjects inferred violent intentions）：Kahan et al. 2012.

48. 「建議更嚴重的刑罰」（to recommend more severe punishment）：Nadler & Rose 2002; Salerno & Bottoms 2009，兩者都在即將出版的Bandes書中。另外參見 Bandes & Blumenthal 2012。「能左右陪審團的傑作」（a jury-swaying masterpiece）：判例Kelly v. California, 555 US 10202(2008).

個非裔美國男性正試圖強行打開隔壁鄰居的大門。身為一個有責任心的公民,你立刻撥打了911,接著警察趕到,逮捕了那個嫌疑犯。恭喜,你剛剛逮捕了哈佛大學的教授亨利‧路易斯‧蓋茨二世(Henry Louis Gates, Jr.),這是在2009年7月16日發生的真實事件。當時蓋茨正試圖強行打開自己家的前門,這扇門在他出外旅行時卡住了。[49] 情感現實主義再次來襲。現實生活中目睹這個事件的人有了一個情感感受,大概根據自己關於犯罪和膚色的概念做出心理推論:窗外的那個男人有犯罪意圖。

類似的情感現實主義發作,催生了佛羅里達州具爭議的「不退讓法」。這個法允許你在合理相信自己面臨迫近的死亡威脅或嚴重身體傷害時,可以使用致命的武力自我防衛。催化這個法律的是一起現實事件,但催化方式不是你可能以為的那樣。故事通常是這麼說的:2004年,佛羅里達州的一對老夫婦睡在他們的拖車屋裡。有個入侵者試圖闖進來,因此丈夫詹姆斯‧沃克曼(James Workman)抓起槍射向他。但悲慘的幕後故事其實是這樣的:沃克曼的拖車屋停在颶風影響範圍內,他槍殺的那個男人是聯邦緊急事務管理署(Federal Emergency Management Agency,FEMA)的職員。受害者羅德尼‧考克斯(Rodney Cox)是非裔美國人,沃克曼是白人。沃克曼十分有可能受到情感現實主義的影響,覺得考克斯意圖傷害他而對著無辜的人開槍。然而,不正確的**第一個**故事成為佛羅里達州法律的主要正當理由。[50]

諷刺的是,產生不退讓法的這段歷史,正是否定它價值的有力證據。現代社會裡種族刻板印象氾濫,情感現實主義改變了人們對彼此的看法,因此不可能準確合理地判斷生命是否受到威脅。不退讓法的整個推理路線,都被情感現實主義摧毀了。

如果不退讓法還嚇不倒你,那請想想情感現實主義對合法攜帶隱蔽武器的人有何影響。不可否認,情感現實主義的確會影響人的威脅知覺,因此它實際上確保了無辜的人會被意外射殺。道理很簡單:你預測有個威脅對你而來,然而來自外界的感覺訊息說不是這樣,但你的控制網絡會貶低當下的預測失誤,來維持此威脅的預測。結果:砰地一聲,你射殺了一個無辜的人。人類大腦生來就會有這種妄想,就跟產生白日夢和想像的過程一樣。

現在我不打算進一步涉入有關槍枝的全國性辯論,只是從純粹的科學角度來考慮這點。美國的開國元勛有充分理由保障美國憲法第二修正案的「人民持有和

攜帶武器的權利」，但他們不是神經科學家。在1789年，沒有人知道人類大腦建構每一個知覺，而且受到內感預測支配。此刻，超過60%的美國人相信犯罪率在升高（雖然是史上最低），他們也相信擁有槍枝會讓自己比較安全。[51]透過情感現實主義，這些信念成熟到使人真實地看見不存在的致命威脅，並且據此行動。然而，現在我們確定知道，我們的感官無法揭露客觀的現實，這麼重大的知識難道不該影響我們的法律嗎？

作為一般規則的法制系統，越來越難處理證明我們的感官無法提供世界真切樣貌的大量科學證據。[52]數百年來，目擊者的報告一直被視為最可靠的證據形式之一。如果目擊者說：「我看見他這麼做」或「我聽到他這麼說」，這些供述都被認為是事實。法律也把記憶視為如同以原始模樣進入大腦、原封不動地完整貯存，之後能像電影一般提取和重播。

就像陪審員無法拋開信念、直接觸及無瑕的現實世界，證人和被告也無法報告很多事實，只能描述自己的知覺。一個人可能看一眼第三章開頭的小威廉絲狂喜的臉，之後站在證人席上，對著聖經發誓說，小威廉絲正在驚恐地尖叫。目擊者說的每一句話都是根據回憶，而這些回憶是利用自己建構的過去經驗在當下建構出來。

世界級記憶專家之一、心理學家丹尼爾·沙克特說了個1975年發生在澳洲的殘忍強暴故事。[53]受害者告訴警察，自己清楚看到攻擊她的人長什麼樣子，指認犯人就是唐納·湯姆森（Donald Thomson），他是位科學家。第二天，警察根據目擊證據逮捕了湯姆森，但湯姆森有堅不可摧的不在場證明：強暴案發生的時間，他正在接受電視訪問。原來，當犯人闖入受害者的家裡時，開著的電視正在播放湯姆森的訪談，諷刺的是，這場訪談就是關於湯姆森對記憶扭曲的研究。飽受創傷的可憐女性，不知怎麼地把湯姆森的臉和身分跟攻擊她的人混在一起。

被錯誤指控的男性，多數都沒有這麼幸運。陪審員非常看重目擊者證詞，然

---

49. 「在他出外旅行時卡住了」（stuck while he was traveling）：Goodnough 2009.

50. 「佛羅里達州法律的主要正當理由」（justification for Florida's law）：Montgomery 2012.

51. 「但他們不是神經科學家」（but they were not neuroscientists）：關於憲法第二修正案的完整內容，請見heam. info/second。「擁有槍枝會讓自己比較安全」（gun will make them safer）：Kohut 2015，在Blow 2015文章中。

52. 「世界真切樣貌」（literal readout of the world）：Loftus & Palmer 1974; Kassin et al. 2001.

53. 「1975年發生在澳洲」（place in Australia in 1975）：Massachusetts General Hospital Center for Law, Brain, and Behavior 2013.

而只要證人聽起來有自信,錯誤指認的頻率其實跟正確的一樣高。有項研究是關於後來被DNA證據推翻的定罪,結果發現,70%的指控是根據目擊者證詞被判有罪。[54]

目擊者報告或許是最不可靠的證據。記憶不像照片,它們是由建構情緒知覺和經驗的相同核心網絡所創造的模擬。記憶在你的腦中表現成零碎的激發神經元模式,而「回憶」是重新建構事件的預測串接。因此,你的記憶相當容易被你當前的環境重塑,像是站在證人席上相當激動,或被不屈不撓的被告律師一再糾纏。

法律向來不輕易接受記憶是被建構的說法,但這種情況正在逐漸改變。紐澤西、奧勒岡和麻薩諸塞州的最高法院在這方面處於領先地位。這些州的陪審員,現在得到的陪審指示提供了逐步的細節(根據多年的心理學研究),說明在目擊者證詞中的記憶可能出錯的各種方式。他們讀到記憶如何被建構和充斥可能造成扭曲和錯覺的信念、律師和警察給的指示如何能帶入偏見、自信如何與正確性無關、壓力如何能損害記憶,以及目擊者證詞如何錯誤地定罪超過四分之三的人——這些人後來被DNA證據洗清他們沒有犯下的罪名。[55]

遺憾的是,沒有類似的準則能向陪審員說明什麼是情緒表達、什麼是心理推論,或它們如何被建構出來。

＊　　　＊　　　＊

嚴格按照法律做出不帶感情的判決,這種冷靜的形象是許多社會的法官典型。法律期待法官保持中立,因為情緒想必會妨礙公正的判決。美國最高法院大法官安東寧・史格里亞(Antonin Scalia)寫道:「好的法官對自己的理性裁決和壓抑個人偏好引以為傲,其中最特別的是壓抑自己的情緒。」[56]

在某些方面,法律決策判斷的純粹理性方法聽起來很誘人而且崇高,但我們目前已經了解,大腦的串連無法將熱情和理性分開。我們不需要努力找出這個論點的漏洞,因為它本身已經漏洞百出。

我們先從法官可以冷靜的想法開始談起,這裡應該解釋成「沒有情感」(而不是「沒有情緒」)。這個想法在生物上是不可能的,除非那個人患有腦傷。誠如我們在第四章的討論,只要全腦預測是由大嘴巴的身體預算編列迴路驅動,那就沒有任何決定能完全擺脫情感。

　　法官能做出沒有情感的決策判斷是個童話故事。另一位前最高法院大法官勞勃・傑克森（Robert Jackson）把「冷靜的法官」描述成「神祕的存在」，就像「聖誕老人或山姆大叔或復活節兔子。」直接的科學證據顯示，他的話雖不中亦不遠矣。還記得法官的公正性在午餐前舉行的假釋案中如何被輕易動搖嗎？當時他們把自己的不愉快情感歸因於囚犯，而不是飢餓（第四章）。在另一系列的實驗中，超過1,800位來自美國和加拿大的州法官和聯邦法官閱讀民事和刑事案件的情節，然後問他們會做出什麼裁決。有些情節除了被告的描繪比較可愛或不可愛之外，其他完全相同。實驗者發現，法官傾向判比較可愛或值得同情的人勝訴。[57]

　　就連美國最高法院都無法防堵法官席所洩漏的熱情。一組政治學家針對過去30年間，法庭成員在口頭辯論以及審訊期間所說的800萬個詞彙進行研究。他們發現，當法官「比較不愉快的言語」集中在某個律師時，那一方比較可能輸掉官司。光是計算法官在審訊期間的負面用語，就能預測誰是輸家。不僅如此，還能透過檢視法官在口頭辯論中的用語有什麼情感意涵，預測他們的判決。[58]

　　用常識想就知道，法官在法庭中會經驗強烈的情感。他們如何能避免呢？他們的手中握有一個人的未來。他們在工作時，不停地面對令人髮指的犯罪和深受重創的受害者。長期擔任強暴和兒童性侵受害者的治療師，有時還得面對行兇者的經歷，讓我知道這有多麼令人身心俱疲。法官也會遇到比被害人更討人喜歡的被告，這種情況當然是得盡力克服的挑戰，特別是在充滿竊竊私語的旁聽者和針鋒相對律師的法庭中。有時，法官必須承擔整個國家的情感。前美國最高法院大法官戴維・蘇特（David Souter）在判決布希對高爾一案（Bush v. Gore）時，壓力大到因為案件的審議（再加上半個美國）而落淚。這一切的心智努力，都會耗費

---

54. 「根據目擊者證詞被判有罪」（convicted based on eyewitness testimony）：Innocence Project 2015; Arkowitz & Lilienfeld 2010.

55. 「目擊者證詞中的記憶可能出錯的各種方式」（go wrong in eyewitness testimony）：New Jersey Court 2012；判例State v. Lawson, 291 P.3d 673, 352 Or. 724 (2012)；判例Commonwealth V. Gomes, 470 Mass. 352, 22 N.E.3d 897 (2015)。「他們沒有犯下的罪名」（that they did no commit）：Schacter & Loftus 2013；Deffenbacher et al. 2004.

56. 「『最特別的是壓抑自己的情緒』」（most especially their emotions）：Scalia & Garner 2008.

57. 「『復活節兔子』」（or Easter bunnies）：判例United States v. Ballard, 322 U.S. 78, 93-94 (1994)（J. Jackson，不同意）。「而不是飢餓（第四章）」（instead of to hunger [chapter 4]）：Danziger et al. 2011。「比較可愛或值得同情的人」（more likeable or sympathetic people）：Wistrich et al. 2015.

58. 「比較可能輸掉官司」（is more likely to lose）：Black et al. 2011。「法官在口頭辯論中的用語有什麼情感意涵」（affective connotations in the judges' words）：諷刺的是，已故的大法官安東寧・史格里亞以其情緒性談話風格聞名，參見heam.info/scalia-1.

法官的身體預算。法官的生活，是在虛構的平靜之下強烈且持續的情緒勞動。[59]

然而，法律對法官的冷靜公正持續抱著幻想，就連最高法院也不例外。當2010年被提名的最高法院大法官艾蕾娜・凱根（Elena Kagan）被問到，是否曾有合適的情感幫助判決案件，她回答說：「一切都是依照法律。」大法官索尼婭・索托瑪約（Sonia Sotomayor）在她的確認聽證會期間也遭到反對，因為有些參議員擔憂，她的情緒和同理心會牴觸她公正審理的能力。她對此的意見是，在多數情況下，法官確實有感受，但不應該根據感受做出判決。

然而，證據清楚地顯示，法官在裁決時絕對不是沒有情感。下一個問題是：他們**應該**沒有情感嗎？純粹理性真的是做出明智判決的最佳方式嗎？想像一個人非常冷靜沉著地權衡另一個人該不該死的正反理由，其中看不到一絲情緒痕跡，就像《沉默的羔羊》裡的漢尼拔・萊克特（Hannibal Lecter）或《險路勿近》（*No Country for Old Men*）裡的安東・齊格（Anton Chigurh）。我的說法可能有點輕率，但這種冷靜的決策判斷，本質上就是法律對刑事案件判決的指導。但與其假裝情感不存在，倒不如聰明地利用情感。美國最高法院大法官威廉・布倫南（William Brennan）曾經表示：「對一個人的直覺和熱情反應的敏感性，以及對各種人類經驗的覺察，在審判的過程中不僅無以避免，而且是令人嚮往的部分，是個值得培養而非恐懼的面向。」[60] 關鍵在於情緒粒度：擁有既深且廣的概念（情緒、身體或其他方面），據此理解危害工作的身體感覺來襲。

例如，仔細想想面對詹姆士・霍姆斯（James Holmes）這種被告的法官。2012年在科羅拉多州的奧羅拉市，霍姆斯於午夜場的電影首映會上持槍屠殺，造成12個人死亡和70多人受傷。面對霍姆斯的法官，可能合理地建構憤怒的經驗，但只有那個感受可能會出問題。憤怒可能促使法官為了報復而太過嚴厲地懲罰被告，從而威脅到審判所依據的道德秩序。為了平衡他的觀點，有些法律學者主張，法官可以嘗試培養對被告的同理心，他或許是精神失常，或本身曾受過某種傷害。憤怒是一種無知，而在這個案件中，則是對被告觀點的無知。霍姆斯顯然多年來飽受心理疾病之苦。他在11歲時第一次嘗試自殺，而且在監獄中好幾次企圖自殺。對一個在電影院朝無辜者開槍的人培養同理心，是件極為困難的事。即使想起被告也是個人（無論其罪行多麼嚴重或殘忍），偶爾還是會很掙扎，但此時或許是同理心最重要的時刻。它能防止法官在判決期間過度嚴懲犯人，也有助於確保刑事判決和報復性正義的道德。這是有助於法官在法庭上聰明使用情緒的一種

情緒粒度。[61]

總歸一句，法官感到什麼情緒最有用，取決於法官在審判期間的目標。例如，刑罰的目標是什麼？是報復嗎？威嚇以避免未來的傷害？改過向善？這取決於法律的人類心智理論。無論目標是什麼，都一定要制定刑罰，才能尊重受害者的人性，同時維護了被告的人性——即使被告犯下不可饒恕的行為。若非如此，法制系統本身將陷入危險。

*　　*　　*

為什麼你能控告一個人傷了你的腿，卻不能告他傷了你的心呢？法律認為情緒受傷沒有身體受傷嚴重，比較不應受到懲罰。想想這有多諷刺。法律保護你肉

---

59. 「半個美國」（half of the United States）：英文維基百科查詢「David Souter」，最後一次編輯是在2016年3月30日（譯註：最新編輯時間為2019年12月20日），https://en.wikipedia.org/wiki/David_Souter。「在虛構的平靜之下」（under the fiction of equanimity）：社會學家亞莉．霍奇斯柴德（Arlie Hochschild）稱之為「情緒勞動」（Hochschild 1983）。

    譯註：half of the United States，在2000年的美國總統選舉中，布希和高爾雙方的選舉人票和民選得票率均接近50%。

60. 「刑事案件判決」（sentencing portion of criminal cases）：1972年，最高法院裁定，「處以死刑的任何判決都是、且看來像是根據理性而非恣意或情緒」（判例Furman v. Georgia, 408 U.S. 238, 311 [1972]，〔J. Stewart，同意〕，轉引自Pillsbury 1989, 655n2）。從那時起，最高法院一直努力消除判決中的情緒考量。想必他們假設，如果法官遵守規定不依靠情緒，那麼結果就會公平。當然，大腦的串連清楚告訴我們，沒有判斷能完全擺脱身體預算編列的考量，因此法官可能在完全不自知的情況下，帶著情感現實主義（第四章）履行規定。諷刺的是，法官其實知道他們需要情感來完成工作。在此我引用一位法官的話：「現在，有兩件事可能發生在你身上：要嘛繼續做個得體的人，然後你的情緒為此變得十分煩亂（因為這一切會不斷刺痛你的感受）；要嘛即將成為得體的人，然後你將長出像犀牛一般的厚皮。無論是哪一種，我相信你都會成為不適任的司法官員，因為你一旦失去人性（你無法真正感受到人性），我不相信你有能力從事這份工作。」（Anleu & Mack 2005, 612）。參見heam.info/judge-1「『值得培養而非恐懼』」（more to be nurtured than feared）：Brennan 1998，轉引自Wistrich et al. 2015。布倫南預示了安東尼歐．達馬吉歐。此處科學是站在大法官布倫南這邊：沒有人能不受情感現實主義的影響（第四章）。

61. 「2012年在科羅拉多州的奧羅拉市」（Aurora, Colorado, in 2012）：英文維基百科查詢「2012 Aurora Shooting」，最後一次編輯是在2016年4月21日（譯註：最新編輯時間為2019年12月16日），https://en.wikipedia.org/wiki/2012_Aurora,_Colorado_shooting。「建構憤怒的經驗」（construct an experience of anger）：我們可以說憤怒很恰當，甚至有用，因為它是一種社會現實，顯示法官致力於維護社會的道德秩序，以此促進對他人的尊重。參見Berns 1979，在Pillsbury 1989（689n112）文中；另外參見Ortony et al. 1990。「本身曾受過某種傷害」（victim of some sort himself）：Pillsbury 1989。關於同理心和情緒在司法實務中的作用，一直以來都存在著爭議。有興趣的讀者可以參見heam.info/empathy-2。「對被告觀點的無知」（ignorance of the defendant's）：憤怒是種無知，出自於思維的哲學，如佛教。「在判決期間過度嚴懲犯人」（punishing the offender during sentencing）：Pillsbury 1989。法官很難把自己看成跟被告類似，這或許是法官更有可能給出最高刑罰的原因（同前，705n155）。「在法庭上聰明使用情緒」（of emotion in the courtroom）：參見heam.info/empathy-3。關於情緒粒度增高如何改善道德決策判斷的例子，請見Cameron et al. 2013.

體的完整,但不保護你心智的完整,縱使這副身體不過是個容器,存放讓你之所以為你的器官:你的大腦。除非伴隨身體傷害,否則情緒傷害不被認為是真的。心智和身體是分開的。(為此,我們得好好敬笛卡兒一杯。)

如果要說有什麼領悟是你能從這本書得到,應該就是心智和身體之間的分界可以穿透。第十章稍微解釋了慢性壓力、父母情緒虐待和忽略,以及其他生理疾病造成的情緒傷害,最終如何導致身體疾病和受傷。此外,我們也已經了解,壓力和促發炎細胞激素如何導致眾多健康問題,包括腦萎縮,以及罹患癌症、心臟病、糖尿病、中風、憂鬱症和其他許多疾病的可能性增加。[62]

但這個恐怖故事還沒有說完。情緒傷害甚至可能縮短你的生命。在你的身體裡,有一小包遺傳物質像蓋子般覆在你的染色體頂端,它們的名字叫做「端粒」(telomere)。所有生物都具有端粒,人類、果蠅、阿米巴原蟲,甚至是你花園裡的植物。你的細胞每次分裂,它的端粒就會變短一點(雖然名叫端粒酶〔telomerase〕的酵素能修復它們)。因此,它們的尺寸通常會慢慢減小,到了某個時刻,它們小到不能再小的時候,你就死亡。這是正常的老化。但猜一猜還有什麼會造成你的端粒變小?答案就是壓力。早期經歷不幸的兒童,端粒比較短。[63]換句話說,情緒傷害產生的破壞可能更嚴重、更持久,而且造成比骨折更重大的未來傷害。意思是說,在理解與衡量情緒傷害可能造成持久損傷的程度上,法制系統或許會被誤導。

再舉一個例子來說,仔細想想慢性疼痛。法律基本上把慢性疼痛視為「情緒」問題,因為沒有明顯的組織受傷。在這些情況中,法律往往斷定因此所受的苦並不足以獲得賠償。苦於慢性疼痛的人通常被診斷成心理有病,如果他們選擇侵入性手術來試圖減輕他們的「幻覺」痛苦就更是如此。醫療保險公司拒絕治療理賠,因為慢性疼痛被認為是心理的,而不是生理的。患者無法工作,但也無法得到賠償。然而,誠如我們在先前章節所說,慢性疼痛很可能是預測出錯的大腦疾病。[64]痛苦是真實的。但法律不懂得預測和模擬是大腦運作的正常方式,慢性疼痛是程度差異、不是種類差異。

有趣的是,法律確實接受現在可能沒有其他類型的傷害,但在未來會出現。有個顯著的例子是化學傷害,例如波灣戰爭症候群(Gulf War Syndrome),這是一種多重症狀的慢性疾病,據說是由波灣戰爭期間的未知因素造成,它的影響直到事後才會顯現。波灣戰爭症候群很有爭議,對於它是否真的是明確的醫療事件,

目前尚無共識。無論如何，已有成千上萬的退伍軍人向法院申請波灣戰爭症候群的索賠。但被視為情緒的壓力或其他傷害，沒有類似的法律途徑可以求助。（因為疼痛和受苦而判賠相當罕見。）

　　觀察到這點之後，我必須指出，當你考慮國際的酷刑規範時，法律的情緒傷害觀點極不一致，甚至諷刺。《日內瓦公約》（Geneva Conventions）禁止對戰俘造成心理傷害，美國憲法同樣阻止「殘酷和不尋常的懲罰」。[65] 因此，政府在心理上折磨囚犯是不合法的，但讓囚犯長時間單獨監禁就完全合法，即使監禁的壓力可能縮短囚犯的端粒，並且因此縮短他們的生命。

　　校園霸凌者欺負、謾罵和羞辱你的孩子也完全合法，即使這樣會縮短他們的端粒，還有可能縮短他們的生命。一群中學女生故意排擠另一個女生時，她們的舉動是帶著意圖和動機造成他人受苦，卻很少有法律行動介入。有個廣為人知的案例是，2010年，15歲的菲比・普林斯（Phoebe Prince）在遭受幾個月的言語攻擊和人身威脅後自縊。六名青少年遭到刑事起訴，理由是騷擾、跟蹤、襲擊，以及他們霸凌她之後的各種公民權利侵犯，後來還在她的臉書紀念帳號上發表粗鄙的評論。這個案件促成麻薩諸塞州通過反霸凌法。這些法律是個開始，但它們只懲罰最極端的案例。你如何在法律背景下制訂遊樂場的規章呢？[66]

　　霸凌者蓄意造成痛苦，但他們的意圖是造成傷害嗎？我們無法確切知道，但多數的情況我不認為如此。多數孩子並不知道他們施加的精神極端痛苦，可能轉化成身體疾病、大腦組織萎縮、智商降低，以及端粒縮短。我們會說，孩子畢竟是孩子。但霸凌已在整個美國流行。有項研究發現，全美有超過50%的兒童報告在學校受到言語或社交霸凌，或在學校曾參與霸凌另一個小孩，至少兩個月一次。

---

62. 「其他許多疾病」（a host of other illnesses）：Copeland et al. 2013.
63. 「早期經歷不幸的兒童，端粒比較短」（early adversity have shorter telomeres）：Kiecolt-Glaser et al. 2011.
64. 「預測出錯的大腦疾病」（disease of prediction gone wrong）：Borsook 2012.
65. 「『殘酷和不尋常的懲罰』」（cruel and unusual punishment）：1949年8月12日簽訂的日內瓦第三公約——《關於戰俘待遇之日內瓦公約》，戰俘「在一切情況下應享受人身及榮譽之尊重」（第十四條），而且「應在任何時候受到保護……免致侮辱與公眾好奇心的煩擾」（第十三條）。美國憲法第八修正案。
66. 「端粒，還有可能縮短他們的生命」（tolemeres and potentially their lifespan）：Guarneri-White 2014。「言語攻擊和人身威脅」（verbal aggression and physical threats）：英文維基百科查詢「Suicide of Phoebe Prince」，最後一次編輯是在2016年1月30日（譯註：最新編輯時間2019年11月19日），https://en.wikipedia.org/wiki/Suicide_of_Phoebe_Prince。「在法律背景下制訂遊樂場的規章」（playground in a legal context）：美國文化將霸凌塑造成規範，使得霸凌相關的問題更加複雜，參見heam.info/bully-1.

超過20%的兒童報告自己是肢體霸凌的受害者或加害者，超過13%的兒童報告捲入電子霸凌。[67] 霸凌已被認為是足夠嚴重的兒童期風險，很有可能帶來終生的健康後果，因此在本書發稿時，美國醫療研究學院的法規及司法委員會正在撰寫全面性報告，詳述關於霸凌的生理和心理衍生後果。

如果此刻你正苦於精神極端痛苦，無論是出於霸凌或其他原因，你的痛苦應該算是傷害，而加害者應該受到懲罰嗎？近期的法律案件暗示，答案有時是「應該」。例如，亞特蘭大市的某家公司要求員工提供DNA樣本，因為有人用糞便弄髒了倉庫。未經同意取得一個人的遺傳資訊是不合法的（違反遺傳資訊反歧視法），但這個案件的勝訴主要是基於情緒考量。兩名原告因為感到被羞辱和霸凌，各自獲判約25萬元的補償性賠償，再加上驚人的175萬元懲罰性賠償，理由是「情緒壓力和精神極端痛苦」。大筆賠償金不是為了原告的實際情緒痛苦，而是他們未來**潛在的**情緒痛苦。畢竟，他們的個人健康資訊，在未來的任何時候都有可能被用來對他們不利。陪審員很容易模擬這種未來的恐懼，因此能夠同理他們。但在慢性疼痛的案件中就比較困難：你如何能看見無形呢？沒有損傷可以查找，沒有東西幫助你的大腦創造模擬，因此同理心折損，結果賠償金也折損。[68]

法制系統難以處理精神極端痛苦，純粹是出於實際的理由。如果情緒沒有本質或指紋，你如何客觀地測量它呢？另外，像斷腿之類的身體傷害，經濟上的可預測性通常比情緒傷害更高，情緒傷害的變數遠大得多。[69] 還有，你如何能區辨日常的情緒痛苦和持續的傷害呢？

或許在此最重要的問題是：誰的痛苦算是傷害呢？誰值得我們的同理心，因此值得法律的完整保護呢？如果你不小心或故意弄斷我的手臂，你都對不住我。但如果你不小心或故意傷了我的心，你都沒有虧欠我，即使我們長久以來如此親密、調節彼此的身體預算，而且分手讓我經歷像戒毒般痛苦折磨的身體過程。[70] 無論你多麼想這麼做（或他們多麼罪有應得），你都無法因為心碎而控告一個人。法律在於創造和執行社會現實。對於痛苦的同理主張，根本上是對於誰的權利重要，以及對誰的人性重要的主張。

*　　　*　　　*

誠如你所見，法律體現了傳統情緒觀點，以及由此衍生的人類天性觀點。這種本質主義的敘述，是一種民間傳說，完全不涉及大腦和大腦跟身體的連結。因

此，我將基於今日的大腦科學觀點，斗膽地向陪審員、法官和整體法制系統提出一些建議。我並不是法律學家，但我意識到科學關心的事跟法律關心的不同。我也領悟到，在書的內文中推測人性的基本兩難是一回事，但根據推測確立法律判例完全是另一回事。然而，嘗試努力在不同學界之間搭起橋梁是件重要的事。神經科學和法制系統對於人類天性的基本看法，目前完全是各說各話。但如果法制系統依然是我們的社會現實最令人敬佩的成就之一，如果它繼續保護人民不可剝奪的生命、自由和追求幸福的權利，就必須好好處理兩者之間的鴻溝。

我的第一步是教育法官和陪審員（以及其他的執法者，像是律師、警察和假釋官）有關基本的情緒科學和預測的大腦。紐澤西、奧勒岡和麻薩諸塞州的最高法院正朝對的方向邁步前進，他們正式告知陪審員，人類記憶是被建構的，而且可能出錯。我們需要對情緒採取類似的態度。為了達到這個目標，我提出一套教學重點，共有五點，你可以稱之為法制系統的情感科學宣言。

宣言中的第一個教學重點涉及所謂的情緒表達。情緒不是從臉上、身上和聲音以任何客觀的方式表達、展現或揭露，任何做出無辜、有罪或刑罰判決的人都需要了解這點。你無法辨認或偵測另一個人的憤怒、悲傷、懊悔，或任何其他情緒，你只能夠猜測，而有些猜測比其他的可靠。公平的審判，仰賴經驗者（被告和證人）和知覺者（陪審員和法官）之間的同步，這在很多情況下都可能難以達成。例如，有些被告比較懂得利用非語言動作，傳達有關自己情緒的訊息，像是懊悔。有些陪審員比其他陪審員更能同步自己和被告的概念。這意味著陪審員在充滿挑戰的情境下，例如他們不同意被告或證人的政治立場，或另一個人屬於不同的族群，他們可能需要更努力地知覺情緒。陪審員應該嘗試站在他人的立場思考，以此增進這樣的同步並培養同理心。[71]

第二個重點是關於現實。你的視覺、聽覺和其他感覺永遠都被你的感受左

---

67. 「報告捲入電子霸凌」（reported involvement with electronic bullying）：2005年，在兩個月的期間，採用超過七千名有全國代表性的兒童樣本，年齡從6年級到10年級（Wang et al. 2009）。

68. 「用糞便弄髒了倉庫」（contaminating its warehouse withfeces）：Monyak 2015。「『壓力和精神極端痛苦』」（distress and mental anguish）：這個案件的辯護律師要求陪審團向美國公司傳達一個訊息，參見heam.info/atlanta-1。「結果賠償金也折損」：請注意，絕大多數的民事案件在法庭外達成和解，參見heam.info/harm-2。

69. 「情緒傷害的變數遠大得多」（which is far more variable）：你如何用金錢量化痛苦呢？參見heam.info/harm-3。

70. 「像戒毒般」（withdrawal from an addictive drug）：Fisher et al. 2010。

71. 「更能同步自己和被告的概念」（a defendant than others）：Zaki et al. 2008。「同步並培養同理心」（this synchrony and cultivate empathy）：Schumann et al. 2014。

右。即使是聽來最客觀的證據，都會受到情感現實主義影響。陪審員和法官必須學習有關預測的大腦和情感現實主義，了解自己的感受如何實實在在地改變他們在法庭上的所見所聞。我先前提過的抗議者影片的研究（政治信念造成人們是否知覺到暴力意圖），或許可以作為教學範例。陪審員也必須了解，情感現實主義如何影響目擊者。即使像「我看見他握著刀」的簡單陳述，都是參雜情感現實主義的知覺。目擊者證詞並不是傳達冷冰冰的事實。

第三個重點是關於自我控制。感到會自動發生的事件，不一定完全無法控制，也不一定是情緒上的。在你建構情緒時，預測大腦提供的控制程度，就跟你在建構想法或記憶時相同。謀殺審判中的被告不是任由環境擺佈的人形海葵，一有憤怒就觸發他貫徹難以避免的攻擊行動。無論他們感到多麼自發，多數的憤怒實例都不會導致謀殺。憤怒也可能長期以來非常蓄意地展現，因此這方面沒有什麼是天生自動的。當你擁有相對多的控制時，你就對自己的行為有相對多的責任，無論事件是情緒、還是認知。

第四點，小心「我的大腦讓我這麼做」的辯護。關於大腦某些部位直接造成不良行為的主張，陪審員和法官應該抱持懷疑的態度。這種說法不是真正的科學。每個大腦都獨一無二，變異是常態（想想簡並性），而且不一定有意義。違法行為從來不曾明確地被定位在大腦的任何部位。此處我指的不是外來增生，像腫瘤或明顯的神經退化徵象，因為某些情況（如某種額顳葉失智症）確實可能讓人更難遵守法律。即便如此，許多腫瘤和神經退化傷害根本一點也不會讓人觸法。

最後一個教學重點是留心本質主義。陪審員和法官需要知道，每個文化都充滿了社會種類，像是性別、種族、族群和宗教。這些絕不能被誤認為是在自然界中有清楚分界線的物理、生物種類。[72] 此外，情緒刻板印象不應該放進法庭。女性不應該為了對攻擊她的人感到憤怒而非恐懼受到懲罰，男性不應該為了感到無助和脆弱而非勇敢和進取受到懲罰。法律中的理性人標準是基於刻板印象的虛構想像，而且它的應用並不一致。或許該是時候拋棄虛構的理性人，構想一些其他的比較標準。

除了情感科學宣言，我們對於冷靜的法官也存在著長年迷思，美國最高法院的成員和其他法律專家一方面傳播、也同時質疑這個迷思。學者或許在法律期刊上辯論情緒對於司法行為的價值，但人類大腦的解剖結構，使得任何人類（包

括法官）在做決定時，不太可能逃脫內感和情感的影響。情緒既非敵人、也不是奢侈品，而是智慧的來源。法官不需要揭露自己的情緒（就像治療師學習不要揭露），但他們必須察覺自己的情緒，並且盡其所能地明確利用它們。

為了明智地利用情緒，我建議法官學習用高粒度經驗情緒。如果他們感到不愉快，若是能細緻地加以分類來經驗（比如）憤怒有別於煩躁或飢餓，不愉快的感受就會有所幫助。憤怒能提醒你，要對無法同情的被告、容易被騙的原告、語帶挑釁的證人，或特別咄咄逼人的律師培養同理心。如果缺乏同理心，憤怒可能助長報復性的懲罰，因此極可能毀壞奠基法制系統的正義想法。法官可以利用我在第九章提到的練習，培養較高的情緒粒度：收集經驗、學習更多情緒詞、利用概念組合發明和探索新的情緒概念，以及解構和重新分類當下的情緒經驗。聽起來好像十分費勁，但就像任何技巧一樣，多多練習就會成為習慣。此外，法官在面對來自其他文化的被告時，簡單聽取不同文化規範的情緒經驗和溝通，也不是件什麼壞事。

在選擇陪審員（這個過程名為預先審查）時，法官可能也要學習降低情感現實主義的影響。法官和律師淘汰陪審員的方法，通常是詢問他們直接、明白的問題，像是「你在這個案件中能客觀、公平和公正嗎？」或「你認識被告嗎？」他們也會試圖評估陪審員和被告之間的表面相似性。舉例來說，如果理財顧問被控侵佔客戶的數百萬元退休投資，法官或許會問可能的陪審員本身是否曾是侵佔案的受害者，或是否有親戚在金融業工作。然而，相似性和差異性的表面標記只是冰山的一角。有個聰明的作法是，檢驗陪審員的情感棲位，了解他們在審判期間可能如何預測，由此可能發現他們形塑知覺的偏見。例如，法官可以利用心理學的標準評估技巧，問問陪審員看什麼雜誌、喜愛什麼電影，或是玩不玩第一人稱射擊遊戲。這樣的訊息，讓法官能根據陪審員把時間花在哪裡、而非只是直接詢問他們的偏見（因為這種自我報告不一定有效），好好考慮陪審員的潛在偏見。[73]

到目前為止，我的提議只處理容易解決的問題。現在，我們已經準備好面對真正困難的事情：可能改變法律中基本假設的科學考量。

---

72. 「在自然界中有清楚分界線」（deep dividing lines in nature）：就連生物性別都不是自然的類別，關於這方面的更多討論，請見Dreger 1998以及Dreger et al. 2005。另外參見Dreger 2015.

73. 「自我報告不一定有效」（self-reports are not necessarily valid）：美國律師丹‧卡漢（Dan Kahan）的研究，可以改編成在預先審查期間使用的一個有用方法，參見heam.info/kahan-1.

我們已經知道，我們的感官無法揭示現實，因此法官和陪審員一定會遭受情感現實主義之苦。這些因素再加上我們對於心與腦的知識，帶出一個相當激進的想法（我幾乎都不敢說出口）：或許該是時候重新評估，用陪審團作為判決有罪和無罪基礎的審判制度。沒錯，陪審制是美國憲法明文訂定，但編寫這份劃時代文件的人，一點都不知道人類大腦如何運作，也不知道有天我們能從受害者的指甲中驗出被告的DNA。在DNA證據出現以前，法律無法表明有罪的判決是真還是假。法制系統只能決定是否公正地作出判決，意思是一致地遵守法律的規則與程序。因此，法律不是關於真相，而是一致性。正當程序是關於避免有罪或無罪宣判的程序錯誤，不是關於判決本身的有效性。唯有我們假設一致性產生公正的結果，今日的法制系統才有作用。[74]DNA檢驗正在改變一切。它不是完美無缺，但比人類陪審員充滿情感的知覺客觀許多。

當DNA證據無法取得或不相關時，或許審判可以免除陪審團，以多位法官共同努力的集體智慧取代，這些法官是從一大群法官中隨機選出。我在先前已經說過，我不是法律學家，只是個科學家，因此或許更聰明的法律心智，能以更好的方式建構平衡的司法小組系統。一組受過自我覺察和提高情緒粒度訓練的熟練法官，或許能比陪審團更有效地避免情感現實主義。無論如何，這都不是完美的解決之道，至少在美國，法官一般年齡偏高、成員多為白人，而且可能一邊過度代表特定一套信念、一邊維護他們保持中立的錯覺。法官也更可能給予最高刑罰。[75]但有件事可以肯定：在美國，每天都有成千上萬的人出現在同儕組成的陪審團面前，希望自己能得到公平的審判，然而實際上，審判他們的是永遠從自利觀點知覺世界的人類大腦。相信公平審判是一種虛構想像，大腦的結構並不支持。

現在我們面臨最棘手的問題：控制你的行為，並且因此對你的行動負責是什麼意思。法律（很多心理學也是這樣）通常把責任分成兩部分：你造成的行動，在此你有比較大的責任；情境造成的行動，在此你的責任較小。這種內在對外在的簡單二分法，無法完全相符於預測大腦的現實。

在人類天性的建構觀點中，每個人類行動都涉及三種責任，不是兩種。第一種是傳統的責任：你當下的**行為**──你扣下扳機、你抓了錢逃跑。（法制系統稱這個行為叫「犯罪行為」，有害的行動）。

第二種責任涉及你做出非法舉動的特定**預測**（名為犯罪意圖，有罪的心智）。你的行為不是在一瞬間造成，它永遠都受到預測驅動。當你從沒人看管

的收銀機裡偷錢時，你是當下的主體，但行為的最終原因也包括「**收銀機**」、「**錢**」、「**所有權**」和「**偷竊**」等概念。各個概念都跟你腦中一大群多樣的實例有關，你根據它們發出預測，導致你的行動。現在，如果在相同情境下有類似概念的其他人（亦即理性人）也會偷錢，好吧，你可能就比較不會因為你的行動受罰。然而，他們也可能不碰現金，如果這樣你的責任就比較大。

　　第三種責任跟你概念系統中的**內容**有關，有別於你的大腦在違法時如何利用那個系統來預測。大腦不是在真空中計算心智。每個人類都是自己概念的總和，這些概念成為驅動行為的預測。在你腦袋裡的概念，不純粹是關於個人選擇的問題。你的預測來自你所浸淫的文化影響力。當白人警察射擊手無寸鐵的黑人平民，由於情感現實主義的影響，這名警察的確看見平民手上有槍，這起事件源於當下時刻以外的一些事情。即使警察是明顯的種族主義者，但他的舉動有一定程度是由他的概念造成，而這些概念是由一生的經驗形成，其中包括關於美國人對種族的刻板印象。受害者的概念和行動同樣受到一生的經驗影響，其中包括美國人對警察的刻板印象。你所有的預測，不只受到直接的經驗形塑，也間接地受到電視、電影、朋友和你的文化符號形塑。[76] 雖然逃進電影裡的城市犯罪世界，或看一兩個小時的警察影集，來甩開一天的壓力令人興奮，但經常觀看警察衝突的描繪是要付出代價的。它們微調我們對於某些種族或社經地位的人會構成什麼危險的預測。你的心智不只是你自己大腦的作用，也是所處文化中其他人大腦的作用。

　　責任的第三個範疇有利也有弊。有時它被輕描淡寫成「要怪就怪社會」，這句話被譏諷是心腸太軟的自由主義態度。我想表達的是更細微的差別。如果你犯了罪，你的確是該被責怪，但你的行動根植於你的概念系統，而這些概念不只是

---

74. 「有罪的判決是真還是假」（guilt was true or false）：我沒有暗指客觀的證據不會出錯，也不是說它能完全擺脫人類判斷。「一致性產生公正的結果」（consistency produces a just outcome）：法官和律師必須意識到，一致性不一定永遠帶來公平正義，意思是總會有些錯誤肯定（無辜的人被判有罪）。一想到其中的意涵，亦即為了系統的利益必須做出某些犧牲，著實令人擔憂、甚至令人震驚。誰說《飢餓遊戲》（*The Hunger Game*）完全是虛構的？

75. 「給予最高刑罰」（to hand out maximum sentences）：Pillsbury 1989, 705n155.

76. 「你所浸淫的文化影響力」（influences you were pickled in）：這句絕妙的話，出自我的朋友兼同事茱蒂斯·埃德斯海姆（Judith Edersheim），她是麻省總醫院法律、大腦與行為中心（Massachusetts General Hospital Center for Law, Brain and Behavior）的聯合主任。「手無寸鐵的黑人平民」（an unarmed African American civilian）：Fachner et al. 2015, 27-30。「你的文化符號」（the symbols of your culture）：另舉一個例子：邦聯戰旗，它是許多人心中的種族主義象徵、飄揚在州議會大樓的屋頂，甚至是作為幾州州旗的一部分，參見heam.info/flag-1.

像變魔術般突然出現。它們是由你所處的社會現實鍛造，深入你的體表，打開和關上你的基因，並且串連你的神經元。你像任何其他動物一樣，是從你的環境學習。然而，所有動物都會形塑自己的環境。因此，身為人類的你，當然也有能力形塑自己的環境，以此修改自己的概念系統，這意味著你終究要對你接受和拒絕的概念負責。

誠如我們在第八章的討論，預測的大腦將自我控制的範圍擴展到行動當下之外，因此你的責任也以複雜的方式變廣。你的文化可能教你某種膚色的人更有可能犯罪，但是你有能力減輕這類信念可能造成的傷害，並且朝不同的方向磨練你的預測。你可以跟不同膚色的人交朋友，親身了解他們是守法的公民。你可以選擇不看增強種族主義刻板印象的電視節目。亦或者，你可以盲目地遵循你的文化規範，全盤接受加諸於你的刻板概念，讓你更有可能惡劣地對待某些人。

槍擊查經班非裔美國成員的迪倫·羅夫，選擇用白人至上主義的符號包圍自己。沒錯，他成長在一個種族歧視充斥的社會，但美國的多數成人也是如此，然而我們多數不會拿著槍到處掃射。因此，雖然在神經元的層次，你和你的社會聯手使得某些預測更有可能在你的腦中出現。但你依然背負責任，必須戰勝有害的意識型態。殘酷的真相是，我們每個人終將要為自己的預測負責。

法律確實有判例是根據這種基於預測的責任觀點。舉例來說，如果你酒駕撞到人，你要對你造成的傷害負責，即使你在喝醉的狀態下無法有效控制你的四肢。你早就應該知道，因為我們社會的每個成人都知道，酒醉會帶來決策判斷不良的風險，因此你該為接下來發生的壞事受罰。法律稱之為可預見性論證。無論你是否有意造成傷害並不重要：你都負有法律責任。此外，我們現在有足夠的科學證據，將可預見性論證從廣泛的常識延伸到大腦的毫秒預測。你很清楚地知道，自己的某些概念（像是種族刻板印象）可能讓你招惹麻煩。如果你的大腦預測你面前的非裔美國年輕人手持武器，而你知覺到根本不存在的槍，即使在情感現實主義面前，你還是有一定程度的罪責，因為你有改變自己概念的責任。如果你自我充實，讓自己免疫於這樣的刻板印象，帶著改變預測的目標擴展你的概念系統，你還是可能會誤看了不存在的槍，而悲劇依然可能會發生。但你的罪責會稍微減輕，因為你負責地做出你能做的改變。

最終，法制系統必須掌握文化對於人的概念和預測的巨大影響，因為決定人的經驗和行動的就是這些概念和預測。畢竟，大腦將自己串連到自認為所處的社

會現實。這種能力，是我們作為人類所擁有的最重要演化優勢之一。因此，對於把什麼概念放進下一代的小小腦袋，我們負有一些責任。但這不是刑法的問題，實際上是跟美國憲法第一修正案有關的政策問題，這個修正案確保了言論自由的權利。美國憲法第一修正案的基礎想法是，言論自由產生想法之戰，讓真理得以廣為流傳。然而，提案者並不知道文化會串連大腦。想法只要在你周遭逗留得夠久，就能深入你的體表。一旦想法被固定串連，你可能就無法輕易拒絕。

＊　　＊　　＊

情緒科學是便利的手電筒，照亮了法律對於人類天性的一貫假設——現在我們知道這些假設跟人類大腦的結構無關。人不是具有理性面和情緒面，前者調節後者。法官無法拋開情感，純粹只靠理性做出裁決。陪審員無法偵測被告的情緒，即使看來最客觀的證據，也會沾染情感現實主義。犯罪行為不可能獨自存在於大腦中的一個斑塊。情緒傷害不僅僅是讓人不適，還會縮短生命。簡言之，法庭上（或任何地方）的每一個知覺和經驗，都不是公正程序的結果，而是深受文化影響的高度個人化信念，都會受到來自外界的感覺輸入訂正。

我們正處於新的心與腦科學可能開始形塑法律的轉捩點。透過教育法官、陪審員、律師、證人、警察和其他參與法律程序的人，我們最終應該能提出比較公平的法制系統。或許我們近期無法廢除審判中的陪審團，但簡單的步驟（像是教育陪審員情緒是建構出來的）就可以改善當前的情況。

至少現在，法制系統仍然將你視為裹著理性思考的情緒野獸。在本書中，我們不斷用證據和觀察系統性地挑戰這個迷思，但仍有一個假設我們尚未質疑：連野獸都有情緒嗎？我們的靈長類近親（如黑猩猩）的大腦也有建構情緒的能力嗎？那麼狗呢？牠們像我們一樣有概念和社會現實嗎？我們的情緒能力在動物王國裡究竟有多獨特呢？這些疑問就是我們在下一章要探討的主題。

第十二章

狗狂吠是因為生氣嗎？

　　我沒有養狗，但幾個朋友養的狗算得上是我的家人。我最愛的狗之一名叫羅迪（Rowdy），牠是黃金獵犬和伯恩山犬的混種。羅迪是隻愛玩、精力充沛的混種狗，隨時隨地都停不下來。就像牠的名字一樣[1]，羅迪愛叫、愛跳，大家都知道在其他狗或陌生人靠近時，牠會大聲咆哮。畢竟牠是隻狗。

　　有時，羅迪幾乎無法控制自己，這點曾經幾乎為牠種下禍根。有次羅迪跟牠的主人——我的朋友安吉（Angie）——外出散步，那時有個青少年靠過來拍拍牠。羅迪確實不認識那個男孩，於是開始吠叫，並且撲向這個男孩。男孩看起來沒有受傷，而讓人嚇一跳的是，幾小時後男孩的母親（當時不在現場）報警將羅迪逮捕，還把牠登記為「可能有危險的狗」。可憐的羅迪在之後好幾年都必須帶著嘴套散步。如果羅迪又跳到某個人身上，牠就會被登記成殘暴，甚至會被撲殺。

　　男孩害怕羅迪，將牠知覺成憤怒而且危險。當你遇到狂吠不已的狗時，牠真的是感到憤怒嗎？或這只不過是領域行為，或是過度熱情地試圖表現友善呢？簡言之，狗能經驗情緒嗎？

圖12-1：羅迪。

　　根據常識，我們通常會回答：「**當然**可以」，羅迪在咆哮時感到情緒。許多熱門書籍探討這個議題，像是馬克·貝科夫（Marc Bekoff）的《動物的情感世界》（*The Emotional Lives of Animals*）、維吉尼亞·莫雷爾（Virginia Morell）的《動物智慧》（*Animal Wise*），以及格雷戈里·柏恩斯（Gregory Berns）的《狗狗如何愛我們》（*How Dogs Love Us*）等等。好幾十則新聞故事告訴我們動物情緒的科學發現：狗會嫉妒、老鼠會經驗後悔、小龍蝦會感到焦慮，甚至連蒼蠅都會害怕逐漸接近的蒼蠅拍。當然，如果你跟寵物一起生活，你一定會認為牠們似乎能表現情緒行為：害怕地跑來跑去、開心地跳上跳下、難過地發出哀鳴、帶著愛意地低聲嗚嗚叫。動物就跟我們一樣能經驗情緒似乎很**明顯**。[2]《更勝言語：動物如何思考和感受》（*Beyond Words: What Animals Think and Feel*）的作者卡爾·薩非納（Carl Safina）簡潔地說：「那麼，其他動物有人類情緒嗎？是的，牠們有。人類有動物情緒嗎？是的，他們大部分相同。」[3]

　　有些科學家就沒這麼有把握。他們認為動物的情緒只是錯覺：羅迪的大腦迴路會觸發生存行為、而非情緒行為。[4]他們的看法是，羅迪的接近或撤退，可能是為了支配或順從，防衛自己的領域或避免威脅。這個論點推測，在這些情況中，羅迪可能經驗愉快、興奮、痛苦或其他各種情感，但牠沒有心智機制能經驗更多東西。這種解釋相當令人不滿，因為它否認了我們自己的經驗。數百萬的寵物主人願意打賭說，自己的狗會生氣地咆哮、難過地垂著尾巴，以及羞愧地把頭埋起來。很難想像這些知覺是繞著某些普遍的情感反應所建立的錯覺。

　　我自己也屈服於動物情緒的魅力。多年來，我女兒一直在她的臥房養一窩天竺鼠。有天，我們得到一隻幼鼠，名叫杯子蛋糕。第一週的每個夜晚，獨自一鼠

---

1. 譯註：rowdy的原意是喧鬧、粗暴。
2. 為了簡單起見，我將使用「動物」、「哺乳類」、「靈長類」和「猿類」等名詞僅代表非人類。當然，我們人類也屬於這些種類。
3. 「動物情緒的科學發現」（scientific discoveries in animal emotion）：快速搜尋《時代雜誌》（*Time*）、《太平洋標準》（*Pacific Standard*）、《新聞週刊》（*Newsweek*）、《大西洋月刊》（*Atlantic Monthly*）、《波士頓環球報》（*Boston Globe*）、《芝加哥論壇報》（*Chicago Tribune*）、《今日美國》（*USA Today*）、《洛杉磯時報》（*Los Angeles Times*）和《紐約時報》（*New York Times*），發現在2009到2014年間有26篇文章報導動物具有情緒。「狗會嫉妒」（dogs get jealous）：Harris & Prouvost 2014。「老鼠會經驗後悔」（rats experience regret）：Steiner & Redish 2014。「小龍蝦會感到焦慮」（crayfish feel anxiety）：Fossat et al. 2014。「蒼蠅都會害怕逐漸接近的蒼蠅拍」（flies fear the incoming flyswatter）：Gibson et al. 2015。「『他們大部分相同』」（they're largely the same）：Safina 2015, 34.
4. 「而非情緒行為」（but not for emotion）：LeDoux 2014.

待在陌生圍欄的杯子蛋糕，聽起來像是在哭。有時我把她放在溫暖舒適的毛衣口袋裡四處走走，她會因此開心得吱吱叫。每當我接近籠子時，其他天竺鼠都尖叫著跑開，只有小小的杯子蛋糕會安靜坐著，就好像是等著我把她抱起來，然後立刻爬進我的頸窩用鼻子直蹭。在這樣的時刻，真的很難不相信她愛我。有好幾個月的時間，杯子蛋糕都是我的深夜夥伴。在我工作的時候，她會窩在我的腿上低聲地嗚嗚叫。我家的每個人都懷疑，杯子蛋糕其實是披著天竺鼠外衣的小狗。然而，作為一個科學家，我知道我的知覺不一定能揭示杯子蛋糕的實際感受。

在本章，我們將根據動物的大腦迴路和實驗研究，有系統地探討牠們能感受什麼。我們必須拋開對自己寵物的多情感受，放掉本質主義的人類天性理論，小心謹慎地探究證據。科學家都相當同意，地球上的許多動物（從昆蟲、到蠕蟲、到人類）共享相同的基本神經系統設計。[5] 他們甚至或多或少同意，動物大腦是根據相同的一般藍圖建立。但任何一個修繕過房屋的人都知道，在把藍圖化為真實的過程中，魔鬼就藏在細節裡。在比較不同物種的大腦時，即使大腦部位都有相同的網絡，串連中的細微差異有時就跟大規模的相似性一樣重要。

情緒建構理論促使我們詢問，動物是否具有產生情緒的三種必要原料。第一種原料是內感：動物是否有製造內感感覺並把它們經驗成情感的神經設備？第二種是情緒概念：動物能否學習純粹的心智概念，像「**恐懼**」和「**快樂**」，如果可以，牠們能否用這些概念預測，以此分類牠們的感覺並產生像我們一樣的情緒？最後的原料關於社會現實：動物能否彼此共享情緒概念，好讓這些概念能傳一代傳過一代呢？

在了解動物能感受什麼方面，我們先將重點放在猴子和大猿，因為牠們是我們演化上的最近親。過程中，我們將發現動物是否共享我們感受的各種情緒……答案將帶來意想不到的轉折。

＊　　　＊　　　＊

所有動物都會調節自己的身體預算以維持生命，因此牠們全都必定有某種內感網絡。我的實驗室與神經科學家溫・凡德弗（Wim Vanduffel）和丹特・孟提尼（Dante Mantini）聯手，開始在彌猴腦中驗證這個網絡，而且取得成功。（大約在250萬年前，彌猴與人類共享最後的共同祖先。）彌猴的內感網絡，跟我們發現的人類內感網絡有一些相同部分，也有一些不同之處。彌猴內感網絡的結構是經

由預測作用，方式就跟人類網絡一樣。[6]

彌猴也可能經驗情感。當然，牠們不可能用言語告訴我們自己如何感受，但我以前的博士班學生伊麗莎‧布利斯－莫羅（Eliza Bliss-Moreau）已經證明，彌猴在人類感到情感的相同情況下，也會表現相同的身體改變。伊麗莎在加州大學戴維斯分校的「加州國家靈長類實驗動物中心」（California National Primate Research Center）研究彌猴。她讓猴子觀看300部其他猴子玩耍、打架、睡覺等等的影片，在此同時伊麗莎追蹤牠們的眼球運動和心血管反應。伊麗莎發現，當猴子觀看這些影片時，自律神經系統的活動就跟人類看相同影片時的活動完全一致。在人類中，這種神經系統活動跟他們感到的情感有關，意思是彌猴在看正向行為（例如覓食和梳理）時會經驗愉快的情感，在觀看負向行為（如畏縮）時會經驗不愉快的情感。[7]

根據這些和其他來自生物學的線索，我們可以相當肯定，彌猴會處理內感和感到情感，如果這樣，那麼像黑猩猩、倭黑猩猩、大猩猩和紅毛猩猩等大猿當然也會感到情感。至於一般的哺乳動物，那就比較難確切地這麼說。但牠們絕對會感到愉快和痛苦，也會感到警覺和疲憊。許多哺乳動物具有看來跟人類相似、但功能不同的迴路，因此我們無法光靠檢視大腦串連來回答這個問題。據我所知，目前沒有人專門研究狗的內感迴路，但牠們的行為似乎清楚顯示牠們擁有情感生活。那麼鳥類、魚類或爬蟲類又如何？我們無法確實知道。我必須承認，這些問題在我作為老百姓（我的丈夫在我卸下科學家身分時這麼叫我）時依然佔據我的心思。我在超市買肉或買蛋，或試圖除掉廚房裡該死的惱人果蠅時，無法不問問自己……這些生物有什麼感受？

我認為，最好假設所有動物都能經驗情感。我明白，這樣的討論很有可能把我們從科學領域冒險地逼向道德領域，如實驗室的動物是否疼痛和受苦、是否該為食用的目的而工廠式養殖生物，以及魚被魚鉤勾到嘴會不會痛等道德議題。在

---

5. 「相同的基本神經系統設計」（same basic nervous system plan）：Swanson 2012; Donoghue & Purnell 2005.

6. 「大約在250萬年前」（about 25 million years ago）：Goodman 1999。從那時起，所有物種都演化成適合自己的棲地，因此我們的現代形式幾乎沒有演化比較的價值。但科學家在解釋實驗的結果時，大都竭盡全力地考慮這點。「就跟人類網絡一樣」（that the human network does）：Touroutoglou et al. 2016。更廣泛地說，彌猴和人類的大腦彼此非常相似（Barbas 2015），但有一些顯著改變，多數是在大腦前方（Hill et al. 2010），另外參見 heam/info/macaque-1.

7. 「觀看負向行為（如畏縮）」（watching negative behaviors like cowering）：Bliss-Moreau et al. 2013。另外參見 heam.info/macaque-2.

我們自己的神經系統中，緩解痛苦的自然化學物質——類鴉片，在魚、線蟲、蝸牛、蝦子、螃蟹和一些昆蟲中也找得到。就連小小的蒼蠅都可能感到痛，我們知道，牠們能學會避開與電極配對的臭味。[8]

18世紀的哲學家邊沁（Jeremy Bentham）認為，唯有證明動物能感到愉快或痛苦，動物才屬於人類的道德圈內。[9]我不同意。動物只要有**任何可能**會感到疼痛，就值得納入我們的道德圈。這會阻止我殺蒼蠅嗎？不會，但我會動作快點。

在情感方面，**彌猴確實跟人類有重大差異**。在你世界裡的許許多多物體和事件，從最微小的昆蟲到最龐大的山脈，都會造成你的身體預算波動，並且改變你的情感感受。也就是說，你有很大的情感棲位。然而，彌猴在乎的事不像你我這麼多。牠們的情感棲位比我們的小得多，遠方升起的雄偉山脈絲毫不會影響牠們的身體預算。簡單地說，對我們重要的事物比較多。[10]

情感棲位是生活的一個領域，它的大小真的相當重要。在實驗室中，如果我們送給人類幼兒一堆玩具，這些玩具通常在他們的情感棲位裡。我女兒索菲雅會一次又一次地純粹為了樂趣，用外形、顏色、大小區分她的玩具，在統計上磨練相關的各種概念。彌猴不會這麼做。光是玩具並不有趣，不會影響彌猴的身體預算或促使牠們形成概念。我們必須提供彌猴某種獎勵，像是美味的飲料或點心，好讓玩具進入彌猴的情感棲位，統計學習才得以進行。（伊麗莎告訴我，猴子最喜愛的點心有白葡萄汁、水果乾、蜂蜜堅果穀片、葡萄、小黃瓜、小橘子和爆米花。）重複獎勵的次數足夠，彌猴就能學會玩具之間的相似性。

人類嬰兒也從人類照顧者得到獎勵：不只是像喝母奶或配方奶這類的美味點心，還包括有助於身體預算的日常效應。嬰兒的照顧者成為自己情感棲位的一部分，因為他們餵他、讓他保持溫暖等等。他生下來就帶著媽媽的氣味和聲音的初步概念，這是在子宮裡學到的。剛出生的最初幾週，他學會了整合媽媽的其他知覺規律性，像是她觸摸的感受，最終是她臉孔的模樣。因為媽媽在調節他的身體預算。媽媽和其他照顧者也會引導嬰兒注意世界上的有趣事物。嬰兒跟隨著他們注視一個物體（比如檯燈），然後他們看看他、接著又再看看檯燈，並且說說他正在看的是什麼。他們有意地對他說「檯燈」這個詞，同時用「兒語」的聲調提醒他往哪邊看。[11]

其他靈長類不會像這樣共享注意力，因此牠們無法像人類一樣用它來調節彼此的身體預算。母彌猴或許會跟隨小彌猴的視線，但牠不會在物體和彌猴寶寶的

臉之間來來回回地看，像是在吸引寶寶想知道她的心裡在想什麼。[12] 靈長類嬰兒在沒有媽媽這個外顯獎勵時，還是可以學習概念，但範圍和多樣性就遠不如人類嬰兒。

人類和彌猴的情感棲位大小為什麼如此不同呢？首先，彌猴的內感網絡不如人類的發達，特別是幫助控制預測失誤的迴路。這意味著彌猴無法根據過去經驗，靈活地把注意力指向世界上的東西。更重要的是，人類大腦幾乎是彌猴大腦的五倍大。在大腦的控制網絡和部分內感網絡中，我們的連結性都大上許多。人類大腦利用這樣堅固的重型機械，以我們在第六章討論的方式壓縮和總結預測失誤。這讓我們能比彌猴更有效地整合與處理來自更多來源的更多感覺訊息，因此可以學習純粹的心智概念。[13] 這就是為什麼你的情感棲位能容得下雄偉的山脈，但彌猴不能。

＊　　　＊　　　＊

內感網絡再加上它幫助創造的情感棲位，並不足以感受和知覺情緒。若要達成這點，大腦還必須有能力建立概念系統、建構情緒概念，並且讓感覺在自己和他人中產生情緒意義。具備情緒能力的假想彌猴，必須能在看著另一隻彌猴在樹上盪來盪去時，不只看到身體運動，還能看到「**喜悅**」的實例。

動物肯定能學習概念。猴子、綿羊、山羊、牛、浣熊、倉鼠、熊貓、港海豹、瓶鼻海豚，以及其他許多動物透過嗅覺學習概念。你可能不認為氣味是概念知識，但每次你聞到相同的香氣時，比如電影院的爆米花，你都在進行分類。空氣中的化學物質混和每次都不一樣，然而每次你都知覺成奶油爆米花。同樣的，多數哺乳動物利用嗅覺概念來辨認朋友、敵人和下一代。其他許多動物也透過視

---

8. 「與電極配對」（are paired with electric schock）：Malik & Hodge 2014.

9. 「能感到愉快或痛苦」（can feel pleasure or pain）：邊沁信仰功利主義，參見heam.info/bentham-1.

10. 「對我們重要的事物比較多」（more things matter to us）：全球化就是大規模地擴張你的情感棲位，參見heam.info/niche-1.

11. 「『兒語』的聲調」（"baby talk" tone of voice）：Amso & Scerif 2015。嬰兒和他的照顧者正在共享注意力，參見heam.info/sharing-1.

12. 「她的心裡在想什麼」（what is in her mind）：Okamoto-Barth & Tomonaga 2006，另外參見heam.info/gaze-1.

13. 「彌猴大腦的五倍大」（large as a macaque brain）：Passingham 2009。「可以學習純粹的心智概念」（to learn purely mental concepts）：多數的演化改變發生在皮質區，這裡有許多處理預測失誤的神經元，參見heam.info/evolution-2.

覺或聽覺來學習概念。綿羊顯然是靠臉辨認彼此（！），山羊靠的是咩咩聲。[14]

在實驗室中，如果你用食物或飲水獎勵，動物可以學會額外的概念，擴大牠們的情感棲位。狒狒能學習區辨各種字形的B和3，彌猴能區辨動物圖像和食物圖像。恆河猴能學習「恆河猴」不同於「日本彌猴」的概念，即使牠們是相同物種、只有顏色不同。（這是否讓你想起了人類做的某些事呢？）彌猴甚至能學會概念，區辨莫內、梵谷和達利畫作。[15]

然而，動物學習的概念跟人類的概念不同，人類建構目標本位的概念，而彌猴大腦完全缺乏這麼做的必要串連。相同的串連缺乏，也造成牠們的情感棲位較小。

猿類又如何呢？牠們能建構目標本位的概念嗎？我們在基因上的最近親黑猩猩的大腦比彌猴大，也有更多整合感覺訊息所必要的串連。儘管如此，人類大腦依然是黑猩猩大腦的三倍，這種關鍵的串連也比較多。[16]但我們不會因此排除黑猩猩有目標本位概念的可能性。只是很可能你的大腦更有能力創造純粹的心智概念，像是「**財富**」，而黑猩猩的大腦更有能力創造行動和具體東西的概念，像是「**吃**」和「**收集**」和「**香蕉**」。

猿類幾乎確定有肢體行為的概念，像是從這根樹枝盪到那根樹枝。最大的問題是，一隻黑猩猩能看著另一隻黑猩猩在樹上盪來盪去，並且知覺到「**喜悅**」的實例嗎？做到這點需要觀察的那隻黑猩猩有純粹心智概念，並且推論擺盪的那隻黑猩猩的意向，由此做出心理推論。多數科學家假設，心理推論是人類心智的核心能力。因此，如果猿類能做到這點，那麼很多事就變得岌岌可危。我們知道猴子無法做心理推論，牠們可以了解人類在做什麼，但不了解人類在思考、渴望或感受什麼。[17]

至於在猿類方面，可以想像牠們能做心理推論並建構目標本位概念，但科學觀點目前仍不明確。黑猩猩可能具有先決條件，因為牠們能從知覺差異性中創造一些心理相似性。舉例來說，牠們知道豹會爬樹、蛇會爬樹，猴子也會爬樹。可以想像黑猩猩能將這個概念擴展到能做出類似動作的新動物，像是家貓，並且預測貓會爬樹。但人類的「**攀爬**」概念就不僅止於動作，而是個目標。因此，真正的考驗在於，黑猩猩是否了解一個人快步跑上樓梯、慢慢爬上梯子和匍匐攀上懸崖，全都共享「**攀爬**」目標。這種心智壯舉會讓我們發現，黑猩猩真的能超越物理相似性，把看來非常不同但有共享心智目標的攀爬實例群組在一起。此外，

如果黑猩猩能領會在社會階層中往上移動也是爬，那麼牠們的概念就跟我們的完全相同。我們已經在第五章看過，如果有語詞能代表概念，人類嬰兒就可以完成這樣的壯舉。既然如此，下一個問題是，大猿有沒有能力像人類嬰兒那樣學習語詞，並且利用它們學習概念。[18]

從1960年代起，科學家一直試圖教導猿類語言，通常使用視覺符號系統（像是美國手語），因為牠們的發聲器官不適用於人類語言。如果在過程中有獎勵，猿類能學會使用數百個字詞或其他符號來指稱世界的特定特徵。牠們甚至能組合符號來傳達複雜的食物要求，像是「乳酪、吃、想要」和「口香糖、快一點、想要一些」。科學家仍在爭辯，這些猿類是否了解符號的意義，或只是為了要求獎勵而模仿自己的訓練師。[19] 就我們的目的，最重要的問題是，大猿能否在沒有外顯獎勵下，靠自己的力量學習和使用字詞或符號，以及牠們能否建立純粹的心智概念，像是「**財富**」或「**悲傷**」。

到目前為止，我們幾乎沒有猿類能靠自己學習和使用符號的證據。牠們像這樣無須外來獎勵就能對應符號的概念，似乎只有一個：「食物」。然而，當猿

---

14. 「透過嗅覺學習概念」（animals learn concepts by smell）：動物具有概念（Lea 2010）。初級嗅覺皮質具有跟內臟運動邊緣區緊密連結的邊緣結構。相關回顧，見Chanes & Barrett 2016。「也透過視覺或聽覺」（sight or sound as well）：雖然哺乳動物的嗅覺概念比較佔優勢，但鳥類的視覺比較佔優勢。「山羊靠的是咩咩聲」（goats by vocal bleats）：Lea 2010。

15. 「食物或飲水獎勵」（reward them with food or drink）：Mareschal et al. 2010。另外參見heam.info/animals-1。「各種字形」（regardless of font）：Vauclair & Fagot 1996。「動物圖像和食物圖像」（animal images from food image）：Fabre-Thorpe 2010。「只有顏色不同」（differ only by color）：Yoshikubo 1985; Marmi et al. 2004。更多例子請見Fabre-Thorpe 2010。「梵谷和達利」（Van Gogh, and Salvador Dalí）：四隻彌猴接受訓練，將這三位畫家再加上傑洛姆（Jean- Léon Gérôme）的畫作一部分分類。這些部分沒有包含能記憶的臉部或完整物體，實驗要求猴子注意畫作的風格（Altschul et al. 2015）。

16. 「關鍵的串連也比較多」（more of this critical wiring）：Goodman 1999。另外參見heam.info/evolution-2.

17. 「做出心理推論」（making a mental inference）：Vallacher & Wegner 1987; Gilbert 1998。「思考、渴望或感受什麼」（thinking, desiring, or feeling）：Martin & Santos 2014.

18. 「知覺差異性中創造一些心理相似性」（mental similarities amid perceptual differences）：例如，Tomasello 2014; Hare & Woods 2013。「不僅止於動作，而是個目標」（just an action; it's a goal）：根據Tomasello（2014, 27-29），大猿創造了不僅止於知覺相似性的概念，它們代表關於情境的訊息（例如，有或沒有食物）。最有可能的是，牠們也以生成的方式創造概念，意思是牠們在某種程度上能利用零碎的先前經驗，創造新穎的預測（同前，第28頁）。關於「攀爬」概念的討論，可在同前出處的第29頁找到。「有共享心智目標」（have a shared mental goal）：人類和黑猩猩腦中的預設模式網絡，在彼此相連的大腦部位中相似，但在微小串連中則不相似，參見heam.info/chimp-1。「像人類嬰兒那樣」（way that human infants do）：科學家積極地辯論人類語言的大腦機制，參見heam.info/language-2.

19. 「『想要一些』」（wanting o have some）：Tomasello 2014, 105。另外參見heam.info/animal-2.「為了要求獎勵」（in order to request rewards）：關於教導猿類語言的著名嘗試，請見heam.info/animals-3.

類確實學會使用字詞時，牠們能繼續走下一步嗎？牠們能將字詞用來超越牠們所見、所聽、所觸和所嘗，以此推論心智嗎？我們目前還不知道。字詞肯定不會促使猿類像人類嬰兒那樣，在其他生物的心智中尋找概念，但其中存在著有趣的可能性。舉例來說，如果你獎勵黑猩猩，而且如果牠們有了那個功能的親身經驗，牠們似乎能根據功能（工具、容器、食物）來分類外表相異的物體。此外，如果你教導和獎勵牠們把符號跟一個種類（例如「**工具**」）連在一起，牠們可以把符號跟不熟悉的工具配對。[20]

猿類像這樣使用字詞**只是**為了要求獎勵嗎？懷疑論者指出，猿類當然不會使用符號或字詞來談論天氣或自己的小孩，牠們可能**指稱**獎勵以外的東西，但前提是在另一端有獎勵等待牠們。（如果觀察接受符號訓練的猿類在訓練師停止獎勵會後發生什麼，想必十分有趣。牠們會繼續使用符號嗎？）就我認為的重點，字詞似乎不是多數猿類的情感棲位的固有部分，但對典型的人類嬰兒是如此。對猿類來說，光是字詞本身，並不值得學習。[21]

這個故事可能有個重要的例外是倭黑猩猩。牠們是非常社交的生物，遠比一般黑猩猩注重平等和樂於合作。牠們也有更大的社交網路，而且在長大成年以前玩得更久。此外，有些倭黑猩猩看似能在沒有外來獎勵下完成作業，然而黑猩猩就似乎需要獎勵。就拿坎茲（Kanzi）的故事來說，這隻倭黑猩猩在嬰兒時，看著他的養母和其他成年倭黑猩猩從學習類語言符號贏得食物獎勵。到了六個大月時，透過觀察其他倭黑猩猩贏得獎勵，坎茲似乎靠牠自己也學會了符號。在某個時間點，科學家經由審慎的測試，意識到坎茲似乎了解一些英文口語。因此，周遭環境充滿豐富語言的倭黑猩猩大腦，有可能學會具體字詞的意義。[22]

對比於倭黑猩猩，黑猩猩向來被描繪成帶有陰暗面的迷人、聰明生物。牠們為了佔有領地和取得食物，會伺機相互獵殺。牠們也會毫無理由地攻擊陌生人、維持嚴格的支配階層，並且把母猩猩暴打到性順從（sexual submission）。倭黑猩猩更樂於用性來解決牠們的衝突，這個選擇顯然比種族滅絕好上許多。

然而，談到概念學習時，在實驗室裡的黑猩猩或許得到不公平的指控。因為進行語言實驗的黑猩猩在嬰兒時期就離開媽媽身邊，被飼養在跟牠們的自然棲地大不相同的類人環境。黑猩猩寶寶通常跟媽媽一起生活長達10年，而且吃媽媽的奶直到五歲，因此這樣的過早分離，可能改變了黑猩猩的內感網絡串連，強烈地影響實驗的結果。[23]（想像一下人類嬰兒像這樣跟自己的媽媽分離！）

　　測試的環境比較自然時，黑猩猩的情感棲位似乎比許多實驗建議的更廣。對於這樣的洞察，我們必須感謝京都大學靈長類研究所的靈長類動物學家松澤哲郎（Tetsuro Matsuzawa）。松澤完成相當令人敬佩的任務。他養了三代的黑猩猩，都飼養在看起來像森林的戶外複合建築。每天，進到實驗室做實驗的黑猩猩是**出於自願**。當然，有時牠們會得到獎勵，但強調這點會錯失重點。這些動物跟松澤和研究所的其他人類實驗者培養出長期的信賴關係。母黑猩猩會把自己的嬰兒抱在腿上，讓人類能跟黑猩猩寶寶進行實驗。例如，有個實驗測試人類和黑猩猩嬰兒學習哺乳動物、家具和交通工具（使用栩栩如生的縮小模型）的概念。這種學習**沒有用獎勵來**進行，因為每個嬰兒都是坐在自己媽媽的腿上接受測試。嬰兒跟母親的親近、跟人類實驗者的信賴關係，或許足以讓這個情境進入黑猩猩寶寶的情感棲位。難以置信的是，黑猩猩和人類嬰兒在這些情況下同樣良好地形成概念。[24]儘管如此，人類嬰兒還會自發地操弄物體（像是把玩具卡車推來推去），使概念形成更有可能，但黑猩猩嬰兒就不會。

　　松澤的研究團隊是了解黑猩猩的概念能力極限的理想典範。我們可以在嬰兒坐在媽媽腿上的自然環境中，測試概念系統仍然可塑的黑猩猩寶寶，或許還能進行像第五章提到的建立概念實驗。黑猩猩嬰兒能像人類嬰兒那樣，使用無意義的字（像是「toma」），把幾乎沒什麼知覺相似性的物體或圖片群組在一起嗎？

---

20. 「靠自己學習和使用符號」（use symbols on their own）：也就是說，只讓黑猩猩接觸基於符號的語言，沒有任何外顯的獎勵（例如，Matsuzawa 2010; Hillix & Rumbaugh 2004）。「符號跟不熟悉的工具」（the symbol to unfamiliar tools）：Tanaka 2011。黑猩猩似乎能理解，看來不同的物體可以達成相同的功能，只要那個功能涉及某種直接的運動動作。例如，黑猩猩或許了解，棍子能以多種方式用來獲得食物：勾取地上的白蟻、打開食物罐頭，或從樹上搖下水果。牠們甚至可能了解，梯子是用來從樹上搖下水果的「工具」。但牠們能否了解，完全不同的物體在以非常不同的動作使用時，也都算是「工具」，像是敲開堅果的石頭和夠到樹上水果的梯子？牠們能否了解，同一顆石頭在用於非關食物的目的時也是「工具」，例如壓住輕的東西以免被風吹走？如果黑猩猩用棍子威嚇手下，或如果黑猩猩跟人類要求食物，牠會了解棍子和人類也都是「工具」嗎？

21. 「在另一端有獎勵等待」（waiting at the other end）：Herb Terrace, personal communication, June 6, 2015。「光是字詞本身，並不值得學習」（alone are not worth learning）：如果事件或物體沒有擾亂動物的身體預算，也跟能量調節無關，那就不太需要投入資源，為此建立概念。例如，認知心理學家派翠西亞・庫兒（Patricia K. Kuhl）的研究指出，語言學習需要大腦的身體預算編列區參與，參見Kuhl 2014。

22. 「比一般黑猩猩更平等主義和樂於合作」（cooperative than common chipmps）：黑猩猩和倭黑猩猩大約在100萬年前共享最後的共同祖先（Becquet et al. 2007; Hey 2010）。「具體字詞的意義」（the meaning of concrete words）：關於黑猩猩和倭黑猩猩的比較，請見heam.info/chimp-2。

23. 「實驗的結果」（the results of the experiments）：Tetsuro Matsuzawa, personal communication, June 12, 2015。另外參見heam.info/chimp-3。

24. 「這些情況下同樣良好地」（equally well under these conditions）：Murai et al. 2005。

然而到目前為止，我們沒有確鑿的證據顯示黑猩猩能形成目標本位的概念。雖然牠們和彌猴都有類似人類預設模式網絡（內感網絡的一部分）的大腦網絡，但是牠們無法想像完全新奇的東西，像是會飛的豹。牠們無法從不同的觀點考慮相同的情境。牠們無法想像不同於現在的未來。牠們也沒有意識到常駐在其他生物腦袋裡的目標本位訊息。[25] 這就是為什麼黑猩猩和其他大猿不太可能創造目標本位的概念。有獎勵時，猿類可以學到字詞，但牠們無法自發地利用字詞形成帶有目標的心智概念，像是「**加上白蟻很好吃的東西**」。

任何概念都可能是目標本位（回想「**魚**」可能是寵物或晚餐的例子），但情緒概念**只能是**目標本位，因此黑猩猩似乎不太可能學習像「**快樂**」和「**生氣**」等情緒概念。即使牠們能學會「生氣」之類的情緒詞，我們也不清楚牠們能否了解這個詞，或用目標本位的方法使用它，像是把另一個生物的行為分類成生氣。

有時，猿類看似了解純粹的心智概念，但其實並不了解。在一個實驗中，黑猩猩只要完成作業就能贏得代幣，然後可以用代幣交換食物。牠們自發地學習存下代幣，用它們交換自己喜愛的點心。當你看到黑猩猩從事這種交易時，自然會忍不住推論黑猩猩了解「**金錢**」概念。然而，此處的代幣只是獲得食物的工具，而不是一般用來交換貨品的貨幣形式。[26] 黑猩猩不像許多人類這般了解，金錢本身具有價值。

如果黑猩猩無法形成目標本位概念，那麼想必黑猩猩當然沒有能力教彼此概念，也就是說，牠們沒有社會現實。即使牠們可以從人類訓練師學會像「生氣」之類的概念，這一代也無法為下一代創造能將概念導入牠們大腦的環境。黑猩猩和其他靈長類動物確實有共享的實作，像是用石頭敲碎堅果，但母黑猩猩不會自發地指導小孩更細微的烹飪要點，小黑猩猩是經由觀察學習。舉例來說，在日本的一群彌猴中，有隻彌猴開始在吃之前清洗食物，過了不到10年，這群彌猴中有四分之三的成年彌猴都跟著這麼做。[27] 但相較於人類用我們發明的心智概念和語詞所做的事，彌猴的這種集體意向性非常有限。

人類的社會現實能力，似乎在動物界中獨一無二。[28] 唯有人類能利用語詞，創造和分享純粹的心智概念。唯有人類能利用這些概念，在我們相互合作與相互競爭的同時，更有效地調節自己和彼此的身體預算。唯有人類擁有心智狀態的概念，像是情緒概念，用來預測和賦予感覺意義。社會現實的確是人類的超能力。

我們回頭看看松澤和他的黑猩猩。值得注意的是，松澤如何以親密的方式

將黑猩猩群安置於人類文化，同時保持牠們的家庭關係。我很好奇，經過一段時間，松澤的人類文化背景是否會影響黑猩猩嬰兒的大腦發展，因為養育牠們的母黑猩猩受一群值得信賴的心愛人類影響而適應了這個文化。

我從維吉尼亞・莫雷爾的《動物智慧》發現一個特別引人注目的例子，其中描述兩個人類實驗者為哺乳的母黑猩猩提供社會支持。這隻母黑猩猩不太情願哺育自己的嬰兒，但實驗者溫柔地鼓勵牠要勇敢。莫瑞爾寫道：「研究者溫柔地抱起小黑猩猩，把牠放在媽媽的懷裡。小黑猩猩的手緊緊抓著媽媽的毛。然後媽媽嘗試餵奶，但牠在寶寶吸奶時哭了，母猩猩似乎打算把自己的寶寶丟到地上。不過，接著科學家的輕柔聲音再次響起。他安慰地說，沒錯、沒錯，一開始可能會痛，但很快就不痛了。母黑猩猩慢慢地安靜下來，將寶寶抱在自己的胸前，讓寶寶開始吃奶。」[29] 每天都有成千上萬的人類母親經歷第一次餵奶，我可以根據自身的經驗告訴你，這會讓你痛不欲生。但其他人（護理師、年長的女性親戚，或是朋友）會提供支持鼓勵，並且讓你知道該做什麼，最終一切都會順利。

對母黑猩猩來說，幫助牠的這些人類不僅僅是牠的照顧者：他們對牠有情感上的重要性，可以調節牠的身體預算。牠和寶寶以及牠們的關係，都深深受到人類文化影響。長期下來，這樣的社會接觸是否改變這些黑猩猩的語言和概念能力呢？如果牠們的後代最終能夠形成目標本位的概念，那就是一個全新的局面。

＊　　　＊　　　＊

好吧，黑猩猩和其他靈長類動物看來似乎沒有情緒概念或社會現實。那像羅迪這樣的狗呢？畢竟，我們已經把狗培育成人類的好朋友，因此牠們跟我們一樣是真正的社會動物。如果有任何非人類動物具備情緒的力，最佳人選似乎非狗莫屬。

就在幾十年前，俄國科學家 米特里・貝爾耶夫（Dmitri Belyaev）只經過40代

---

25. 「會飛的豹」（a flying leopard）：Tomasello 2014, 29。「從不同的觀點」（from different points of view）：同前。這需要一種模擬，但黑猩猩的大腦似乎沒有串連來進行這種模擬（Mesulam 2002）。「其他生物腦袋裡」（the heads of other creatures）：黑猩猩寶寶不到一歲就停止跟隨媽媽的注視（Matsuzawa 2010）。成年黑猩猩在某些情況下能跟隨注視，參見heam.info/chimp-4。

26. 「一般用來交換貨品」（exchangeable for goods in general）：Sousa & Matsuzawa 2006。黑猩猩能以複雜的方式建構和使用工具。另外參見heam.info/chimp-5。

27. 「跟著這麼做」（had picked up the practice）：Trivedi 2004。相關討論，見Jablonka et al. 2014。

28. 「在動物界中獨一無二」（unique in the animal kingdom）：其他科學家有類似的觀點，參見heam.info/reality-2。

29. 「『讓寶寶開始吃奶』」（letting the infant nurse）：Morell 2013, 222-223。

左右就把野狐狸馴養成接近家犬。每當母狐狸生產時，貝爾耶夫會從中選出對人類最有興趣且最不具攻擊性的狐狸幼仔，選擇性地培育牠們。經過實驗培育的野獸看起來像狗：牠們的頭骨縮短、口鼻變寬，還有捲捲的尾巴和下垂的耳朵——雖然貝爾耶夫沒有特意選擇這些特徵。牠們的化學組成更接近狗而不是狐狸。此外，牠們有強烈的動機跟人類互動。[30] 現代的狗也經過長時間培育出某些討人喜歡的特性，像是依附人類照顧者，其他特性當然可能隨之而來，甚至可能出現類似人類情緒概念的什麼。

我推測，無意中培育的特性之一，是狗的某種神經系統。我們可以調節狗的身體預算，狗也能反過來調節我們的身體預算。[31]（如果說狗和人類主人的心跳速率同步，就像親密的人類彼此做的那樣，我完全不會意外。）培育狗的過程中，我們大概也選擇了我們覺得像在表達什麼的眼睛，以及容易運動的臉部肌肉，好讓我們能在狗的臉上投射複雜的心理狀態。我們如此愛狗，所以我們把牠們培育成也愛我們，或至少看起來愛。我們對待牠們的方式，猶如牠們是長著四條腿、披著毛外套的小小人類。但狗能經驗或知覺人類的情緒嗎？

就像其他哺乳動物一樣，狗能感到情感，這點沒什麼讓人驚訝。牠們表達情感的方式之一，似乎是搖搖尾巴。狗顯然在愉快事件發生時（例如看見自己的主人）向右大搖尾巴，而在不愉快的事件中（像是看見陌生的狗）向左搖。選擇哪一邊，向來跟大腦活動有關：據說向右搖的意思是左半腦的活動較大，向左搖則是右半腦。[32]

狗似乎也看著彼此的尾巴知覺情感。牠們在看向右搖尾巴的電影時比較放鬆，而向左搖比較緊張，這是由測量心跳速率和其他因素得知。狗似乎也能從人的臉部和聲音知覺情感。[33] 目前我還沒有看過任何對狗做的腦部造影相關實驗，但如果牠們有情感，按常理說，牠們應該有某種內感網絡。只不過，沒人知道牠們的情感棲位有多大，但鑑於牠們的社交天性，我敢打賭，牠們的情感棲位以某種方式跟牠們的主人結合。

狗還能夠學習概念，這應該也不令人訝異。舉例來說，如果接受訓練，牠們可以區辨照片中的狗和其他動物。[34] 牠們必須經過幾千次嘗試才能得心應手，相較之下，人類嬰兒只需要幾十次嘗試就可以做到。但狗能學到正確率超過80%，即使照片中的狗從來都沒見過或隱身在複雜的場景中。這對狗的大腦來說還算不錯。

　　狗也能形成嗅覺概念。牠們能辨別一個人的氣味，把身體不同部位的不同氣味組在一起當作同一個體，還能區別其他人的不同氣味。[35] 當然，我們也知道狗能訓練來靠氣味追蹤物體種類。任何曾在機場被抓到行李箱裝著食物或毒品的人，都能向你證實這點。

　　另外，我得小心翼翼地承認，狗似乎能推論某種意向。狗比黑猩猩更能知覺人類的姿勢，並且跟隨人類的注視。索菲雅還小的時候，常跟她心愛的狗哈羅德一起在沙灘上玩，他們兩個如果想跑得更遠，通常會看向大人徵得同意：索菲雅看我，哈羅德看牠的主人。狗利用我們的注視，知道自己要注意什麼，牠們的技巧好到**似乎**能從我們的眼睛讀出我們的心意。更令人意想不到的是，狗會跟隨**彼此**的注視，獲得關於世界的訊息。[36] 當羅迪想知道發生了什麼時，牠會自發地看向牠的「姐姐」餅乾（一隻黃金獵犬），並且跟隨牠的視線。兩隻狗在互相參考時會動也不動，然後……牠們會突然採取行動。就好像在上演一場默劇。

　　但身為懷疑論者的我，當然會懷疑狗能不能做目標本位的心理推論。牠們可能只是十分擅長知覺人類的行動，因為，老實說，是我們把狗培育成對人類的每個突發奇想都很敏感。

　　狗確實看似了解人類用符號來溝通意圖。例如，在一項實驗中，實驗者在不同的房間放入狗玩具，然後用玩具的縮小複製模型當作符號。受試狗（邊境牧羊犬）了解，實驗者透過縮小模型，要求牠們從其他房間銜回配對的玩具。這比玩你丟我撿更複雜許多。其他研究也顯示，狗會用不同的咆哮和吠叫彼此溝通，不過牠們可能只是以聲音信號傳達喚起程度（情感）。有個研究甚至證明，一隻名叫蘇菲亞的狗跟我們的黑猩猩朋友一樣，可以訓練成按下鍵盤的符號來傳達一些

30. 「動機跟人類互動」（motivation to interact with humans）：更多關於貝爾耶夫的故事，請見Hare & Woods 2013.

31. 「反過來調節我們的」（can regulate ours in turn）：想要了解更多關於證明人─狗身體預算調節的實驗，請見heam.info/dog-1.

32. 「向左搖則是右半腦」（and vice versa）：Quaranta et al. 2007.

33. 「心跳速率和其他因素」（heart rate and other factors）：Siniscalchi et al. 2013。相關評論，請見heam.info/sides-1。「人的臉部和聲音」（faces and voices of human）：Turcsán et al. 2015.

34. 「如果牠們接受訓練」（if trained to do so）：Range et al. 2008.

35. 「其他人的不同氣味」（the smells of other humans）：Settle et al. 1994.

36. 「姿勢，並且跟隨人類的注視」（gestures and following human gaze）：Hare & Woods 2013, 50-51。「從我們的眼睛讀出我們的心意」（our mind in our eyes）：關於深入縝密的討論，請見Bradshaw 2014, 200。「獲得關於世界的訊息」（get information about the world）：Hare & Woods 2013, 50.

基本概念：散步、玩具、水、玩、食物和牠的狗籠。[37]

　　很顯然，狗的腦袋裡有不簡單的事在發生，但儘管如此，科學家仍然沒有找到跡象顯示狗有情緒概念。事實上，雖然許多狗的行為看來像是情緒行為，但有不少證據指出牠們沒有情緒概念。舉例來說，狗主人在相信自己的狗藏了什麼（例如避開眼神接觸）或表現順從（像是垂下耳朵、仰躺露出肚皮或壓低尾巴）時，會推論牠們內疚。但狗真的有內疚的概念嗎？

　　有個精巧的研究探討了這個問題。[38] 在每個嘗試中，狗主人給自己的狗一份美味的餅乾，然後明確地指示狗不要吃，並且迅速離開房間。然而，在狗主人不知情下，實驗者接著進入房間影響狗的行為，要不把點心拿給狗（狗把它吃了）、要不把點心從房間拿走。在這之後，實驗者可能跟主人說實話、或是謊話。一半的主人被告知，他們的狗服從自己，必須用溫暖友善的方式迎接牠們；另一半主人聽到的是，他們的狗吃掉了餅乾，應該要責罵一番。由此產生四種不同的情節：服從的狗和友善的主人、服從的狗被主人責罵、不服從的狗和友善的主人，以及不服從的狗被主人責罵。結果發生了什麼？無論狗服不服從，被罵的狗都表現出更多人類知覺成典型內疚的行為。由此顯示，狗在做出被禁止的行為時沒有經驗到內疚，反而是牠們的主人在相信狗吃了餅乾時會知覺到內疚。

　　另一個研究探討狗的嫉妒，實驗者要求夠主人跟玩具狗互動，同時真正的狗在旁觀看。玩具狗會吠叫、低聲哀鳴，以及搖搖自己的尾巴。研究發現，狗在這個情況下會亂咬、哀鳴、推推主人和玩具，並且插進主人和玩具之間，頻率超過主人跟不同玩具（南瓜燈）互動或看書時。研究者將這些發現解釋成狗會嫉妒，特別是因為許多受測的狗嗅聞了玩具狗的肛門。可惜的是，實驗者沒有進一步檢驗，狗主人在三種情況下（玩具狗、南瓜燈、看書）是否表現任何不同的行為影響牠們的狗。研究者假設主人的行為在各情況下完全相同，而且假設狗了解只在一種情況下需要嫉妒。[39] 因此，即使許多寵物主人自信滿滿地認為自己的狗會經驗嫉妒，但我們還是沒有科學證據支持這個信念。

　　就情緒來說，科學家仍在探索狗能做什麼的極限。狗的情感棲位在某些方面比人類廣泛，因為牠們的嗅覺和聽覺感官特別敏銳；然而在其他方面的情感棲位就比較狹窄，因為牠們無法進入未來，想像不同於當前的世界。評估各種證據後，我的觀點是狗沒有人類的情緒概念，像是生氣、內疚和嫉妒。可以想像一隻狗能自己發展出跟主人有關的某種類情緒概念，但這個概念不同於任何的人類情

緒概念。無論如何，缺少了語言，狗的情緒概念必然會比人類的狹隘，而且無法把概念教給其他隻狗。因此，狗狗經驗共同「**生氣**」（或類似的概念）的可能性幾乎微乎其微。

即使狗沒有共享人類的情緒，但狗和其他動物光靠情感能達到什麼程度，還是相當值得注意。許多動物能在其附近的另一隻動物受苦時，經驗到不愉快的情感。第一隻動物的身體預算會因為第二隻動物的不舒服而增加負擔，所以第一隻動物會試圖解決這種情況。[40] 例如，就連老鼠都會幫助另一隻身陷痛苦的老鼠。人類嬰兒能安撫另一個身陷痛苦的嬰兒。[41] 你不需要情緒概念，就可以具備這種能力，只要神經系統具有產生情感的內感。

即使越來越多證據顯示，狗有一些相當了不起的技巧，但我們對狗還是有嚴重誤解。我們用過時的本質人類天性理論把狗當人看待，而不是把牠們當狗看待。《狗感》（*Dog Sense*）的作者約翰·布雷蕭（John Bradshaw）解釋，我們錯誤地認為狗擁有尋求支配的「內在野狼」，需要靠文明的力量——牠們的主人——馴服（跟我們需要靠理性馴服的虛構內在野獸形成有趣的類比）。布雷蕭繼續說明，狗是一種極為社交的生物，就像野外的狼一樣，只要你沒有把牠們跟一群陌生人丟進動物園裡。[42] 把幾隻狗一起放在公園，過了不久牠們就會玩在一起。在狗身上占主導的是布雷蕭所謂的「焦慮」，也就是我們說的身體預算失去平衡。請認真想想：我們帶回親和、多情的動物，而且調節牠的身體預算，但我們每天多數時間都不理牠。（你能想像這麼對待一個人類兒童嗎？）牠們的身體預算當然會紊亂，牠們也會感到高喚起、不愉快的情感。把狗培育成情感上依賴

37. 「比玩你丟我撿更複雜許多」（more sophisticated than playing fetch）：Kaminski et al. 2009; Hare & Wood 2013, 129。「以聲音信號傳達喚起程度（情感）」（[affect] in the acoustic signal）：Owren & Rendall 2001。「食物和牠的狗籠」（food, and her crate）：Rossi & Ades 2008.

38. 「精巧的研究探討了這個問題」（clever study investigated this question）：Horowitz 2009.

39. 「玩具狗的肛門」（anus of the toy dog）：Harris & Prouvost 2014。「只在一種情況下」（in only one condition）：主人的細微動作，可能大大地影響動物的行為（由於統計學習），參見heam.info/animals-4.

40. 我在此刻意避免使用「同理心」這個詞。有些科學家認為，同理心意指簡單的情感同步。其他科學家則認為，同理心是根植於社會現實的複雜、純粹心智概念。遺憾的是，這兩種截然不同的想法卻使用同一個詞來命名。

41. 「身陷痛苦的老鼠」（in distress, for example）：這個舉動減輕了牠們身體預算的負擔（例如，Bartal et al. 2011）。更多內容請見heam.info/burden-1。「身陷痛苦的嬰兒」（infant who is in distress）：Dunfield & Kuhlmeier 2013; 參見heam.info/burden-2.

42. 「跟一群陌生人」（with a bunch of strangers）：關於狼為什麼不是生性好鬥的啟發性討論，請閱讀Bradshaw 2014。另外參見heam.info/wolves-1.

人類的正是我們自己。因此，主人必須關注自己的狗的身體預算。狗或許不會感到恐懼、生氣和其他的人類情緒，不過牠們確實會經驗愉快、痛苦、依附和其他的情感感受。但讓狗能成功地與人類一起生活，情感或許已經足夠。

* * *

現在，我們簡單整理目前的重點。動物能經由內感調節牠們的身體預算嗎？在此我無法代表整個動物王國說話，但對於哺乳動物──老鼠、猴子、猿類和狗──我想我們能十分肯定地回答「可以」。動物能經驗情感嗎？同樣的，我認為我們能相當自信地回答「可以」，根據的是一些生物和行為線索。動物能學習概念，而且能用這些概念預測性地分類嗎？當然可以。牠們能學習行動本位的概念嗎？毫無疑問，可以。牠們能學習字詞的意義嗎？在某些情況下，有些動物能學習字詞或其他符號系統，就某種意義來說，這些符號成為統計模式的一部分，為的是大腦能接收並存起來以後使用這些符號。

但動物能超越世界的統計規律，利用字詞來創造目標本位的相似性，將看來、聽來或感覺起來各不相同的行為或物體合而為一嗎？牠們能使用字詞來鼓勵形成心智概念嗎？牠們是否理解到，牠們所需關於世界的部分訊息常駐在周遭其他動物的心裡？牠們能分類行動並賦予心智事件的意義嗎？

大概不能。至少無法像人類做的那樣。猿類能建構比我們想像的更類似人類的分類。但此時此刻，沒有清楚的證據顯示，地球上的任何非人類動物具有像人類一樣的情緒概念。只有人類具備創造和傳輸社會現實所必需的一切原料，包括情緒概念，即使是人類最好的朋友也不例外。

因此，我們再回來談談羅迪：當牠咆哮和跳到男孩身上時，牠是在生氣嗎？根據我們到目前為止的討論，羅迪缺乏情緒概念，所以你可能猜我的答案是「不」。

嗯……不完全如此。（準備好了嗎？我即將要告訴你在本章一開始提到的轉折。）

從情緒建構理論的觀點，「咆哮的狗在生氣嗎？」是一開始就**問錯的問題**，或至少是不完整的問題。這個問題假設，我們在某種客觀意義上能測量狗生氣或不生氣。但你現在已經知道，情緒種類沒有一致的生物指紋。情緒永遠都是從某個知覺者的觀點建構出來。因此，「羅迪生氣了嗎？」這個問題實際上是兩個獨

立的科學問題：

從男孩的觀點，羅迪生氣了嗎？

從牠自己的觀點，羅迪生氣了嗎？

這兩個問題的答案截然不同。

第一個問題問的是「男孩能不能從羅迪的行為建構生氣的知覺？」絕對可以。觀察一隻狗的行為時，我們利用自己的情緒概念做出預測和建構知覺。如果男孩建構了生氣的知覺，那麼從人類的觀點是羅迪生氣了。

男孩的評估正確嗎？或許你還記得，社會現實的種類準不準確是共識的問題。我們現在假設，你和我都路經羅迪的家，聽到牠大聲咆哮。你將牠經驗成生氣，而我沒有。準確性可能是：我們意見一致嗎？我們對羅迪的經驗是否跟牠主人安吉的經驗一致，因為她最了解羅迪？我們對羅迪的經驗是否符合這個情境的社會規範，因為畢竟這是個社會現實？如果我們意見一致，那我們的建構就同步了。

現在讓我們仔細想想第二個問題，關於羅迪的經驗。牠在咆哮時感到生氣嗎？牠能不能從自己的感覺預測來建構生氣的經驗呢？答案是幾乎肯定不能。狗沒有建構生氣實例所必需的人類情緒概念。缺少了西方的「生氣」概念，狗就無法分類牠們的內感和其他感覺訊息，也因此無法創造情緒的實例。牠們同樣無法知覺其他的狗或人類的情緒。狗的確能知覺痛苦和不愉快，以及少數的其他狀態，但是這種技藝僅僅需要情感。

狗很可能具有一些類情緒的概念。例如，許多科學家現在懷疑，社會性很強的動物（例如狗和大象）有某種死亡的概念，可以經驗某種哀傷。這種哀傷不必具備跟人類哀傷完全相同的特徵，但兩者可能根植於類似的東西：情感、身體預算，以及依附的神經化學基礎。當人類失去父母、愛人或親密友人時，身體預算可能遭受嚴重破壞，造成極端的痛苦，作用就類似於藥物戒斷。當一個生物失去另一個幫助保持身體預算正常的生物時，這個生物會因為身體預算失衡而感到悲慘。因此，搖滾樂團羅西音樂（Roxy Music）的主唱布萊·恩費瑞（Bryan Ferry）說的沒錯：愛是毒藥。[43]

羅迪的災禍背後有個故事，這點可能在決定命運的那天影響了牠的行為。早些時候，在羅迪被捕以前，羅迪失去了牠的「姐姐」薩蒂，一隻年老過世的黃金獵犬。牠們的主人安吉相信，這就是為什麼羅迪那天會跳到男孩身上。安吉說

羅迪正在哀傷，犬類術語的說法是牠失去了幫助調節自己身體預算的生物，因而暫時忘掉自己的訓練。羅迪知道自己不應該跳，但或許在那天牠就是無法做自己——無論狗的自己是什麼。

有些鄉野傳聞報導，狗在家裡的另一隻狗過世後不再進食，或變得沒有反應。有些人把這些例子視為狗會哀傷的證據，但它們也能更簡單地解釋成身體預算失衡的效應，伴隨出現不愉快的感受。畢竟，安吉自己大概在哀悼薩蒂的逝去，而對安吉的行為非常敏感的羅迪，可能偵測到安吉的某種情感變化，因此牠的身體預算變得更加紊亂。

將咆哮的狗的問題分成兩個以分別反映人類和犬類的知覺，並不是什麼譁眾取寵的把戲。但我承認，這之間的區別相當細微。情緒建構觀點常常被誤解成宣稱「狗沒有情緒」（有時甚至說「人沒有情緒」）。這樣簡單的陳述是沒有意義的，因為它們假設情緒具有本質，所以情緒能獨立於任何知覺者存在、或不存在。但情緒是知覺，每個知覺都需要知覺者。因此，關於情緒實例的每一個問題，都必需從特定的觀點提問。

＊　　＊　　＊

如果猿類、狗和其他動物沒有經驗人類情緒的能力，那為什麼在動物、甚至昆蟲身上發現情緒的新聞故事時有所聞呢？這全都要歸結於在科學中一犯再犯的微小錯誤，這個錯誤相當難以偵測，要克服更是困難重重。

請想像這個畫面：把老鼠放進一個地板裝有電網的小箱子。科學家先播放巨響，然後過一會兒電擊老鼠。電擊造成老鼠僵住不動，牠的心跳速率和血壓也上升，因為電擊刺激了杏仁核中涉及關鍵神經元的迴路。科學家多次重複這個過程，配對聲響和電擊，得到相同的結果。最後，他們只播放聲響沒有電擊，已經學到聲響預示電擊的老鼠再次僵住不動，心跳速率和血壓也同樣升高。老鼠的大腦和身體反應，就好像在期待電擊。

堅守傳統觀點的科學家認為，老鼠已經學會害怕那個聲響，他們將這個現象稱為「恐懼學習」（對SM進行的實驗也是同一類型，這位沒有杏仁核的女士據說無法學會恐懼，詳細內容請見第一章。）幾十年來，世界各地的科學家一直在電擊老鼠、蒼蠅和其他動物，希望繪製杏仁核中的神經元如何讓牠們學會僵住不動。找到這個僵住不動的迴路後，科學家接著推論杏仁核內含恐懼迴路（恐懼的

本質），而心跳加速、血壓升高和僵住不動據說代表恐懼的一致生物指紋。（我從來都不知道為什麼他們決定這是恐懼。老鼠難道不能學會驚訝、警戒或只是疼痛嗎？如果我是那隻老鼠，電擊會惹得我很生氣，那為什麼這不是「憤怒學習」呢？）[44]

　　總之，這些科學家繼續聲稱，他們的恐懼學習分析從老鼠擴展到人類，因為在杏仁核中的相關恐懼迴路，已經透過哺乳動物演化按照「三重腦」的方式傳給我們。[45] 這些恐懼學習的研究，幫助確立了恐懼在大腦中的位置是杏仁核。

　　在心理學和神經科學中，所謂的恐懼學習已經成為一種產業。科學家利用它解釋焦慮症，像是創傷後壓力症候群（post-traumatic stress disorder，PTSD）。它也被用來協助製藥工業的藥物開發，以及了解睡眠障礙。在Google搜尋引擎中點擊次數超過10萬的「fear learning」（恐懼學習），是心理學和神經科學最常使用的詞組之一。然而，說穿了，恐懼學習不過是花俏地稱呼另一個眾所周知的現象：古典制約或巴夫洛夫制約，這是以生理學家伊凡・巴夫洛夫（Ivan Pavlov）命名。巴夫洛夫用他著名的流口水的狗實驗，發現了古典制約。[46] 經典的恐懼學習實驗證明，在預期不確定的危險下，良性刺激（如聲響）能獲得觸發某個杏仁核迴路的能力。科學家花了好幾年的時間詳盡地繪製這個迴路。[47]

　　我稍稍提及的微小錯誤就出在這裡。僵住不動是一種行為，而恐懼是複雜許多的心智狀態。相信自己在研究恐懼學習的科學家，把僵住不動的行為分類成「**恐懼**」，還把僵住不動的潛在迴路分類成恐懼迴路。就像我在天竺鼠杯子蛋糕自己無法建構開心的經驗時，把牠分類成開心一樣，這些科學家也不知不覺地應用自己的情緒概念，建構恐懼的知覺，還把恐懼歸因於僵住不動的老鼠。我把這

---

43. 「經驗某種哀傷」（experience some kind of grief）：Morell 2013, 148; Bekoff & Goodall 2008, 66。「作用就類似於藥物戒斷」（operates similarly to drug withdrawal）：Vernon et al. 2016。「愛是毒藥」（love is a drug）：Fisher et al. 2010。

44. 「為什麼這不是『憤怒學習』」（why isn't it anger learning）：傑羅姆・凱根（Jerome Kagan）提出了類似的觀點（Kagan 2007）。

45. 「『三重腦』」（the triune brain）：以三重腦作為假設的「恐懼學習」研究，也曾在人類身上進行來支持傳統觀點（例如，LaBar et al. 1998）。

46. 餵狗吃東西，狗會流口水。在餵狗之前先搖鈴，重複這個順序的次數夠多，狗就會在聽到鈴聲時流口水。巴夫洛夫後來在1904年因為對消化系統的研究得到諾貝爾獎。

47. 「詳盡地繪製這個迴路」（this circuitry in elegant detail）：例如，神經科學家約瑟夫・李竇（Joseph LeDoux's）的劃時代研究闡明在杏仁核關鍵位置內的突觸如何改變，使中性的感覺輸入（像是聲音）能自動引發天生的防禦反應（如僵住不動）（LeDoux 2015）。

個普遍的科學錯誤稱為「心理推論謬誤」（mental inference fallacy）。

心理推論相當正常，我們所有人每天都自動且毫不費力地這麼做。[48] 當你看見朋友微笑，你可能立刻推論她開心。當你看到一個人喝了一杯水，你可能推論他口渴。或者，你可能推論他焦慮得口乾舌燥，或在提出重點前誇張地停頓一下。當你在午餐約會時感到躁熱和臉紅，你可能推論這是因為戀愛的感覺或是流感的病症。

兒童當然會在自己的玩具和小被被中知覺到情緒，而且跟它們有美妙的雙向交流，但成人在這方面也不遑多讓。1940年代出現了一個著名的實驗，費里茲・海德（Fritz Heider）和瑪麗－安・希梅爾（Mary-Ann Simmel）製作一部幾何圖形的簡單動畫片，希望了解觀看者是否會推論心智狀態。影片的內容是兩個三角形和一個圓形在一個大四方形的裡裡外外動來動去。影片沒有聲音，也沒有對移動做任何解釋。即便如此，觀看者還是輕易地分派情緒和其他心智狀態給這些圖形。有些人說，大三角形在霸凌無辜的小三角形，後來勇敢的圓形來解救小三角形。

也是人類一員的科學家，在解釋自己的實驗發現時，同樣做出心理推論。事實上，每當科學家在記錄物理測量並且分派給它心理原因時，他們都犯了心理推論謬誤。「心跳改變是由興奮造成。」、「皺起眉頭是在表達憤怒。」、「前腦島的活動是由厭惡造成。」、「受試者因為焦慮而稍快一點地按下電腦按鍵。」情緒不會以任何獨立於知覺者的客觀意義造成這些行為。這些行為本身確實證明心理發生了什麼，但對於那是什麼，科學家則是用猜的。這就是科學家在做的事：我們測量東西，然後藉由推論把數字模式轉換成某種意義。[49] 然而，當你的目標是科學解釋時，有些推論比其他的更好。

在情緒科學中，恐懼學習現象是心理推論謬誤最誇張的例子。[50] 實踐這點

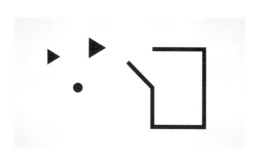

圖12-2：出自海德－希梅爾影片的靜止畫面，可至
heam.info/heider-simmel觀看完整影片。

的人模糊了運動、行為和經驗之間的重要區別。肌肉收縮是運動。僵住不動是行為，因為涉及多重、協調的肌肉運動。恐懼的感受是經驗，可能會、也可能不會跟僵住不動之類的行為一起出現。控制僵住不動的迴路，並不是恐懼的迴路。這種過分的科學誤解再加上「恐懼學習」一詞，幾十年來不斷地擴大混淆，有效將古典制約的實驗轉變成恐懼的產業。[51]

恐懼學習的整個觀念，充斥著其他問題。在威脅的情境中，老鼠不是永遠都僵住不動。當你把牠們放進小箱子裡，無預警地同時發出聲響和電擊，牠們的確會僵住不動。但在較大的圍欄裡，老鼠會逃跑，除非牠們被困在角落，但在這種情況下牠們就會攻擊。如果你在發出聲響時箝制老鼠（這應該無所謂，因為不管怎樣老鼠都會僵住不動），牠的心跳速率會下降而非上升。此外，這些不同的行為並非全都需要杏仁核。到目前為止，科學家在老鼠腦中已經找到至少三條所謂的恐懼路徑，各自跟特定的行為有關，這些全都是心理推論謬誤的產物。最後，像僵住不動這樣的簡單行為，是由分散網絡——不是專屬於僵住不動或恐懼——內部的多重迴路支持。[52]

總而言之，你不能靠電擊老鼠來研究恐懼，除非你在一開始就循環地把「恐懼」定義成「受電擊老鼠的僵住不動反應」。

人類跟老鼠一樣，受到威脅時的行動各有不同。我們可能僵住不動、逃走，

---

48. 「自動且毫不費力地（automatically and effortlessly）」：相關的清楚簡介，請見Wegner & Gray 2016。在西方文化中，心理推論普遍到學者一次又一次地不斷發現，並且用不同的名字加以稱呼，參見heam.info/inference-1。

49. 「藉由推論把數字模式轉換成某種意義」（meaningful by making an inference）：這是從威廉・馮特在19世紀後期進行的第一個心理學實驗開始，參見heam.info/wundt-2。

50. 如果在科學家撰寫關於「恐懼學習」的論文時掃瞄他們的大腦，我們大概會看見心理推論的證據，因為當他們把僵住不動的老鼠描述成害怕時，他們的內感和控制網絡的節點出現活動。

51. 「轉變成恐懼的產業」（into an industry of fear）：行為主義盛行的期間，這種混淆在心理學中逐漸成為慣例，參見heam.info/behaviorism-1。

52. 「老鼠會逃跑」（rats run away）：例如，Berlau & McGaugh 2003，參見heam.info/rat-1。「在這種情況下牠們就會攻擊」（in which case they attack）：Reynolds & Berridge 2008。參見heam.info/rat-2。「下降而非上升」（goes down instead of up）：Iwata & LeDoux 1988。「這些不同的行為並非全都需要杏仁核」（not all of these varied behaviors require the amygdala）：恐懼學習不一定涉及杏仁核。對掠食者的攻擊（稱為「防禦踐踏」或「埋葬」），並不取決於杏仁核（DeBoer & Koolhass 2003; Kopchia et al. 1992）。當威脅極為模糊且需要學習時，就會涉及杏仁核（亦即，必須處理預測失誤時〔Li & McNally 2014〕）。雖然杏仁核的神經元通常跟學習有關，但發生學習時不一定需要它們。例如，出生兩週左右就移除杏仁核的猴子寶寶，依然能夠學習嫌惡的事物；這些猴子的身體預算編列區（前扣帶迴皮質）在大腦發育期間已經擴大，這個部位也支持嫌惡學習（Bliss-Moreau &Amaral, 審查中）。「心理推論謬誤的產物」（of the mental inference fallacy）：Gross & Canteras 2012; Silva et al. 2013。另外參見heam.info/inference-2。「專屬於僵住不動或恐懼」（specific to freezing or fear）：Tovote et al. 2015，參見heam.info/inference-3。

或是攻擊。我們也可能開開玩笑、昏倒，或忽略正在發生的事。這類行為可能是由哺乳動物間共享的腦中不同的迴路引起，但它們不是與生俱來的情緒行為，也不能證明情緒有生物本質。

然而，有些科學家還是繼續寫道，他們已在動物身上分離出相當複雜的心理狀態。例如，幼鼠在出生後跟媽媽分離時，會發出聽起來像哭泣的高頻聲音。有些科學家推論，負責哭泣的大腦迴路，一定就是負責痛苦的迴路。但這些幼鼠並不難過，牠們其實是冷。聲音只不過是幼鼠試圖調節體溫——身體預算的一部分——的副產品，這項任務通常是由牠們不在場的母親完成。[53] 這跟情緒絲毫沒有關係。又是另一個心理推論謬誤。

從現在起，每當你讀到關於動物情緒的文章時，都要留心這個模式。如果科學家用心智狀態的詞彙（像是「恐懼」）來標記行為（像是僵住不動），那你應該想，「抓到囉，心理推論謬誤！」

說句公道話，科學家確實非常難以避開心理推論的陷阱。獎助單位偏好資助跟人類直接相關的研究。科學家還必需意識到，自己在一開始就進行心理推論——這是內感的非凡壯舉。然後，他們必須夠勇敢面對違反潮流帶來的同儕批評和奚落。不過，這是能做到的。

在《腦中有情》（Emotional Brain）書中推廣恐懼學習想法的神經科學家約瑟夫·李竇，現在完全反對在談論老鼠時使用「恐懼」一詞。表明這個立場的他，是位具有罕見智識勇氣的科學家。他發表了數百篇論文探討所謂的恐懼學習，還出版了一本暢銷書講述恐懼在杏仁核中的大腦基礎，然而他在仔細考慮相反的證據後，修改了自己的立場。[54] 根據他修改過的觀點，僵住不動有助於動物在面對威脅時保持安全，這是一種生存行為。他的經典實驗揭示出他現在所說的生存迴路，這個迴路控制的是僵住不動的行為，而不是像恐懼之類的心理狀態。李竇的理論轉變只是心與腦的新科學革命的另一個例子，這場革命將指引這個領域走向科學上更有具說服力的情緒理論。

雖然李竇和其他志同道合的科學家已經做出轉變，但你在研究動物情緒的其他研究者所做的YouTube影片和TED演講中，還是能輕易發現心理推論謬誤。講者播放令人信服的電影或圖片，說服你相信動物能從事某種行為。看看老鼠在你搔牠癢時有多開心；看看狗在低吼時有多傷心；看看老鼠在僵住不動時有多害怕。但請記住，情緒不是被觀察的，它們是被建構的。觀看影片時，你沒有察覺自己

正在用概念知識做出推論，就好比是你沒有察覺把第二章的隨機斑點轉成蜜蜂的過程，因此似乎像是動物具有情緒。

在第四章，我說明了每個所謂的情緒反應大腦部位，都是在發出預測來調節身體預算。如果加上心理推論謬誤，好好混合一番，你就得到了製作情緒在腦中如何作用的偉大神話配方。觀察到囓齒動物在鄰居處於痛苦時前扣帶迴皮質的活動增加是一回事，但是說囓齒動物感到同理又是另一回事。[55] 比較簡單的解釋是，這兩隻動物只是在影響彼此的身體預算，許多生物也都會這麼做。

當考慮的動物跟自己相似時，你就更有可能進行心理推論。比起蹦蹦跳跳的蟑螂，蹦蹦跳跳的狗更容易讓你知覺到喜悅。比起母蚓螈（一種像蠕蟲的兩棲類）餵幼體吃自己的皮膚，母兔跟她的小兔子睡在一起更容易讓你看見愛。曾獲奧斯卡提名的科幻片《第九禁區》（*District 9*），為這個現象提供了絕妙的例子。劇中的外星生物起先似乎像是人類大小的噁心昆蟲，然而一旦我們隱約感覺它們也有家庭和心愛的對象時，我們就對它們感到同理。甚至海德和希梅爾的圖形都看似像人，因為它們的速度和軌跡讓人聯想到人在彼此追逐。[56] 一旦我們開始根據心理原因知覺它們的行動，它們就進入了我們的道德圈。

對動物的心理推論本身不是一件壞事，這麼做完全正常。[57] 每一天，我都會開車經過放著迷人小猩猩的廣告招牌。無論我在擔憂什麼，每當我接近時都會忍不住微笑，即使我知道小猩猩不是真的在對我笑，也沒有共享像我這樣的心智。

---

53. 「負責痛苦的迴路」（be the circuitry for distress）：Blumberg et al. 2000。根據神經科學家賈克・潘克沙普（Jaak Panksepp, Panksepp 1998）所說，「痛苦／恐慌」叫聲是由幼鼠發出，接續在社會孤立之後出現。例如，他在近期的論文中寫道：「引起哭泣的明確情緒力量，讓年幼動物能發出自己迫切需要照顧的信號，尤其是在實驗者讓他們失去照顧者或與照顧者隔離時。這些分離叫聲會提醒照顧者找出、挽救和注意下一代的需要」（Panksepp 2011）。「由他們不在場的母親完成」（done by their absent mothers）：Blumberg & Sokoloff 2001。相關討論，請見Barrett, Lindquist, Bliss-Moreau et al. 2007.

54. 「證據後，修改自己的立場」（evidence and revised his position）：他近期的理論論文清楚地將「恐懼」情緒的實例跟僵住不動的行為區別開來（LeDoux 2015）。

55. 「囓齒動物感到同理」（the rodent is feeling empathy）：Burkett et al. 2016; Panksepp & Panksepp 2013。不要誤會，我說囓齒動物是調節彼此身體預算的社會動物，意思是牠們能感到痛苦，並能知覺同種其他動物的痛苦。社會昆蟲用化學物質調節彼此的身體預算。哺乳動物也用觸摸、或許還有聲音這麼做。人類會使用所有的方法，另外再加上語詞。但是問題依然存在，這些動物全都能感到同理嗎？亦或只有人類具有強加額外功能所必需的目標本位概念，可以將身體預算調節轉變成同理心？

56. 「考慮的動物跟自己相似」（question is similar to yourself）：Mitchell et al. 1997。關於其他理由，請見Epley et al. 2007; Wegner & Gray 2016。「餵幼體吃自己的皮膚」（babies on her own flesh）：Kupfer et al. 2006。「人在彼此追逐」（of people chasing one another）：跟人類的相似性可能很簡單，參見heam.info/inference-4.

57. 「這麼做完全正常」（itslef - it's completely normal）：我盡量避免使用「擬人化」這個詞，參見heam.info/anthro-1.

坦白說，如果每個人都對動物進行心理推論，過程中讓這些動物進入我們的道德圈，或許為了象牙和角屠殺大象和犀牛，或獵捕大猩猩和倭黑猩猩作為食物的盜獵者就會減少許多。如果我們在觀察人類同胞時，進行更多的心理推論，或許我們就會仁慈一點，戰爭也會少一點。然而，當我們身為科學家時，我們必需抗拒心理推論的誘惑。

我們習慣於根據自己來考慮動物：牠們跟我們有多相似、牠們教我們些什麼、牠們對我們可能有什麼用處、我們如何高牠們一等。如果是為了保護牠們，我們將動物擬人化沒什麼太大問題。但是當我們戴著人類眼鏡看待動物時，我們可能以自己往往沒想到的方式傷害了牠們。我們把焦慮依附的狗視為「支配性太強」，而在應該提供可預測的關懷和感情時懲罰牠們。我們把黑猩猩寶寶強行帶離媽媽身邊，但在野外時牠們會吃奶直到五歲，在母黑猩猩皮毛的溫暖和氣味保護下感到安全。

我們的挑戰是為了動物著想而理解動物心智，不是把動物心智理解成低於人類心智。後者想法出自傳統人類天性觀點，這個觀點暗指黑猩猩和其他靈長類動物是演化程度低於人類的貶抑版本。牠們不是。牠們適應了自己生活的生態棲位。黑猩猩必須覓食而現代人類大多不必，因此牠們的大腦串連成辨認和記住細節，而不是建立心理相似性。[58]

最後，如果我們從動物的角度來了解動物，我們將會因為跟牠們的關係更好而受益。我們人類對牠們造成的傷害會更少，也對所有生物居住的世界傷害更少。

＊　　　＊　　　＊

至少就人類知覺者來說，動物是情緒的生物。這是我們創造的社會現實的一部分。我們把情緒加諸於我們的汽車、我們的室內盆栽，甚至是影片中的小小圓形和三角形。我們也把情緒加諸於動物。然而，這不表示動物能**經驗**情緒。情感棲位很小的動物，無法形成情緒概念。獅子在把斑馬當作獵物捕殺時無法恨牠。這就是為什麼我們不覺得獅子的行為是不道德的。每當你讀到關於動物經驗人類情緒的書或新聞故事（新聞快報：貓對老鼠感到幸災樂禍），只要保持這種思維，很快就會看見心理推論謬誤在你的眼前成形。

有些科學家依然認定，所有脊椎動物都共享保存完好的核心情緒迴路，以

此正當化動物像人類一樣感受的主張。著名的神經科學家雅克‧潘克沙普例行地邀請觀眾從他咆哮的狗和嘶嘶叫的貓等照片，以及幼鳥「哭喊著要媽媽」等影片中，見證這樣的迴路。然而，這樣的情緒迴路存在於任何動物腦中的說法，實在令人心生懷疑。你確實具有像是著名的「四個F」等行為的生存迴路，它們是由內感網絡中的身體預算編列區所控制，而且它們會造成你經驗成情感的身體改變，但它們並不專屬於情緒。[59] 在情緒上，你還需要用以分類的情緒概念。

在動物心智中搜尋情緒能力的研究仍在繼續。我們的近親倭黑猩猩和黑猩猩的大腦迴路中或許有強烈串連，可以形成牠們自己的情緒概念。另一個有趣的可能是大象，牠們是長壽的社會動物，會在關係緊密的象群中形成強烈的羈絆。海豚也是一樣。甚至像羅迪這樣的狗也是很好的候選人，畢竟數千年來人類一直在培育牠們。就算不是人類情緒，這些動物當中應該還有什麼正在發生。至於實驗室老鼠、天竺鼠杯子蛋糕，以及其他我們認為有情緒的多數動物，因為沒有必要的情緒概念，所以無法建構情緒。非人類動物會感到情感，但牠們的情緒真實目前只存在於我們人類心中。

---

58. 「人類的貶抑版本」（diminished versions of ourselves）：傳統觀點助長這種自負的幻想，而簡單的腦演化變得更加複雜的「三重腦」迷思，更為它添油加料，參見heam.info/evolution-4。「而不是建立心理相似性」（not to build mental similarities）：Matsuzawa 2010.

59. 「『哭喊著要媽媽』」（crying for their mothers）：更多關於潘克沙普的迴路，請見heam.info/panksepp-1。「存在於任何動物腦中」（exist in any animal brain）：Barrett, Lindquist, Bliss-Moreau et al. 2007。「並不專屬於情緒」（are not dedicated to emotion）：生存迴路跟情緒概念不是一對一的，參見heam.info/survival-1.

第十三章

從大腦到心智：未知的新世界

　　人類大腦是詐騙大師。它用魔術技巧創造經驗和指揮行動，卻從未顯露它如何做到這些，所以我們始終都有虛假的自信感，認為它的產品──我們的日常經驗──能揭示它的內部運作。喜悅、悲傷、驚訝、恐懼和其他情緒看似如此地清楚明確，完全讓人感到天生內建，以致於我們假設它們在我們內心有個別的原因。當你有個本質化的大腦時，你很容易就提出錯誤的心智理論。畢竟，我們就是一堆嘗試釐清大腦如何運作的大腦。

　　幾千年來，這種詐騙一直大獲成功。對了，心智的本質每一、兩百年就會改頭換面，但在多數情況下，心智器官的想法都沒有改變。[1] 時至今日，要拋掉那些本質，仍然是個挑戰，因為大腦是串連來進行分類，種類則餵養了本質主義。我們說的每個名詞，即使無意卻都是發明本質的機會。

　　漸漸地，心智科學終於不再需要靠輔助輪前進。由於腦部造影技術讓我們能無害地窺視人類腦袋，因此頭骨再也不是原先看不見的力場。新的穿戴測量裝置，正在把心理學和神經科學從實驗室移往真實世界。然而，在我們用21世紀的高科技玩具累積大量的腦部資料時，媒體、創投業者、多數教科書和一些科學家仍在使用17世紀的心智理論（已經從柏拉圖1.0升級成花俏的顱相學版本）解釋這些資料。神經科學對於大腦及其功能的理解，現已遠遠超過我們自身的經驗，不只是在情緒方面，還有其他所有的心智事件。

　　如果我有善盡職責，現在你應該已經理解，教科書和大眾媒體所說關於情緒的許多表面事實都相當值得懷疑，必須重新考慮。在先前的內容中，你已學到情緒是人類大腦和身體的生物組成的一部分，但原因不是你有專屬於各個情緒的迴路。情緒是演化的結果，但不是作為本質從元祖動物代代傳承下來。你不需要有意識的努力就能經驗情緒，但這並不表示你是這些經驗的被動接受者。你不需要正式的指導就能知覺情緒，但這並不表示情緒是與生俱來或與學

習無關。與生俱來的是人類使用概念來建立社會現實，而社會現實會回過來串連大腦。情緒完全就是社會現實的創作品，由人類大腦協同其他的人類大腦一起創造出來。

在最後一章，我們將把情緒建構理論當作手電筒，用來清楚照亮心與腦的更大議題。我們將仔細審視預測的腦和我們所學關於它的一切，像是簡並性、核心系統和用於概念發展的串連，以此闡明最有可能從這種大腦顯現的**心智種類**。我們將察看心智的哪些面向是普世或無以避免，哪些不是，以及這對你更廣泛地了解自己和他人有什麼意義。

＊　　　＊　　　＊

只要人們不斷撰寫人性，就會一直普遍地假設，人類心智是由某個全能的力量創造。在古希臘人心中，這個力量是大自然，以神的形象體現。基督徒把人性從自然之母的手中搶了過來，交到無所不能的唯一真神手中。達爾文再把它猛拉回來，將之歸因於名為演化的自然獨有特徵。突然間，你不再是不朽的靈魂，你的心智也不再是善與惡、義與罪的戰場。你不過是被演化雕塑的特化內在力量的集合，這個力量努力要控制你的行動。據說你的大腦與你的身體交戰、理性與感性交戰、皮質與皮質下交戰，而你以外的力量跟你內在的力量交戰。因為你的動物腦被理性皮質包裹，所以你應該跟自然界的其他動物截然不同，這不是因為你有靈魂，牠們沒有，而是因為你位在演化的頂端，擁有理性和洞察力。因此，你來到世界前，不是以神的形象，而是按照你的基因，回應它以特定方式所提供給你的。至於情緒之類的經驗，則被看作你徹頭徹尾就是動物的證據。不過你在動物界還是獨樹一格，因為你能戰勝你的內在野獸。

然而，誠如你在本書所學，關於大腦的新發現，已經徹底改革我們對於身而為人的意義理解。

你的心智絕對是演化的產物，但它並非單獨由基因所塑造。當然，你的大腦是由網狀的神經元組成，但這只是發展人類心智的一個因素。你的腦也在你的體內發育，這副身體則舒適地住在其他同樣裝著人腦的身體之間，這些人會透過行

---

1. 簡而言之，概念取決於經驗的想法（經驗論），一直被概念是天生內建的信念徹底擊潰，要嘛因為你生來具有它們（先天論）、要嘛因為它們來自直覺或邏輯（理性論）。從17世紀的聯想主義哲學到20世紀的行為主義，無論什麼方式，經驗論的每次嘗試都以失敗收場。

動和語詞，來平衡你的身體預算並且擴大你的情感棲位。

你的心智不是兩股對立的內在力量——熱情和理性——交戰的場所，雙方在此一決高下判定你對你的行為負有多大責任。相反的，你的心智是你不停預測的大腦中的計算瞬間。

你的大腦用它的概念進行預測，雖然科學家一直在爭辯某些概念是與生俱來、還是學習得來，但許多概念毫無疑問是學習得來，因為你的大腦把自己串連到它的物理和社會環境。這些概念來自你的文化，幫助調解團體生活的典型兩難：領先群雄對上和諧相處，這場拉鋸戰的解決方法不只一種。總體來說，有些文化偏愛和諧相處，另有些文化偏愛領先群雄。

這些發現全都揭示了一個重要見解：人類大腦在人類文化的背景下，演化成創造**一種以上的心智**。例如，西方文化的人把思考和情緒經驗成根本上不同，有時還會互相衝突。同時，峇里和伊朗革文化，以及某種程度受佛教哲學薰陶的文化，在思考和感受之間沒有截然二分的區別。[2]

具有同一套網絡的同一種大腦，如何產生不同種的心智呢？同一類型的大腦，如何能製造**你的**心智（充滿情緒概念和經驗）、**我的**心智（有相同概念或一些不同情緒概念的不同實例），以及峇里人的心智（對於思考和感受沒有分別的概念或經驗），而且各個心智都適應了自己的物理和社會環境？

表面上，所有正常發育的腦看起來都非常類似，特別是你摘掉眼鏡瞇著眼看時。它們全都有兩個半球，每個皮質都有五葉，最多可分為六層，每個皮質內部的神經元都串連來把訊息壓縮成有效的總結，製造形塑行為和經驗的概念系統。其他哺乳動物的腦中也有許多這些特徵，人類神經系統的某些古老面向甚至跟昆蟲共享。（有個例子是同源異形基因，這種基因組織脊椎動物從頭到尾的神經系統。）

然而，不同人的大腦有顯著的差異：每個皮質溝和皮質脊的位置、皮質或皮質下區特定層內的神經元數量、神經元之間的微串連，以及大腦網絡內的連結性強度。當你考慮這些精密的細節時，即使來自同一物種，還是沒有兩個大腦的結構完全相同。[3]

此外，單一大腦（像是你的大腦）內部的串連也不是靜止不變。就像喬木在春天成長、秋天凋零，你的軸突和樹突之間的相互連結隨著你的年齡而增減。你的某些大腦部位甚至會長出新的神經元。這種名為可塑性的構造變化，也會隨著

經驗發生。[4] 你的經驗被編碼在你腦中的串連，最終可能改變串連，增加你再次擁有相同經驗的機會，或利用過去經驗創造新的經驗。

從這一刻到下一刻，數十億的神經元不停地從一種模式重新配置成另一種模式。名為神經傳導物質的化學物質使這一切成為可能。神經傳導物質讓信號能在神經元之間傳遞，它們在一瞬間調高或調低神經連結，好讓訊息沿著不同的路徑流動。神經傳導物質使得具有單一套網絡的單一個大腦，有能力建構出各式各樣的心智事件，創造比部分的總和更大的東西。[5]

當然，我們還有簡並性：不同組的神經元能產生相同的結果。此外，無論你探究的大腦組織有多細緻或粗略（網絡、區域或個別神經元），那個組織所促成的心智事件種類（像是憤怒、注意，甚至是聽覺或視覺）都超過一個。[6]

微串連、神經傳導物質、可塑性、簡並性、多重目的迴路，神經科學家稱呼大腦為「複雜系統」，以此總結這樣令人難以置信的變化。這裡說的複雜性，不是口語上的「天啊，大腦一定很複雜」，而是一種更正式的說法。**複雜性**是度量標準，用來描述任何有效製造和傳輸訊息的結構。高複雜性的系統，可以藉由組合零碎的舊有模式製造許多新的模式。你在神經科學、物理學、數學、經濟學和其他學科都找得到複雜系統。[7]

人類大腦是個高複雜性的系統，因為它在一個物理結構中能重新配置自己的數十億神經元，建構龐大的經驗、知覺和行為庫。大腦憑藉中心位在關鍵「樞

---

2. 「在思考和感受之間沒有截然二分的區別」（distinctions between thinking and feeling）：某些文化有單一個字能絕佳地翻譯成「思考－感受」（例如，Danziger 1997, chapter 1; William Reddy, personal communication, September 16, 2007; Wikan 1990），另外參見heam.info/Balinese-1.

3. 「結構完全相同」（are structured completely alike）：Van Essen & Dierker 2007; Finn et al. 2015; Hathaway 2015.

4. 「某些大腦部位」（neurons in certain brain regions）：Opendak & Gould 2015; Ernst & Frisén 2015。「也會隨著經驗發生」（also occurs with experience）：參見heam.info/plasticity-1.

5. 「神經傳導物質的化學物質使這一切成為可能」（neurotransmitters make this possible）：Bargmann 2012。神經傳導物質改變你的神經元如何有效傳達等等，參見heam.info/neuro-1。「訊息沿著不同的路徑流動」（information flows along different paths）：Sporns 2011, 272。「比部分的總和更大」（greater than the sum of the parts）：相關回顧，請見Park & Friston 2013; 例如，網絡隨著認知要求增加而重新配置（Kitzbichler et al. 2011）。更多內容請見heam.info/wiring-2.

6. 「甚至是聽覺或視覺」（or even vision or hearing）：誠如我們在第一章和第二章的討論，單一腦細胞可能有多重目的，促成多重的心理狀態，參見heam.info/neurons-2.

7. 「和其他學科」（and other scholarly disciplines）：Bullmore & Sporns 2012。大腦是個複雜、適應的系統，意思是它不斷重新配置神經元的連結性強度，以此預期環境（包括身體和外在世界）的改變。複雜系統會產生湧現，亦即系統的產品是個整體，無法被分解成單獨系統的成分，它們「比部分的總和更大」（Simon 1962）。複雜性意味著變化在大腦活動的模式中是常態，參見heam.info/complexity-1.

紐」（第六章提過）的超高效溝通安排，達成這樣高度的複雜性。這種組織允許大腦相當有效地整合非常多的訊息，因此它能支撐意識。相較之下，傳統觀點設想的大腦模型（具有明確功能的獨立斑塊）是個低複雜性的系統，因為各個斑塊只靠自己完成自己的單一功能。[8] 大腦的高複雜性和簡並性為我們帶來明顯的優勢。它能製造和攜帶更多訊息。它更強健、也更可靠，因為有好幾條不同路徑都能到達相同目標。它還更能抵抗傷害和疾病，你從杏仁核受傷的雙胞胎（第一章）和預測的大腦迴路被破壞的羅傑（第四章）身上已經看見活生生的例子。因此，這樣的大腦使你更有可能存活，並且將你的基因傳給下一代。[9]

天擇偏好複雜的腦。[10] 複雜性（而不是理性），使你有可能成為自己經驗的創建者。你的基因讓你和其他人能重新塑造你的大腦，因此重新塑造你的心智。

複雜性意味著大腦的串連圖不是一組指令，只給具備通用心智器官的單一種心智使用。然而，人腦目前只有極少數的心智概念，像是愉快和不愉快（效價）、激動和平靜（喚起程度）、亮度和暗度、響度與柔和度，以及意識的其他屬性。相反的，變異才是常態。人類大腦的結構可以學習許多不同的概念，還能發明許多社會現實，端看它所接觸的偶發事件為何。這種變化性不是沒有限制或隨心所欲，而是受限於大腦對效率和速度的需求、受限於外在的世界，也受限於領先群雄對上和諧相處的人類兩難。你的文化交付給你一個包含概念、價值和實踐的特別系統，讓你能用來處理這個兩難。[11]

我們不需要一個舉世皆然的心智，也不必有一組舉世皆然的概念，就能主張我們全都是同一物種。我們需要的只有異常複雜的人類大腦，可以把自己串連到社會和物理環境，最終產生不同種的心智。

*　　　*　　　*

人類大腦可以創造許多種的心智，然而所有的人類心智確實有些共同原料。幾千年來，學者一直相信心智的必然成分是本質，但其實不是。原料是我們在書中已經介紹的三個心智面向：情感現實主義、概念和社會現實。根據大腦的解剖結構和功能，它們（或許還有其他）是必然發生，因此舉世皆然——除非是生了病。

情感現實主義（你經驗到你所相信的）因為你的串連而必然發生。內感網絡中的身體預算編列區（內在拿著大聲公、幾乎全聾的大嗓門科學家）是腦中最有

力的預測家，你的初級感覺區則是熱切的聽眾。充滿情感而非邏輯和理性的身體預算預測，是你的經驗和行為的主要驅動力。我們全都以為食物「很美味」是食物蘊含著風味，但實際上風味是建構產物，而美味是我們自己的情感。當戰區的士兵知覺到某人手中有著不存在的槍彈時，他可能真的看見那把槍，這不是個錯誤，而是真正的知覺。在假釋聽證會期間飢腸轆轆的法官，更有可能作出負面的判決。

沒有人能完全逃脫情感現實主義。你自己的知覺，並不像是拍攝的照片一樣。它們甚至不是維梅爾（Vermeer）如照片般寫實的畫作。它們比較像是梵谷或莫內的畫作。（如果是歷經很糟的一天，或許會像波洛克的畫作。）[12]

但你能從情感現實主義的效應認出它來。每當你有直覺，知道某件事是真的，那就是情感現實主義。當你聽到某個新聞或讀到某個故事時立刻相信，那也是情感現實主義。或如果你立刻輕忽某個信息，甚至不喜歡發信的人，這同樣是情感現實主義。我們全都喜歡支持自己信念的事物，往往不喜歡違背這些信念的事物。

情感現實主義讓你一直相信某些事物，即使證據顯示高度值得懷疑。這不是因為無知或惡意，完全只是大腦如何串連和運作的問題。你相信的一切，和你所

---

8. 「因此它能支撐意識」（that it can support consciousness）：Tononi & Edelman 1998; Edelman & Tononi 2000。「靠自己完成自己的單一功能」（it single function by itself）：充滿目的獨特的神經元的大腦會有低複雜性，完全同步的大腦也會如此，因為這兩種大腦的大多數神經元沒有共享訊息（前者是行為各不相同，後者是行為全都相同）。

9. 「到達相同目標」（get to the same end）：Whitacre & Bender 2010, figure 10，另外參見heam.info/whitacre-1。「基因傳給下一代」（genes to the next generation）：Edelman & Gally 2001。簡並性伴隨著天擇而來，它讓大腦更能從傷害中復原，這就是為什麼天擇偏好內建簡並性的大腦。簡並性提供的變化，起初就是天擇的先決條件，參見heam.info/degeneracy-4.

10. 「偏好複雜的腦」（favors an complex brain）：大腦的演化成功，取決於它是否能以代謝有效的方式塑造不斷變化的環境（Edelman & Gally 2001; Whitacre & Bender 2010）。演化選擇的個體，必須帶有產生這種大腦的基因組合（而且這種基因組合本身就是簡並和複雜的）。對物種的生存越重要的系統，支持那個系統的基因就存在越高的簡並性和複雜性。因此，簡並性和複雜性是天擇的先決條件，也是天擇無以避免的產物。我不是主張天擇偏好沒有上限的複雜性，天擇偏好的是複雜適應系統。

11. 「意識的其他屬性」（and other properties of consciousness）：或許還有一些其他概念，參見heam.info/properties-1。「處理這個兩難」（practices to address that dilemma）：參見heam.info/world-1.

12. 「或許會像波洛克的畫作」（perhaps a Jackson Pollock）：大腦不是建構一個像蜜蜂或汽車等物體的表徵，然後評估它對自我的重要性。對你身體預算的重要性，一開始就經由內感預測內建在建構裡。請注意，這跟傳統觀點名為情緒的評估理論版本大相逕庭，評估理論假設，你先知覺一個物體，然後對它的自我關聯性和新奇性等進行評估。

譯註：Jackson Pollock，抽象表現主義的代表人物。

見的一切，都會受到大腦的身體預算平衡行動左右。

如果任其發展，情感現實主義會使人變得太有把握和頑固僵化。當兩個對立的團體都深切相信自己是對的時，他們就會發動政治衝突、意識型態鬥爭，甚至是戰爭。你在書中讀到的兩種人類天性觀點——傳統觀點和建構觀點，數千年來一直處於這種唇槍舌戰的局面。[13]

在這場持續不斷的鬥爭中，情感現實主義使得雙方都把對方的觀點變成刻板印象。傳統觀點被譏諷是生物決定論，文化完全無關緊要，基因則是絕對命運，以此正當化當前誰富有和誰困苦的社會秩序。這種諷刺描繪出「領先群雄」大勝「和諧相處」的極端版本。另一方面，建構觀點被批評是犧牲個人的絕對集體主義，或被評為錯誤的觀點，把所有人類當成一個超大有機體，就像《星艦迷航記》（Star Trek）裡的博格族[14]，而大腦是「均一的肉餅」，其中每個神經元都具有完全相同的功能。這是「和諧相處」勝過「領先群雄」的誇大版本。參與這場戰爭的每一方，都忽略了科學界中必定出現的變化和細微差異。如果你認真地從頭讀到這裡，你應該已經了解，證據指向的是更細微的結論：生物和文化之間的分界線是可穿透的。文化是從天擇中逐漸顯現，隨著文化深入體表和進入大腦，它也幫助形塑了下一代的人類。[15]

情感現實主義有它的必然性，但你並非對它無可奈何。對抗情感現實主義的最佳防禦是好奇心。我對我的學生說，當你喜愛或討厭自己讀到的某些東西時，就要特別小心留意。這些感受大概意味著你所讀的想法牢牢駐紮在你的情感棲位，所以請對它們保持開放的態度。你的情感不是證明科學是好或是壞的證據。生物學者司徒·法爾斯坦（Stuart Firestein）在他精彩的《無知》（Ignorance）一書中，提倡把好奇心當作了解世界的方法。他建議，試著對不確定保持自在、在神秘中尋找樂趣，並且處處留心來培養懷疑。[16] 這些練習能幫助你冷靜看待違背自己堅定信念的證據，還能經驗到探尋知識的樂趣。

心智的第二個必然性是你擁有概念，因為人類大腦就是串連來建構概念系統。你為最小的物理細節建立概念，像是稍縱即逝的光線和聲音片段；你也為極其複雜的想法建立概念，像是「**印象主義**」和「**不能帶上飛機的東西**」。（後者包括象群、上膛的槍，還有無聊的艾德娜阿姨。）大腦的概念是這個世界的模型，你在其中維持生命、滿足身體的能量需要，最終決定你如何好好延續基因。

　　然而，你擁有**特定的**概念則不是必然。當然，每個人或許都因為串連的作用而有一些基本概念，像是「**正**」和「**負**」，但不是每個心智都有清楚明確的「**感受**」和「**思考**」概念。就你的大腦而言，只要能幫助你調節身體預算和維持生命，任何一組概念都行得通。你在童年時期學到的情緒概念，就是一個顯著的例子。

　　概念不只在「你的腦袋裡」。假如你和我正在喝咖啡聊天，當我說些俏皮話時，你微笑著點頭。如果我的大腦預測了你的微笑和你的點頭，而進入大腦的視覺輸入證實了這些動作，然後我自己的預測（比如，也對你點頭）就會變成我的行為。你可能接著預測我的點頭，還有許多其他的可能性，這會造成你的感覺輸入改變，跟你的預測產生交互作用。換句話說，在跟我互動時，你的神經元不僅透過直接的連結，還間接地透過外在環境影響彼此。我們正在跳一場預測和行動的同步舞蹈，調節彼此的身體預算。這種同步就是社會連結和同理心的基礎，它使人們彼此信賴和喜歡，對於父母與嬰兒間的親密聯繫至關重要。[17]

　　因此，你的個人經驗是由你的行為主動地建構。你調整了世界，世界也回過來調整你。毫無疑問地，你就是你的環境的創建者，也是你的經驗的創建者。你的動作和其他人隨後的動作，都會影響你自己收到的感覺輸入。這些進來的感覺，就像任何經驗一樣，都能重新串連你的大腦。這樣一來，你不只是你的經驗的創建者，還是一個電機師。

　　概念對人類的生存極其重要，但我們也必須小心它們，因為概念打開了通往本質主義的大門。它們助長我們看見不存在的東西。法爾斯坦用一句古老諺語作為《無知》的開場白：「暗室難以找到黑貓，更何況是沒有貓。」這句話美妙地總結我們對本質的追尋。歷史上有許多科學家徒勞無功地尋找本質，因為他們使用錯的概念引導自己的假設。法爾斯坦舉了光乙太的例子，有人認為這種神秘物質充滿整個宇宙，因此光才有介質能行進。法爾斯坦寫道，乙太就是黑貓，物理學家一直在暗室中建立學說，然後在暗室中進行實驗，尋找並不存在的黑貓的

---

13. 「數千年來」（out for several thousand years）：存在著其他許多世界觀，參見heam.info/world-1。
14. 譯註：Borg，博格人是半有機物半機械的生化人，從生理上完全剝奪個體的自由意識，嚴格奉行集體意識。
15. 「具有完全相同的功能」（has exactly the same function）：Pinker 2002, 40。「下一代的人類」（the next generation of humans）：Durham 1991; Jablonka et al. 2014; Richerson & Boyd 2008.
16. 「處處留心來培養懷疑」（mindful enough to cultivate doubt）：Firestein 2012.
17. 「父母與嬰兒間的親密聯繫」（for parent-infant bonding）：參見heam.info/synchrony-1。

證據。傳統情緒觀點也是如此，它提出的心智器官是錯把問題當成答案的人類發明。

概念也助長我們**不要**看見**確實**存在的東西。彩虹的一個錯覺條紋包含無數的頻率，但你的「**紅色**」、「**藍色**」和其他顏色的概念，使你的大腦忽略了變化性。同樣的，「**難過**」的愁眉苦臉刻板印象，是把巨大的變化淡化成那個情緒種類的概念。

心智的第三個必然性是社會現實。在你出生的時候，你無法靠自己調節你的身體預算，必須有其他人幫你這麼做。過程中，你的大腦經由統計學習創造概念，並且將自己串連到所屬的環境，這個環境充滿了其他的人，他們以特定的方式建構自己的社會世界。這個社會世界也成為了你的現實世界。社會現實是人類的超能力，我們是唯一能在彼此間傳達純粹心智概念的動物。沒有**特定**的社會現實是必然，只有適合群體（並且受物理現實約束）的社會現實。

社會現實在某種程度上是浮士德交易。對於某些決定性的人類活動，像是建立文明，社會現實的確賦予了明確的優勢。唯有我們相信自己的心智創作品（例如金錢和法律）且沒有意識到自己正在這麼做，文化才能運作得最順暢。我們從不懷疑自己的手（或神經元）介入這些建構，我們只是把它們視為現實。

然而，使我們有效建立文明的這個超能力，同時也阻礙了我們理解自己如何做到這點。我們不斷地錯把取決於知覺者的概念（花、草、顏色、金錢、種族、臉部表情等等），當成獨立於知覺者的真實。人們以為純粹身體的許多概念，實際上是關於身體的信念（如情緒）；許多看似生物的概念，實際上是社會的概念。即使某些看似明顯是生物的（如失明），在生物中也不見得是客觀的。有些看不見的人不認為自己失明，因為他們能在世上好好生活。[18]

當你創造社會現實卻無法意識到時，結果就是一團混亂。例如，許多心理學家沒有意識到，所有的心理學概念其實都是社會現實。我們辯論「意志力」和「恆毅力」和「韌性」之間的差異，就好像是它們在自然界中各有不同，而不是透過集體意向性所共享的建構。我們區分「情緒」、「情緒調節」、「自我調節」、「記憶」、「想像」、「知覺」和其他許多心智種類，但它們全都能解釋成從內感和來自外界的感覺輸入產生，在控制網絡的協助下透過分類賦予它們意義。這些概念很顯然是社會現實，因為不是每個文化都有它們，然而大腦就是大腦。因此，心理學這門領域，不斷重新發現相同的現象並給予它們新的名字，而

且在大腦的不同地方尋找它們。這就是為什麼我們有一百個「自我」概念。就連大腦網絡本身，都有好幾個不同的名稱。預設模式網絡（內感網絡的一部分）的化名比福爾摩斯還多。[19]

如果我們把社會的曲解成物理的，我們就會誤解了我們的世界和我們自己。就這點來說，唯有我們知道自己擁有社會現實，社會現實才能真正成為我們的超能力。

＊　　　＊　　　＊

從這三個心智的必然性中，我們明白了建構教我們要持懷疑的態度。你的經驗不是能看透真實的窗，而是你的大腦受到跟身體預算有關的事物驅動，自己串連來塑造你的世界模型，然後你再把那個模型經驗成現實。每時每刻的經驗，你的感覺或許像是一個接著一個的獨立心智狀態，就像鍊子上一顆又一顆的珠子，但你在本書中已經學到，你的大腦活動在整個內在核心網絡中持續不斷。你的經驗似乎是被頭骨以外的世界觸發，但它們其實是由暴風雨般猛烈發出的預測和訂正形成。諷刺的是，我們每個人的大腦都會製造誤解自己的心智。

在建構主義提倡懷疑論之時，本質主義卻對確定性堅定不移。本質主義說：「你的大腦就像你的心智看起來那樣。」你有想法，因此你的大腦中一定有那個想法的斑塊。你會經驗情緒，因此你的大腦中一定有那個情緒的斑塊。你從世界各地的其他人看見想法、情緒和知覺的證據，所以相應的大腦斑塊一定是舉世皆然，每個人都一定有相同的心智本質。據稱基因產生了所有人類的共同心智。你也在這種、那種動物身上看到情緒（達爾文甚至在蒼蠅身上看到情緒），因此暗示這些生物一定具有跟你相同的普世情緒斑塊。神經活動從一個斑塊傳到下一個斑塊，就像接力賽的跑者一棒傳到下一棒。

本質主義提出的不只是人類天性觀點，還是一種世界觀。本質主義暗示，你在社會上的地位是由你的基因形塑。因此，如果你比其他人更聰明、更強大或是更快，你就理所當然能在他人無法做到之處獲得成功。人們得到他們應得的，而

18. 「在世上好好生活」（in the world just fine）：行動主義者卡洛琳・凱西（Caroline Casey）直到17歲才知道自己失明，那時她提出想學開車（Casey 2010）。

19. 「化名比福爾摩斯還多」（more aliases than Sherlock Holmes）：預設模式和突顯網絡有很多不同的名稱（Barrett & Satpute 2013），參見heam.info/dmn-5.

且他們值得他們得到的。這個觀點相信基因是公平的，背後支持這個信念的，是聽來科學的意識形態。

我們經驗成「確定」（知道關於自己、彼此和周遭世界什麼為真的感受）的事物，其實是大腦捏造來幫助我們度過每一天的錯覺。偶爾放棄一點那樣的確定性，應該是個不錯的點子。例如，我們全都根據特性去考慮自己和其他人：他很「慷慨」，她很「忠誠」，你的老闆是「混蛋」。我們自己的確定感，誘使我們把慷慨、忠誠和混蛋這類說詞，當成好像它們的本質實際上就住在這些人的體內，而且好像能以客觀的條件偵測和測量它們。這不僅僅決定了我們對待這些人的行為，我們也對那個行為感到正當合理，即使「慷慨」的傢伙只是企圖巴結你、「忠誠」的女士暗地裡自私自利，而你的「混蛋」老闆心裡掛念著家中生病的孩子。確定性使我們錯過了其他解釋。我不是說我們全都愚蠢或無能得無法掌握真實，我的意思是沒有單一的現實可以掌握。你的大腦對於周遭的感覺輸入，可能製造一個以上的解釋，雖然不是無限個現實，但絕對超過一個。

適量的懷疑論所產生的世界觀，不同於傳統觀點認為基因是公平的。你在社會上的地位不是隨機，但也不是必然。仔細想想生於貧窮家庭的非裔美國兒童。他們在早年大腦發育的期間，不太可能獲得適當的營養，這種情況對於前額葉皮質（prefrontal cortex，PFC）的發育特別有負面影響。前額葉皮質的神經元對於學習（亦即處理預測失誤）和控制特別重要，因此不意外地，前額葉皮質區的大小和性能，跟學業表現優異所需的許多技巧有關。營養不良等同於前額葉皮質較薄，這跟學業表現較差和教育程度較低（像是無法讀完高中）有關，由此又再導致貧窮。[20] 於是，有關種族的社會刻板印象（社會現實），以這種循環的方式**成為大腦串連的物理現實**，因此使得貧窮的原因看似始終完全都是基因造成。

有些研究似乎證明，這樣的刻板印象比我們以為的更準確。例如史蒂芬‧平克在《白板》（*The Blank Slate*）一書中寫道：「相信非裔美國人比白人更可能靠救濟金生活的人……並非沒有理性或固執己見。」比對普查數據時，「這些信念是正確的。」[21] 平克和其他人主張，許多科學家把刻板印象當作不正確而不予理會，因為我們被威脅要政治正確、我們屈從於普通人民，或是我們因為對於人類天性的混亂假設而有偏見。但誠如你剛才所見，還有另一種可能性：官方的福利統計是真的，因為作為一個社會的我們使它們成真。

憑藉我們的價值和實踐，我們局限了某些人的選擇，並且縮窄了他們的可能

性，同時擴大其他人的選擇和可能性，然後我們聲稱刻板印象是準確的。刻板印象唯有跟共享的社會現實有關才會準確，而這個社會現實則是由我們的集體概念在一開始所創造。人們不是一堆撞球，彼此撞來撞去。我們是一堆大腦，調節彼此的身體預算、一起建立概念和社會現實，由此幫助建構彼此的心智而且決定彼此的結果。

有些讀者可能不屑地認為，這種建構主義世界觀出自「一切都是相對之地」（the Land Where Everything Is Relative）的象牙塔學術觀點，是種老套、心腸太軟的自由主義態度。事實上，這個觀點超越了傳統的政治路線。你被文化所塑造的這種想法，確實是刻板老套的自由主義。但同時，誠如我們在第六章的討論，廣義地說，你要對你擁有的概念——終將影響你的行為——負責。個體責任是相當保守的想法。你或多或少也要對自己如何影響他人的串連負責，不只是對不幸的人，還有將來的子子孫孫。你如何對待他人相當重要。這是宗教想法的基礎。美國夢習慣上說：「只要你努力工作，什麼事都有可能。」建構論承認你確實是自己命運的主體，但你受到周遭環境的束縛。你的串連會影響你之後的選擇，而你的串連有部分是由你的文化決定。

我不知道你怎麼樣，但我自己能在一些不確定中得到某些安慰。質疑我們一直以來收到的概念，好奇哪些是物理的、哪些是社會的，都會讓人耳目一新。有種自由是領悟到我們自己進行分類來創造意義，因此有可能藉由重新分類來改變意義。不確定性意味著事物可能跟它們表面看起來的不一樣。這種領悟會在艱困時期帶來希望，還能在美好時光喚起感激。

＊　　　＊　　　＊

現在，是時候來總結一下我的觀點了。預測、內感、分類，以及我對你描述的各種大腦網絡的作用，都不是客觀的事實。它們全是科學家發明的概念，用

---

20. 「前額葉皮質（PFC）」（perfrontal cortex [PFC]）：大腦皮質上層的神經元最後在產前期長出，而在出生後、嬰兒期和兒童期會繼續成熟，並且發展它們的連結性（Kostovi ́ & Judaš 2015）。貧窮對於大腦發育的其他方面有類似的毒害（Nobel et al. 2015）。「（亦即處理預測失誤）和控制」（[prediction error] and control）：Barrett & Simmons 2015; Finlay & Uchiyama 2015。「又再導致貧窮」（leads back to poverty）：參見heam.info/children-1.

21. 「比我們以為的更準確」（accurate than we might think）：Jussim, Cain et al. 2009; Jussim, Crawford et al. 2009。「比對普查數據時」（when compared to census figure）：Pinker 2002, 204。「關於人類天性的混亂假設」（muddled assumptions about human nature）：Jussim 2012; Pinker 2002.

來描述大腦內部的物理活動。我主張，這些概念是了解神經元在執行某些計算的最佳方式。然而，讀取大腦串連圖的方法還有許多（其中有些根本不會叫做串連圖）。目前，情緒建構理論對大腦的描繪，比所謂的心理本質或心智器官更貼近及仔細。但在未來，如果看見關於大腦結構的更有用且更具功能性的概念出現，我也完全不會驚訝。誠如法爾斯坦在《無知》中的觀察，沒有事實「不會因為下一代的科學家使用下一代的工具而出現爭議。」[22]

然而，科學的歷史一直緩慢但穩健地朝建構的方向前進。物理學、化學和生物學都始於直觀的本質主義理論，這些理論根植於素樸現實主義和確定性。我們能超越這些想法的原因是，我們注意到舊的觀察只在某些條件下才成立。因此，我們必須替換我們的概念。科學革命用一個社會現實換掉另一個社會現實，就像政治革命用新的政府和社會秩序取代舊的。[23] 在科學中，我們一次又一次地被一系列新的概念帶著遠離本質主義邁向變化，遠離素樸現實主義邁向建構主義。

雖然情緒建構理論預測並符合關於情緒、心智和大腦的最新科學證據，然而關於大腦還有許多仍是個謎。我們現在發現，神經元不是腦中唯一的重要細胞，長期被忽略的神經膠細胞其實也貢獻良多，它們甚至可能在沒突觸的情況下彼此溝通。控制腸胃的腸神經系統在了解心智方面的重要性也越來越高，但因為極其難以測量，所以大部分仍從未被探索過。我們甚至發現，胃裡的微生物對心理狀態也會產生巨大影響，不過還沒有人知道過程與原因為何。目前正在進行的創新研究如此之多，因此10年過後，今日的專家很有可能像是出現在大腦掃瞄機器面前的柏拉圖。

隨著我們的工具改善和知識增加，我有信心，我們將會發現大腦比我們現在所知的更為建構。或許有一天，我們的核心原料（像是內感和概念）會被視為太過本質主義，因為我們發現幕後還有些更細緻的建構在發生。我們的科學故事仍在演進，但這並不令人驚訝。科學的進步永遠不在於找到答案，而在於問更好的問題。今日，這些問題已經迫使情緒科學以及更廣泛的心與腦科學發生典範轉移。

在接下來的幾年，我希望，我們看到關於人或老鼠或果蠅的腦中有情緒斑塊的新聞故事越來越少，而關於大腦和身體如何建構情緒的故事越來越多。在此同時，每次看到充滿本質主義的情緒新聞故事時，只要你感到一陣懷疑，那麼你也在這場科學革命中佔有一席之地。

就像科學中多數的重要典範轉移，這一次也可能改變我們的健康、我們的法

律，以及我們是誰。打造一個新的現實。如果你已從本書的內容學到你是自己經驗（以及周遭他人的經驗）的創建者，那我們就一起建立了一個新的現實。

22. 「『下一代的工具』」（next generation of tools）：Firestein 2012, 21.
23. 「新的政府和社會秩序」（new government and social order）：就連「革命」的概念都是社會現實，參見heam. info/revolution-1.

致 謝

有句諺語說，教養一個孩子需要整個村莊共同努力（It takes a village to raise a child），而被我女兒稱作「弟弟」的這本書也不例外。過去三年半來，紛紛貢獻意見、評論、科學和支持的人數量之多，充分證明了這門學科領域的豐富性，也見證了我有幸認識的家人、朋友和同事如此美好。

這本書有個非傳統的家庭，父母的人數遠遠超過尋常。他因為Houghton Mifflin Harcourt（HMH）出版社的編輯Courtney Young和Andrea Schulz有了生命，18個月之後，這兩位編輯都因為難以抗拒的工作邀約而離開。有幾個月的時間，我是這本書的單親媽媽，那時支持我的是HMH的社長Bruce Nichols，他也是這本書實質的曾曾祖父。HMH後來聘用Alex Littlefield擔任新的編輯，他對養育孩子的看法跟我的截然不同（導致狂風暴雨般的青春期），但這種情況往往是從激烈的爭辯中生出最棒的想法，我們兩人的迥異方式，將這本書照看得更精實、也更強壯，最後終於順利畢業且得以問世。

我非常感激收養這本書的好心人──《紐約時報》（New York Times）的Jamie Ryerson，他在最後一刻幫忙修整了太過冗長和難以親近的三個章節。我很佩服Jamie的技巧，他把內容刪減到絕對精華，同時又不失風格和聲量。他看起來或許像個態度溫和的編輯，但只要光線適當，你就能看見他的騎士盔甲在陽光下閃閃發亮。

我的經紀人兼村莊巫師Max Brockman，對於這本書的誕生扮演絕對不可或缺的角色。他不只帶我領略出版業的來龍去脈，而且每當我在漫長的寫作過程中遇到阻礙時，他總是能隨時準備明智的建議。謝謝、謝謝，真的很謝謝你。

是的，寫一本書需要整個村莊共同努力，但我的村莊不是在情緒研究星球上的唯一村莊。另一個重要村莊（我稱為「傳統觀點」）住著有創造力且成績斐然的許多科學家，其中有些是我親近的同事。我們的村莊都在同一塊土地上，因此我們一定會有衝突和競爭，但在一天結束時，我們還是可以邊吃晚餐邊喝酒地繼續辯論。我要感謝James Gross和George Bonanno 20幾年來的生動討論和親密友誼。

我同樣感激Paula Niedental，他不但向我介紹了一般的體現認知，還特別說明了Larry Barsalou的研究。我也要感謝Andrea Scarantino、Disa Sauter（關於辛巴族研究的細節）、Ralph Adophs和Steven Pinker跟我進行資訊豐富的對談。我還想感謝Jaak Panksepp，謝謝他在幾年前親切地接受Jim Russell和我的邀請，到波士頓舉辦為期一個月的研究生研討會，教授他的理論觀點。

同樣地，我對我傑出的同事Bob Levenson真的是感激不盡。如果有觀點不同的人願意與你真誠交談，實在是太幸運不過。每當我們碰面時，Bob都真正體現這種科學探索的精神。他的好奇心和深刻觀察不斷挑戰著我，在我心目中，他是最珍貴的同事之一。我也深深感激和尊敬Paul Ekman，過去50幾年來，他一直幫助規劃情緒研究的路線。我們對於科學細節的意見或許並不一致，但我十分欣賞他的勇往直前。Paul在1960年代開始提出他的發現時，他在會議上經常遭受噓聲連連，還被稱為法西斯主義者和種族主義者，並且因為當時的主流態度而普遍不被尊重。[1]他在追求傳統觀點的看法上展現令人讚嘆的韌性，最後終於讓情緒科學廣為人知。

回到建構的村莊，我衷心感謝麻省總醫院和東北大學的「跨領域情感科學實驗室」（Interdisciplinary Affective Science Laboratory），這是由我和Karen Quigley共同主持的實驗室。在我作為科學家的職業生涯中，我們的實驗室為我帶來不絕的樂趣，也是驕傲的來源之一。這群辛勤工作又有天分的研究助理、研究生、博士後研究員和研究員，對於構成本書的知識體系做出無以計量的貢獻。從過去到現在的所有成員，你都可以在網頁affective-science.org/people.shtml看見。本書特別引用的珍貴貢獻，出自Kristen Lindquist、Eliza Bliss-Moreau、Maria Gendron、Alexandra Touroutoglou、Christy Wilson-Mendenhall、Ajay Satpute、Erika Siegel、Elizabeth Clark-Polner、Jennifer Fugate、Kevin Bickart、Mariann Weierich、Suzanne Oosterwijk、Yoshiya Moriguchi、Lorena Chanes、Eric Anderson、Jiahe Zhang，以及Meyong-Gu Seo。除了他們重要的科學貢獻，我還要謝謝實驗室成員的無比耐性和鼓勵。在我趕著完成這本書時，他們從來不曾抱怨我的定期缺席（至少我沒聽過），偶爾還要忍受自己的進度長期延宕。

我特別感激我的共同研究夥伴，謝謝他們的友誼、承諾，以及在我們進行你剛剛才讀完的研究時，熱烈提出極具洞察的討論。最重要的是，我萬分感謝Larry

---

1. 如史蒂芬‧平克在《白板》中的敘述。

Barsalou關於概念方面的基礎研究，Larry是他同輩中最具創造力也最縝密的思想家之一，我永遠都忘不了曾與他合作的良機。此外，千言萬語都道不盡我對Jim Russell的感激，當我還是年輕的助理教授時，他在我的許多同事認為我很瘋狂時，認真看待我的想法。他對情感環狀模型的開創性研究，在這個領域中廣為接受到人們幾乎不再為此引用他了！Larry和Jim最為看重的是科學工作的發現和解釋，而不是名聲和財富，這點特別讓我受到激勵（因為在科學中，有時後者會干擾前者）。同樣因為這個理由，讓我想起我的論文指導教授Mike Ross和Eric Wood，我對他們永遠都心懷感激。

　　我也要大大地感謝幫助我淡化情緒和認知之間虛假界線的Brad Dickerson；謝謝Moshe Bar和我們共同進行情感如何影響視覺的研究（和其他許多計畫）；謝謝Tor Wager與我們的統合分析合作，並且謝謝Paula Pietromonaco在關係中的情緒方面與我們的長期合作。我特別感激Debi Roberson，因為我們的共同研究，才使我的實驗室有可能研究納米比亞的辛巴族；同樣的，謝謝Alyssa Crittenden讓我們有機會在坦尚尼亞的哈德薩族研究情緒知覺。

　　書中也看得到我新近的共同研究帶來的影響，因此我想衷心感謝Kyle Simmons跟我一起研究預測大腦的功能和結構；Martjin van de Heuvel聆聽我關於網絡連結性和大腦樞紐的天馬行空想法，結果往往是這些想法沒有那麼瘋狂；Wim Vanduffel和Dante Mantini跟我們一起研究彌猴的大腦網絡；Talma Hendler跟我們共同研究觀看情緒影片時的網絡動力；Wei Gao讓我能加入研究新生兒大腦發育的冒險；Tim Johnson陪伴我證明模式分類無法提供神經指紋的證據；Stacy Marcella讓我看見在虛擬實境中用計算模型研究模擬和預測的可能性；以及Dana Brooks、Deniz Erdogmus、Jennifer Dy、Sarah Brown、Jaume Coll-Font和東北大學B/SPIRAL（The Biomedical Signal Processing, Imaging, Reasoning, and Learning）小組的其他成員願意大費周章地來到我的村莊，製作精巧的計算架構來檢驗情緒建構理論。

　　在我從臨床心理學領域前往神經科學領域的旅程中，一路上還停靠社會心理學、心理生理學和認知科學，若是沒有更大村莊裡的同事慷慨分享他們的專業知識，這本書就絕對不可能完成。我的朋友Jim Blascovich和Karen Quigley指導我周邊神經系統的基礎，Kare還教我臉部肌電圖。我的神經科學教育始於無人能敵的Michael Numan，他不斷鼓勵我，而且對我的問題有問必答；另外還有Richard Lane，他在我剛開始對情緒的大腦基礎感興趣時給我鼓勵，並且介紹我認識麻省

總醫院的Scott Rauch。儘管當時我不太清楚自己在做什麼，Scott還是熱情地提供我學習腦部造影的機會。我也很感激Chris Wirth，他幫助我進行了我的第一個腦部造影研究，我也跟他一起從「國家老化研究院」（National Institute on Aging）拿到我的第一個大型造影研究計畫補助。此外，我衷心感謝願意花時間回答我的問題的慷慨體貼同事們：Howard Field總是能引導和啟發關於痛感、獎勵和內感之間關係的討論；Vijay Balasubramanian提供極為有用的解釋，回答我對於視覺系統的龐大質疑；Thom Cleland熱情地分享他對嗅覺系統的深刻見解；Moran Cerf給我人類活體顱內電紀錄的內部獨家；以及Karl Friston用藏著鼓勵的深刻討論回覆，獎勵我毫無預警地寄給他關於預測編碼的電子郵件。還有其他許多人透過電子郵件或Skype，對我的問題提供有用的答案，包括Dayu Lin寄給我她使用光遺傳學進行研究的詳細討論；Mark Bouton教導我哺乳動物情境學習的基礎；Earl Miller解釋關於彌猴種類學習的單細胞記錄研究的意涵；以及Mattew Rushworth提供有關他的前扣帶迴皮質圖譜的額外細節。

我也要好好感謝幾位神經解剖學的同事，無論我的問題多麼不可思議，他們都很快地回應，而且沒有流露不悅之情，謝謝無所不知的Barb Finlay願意慷慨地分享；Helen Barbas的皮質中訊息流的模型是我研究預測大腦的基石；Miguel Ángel García-Cabezas詳細解釋了細胞層次的神經解剖學；Bud Craig或許是地球上最了解腦島的人；Larry Swanson迅速給我資訊豐富的答案，並且介紹我認識其他的神經科學家（像是Marray Sherman，她回答了關於視丘的問題）；以及Georg Striedter，謝謝他提供大腦演化的專業知識。

我誠摯地感謝Linda Camras和Harriet Oster，謝謝她們分享發展心理學的專業知識，還指導我關於嬰兒與幼兒的情緒能力。我也很感激徐緋、Susan Gelman和Sandy Waxman為我審查第五章的內容，謝謝他們願意跨越認知和情緒發展的傳統科學界線，幫助我探索語詞支撐嬰兒的情緒概念發展的想法。另外我要謝謝Susan Carey關於天生概念的討論。

多虧有了親愛的朋友Judy Edersheim和Amanda Pustilnik，以及她們在長時間討論心理學、神經科學和法律時的洞察和鼓勵，關於情緒和法制系統的第十一章才有可能完成，因此這一章可以說是我們三個人的合作成果。我很感激前美國聯邦法官Nancy Gertner邀請我一起推動她在哈佛法學院開的法律與神經科學課程。我也想感謝來自麻州總醫院「法律、大腦與行為中心」（Center for Law, Brain, and

Behavior）的其他許多人，謝謝他們邀請我進入他們的村莊。另外還要感謝Nita Farahany提供了第十一章提到的DNA例子。

這本書能夠完成，全靠許多不同領域的慷慨同事提供他們的深刻見解。靈長類動物認知方面：Eliza Bliss-Moreau、Herb Terrace和Tetsuro Matsuzawa。文化相關主題方面：Aneta Pavlenko、Batja Mesquita、Jeanne Tsai、Michele Gelfand和Rick Shweder。微笑的歷史：Colin Jones 和Mary Beard。自閉症方面：Jullian Sullivan、Mathew Goodwin和Oliver Wilde-Smith。本質主義方面：Susan Gelman、John Coley和Marjorie Rhodes。情感現實主義和經濟學方面：Marshall Sonenshine。思維哲學與實踐方面：Christy Wilson Mendenhall、John Dunne、Larry Barsalou、Paul Condon、Wendy Hasenkamp、Arthur Zajonc和Tony Back。整體而言，我真心感謝Jerry Clore一貫的體貼、好奇和支持；Helen Mayber多年來跟我進行的憂鬱之謎對話；以及許多方面都讓我相當敬佩的Joe LeDoux，尤其是他令人難以置信的開放胸襟。還有幾位見解深刻的同事，我跟他們的討論也為這本書增添不少風采，他們是Amitai Shenhav、Dagmar Sternad、Dave DeSteno、David Borsook、Derek Isaacowitz、Elissa Epel、Emre Demiralp、Iris Berent、Jo-Anne Bachorowski、已故的Michael Owren、Jordan Smoller、Philippe Schyns、Rachael Jack、José-Miguel Fernández-Dols、Kevin Ochsner、Kurt Gray、Linda Bartoshuk、Matt Lieberman、Maya Tamir、Naomi Eisenberger、Paul Bloom、Paul Whalen、Margaret Clark、Peter Salovey、Phil Rubin、Steven Cole、Tania Singer、Wendy Mendes、Will Cunningham、Beatrice de Gelder、Leah Summerville和Joshua Buckholtz。

早期讀者提出的寶貴意見和批評讓我受益無窮：Aaron Scott（也是最棒的美編，製作了多數的圖）、Ann Kring（我最忠實的讀者，每份草稿都提供了珍貴的見解）、Aajy Satpute、Aleza Wallace、Amanda Pustilnik、Anita Nevyas-Wallace、Anna Neumann、Christy Wilson-Mendenhall、Dana Brooks、Daniel Renfro、Deborah Barrett、Eliza Bliss-Moreau、Emil Moldovan、Eric Anderson、Erika Siegel、Fei Xu、Florin Luca、Gibb Backlund、Herbert Terrace、Ian Kleckner、Jiahe Zhang、Jolie Wormwood、Judy Edersheim、Karen Quigley、Kristen Lindquist、Larry Barsalou、Lorena Chanes、Nichole Betz、Paul Condon、Paul Gade、Sandy Waxman、Shir Atzil、Stephen Barrett、Susan Gelman、Tonya LeBel、Vicotr Danilchenko和Zac Rodrigo。

我也格外感謝東北大學心理系系主任Joanne Miller和系上的其他同事，謝謝他

們在我完成這本書的過程中所給予的支持和耐性。

　　我要謝謝讓我得以撰寫此書的研究補助機構和獎助單位，其中包括「美國哲學會」（American Philosophical Society）的獎助金和「心理科學學會」（Association of Psychological Science）的詹姆斯・麥基恩・卡特爾基金（James McKeen Cattell Fund），以及「美國陸軍行為與社會科學研究所」（U.S. Army Research Institute for the Behavioral and Social Sciences）的慷慨資助；我想特別感謝Paul Gade，他是我當時在ARI的計畫負責人，謝謝他持續給我鼓勵和精神支持。書中報告的研究，還在計畫負責人的大力協助下得到獎助單位的慷慨資助，其中包括「國家科學基金會」（National Science Foundation），特別感謝通過我的第一個神經科學研究計畫補助的Steve Breckler；「國家心理衛生研究院」（National Institute of Mental Health），特別感謝Susan Brandon（審查我的K02獨立科學家獎金〔Independent scientist Award〕）、Kevin Quinn和Janine Simmons；「國家老化研究院」，特別感謝Lis Nielsen；「國家癌症研究院」（National Cancer Institute），特別感謝Paige Green和Becky Ferrer；「國家衛生研究院先鋒獎」（National Institutes of Health Director's Pioneer Award）；「國家兒童健康與發展研究院」（National Institute of Child Health and Development）；「美國陸軍行為與社會科學研究所」，特別感謝Paul Gade、Jay Goodwin和Grey Ruark；以及「心智與生命研究中心」（Mind and Life Institute），特別感謝Wendy Hasenkamp和Arthur Zajonc。

　　我十分感激處理本書法律行政與後勤工作的人員：我的律師Fred Polner和Brockman公司的律師Michael Healy；製作書中一些腦部影像的Emma Hitchock和Jiahe Zhang；Redux Pictures公司的Rosemary Marrow；保羅・艾克曼團隊的Chris Martin和Elyna Anderson；取得Martin Landau的照片使用許可的Beverly Ornstein、Rona Menashe和Dick Guttman；一經要求就超快速搜尋和檢索研究論文的Nicole Betz、Anna Neumann、Kristen Ebanks和Sam Lyons，以及為迫切需要的情緒概念提供絕佳概念組合的Jeffrey Eugenides。

　　我也相當感謝「美國聯邦調查局」（Federal Bureau of Investigation，FBI）的探員Ronda Heilig，以及發展TSA的「旅客行為觀察技巧」（SPOT）、同時也是波士頓洛根國際機場的安全政策主任Peter Didomenica，謝謝他告訴我傳統觀點在各個機構中如何影響訓練。

　　另外還要謝謝Houghton Mifflin Harcourt團隊的其他成員：Naomi Gibbs、

Taryn Roeder、Ayesha Mirza、Leila Meglio、Lori Glazer、Pilar Garcia-Brown、Margaret Hogan和Rachael DeShano。

我知道這聽起來很奇怪，但我還是要感謝網際網路在我寫本書時發揮的重大功用，因為有它，我才能迅速整理合成來自各個領域的豐富材料。當我有個想法時，只要花幾分鐘下載相關的研究論文，或在網路上購買任何第二天出貨的書，就能立刻加以研究。因此，我誠心地感謝工程師們，謝謝他們帶給我們Google、Amazon（雖然根據我在這裡花費的金額，他們應該要謝謝我），以及許多讓論文能線上查閱的科學期刊網站。創作這一本書有部分使用了開源軟體，包括Subversion和基於Linux的一套工具。

此外，也不能忘掉在我寫這本書期間，幫助我維持身體預算收支平衡的人。我真心誠意地感激他們的愛與鼓勵，謝謝Ann Kring、Batja Mesquita、Barb Fredrickson、James Gross、Judy Edersheim、Karen Quigley、Angie Hawk和Jeanne Tsai。他們在這段漫長的寫作過程中，不但給我智性上的挑戰，也讓我感到舒適安心，更別說是源源不斷的巧克力、咖啡和其他點心，讓我有動力繼續向前。我還要特別感謝Florin Luca、Magdalena Luca和Carmen Valencia的重要社會支持。我也深深感謝其他家庭成員的支持，謝謝我的嫂嫂Louise Greenspan和妯娌Deborah Barrett；我的乾女兒Olivia Allison，以及我的外甥Zac Rodrigo，當然還有最棒的凱文（叔叔）Kevin Allison，你在第六章和第七章都見過他。另外，我誠摯地感謝我的健身教練Mike Alves和我神奇的物理治療師Barry Meklir，他們一起讓我在每天坐了16個小時後，依舊能夠繼續走路和打字；我也要謝謝Victoria Krutan，她體現了何謂最佳的按摩治療。

我的女兒索菲雅有著超齡的優雅和自制，這三年來一直忍受我在清早、深夜和週末都把全副心思放在她的「弟弟」身上（更別提我偶爾爆發的壞脾氣）。如果要說有什麼是手足競爭的正當理由，我想絕對就是這個。索菲雅，你是我最心愛的女兒，這本書是為你而寫。我希望你了解，你的心智擁有多大的力量。當你還小的時候，有時你會被惡夢嚇醒。我們在你嬰兒床的四周擺滿絨毛玩具來保護你，我也會對你施一些「小小魔法」，然後你能再次入睡。令人讚嘆的不是你相信魔法，而是你不相信。我們都知道這是假裝，但它確實發揮功效。你生氣勃勃的小小四歲自我，已經具備跟我一起創造社會現實的超能力，就像現在你勇敢、風趣且具有洞察力的青少年自我所做的那樣。你是自己經驗的創建者，即使在你

感到深受世界的衝擊時依然如此。

如果索菲雅是我開始寫這本書的理由，那麼我的丈夫丹就是我完成它的原因。丹往往是我狂風暴雨背後的寧靜。從我認識他的第一天起，他就堅定地相信我有能力出類拔萃。丹細讀了每份草稿的每一個字，通常閱讀好幾次，使這本書比我光靠自己所能掌握的更好。我的大腦永遠逃不掉他一問再問的問題：「這是給1%的人看的嗎？」（他指的是我的科學同事，而不是一般讀者），不過現在我更可能在大腦模擬這個問題時微笑。他的超能力之一，是能同時編輯這本書、緩解我的擔憂、按摩我的背、準備晚餐、不帶一絲痛苦地暫停我們所有的社交生活，並且收集足夠的外帶菜單，讓我們能安然度過我寫作的最後幾個月。他從來都不曾退縮，連一次都沒有，即使我讓我們明顯陷入一個起初誰都沒想到會這麼困難的挑戰。丹還有另一個超能力（超越每次選的容器都大小剛好的神奇能力），那就是他能在別人都做不到時讓我發笑，因為他是世界上最了解我的人。有他在我的身旁，讓我每天早上醒來都能感到生命充滿了無限的感激和敬畏。

大腦的基本知識

　　每到萬聖節，我都會用吉利丁做一個實物大小的腦模型。我把熱水倒進桃子口味的吉利丁粉，加進煉乳讓混和物變不透明，然後滴一些綠色的食用色素讓腦看起來帶點灰。從2004年開始，腦一直是我的家人和實驗室用來裝飾作為慈善活動的鬼屋的重點道具。[1] 走完鬼屋的訪客們每次都說（等到他們回過神能再次說話時）腦看起來如此真實，這點真的很有趣，因為真正的腦一點都不像一團均質的果凍。它是由數十億腦細胞組成的龐大網絡，這些串連在一起的腦細胞能來來回回地傳遞訊息。

　　若想充分發揮這本書的功效，你需要認識一些人腦的基本事實。在我們的討論中，最重要的腦細胞類型是神經元。神經元的樣貌變化極大，但一般而言，每個神經元都包含一個細胞體、頂端有些樹枝狀的結構名為樹突，底端有個根狀的結構名為軸突，軸突的最尾端有軸突末稍，如圖AA-1所示。

　　一個神經元的軸突末稍接近其他神經元（通常有數千個）的樹突，形成名為突觸的連結。神經元的「激發」是將電子信號往下經過軸突傳到軸突末稍，把名為神經傳導物質的化學物質釋放到突觸，這些神經傳導物質在這裡被其他神經元

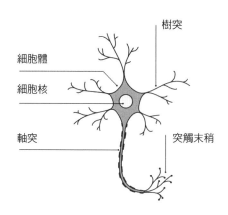

圖AA-1：神經元有不同的形狀，但每個都有細胞體、樹突和一條長長的軸突。

樹突的受器接收。神經傳導物質激起或抑制突觸另一端的各個神經元，改變這些神經元的激發率。[2] 經由這個過程，一個神經元會影響數千個其他神經元，而數千個神經元也能全部同時影響一個神經元。這就是大腦的運作。

在更宏觀的層次，人腦或多或少可被區分成三個主要部分，根據的是神經元如何排列。[3] **皮質**是神經元一層層排列（四到六層不等）的薄片（參見圖AA-2），串連成迴路和網絡。[4] 皮質薄片的剖面圖顯示，這裡的神經元被組織成柱狀，皮質中同一圓柱內的神經元彼此形成突觸，也跟其他圓柱中的神經元形成突觸。

皮質包圍著**皮質下區**折疊，相較於分層的皮質，皮質下區的神經元被組織成團狀，如圖AA-3所繪。[5] 例如，廣受歡迎的杏仁核就在皮質下區。

腦的第三個主要部分是**小腦**，它朝向腦的底部，位在腦的背面。小腦的重要

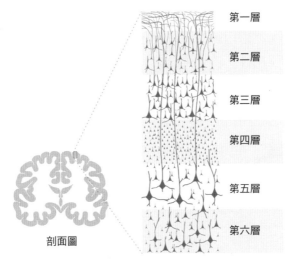

第一層
第二層
第三層
第四層
第五層
第六層

剖面圖

圖AA-2：六層皮質的剖面圖。

---

1. 「作為慈善活動」（2004 as a charity event）："Fright Night" 2012.
2. 「改變這些神經元的激發率」（changing its rate of firing）：Marder 2012。神經膠細胞或多或少提高傳導的效率（Ji et al. 2013; Salter & Begg 2014），參見heam.info/glial-2.
3. 人們以許多不同的方式區分大腦，端看他們的需要為何。用來分區的可能是空間（上到下、後到前、外到內）、解剖結構（葉、部位、網絡）、化學物質（神經傳導物質）和功能（哪個部分做哪個工作）等等。由於皮質和皮質下區之間的分區在情緒的歷史中太過重要，因此我將用這些簡化術語來談論大腦。
4. 「串連成迴路和網絡」（wired into circuits and networks）：皮質和皮質下區之間的過渡稱為原腦皮質，它的範圍從三層到幾乎沒有可見的圓柱（Zilles et al. 2015）。
5. 「神經元被組織成團狀」（organized as clumps of neurons）：「cortical」的意思是「皮質的」，因此「subcortical」是「在皮質的下方」。

之處在於協調身體運動，並讓腦的其他地方都得到那個訊息。[6]

科學家必須指出不同的神經集合，亦即「腦區」，因此他們發明了一些專門用語來加以協助。[7]在本書中一再出現的皮質，被區分成名為「葉」的個別區域，就好像是腦的一塊塊大陸（圖AA-4）。

在巡航整顆腦時，科學家使用的不是東或西北之類的羅盤方向，而是使用像「背前」或「內」等詞彙。圖AA-5呈現你在腦中尋找要往哪兒去所使用的各種路標。

你的腦是**中樞神經系統**的一部分，有別於貫穿整個身體、名為**周邊神經系統**的神經元。基於歷史的原因（並非所有都合乎道理），它們往往被當作兩個獨立的系統來研究。你的脊髓（中樞神經系統的一部分）在你的身體和腦之間傳送訊息。

你的自律神經系統是你的腦調節身體內在環境的一個管道。它帶著大腦的命令前往身體的器官（亦即內臟），並且把內臟的感覺傳回大腦。這個過程控制心跳速率、呼吸速率、出汗、消化、飢餓、瞳孔放大、性興奮和許多其他的身體功能。它負責「戰或逃」反應，指示你的身體要消耗能量資源；也負責「休息和消

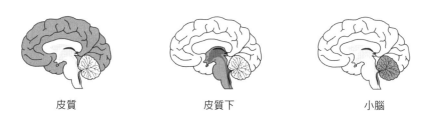

皮質　　　　　　　　皮質下　　　　　　　　小腦

圖AA-3：腦的三個主要部分。

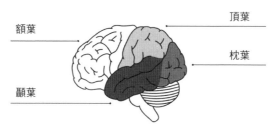

額葉　　　　　　　　　　　　　　　頂葉

顳葉　　　　　　　　　　　　　　　枕葉

圖AA-4：大腦皮質的葉。

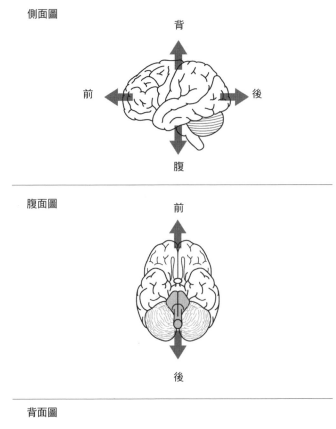

側面圖

背

前　　　後

腹

腹面圖

前

後

背面圖

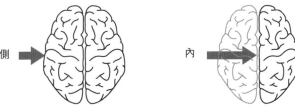

側　　　內

圖AA-5：腦的路標。前＝朝向前方；後＝朝向後方；背＝朝向頂部；
腹＝朝向底部，內＝朝向中線或中間，側＝遠離中線朝向外面。

6. 「重要之處在於協調身體運動」（important for coordinating physical movements）：小腦的主要作用是預期時間和
空間中的身體運動，如何影響皮質中進行的預測和模組完成（Pisotta & Molinari 2014; Shadmehr et al. 2010）。
7. 不同的神經科學家以不同的方式劃分人腦，也用不同的術語來配合他們的目標和偏好。我在這裡只呈現一些精
選的最常見區別。

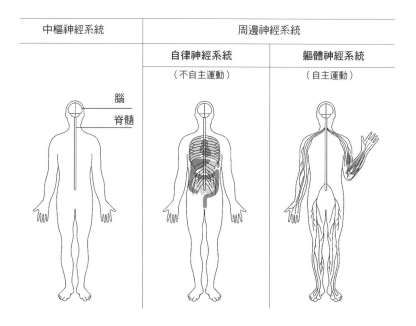

中樞神經系統	周邊神經系統	
	自律神經系統 （不自主運動）	軀體神經系統 （自主運動）

圖AA-6：人類神經系統的組成。

化」反應，指示身體要補充這些資源。[8]自律神經系統還幫助控制你的新陳代謝、水分平衡、體溫、鹽分、心臟和肺臟功能、發炎，以及橫跨身體各個系統的其他資源，像是預算。軀體神經系統則讓大腦得以接近肌肉、關節、肌腱和韌帶。

---

8. 「補充這些資源」（that replenish those resources）：自律神經系統有三大分支。有時稱為「戰或逃」系統的交感神經系統，指示身體要消耗資源。它把訊息送到皮膚的汗腺、血管外圍的平滑肌、身體內部的器官、放大瞳孔的肌肉，以及產生免疫細胞的身體部位等等。副交感神經系統也叫做「休息和消化」系統，它指示身體要補充能量資源。副交感神經系統還會指示你的瞳孔肌肉收縮、身體分泌唾液和胰島素，以及跟消化食物有關的其他功能，這有部分需要跟第三個分支溝通，也就是所謂的腸神經系統。參見heam.info/nervous-1.

附錄 B

第二章的補充

暫停！翻開下一頁之前，請再讀一讀第二章的開頭。

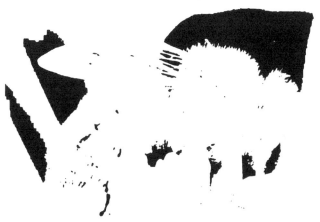

圖 AB-1：神秘照片揭曉。

附錄 C

第三章的補充

暫停！翻開下一頁之前，請再讀一讀第三章的序言。

圖 AC-1：在2008年美國網球公開賽的決賽中，小威廉絲打敗她的姐姐大威
　　　　　廉絲後欣喜若狂。

概念串接的證據

在本書中，我以兩種看似層級的方式描述大腦。（這種比喻只是用來幫助了解腦部活動，神經元的串連實際上並沒有嚴格的層級。）第六章提到的第一種層級，說明了大腦如何使用感覺輸入來形成概念，這是相似性和差異性的層級。這種層級是由下而上，神經科學家應該很熟悉。你的初級感覺區在下，它們的神經元激發是表現身體感覺、光的波長改變、氣壓改變等等的不同感覺細節，以此組成特定的實例。在上層的神經元，則是表現實例的最高層次、有效的多重感覺總結。

第四章提到的第二種層級，說明了概念如何解析成預測，根據的是大腦皮質的結構。這種層級是由上而下，其中結合一些我自己的發現。大嘴巴的身體預算編列迴路（比較常聽到的名稱是內臟運動邊緣區）在上，它會發出但不接收預測。初級感覺區在下，因為它們接收預測但不發出預測給其他的皮質區。身體預算編列區以這樣的方式驅動預測遍佈整個大腦，然後往下更細緻地驅動到初級感覺區。

兩種層級都代表同一個迴路，但運作的方向正好相反。前一種層級是為了學習概念，後一種層級（我稱為**概念串接**）是為了應用這些概念來建構你的預測和行為。如此一來，分類就成了全腦活動，有從模擬相似性流向模擬差異性的預測，還有方向相反的預測失誤。

概念串接涉及一些合理的推測，但也得到神經科學證據的支持。目前我們有的科學證據是，所有的外在感覺系統（視覺、聽覺等等）全都經由預測運作。我跟我的同事、神經科學家凱爾‧西蒙斯（W. Kyle Simmons）共同發現，內感網絡的結構也以這種方式作用。[1]

---

1. 「（聽覺等等）全都經由預測運作」（[hearing, etc.] operate by prediction）：相關總結請見Chane & Barrett 2016，詳細內容在heam.info/prediction-12。「結構也以這種方式作用」（structured to function this way）：Barrett & Simmons 2015.

現今，科學家已經掌握視覺系統內的概念串接的具體細節。我在本書概述的更廣泛概念串接，依據的是三個非常可靠的證據：（1）第四章中有關預測和預測失誤如何流經整個皮質結構的解剖學證據、（2）第六章中顯示皮質的結構能把感覺差異性壓縮成多重感覺總結的解剖學證據，以及（3）關於幾個大腦網絡功能的科學證據，我們接著就要討論這些。[2]

預測源起自多重感覺總結（代表概念的目標），出自內感網絡中名為**預設模式網絡**的部分。請注意，我沒有說概念貯存在預設模式網絡裡，而是特別使用「源起自」這幾個字。概念不是整批地存放在預設模式網絡或任何地方，彷彿它們有個實體。這個網絡僅僅模擬概念的一部分，亦即概念實例的有效、多重感覺總結，不帶任何的感覺細節。當你的大腦在飛行中建構「**快樂**」的概念時，為了在特定的情境下使用，簡並性就發揮作用。每個實例的創造，都有自己的神經元模式。實例的概念相似性越高，預設模式網絡中的神經模式彼此就越接近，有些甚至會重疊，使用一些相同的神經元。[3]不同的表徵不需要在大腦中完全分開，只要可以分開就好。

預設模式網絡是個內在網絡。事實上，它是第一個被發現的內在網絡。科學家注意到，大腦中有一組區域在受試者躺著休息時會增加活動。他們把這組區域命名為「預設模式」，因為它們在大腦沒有被實驗程序探測或刺激時自發地活躍。當我首次得知這個網絡時，我認為這個名字取得不太好，因為此後發現了許多其他的內在網絡。然而，這個名字也很諷刺：科學家原本相信，大腦的「預設」活動是在作業之間漫無目標的神遊，但事實上這個網絡是腦中每個預測的核心。你的大腦解釋和邀遊世界的「預設模式」（亦即**利用概念進行預測**），使得這個名字恰好適合這個網絡。[4]

神經科學家已相當肯定地證明，預設模式網絡表現概念的關鍵**部分**。這個發現需要精巧的科學實驗。你不可能簡單地要求受試者模擬一個概念，然後在預設模式網絡中尋找增加的活性。單一概念不太可能擾亂大腦的內在活動漩渦，這就好像只是往海浪吐口口水。幸運的是，認知神經科學家傑弗瑞·班德（Jeffrey R. Binder）和同事設計了一個獨創的腦部造影實驗來解決這個問題。他們設計兩個實驗作業，一個比另一個更需要用到概念知識，然後將結果「相減」來得到差異。

在班德的第一個實驗作業中，10位受試者在腦部掃瞄器裡聽一些動物名稱，像是「狐狸」、「大象」和「乳牛」，然後實驗者問他們一個問題，回答這個問

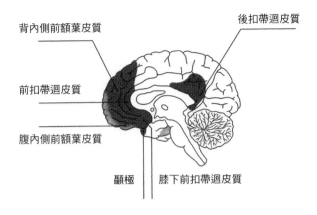

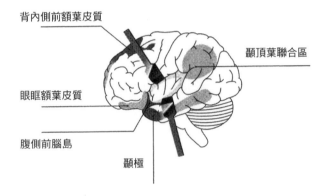

圖AD-1：位於內感網絡的預設模式網絡。發出預測的身體預算編列區是
　　　　深灰色，它們對皮質下核發出命令，控制身體的組織和器官、
　　　　新陳代謝，以及免疫功能。上圖是內側圖，下圖是側面圖。

---

2. 「視覺系統內的概念串接」（cascade within the visual system）：Grill-Spector & Weiner 2014; Gilbert & Li 2013。
「整個皮質結構」（across the structure of cortex）：Barbas & Rempel-Clower 1997; Barbas 2015。「多重感覺總結」
（multisensory summaries in chapter 6）：許多神經元把訊息傳給連結更密的更少神經元，意思是壓縮和降維一
定會發生（Finlay & Uchiyama 2015）。

3. 「一些相同的神經元」（some of the same neurons）：近期的發現是，概念上相似的視覺實例在皮質空間中彼此
接近著存放；關於視覺皮質的例子，請見Grill-Spector & Weiner 2014.

4. 「受試者躺著休息」（subjects were lying at rest）：諷刺的是，因為科學家假設大腦在沒有外界刺激時會「關
掉」，所以他們好幾次都錯過了這個網絡的證據。關於如何發現預設模式網絡的更多內容，請見Buckner 2012。
「被實驗程序探測或刺激」（stimulated by an experimental procedure）：顯然，只要在實驗中沒有明確地探測
大腦，內在大腦活動就不重要。最初命名這個網絡的那些人，在他們取名時，大概沒有領會到這個網絡（或
內在活動）對日常思考、感受和知覺的重要性。「此後發現了許多其他的內在網絡」（networks have since
been discovered）：Yeo et al. 2011; Barrett & Satpute 2013。「這個名字恰好適合這個網絡」（name fit this network
nicely）：預設模式網絡的名稱有許多，參見heam.info/dmn-1.

題需要豐富的純粹心理相似性的概念知識（例如，「這種動物在美國發現，而且受到使用嗎？」）。在第二個作業中，受試者在接受掃瞄的同時做出一個決定，這個決定只需要基於知覺相似性的有限概念知識（例如，讓他們聽音節，像是「pa-da-su」，並且在聽到子音「b」和「d」時反應）。兩個作業應該都會造成感覺和運動網絡的活性增加，但只有第一個作業應該會造成預設模式網絡的活性增加。把兩個腦部掃瞄的結果「相減」之後，班德和同事就移除了跟感覺和運動細節有關的腦部活動，如預期般觀察到預設模式網絡中的活動增加。有項使用120個類似的腦部造影實驗進行的統合分析，成功複製了班德的發現。[5]

預設模式網絡支持心理推論，也就是用心智概念將另一個人的思考和感受分類。在一項研究中，受試者先看一些動作的文字描述，像是喝咖啡、刷牙和吃冰淇淋。在某些嘗試中，受試者被問到人**如何**執行這些動作：從馬克杯喝咖啡、用牙刷刷牙、用湯匙吃冰淇淋。回答時，受試者的大腦運動區似乎在模擬這些動作。在其他的嘗試中，受試者被問到人**為什麼**執行這些動作：喝咖啡來保持清醒、刷牙來避免蛀牙、吃冰淇淋因為好吃。這些判斷需要純粹的心智概念，而它們跟預設模式網絡中的活動比較有關。[6]

越來越多的認知神經科學家、社會心理學家和神經學家推測，預設模式網絡有個普遍功能：它允許你模擬世界可能與此刻的狀況有何不同。[7] 其中包括從不同的觀點回憶過去和想像未來。這種超凡的能力，在你協調人類生活的兩大挑戰時助你一臂之力：與他人和睦相處以及領先群雄使自己受益。著有《快樂為什麼不幸福？》（Stumbling on Happiness）的社會心理學家丹尼爾‧吉伯特（Daniel T. Gilbert）向來以風趣幽默聞名，他把預設模式網絡稱為「經驗模擬器」，類似於訓練機師所用的飛行模擬器。經由模擬未來的世界，你將更有能力達成你未來的目標。

預設模式網絡聯合了過去、現在和未來。來自過去的訊息被建構成概念，形成關於現在的預測，這將使你更有能力達成你未來的目標。

我發現，思考預設模式網絡時，把它想成分類中的關鍵角色很有幫助。[8] 這個網絡啟動預測來製造模擬，因此讓大腦能施展它塑造世界的魔法。這裡指的「世界」包括外在的世界、其他人的心智以及裝著腦的身體。這些模擬有時會被外在的世界訂正，像是當你建構情緒時；有時候則不會被訂正，像是當你想像或作夢時。

　　當然，預設模式網絡並不是單打獨鬥。它只包含產生概念所需的部分模式，亦即啟動串接的心智、目標本位的多重感覺知識。每當你想像東西、或思緒神遊、或大腦執行其他的內在活動時，你還會模擬景象、聲音、身體預算的改變，以及感覺和運動網絡範疇的其他感覺。因此，理所當然地，預設模式網絡應該會跟這些網絡交互作用以建構概念的實例。[9]（它們確實是會，你即將就要看見。）

　　新生兒的預設模式網絡尚未發育完全，因此他們沒有能力預測，注意力也像「燈籠」般分散，新生兒的大腦花費許多時間從預測失誤中學習。[10] 很有可能是，多重感覺世界的經驗（固定在身體預算編列中）提供了所需的輸入，幫助預設模式網絡逐漸成形。這在生命最初幾年的某段時間發生，此時大腦正在把概念導入它的串連。當你受到環境影響開始串連時，「外在」的東西就開始變成「內在」。

　　我的實驗室研究了概念和分類的生物學好一段時間，已經發現有關預設模式網絡、內感網絡的其餘部分以及控制網絡有何作用的大量證據。當我們窺視正在經驗情緒，或從他人的眨眼、皺眉、肌肉抽搐和輕快聲音知覺他人情緒的人腦時，我們非常清楚地看見，這些網絡的關鍵部分正在努力工作。首先，你可能還記得我在第一章提到，我的實驗室做過統合分析，檢測情緒的神經造影研究的每篇論文。我們將整個腦劃分成名為「立體像素」（類似於腦的「畫素」）的小小立方體，然後在我們研究的各個情緒種類中，找出一致呈現活動顯著增加的立體像素。我們無法把單一的情緒種類定位在任何的大腦部位。同一個統合分析，也為情緒建構理論提供了證據。我們發現幾組立體像素極有可能一起活化，就像一個網絡那樣。這幾組立體像素全都一致地落在內感和控制網絡裡。[11]

---

5. 「如預期般觀察到預設模式網路」（default mode network）：班德證明，即使沒有明確問受試者關於概念的問題，概念處理還是會發生。關於這個實驗的更多細節，請見heam.info/binder-2。「類似的腦部造影實驗」（similar brain-imaging experiments）：Binder et al. 2009.

6. 「預設模式網絡中」（in the default mode network）：Spunt et al. 2010.

7. 「此刻的狀況」（way it is right now）：例如，Barrett 2009; Bar 2007。相關回顧，請見Buckner 2012.

8. 「分類中的關鍵角色」（a key role in categorization）：Barrett 2012; Lindquist & Barrett 2012。關於類似但不完全相同的觀點，請見Edelman 1990以及Binder & Desai 2011.

9. 「以建構概念的實例」（to construct instances of concepts）：認知神經科學家愛蓮娜·馬圭爾（Eleanor A. Maguire）的想法很接近這個（Hassabis & Maguire 2009），參見heam.info/maguire-1.

10. 「注意力也像『燈籠』般」（latern of attention）：Gao, Alcauter et al. 2014.

11. 「種類定位在任何的大腦部位」（category to any brain region）：Lindquist et al. 2012。「內感和控制網絡裡」：Kober et al. 2008.

如果你仔細想想我們的統合分析：涵蓋了數百位科學家所做的超過150個多樣的獨立研究，其中的受試者觀看臉部、嗅聞氣味、聽音樂、看電影、回憶過去事件，以及進行其他許多引發情緒的作業，那麼這些網絡的顯現就特別地引人注目。就我來看這些發現更是值得注意，因為統合分析涵蓋的研究並不是設計來檢驗情緒建構理論。多數研究都受到傳統觀點理論啟發，設計的目的是把各個情緒定位到大腦的不同部位。它們之中多數只研究最刻板的情緒種類例子，沒有檢驗各個情緒的所有真實變化。

我們的統合分析計畫仍在持續，至今我們已收集了將近400個腦部造影的研究。我和同事利用模式分類分析（第一章），從這些資料中產生五個情緒種類的總結，如圖AD-2所示。在這五個總結中，內感網絡都扮演了相當重要的角色。控制網絡也都出現在這五個總結中，但在快樂和悲傷中較不清楚。請記住，你在這裡看到的不是神經指紋，只是抽象的總結。沒有任何單一的生氣、厭惡、恐懼、快樂或悲傷實例看起來完全像是它的相關總結。[12] 我們從簡並性的原則得知，各個實例都能使用多樣的神經元組合。在統合分析中的各個（比如說）生氣研究，大腦活動都比較接近生氣總結而不是其他總結，所以被認定為生氣。因此，我們可以**診斷**生氣的實例，但我們無法具體指出生氣時哪些神經元會活化。換句話說，我們把達爾文的族群思考原則應用到生氣的建構。我們研究的其他四個情緒種類，全都得出相同的結果。

在特別設計實驗來檢驗情緒建構理論時，我們也發現相同的結果。在一項研究中，我跟同事克莉斯汀・威爾森—門登霍爾（Christine D. Wilson-Mendenhall）和勞倫斯・巴薩盧請受試者在我們進行腦部掃瞄的同時，專心地進入想像的情境。我們看到產生模擬的證據，因為感覺和運動區的活動增加。我們也看到證據顯示，他們的身體預算受到擾亂，這跟內感網絡的改變有關。[13] 第二個階段是，在每次專心想像後，實驗者讓受試者看一個字詞，要求他們把自己的內感感覺分類成「**生氣**」或「**恐懼**」的實例。在受試者模擬這些概念時，我們看見內感網絡的活動增加更多。我們還看見表現低層次感覺和運動細節的活化，以及在控制網絡中的關鍵節點的活動增加。

在後來的研究中，我們讓受試者建構非典型的少見模擬，像是坐雲霄飛車的愉快恐懼和贏得競賽時傷了自己的不愉快高興。我們假設，相較於模擬比較典型的實例（例如愉快的高興和不愉快的恐懼，就好像是心理習慣），較不典型的模

擬需要內感網絡更努力才能發出預測。我們觀察到的完全就是這樣。[14]

　　在近期的一組實驗中，我們讓受試者觀看引發情緒的電影情節，然後我們看到內感網絡建構持續不斷的情緒經驗。以色列臺拉維夫大學（Tel Aviv University）的塔馬·韓德勒（Talma Hendler）在他的實驗中，選擇會製造各種不同的難過、恐懼和生氣經驗的電影片段。例如，有些受試者觀看的情節出自《蘇菲的選擇》（Sophie's Choice），梅莉·史翠普飾演的主角必需在奧斯威辛集中營選擇一個孩子帶走。其他受試者觀看的片段出自《親親小媽》（Stepmom），蘇珊·莎蘭登飾

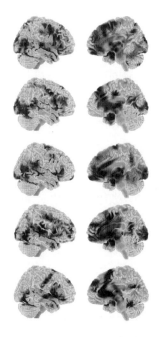

圖AD-2：（從上到下）「生氣」、「厭惡」、「恐懼」、「快樂」和「悲傷」
概念的統計總結。這些不是神經指紋（參見第一章）。左邊是側面
圖，右邊是內側圖。

---

12. 「在快樂和悲傷中較不清楚」（clearly for happiness and sadness）：Wager et al. 2015。更多細節，請見第一章和heam.info/patterns-1。「完全像是它的相關總結」（exactly like its associated summary）：Clark-Polner, Johnson et al.，印行中；Clark-Polner, Wager et al.，印行中。

13. 「內感網絡的改變」（chagnes in the interoceptive network）：Wilson-Mendenhall et al. 2013。更驚人的是，當受試者想像有形的危險時，在追蹤和定位空間裡有形物體的網絡中，觀察到相對更多的神經活動增加；但在他們想像社交情境時，神經活動增加出現在幫助推論他人的思考和感受的網絡中（Wilson-Mendenhall et al. 2011）。

14. 「我們觀察到的完全就是這樣」（is exactly what we observed）：Wilson-Mendenhall et al. 2015。另外參見Oosterwijk et al. 2015。關於其他支持情緒建構理論的腦部造影研究，請見heam.info/TCE-1。

演的角色向她的孩子透露自己因為癌症而不久人世。在所有的情況下，我們都觀察到，當受試者報告情緒經驗比較強烈的時刻，預設模式網絡和內感網絡的其餘部分同步地激發更多，而當受試者報告經驗比較不強烈時激發較少。[15]

其他研究則對情緒知覺提出類似的情況。[16] 在一項研究中，受試者觀看電影，並且明確地將角色的身體運動分類成情緒表達。換句話說，他們對運動的意義進行了心理推論，這個作業需要概念。結果發現，在他們大腦的內感網絡、控制網絡的節點，以及表現物體的視覺皮質中都出現活動增加。

＊　　　＊　　　＊

在討論概念時，我們必須特別小心不要把它本質化，因為把概念想像成「貯存」在你的腦中實在太過容易。例如，你可能認為概念獨自住在預設模式網絡裡（就好像是這些總結離開自己的感覺和運動細節存在）。然而，有大量的證據（和極少的懷疑）顯示，任何概念的任何實例都是由整個大腦表現。當你看著圖AD-3的榔頭時，在控制手部運動的運動皮質中，神經元的激發已經增加。（如果你像我一樣，模擬大拇指疼痛的神經元也會瘋狂地激發。）就連你在讀到這個物體的名字（「榔頭」）時，這種增加也會發生。看著榔頭還會讓你更容易用手做出抓握的動作。[17]

同樣的，當你閱讀這些文字時：

蘋果、番茄、草莓、心臟、龍蝦

早期視覺皮質中處理顏色感覺的神經元也會提高它們的激發率，因為這些東西通常全都是紅色的。因此，概念在預設模式網絡中沒有心智核心，它們是由整個大腦來表現。[18]

第二個本質主義誤解是，你的預設模式網絡為各個目標都提供單一組神經

圖AD-3：微調你的運動皮質。

元，就像小小的本質，即使概念的其餘部分（如感覺和運動特徵）分布在整個大腦。然而，情況不可能是這樣的。倘若真是如此，那麼在大腦掃瞄中，我們會看見這個「本質」在各種條件下都最先活化，接著才是取決於情境的各式各樣感覺和運動差異，但我們看到的根本不是這樣。[19]

本質主義又再一次屈服於簡並性。每次你建構一個具有特定目標（像是跟好朋友相聚）的情緒概念（像是「**快樂**」）的實例時，神經激發的模式可能各有不同。即使是由預設模式網絡中的幾組神經元所表現的「**快樂**」的最高層次、多重感覺總結，每次也都可能有所不同。[20] 這些實例不需要在物理上彼此相像，但它們依然全都是「**快樂**」的實例。把它們綁在一起的是什麼呢？什麼都沒有。它們不是以任何永久的方式「綑綁」在一起。但是它們非常可能作為預測同時地被啟動。當你讀到或聽到「快樂」這個詞，或是當你發現心愛的人就在自己身邊，你的大腦會發出各式各樣的預測，每個預測都有某個事前機率表示它在任何特定情境下的可能性。語詞是相當強而有力的。我認為這個推測非常合理，因為大腦依據簡並性運作、語詞是概念學習的關鍵，而且預設模式網絡和語言網絡共享許多大腦部位。

本質主義的第三個錯誤是把概念當作「東西」。念大學時，我修了一門天文學的課，從中我學到宇宙持續在膨脹。一開始我相當困惑：膨脹到**什麼程度**？我的困惑來自於我懷有錯誤的直覺：宇宙往空間中膨脹。幾經思考之後，我領悟到我把「空間」設想成一個又大又黑的空桶子，而不是字面上的物理學名詞。「空

---

15. 「報告情緒經驗比較強烈」（reported more intense emotional experiences）：Raz et al. 2016。更多細節，請見 heam.info/movies-1.

16. 「對情緒知覺提出類似的道理」（similar case for emotion perception）：參見認知神經科學家羅伯・斯普特（Robert Spunt）和同事所做的研究（如Spunt & Lieberman 2012）。另外參見Peelen et al. 2010以及Skerry & Saxe 2015，更詳細的討論請見heam.info/dmn-3.

17. 「由整個大腦表現」（represented by the entire brain）：有些科學家試圖在概念的這兩種觀點（概念涉及感覺和運動表徵vs. 概念是「抽象的」，意思是它們的貯存不涉及感覺和運動細節）之間找到妥協，參見heam. info/dmn-4.「神經元的激發已經增加」（movements have increased their firing）：Chao & Martin 2000。相關回顧，請見Barsalou 2008b.「這個物體的名字（『槌頭』）」（the name of the object [hammer]）：Tucker & Ellis 2004.「用手做出抓握的動作」（gripping motion with your hand）：Klatzky et al. 1989; Tucker & Ellis 2001.

18. 「由整個大腦來表現」（represented throughout the entire brain）：相關回顧，請見Barsalou 2009.

19. 「為各個目標都提供單一組神經元」（of neurons for each goal）：關於這個誤解的更多細節，請見heam.info/concepts-20。「看到的根本不是這樣」（see nothing of the kind）：關於證據的討論，請見Lebois et al. 2015.

20. 「每次也都可能有所不同」（can be different each time）：同一個概念可能有幾個不同的目標，其中沒有任何一個是核心，參見heam.info/concepts-21.

間」其實是理論的想法（一個概念），並不是個具體固定的實體，空間的計算永遠都相對於其他什麼。（「時間和空間的理解因人而異。」）[21]

人在思考概念時，也會發生類似的情況。概念不是存在於大腦的「東西」，就像「空間」不是宇宙往其中膨脹的物理東西。「概念」和「空間」都是想法。會說「一個」概念，只是為了口語方便。然而，你確實擁有一個概念系統。當我寫到「你有一個敬畏的概念」時，這句話可以翻譯成「你有許多已經分類成、或被你分類成敬畏的實例，各個實例都能重組成腦中的模式。」這個「概念」指的是在特定時刻，你在你的概念系統中對於敬畏所建構的一切知識。你的大腦不是「裝著」概念的容器，而是將概念制定為在一段時間內的計算瞬間。當你「使用一個概念」時，你實際上是在當場建構那個概念的一個實例。你的大腦沒有貯存裝著知識的小小袋子叫做「概念」，你的大腦也沒有貯存叫做「記憶」的小小袋子。[22] 概念絕對無法獨立於創造它們的過程存在。

---

21. 「又黑的空桶子」（dark, empty bucket）：經過幾年，我終於在讀到布萊恩·格林（Brian Greene）的《宇宙的構造》（*The Fabric of the Cosmos*）之後原諒自己的尷尬錯誤，這本書的第二章標題就是「宇宙和桶子：空間是人類的抽象概念還是物理的實體？」（Greene 2007）。「『因人而異』」（eye of the beholder）：同前，第47頁。

22. 「你的大腦也沒有貯存叫做『記憶』」（"memories" stored in your brain）：Schacter 1996.

參考書目

Abrams, Kathryn, and Hila Keren. 2009. "Who's Afraid of Law and the Emotions." *Minnesota Law Review* 94: 1997.

Adler, Nancy E., Thomas Boyce, Margaret A. Chesney, Sheldon Cohen, Susan Folkman, Robert L. Kahn, and S. Leonard Syme. 1994. "Socioeconomic Status and Health: The Challenge of the Gradient." *American Psychologist* 49 (1): 15–24.

Adolphs, Ralph, and Daniel Tranel. 1999. "Intact Recognition of Emotional Prosody Following Amygdala Damage." *Neuropsychologia* 37 (11): 1285–1292.

———. 2000. "Emotion Recognition and the Human Amygdala." In *The Amygdala. A Functional Analysis*, edited by J. P. Aggleton, 587–630. New York: Oxford University Press.

———. 2003. "Amygdala Damage Impairs Emotion Recognition from Scenes Only When They Contain Facial Expressions." *Neuropsychologia* 41 (10): 1281–1289.

Adolphs, Ralph, Daniel Tranel, Hanna Damasio, and Antonio Damasio. 1994. "Impaired Recognition of Emotion in Facial Expressions Following Bilateral Damage to the Human Amygdala." *Nature* 372 (6507): 669–672.

Aglioti, Salvatore M., Paola Cesari, Michela Romani, and Cosimo Urgesi. 2008. "Action Anticipation and Motor Resonance in Elite Basketball Players." *Nature Neuroscience* 11 (9): 1109–1116.

Akil, Huda. 2015. "The Depressed Brain: Sobering and Hopeful Lesson." National Institutes of Health Wednesday Afternoon Lectures, June 10. http://videocast.nih.gov/summary.asp?Live=16390.

Albright, Madeleine. 2003. *Madam Secretary: A Memoir*. New York: Miramax Books.

Allport, Floyd. 1924. *Social Psychology*. Boston: Houghton Mifflin.

Altschul, Drew, Greg Jensen, and Herbert S. Terrace. 2015. "Concept Learning of Ecological and Artificial Stimuli in Rhesus Macaques." *PeerJ Preprints* 3. doi:10.7287/peerj.preprints.967v1.

American Academy of Pain Medicine. 2012. "AAPM Facts and Figures on Pain." http://www.painmed.org/patientcenter/facts_on_pain.aspx.

American Kennel Club. 2016. "The Golden Retriever." http://www.akc.org/dog-breeds/golden-retriever/.

American Psychological Association. 2012. "Stress in America: Our Health at Risk." https://www.apa.org/news/press/releases/stress/2011/final-2011.pdf.

American Society for Aesthetic Plastic Surgery. 2016. "Initial Data from the American Society for Aesthetic Plastic Surgery Points to 20% Increase in Procedures in 2015." http://www.surgery.org/media/news-releases/initial-data-from-the-american-society-for-aesthetic-plastic-surgery-points-to-20percent-increase-in-procedures-in-2015-300226241.html. Amso, Dima, and Gaia Scerif. 2015. "The Attentive Brain: Insights from Developmental Cognitive Neuroscience." *Nature Reviews Neuroscience* 16 (10): 606–619.

Anderson, Craig A., Leonard Berkowitz, Edward Donnerstein, L. Rowell Huesmann, James D. Johnson, Daniel Linz, Neil M. Malamuth, and Ellen Wartella. 2003. "The Influence of Media Violence on Youth." *Psychological Science in the Public Interest* 4 (3): 81–110.

Anderson, Eric, Erika H. Siegel, Dominique White, and Lisa Feldman Barrett. 2012. "Out of Sight but Not Out of Mind: Unseen Affective Faces Influence Evaluations and Social Impressions." *Emotion* 12 (6): 1210–1221.

Anderson, Michael L. 2014. *After Phrenology: Neural Reuse and the Interactive Brain*. Cambridge, Mass.: MIT Press.

Anleu, Sharyn Roach, and Kathy Mack. 2005. "Magistrates' Everyday Work and Emotional Labour." *Journal of Law and Society* 32 (4): 590–614.

Ansell, Emily B., Kenneth Rando, Keri Tuit, Joseph Guarnaccia, and Rajita Sinha. 2012. "Cumulative Adversity and Smaller Gray Matter Volume in Medial Prefrontal, Anterior Cingulate, and Insula Regions." *Biological Psychiatry* 72 (1): 57–64.

Antoni, Michael H., Susan K. Lutgendorf, Steven W. Cole, Firdaus S. Dhabhar, Sandra E. Sephton, Paige Green McDonald, Michael Stefanek, and Anil K. Sood. 2006. "The Influence of Bio-Behavioural Factors on Tumour Biology: Pathways and Mechanisms." *Nature Reviews Cancer* 6 (3): 240–248.

Apkarian, A. Vania, Marwan N. Baliki, and Melissa A. Farmer. 2013. "Predicting Transition to Chronic Pain." *Current Opinion in Neurology* 26 (4): 360–367.

Arkowitz, Hal, and Scott O. Lilienfeld. 2010. "Why Science Tells Us Not to Rely on Eyewitness Accounts." *Scientific American Mind*, January 1. http://www.scientificamerican.com/article/do-the-eyes-have-it/.

Atkinson, Anthony P., Andrea S. Heberlein, and Ralph Adolphs. 2007. "Spared Ability to Recognise Fear from Static and Moving Whole-Body Cues Following Bilateral Amygdala Damage." *Neuropsychologia* 45 (12): 2772–2782.

Avena, Nicole M., Pedro Rada, and Bartley G. Hoebel. 2008. "Evidence for Sugar Addiction:Behavioral and Neurochemical Effects of Intermittent, Excessive Sugar Intake." *Neuroscience and Biobehavioral Reviews* 32 (1): 20–39.

Aviezer, Hillel, Ran R. Hassin, Jennifer Ryan, Cheryl Grady, Josh Susskind, Adam Anderson, Morris Moscovitch, and Shlomo Bentin. 2008. "Angry, Disgusted, or Afraid? Studies on the Malleability of Emotion Perception." *Psychological Science* 19 (7): 724–732.

Aviezer, Hillel, Yaacov Trope, and Alexander Todorov. 2012. "Body Cues, Not Facial Expressions, Discriminate Between Intense Positive and Negative Emotions." *Science* 338 (6111): 1225–1229.

Bachman, Jerald G., Lloyd D. Johnston, and Patrick M. O'Malley. 2006. "Monitoring the Future: Questionnaire Responses from the Nation's High School Seniors." Institute for Social Research Survey Research Center, University of Michigan. www.monitoringthefuture.org/datavolumes/2006/2006dv.pdf.

Balasubramanian, Vijay. 2015. "Heterogeneity and Efficiency in the Brain." *Proceedings of the IEEE* 103 (8): 1346–1358.

Bandes, Susan A. Forthcoming. "Share Your Grief but Not Your Anger: Victims and the Expression of Emotion in Criminal Justice." In *Emotional Expression: Philosophical, Psychological, and Legal Perspectives*, edited by Joel Smith and Catharine Abell. New York: Cambridge University Press.

Bandes, Susan A., and Jeremy A. Blumenthal. 2012. "Emotion and the Law." *Annual Review of Law and Social Science* 8: 161–181.

Banks, Siobhan, and David F. Dinges. 2007. "Behavioral and Physiological Consequences of Sleep Restriction." *Journal of Clinical Sleep Medicine* 3 (5): 519–528.

Bar, Moshe. 2007. "The Proactive Brain: Using Analogies and Associations to Generate Predictions." *Trends in Cognitive Sciences* 11 (7): 280–289.

———. 2009. "The Proactive Brain: Memory for Predictions." *Philosophical Transactions of the Royal Society B: Biological Sciences* 364 (1521): 1235–1243.

Barbas, Helen. 2015. "General Cortical and Special Prefrontal Connections: Principles from Structure to Function." *Annual Review of Neuroscience* 38: 269–289.

Barbas, Helen, and Nancy Rempel-Clower. 1997. "Cortical Structure Predicts the Pattern of Corticocortical Connections." *Cerebral Cortex* 7 (7): 635–646.

Bargmann, C. I. 2012. "Beyond the Connectome: How Neuromodulators Shape Neural Circuits." *Bioessays* 34 (6): 458–465.

Barrett, Deborah. 2012. *Paintracking: Your Personal Guide to Living Well with Chronic Pain.* New York: Prometheus Books.

Barrett, Lisa Feldman. 2006a. "Are Emotions Natural Kinds?" *Perspectives on Psychological Science* 1 (1): 28–58.

———. 2006b. "Solving the Emotion Paradox: Categorization and the Experience of Emotion." *Personality and Social Psychology Review* 10 (1): 20–46.

———. 2009. "The Future of Psychology: Connecting Mind to Brain." *Perspectives on Psychological Science* 4 (4): 326–339.

———. 2011a. "Bridging Token Identity Theory and Supervenience Theory Through Psychological Construction." *Psychological Inquiry* 22 (2): 115–127.

———. 2011b. "Was Darwin Wrong about Emotional Expressions?" *Current Directions in Psychological Science* 20 (6): 400–406.

———. 2012. "Emotions Are Real." *Emotion* 12 (3): 413–429.

———. 2013. "Psychological Construction: The Darwinian Approach to the Science of Emotion." *Emotion Review* 5: 379–389.

Barrett, Lisa Feldman, and Moshe Bar. 2009. "See It with Feeling: Affective Predictions During Object Perception." *Philosophical Transactions of the Royal Society B: Biological Sciences* 364 (1521): 1325–1334.

Barrett, Lisa Feldman, and Eliza Bliss-Moreau. 2009a. "Affect as a Psychological Primitive." *Advances in Experimental Social Psychology* 41: 167–218.

———. 2009b. "She's Emotional. He's Having a Bad Day: Attributional Explanations for Emotion Stereotypes." *Emotion* 9 (5): 649–658.

Barrett, Lisa Feldman, James Gross, Tamlin Conner Christensen, and Michael Benvenuto. 2001. "Knowing What You're Feeling and Knowing What To Do About It: Mapping the Relation Between Emotion Differentiation and Emotion Regulation." *Cognition and Emotion* 15 (6): 713–724.

Barrett, Lisa Feldman, Kristen A. Lindquist, Eliza Bliss-Moreau, Seth Duncan, Maria Gendron, Jennifer Mize, and Lauren Brennan. 2007. "Of Mice and Men: Natural Kinds of Emotions in the Mammalian Brain? A Response to Panksepp and Izard." *Perspectives on Psychological Science* 2 (3): 297–311.

Barrett, Lisa Feldman, Kristen A. Lindquist, and Maria Gendron. 2007. "Language as Context for the Perception of Emotion." *Trends in Cognitive Sciences* 11 (8): 327–332.

Barrett, Lisa Feldman, Batja Mesquita, and Maria Gendron. 2011. "Context in Emotion Perception." *Current Directions in Psychological Science* 20 (5): 286–290.

Barrett, Lisa Feldman, Lucy Robin, Paula R. Pietromonaco, and Kristen M. Eyssell. 1998. "Are Women the 'More Emotional' Sex? Evidence from Emotional Experiences in Social Context." *Cognition and Emotion* 12 (4): 555–578.

Barrett, Lisa Feldman, and James A. Russell. 1999. "Structure of Current Affect: Controversies and Emerging Consensus." *Current Directions in Psychological Science* 8 (1): 10–14.

———, eds. 2015. *The Psychological Construction of Emotion.* New York: Guilford Press.

Barrett, Lisa Feldman, and Ajay B. Satpute. 2013. "Large-Scale Brain Networks in Affective and Social Neuroscience: Towards an Integrative Functional Architecture of the Brain." *Current Opinion in Neurobiology* 23 (3): 361–372.

Barrett, Lisa Feldman, and W. Kyle Simmons. 2015. "Interoceptive Predictions in the Brain." *Nature Reviews Neuroscience* 16 (7): 419–429.

Barrett, Lisa Feldman, Michele M. Tugade, and Randall W. Engle. 2004. "Individual Differences in Working Memory Capacity and Dual-Process Theories of the Mind." *Psychological Bulletin* 130 (4): 553–573.

Barsalou, Lawrence W. 1985. "Ideals, Central Tendency, and Frequency of Instantiation as Determinants of Graded Structure in Categories." *Journal of Experimental Psychology: Learning, Memory, and Cognition* 11 (4): 629–654.

———. 1992. *Cognitive Psychology: An Overview for Cognitive Scientists.* Mahwah, NJ: Lawrence Erlbaum.

———. 1999. "Perceptual Symbol Systems." *Behavioral and Brain Sciences* 22 (4): 577–609.

———. 2003. "Situated Simulation in the Human Conceptual System." *Language and Cognitive Processes* 18: 513–562.

———. 2008a. "Cognitive and Neural Contributions to Understanding the Conceptual System." *Current Directions in Psychological Science* 17 (2): 91–95.

———. 2008b. "Grounded Cognition." *Annual Review of Psychology* 59: 617–645.

———. 2009. "Simulation, Situated Conceptualization, and Prediction." *Philosophical Transactions of the Royal Society B: Biological Sciences* 364 (1521): 1281–1289.

· Barsalou, Lawrence W., W. Kyle Simmons, Aron K. Barbey, and Christine D. Wilson. 2003. "Grounding Conceptual Knowledge in Modality-Specific Systems." *Trends in Cognitive Sciences* 7 (2): 84–91.

· Bartal, Inbal Ben-Ami, Jean Decety, and Peggy Mason. 2011. "Empathy and Pro-Social Behavior in Rats." *Science* 334 (6061): 1427–1430.

Beard, Mary. 2014. *Laughter in Ancient Rome: On Joking, Tickling, and Cracking Up*. Berkeley: University of California Press.

Bechara, Antoine, Daniel Tranel, Hanna Damasio, Ralph Adolphs, Charles Rockland, and Antonio R. Damasio. 1995. "Double Dissociation of Conditioning and Declarative Knowledge Relative to the Amygdala and Hippocampus in Humans." *Science* 269 (5227): 1115–1118.

Becker, Benjamin, Yoan Mihov, Dirk Scheele, Keith M. Kendrick, Justin S. Feinstein, Andreas Matusch, Merve Aydin, Harald Reich, Horst Urbach, and Ana-Maria Oros-Peusquens. 2012. "Fear Processing and Social Networking in the Absence of a Functional Amygdala." *Biological Psychiatry* 72 (1): 70–77.

Becquet, Celine, Nick Patterson, Anne C. Stone, Molly Przeworski, and David Reich. 2007. Genetic Structure of Chimpanzee Populations. *PLOS Genetics* 3 (4): e66. doi:10.1371/journal.pgen.0030066.

Beggs, Simon, Gillian Currie, Michael W. Salter, Maria Fitzgerald, and Suellen M. Walker.2012. "Priming of Adult Pain Responses by Neonatal Pain Experience: Maintenance by Central Neuroimmune Activity." *Brain* 135 (2): 404–417.

Bekoff, Marc, and Jane Goodall. 2008. *The Emotional Lives of Animals: A Leading Scientist Explores Animal Joy, Sorrow, and Empathy—and Why They Matter*. Novato, CA: New World Library.

Benedetti, Fabrizio. 2014. "Placebo Effects: From the Neurobiological Paradigm to Translational Implications." *Neuron* 84 (3): 623–637.

Benedetti, Fabrizio, Martina Amanzio, Sergio Vighetti, and Giovanni Asteggiano. 2006. "The Biochemical and Neuroendocrine Bases of the Hyperalgesic Nocebo Effect." *Journal of Neuroscience* 26 (46): 12014–12022.

Berent, Iris. 2013. "The Phonological Mind." *Trends in Cognitive Sciences* 17 (7): 319–327.

Bergelson, Elika, and Daniel Swingley. 2012. "At 6–9 Months, Human Infants Know the Meanings of Many Common Nouns."

Proceedings of the National Academy of Sciences 109 (9): 3253–3258.

Berlau, Daniel J., and James L. McGaugh. 2003. "Basolateral Amygdala Lesions Do Not Prevent Memory of Context-Footshock Training." *Learning and Memory* 10 (6): 495–502.

Berns, Walter. 1979. For Capital Punishment: Crime and the Morality of the Death Penalty. New York: Basic Books. "Better Than English." 2016. http://betterthanenglish.com/.

Beukeboom, Camiel J., Dion Langeveld, and Karin Tanja-Dijkstra. 2012. "Stress-Reducing Effects of Real and Artificial Nature in a Hospital Waiting Room." *Journal of Alternative and Complementary Medicine* 18 (4): 329–333.

Binder, Jeffrey R., and Rutvik H. Desai. 2011. "The Neurobiology of Semantic Memory." *Trends in Cognitive Sciences* 15 (11): 527–536.

Binder, Jeffrey R., Rutvik H. Desai, William W. Graves, and Lisa L. Conant. 2009. "Where Is the Semantic System? A Critical Review and Meta-Analysis of 120 Functional Neuroimaging Studies." *Cerebral Cortex* 19 (12): 2767–2796.

Binder, Jeffrey R., Julia A. Frost, Thomas A. Hammeke, P. S. F. Bellgowan, Stephen M. Rao, and Robert W. Cox. 1999. "Conceptual Processing During the Conscious Resting State: A Functional MRI Study." *Journal of Cognitive Neuroscience* 11 (1): 80–93.

Birklein, Frank. 2005. "Complex Regional Pain Syndrome." *Journal of Neurology* 252 (2): 131–138.

Black, Ryan C., Sarah A. Treul, Timothy R. Johnson, and Jerry Goldman. 2011. "Emotions, Oral Arguments, and Supreme Court Decision Making." *Journal of Politics* 73 (2): 572–581.

Bliss-Moreau, Eliza, and David G. Amaral. Under review. "Associative Affective Learning Persists Following Early Amygdala Damage in Nonhuman Primates."

Bliss-Moreau, Eliza, Christopher J. Machado, and David G. Amaral. 2013. "Macaque Cardiac Physiology Is Sensitive to the Valence of Passively Viewed Sensory Stimuli." *PLOS One* 8 (8): e71170. doi:10.1371/journal.pone.0071170.

Blow, Charles M. 2015. "Has the N.R.A. Won?" *New York Times*, April 20. http://www.nytimes.com/2015/04/20/opinion/charles-blow-has-the-nra-won.html.

Blumberg, Mark S., and Greta Sokoloff. 2001. "Do Infant Rats Cry?" *Psychological Review* 108 (1): 83–95.

Blumberg, Mark S., Greta Sokoloff, Robert F. Kirby, and Kristen J. Kent. 2000. "Distress Vocalizations in Infant Rats: What's All the Fuss About?" *Psychological Science* 11 (1): 78–81.

Boghossian, Paul. 2006. *Fear of Knowledge: Against Relativism and Constructivism*. Oxford: Clarendon Press.

Borsook, David. 2012. "Neurological Diseases and Pain." *Brain* 135 (2): 320–344.

Bourassa-Perron, Cynthia. 2011. *The Brain and Emotional Intelligence: New Insights*. Florence, MA: More than Sound.

Bourke, Joanna. 2000. *An Intimate History of Killing: Face-to-Face Killing in Twentieth-Century Warfare*. New York: Basic Books.

Boyd, Robert, Peter J. Richerson, and Joseph Henrich. 2011. "The

Cultural Niche: Why Social Learning Is Essential for Human Adaptation." *Proceedings of the National Academy of Sciences* 108 (Supplement 2): 10918–10925.

Brackett, Marc A., Susan E. Rivers, Maria R. Reyes, and Peter Salovey. 2012. "Enhancing Academic Performance and Social and Emotional Competence with the RULER Feeling Words Curriculum." *Learning and Individual Differences* 22 (2): 218–224.

Bradshaw, John. 2014. *Dog Sense: How the New Science of Dog Behavior Can Make You a Better Friend to Your Pet*. New York: Basic Books.

Brandone, Amanda C., and Henry M. Wellman. 2009. "You Can't Always Get What You Want: Infants Understand Failed Goal-Directed Actions." *Psychological Science* 20 (1): 85–91.

Bratman, Gregory N., J. Paul Hamilton, Kevin S. Hahn, Gretchen C. Daily, and James J. Gross. 2015. "Nature Experience Reduces Rumination and Subgenual Prefrontal Cortex Activation." *Proceedings of the National Academy of Sciences* 112 (28): 8567–8572.

Breiter, Hans C., Nancy L. Etcoff, Paul J. Whalen, William A. Kennedy, Scott L. Rauch, Randy L. Buckner, Monica M. Strauss, Steven E. Hyman, and Bruce R. Rosen. 1996. "Response and Habituation of the Human Amygdala During Visual Processing of Facial Expression." *Neuron* 17 (5): 875–887.

Brennan, William J., Jr. 1988. "Reason, Passion, and the Progress of the Law." *Cardozo Law Review* 10: 3.

Brescoll, Victoria L., and Eric Luis Uhlmann. 2008. "Can an Angry Woman Get Ahead? Status Conferral, Gender, and Expression of Emotion in the Workplace." *Psychological Science* 19 (3): 268–275.

Briggs, Jean L. 1970. *Never in Anger: Portrait of an Eskimo Family*. Cambridge, MA: Harvard University Press.

Broly, Pierre, and Jean-Louis Deneubourg. 2015. "Behavioural Contagion Explains Group Cohesion in a Social Crustacean." *PLOS Computational Biology* 11 (6): e1004290.doi:10.1371/journal.pcbi.1004290.

Browning, Michael, Timothy E. Behrens, Gerhard Jocham, Jill X. O'Reilly, and Sonia J. Bishop. 2015. "Anxious Individuals Have Difficulty Learning the Causal Statistics of Aversive Environments." *Nature Neuroscience* 18 (4): 590–596.

Bruner, Jerome S. 1990. *Acts of Meaning*. Cambridge, MA: Harvard University Press.

Bryant, Richard A., Kim L. Felmingham, Derrick Silove, Mark Creamer, Meaghan O'Donnell, and Alexander C. McFarlane. 2011. "The Association Between Menstrual Cycle and Traumatic Memories." *Journal of Affective Disorders* 131 (1): 398–401.

Büchel, Christian, Stephan Geuter, Christian Sprenger, and Falk Eippert. 2014. "Placebo Analgesia: A Predictive Coding Perspective." *Neuron* 81 (6): 1223–1239.

Buckholtz, Joshua W., Christopher L. Asplund, Paul E. Dux, David H. Zald, John C. Gore, Barrett_HOW EMOTIONS ARE MADE_int_F.indd 326 12/6/16 12:43 PM Bibliography 327 Owen D. Jones, and Rene Marois. 2008. "The Neural Correlates of Third-Party Punishment." *Neuron* 60 (5): 930–940.

Buckner, Randy L. 2012. "The Serendipitous Discovery of the Brain's Default Network." *Neuroimage* 62 (2): 1137–1145.

Bullmore, Ed, and Olaf Sporns. 2012. "The Economy of Brain Network Organization." *Nature Reviews Neuroscience* 13 (5): 336–349.

Burkett, J. P., E. Andari, Z. V. Johnson, D. C. Curry, F. B. M. de Waal, and L. J. Young. 2016. "Oxytocin-Dependent Consolation Behavior in Rodents." *Science* 351 (6271): 375– 378.

Burns, Jeffrey M., and Russell H. Swerdlow. 2003. "Right Orbitofrontal Tumor with Pedophilia Symptom and Constructional Apraxia Sign." *Archives of Neurology* 60 (3): 437–440.

Bushnell, M. Catherine, Marta eko, and Lucie A. Low. 2013. "Cognitive and Emotional Control of Pain and Its Disruption in Chronic Pain." *Nature Reviews Neuroscience* 14 (7): 502–511.

Cabanac, M., and J. Leblanc. 1983. "Physiological Conflict in Humans: Fatigue vs. Cold Discomfort." *American Journal of Physiology* 244 (5): R621–628.

Cacioppo, John T., Gary G. Berntson, Jeff H. Larsen, Kristen M. Poehlmann, and Tiffany A. Ito. 2000. "The Psychophysiology of Emotion." In *Handbook of Emotions,* 2nd edition, edited by Michael Lewis and Jeannette M. Haviland-Jones, 173–191. New York: Guilford Press.

Caldwell-Harris, Catherine L., Angela L. Wilson, Elizabeth LoTempio, and Benjamin Beit-Hallahmi. 2011. "Exploring the Atheist Personality: Well-Being, Awe, and Magical Thinking in Atheists, Buddhists, and Christians." *Mental Health, Religion and Culture* 14 (7): 659–672.

Calhoun, Cheshire. 1999. "Making Up Emotional People: The Case of Romantic Love." In *The Passions of Law*, edited by Susan A. Bandes, 217–240. New York: New York University Press.

Calvin, Catherine M., G. David Batty, Gordon Lowe, and Ian J. Deary. 2011. "Childhood Intelligence and Midlife Inflammatory and Hemostatic Biomarkers: The National Child Development Study (1958) Cohort." *Health Psychology* 30 (6): 710–718.

Cameron, C. Daryl, B. Keith Payne, and John M. Doris. 2013. "Morality in High Definition: Emotion Differentiation Calibrates the Influence of Incidental Disgust on Moral Judgments." *Journal of Experimental Social Psychology* 49 (4): 719–725.

Camras, Linda A., Harriet Oster, Tatsuo Ujiie, Joseph J. Campos, Roger Bakeman, and Zhaolan Meng. 2007. "Do Infants Show Distinct Negative Facial Expressions for Fear and Anger? Emotional Expression in 11-Month-Old European American, Chinese, and Japanese Infants." *Infancy* 11 (2): 131–155.

Carhart-Harris, Robin L., Suresh Muthukumaraswamy, Leor Rosemana, Mendel Kaelena, Wouter Droog, et al. 2016. "Neural Correlates of the LSD Experience Revealed by Multimodal Neuroimaging." *Proceedings of the National Academy of Sciences* 113 (7): 4853–4858.

Caron, Rose F., Albert J. Caron, and Rose S. Myers. 1985. "Do Infants See Emotional Expressions in Static Faces?" *Child Development* 56 (6): 1552–1560.

Casey, Caroline. 2010. "Looking Past Limits." TED.com. https://

www.ted.com/talks/caroline_casey_looking_past_limits.

Cassoff, Jamie, Sabrina T. Wiebe, and Reut Gruber. 2012. "Sleep Patterns and the Risk for ADHD: A Review." *Nature and Science of Sleep* 4: 73–80.

Centers for Disease Control and Prevention. 2015. "Prescription Opioid Analgesic Use Among Adults: United States, 1999–2012." http://www.cdc.gov/nchs/products/databriefs/db189. htm.

Ceulemans, Eva, Peter Kuppens, and Iven Van Mechelen. 2012. "Capturing the Structure of Distinct Types of Individual Differences in the Situation-Specific Experience of Emotions: The Case of Anger." *European Journal of Personality* 26 (5): 484–495.

Chanes, Lorena, and Lisa Feldman Barrett. 2016. "Redefining the Role of Limbic Areas in Cortical Processing." *Trends in Cognitive Sciences* 20 (2): 96–106.

Chang, Anne-Marie, Daniel Aeschbach, Jeanne F. Duffy, and Charles A. Czeisler. 2015. "Evening Use of Light-Emitting eReaders Negatively Affects Sleep, Circadian Timing, and Next-Morning Alertness." *Proceedings of the National Academy of Sciences* 112 (4): 1232–1237.

Chang, Luke J., Peter J. Gianaros, Stephen B. Manuck, Anjali Krishnan, and Tor D. Wager. 2015. "A Sensitive and Specific Neural Signature for Picture-Induced Negative Affect." *PLOS Biology* 13 (6): e1002180.

Chao, Linda L., and Alex Martin. 2000. "Representation of Manipulable Man-Made Objects in the Dorsal Stream." *Neuroimage* 12 (4): 478–484.

Charney, Evan. 2012. "Behavior Genetics and Postgenomics." *Behavioral and Brain Sciences* 35 (5): 331–358.

Chen, Lucy L. 2014. "What Do We Know About Opioid-Induced Hyperalgesia?" *Journal of Clinical Outcomes Management* 21 (3): 169–175.

Choi, Ki Sueng, Patricio Riva-Posse, Robert E. Gross, and Helen S. Mayberg. 2015. "Mapping the 'Depression Switch' During Intraoperative Testing of Subcallosal Cingulate Deep Brain Stimulation." *JAMA Neurology* 72 (11): 1252–1260.

Chomsky, Noam. 1980. "Rules and Representations." *Behavioral and Brain Sciences* 3 (1): 1–15.

Cisek, P., and J. Kalaska. 2010. "Neural Mechanisms for Interacting with a World Full of Action Choices." *Annual Review of Neuroscience* 33: 269–298.

Clark, Andy. 2013. "Whatever Next? Predictive Brains, Situated Agents, and the Future of Cognitive Science." *Behavioral and Brain Sciences* 36: 281–253.

Clark-Polner, E., T. Johnson, and L. F. Barrett. In press. "Multivoxel Pattern Analysis Does Not Provide Evidence to Support the Existence of Basic Emotions." *Cerebral Cortex.*

Clark-Polner, Elizabeth, Tor D. Wager, Ajay B. Satpute, and Lisa Feldman Barrett. In press. "Neural Fingerprinting: Meta-Analysis, Variation, and the Search for Brain-Based Essences in the Science of Emotion." In *Handbook of Emotions*, 4th edition, edited by Lisa Feldman Barrett, Michael Lewis, and Jeannette M. Haviland-Jones, 146–165. New York:Guilford Press.

Clave-Brule, M., A. Mazloum, R. J. Park, E. J. Harbottle, and C. Laird Birmingham. 2009. "Managing Anxiety in Eating Disorders with Knitting." *Eating and Weight Disorders-Studies on Anorexia, Bulimia and Obesity* 14 (1): e1–e5.

Clore, Gerald L., and Andrew Ortony. 2008. "Appraisal Theories: How Cognition Shapes Affect into Emotion." In *Handbook of Emotions,* 3rd edition, edited by Michael Lewis, Jeannette M. Haviland-Jones, and Lisa Feldman Barrett, 628–642. New York: Guilford Press.

Coan, James A., Hillary S. Schaefer, and Richard J. Davidson. 2006. "Lending a Hand: Social Regulation of the Neural Response to Threat." *Psychological Science* 17 (12): 1032–1039.

Cohen, Sheldon, William J. Doyle, David P. Skoner, Bruce S. Rabin, and Jack M. Gwaltney. 1997. "Social Ties and Susceptibility to the Common Cold." *JAMA* 277 (24): 1940–1944.

Cohen, Sheldon, William J. Doyle, Ronald Turner, Cuneyt M. Alper, and David P. Skoner. 2003. "Sociability and Susceptibility to the Common Cold." *Psychological Science* 14 (5): 389–395.

Cohen, Sheldon, and Gail M. Williamson. 1991. "Stress and Infectious Disease in Humans." *Psychological Bulletin* 109 (1): 5–24.

Cole, Steven W., and Anil K. Sood. 2012. "Molecular Pathways: Beta-Adrenergic Signaling in Cancer." *Clinical Cancer Research* 18 (5): 1201–1206.

Consedine, Nathan S., Yulia E. Chentsova Dutton, and Yulia S. Krivoshekova. 2014. "Emotional Acculturation Predicts Better Somatic Health: Experiential and Expressive Acculturation Among Immigrant Women from Four Ethnic Groups." *Journal of Social and Clinical Psychology* 33 (10): 867–889.

Copeland, William E., Dieter Wolke, Adrian Angold, and E. Jane Costello. 2013. "Adult Psychiatric Outcomes of Bullying and Being Bullied by Peers in Childhood and Adolescence." *JAMA Psychiatry* 70 (4): 419–426.

Copeland, William E., Dieter Wolke, Suzet Tanya Lereya, Lilly Shanahan, Carol Worthman, and E. Jane Costello. 2014. "Childhood Bullying Involvement Predicts Low-Grade Systemic Inflammation into Adulthood." *Proceedings of the National Academy of Sciences* 111 (21): 7570–7575.

Cordaro, Daniel T., Dacher Keltner, Sumjay Tshering, Dorji Wangchuk, and Lisa M. Flynn. 2016. "The Voice Conveys Emotion in Ten Globalized Cultures and One Remote Village in Bhutan." *Emotion* 16 (1): 117–128.

Cosmides, Leda, and John Tooby. 2000. "Evolutionary Psychology and the Emotions." In *Handbook of Emotions*, 2nd edition, edited by Michael Lewis and Jeannette M. Haviland-Jones, 91–115. New York: Guilford Press.

Craig, A. D. 2015. *How Do You Feel? An Interoceptive Moment with Your Neurobiological Self.* Princeton, NJ: Princeton University Press.

Creswell, J. D., A. A. Taren, E. K. Lindsay, C. M. Greco, P. J. Gianaros, A. Fairgrieve, A. L. Marsland, K. W. Brown, B. M. Way, R. K. Rosen, and J. L. Ferris. In press. "Alterations in Resting State Functional Connectivity Link Mindfulness Meditation with Reduced Interleukin-6." *Biological Psychiatry.*

Crivelli, Carlos, Pilar Carrera, and José-Miguel Fernández-Dols. 2015. "Are Smiles a Sign of Happiness? Spontaneous Expressions of Judo Winners." *Evolution and Human Behavior* 36 (1): 52–58.

Crivelli, Carlos, Sergio Jarillo, James A. Russell, and José-Miguel Fernández-Dols. 2016. "Reading Emotions from Faces in Two Indigenous Societies." *Journal of Experimental Psychology* 145 (7): 830–843.

Crossley, Nicolas A., Andrea Mechelli, Jessica Scott, Francesco Carletti, Peter T. Fox, Philip McGuire, and Edward T. Bullmore. 2014. "The Hubs of the Human Connectome Are Generally Implicated in the Anatomy of Brain Disorders." *Brain* 137 (8): 2382–2395.

Crum, Alia J., William R. Corbin, Kelly D. Brownell, and Peter Salovey. 2011. "Mind over Milkshakes: Mindsets, Not Just Nutrients, Determine Ghrelin Response." *Health Psychology* 30 (4): 424–429.

Crum, Alia J., Peter Salovey, and Shawn Achor. 2013. "Rethinking Stress: The Role of Mind-sets in Determining the Stress Response." *Journal of Personality and Social Psychology* 104 (4): 716–733.

Curry, John, Susan Silva, Paul Rohde, Golda Ginsburg, Christopher Kratochvil, Anne Simons, Jerry Kirchner, Diane May, Betsy Kennard, and Taryn Mayes. 2011. "Recovery and Recurrence Following Treatment for Adolescent Major Depression." *Archives of General Psychiatry* 68 (3): 263–269.

Damasio, Antonio. 1994. *Descartes' Error: Emotion, Reason and the Human Brain*. New York: Avon.

———. 1999. *The Feeling of What Happens: Body and Emotion in the Making of Consciousness*. New York: Harcourt Brace & Company.

Damasio, Antonio, and Gil B. Carvalho. 2013. "The Nature of Feelings: Evolutionary and Neurobiological Origins." *Nature Reviews Neuroscience* 14 (2): 143–152.

Danese, Andrea, and Bruce S. McEwen. 2012. "Adverse Childhood Experiences, Allostasis, Allostatic Load, and Age-Related Disease." *Physiology and Behavior* 106 (1): 29–39.

Dannlowski, Udo, Anja Stuhrmann, Victoria Beutelmann, Peter Zwanzger, Thomas Lenzen, Dominik Grotegerd, Katharina Domschke, Christa Hohoff, Patricia Ohrmann, and Jochen Bauer. 2012. "Limbic Scars: Long-Term Consequences of Childhood Maltreatment Revealed by Functional and Structural Magnetic Resonance Imaging." *Biological Psychiatry* 71 (4): 286–293.

Dantzer, Robert, Cobi Johanna Heijnen, Annemieke Kavelaars, Sophie Laye, and Lucile Capuron. 2014. "The Neuroimmune Basis of Fatigue." *Trends in Neurosciences* 37 (1):39–46.

Dantzer, Robert, Jan-Pieter Konsman, Rose-Marie Bluthé, and Keith W. Kelley. 2000. "Neural and Humoral Pathways of Communication from the Immune System to the Brain: Parallel or Convergent?" *Autonomic Neuroscience* 85 (1): 60–65.

Danziger, Kurt. 1997. *Naming the Mind: How Psychology Found Its Language*. London: Sage.

Danziger, Shai, Jonathan Levav, and Liora Avnaim-Pesso. 2011. "Extraneous Factors in Judicial Decisions." *Proceedings of the National Academy of Sciences* 108 (17): 6889–6892.

Darwin, Charles. (1859) 2003. *On the Origin of Species*. Facsimile edition. Cambridge, MA: Harvard University Press.

———. (1871) 2004. *The Descent of Man, and Selection in Relation to Sex*. London: Penguin Classics.

———. (1872) 2005. The Expression of the Emotions in Man and Animals. Stilwell, KS: Digireads.com.Dashiell, John F. 1927. "A New Method of Measuring Reactions to Facial Expression of Emotion." *Psychological Bulletin* 24: 174–175.

De Boer, Sietse F., and Jaap M. Koolhaas. 2003. "Defensive Burying in Rodents: Ethology, Neurobiology and Psychopharmacology." *European Journal of Pharmacology* 463 (1): 145–161.

Deffenbacher, Kenneth A., Brian H. Bornstein, Steven D. Penrod, and E. Kiernan McGorty. 2004. "A Meta-Analytic Review of the Effects of High Stress on Eyewitness Memory." *Law and Human Behavior* 28 (6): 687–706.

De Leersnyder, Jozefien, Batja Mesquita, and Heejung S. Kim. 2011. "Where Do My Emotions Belong? A Study of Immigrants' Emotional Acculturation." *Personality and Social Psychology Bulletin* 37 (4): 451–463.

Demiralp, Emre, Renee J. Thompson, Jutta Mata, Susanne M. Jaeggi, Martin Buschkuehl, Lisa Feldman Barrett, Phoebe C. Ellsworth, Metin Demiralp, Luis Hernandez-Garcia, and Patricia J. Deldin. 2012. "Feeling Blue or Turquoise? Emotional Differentiation in Major Depressive Disorder." *Psychological Science* 23 (11): 1410–1416.

Deneve, Sophie, and Renaud Jardri. 2016. "Circular Inference: Mistaken Belief, Misplaced Trust." *Current Opinion in Behavioral Sciences* 11: 40–48.

Denham, Joshua, Brendan J. O'Brien, and Fadi J. Charchar. 2016. "Telomere Length Maintenance and Cardio-Metabolic Disease Prevention Through Exercise Training." *Sports Medicine*, February 25, 1–25.

Denham, Susanne A. 1998. *Emotional Development in Young Children*. New York: Guilford Press.

Denison, Stephanie, Christie Reed, and Fei Xu. 2013. "The Emergence of Probabilistic Reasoning in Very Young Infants: Evidence from 4.5- and 6-Month-Olds." *Developmental Psychology* 49 (2): 243–249.

Denison, Stephanie, and Fei Xu. 2010. "Twelve- to 14-Month-Old Infants Can Predict Single-Event Probability with Large Set Sizes." *Developmental Science* 13 (5): 798–803.

———. 2014. "The Origins of Probabilistic Inference in Human Infants." *Cognition* 130 (3):335–347. "Developments in the Law: Legal Responses to Domestic Violence." 1993. *Harvard Law Review* 106 (7): 1498–1620.

Dixon-Gordon, Katherine L., Alexander L. Chapman, Nicole H. Weiss, and M. Zachary Rosenthal. 2014. "A Preliminary Examination of the Role of Emotion Differentiation in the Relationship Between Borderline Personality and Urges for Maladaptive Behaviors." *Journal of Psychopathology and Behavioral Assessment* 36 (4): 616–625.

Donoghue, Philip C. J., and Mark A. Purnell. 2005. "Genome Duplication, Extinction and Vertebrate Evolution." *Trends in*

Ecology and Evolution 20 (6): 312–319.

Dowlati, Yekta, Nathan Herrmann, Walter Swardfager, Helena Liu, Lauren Sham, Elyse K. Reim, and Krista L. Lanctôt. 2010. "A Meta-Analysis of Cytokines in Major Depression." *Biological Psychiatry* 67 (5): 446–457.

Dreger, Alice Domurat. 1998. *Hermaphrodites and the Medical Invention of Sex.* Cambridge, MA: Harvard University Press.

———. 2015. *Galileo's Middle Finger: Heretics, Activists, and the Search for Justice in Science*, New York: Penguin.

Dreger, Alice D., Cheryl Chase, Aron Sousa, Philip A. Gruppuso, and Joel Frader. 2005. "Changing the Nomenclature/Taxonomy for Intersex: A Scientific and Clinical Rationale." *Journal of Pediatric Endocrinology and Metabolism* 18 (8): 729–734.

Dreyfus, Georges, and Evan Thompson. 2007. "Asian Perspectives: Indian Theories of Mind." In *The Cambridge Handbook of Consciousness,* edited by Philip David Zelazo, Morris Moscovitch, and Evan Thompson, 89–114. New York: Cambridge University Press.

Drnevich, J., et al. 2012. "Impact of Experience-Dependent and -Independent Factors on Gene Expression in Songbird Brain." *Proceedings of the National Academy of Sciences of the United States of America* 109: 17245–17252.

Dubois, Samuel, Bruno Rossion, Christine Schiltz, Jean-Michel Bodart, Christian Michel, Raymond Bruyer, and Marc Crommelinck. 1999. "Effect of Familiarity on the Processing of Human Faces." *Neuroimage* 9 (3): 278–289.

Duffy, Elizabeth. 1934. "Emotion: An Example of the Need for Reorientation in Psychology." *Psychological Review* 41 (2): 184–198.

———. 1941. "An Explanation of 'Emotional' Phenomena Without the Use of the Concept 'Emotion.'" *Journal of General Psychology* 25 (2): 283–293.

Dunfield, Kristen, Valerie A. Kuhlmeier, Laura O'Connell, and Elizabeth Kelley. 2011. "Examining the Diversity of Prosocial Behavior: Helping, Sharing, and Comforting in Infancy." *Infancy* 16 (3): 227–247.

Dunn, Elizabeth W., Daniel T. Gilbert, and Timothy D. Wilson. 2011. "If Money Doesn't Make You Happy, Then You Probably Aren't Spending It Right." *Journal of Consumer Psychology* 21 (2): 115–125.

Dunn, Elizabeth, and Michael Norton. 2013. *Happy Money: The Science of Smarter Spending.* New York: Simon and Schuster.

Dunsmore, Julie C., Pa Her, Amy G. Halberstadt, and Marie B. Perez-Rivera. 2009. "Parents' Beliefs About Emotions and Children's Recognition of Parents' Emotions." *Journal of Nonverbal Behavior* 33 (2): 121–140.

Durham, William H. 1991. *Coevolution: Genes, Culture, and Human Diversity.* Stanford, CA: Stanford University Press.

Edelman, Gerald M. 1987. *Neural Darwinism: The Theory of Neuronal Group Selection.* New York: Basic Books.

———. 1990. *The Remembered Present: A Biological Theory of Consciousness.* New York: Basic Books.

Edelman, G. M., and J. A. Gally. 2001. "Degeneracy and Complexity in Biological Systems." *Proceedings of the National Academy of Sciences* 98: 13763–13768.

Edelman, Gerald M., and Giulio Tononi. 2000. *A Universe of Consciousness: How Matter Becomes Imagination.* New York: Basic Books.

Edersheim, Judith G., Rebecca Weintraub Brendel, and Bruce H. Price. 2012. "Neuroimaging, Diminished Capacity and Mitigation." In *Neuroimaging in Forensic Psychiatry: From the Clinic to the Courtroom,* edited by Joseph R. Simpson, 163–193. West Sussex, UK: Wiley-Blackwell.

Einstein, Albert, Leopold Infeld, and Banesh Hoffmann. 1938. "The Gravitational Equationsand the Problem of Motion." *Annals of Mathematics* 39 (1): 65–100.

Eisenberger, Naomi I. 2012. "The Pain of Social Disconnection: Examining the Shared Neural Underpinnings of Physical and Social Pain." *Nature Reviews Neuroscience* 13 (6): 421–434.

Eisenberger, Naomi I., and Steve W. Cole. 2012. "Social Neuroscience and Health: Neurophysiological Mechanisms Linking Social Ties with Physical Health." *Nature Neuroscience* 15 (5): 669–674.

Eisenberger, Naomi I., Tristen K. Inagaki, Nehjla M. Mashal, and Michael R. Irwin. 2010. "Inflammation and Social Experience: An Inflammatory Challenge Induces Feelings of Social Disconnection in Addition to Depressed Mood." *Brain, Behavior, and Immunity* 24 (4): 558–563.

Ekkekakis, Panteleimon, Elaine A. Hargreaves, and Gaynor Parfitt. 2013. "Invited Guest Editorial: Envisioning the Next Fifty Years of Research on the Exercise-Affect Relationship." *Psychology of Sport and Exercise* 14 (5): 751–758.

Ekman, Paul. 1992. "An Argument for Basic Emotions." *Cognition and Emotion* 6: 169–200.

———. 2007. *Emotions Revealed: Recognizing Faces and Feelings to Improve Communication and Emotional Life.* New York: Henry Holt.

Ekman, Paul, and Daniel Cordaro. 2011. "What Is Meant by Calling Emotions Basic." *Emotion Review* 3 (4): 364–370.

Ekman, Paul, and Wallace V. Friesen. 1971. "Constants Across Cultures in the Face and Emotion." *Journal of Personality and Social Psychology* 17 (2): 124–129.

———. 1984. *EM-FACS Coding Manual.* San Francisco: Consulting Psychologists Press.

Ekman, Paul, Wallace V. Friesen, Maureen O'Sullivan, Anthony Chan, Irene Diacoyanni-Tarlatzis, Karl Heider, Rainer Krause, William Ayhan LeCompte, Tom Pitcairn, andPio E. Ricci-Bitti. 1987. "Universals and Cultural Differences in the Judgments of Facial Expressions of Emotion." *Journal of Personality and Social Psychology* 53 (4): 712–717.

Ekman, Paul, Robert W. Levenson, and Wallace V. Friesen. 1983. "Autonomic Nervous System Activity Distinguishes Among Emotions." *Science* 221 (4616): 1208–1210.

Ekman, Paul, E. Richard Sorenson, and Wallace V. Friesen. 1969. "Pan-Cultural Elements in Facial Displays of Emotion." *Science* 164 (3875): 86–88.

Elfenbein, Hillary Anger, and Nalini Ambady. 2002. "On the Universality and Cultural Specificity of Emotion Recognition: A

Meta-Analysis." *Psychological Bulletin* 128 (2):203–235.

Ellingsen, Dan-Mikael, Johan Wessberg, Marie Eikemo, Jaquette Liljencrantz, Tor Endestad, Håkan Olausson, and Siri Leknes. 2013. "Placebo Improves Pleasure and Pain Through Opposite Modulation of Sensory Processing." *Proceedings of the National Academy of Sciences* 110 (44): 17993–17998.

Ellis, Bruce J., and W. Thomas Boyce. 2008. "Biological Sensitivity to Context." *Current Directions in Psychological Science* 17 (3): 183–187.

Emmons, Robert A., and Michael E. McCullough. 2003. "Counting Blessings Versus Burdens:An Experimental Investigation of Gratitude and Subjective Well-Being in Daily Life." *Journal of Personality and Social Psychology* 84 (2): 377–389.

Emmons, Scott W. 2012. "The Mood of a Worm." *Science* 338 (6106): 475–476.

Ensor, Rosie, and Claire Hughes. 2008. "Content or Connectedness? Mother-Child Talk and Early Social Understanding." *Child Development* 79 (1): 201–216.

Epley, Nicholas, Adam Waytz, and John T. Cacioppo. 2007. "On Seeing Human: A Three-Factor Theory of Anthropomorphism." *Psychological Review* 114 (4): 864–886.

Erbas, Yasemin, Eva Ceulemans, Johanna Boonen, Ilse Noens, and Peter Kuppens. 2013. "Emotion Differentiation in Autism Spectrum Disorder." *Research in Autism Spectrum Disorders* 7 (10): 1221–1227.

Erbas, Yasemin, Eva Ceulemans, Madeline Lee Pe, Peter Koval, and Peter Kuppens. 2014. "Negative Emotion Differentiation: Its Personality and Well-Being Correlates and a Comparison of Different Assessment Methods." *Cognition and Emotion* 28 (7): 1196–1213.

Erickson, Kirk I., Michelle W. Voss, Ruchika Shaurya Prakash, Chandramallika Basak, Amanda Szabo, Laura Chaddock, Jennifer S. Kim, Susie Heo, Heloisa Alves, and Siobhan M. White. 2011. "Exercise Training Increases Size of Hippocampus and Improves Memory." *Proceedings of the National Academy of Sciences* 108 (7): 3017–3022.

Ernst, Aurélie, and Jonas Frisén. 2015. "Adult Neurogenesis in Humans-Common and Unique Traits in Mammals." *PLOS Biology* 13 (1): e1002045. doi:10.1371/journal.pbio.1002045.

ESPN. 2014. "Bucks Hire Facial Coding Expert." December 27. http://espn.go.com/nba/story/_/id/12080142/milwaukee-bucks-hire-facial-coding-expert-help-team-improve.

Etkin, Amit, and Tor D. Wager. 2007. "Functional Neuroimaging of Anxiety: A Meta-Analysis of Emotional Processing in PTSD, Social Anxiety Disorder, and Specific Phobia." *American Journal of Psychiatry* 164 (10): 1476–1488.

Fabre-Thorpe, Michèle. 2010. "Concepts in Monkeys." In *The Making of Human Concepts*, edited by Denis Mareschal, Paul C. Quinn, and Stephen E. G. Lea, 201–226. New York: Oxford University Press.

Fachner, George, Steven Carter, and Collaborative Reform Initiative. 2015. "An Assessment of Deadly Force in the Philadelphia Police Department." Washington, DC: Office of Community Oriented Policing Services.

Feigenson, Lisa, and Justin Halberda. 2008. "Conceptual Knowledge Increases Infants' Memory Capacity." *Proceedings of the National Academy of Sciences* 105 (29): 9926–9930.

Feinstein, Justin S., Ralph Adolphs, Antonio Damasio, and Daniel Tranel. 2011. "The Human Amygdala and the Induction and Experience of Fear." *Current Biology* 21 (1): 34–38.

Feinstein, Justin S., David Rudrauf, Sahib S. Khalsa, Martin D. Cassell, Joel Bruss, Thomas J. Grabowski, and Daniel Tranel. 2010. "Bilateral Limbic System Destruction in Man." *Journal of Clinical and Experimental Neuropsychology* 32 (1): 88–106.

Felitti, Vincent J., Robert F. Anda, Dale Nordenberg, David F. Williamson, Alison M. Spitz, Valerie Edwards, Mary P. Koss, and James S. Marks. 1998. "Relationship of Childhood Abuse and Household Dysfunction to Many of the Leading Causes of Death in Adults: The Adverse Childhood Experiences (ACE) Study." *American Journal of Preventive Medicine* 14 (4): 245–258.

Feresin, Emiliano. 2011. "Italian Court Reduces Murder Sentence Based on Neuroimaging Data." *Nature News Blog*, September 1. http://blogs.nature.com/news/2011/09/italian_court_reduces_murder_s.html.

Fernald, Anne, Virginia A. Marchman, and Adriana Weisleder. 2013. "SES Differences in Language Processing Skill and Vocabulary Are Evident at 18 Months." *Developmental Science* 16 (2): 234–248.

Fernández-Dols, José-Miguel, and María-Angeles Ruiz-Belda. 1995. "Are Smiles a Sign of Happiness? Gold Medal Winners at the Olympic Games." *Journal of Personality and Social Psychology* 69 (6): 1113–1119.

Fields, Howard L., and Elyssa B. Margolis. 2015. "Understanding Opioid Reward." *Trends in Neurosciences* 38 (4): 217–225.

Finger, Stanley. 2001. *Origins of Neuroscience: A History of Explorations into Brain Function*. New York: Oxford University Press.

Finlay, Barbara L., and Ryutaro Uchiyama. 2015. "Developmental Mechanisms Channeling Cortical Evolution." *Trends in Neurosciences* 38 (2): 69–76.

Finn, Emily S., Xilin Shen, Dustin Scheinost, Monica D. Rosenberg, Jessica Huang, Marvin M. Chun, Xenophon Papademetris, and R. Todd Constable. 2015. "Functional Connectome Fingerprinting: Identifying Individuals Using Patterns of Brain Connectivity." *Nature Neuroscience* 18 (11): 1664–1671.

Firestein, Stuart. 2012. *Ignorance: How It Drives Science.* New York: Oxford University Press.

Fischer, Håkan, Christopher I. Wright, Paul J. Whalen, Sean C. McInerney, Lisa M. Shin, and Scott L. Rauch. 2003. "Brain Habituation During Repeated Exposure to Fearful and Neutral Faces: A Functional MRI Study." *Brain Research Bulletin* 59 (5): 387–392.

Fischer, Shannon. 2013. "About Face." *Boston Magazine*, July. 68–73.

Fisher, Helen E., Lucy L. Brown, Arthur Aron, Greg Strong, and Debra Mashek. 2010. "Reward, Addiction, and Emotion Regulation Systems Associated with Rejection in Love." *Journal of Neurophysiology* 104 (1): 51–60.

Fodor, Jerry A. 1983. *The Modularity of Mind: An Essay on Faculty Psychology*. Cambridge, MA: MIT Press.

Ford, Brett Q., and Maya Tamir. 2012. "When Getting Angry Is Smart: Emotional Preferences and Emotional Intelligence." *Emotion* 12 (4): 685–689.

Ford, Earl S. 2002. "Does Exercise Reduce Inflammation? Physical Activity and C-Reactive Protein Among US Adults." *Epidemiology* 13 (5): 561–568.

Fossat, Pascal, Julien Bacqué-Cazenave, Philippe De Deurwaerdère, Jean-Paul Delbecque, and Daniel Cattaert. 2014. "Anxiety-Like Behavior in Crayfish Is Controlled by Serotonin." *Science* 344 (6189): 1293–1297.

Foulke, Emerson, and Thomas G. Sticht. 1969. "Review of Research on the Intelligibility and Comprehension of Accelerated Speech." *Psychological Bulletin* 72 (1): 50–62.

Franklin, David W., and Daniel M. Wolpert. 2011. "Computational Mechanisms of Sensorimotor Control." *Neuron* 72 (3): 425–442.

Freddolino, Peter L., and Saeed Tavazoie. 2012. "Beyond Homeostasis: A Predictive-Dynamic Framework for Understanding Cellular Behavior." *Annual Review of Cell and Developmental Biology* 28: 363–384.

Fridlund, Alan J. 1991. "Sociality of Solitary Smiling: Potentiation by an Implicit Audience." *Journal of Personality and Social Psychology* 60 (2): 229–240.

"Fright Night." 2012. *Science* 338 (6106): 450.

Frijda, Nico H. 1988. "The Laws of Emotion." *American Psychologist* 43 (5): 349–358.

Friston, Karl. 2010. "The Free-Energy Principle: A Unified Brain Theory?" *Nature Reviews Neuroscience* 11: 127–138.

Froh, Jeffrey J., William J. Sefick, and Robert A. Emmons. 2008. "Counting Blessings in Early Adolescents: An Experimental Study of Gratitude and Subjective Well-Being." *Journal of School Psychology* 46 (2): 213–233.

Frost, Ram, Blair C. Armstrong, Noam Siegelman, and Morten H. Christiansen. 2015. "Domain Generality Versus Modality Specificity: The Paradox of Statistical Learning." *Trends in Cognitive Sciences* 19 (3): 117–125.

Fu, Cynthia H. Y., Herbert Steiner, and Sergi G. Costafreda. 2013. "Predictive Neural Biomarkers of Clinical Response in Depression: A Meta-Analysis of Functional and Structural Neuroimaging Studies of Pharmacological and Psychological Therapies." *Neurobiology of Disease* 52: 75–83.

Fugate, Jennifer, Harold Gouzoules, and Lisa Feldman Barrett. 2010. "Reading Chimpanzee Faces: Evidence for the Role of Verbal Labels in Categorical Perception of Emotion." *Emotion* 10 (4): 544–554.

Ganzel, Barbara L., Pamela A. Morris, and Elaine Wethington. 2010. "Allostasis and the Human Brain: Integrating Models of Stress from the Social and Life Sciences." *Psychological Review* 117 (1): 134–174.

Gao, Wei, Sarael Alcauter, Amanda Elton, Carlos R. Hernandez-Castillo, J. Keith Smith, Juanita Ramirez, and Weili Lin. 2014. "Functional Network Development During the First Year: Relative Sequence and Socioeconomic Correlations." *Cerebral Cortex* 25 (9):2919–2928.

Gao, Wei, Amanda Elton, Hongtu Zhu, Sarael Alcauter, J. Keith Smith, John H. Gilmore, and Weili Lin. 2014. "Intersubject Variability of and Genetic Effects on the Brain's Functional Connectivity During Infancy." *Journal of Neuroscience* 34 (34): 11288–11296.

Gao, Wei, Hongtu Zhu, Kelly S. Giovanello, J. Keith Smith, Dinggang Shen, John H. Gilmore, and Weili Lin. 2009. "Evidence on the Emergence of the Brain's Default Network from 2-Week-Old to 2-Year-Old Healthy Pediatric Subjects." *Proceedings of the National Academy of Sciences* 106 (16): 6790–6795.

Garber, Megan. 2013. "Tongue and Tech: The Many Emotions for Which English Has No Words." *Atlantic*, January 8. http://www.theatlantic.com/technology/archive/2013/01/tongue-and-tech-the-many-emotions-for-which-english-has-no-words/266956/.

Gardner, Howard. 1975. *The Shattered Mind: The Person After Brain Damage*. New York: Vintage.

Garland, Eric L., Brett Froeliger, and Matthew O. Howard. 2014. "Effects of Mindfulness-Oriented Recovery Enhancement on Reward Responsiveness and Opioid Cue-Reactivity." *Psychopharmacology* 231 (16): 3229–3238.

Gelman, Susan A. 2009. "Learning from Others: Children's Construction of Concepts." *Annual Review of Psychology* 60: 115–140.

Gendron, M., and L. F. Barrett. 2009. "Reconstructing the Past: A Century of Ideas About Emotion in Psychology." *Emotion Review* 1 (4): 316–339.

———. In press. "How and Why Are Emotions Communicated." In *The Nature of Emotion: Fundamental Questions,* 2nd edition, edited by A. S. Fox, R. C. Lapate, A. J. Shackman, and R. J. Davidson. Oxford: Oxford University Press.

Gendron, Maria, Kristen A. Lindquist, Lawrence W. Barsalou, and Lisa Feldman Barrett. 2012. "Emotion Words Shape Emotion Percepts." *Emotion* 12 (2): 314–325.

Gendron, Maria, Debi Roberson, Jacoba Marieta van der Vyver, and Lisa Feldman Barrett. 2014a. "Cultural Relativity in Perceiving Emotion from Vocalizations." *Psychological Science* 25 (4): 911–920.

———. 2014b. "Perceptions of Emotion from Facial Expressions Are Not Culturally Universal: Evidence from a Remote Culture." *Emotion* 14 (2): 251–262.

Gertner, Nancy. 2015. "Will We Ever Know Why Dzhokhar Tsarnaev Spoke After It Was Too Late?" *Boston Globe*, June 30. http://clbb.mgh.harvard.edu/will-we-ever-know-why-dzhokhar-tsarnaev-spoke-after-it-was-too-late.

Gibson, William T., Carlos R. Gonzalez, Conchi Fernandez, Lakshminarayanan Ramasamy, Tanya Tabachnik, Rebecca R. Du, Panna D. Felsen, Michael R. Maire, Pietro Perona, and David J. Anderson. 2015. "Behavioral Responses to a Repetitive Visual Threat Stimulus Express a Persistent State of Defensive Arousal in Drosophila." *Current Biology* 25 (11): 1401–1415.

Gilbert, Charles D., and Wu Li. 2013. "Top-Down Influences on Visual Processing." *Nature Reviews Neuroscience* 14 (5): 350–363.

Gilbert, D. T. 1998. "Ordinary Personology." In *The Handbook of Social Psychology*, edited by S. T. Fiske and L. Gardner, 89–150. New York: McGraw-Hill.

Giuliano, Ryan J., Elizabeth A. Skowron, and Elliot T. Berkman. 2015. "Growth Models of Dyadic Synchrony and Mother-Child Vagal Tone in the Context of Parenting At-Risk." *Biological Psychology* 105: 29–36.

Gleeson, Michael, Nicolette C. Bishop, David J. Stensel, Martin R. Lindley, Sarabjit S. Mastana, and Myra A. Nimmo. 2011. "The Anti-Inflammatory Effects of Exercise: Mechanisms and Implications for the Prevention and Treatment of Disease." *Nature Reviews Immunology* 11 (9): 607–615.

Goldapple, Kimberly, Zindel Segal, Carol Garson, Mark Lau, Peter Bieling, Sidney Kennedy, and Helen Mayberg. 2004. "Modulation of Cortical-Limbic Pathways in Major Depression: Treatment-Specific Effects of Cognitive Behavior Therapy." *Archives of General Psychiatry* 61 (1): 34–41.

Goldstein, Andrea N., and Matthew P. Walker. 2014. "The Role of Sleep in Emotional Brain Function." *Annual Review of Clinical Psychology* 10: 679–708.

Goldstone, Robert L. 1994. "The Role of Similarity in Categorization: Providing a Groundwork." *Cognition* 52 (2): 125–157.

Goleman, Daniel. 1998. *Working with Emotional Intelligence.* New York: Bantam.

———. 2006. *Emotional Intelligence.* New York: Random House.

Golinkoff, Roberta Michnick, Dilara Deniz Can, Melanie Soderstrom, and Kathy Hirsh-Pasek. 2015. "(Baby) Talk to Me: The Social Context of Infant-Directed Speech and Its Effects on Early Language Acquisition." *Current Directions in Psychological Science* 24 (5): 339–344.

Goodkind, Madeleine, Simon B. Eickhoff, Desmond J. Oathes, Ying Jiang, Andrew Chang, Laura B. Jones-Hagata, Brissa N. Ortega, Yevgeniya V. Zaiko, Erika L. Roach, and Mayuresh S. Korgaonkar. 2015. "Identification of a Common Neurobiological Substrate for Mental Illness." *JAMA Psychiatry* 72 (4): 305–315.

Goodman, Morris. 1999. "The Genomic Record of Humankind's Evolutionary Roots." *American Journal of Human Genetics* 64 (1): 31–39.

Goodnough, Abby. 2009. "Harvard Professor Jailed; Officer Is Accused of Bias." *New York Times,* July 20. http://www.nytimes.com/2009/07/21/us/21gates.html.

Gopnik, Alison. 2009. *The Philosophical Baby: What Children's Minds Tell Us About Truth, Love and the Meaning of Life.* New York: Random House.

Gopnik, Alison, and David M. Sobel. 2000. "Detecting Blickets: How Young Children Use Information About Novel Causal Powers in Categorization and Induction." *Child Development* 71 (5): 1205–1222.

Gosselin, Frédéric, and Philippe G. Schyns. 2003. "Superstitious Perceptions Reveal Properties of Internal Representations."

Psychological Science 14 (5): 505–509.

Gottman, John M., Lynn Fainsilber Katz, and Carole Hooven. 1996. "Parental Meta-Emotion Philosophy and the Emotional Life of Families: Theoretical Models and Preliminary Data." *Journal of Family Psychology* 10 (3): 243–268.

Government Accountability Office (GAO). 2013. "Aviation Security: TSA Should Limit Future Funding for Behavior Detection Activities (GAO-14-159)." http://www.gao.gov/products/GAO-14-159.

Grandin, Temple. 1991. "An Inside View of Autism." http://www.autism.com/advocacy_grandin.

———. 2009. "How Does Visual Thinking Work in the Mind of a Person with Autism? A Personal Account." *Philosophical Transactions of the Royal Society of London B: Biological Sciences* 364 (1522): 1437–1442.

Graziano, Michael S. A. 2013. *Consciousness and the Social Brain.* New York: Oxford University Press.

———. 2016. "Ethological Action Maps: A Paradigm Shift for the Motor Cortex." *Trends in Cognitive Sciences* 20 (2): 121–132.

Greene, Brian. 2007. *The Fabric of the Cosmos: Space, Time, and the Texture of Reality*. New York: Vintage.

Grill-Spector, Kalanit, and Kevin S. Weiner. 2014. "The Functional Architecture of the Ventral Temporal Cortex and Its Role in Categorization." *Nature Reviews Neuroscience* 15 (8): 536–548.

Gross, Cornelius T., and Newton Sabino Canteras. 2012. "The Many Paths to Fear." *Nature Reviews Neuroscience* 13 (9): 651–658.

Gross, James J. 2015. "Emotion Regulation: Current Status and Future Prospects." *Psychological Inquiry* 26 (1): 1–26.

Gross, James J., and Lisa Feldman Barrett. 2011. "Emotion Generation and Emotion Regulation: One or Two Depends on Your Point of View." *Emotion Review* 3 (1): 8–16.

Guarneri-White, Maria Elizabeth. 2014. *Biological Aging and Peer Victimization: The Role of Social Support in Telomere Length and Health Outcomes.* Master's thesis, University of Texas at Arlington, 1566471.

Guillory, Sean A., and Krzysztof A. Bujarski. 2014. "Exploring Emotions Using Invasive Methods: Review of 60 Years of Human Intracranial Electrophysiology." *Social Cognitive and Affective Neuroscience* 9 (12): 1880–1889.

Gweon, Hyowon, Joshua B. Tenenbaum, and Laura E. Schulz. 2010. "Infants Consider Both the Sample and the Sampling Process in Inductive Generalization." *Proceedings of the National Academy of Sciences* 107 (20): 9066–9071.

Hacking, Ian. 1999. *The Social Construction of What?* Cambridge, MA: Harvard University Press.

Hagelskamp, Carolin, Marc A. Brackett, Susan E. Rivers, and Peter Salovey. 2013. "Improving Classroom Quality with the Ruler Approach to Social and Emotional Learning: Proximal and Distal Outcomes." *American Journal of Community Psychology* 51 (3–4): 530–543.

Halperin, Eran, Roni Porat, Maya Tamir, and James J. Gross. 2013. "Can Emotion Regulation Change Political Attitudes in Intractable Conflicts? From the Laboratory to the Field."

Psychological Science 24 (1): 106–111.

Halpern, Jake. 2008. *Fame Junkies: The Hidden Truths Behind America's Favorite Addiction.* Boston: Houghton Mifflin Harcourt.

Hamlin, J. Kiley, George E. Newman, and Karen Wynn. 2009. "Eight-Month-Old Infants Infer Unfulfilled Goals, Despite Ambiguous Physical Evidence." *Infancy* 14 (5): 579–590.

Haney, Craig. 2005. *Death by Design: Capital Punishment as a Social Psychological System.* New York: Oxford University Press.

Hanson, Jamie L., Nicole Hair, Dinggang G. Shen, Feng Shi, John H. Gilmore, Barbara L. Wolfe, and Seth D. Pollak. 2013. "Family Poverty Affects the Rate of Human Infant Brain Growth." *PLOS One* 8 (12): e80954. doi:10.1371/journal.pone.0080954.

Hare, Brian, and Vanessa Woods. 2013. *The Genius of Dogs: How Dogs Are Smarter than You Think*. New York: Penguin.

Harmon-Jones, Eddie, and Carly K. Peterson. 2009. "Supine Body Position Reduces Neural Response to Anger Evocation." *Psychological Science* 20 (10): 1209–1210.

Harré, Rom. 1986. *The Social Construction of Emotions.* New York: Blackwell.

Harris, Christine R., and Caroline Prouvost. 2014. "Jealousy in Dogs." *PLOS One* 9 (7): e94597. doi:10.1371/journal.pone.0094597.

Harris, Paul L., Marc de Rosnay, and Francisco Pons. In press. "Understanding Emotion." In *Handbook of Emotions,* 4th edition, edited by Lisa Feldman Barrett, Michael Lewis, and Jeannette M. Haviland-Jones, 293–306. New York: Guilford Press.

Harrison, Neil A., Lena Brydon, Cicely Walker, Marcus A. Gray, Andrew Steptoe, and Hugo D. Critchley. 2009. "Inflammation Causes Mood Changes Through Alterations in Subgenual Cingulate Activity and Mesolimbic Connectivity." *Biological Psychiatry* 66 (5): 407–414.

Harrison, Neil A., Lena Brydon, Cicely Walker, Marcus A. Gray, Andrew Steptoe, Raymond J. Dolan, and Hugo D. Critchley. 2009. "Neural Origins of Human Sickness in Interoceptive Responses to Inflammation." *Biological Psychiatry* 66 (5): 415–422.

Hart, Betty, and Todd R. Risley. 1995. *Meaningful Differences in the Everyday Experience of Young American Children.* Baltimore: Paul H. Brookes.

———. 2003. "The Early Catastrophe: The 30 Million Word Gap by Age 3." *American Educator* 27 (1): 4–9.

Hart, Heledd, and Katya Rubia. 2012. "Neuroimaging of Child Abuse: A Critical Review." *Frontiers in Human Neuroscience* 6 (52): 1–24.

Harvey, Allison G., Greg Murray, Rebecca A. Chandler, and Adriane Soehner. 2011. "Sleep Disturbance as Transdiagnostic: Consideration of Neurobiological Mechanisms." *Clinical Psychology Review* 31 (2): 225–235.

Hassabis, Demis, and Eleanor A. Maguire. 2009. "The Construction System of the Brain." *Philosophical Transactions of the Royal Society B: Biological Sciences* 364 (1521): 1263–1271.

Hathaway, Bill. 2015. "Imaging Study Shows Brain Activity May Be as Unique as Fingerprints." *YaleNews*, October 12. http://news.yale.edu/2015/10/12/imaging-study-shows-brain-activity-may-be-unique-fingerprints.

Hawkins, Jeff, and Sandra Blakeslee. 2004. *On Intelligence.* New York: St. Martin's Griffin.

Hermann, Christiane, Johanna Hohmeister, Sueha Demirakça, Katrin Zohsel, and Herta Flor. 2006. "Long-Term Alteration of Pain Sensitivity in School-Aged Children with Early Pain Experiences." *Pain* 125 (3): 278–285.

Hertzman, Clyde, and Tom Boyce. 2010. "How Experience Gets Under the Skin to Create Gradients in Developmental Health." *Annual Review of Public Health* 31: 329–347.

Hey, Jody. 2010. "The Divergence of Chimpanzee Species and Subspecies as Revealed in Multipopulation Isolation-with-Migration Analyses." *Molecular Biology and Evolution* 27 (4): 921–933.

Higashida, Naoki. 2013. *The Reason I Jump: The Inner Voice of a Thirteen-Year-Old Boy with Autism*. New York: Random House.

Higgins, E. Tory. 1987. "Self-Discrepancy: A Theory Relating Self and Affect." *Psychological Review* 94 (3): 319–340.

Hill, Jason, Terrie Inder, Jeffrey Neil, Donna Dierker, John Harwell, and David Van Essen. 2010. "Similar Patterns of Cortical Expansion During Human Development and Evolution." *Proceedings of the National Academy of Sciences* 107 (29): 13135–13140.

Hillix, William A., and Duane M. Rumbaugh. 2004. "Language Research with Nonhuman Animals: Methods and Problems." In *Animal Bodies, Human Minds: Ape, Dolphin, and Parrot Language Skills*, 25–44. New York: Kluwer Academic.

Hirsh-Pasek, Kathy, Lauren B. Adamson, Roger Bakeman, Margaret Tresch Owen, Roberta Michnick Golinkoff, Amy Pace, Paula K. S. Yust, and Katharine Suma. 2015. "The Contribution of Early Communication Quality to Low-Income Children's Language Success." *Psychological Science* 26 (7): 1071–1083. doi:10.1177/0956797615581493.

Hochschild, Arlie R. 1983. *The Managed Heart: Commercialization of Human Feeling.* Berkeley: University of California Press.

Hofer, Myron A. 1984. "Relationships as Regulators: A Psychobiologic Perspective on Bereavement." *Psychosomatic Medicine* 46 (3): 183–197.

———. 2006. "Psychobiological Roots of Early Attachment." *Current Directions in Psychological Science* 15 (2): 84–88.

Hohwy, Jakob. 2013. *The Predictive Mind.* Oxford: Oxford University Press.

Holt-Lunstad, Julianne, Timothy B. Smith, and J. Bradley Layton. 2010. "Social Relationships and Mortality Risk: A Meta-Analytic Review." *PLOS Med* 7 (7): e1000316.doi:1.1371/journal.pmed.1316.

Holtzheimer, Paul E., Mary E. Kelley, Robert E. Gross, Megan M. Filkowski, Steven J. Garlow, Andrea Barrocas, Dylan Wint, Margaret C. Craighead, Julie Kozarsky, and Ronald Chismar. 2012. "Subcallosal Cingulate Deep Brain Stimulation for Treatment-Resistant Unipolar and Bipolar Depression." *Archives of General Psychiatry* 69 (2): 150–158.

· Horowitz, Alexandra. 2009. "Disambiguating the 'Guilty Look': Salient Prompts to a Familiar Dog Behaviour." *Behavioural Processes* 81 (3): 447–452.

Hoyt, Michael A., Annette L. Stanton, Julienne E. Bower, KaMala S. Thomas, Mark S., Elizabeth C. Breen, and Michael R. Irwin. 2013. "Inflammatory Biomarkers and Emotional Approach Coping in Men with Prostate Cancer." *Brain, Behavior, and Immunity* 32: 173–179.

Hunter, Richard G., and Bruce S. McEwen. 2013. "Stress and Anxiety Across the Lifespan: Structural Plasticity and Epigenetic Regulation." *Epigenomics* 5 (2): 177–194.

Huntsinger, Jeffrey R., Linda M. Isbell, and Gerald L. Clore. 2014. "The Affective Control of Thought: Malleable, Not Fixed." *Psychological Review* 121 (4): 600–618. Innocence Project. 2015. "Eyewitness Misidentification." http://www.innocenceproject.org/causes-wrongful-conviction/eyewitness-misidentification. International Association for the Study of Pain. 2012. "IASP Taxonomy." http://www.iasp-pain.org/Taxonomy.

Inzlicht, Michael, Bruce D. Bartholow, and Jacob B. Hirsh. 2015. "Emotional Foundations of Cognitive Control." *Trends in Cognitive Sciences* 19 (3): 126–132.

Irwin, Michael R., and Steven W. Cole. 2011. "Reciprocal Regulation of the Neural and Innate Immune Systems." *Nature Reviews Immunology* 11 (9): 625–632.

Iwata, Jiro, and Joseph E. LeDoux. 1988. "Dissociation of Associative and Nonassociative Concomitants of Classical Fear Conditioning in the Freely Behaving Rat." *Behavioral Neuroscience* 102 (1): 66–76.

Izard, Carroll E. 1971. *The Face of Emotion*. East Norwalk, CT: Appleton-Century-Crofts.

———. 1994. "Innate and Universal Facial Expressions: Evidence from Developmental and Cross-Cultural Research." *Psychological Bulletin* 115 (2): 288–299.

Jablonka, Eva, Marion J. Lamb, and Anna Zeligowski. 2014. *Evolution in Four Dimensions: Genetic, Epigenetic, Behavioral, and Symbolic Variation in the History of Life*. Revised edition. Cambridge, MA: MIT Press.

James, William. 1884. "What Is an Emotion?" *Mind* 34: 188–205.

———. (1890) 2007. *The Principles of Psychology*. Vol. 1. New York: Dover.

———. 1894. "The Physical Basis of Emotion." *Psychological Review* 1: 516–529.

Jamieson, J. P., M. K. Nock, and W. B. Mendes. 2012. "Mind over Matter: Reappraising Arousal Improves Cardiovascular and Cognitive Responses to Stress." *Journal of Experimental Psychology*: General 141 (3): 417–422.

Jamieson, Jeremy P., Aaron Altose, Brett J. Peters, and Emily Greenwood. 2016. "Reappraising Stress Arousal Improves Performance and Reduces Evaluation Anxiety in Classroom Exam Situations." *Social Psychological and Personality Science* 7 (6): 579–587.

Jamieson, Jeremy P., Wendy Berry Mendes, Erin Blackstock, and Toni Schmader. 2010. "Turning the Knots in Your Stomach into Bows: Reappraising Arousal Improves Performance on the GRE." *Journal of Experimental Social Psychology* 46 (1): 208–212.

Jamieson, Jeremy P., Wendy Berry Mendes, and Matthew K. Nock. 2013. "Improving Acute Stress Responses: The Power of Reappraisal." *Current Directions in Psychological Science* 22 (1): 51–56.

Jamieson, Jeremy P., Matthew K. Nock, and Wendy Berry Mendes. 2013. "Changing theConceptualization of Stress in Social Anxiety Disorder Affective and Physiological Consequences." *Clinical Psychological Science* 1: 363–374.

Jamison, Kay R. 2005. *Exuberance: The Passion for Life*. New York: Vintage Books.

Jeste, Shafali S., and Daniel H. Geschwind. 2014. "Disentangling the Heterogeneity of Autism Spectrum Disorder Through Genetic Findings." *Nature Reviews Neurology* 10 (2): 74–81.

Ji, Ru-Rong, Temugin Berta, and Maiken Nedergaard. 2013. "Glia and Pain: Is Chronic Pain a Gliopathy?" *Pain* 154: S10–S28.

Job, Veronika, Gregory M. Walton, Katharina Bernecker, and Carol S. Dweck. 2013. "Beliefs About Willpower Determine the Impact of Glucose on Self-Control." *Proceedings of the National Academy of Sciences* 110 (37): 14837–14842.

———. 2015. "Implicit Theories About Willpower Predict Self-Regulation and Grades in Everyday Life." *Journal of Personality and Social Psychology* 108 (4): 637–647.

Johansen, Joshua P., and Howard L. Fields. 2004. "Glutamatergic Activation of Anterior Cingulate Cortex Produces an Aversive Teaching Signal." *Nature Neuroscience* 7 (4): 398–403.

John-Henderson, Neha A., Michelle L. Rheinschmidt, and Rodolfo Mendoza-Denton. 2015. "Cytokine Responses and Math Performance: The Role of Stereotype Threat and Anxiety Reappraisals." *Journal of Experimental Social Psychology* 56: 203–206.

John-Henderson, Neha A., Jennifer E. Stellar, Rodolfo Mendoza-Denton, and Darlene D. Francis. 2015. "Socioeconomic Status and Social Support: Social Support Reduces Inflammatory Reactivity for Individuals Whose Early-Life Socioeconomic Status Was Low." *Psychological Science* 26 (10): 1620–1629.

Jones, Colin. 2014. *The Smile Revolution in Eighteenth Century Paris*. New York: Oxford University Press.

Josefsson, Torbjörn, Magnus Lindwall, and Trevor Archer. 2014. "Physical Exercise Intervention in Depressive Disorders: Meta-Analysis and Systematic Review." *Scandinavian Journal of Medicine and Science in Sports* 24 (2): 259–272.

Jussim, L., J. T. Crawford, S. M. Anglin, J. Chambers, S. T. Stevens, and F. Cohen. 2009. "Stereotype Accuracy: One of the Largest Relationships in All of Social Psychology." In *Handbook of Prejudice, Stereotyping, and Discrimination*, 2nd edition, edited by Todd D. Nelson, 31–64. New York: Psychology Press.

Jussim, Lee. 2012. *Social Perception and Social Reality: Why Accuracy Dominates Bias and Self-Fulfilling Prophecy*. New York: Oxford University Press.

Jussim, Lee, Thomas R. Cain, Jarret T. Crawford, Kent Harber, and Florette Cohen. 2009. "The Unbearable Accuracy of Stereotypes." *Handbook of Prejudice, Stereotyping,* andDiscrimination, 2nd edition, edited by Todd D. Nelson, 199–227. New York: Psychology Press.

Kagan, Jerome. 2007. *What Is Emotion?: History, Measures, and Meanings*. New Haven, CT: Yale University Press.

Kahan, Dan M., David A. Hoffman, Donald Braman, and Danieli Evans. 2012. "They Saw a Protest: Cognitive Illiberalism and the Speech-Conduct Distinction." *Stanford Law Review* 64: 851.

Kahan, Dan M., and Martha C. Nussbaum. 1996. "Two Conceptions of Emotion in Criminal Law." *Columbia Law Review* 96 (2): 269–374.

Kahneman, Daniel. 2011. *Thinking, Fast and Slow*. New York: Macmillan.

Kaiser, Roselinde H., Jessica R. Andrews-Hanna, Tor D. Wager, and Diego A. Pizzagalli. 2015. "Large-Scale Network Dysfunction in Major Depressive Disorder: A Meta-Analysis of Resting-State Functional Connectivity." *JAMA Psychiatry* 72 (6): 603–611.

Kaminski, Juliane, Juliane Bräuer, Josep Call, and Michael Tomasello. 2009. "Domestic Dogs Are Sensitive to a Human's Perspective." *Behaviour* 146 (7): 979–998.

Karlsson, Håkan, Björn Ahlborg, Christina Dalman, and Tomas Hemmingsson. 2010. "Association Between Erythrocyte Sedimentation Rate and IQ in Swedish Males Aged 18–20." *Brain, Behavior, and Immunity* 24 (6): 868–873.

Karmiloff-Smith, Annette. 2009. "Nativism Versus Neuroconstructivism: Rethinking the Study of Developmental Disorders." *Developmental Psychology* 45 (1): 56–63.

Kashdan, Todd B., Lisa Feldman Barrett, and Patrick E. McKnight. 2015. "Unpacking Emotion Differentiation Transforming Unpleasant Experience by Perceiving Distinctions in Negativity." *Current Directions in Psychological Science* 24 (1): 10–16.

Kashdan, Todd B., and Antonina S. Farmer. 2014. "Differentiating Emotions Across Contexts: Comparing Adults With and Without Social Anxiety Disorder Using Random, Social Interaction, and Daily Experience Sampling." *Emotion* 14 (3): 629–638.

Kashdan, Todd B., Patty Ferssizidis, R. Lorraine Collins, and Mark Muraven. 2010. "Emotion Differentiation as Resilience Against Excessive Alcohol Use an Ecological Momentary Assessment in Underage Social Drinkers." *Psychological Science* 21 (9): 1341–1347.

Kassam, Karim S., and Wendy Berry Mendes. 2013. "The Effects of Measuring Emotion: Physiological Reactions to Emotional Situations Depend on Whether Someone Is Asking." *PLOS One* 8 (6): e64959. doi:10.1371/journal.pone.0064959.

Kassin, Saul M., V. Anne Tubb, Harmon M. Hosch, and Amina Memon. 2001. "On the 'General Acceptance' of Eyewitness Testimony Research: A New Survey of the Experts." *American Psychologist* 56 (5): 405–416.

Katz, Lynn Fainsilber, Ashley C. Maliken, and Nicole M. Stettler. 2012. "Parental Meta-Emotion Philosophy: A Review of Research and Theoretical Framework." *Child Development Perspectives* 6 (4): 417–422.

Keefe, P. R. 2015. "The Worst of the Worst." *New Yorker*, September 14. http://www.newyorker.com/magazine/2015/09/14/the-worst-of-the-worst.

Keil, Frank C., and George E. Newman. 2010. "Darwin and Development: Why Ontogeny Does Not Recapitulate Phylogeny for Human Concepts." In *The Making of Human Concepts*, edited by Denis Mareschal, Paul Quinn, and Stephen E. G. Lea, 317–334. New York: Oxford University Press.

Kelly, Megan M., John P. Forsyth, and Maria Karekla. 2006. "Sex Differences in Response to a Panicogenic Challenge Procedure: An Experimental Evaluation of Panic Vulnerability in a Non-Clinical Sample." *Behaviour Research and Therapy* 44 (10): 1421–1430.

Keltner, Dacher, and Jonathan Haidt. 2003. "Approaching Awe, a Moral, Spiritual, and Aesthetic Emotion." *Cognition and Emotion* 17 (2): 297–314.

Khandaker, Golam M., Rebecca M. Pearson, Stanley Zammit, Glyn Lewis, and Peter B. Jones. 2014. "Association of Serum Interleukin 6 and C-Reactive Protein in Childhood with Depression and Psychosis in Young Adult Life: A Population-Based Longitudinal Study." *JAMA Psychiatry* 71 (10): 1121–1128.

Kiecolt-Glaser, Janice K. 2010. "Stress, Food, and Inflammation: Psychoneuroimmunology and Nutrition at the Cutting Edge." *Psychosomatic Medicine* 72 (4): 365–369.

Kiecolt-Glaser, Janice K., Jeanette M. Bennett, Rebecca Andridge, Juan Peng, Charles L. Shapiro, William B. Malarkey, Charles F. Emery, Rachel Layman, Ewa E. Mrozek, and Ronald Glaser. 2014. "Yoga's Impact on Inflammation, Mood, and Fatigue in Breast Cancer Survivors: A Randomized Controlled Trial." *Journal of Clinical Oncology* 32 (10): 1040–1051.

Kiecolt-Glaser, Janice K., Lisa Christian, Heather Preston, Carrie R. Houts, William B. Malarkey, Charles F. Emery, and Ronald Glaser. 2010. "Stress, Inflammation, and Yoga Practice." *Psychosomatic Medicine* 72 (2): 113–134.

Kiecolt-Glaser, Janice K., Jean-Philippe Gouin, Nan-ping Weng, William B. Malarkey, David Q. Beversdorf, and Ronald Glaser. 2011. "Childhood Adversity Heightens the Impact of Later-Life Caregiving Stress on Telomere Length and Inflammation." *Psychosomatic Medicine* 73 (1): 16–22.

Killingsworth, M. A., and D. T. Gilbert. 2010. "A Wandering Mind Is an Unhappy Mind." *Science* 330 (6006): 932.

Kim, Min Y., Brett Q. Ford, Iris Mauss, and Maya Tamir. 2015. "Knowing When to Seek Anger: Psychological Health and Context-Sensitive Emotional Preferences." *Cognition and Emotion* 29 (6): 1126–1136.

Kim, ShinWoo, and Gregory L. Murphy. 2011. "Ideals and Category Typicality." *Journal of Experimental Psychology: Learning, Memory, and Cognition* 37 (5): 1092–1112.

Kimhy, David, Julia Vakhrusheva, Samira Khan, Rachel W. Chang, Marie C. Hansen, Jacob S. Ballon, Dolores Malaspina, and James J. Gross. 2014. "Emotional Granularity and Social Functioning in Individuals with Schizophrenia: An Experience Sampling Study." *Journal of Psychiatric Research* 53: 141–148.

Kircanski, K., M. D. Lieberman, and M. G. Craske. 2012. "Feelings into Words: Contributions of Language to Exposure Therapy." *Psychological Science* 23 (10): 1086–1091.

Kirsch, Irving. 2010. *The Emperor's New Drugs: Exploding the*

Antidepressant Myth. New York: Basic Books.

Kitzbichler, Manfred G., Richard N. A. Henson, Marie L. Smith, Pradeep J. Nathan, and Edward T. Bullmore. 2011. "Cognitive Effort Drives Workspace Configuration of Human Brain Functional Networks." *Journal of Neuroscience* 31 (22): 8259–8270.

Klatzky, Roberta L., James W. Pellegrino, Brian P. McCloskey, and Sally Doherty. 1989. "Can You Squeeze a Tomato? The Role of Motor Representations in Semantic Sensibility Judgments." *Journal of Memory and Language* 28 (1): 56–77.

Kleckner, I. R., J. Zhang, A. Touroutoglou, L. Chanes, C. Xia, W. K. Simmons, B. C. Dickerson, and L. F. Barrett. Under review. "Evidence for a Large-Scale Brain System Supporting Interoception in Humans."

Klüver, Heinrich, and Paul C. Bucy. 1939. "Preliminary Analysis of Functions of the Temporal Lobes in Monkeys." *Archives of Neurology and Psychiatry* 42: 979–1000.

Kober, H., L. F. Barrett, J. Joseph, E. Bliss-Moreau, K. Lindquist, and T. D. Wager. 2008.
"Functional Grouping and Cortical-Subcortical Interactions in Emotion: A Meta-Analysis of Neuroimaging Studies." *Neuroimage* 42 (2): 998–1031.

Koch, Kristin, Judith McLean, Ronen Segev, Michael A. Freed, Michael J. Berry, Vijay Balasubramanian, and Peter Sterling. 2006. "How Much the Eye Tells the Brain." *Current Biology* 16 (14): 1428–1434.

Kohut, Andrew. 2015. "Despite Lower Crime Rates, Support for Gun Rights Increases." Pew Research Center, April 17. http://www.pewresearch.org/fact-tank/2015/04/17/despite-lower-crime-rates-support-for-gun-rights-increases.

Kolodny, Andrew, David T. Courtwright, Catherine S. Hwang, Peter Kreiner, John L. Eadie, Thomas W. Clark, and G. Caleb Alexander. 2015. "The Prescription Opioid and Heroin Crisis: A Public Health Approach to an Epidemic of Addiction." *Annual Review of Public Health* 36: 559–574.

Koopman, Frieda A., Susanne P. Stoof, Rainer H. Straub, Marjolein A. van Maanen, Margriet J. Vervoordeldonk, and Paul P. Tak. 2011. "Restoring the Balance of the Autonomic Nervous System as an Innovative Approach to the Treatment of Rheumatoid Arthritis." *Molecular Medicine* 17 (9): 937–948.

Kopchia, Karen L., Harvey J. Altman, and Randall L. Commissaris. 1992. "Effects of Lesions of the Central Nucleus of the Amygdala on Anxiety-Like Behaviors in the Rat." *Pharmacology Biochemistry and Behavior* 43 (2): 453–461.

Kostovi , I., and M. Judaš. 2015. "Embryonic and Fetal Development of the Human Cerebral Cortex." In *Brain Mapping, An Encyclopedic Reference, Volume 2: Anatomy and Physiology, Systems,* edited by Arthur W. Toga, 167–175. San Diego: Academic Press.

Kragel, Philip A., and Kevin S. LaBar. 2013. "Multivariate Pattern Classification Reveals Autonomic and Experiential Representations of Discrete Emotions." *Emotion* 13 (4): 681–690.

Kreibig, S. D. 2010. "Autonomic Nervous System Activity in Emotion: A Review." *Biological Psychology* 84 (3): 394–421.

Kring, A. M., and A. H. Gordon. 1998. "Sex Differences in Emotion: Expression, Experience, and Physiology." *Journal of Personality and Social Psychology* 74 (3): 686–703.

Krugman, Paul. 2014. "The Dismal Science: 'Seven Bad Ideas' by Jeff Madrick." *New York Times,* September 25. http://www.nytimes.com/2014/09/28/books/review/seven-bad-ideas-by-jeff-madrick.html.

Kuhl, Patricia K. 2007. "Is Speech Learning 'Gated' by the Social Brain?" *Developmental Science* 10 (1): 110–120.

———. 2014. "Early Language Learning and the Social Brain." *Cold Spring Harbor Symposia on Quantitative Biology* 79: 211–220.

Kuhl, Patricia, and Maritza Rivera-Gaxiola. 2008. "Neural Substrates of Language Acquisition." *Annual Review of Neuroscience* 31: 511–534.

Kuhn, Thomas S. 1966. *The Structure of Scientific Revolutions.* Chicago: University of Chicago Press.

Kundera, Milan. 1994. *The Book of Laughter and Forgetting.* New York: HarperCollins.

Kupfer, Alexander, Hendrik Müller, Marta M. Antoniazzi, Carlos Jared, Hartmut Greven, Ronald A. Nussbaum, and Mark Wilkinson. 2006. "Parental Investment by Skin Feeding in a Caecilian Amphibian." *Nature* 440 (7086): 926–929.

Kuppens, P., F. Tuerlinckx, J. A. Russell, and L. F. Barrett. 2013. "The Relationship Between Valence and Arousal in Subjective Experience." *Psychological Bulletin* 139: 917–940.

Kuppens, Peter, Iven Van Mechelen, Dirk J. M. Smits, Paul De Boeck, and Eva Ceulemans. 2007. "Individual Differences in Patterns of Appraisal and Anger Experience." *Cognition and Emotion* 21 (4): 689–713.

LaBar, Kevin S., J. Christopher Gatenby, John C. Gore, Joseph E. LeDoux, and Elizabeth A. Phelps. 1998. "Human Amygdala Activation During Conditioned Fear Acquisition and Extinction: A Mixed-Trial fMRI Study." *Neuron* 20 (5): 937–945.

Lakoff, George. 1990. *Women, Fire, and Dangerous Things: What Categories Reveal About the Mind.* Chicago: University of Chicago Press.

Laland, Kevin N., and Gillian R. Brown. 2011. *Sense and Nonsense: Evolutionary Perspectives on Human Behaviour.* Oxford: Oxford University Press.

Lane, Richard D., Geoffrey L. Ahern, Gary E. Schwartz, and Alfred W. Kasvniak. 1997. "Is Alexithymia the Emotional Equivalent of Blindsight?" *Biological Psychiatry* 42 (9): 834–844.

Lane, Richard D., and David A. S. Garfield. 2005. "Becoming Aware of Feelings: Integration of Cognitive-Developmental, Neuroscientific, and Psychoanalytic Perspectives." *Neuropsychoanalysis* 7 (1): 5–30.

Lane, Richard D., Lee Sechrest, Robert Riedel, Daniel E. Shapiro, and Alfred W. Kaszniak. 2000. "Pervasive Emotion Recognition Deficit Common to Alexithymia and the Repressive Coping Style." *Psychosomatic Medicine* 62 (4): 492–501.

Lang, Peter J., Mark K. Greenwald, Margaret M. Bradley, and Alfons O. Hamm. 1993. "Looking at Pictures: Affective, Facial, Visceral, and Behavioral Reactions." *Psychophysiology* 30 (3): 261–273.

Laukka, Petri, Hillary Anger Elfenbein, Nela Söder, Henrik Nordström, Jean Althoff, Wanda Chui, Frederick K. Iraki, Thomas Rockstuhl, and Nutankumar S. Thingujam. 2013. "Cross-Cultural Decoding of Positive and Negative Non-Linguistic Emotion Vocalizations." *Frontiers in Psychology* 4 (353): 185–192.

Lawrence, T. E. (1922) 2015. *Seven Pillars of Wisdom*. Toronto: Aegitas.

Lazarus, R. S. 1998. "From Psychological Stress to the Emotions: A History of Changing Outlooks." In *Personality: Critical Concepts in Psychology*, vol. 4, edited by Cary L. Cooper and Lawrence A. Pervin, 179–200. London: Routledge.

Lea, Stephen E. G. 2010. "Concept Learning in Nonprimate Mammals: In Search of Evidence." In *The Making of Human Concepts*, edited by Denis Mareschal, Paul Quinn, and Stephen E. G. Lea, 173–199. New York: Oxford University Press.

Lebois, Lauren A. M., Christine D. Wilson-Mendenhall, and Lawrence W. Barsalou. 2015. "Are Automatic Conceptual Cores the Gold Standard of Semantic Processing? The Context-Dependence of Spatial Meaning in Grounded Congruency Effects." *Cognitive Science* 39 (8): 1764–1801.

Lebrecht, S., M. Bar, L. F. Barrett, and M. J. Tarr. 2012. "Micro-Valences: Perceiving Affective Valence in Everyday Objects." *Frontiers in Perception Science* 3 (107): 1–5.

Lecours, S., G. Robert, and F. Desruisseaux. 2009. "Alexithymia and Verbal Elaboration of Affect in Adults Suffering from a Respiratory Disorder." *European Review of Applied Psychology–Revue européenne de psychologie appliquée* 59 (3): 187–195.

LeDoux, Joseph E. 2014. "Coming to Terms with Fear." *Proceedings of the National Academy of Sciences* 111 (8): 2871–2878.

———. 2015. *Anxious: Using the Brain to Understand and Treat Fear and Anxiety*. New York: Penguin.

Lee, Marion, Sanford Silverman, Hans Hansen, and Vikram Patel. 2011. "A Comprehensive Review of Opioid-Induced Hyperalgesia." *Pain Physician* 14: 145–161.

Leffel, Kristin, and Dana Suskind. 2013. "Parent-Directed Approaches to Enrich the Early Language Environments of Children Living in Poverty." *Seminars in Speech and Language* 34 (4): 267–278.

Leppänen, Jukka M., and Charles A. Nelson. 2009. "Tuning the Developing Brain to Social Signals of Emotions." *Nature Reviews Neuroscience* 10 (1): 37–47.

Levenson, Robert W. 2011. "Basic Emotion Questions." *Emotion Review* 3 (4): 379–386.

Levenson, Robert W., Paul Ekman, and Wallace V. Friesen. 1990. "Voluntary Facial Action Generates Emotion-Specific Autonomic Nervous System Activity." *Psychophysiology* 27 (4): 363–384.

Levenson, Robert W., Paul Ekman, Karl Heider, and Wallace V. Friesen. 1992. "Emotion and Autonomic Nervous System Activity in the Minangkabau of West Sumatra." *Journal of Personality and Social Psychology* 62 (6): 972–988.

Levy, Robert I. 1975. *Tahitians: Mind and Experience in the Society Islands*. Chicago: University of Chicago Press.

———. 2014. "The Emotions in Comparative Perspective." In *Approaches to Emotion*, edited by K. Scherer and P. Ekman, 397–412. Hillsdale, NJ: Erlbaum.

Lewontin, Richard. 1991. *Biology as Ideology: The Doctrine of DNA*. New York: HarperPerennial.

Li, Susan Shi Yuan, and Gavan P. McNally. 2014. "The Conditions That Promote Fear Learning: Prediction Error and Pavlovian Fear Conditioning." *Neurobiology of Learning and Memory* 108: 14–21.

Liberman, Alvin M., Franklin S. Cooper, Donald P. Shankweiler, and Michael Studdert-Kennedy. 1967. "Perception of the Speech Code." *Psychological Review* 74 (6): 431–461.

Lieberman, M. D., N. I. Eisenberger, M. J. Crockett, S. M. Tom, J. H. Pfeifer, and B. M. Way. 2007. "Putting Feelings into Words: Affect Labeling Disrupts Amygdala Activity in Response to Affective Stimuli." *Psychological Science* 18 (5): 421–428.

Lieberman, M. D., A. Hariri, J. M. Jarcho, N. I. Eisenberger, and S. Y. Bookheimer. 2005. "An fMRI Investigation of Race-Related Amygdala Activity in African-American and Caucasian-American Individuals." *Nature Neuroscience* 8 (6): 720–722.

Lin, Pei-Ying. 2013. "Unspeakableness: An Intervention of Language Evolution and Human Communication." http://uniquelang.peiyinglin.net/01untranslatable.html.

Lindquist, Kristen A., and Lisa Feldman Barrett. 2008. "Emotional Complexity." In *Handbook of Emotions*, 3rd edition, edited by Michael Lewis, Jeannette M. Haviland-Jones, and Lisa Feldman Barrett, 513–530. New York: Guilford Press.

———. 2012. "A Functional Architecture of the Human Brain: Emerging Insights from the Science of Emotion." *Trends in Cognitive Sciences* 16 (11): 533–540.

Lindquist, Kristen A., Lisa Feldman Barrett, Eliza Bliss-Moreau, and James A. Russell. 2006. "Language and the Perception of Emotion." *Emotion* 6 (1): 125–138.

Lindquist, Kristen A., Maria Gendron, Lisa Feldman Barrett, and Bradford C. Dickerson. 2014. "Emotion Perception, but Not Affect Perception, Is Impaired with Semantic Memory Loss." *Emotion* 14 (2): 375–387.

Lindquist, Kristen A., Ajay B. Satpute, Tor D. Wager, Jochen Weber, and Lisa Feldman Barrett. 2015. "The Brain Basis of Positive and Negative Affect: Evidence from a Meta-Analysis of the Human Neuroimaging Literature." *Cerebral Cortex* 26 (5): 1910–1922.

Lindquist, Kristen A., Tor D. Wager, Hedy Kober, Eliza Bliss-Moreau, and Lisa Feldman Barrett. 2012. "The Brain Basis of Emotion: A Meta-Analytic Review." *Behavioral and Brain Sciences* 35 (3): 121–143.

Llinás, Rodolfo Riascos. 2001. *I of the Vortex: From Neurons to Self*. Cambridge, MA: MIT Press.

Lloyd-Fox, Sarah, Borbála Széplaki-Köll d, Jun Yin, and Gergely Csibra. 2015. "Are You Talking to Me? Neural Activations in 6-Month-Old Infants in Response to Being Addressed During Natural Interactions." *Cortex* 70: 35–48.

Lochmann, Timm, and Sophie Deneve. 2011. "Neural Processing as Causal Inference." *Current Opinion in Neurobiology* 21 (5): 774–781.

Loftus, Elizabeth F., and J. C. Palmer. 1974. "Reconstruction of Automobile Destruction: An Example of the Interaction Between Language and Memory." *Journal of Verbal Learning and Verbal Behavior* 13 (5): 585–589.

Lokuge, Sonali, Benicio N. Frey, Jane A. Foster, Claudio N. Soares, and Meir Steiner. 2011. "Commentary: Depression in Women: Windows of Vulnerability and New Insights into the Link Between Estrogen and Serotonin." *Journal of Clinical Psychiatry* 72 (11): 1563–1569.

Lorch, Marjorie Perlman. 2008. "The Merest Logomachy: The 1868 Norwich Discussion of Aphasia by Hughlings Jackson and Broca." *Brain* 131 (6): 1658–1670.

Louveau, Antoine, Igor Smirnov, Timothy J. Keyes, Jacob D. Eccles, Sherin J. Rouhani, J. David Peske, Noel C. Derecki, David Castle, James W. Mandell, and Kevin S. Lee. 2015. "Structural and Functional Features of Central Nervous System Lymphatic Vessels." *Nature* 523: 337–341.

Lujan, J. Luis, Ashutosh Chaturvedi, Ki Sueng Choi, Paul E. Holtzheimer, Robert E. Gross, Helen S. Mayberg, and Cameron C. McIntyre. 2013. "Tractography-Activation Models Applied to Subcallosal Cingulate Deep Brain Stimulation." *Brain Stimulation* 6 (5): 737–739.

Luminet, Olivier, Bernard Rimé, R. Michael Bagby, and Graeme Taylor. 2004. "A Multimodal Investigation of Emotional Responding in Alexithymia." *Cognition and Emotion* 18 (6): 741–766.

Lutz, Catherine. 1980. *Emotion Words and Emotional Development on Ifaluk Atoll.* Ph.D. diss., Harvard University, 003878556.

———. 1983. "Parental Goals, Ethnopsychology, and the Development of Emotional Meaning." *Ethos* 11 (4): 246–262.

Lynch, Mona, and Craig Haney. 2011. "Looking Across the Empathic Divide: Racialized Decision Making on the Capital Jury." *Michigan State Law Review* 2011: 573–607.

Ma, Lili, and Fei Xu. 2011. "Young Children's Use of Statistical Sampling Evidence to Infer the Subjectivity of Preferences." *Cognition* 120 (3): 403–411.

MacLean, P. D., and V. A. Kral. 1973. *A Triune Concept of the Brain and Behavior.* Toronto: University of Toronto Press.

Madrick, Jeff. 2014. *Seven Bad Ideas: How Mainstream Economists Have Damaged America and the World.* New York: Vintage.

Maihöfner, Christian, Clemens Forster, Frank Birklein, Bernhard Neundörfer, and Hermann O. Handwerker. 2005. "Brain Processing During Mechanical Hyperalgesia in Complex Regional Pain Syndrome: A Functional MRI Study." *Pain* 114 (1): 93–103.

Malik, Bilal R., and James J. L. Hodge. 2014. "Drosophila Adult Olfactory Shock Learning." *Journal of Visualized Experiments* (90): 1–5. doi:10.3791/50107.

Malt, Barbara, and Phillip Wolff. 2010. *Words and the Mind: How Words Capture Human Experience.* New York: Oxford University Press.

Marder, E., and A. L. Taylor. 2011. "Multiple Models to Capture the Variability in Biological Neurons and Networks." *Nature Neuroscience* 14: 133–138.

Marder, Eve. 2012. "Neuromodulation of Neuronal Circuits: Back to the Future." *Neuron* 76 (1): 1–11.

Mareschal, Denis, Mark H. Johnson, Sylvain Sirois, Michael Spratling, Michael S. C. Thomas, and Gert Westermann. 2007. *Neuroconstructivism-I: How the Brain Constructs Cognition.* New York: Oxford University Press.

Mareschal, Denis, Paul C. Quinn, and Stephen E. G. Lea. 2010. *The Making of Human Concepts.* New York: Oxford University Press.

Marmi, Josep, Jaume Bertranpetit, Jaume Terradas, Osamu Takenaka, and Xavier Domingo-Roura. 2004. "Radiation and Phylogeography in the Japanese Macaque, Macaca Fuscata." *Molecular Phylogenetics and Evolution* 30 (3): 676–685.

Martin, Alia, and Laurie R. Santos. 2014. "The Origins of Belief Representation: Monkeys Fail to Automatically Represent Others' Beliefs." *Cognition* 130 (3): 300–308.

Martin, René, Ellen E. I. Gordon, and Patricia Lounsbury. 1998. "Gender Disparities in the Attribution of Cardiac-Related Symptoms: Contribution of Common Sense Models of Illness." *Health Psychology* 17 (4): 346–357.

Martin, René, Catherine Lemos, Nan Rothrock, S. Beth Bellman, Daniel Russell, Toni Tripp-Reimer, Patricia Lounsbury, and Ellen Gordon. 2004. "Gender Disparities in Common Sense Models of Illness Among Myocardial Infarction Victims." *Health Psychology* 23 (4): 345–353.

Martins, Nicole. 2013. "Televised Relational and Physical Aggression and Children's Hostile Intent Attributions." *Journal of Experimental Child Psychology* 116 (4): 945–952.

Martins, Nicole, Marie-Louise Mares, Mona Malacane, and Alanna Peebles. In press. "Liked Characters Get a Moral Pass: Young Viewers' Evaluations of Social and Physical Aggression in Tween Sitcoms." *Communication Research.*

Martins, Nicole, and Barbara J. Wilson. 2011. "Genre Differences in the Portrayal of Social Aggression in Programs Popular with Children." *Communication Research Reports* 28 (2): 130–140.

———. 2012a. "Mean on the Screen: Social Aggression in Programs Popular with Children." *Journal of Communication* 62 (6): 991–1009.

———. 2012b. "Social Aggression on Television and Its Relationship to Children's Aggression in the Classroom." *Human Communication Research* 38 (1): 48–71.

Massachusetts General Hospital Center for Law, Brain, and Behavior. 2013. "Memory in the Courtroom: Fixed, Fallible or Fleeting?" http://clbb.mgh.harvard.edu/memory-in-the-courtroom-fixed-fallible-or-fleeting.

Master, Sarah L., David M. Amodio, Annette L. Stanton, Cindy M. Yee, Clayton J. Hilmert, and Shelley E. Taylor. 2009. "Neurobiological Correlates of Coping Through Emotional Approach." *Brain, Behavior, and Immunity* 23 (1): 27–35.

Mathers, Colin, Doris Ma Fat, and Jan Ties Boerma. 2008. *The Global Burden of Disease: 2004 Update.* Geneva: World Health Organization.

Mathis, Diane, and Steven E. Shoelson. 2011. "Immunometabolism: An Emerging Frontier." *Nature Reviews Immunology* 11 (2): 81–83.

Matsumoto, David, Dacher Keltner, Michelle N. Shiota, Maureen O'Sullivan, and Mark Frank. 2008. "Facial Expressions of Emotion." In *Handbook of Emotions,* 3rd edition, edited by Michael Lewis, Jeannette M. Haviland-Jones, and Lisa Feldman Barrett, 211–234. New York: Guilford Press.

Matsumoto, David, Seung Hee Yoo, and Johnny Fontaine. 2008. "Mapping Expressive Differences Around the World: The Relationship Between Emotional Display Rules and Individualism Versus Collectivism." *Journal of Cross-Cultural Psychology* 39 (1): 55–74.

Matsuzawa, Tetsuro. 2010. "Cognitive Development in Chimpanzees: A Trade-Off Between Memory and Abstraction." In *The Making of Human Concepts*, edited by Denis Mareschal, Paul C. Quinn, and Stephen E. G. Lea, 227–244. New York: Oxford University Press.

Mayberg, Helen S. 2009. "Targeted Electrode-Based Modulation of Neural Circuits for Depression." *Journal of Clinical Investigation* 119 (4): 717–725.

Maye, Jessica, Janet F. Werker, and LouAnn Gerken. 2002. "Infant Sensitivity to Distributional Information Can Affect Phonetic Discrimination." *Cognition* 82 (3): B101–B111.

Mayr, Ernst. 1982. *The Growth of Biological Thought: Diversity, Evolution, and Inheritance*. Cambridge, MA: Harvard University Press.

———. 2007. *What Makes Biology Unique? Considerations on the Autonomy of a Scientific Discipline*. New York: Cambridge University Press.

McEwen, Bruce S., Nicole P. Bowles, Jason D. Gray, Matthew N. Hill, Richard G. Hunter, Ilia N. Karatsoreos, and Carla Nasca. 2015. "Mechanisms of Stress in the Brain." *Nature Neuroscience* 18 (10): 1353–1363.

McEwen, Bruce S., and Peter J. Gianaros. 2011. "Stress- and Allostasis-Induced Brain Plasticity." *Annual Review of Medicine* 62: 431–445.

McGlone, Francis, Johan Wessberg, and Håkan Olausson. 2014. "Discriminative and Affective Touch: Sensing and Feeling." *Neuron* 82 (4): 737–755.

McGrath, Callie L., Mary E. Kelley, Boadie W. Dunlop, Paul E. Holtzheimer III, W. Edward Craighead, and Helen S. Mayberg. 2014. "Pretreatment Brain States Identify Likely Nonresponse to Standard Treatments for Depression." *Biological Psychiatry* 76 (7): 527–535.

McKelvey, Tara. 2015. "Boston in Shock over Tsarnaev Death Penalty." *BBC News*, May 16. http://www.bbc.com/news/world-us-canada-32762999.

McMenamin, Brenton W., Sandra J. E. Langeslag, Mihai Sirbu, Srikanth Padmala, and Luiz Pessoa. 2014. "Network Organization Unfolds over Time During Periods of Anxious Anticipation." *Journal of Neuroscience* 34 (34): 11261–11273.

McNally, Gavan P., Joshua P. Johansen, and Hugh T. Blair. 2011. "Placing Prediction into the Fear Circuit." *Trends in Neurosciences* 34 (6): 283–292.

Meganck, Reitske, Stijn Vanheule, Ruth Inslegers, and Mattias Desmet. 2009. "Alexithymia and Interpersonal Problems: A Study of Natural Language Use." *Personality and Individual Differences* 47 (8): 990–995.

Mena, Jesus D., Ryan A. Selleck, and Brian A. Baldo. 2013. "Mu-Opioid Stimulation in Rat Prefrontal Cortex Engages Hypothalamic Orexin/Hypocretin-Containing Neurons, and Reveals Dissociable Roles of Nucleus Accumbens and Hypothalamus in Cortically Driven Feeding." *Journal of Neuroscience* 33 (47): 18540–18552.

Mennin, Douglas S., Richard G. Heimberg, Cynthia L. Turk, and David M. Fresco. 2005. "Preliminary Evidence for an Emotion Dysregulation Model of Generalized Anxiety Disorder." *Behaviour Research and Therapy* 43 (10): 1281–1310.

Menon, V. 2011. "Large-Scale Brain Networks and Psychopathology: A Unifying Triple Network Model." *Trends in Cognitive Science* 15 (10): 483–506.

Mervis, Carolyn B., and Eleanor Rosch. 1981. "Categorization of Natural Objects." *Annual Review of Psychology* 32 (1): 89–115.

Merz, Emily C., Tricia A. Zucker, Susan H. Landry, Jeffrey M. Williams, Michael Assel, Heather B. Taylor, Christopher J. Lonigan, Beth M. Phillips, Jeanine Clancy-Menchetti, and Marcia A. Barnes. 2015. "Parenting Predictors of Cognitive Skills and Emotion Knowledge in Socioeconomically Disadvantaged Preschoolers." *Journal of Experimental Child Psychology* 132: 14–31.

· Mesman, Judi, Harriet Oster, and Linda Camras. 2012. "Parental Sensitivity to Infant Distress: What Do Discrete Negative Emotions Have to Do with It?" *Attachment and Human Development* 14 (4): 337–348.

Mesquita, Batja, and Nico H. Frijda. 1992. "Cultural Variations in Emotions: A Review." *Psychological Bulletin* 112 (2): 179–204.

Mesulam, M.-Marcel. 2002. "The Human Frontal Lobes: Transcending the Default Mode Through Contingent Encoding." In *Principles of Frontal Lobe Function*, edited by Donald T. Stuss and Robert T. Knight, 8–30. New York: Oxford University Press.

Metti, Andrea L., Howard Aizenstein, Kristine Yaffe, Robert M. Boudreau, Anne Newman, Lenore Launer, Peter J. Gianaros, Oscar L. Lopez, Judith Saxton, and Diane G. Ives. 2015. "Trajectories of Peripheral Interleukin-6, Structure of the Hippocampus, and Cognitive Impairment over 14 Years in Older Adults." *Neurobiology of Aging* 36 (11):3038–3044.

Miller, Andrew H., Ebrahim Haroon, Charles L. Raison, and Jennifer C. Felger. 2013. "Cytokine Targets in the Brain: Impact on Neurotransmitters and Neurocircuits." *Depression and Anxiety* 30 (4): 297–306.

Miller, Antonia Elise. 2010. "Inherent (Gender) Unreasonableness of the Concept of Reasonableness in the Context of Manslaughter Committed in the Heat of Passion." *William and Mary Journal of Women and the Law* 17: 249.

Miller, Gregory E., and Edith Chen. 2010. "Harsh Family Climate in Early Life Presages the Emergence of a Proinflammatory Phenotype in Adolescence." *Psychological Science* 21 (6): 848–856.

Mitchell, Robert W., Nicholas S. Thompson, and H. Lyn Miles. 1997. *Anthropomorphism, Anecdotes, and Animals.* Albany, NY: SUNY Press.

Mobbs, Dean, Hakwan C. Lau, Owen D. Jones, and Christopher D. Frith. 2007. "Law, Responsibility, and the Brain." *PLOS Biology* 5 (4): e103. doi:10.1371/journal.pbio.0050103.

Montgomery, Ben. 2012. "Florida's 'Stand Your Ground' Law Was Born of 2004 Case, but Story Has Been Distorted." *Tampa Bay Times*, April 14. http://www.tampabay.com/news/publicsafety/floridas-stand-your-ground-law-was-born-of-2004-case-but-storyhas-been/1225164.

Monyak, Suzanne. 2015. "Jury Awards $2.2M Verdict Against Food Storage Companyin 'Defecator' DNA Case." Daily Report, June 22. http://www.dailyreportonline.com/id=1202730177957/Jury-Awards-22M-Verdict-against-Food-Storage-Company-in-Defecator-DNA-Case.

Moon, Christine, Hugo Lagercrantz, and Patricia K. Kuhl. 2013. "Language Experienced in Utero Affects Vowel Perception After Birth: A Two-Country Study." *Acta paediatrica* 102 (2): 156–160.

Moore, Shelby A. D. 1994. "Battered Woman Syndrome: Selling the Shadow to Support the Substance." *Howard Law Journal* 38 (2): 297.

Morell, Virginia. 2013. *Animal Wise: How We Know Animals Think and Feel.* New York: Broadway Books.

Moriguchi, Y., A. Negreira, M. Weierich, R. Dautoff, B. C. Dickerson, C. I. Wright, and L. F. Barrett. 2011. "Differential Hemodynamic Response in Affective Circuitry with Aging: An fMRI Study of Novelty, Valence, and Arousal." *Journal of Cognitive Neuroscience 23* (5): 1027–1041.

Moriguchi, Yoshiya, Alexandra Touroutoglou, Bradford C. Dickerson, and Lisa Feldman Barrett. 2013. "Sex Differences in the Neural Correlates of Affective Experience." *Social Cognitive and Affective Neuroscience* 9 (5): 591–600.

Morrison, Adele M. 2006. "Changing the Domestic Violence (Dis) Course: Moving from White Victim to Multi-Cultural Survivor." *UC Davis Law Review* 39: 1061–1120.

Murai, Chizuko, Daisuke Kosugi, Masaki Tomonaga, Masayuki Tanaka, Tetsuro Matsuzawa,and Shoji Itakura. 2005. "Can Chimpanzee Infants (Pan Troglodytes) Form Categorical Representations in the Same Manner as Human Infants (Homo Sapiens)?" *Developmental Science* 8 (3): 240–254.

Murphy, G. L. 2002. *The Big Book of Concepts.* Cambridge, MA: MIT Press.

Mysels, David J., and Maria A. Sullivan. 2010. "The Relationship Between Opioid and Sugar Intake: Review of Evidence and Clinical Applications." *Journal of Opioid Management* 6 (6): 445–452.

Naab, Pamela J., and James A. Russell. 2007. "Judgments of Emotion from Spontaneous Facial Expressions of New Guineans." *Emotion* 7 (4): 736–744.

Nadler, Janice, and Mary R. Rose. 2002. "Victim Impact Testimony and the Psychology of Punishment." *Cornell Law Review* 88: 419.

National Institute of Mental Health. 2015. "Research Domain Criteria (RDoC)." https://www.nimh.nih.gov/research-priorities/rdoc/.

National Institute of Neurological Disorders and Stroke. 2013. "Complex Regional Pain Syndrome Fact Sheet." http://www.ninds.nih.gov/disorders/reflex_sympathetic_dystrophy/detail_reflex_sympathetic_dystrophy.htm. National Sleep Foundation. 2011. "Annual Sleep in America Poll Exploring Connections with Communications Technology Use and Sleep." https://sleepfoundation.org/mediacenter/press-release/annual-sleep-america-poll-exploring-connections-communications-technology-use.

Nauert, Rick. 2013. "70 Percent of Americans Take Prescription Drugs." PsychCentral, June 20. http://psychcentral.com/news/2013/06/20/70-percent-of-americans-take-prescription-drugs/56275.html. Neisser, Ulric. 2014. *Cognitive Psychology*, Classic Edition. New York: Psychology Press.

Neuroskeptic. 2011. "Neurology vs Psychiatry." Neuroskeptic Blog. http://blogs.discovermagazine.com/neuroskeptic/2011/04/07/neurology-vs-psychiatry. New Jersey Courts, State of New Jersey. 2012. "Identification: In-Court and Out-of-Court Identifications." http://www.judiciary.state.nj.us/criminal/charges/idinout.pdf.

Nielsen, Mark. 2009. "12-Month-Olds Produce Others' Intended but Unfulfilled Acts." *Infancy* 14 (3): 377–389.

Nisbett, Richard E., and Dov Cohen. 1996. *Culture of Honor: The Psychology of Violence in the South.* Boulder, CO: Westview Press.

Noble, Kimberly G., Suzanne M. Houston, Natalie H. Brito, Hauke Bartsch, Eric Kan, Joshua M. Kuperman, Natacha Akshoomoff, David G. Amaral, Cinnamon S. Bloss, and Ondrej Libiger. 2015. "Family Income, Parental Education and Brain Structure in Children and Adolescents." *Nature Neuroscience* 18 (5): 773–778.

Nobler, Mitchell S., Maria A. Oquendo, Lawrence S. Kegeles, Kevin M. Malone, Carl Campbell, Harold A. Sackeim, and J. John Mann. 2001. "Decreased Regional Brain Metabolism After ECT." *American Journal of Psychiatry* 158 (2): 305–308.

Nokia, Miriam S., Sanna Lensu, Juha P. Ahtiainen, Petra P. Johansson, Lauren G. Koch, Steven L. Britton, and Heikki Kainulainen. 2016. "Physical Exercise Increases Adult Hippocampal Neurogenesis in Male Rats Provided It Is Aerobic and Sustained." *Journal of Physiology* 594 (7): 1–19.

Norenzayan, Ara, and Steven J. Heine. 2005. "Psychological Universals: What Are They and How Can We Know?" *Psychological Bulletin* 131 (5): 763–784.

Nummenmaa, Lauri, Enrico Glerean, Riitta Hari, and Jari K. Hietanen. 2014. "Bodily Maps of Emotions." *Proceedings of the National Academy of Sciences* 111 (2): 646–651.

Obrist, Paul A. 1981. *Cardiovascular Psychophysiology: A Perspective.* New York: Plenum.

Obrist, Paul A., Roger A. Webb, James R. Sutterer, and James L. Howard. 1970. "The Cardiac-Somatic Relationship: Some Reformulations." *Psychophysiology* 6 (5): 569–587.

Ochsner, K. N., and J. J. Gross. 2005. "The Cognitive Control of Emotion." *Trends in Cognitive Science* 9 (5): 242–249.

Okamoto-Barth, Sanae, and Masaki Tomonaga. 2006. "Development of Joint Attention in Infant Chimpanzees." In *Cognitive Development in Chimpanzees*, edited by T. Matsuzawa, M. Tomonaga, and M. Tanaka, 155–171. Tokyo: Springer.

Olausson, Håkan, Johan Wessberg, Francis McGlone, and Åke Vallbo. 2010. "The Neurophysiology of Unmyelinated Tactile Afferents." *Neuroscience and Biobehavioral Reviews* 34 (2): 185–191.

Olfson, Mark, and Steven C. Marcus. 2009. "National Patterns in Antidepressant Medication Treatment." *Archives of General Psychiatry* 66 (8): 848–856.

Oosterwijk, Suzanne, Kristen A. Lindquist, Morenikeji Adebayo, and Lisa Feldman Barrett. 2015. "The Neural Representation of Typical and Atypical Experiences of Negative Images: Comparing Fear, Disgust and Morbid Fascination." *Social Cognitive and Affective Neuroscience* 11 (1): 11–22.

Opendak, Maya, and Elizabeth Gould. 2015. "Adult Neurogenesis: A Substrate for Experience-Dependent Change." *Trends in Cognitive Sciences* 19 (3): 151–161.

Ortony, Andrew, Gerald L. Clore, and Allan Collins. 1990. *The Cognitive Structure of Emotions*. New York: Cambridge University Press.

Osgood, Charles Egerton, George John Suci, and Percy H. Tannenbaum. 1957. *The Measurement of Meaning*. Urbana: University of Illinois Press.

Oster, Harriet. 2005. "The Repertoire of Infant Facial Expressions: An Ontogenetic Perspective." In *Emotional Development: Recent Research Advances*, edited by J. Nadel and D. Muir, 261–292. New York: Oxford University Press.

———. 2006. "Baby FACS: Facial Action Coding System for infants and Young Children." Unpublished monograph and coding manual. New York University.

Owren, Michael J., and Drew Rendall. 2001. "Sound on the Rebound: Bringing Form andFunction Back to the Forefront in Understanding Nonhuman Primate Vocal Signaling." *Evolutionary Anthropology: Issues, News, and Reviews* 10 (2): 58–71.

Palumbo, R. V., M. E. Marraccini, L. L. Weyandt, O. Wilder-Smith, H. A. McGee, S. Liu, and M. S. Goodwin. In press. "Interpersonal Autonomic Physiology: A Systematic Review of the Literature." *Personality and Social Psychology Review*.

Panayiotou, Alexia. 2004. "Bilingual Emotions: The Untranslatable Self." *Estudios de sociolingüística: Linguas, sociedades e culturas* 5 (1): 1–20.

Panksepp, J. 1998. *Affective Neuroscience: The Foundations of Human and Animal Emotions*. New York: Oxford University Press.

———. 2011. "The Basic Emotional Circuits of Mammalian Brains: Do Animals Have Affective Lives?" *Neuroscience and Biobehavioral Reviews* 35 (9): 1791–1804.

Panksepp, Jaak, and Jules B. Panksepp. 2013. "Toward a Cross-Species Understanding of Empathy." *Trends in Neurosciences* 36 (8): 489–496.

Parise, Eugenio, and Gergely Csibra. 2012. "Electrophysiological Evidence for the Understanding of Maternal Speech by 9-Month-Old Infants." *Psychological Science* 23 (7): 728–733.

Park, Hae-Jeong, and Karl Friston. 2013. "Structural and Functional Brain Networks: From Connections to Cognition." *Science* 342 (6158): 1238411.

Park, Seong-Hyun, and Richard H. Mattson. 2009. "Ornamental Indoor Plants in Hospital Rooms Enhanced Health Outcomes of Patients Recovering from Surgery." *Journal of Alternative and Complementary Medicine* 15 (9): 975–980.

Parker, George Howard. 1919. *The Elementary Nervous System*. Philadelphia: J. B. Lippincott.

Parr, Lisa A., Bridget M. Waller, Sarah J. Vick, and Kim A. Bard. 2007. "Classifying Chimpanzee Facial Expressions Using Muscle Action." *Emotion* 7 (1): 172–181.

Passingham, Richard. 2009. "How Good Is the Macaque Monkey Model of the Human Brain?" *Current Opinion in Neurobiology* 19 (1): 6–11.

Paulus, Martin P., and Murray B. Stein. 2010. "Interoception in Anxiety and Depression." *Brain Structure and Function* 214 (5–6): 451–463.

Pavlenko, Aneta. 2009. "Conceptual Representation in the Bilingual Lexicon and Second Language Vocabulary Learning." In *The Bilingual Mental Lexicon: Interdisciplinary Approaches*, edited by Aneta Pavlenko, 125–160. Bristol, UK: Multilingual Matters.

———. 2014. *The Bilingual Mind: And What It Tells Us About Language and Thought*. Cambridge: Cambridge University Press.

Peelen, M. V., A. P. Atkinson, and P. Vuilleumier. 2010. "Supramodal Representations of Perceived Emotions in the Human Brain." *Journal of Neuroscience* 30 (30): 10127–10134.

Percy, Elise J., Joseph L. Hoffmann, and Steven J. Sherman. 2010. "Sticky Metaphors and the Persistence of the Traditional Voluntary Manslaughter Doctrine." *University of Michigan Journal of Law Reform* 44: 383.

Perfors, Amy, Joshua B. Tenenbaum, Thomas L. Griffiths, and Fei Xu. 2011. "A Tutorial Introduction to Bayesian Models of Cognitive Development." *Cognition* 120 (3): 302–321.

Perissinotto, Carla M., Irena Stijacic Cenzer, and Kenneth E. Covinsky. 2012. "Loneliness in Older Persons: A Predictor of Functional Decline and Death." *Archives of Internal Medicine* 172 (14): 1078–1084.

Pessoa, L., E. Thompson, and A. Noe. 1998. "Finding Out About Filling-In: A Guide to Perceptual Completion for Visual Science and the Philosophy of Perception." *Behavioral and Brain Sciences* 21 (6): 723–802.

Pillsbury, Samuel H. 1989. "Emotional Justice: Moralizing the Passions of Criminal Punishment." *Cornell Law Review* 74: 655–710.

Pimsleur. 2014. "Words We Wish Existed in English." Pimsleur Approach. https://www.pimsleurapproach.com/words-we-wish-existed-in-english/.

Pinker, Steven. 1997. *How the Mind Works*. New York: Norton.

——. 2002. *The Blank Slate: The Modern Denial of Human Nature*. New York: Penguin.

Pinto, A., D. Di Raimondo, A. Tuttolomondo, C. Buttà, G. Milio, and G. Licata. 2012. "Effects of Physical Exercise on Inflammatory Markers of Atherosclerosis." *Current Pharmaceutical Design* 18 (28): 4326–4349.

Pisotta, Iolanda, and Marco Molinari. 2014. "Cerebellar Contribution to Feedforward Control of Locomotion." *Frontiers in Human Neuroscience* 8: 1–5.

Planck, Max. 1931. *The Universe in the Light of Modern Physics*. London: Allen and Unwin.

Ploghaus, Alexander, Charvy Narain, Christian F. Beckmann, Stuart Clare, Susanna Bantick, Richard Wise, Paul M. Matthews, J. Nicholas P. Rawlins, and Irene Tracey. 2001.

"Exacerbation of Pain by Anxiety Is Associated with Activity in a Hippocampal Network." *Journal of Neuroscience* 21 (24): 9896–9903.

Pollack, Irwin, and James M. Pickett. 1964. "Intelligibility of Excerpts from Fluent Speech: Auditory vs. Structural Context." *Journal of Verbal Learning and Verbal Behavior* 3 (1): 79–84.

Pond, Richard S., Jr., Todd B. Kashdan, C. Nathan DeWall, Antonina Savostyanova, Nathaniel M. Lambert, and Frank D. Fincham. 2012. "Emotion Differentiation Moderates Aggressive Tendencies in Angry People: A Daily Diary Analysis." *Emotion* 12 (2): 326–337.

Posner, M. I., C. R. Snyder, and B. J. Davidson. 1980. "Attention and the Detection of Signals." *Journal of Experimental Psychology* 109 (2): 160–174.

Posner, Michael I., and Steven W. Keele. 1968. "On the Genesis of Abstract Ideas." *Journal of Experimental Psychology* 77 (July): 353–363.

Power, Jonathan D., Alexander L. Cohen, Steven M. Nelson, Gagan S. Wig, Kelly Anne Barnes, Jessica A. Church, Alecia C. Vogel, Timothy O. Laumann, Fran M. Miezin, and Bradley L. Schlaggar. 2011. "Functional Network Organization of the Human Brain." *Neuron* 72 (4): 665–678.

Pratt, Maayan, Magi Singer, Yaniv Kanat-Maymon, and Ruth Feldman. 2015. "Infant Negative Reactivity Defines the Effects of Parent-Child Synchrony on Physiological and Behavioral Regulation of Social Stress." *Development and Psychopathology* 27 (4, part 1): 1191–1204.

Prebble, S. C., D. R. Addis, and L. J. Tippett. 2012. "Autobiographical Memory and Sense of Self." *Psychological Bulletin* 139 (4): 815–840.

Press, Clare, and Richard Cook. 2015. "Beyond Action-Specific Simulation: Domain-General Motor Contributions to Perception." *Trends in Cognitive Sciences* 19 (4): 176–178.

Pribram, Karl H. 1958. "Comparative Neurology and the Evolution of Behavior." In *Behavior and Evolution*, edited by Anne Roe and George Gaylord Simpson, 140–164. New Haven, CT: Yale University Press.

Quaranta, A., M. Siniscalchi, and G. Vallortigara. 2007. "Asymmetric Tail-Wagging Responses by Dogs to Different Emotive Stimuli." *Current Biology* 17 (6): R199–R201.

Quattrocki, E., and Karl Friston. 2014. "Autism, Oxytocin and Interoception." *Neuroscience and Biobehavioral Reviews* 47: 410–430.

Quoidbach, Jordi, June Gruber, Moïra Mikolajczak, Alexsandr Kogan, Ilios Kotsou, and Michael I. Norton. 2014. "Emodiversity and the Emotional Ecosystem." *Journal of Experimental Psychology: General* 143 (6): 2057–2066.

Raichle, M. E. 2010. "Two Views of Brain Function." *Trends in Cognitive Science* 14 (4): 180–190.

Ramon y Cajal, Santiago. 1909–1911. *Histology of the Nervous System of Man and Vertebrates*. Translated by Neeley Swanson and Larry W. Swanson. New York: Oxford University Press.

Ranganathan, Rajiv, and Les G. Carlton. 2007. "Perception-Action Coupling and Anticipatory Performance in Baseball Batting." *Journal of Motor Behavior* 39 (5): 369–380.

Range, Friederike, Ulrike Aust, Michael Steurer, and Ludwig Huber. 2008. "Visual Categorization of Natural Stimuli by Domestic Dogs." *Animal Cognition* 11 (2): 339–347.

Raz, G., T. Touroutoglou, C. Wilson-Mendenhall, G. Gilam, T. Lin, T. Gonen, Y. Jacob, S. Atzil, R. Admon, M. Bleich-Cohen, A. Maron-Katz, T. Hendler, and L. F. Barrett. 2016. "Functional Connectivity Dynamics During Film Viewing Reveal Common Networks for Different Emotional Experiences." *Cognitive, Affective, and Behavioral Neuroscience* 16 (4): 709–723.

Redelmeier, Donald A., and Simon D. Baxter. 2009. "Rainy Weather and Medical School Admission Interviews." *Canadian Medical Association Journal* 181 (12): 933.

Repacholi, Betty M., and Alison Gopnik. 1997. "Early Reasoning About Desires: Evidence from 14- and 18-Month-Olds." *Developmental Psychology* 33 (1): 12–21.

Repetti, Rena L., Shelley E. Taylor, and Teresa E. Seeman. 2002. "Risky Families: Family Social Environments and the Mental and Physical Health of Offspring." *Psychological Bulletin* 128 (2): 330–366.

Reynolds, Gretchen. 2015. "How Walking in Nature Changes the Brain." *New York Times*, July 22. http://well.blogs.nytimes.com/2015/07/22/how-nature-changes-the-brain/.

Reynolds, S. M., and K. C. Berridge. 2008. "Emotional Environments Retune the Valence of Appetitive Versus Fearful Functions in Nucleus Accumbens." *Nature Neuroscience* 11 (4): 423–425.

Richerson, Peter J., and Robert Boyd. 2008. *Not by Genes Alone: How Culture Transformed Human Evolution*. Chicago: University of Chicago Press.

Rieke, Fred. 1999. *Spikes: Exploring the Neural Code*. Cambridge, MA: MIT Press.

Rigotti, Mattia, Omri Barak, Melissa R. Warden, Xiao-Jing Wang, Nathaniel D. Daw, Earl K. Miller, and Stefano Fusi. 2013. "The Importance of Mixed Selectivity in Complex Cognitive Tasks." *Nature* 497 (7451): 585–590.

Rimmele, Ulrike, Lila Davachi, Radoslav Petrov, Sonya Dougal, and Elizabeth A. Phelps. 2011. "Emotion Enhances the Subjective Feeling of Remembering, Despite Lower Accuracy for Contextual

Details." *Emotion* 11 (3): 553–562.

Riva-Posse, Patricio, Ki Sueng Choi, Paul E. Holtzheimer, Cameron C. McIntyre, Robert E. Gross, Ashutosh Chaturvedi, Andrea L. Crowell, Steven J. Garlow, Justin K. Rajendra, and Helen S. Mayberg. 2014. "Defining Critical White Matter Pathways Mediating Successful Subcallosal Cingulate Deep Brain Stimulation for Treatment-Resistant Depression." *Biological Psychiatry* 76 (12): 963–969.

Roberson, Debi, Jules Davidoff, Ian R. L. Davies, and Laura R. Shapiro. 2005. "Color Categories: Evidence for the Cultural Relativity Hypothesis." *Cognitive Psychology* 50 (4): 378–411.

Rosch, Eleanor. 1978. "Principles of Categorization." In *Cognition and Categorization*, edited by Eleanor Rosch and Barbara B. Lloyd, 2–48. Hillsdale, NJ: Erlbaum.

Roseman, I. J. 1991. "Appraisal Determinants of Discrete Emotions." *Cognition and Emotion* 5 (3): 161–200.

———. 2011. "Emotional Behaviors, Emotivational Goals, Emotion Strategies: Multiple Levels of Organization Integrate Variable and Consistent Responses." *Emotion Review* 3: 1–10.

Rossi, Alexandre Pongrácz, and César Ades. 2008. "A Dog at the Keyboard: Using Arbitrary Signs to Communicate Requests." *Animal Cognition* 11 (2): 329–338.

Rottenberg, Jonathan. 2014. *The Depths: The Evolutionary Origins of the Depression Epidemic*. New York: Basic Books.

Rowe, Meredith L., and Susan Goldin-Meadow. 2009. "Differences in Early Gesture Explain SES Disparities in Child Vocabulary Size at School Entry." *Science* 323 (5916): 951–953.

Roy, M., D. Shohamy, N. Daw, M. Jepma, G. E. Wimmer, and T. D. Wager. 2014. "Representation of Aversive Prediction Errors in the Human Periaqueductal Gray." *Nature Neuroscience* 17 (11): 1607–1612.

Roy, Mathieu, Mathieu Piché, Jen-I Chen, Isabelle Peretz, and Pierre Rainville. 2009. "Cerebral and Spinal Modulation of Pain by Emotions." *Proceedings of the National Academy of Sciences* 106 (49): 20900–20905.

Russell, J. A. 1991a. "Culture and the Categorization of Emotions." *Psychological Bulletin* 110 (3): 426–450.

———. 1991b. "In Defense of a Prototype Approach to Emotion Concepts." *Journal of Personality and Social Psychology* 60 (1): 37–47.

———. 1994. "Is There Universal Recognition of Emotion from Facial Expressions? A Review of the Cross-Cultural Studies." *Psychological Bulletin* 115 (1): 102–141.

———. 2003. "Core Affect and the Psychological Construction of Emotion." *Psychological Review* 110 (1): 145–172.

Russell, J. A., and L. F. Barrett. 1999. "Core Affect, Prototypical Emotional Episodes, and Other Things Called Emotion: Dissecting the Elephant." *Journal of Personality and Social Psychology* 76 (5): 805–819.

Rychlowska, Magdalena, Yuri Miyamoto, David Matsumoto, Ursula Hess, Eva Gilboa-Schechtman, Shanmukh Kamble, Hamdi Muluk, Takahiko Masuda, and Paula Marie Niedenthal. 2015. "Heterogeneity of Long-History Migration Explains Cultural Differences in Reports of Emotional Expressivity and the

Functions of Smiles." *Proceedings of the National Academy of Sciences* 112 (19): E2429–E2436.

Sabra, Abdelhamid I. 1989. *The Optics of Ibn al-Haytham, Books I–III: On Direct Vision*. Vol. 1. London: Warburg Institute, University of London.

Safina, Carl. 2015. *Beyond Words: What Animals Think and Feel*. New York: Macmillan.

Salerno, Jessica M., and Bette L. Bottoms. 2009. "Emotional Evidence and Jurors' Judgments: The Promise of Neuroscience for Informing Psychology and Law." *Behavioral Sciences and the Law* 27 (2): 273–296.

Salminen, Jouko K., Simo Saarijärvi, Erkki Äärelä, Tuula Toikka, and Jussi Kauhanen. 1999. "Prevalence of Alexithymia and Its Association with Sociodemographic Variables in the General Population of Finland." *Journal of Psychosomatic Research* 46 (1): 75–82.

Salter, Michael W., and Simon Beggs. 2014. "Sublime Microglia: Expanding Roles for the Guardians of the CNS." *Cell* 158 (1): 15–24.

Sanchez, Raf, and Peter Foster. 2015. " 'You Rape Our Women and Are Taking over Our Country,' Charleston Church Gunman Told Black Victims." *Telegraph*, June 18. http://www.telegraph.co.uk/news/worldnews/northamerica/usa/11684957/You-rape-ourwomen-and-are-taking-are-taking-over-our-country-Charleston-church-gunman-told-blackvictims.html.

Sauter, Disa A., Frank Eisner, Paul Ekman, and Sophie K. Scott. 2010. "Cross-Cultural Recognition of Basic Emotions Through Nonverbal Emotional Vocalizations." *Proceedings of the National Academy of Sciences* 107 (6): 2408–2412.

———. 2015. "Emotional Vocalizations Are Recognized Across Cultures Regardless of the Valence of Distractors." *Psychological Science* 26 (3): 354–356.

Sbarra, David A., and Cindy Hazan. 2008. "Coregulation, Dysregulation, Self-Regulation: An Integrative Analysis and Empirical Agenda for Understanding Adult Attachment, Separation, Loss, and Recovery." *Personality and Social Psychology Review* 12 (2): 141–167.

Scalia, Antonin, and Bryan A. Garner. 2008. *Making Your Case: The Art of Persuading Judges*. St. Paul, MN: Thomson/West.

Schacter, D. L., D. R. Addis, D. Hassabis, V. C. Martin, R. N. Spreng, and K. K. Szpunar. 2012. "The Future of Memory: Remembering, Imagining, and the Brain." *Neuron* 76 (4): 677–694.

Schacter, Daniel L. 1996. *Searching for Memory: The Brain, the Mind, and the Past*. New York: Basic Books.

Schacter, Daniel L., and Elizabeth F. Loftus. 2013. "Memory and Law: What Can Cognitive Neuroscience Contribute?" *Nature Neuroscience* 16 (2): 119–123.

Schachter, Stanley, and Jerome Singer. 1962. "Cognitive, Social, and Physiological Determinants of Emotional State." *Psychological Review* 69 (5): 379–399.

Schatz, Howard, and Beverly J. Ornstein. 2006. In *Character: Actors Acting*. Boston: Bulfinch Press.

Schilling, Elizabeth A., Robert H. Aseltine, and Susan Gore. 2008.

"The Impact of Cumulative Childhood Adversity on Young Adult Mental Health: Measures, Models, and Interpretations." *Social Science and Medicine* 66 (5): 1140–1151.

Schnall, Simone, Kent D. Harber, Jeanine K. Stefanucci, and Dennis R. Proffitt. 2008. "Social Support and the Perception of Geographical Slant." *Journal of Experimental Social Psychology* 44 (5): 1246–1255.

Scholz, Joachim, and Clifford J. Woolf. 2007. "The Neuropathic Pain Triad: Neurons, Immune Cells and Glia." *Nature Neuroscience* 10 (11): 1361–1368.

Schumann, Karina, Jamil Zaki, and Carol S. Dweck. 2014. "Addressing the Empathy Deficit: Beliefs About the Malleability of Empathy Predict Effortful Responses When Empathy Is Challenging." *Journal of Personality and Social Psychology* 107 (3): 475–493.

Schuster, Mary Lay, and Amy Propen. 2010. "Degrees of Emotion: Judicial Responses to Victim Impact Statements." *Law, Culture and the Humanities* 6 (1): 75–104.

Schwarz, Norbert, and Gerald L. Clore. 1983. "Mood, Misattribution, and Judgments of Well-Being: Informative and Directive Functions of Affective States." *Journal of Personality and Social Psychology* 45 (3): 513–523.

Schyns, P. G., R. L. Goldstone, and J. P. Thibaut. 1998. "The Development of Features in Object Concepts." *Behavioral and Brain Sciences* 21 (1): 1–17, 17–54.

Searle, John R. 1995. *The Construction of Social Reality.* New York: Simon and Schuster.

Selby, Edward A., Stephen A. Wonderlich., Ross D. Crosby, Scott G. Engel, Emily Panza, James E. Mitchell, Scott J. Crow, Carol B. Peterson, and Daniel Le Grange. 2013. "Nothing Tastes as Good as Thin Feels: Low Positive Emotion Differentiation and Weight-Loss Activities in Anorexia Nervosa." *Clinical Psychological Science* 2 (4): 514–531.

Seminowicz, D. A., H. S. Mayberg, A. R. McIntosh, K. Goldapple, S. Kennedy, Z. Segal, and S. Rafi-Tari. 2004. "Limbic-Frontal Circuitry in Major Depression: A Path Modeling Metanalysis." *Neuroimage* 22 (1): 409–418.

Seo, M.-G., B. Goldfarb, and L. F. Barrett. 2010. "Affect and the Framing Effect Within Individuals Across Time: Risk Taking in a Dynamic Investment Game." *Academy of Management Journal* 53: 411–431.

Seruga, Bostjan, Haibo Zhang, Lori J. Bernstein, and Ian F. Tannock. 2008. "Cytokines and Their Relationship to the Symptoms and Outcome of Cancer." *Nature Reviews Cancer* 8 (11): 887–899.

Settle, Ray H., Barbara A. Sommerville, James McCormick, and Donald M. Broom. 1994. "Human Scent Matching Using Specially Trained Dogs." *Animal Behaviour* 48 (6): 1443–1448.

Shadmehr, Reza, Maurice A. Smith, and John W. Krakauer. 2010. "Error Correction, Sensory Prediction, and Adaptation in Motor Control." *Annual Review of Neuroscience* 33: 89–108.

Sharrock, Justine. 2013. "How Facebook, A Pixar Artist, and Charles Darwin Are Reinventing the Emoticon." Buzzfeed, February 8. http://www.buzzfeed.com/justinesharrock/how-facebook-a-pixar-artist-and-charles-darwin-are-reinventi?utm_

term=.ig1rx82Ky#.hxRb0da4w.

Shenhav, Amitai, Matthew M. Botvinick, and Jonathan D. Cohen. 2013. "The Expected Value of Control: An Integrative Theory of Anterior Cingulate Cortex Function." *Neuron* 79 (2): 217–240.

Shepard, Roger N., and Lynn A. Cooper. 1992. "Representation of Colors in the Blind, Color-Blind, and Normally Sighted." *Psychological Science* 3 (2): 97–104.

Sheridan, Margaret A., and Katie A. McLaughlin. 2014. "Dimensions of Early Experience and Neural Development: Deprivation and Threat." *Trends in Cognitive Sciences* 18 (11): 580–585.

Siegel, E. H., M. K. Sands, P. Condon, Y. Chang, J. Dy, K. S. Quigley, and L. F. Barrett. Under review. "Emotion Fingerprints or Emotion Populations? A Meta-Analytic Investigation of Autonomic Features of Emotion Categories."

Silva, B. A., C. Mattucci, P. Krzywkowski, E. Murana, A. Illarionova, V. Grinevich, N. S. Canteras, D. Ragozzino, and C. T. Gross. 2013. "Independent Hypothalamic Circuits for Social and Predator Fear." *Nature Neuroscience* 16 (12): 1731–1733.

Simon, Herbert A. 1991. "The Architecture of Complexity." *Proceedings of the American Philosophical Society* 106 (6): 467–482.

Simon, Jonathan. 2007. *Governing Through Crime: How the War on Crime Transformed American Democracy and Created a Culture of Fear.* New York: Oxford University Press.

Sinha, Pawan, Margaret M. Kjelgaard, Tapan K. Gandhi, Kleovoulos Tsourides, Annie L. Cardinaux, Dimitrios Pantazis, Sidney P. Diamond, and Richard M. Held. 2014. "Autism as a Disorder of Prediction." *Proceedings of the National Academy of Sciences* 111 (42): 15220–15225.

Siniscalchi, Marcello, Rita Lusito, Giorgio Vallortigara, and Angelo Quaranta. 2013. "Seeing Left- or Right-Asymmetric Tail Wagging Produces Different Emotional Responses in Dogs." *Current Biology* 23 (22): 2279–2282.

Skerry, Amy E., and Rebecca Saxe. 2015. "Neural Representations of Emotion Are Organized Around Abstract Event Features." *Current Biology* 25 (15): 1945–1954.

Slavich, George M., and Steven W. Cole. 2013. "The Emerging Field of Human Social Genomics." *Clinical Psychological Science* 1 (3): 331–348.

Slavich, George M., and Michael R. Irwin. 2014. "From Stress to Inflammation and Major Depressive Disorder: A Social Signal Transduction Theory of Depression." *Psychological Bulletin* 140 (3): 774.

Sloan, Erica K., John P. Capitanio, Ross P. Tarara, Sally P. Mendoza, William A. Mason, and Steve W. Cole. 2007. "Social Stress Enhances Sympathetic Innervation of Primate Lymph Nodes: Mechanisms and Implications for Viral Pathogenesis." *Journal of Neuroscience* 27 (33): 8857–8865.

Sloutsky, Vladimir M., and Anna V. Fisher. 2012. "Linguistic Labels: Conceptual Markers or Object Features?" *Journal of Experimental Child Psychology* 111 (1): 65–86.

Smith, Dylan M., George Loewenstein, Aleksandra Jankovic, and Peter A. Ubel. 2009. "Happily Hopeless: Adaptation to a Permanent, but Not to a Temporary, Disability." *Health Psychology* 28 (6): 787–791.

Smith, Edward E., and Douglas L. Medin. 1981. *Categories and Concepts*. Cambridge, MA: Harvard University Press.

So Bad So Good. 2012. "25 Handy Words that Simply Don't Exist in English." April 29. http://sobadsogood.com/2012/04/29/25-words-that-simply-dont-exist-in-english/.

Somerville, Leah H., and Paul J. Whalen. 2006. "Prior Experience as a Stimulus Category Confound: An Example Using Facial Expressions of Emotion." *Social Cognitive and Affective Neuroscience* 1 (3): 271–274.

Soni, Mira, Valerie H. Curran, and Sunjeev K. Kamboj. 2013. "Identification of a Narrow Post-Ovulatory Window of Vulnerability to Distressing Involuntary Memories in Healthy Women." *Neurobiology of Learning and Memory* 104: 32–38.

Soskin, David P., Clair Cassiello, Oren Isacoff, and Maurizio Fava. 2012. "The Inflammatory Hypothesis of Depression." *Focus* 10 (4): 413–421.

Sousa, Cláudia, and Tetsuro Matsuzawa. 2006. "Token Use by Chimpanzees (Pan Troglodytes): Choice, Metatool, and Cost." In *Cognitive Development in Chimpanzees*, edited by T. Matsuzawa, M. Tomanaga, and M. Tanaka, 411–438. Tokyo: Springer.

Southgate, Victoria, and Gergely Csibra. 2009. "Inferring the Outcome of an Ongoing Novel Action at 13 Months." *Developmental Psychology* 45 (6): 1794–1798.

Spiegel, Alix. 2012. "What Vietnam Taught Us About Breaking Bad Habits." *National Public Radio*, January 2. http://www.npr.org/sections/health-shots/2012/01/02/144431794/what-vietnam-taught-us-about-breaking-bad-habits.

Sporns, Olaf. 2011. *Networks of the Brain*. Cambridge, MA: MIT Press.

Spunt, R. P., E. B. Falk, and M. D. Lieberman. 2010. "Dissociable Neural Systems Support Retrieval of How and Why Action Knowledge." *Psychological Science* 21 (11): 1593–1598.

Spunt, R. P., and M. D. Lieberman. 2012. "An Integrative Model of the Neural Systems Supporting the Comprehension of Observed Emotional Behavior." *Neuroimage* 59 (3): 3050–3059.

Spyridaki, Eirini C., Panagiotis Simos, Pavlina D. Avgoustinaki, Eirini Dermitzaki, Maria Venihaki, Achilles N. Bardos, and Andrew N. Margioris. 2014. "The Association Between Obesity and Fluid Intelligence Impairment Is Mediated by Chronic Low-Grade Inflammation." *British Journal of Nutrition* 112 (10): 1724–1734.

Srinivasan, Ramprakash, Julie D. Golomb, and Aleix M. Martinez. In press. "A Neural Basis of Facial Action Recognition in Humans." *Journal of Neuroscience*.

Stanton, Annette L., Sharon Danoff-Burg, Christine L. Cameron, Michelle Bishop, Charlotte A. Collins, Sarah B. Kirk, Lisa A. Sworowski, and Robert Twillman. 2000. "Emotionally Expressive Coping Predicts Psychological and Physical Adjustment to Breast Cancer." *Journal of Consulting and Clinical Psychology* 68 (5): 875.

Stanton, Annette L., Sharon Danoff-Burg, and Melissa E. Huggins. 2002. "The First Year After Breast Cancer Diagnosis: Hope and Coping Strategies as Predictors of Adjustment." *Psycho-Oncology* 11 (2): 93–102.

Steiner, Adam P., and A. David Redish. 2014. "Behavioral and Neurophysiological Correlates of Regret in Rat Decision-Making on a Neuroeconomic Task." *Nature Neuroscience* 17 (7): 995–1002.

Stellar, Jennifer E., Neha John-Henderson, Craig L. Anderson, Amie M. Gordon, Galen D. McNeil, and Dacher Keltner. 2015. "Positive Affect and Markers of Inflammation: Discrete Positive Emotions Predict Lower Levels of Inflammatory Cytokines." *Emotion* 15 (2): 129–133.

Stephens, C. L., I. C. Christie, and B. H. Friedman. 2010. "Autonomic Specificity of Basic Emotions: Evidence from Pattern Classification and Cluster Analysis." *Biological Psychology* 84 (3): 463–473.

Sterling, Peter. 2012. "Allostasis: A Model of Predictive Regulation." *Physiology and Behavior* 106 (1): 5–15.

Sterling, Peter, and Simon Laughlin. 2015. *Principles of Neural Design*. Cambridge, MA: MIT Press.

Stevenson, Seth. 2015. "Tsarnaev's Smirk." Slate.com, April 21. http://www.slate.com/articles/news_and_politics/dispatches/2015/04/tsarnaev_trial_sentencing_phase_prosecutor_makes_case_that_dzhokhar_tsarnaev.html.

Stolk, Arjen, Lennart Verhagen, and Ivan Toni. 2016. "Conceptual Alignment: How Brains Achieve Mutual Understanding." *Trends in Cognitive Sciences* 20 (3): 180–191.

Striedter, Georg F. 2006. "Précis of Principles of Brain Evolution." *Behavioral and Brain Sciences* 29 (1): 1–12.

Styron, William. 2010. *Darkness Visible: A Memoir of Madness*. New York: Open Road Media.

Sullivan, Michael J. L., Mary E. Lynch, and A. J. Clark. 2005. "Dimensions of Catastrophic Thinking Associated with Pain Experience and Disability in Patients with Neuropathic Pain Conditions." *Pain* 113 (3): 310–315.

Susskind, Joshua M., Daniel H. Lee, Andrée Cusi, Roman Feiman, Wojtek Grabski, and Adam K. Anderson. 2008. "Expressing Fear Enhances Sensory Acquisition." *Nature Neuroscience* 11 (7): 843–850.

Suvak, M. K., and L. F. Barrett. 2011. "Considering PTSD from the Perspective of Brain Processes: A Psychological Construction Analysis." *Journal of Traumatic Stress* 24: 3–24.

Suvak, M. K., B. T. Litz, D. M. Sloan, M. C. Zanarini, L. F. Barrett, and S. G. Hofmann. 2011. "Emotional Granularity and Borderline Personality Disorder." *Journal of Abnormal Psychology* 120 (2): 414–426.

Swanson, Larry W. 2012. *Brain Architecture: Understanding the Basic Plan*. New York: Oxford University Press.

Tabibnia, Golnaz, Matthew D. Lieberman, and Michelle G. Craske. 2008. "The Lasting Effect of Words on Feelings: Words May Facilitate Exposure Effects to Threatening Images." *Emotion* 8 (3): 307–317.

Tagkopoulos, Ilias, Yir-Chung Liu, and Saeed Tavazoie. 2008. "Predictive Behavior Within Microbial Genetic Networks." *Science* 320 (5881): 1313–1317.

Tamir, Maya. 2009. "What Do People Want to Feel and Why? Pleasure and Utility in Emotion Regulation." *Current Directions in Psychological Science* 18 (2): 101–105.

Tanaka, Masayuki. 2011. "Spontaneous Categorization of Natural Objects in Chimpanzees." In *Cognitive Development in Chimpanzees*, edited by T. Matsuzawa, M. Tomanaga, and M. Tanaka, 340–367. Tokyo: Springer.

Tang, Yi-Yuan, Britta K. Hölzel, and Michael I. Posner. 2015. "The Neuroscience of Mindfulness Meditation." *Nature Reviews Neuroscience* 16 (4): 213–225.

Tassinary, Louis G., and John T. Cacioppo. 1992. "Unobservable Facial Actions and Emotion." *Psychological Science* 3 (1): 28–33.

Tassinary, Louis G., John T. Cacioppo, and Eric J. Vanman. 2007. "The Skeletomotor System: Surface Electromyography." In *Handbook of Psychophysiology*, 3rd edition, edited by John T. Cacioppo and Louis G. Tassinary, 267–300. New York: Cambridge University Press.

Taumoepeau, Mele, and Ted Ruffman. 2006. "Mother and Infant Talk About Mental States Relates to Desire Language and Emotion Understanding." *Child Development* 77 (2):465–481.

———. 2008. "Stepping Stones to Others' Minds: Maternal Talk Relates to Child Mental State Language and Emotion Understanding at 15, 24, and 33 Months." *Child Development* 79 (2): 284–302.

TedMed. 2015. "Great Challenges." http://www.tedmed.com/greatchallenges.

Teicher, Martin H., Susan L. Andersen, Ann Polcari, Carl M. Anderson, and Carryl P. Navalta. 2002. "Developmental Neurobiology of Childhood Stress and Trauma." *Psychiatric Clinics* 25 (2): 397–426.

Teicher, Martin H., Susan L. Andersen, Ann Polcari, Carl M. Anderson, Carryl P. Navalta, and Dennis M. Kim. 2003. "The Neurobiological Consequences of Early Stress and Childhood Maltreatment." *Neuroscience and Biobehavioral Reviews* 27 (1): 33–44.

Teicher, Martin H., and Jacqueline A. Samson. 2016. "Annual Research Review: Enduring Neurobiological Effects of Childhood Abuse and Neglect." *Journal of Child Psychology and Psychiatry* 57 (3): 241–266.

Teicher, Martin H., Jacqueline A. Samson, Ann Polcari, and Cynthia E. McGreenery. 2006. "Sticks, Stones, and Hurtful Words: Relative Effects of Various Forms of Childhood Maltreatment." *American Journal of Psychiatry* 163: 993–1000.

Tejero-Fernández, Victor, Miguel Membrilla-Mesa, Noelia Galiano-Castillo, and Manuel Arroyo-Morales. 2015. "Immunological Effects of Massage After Exercise: A Systematic Review." *Physical Therapy in Sport* 16 (2): 187–192.

Tenenbaum, Joshua B., Charles Kemp, Thomas L. Griffiths, and Noah D. Goodman. 2011. "How to Grow a Mind: Statistics, Structure, and Abstraction." *Science* 331 (6022): 1279–1285.

Tiedens, Larissa Z. 2001. "Anger and Advancement Versus Sadness and Subjugation: The Effect of Negative Emotion Expressions on Social Status Conferral." *Journal of Personality and Social Psychology* 80 (1): 86–94.

Tomasello, Michael. 2014. *A Natural History of Human Thinking*. Cambridge, MA: Harvard University Press.

Tomkins, Silvan S., and Robert McCarter. 1964. "What and Where Are the Primary Affects? Some Evidence for a Theory." *Perceptual and Motor Skills* 18 (1): 119–158.

Tononi, Giulio, and Gerald M. Edelman. 1998. "Consciousness and Complexity." *Science* 282 (5395): 1846–1851.

Touroutoglou, A., E. Bliss-Moreau, J. Zhang, D. Mantini, W. Vanduffel, B. Dickerson, and L. F. Barrett. 2016. "A Ventral Salience Network in the Macaque Brain." *Neuroimage* 132: 190–197.

Touroutoglou, A., K. A. Lindquist, B. C. Dickerson, and L. F. Barrett. 2015. "Intrinsic Connectivity in the Human Brain Does Not Reveal Networks for 'Basic' Emotions." *Social Cognitive and Affective Neuroscience* 10 (9): 1257–1265.

Tovote, Philip, Jonathan Paul Fadok, and Andreas Lüthi. 2015. "Neuronal Circuits for Fear and Anxiety." *Nature Reviews Neuroscience* 16 (6): 317–331.

Tracey, Irene. 2010. "Getting the Pain You Expect: Mechanisms of Placebo, Nocebo and Reappraisal Effects in Humans." *Nature Medicine* 16 (11): 1277–1283.

Tracy, Jessica L., and Daniel Randles. 2011. "Four Models of Basic Emotions: A Review of Ekman and Cordaro, Izard, Levenson, and Panksepp and Watt." *Emotion Review* 3 (4): 397–405.

Tranel, Daniel, Greg Gullickson, Margaret Koch, and Ralph Adolphs. 2006. "Altered Experience of Emotion Following Bilateral Amygdala Damage." *Cognitive Neuropsychiatry* 11 (3): 219–232.

Traub, Richard J., Dong-Yuan Cao, Jane Karpowicz, Sangeeta Pandya, Yaping Ji, Susan G. Dorsey, and Dean Dessem. 2014. "A Clinically Relevant Animal Model of Temporomandibular Disorder and Irritable Bowel Syndrome Comorbidity." *Journal of Pain* 15 (9): 956–966.

Triandis, Harry Charalambos. 1994. *Culture and Social Behavior*. New York: McGraw-Hill. Trivedi, Bijal P. 2004. " 'Hot Tub Monkeys' Offer Eye on Nonhuman 'Culture'." *National Geographic News*, February 6. http://news.nationalgeographic.com/news/2004/02/0206_040206_tvmacaques.html.

Trumble, Angus. 2004. *A Brief History of the Smile*. New York: Basic Books.

Tsai, Jeanne L. 2007. "Ideal Affect: Cultural Causes and Behavioral Consequences." *Perspectives on Psychological Science* 2 (3): 242–259.

Tsuda, Makoto, Simon Beggs, Michael W. Salter, and Kazuhide Inoue. 2013. "Microglia and Intractable Chronic Pain." *Glia* 61 (1): 55–61.

Tucker, Mike, and Rob Ellis. 2001. "The Potentiation of Grasp Types During Visual Object Categorization." *Visual Cognition* 8 (6): 769–800.

———. 2004. "Action Priming by Briefly Presented Objects." *Acta psychologica* 116 (2): 185–203.

Turati, Chiara. 2004. "Why Faces Are Not Special to Newborns: An Alternative Account of the Face Preference." *Current Directions in Psychological Science* 13 (1): 5–8.

Turcsán, Borbála, Flóra Szánthó, Ádám Miklósi, and Enik Kubinyi. 2015. "Fetching What the Owner Prefers? Dogs Recognize Disgust and Happiness in Human Behaviour." *Animal Cognition* 18 (1): 83–94.

Turkheimer, Eric, Erik Pettersson, and Erin E. Horn. 2014. "A Phenotypic Null Hypothesis for the Genetics of Personality." *Annual Review of Psychology* 65: 515–540.

U.S. Census Bureau. 2015. "Families and Living Arrangements." http://www.census.gov/hhes/families.

Vallacher, Robin R., and Daniel M. Wegner. 1987. "What Do People Think They're Doing? Action Identification and Human Behavior." *Psychological Review* 94 (1): 3–15.

Van de Cruys, Sander, Kris Evers, Ruth Van der Hallen, Lien Van Eylen, Bart Boets, Lee de-Wit, and Johan Wagemans. 2014. "Precise Minds in Uncertain Worlds: Predictive Coding in Autism." *Psychological Review* 121 (4): 649–675.

Van den Heuvel, Martijn P., and Olaf Sporns. 2011. "Rich-Club Organization of the Human Connectome." *Journal of Neuroscience* 31 (44): 15775–15786.

———. 2013. "An Anatomical Substrate for Integration Among Functional Networks in Human Cortex." *Journal of Neuroscience* 33 (36): 14489–14500.

Van der Laan, L. N., D. T. de Ridder, M. A. Viergever, and P. A. Smeets. 2011. "The First Taste Is Always with the Eyes: A Meta-Analysis on the Neural Correlates of Processing Visual Food Cues." *Neuroimage* 55 (1): 296–303.

Van Essen, David C., and Donna Dierker. 2007. "On Navigating the Human Cerebral Cortex: Response to 'In Praise of Tedious Anatomy'." *Neuroimage* 37 (4): 1050–1054.

Vauclair, Jacques, and Joël Fagot. 1996. "Categorization of Alphanumeric Characters by Guinea Baboons: Within—and Between—Class Stimulus." *Cahiers de psychologie cognitive* 15 (5): 449–462.

Vernon, Michael L., Shir Atzil, Paula Pietromonaco, and Lisa Feldman Barrett. 2016. "Love Is a Drug: Parallel Neural Mechanisms in Love and Drug Addiction." Unpublished manuscript, University of Massachusetts, Amherst.

Verosupertramp85. 2012. "Lost in Translation." January 13. http://verosupertram.wordpress.com/2012/01/13/lost-in-translation.

Voorspoels, Wouter, Wolf Vanpaemel, and Gert Storms. 2011. "A Formal Ideal-Based Account of Typicality." *Psychonomic Bulletin and Review* 18 (5): 1006–1014.

Vouloumanos, Athena, Kristine H. Onishi, and Amanda Pogue. 2012. "Twelve-Month-Old Infants Recognize That Speech Can Communicate Unobservable Intentions." *Proceedings of the National Academy of Sciences* 109 (32): 12933–12937.

Vouloumanos, Athena, and Sandra R. Waxman. 2014. "Listen Up! Speech Is for Thinking During Infancy." *Trends in Cognitive Sciences* 18 (12): 642–646.

Wager, T. D., J. Kang, T. D. Johnson, T. E. Nichols, A. B. Satpute, and L. F. Barrett. 2015. "A Bayesian Model of Category-Specific Emotional Brain Responses." *PLOS Computational Biology* 11 (4): e1004066.

Wager, Tor D., and Lauren Y. Atlas. 2015. "The Neuroscience of Placebo Effects: Connecting Context, Learning and Health." *Nature Reviews Neuroscience* 16 (7): 403–418.

Wager, Tor D., Lauren Y. Atlas, Martin A. Lindquist, Mathieu Roy, Choong-Wan Woo, and Ethan Kross. 2013. "An fMRI-Based Neurologic Signature of Physical Pain." *New England Journal of Medicine* 368 (15): 1388–1397.

Walker, A. K., A. Kavelaars, C. J. Heijnen, and R. Dantzer. 2014. "Neuroinflammation and Comorbidity of Pain and Depression." *Pharmacological Reviews* 66 (1): 80–101.

Walker, Suellen M., Linda S. Franck, Maria Fitzgerald, Jonathan Myles, Janet Stocks, and Neil Marlow. 2009. "Long-Term Impact of Neonatal Intensive Care and Surgery on Somatosensory Perception in Children Born Extremely Preterm." *Pain* 141 (1): 79–87.

Walløe, Solveig, Bente Pakkenberg, and Katrine Fabricius. 2014. "Stereological Estimation of Total Cell Numbers in the Human Cerebral and Cerebellar Cortex." *Frontiers in Human Neuroscience* 8: 508.

Wang, Jing, Ronald J. Iannotti, and Tonja R. Nansel. 2009. "School Bullying Among Adolescents in the United States: Physical, Verbal, Relational, and Cyber." *Journal of Adolescent Health* 45 (4): 368–375.

Waters, Sara F., Tessa V. West, and Wendy Berry Mendes. 2014. "Stress Contagion Physiological Covariation Between Mothers and Infants." *Psychological Science* 25 (4): 934–942.

Waxman, Sandra R., and Susan A. Gelman. 2010. "Different Kinds of Concepts and Different Kinds of Words: What Words Do for Human Cognition." In *The Making of Human Concepts*, edited by Denis Mareschal, Paul C. Quinn, and Stephen E. G. Lea, 101–130. New York: Oxford University Press.

Waxman, Sandra R., and Dana B. Markow. 1995. "Words as Invitations to Form Categories: Evidence from 12- to 13-Month-Old Infants." *Cognitive Psychology* 29 (3): 257–302.

Wegner, Daniel M., and Kurt Gray. 2016. *The Mind Club: Who Thinks, What Feels, and Why It Matters*. New York: Viking.

Wei, Qiang, Hugh M. Fentress, Mary T. Hoversten, Limei Zhang, Elaine K. Hebda-Bauer, Stanley J. Watson, Audrey F. Seasholtz, and Huda Akil. 2012. "Early-Life Forebrain Glucocorticoid Receptor Overexpression Increases Anxiety Behavior and Cocaine Sensitization." *Biological Psychiatry* 71 (3): 224–231.

Weierich, M. R., C. I. Wright, A. Negreira, B. C. Dickerson, and L. F. Barrett. 2010. "Novelty as a Dimension in the Affective Brain." *Neuroimage* 49 (3): 2871–2878.

Weisleder, Adriana, and Anne Fernald. 2013. "Talking to Children Matters: Early Language Experience Strengthens Processing and Builds Vocabulary." *Psychological Science* 24 (11): 2143–2152.

Westermann, Gert, Denis Mareschal, Mark H. Johnson, Sylvain Sirois, Michael W. Spratling, and Michael S. C. Thomas. 2007. "Neuroconstructivism." *Developmental Science* 10 (1): 75–83.

Whitacre, James, and Axel Bender. 2010. "Degeneracy: A Design Principle for Achieving Robustness and Evolvability." *Journal of*

Theoretical Biology 263 (1): 143–153.

Whitacre, James M., Philipp Rohlfshagen, Axel Bender, and Xin Yao. 2012. "Evolutionary Mechanics: New Engineering Principles for the Emergence of Flexibility in a Dynamic and Uncertain World." *Natural Computing* 11 (3): 431–448.

Widen, Sherri C. In press. "The Development of Children's Concepts of Emotion." In *Handbook of Emotions*, 4th edition, edited by Lisa Feldman Barrett, Michael Lewis, and Jeannette M. Haviland-Jones, 307–318. New York: Guilford Press.

Widen, Sherri C., Anita M. Christy, Kristen Hewett, and James A. Russell. 2011. "Do Proposed Facial Expressions of Contempt, Shame, Embarrassment, and CompassionCommunicate the Predicted Emotion?" *Cognition and Emotion* 25 (5): 898–906.

Widen, Sherri C., and James A. Russell. 2013. "Children's Recognition of Disgust in Others." *Psychological Bulletin* 139 (2): 271–299.

Wiech, Katja, Chia-shu Lin, Kay H. Brodersen, Ulrike Bingel, Markus Ploner, and Irene Tracey. 2010. "Anterior Insula Integrates Information About Salience into Perceptual Decisions About Pain." *Journal of Neuroscience* 30 (48): 16324–16331.

Wiech, Katja, and Irene Tracey. 2009. "The Influence of Negative Emotions on Pain: Behavioral Effects and Neural Mechanisms." *Neuroimage* 47 (3): 987–994.

Wierzbicka, Anna. 1986. "Human Emotions: Universal or Culture-Specific?" *American Anthropologist* 88 (3): 584–594.

———. 1999. *Emotions Across Languages and Cultures: Diversity and Universals.* Cambridge: Cambridge University Press.

Wikan, Unni. 1990. *Managing Turbulent Hearts: A Balinese Formula for Living*. Chicago: University of Chicago Press.

Williams, David M., Shira Dunsiger, Ernestine G. Jennings, and Bess H. Marcus. 2012. "Does Affective Valence During and Immediately Following a 10-Min Walk Predict Concurrent and Future Physical Activity?" *Annals of Behavioral Medicine* 44 (1): 43–51.

Williams, J. Bradley, Diana Pang, Bertha Delgado, Masha Kocherginsky, Maria Tretiakova, Thomas Krausz, Deng Pan, Jane He, Martha K. McClintock, and Suzanne D. Conzen. 2009. "A Model of Gene-Environment Interaction Reveals Altered Mammary Gland Gene Expression and Increased Tumor Growth Following Social Isolation." *Cancer Prevention Research* 2 (10): 850–861.

Wilson, Craig J., Caleb E. Finch, and Harvey J. Cohen. 2002. "Cytokines and Cognition—The Case for a Head-to-Toe Inflammatory Paradigm." *Journal of the American Geriatrics Society* 50 (12): 2041–2056.

Wilson, Timothy D., Dieynaba G. Ndiaye, Cheryl Hahn, and Daniel T. Gilbert. 2013. "Still a Thrill: Meaning Making and the Pleasures of Uncertainty." In *The Psychology of Meaning*, edited by Keith D. Markman and Travis Proulx, 421–443. Washington, DC: American Psychological Association.

Wilson-Mendenhall, Christine D., Lisa Feldman Barrett, and Lawrence W. Barsalou. 2013. "Situating Emotional Experience." *Frontiers in Human Neuroscience* 7: 1–16.

———. 2015. "Variety in Emotional Life: Within-Category Typicality of Emotional Experiences Is Associated with Neural Activity in Large-Scale Brain Networks." *Social Cognitive and Affective Neuroscience* 10 (1): 62–71.

Wilson-Mendenhall, Christine D., Lisa Feldman Barrett, W. Kyle Simmons, and Lawrence W. Barsalou. 2011. "Grounding Emotion in Situated Conceptualization." *Neuropsychologia* 49: 1105–1127.

Winkielman, P., K. C. Berridge, and J. L. Wilbarger. 2005. "Unconscious Affective Reactions to Masked Happy Versus Angry Faces Influence Consumption Behavior and Judgments of Value." *Personality and Social Psychology Bulletin* 31 (1): 121–135.

Wistrich, Andrew J., Jeffrey J. Rachlinski, and Chris Guthrie. 2015. "Heart versus Head: Do Judges Follow the Law or Follow Their Feelings." *Texas Law Review* 93: 855–923.

Wittgenstein, Ludwig. 1953. *Philosophical Investigations*. London: Blackwell.

Wolpe, Noham, and James B. Rowe. 2015. "Beyond the 'Urge to Move': Objective Measures for the Study of Agency in the Post-Libet Era." In *Sense of Agency: Examining Awareness of the Acting Self,* edited by Nicole David, James W. Moore, and Sukhvinder Obhi, 213–235. Lausanne, Switzerland: Frontiers Media.

Woo, Choong-Wan, Mathieu Roy, Jason T. Buhle, and Tor D. Wager. 2015. "Distinct Brain Systems Mediate the Effects of Nociceptive Input and Self-Regulation on Pain." *PLOS Biology* 13 (1): e1002036. doi:10.1371/journal.pbio.1002036.

Wood, Wendy, and Dennis Rünger. 2016. "Psychology of Habit." *Annual Review of Psychology* 67: 289–314.

Wu, L. L., and L. W. Barsalou. 2009. "Perceptual Simulation in Conceptual Combination: Evidence from Property Generation." *Acta psychologica* (amst) 132 (2): 173–189.

Xu, Fei. 2002. "The Role of Language in Acquiring Object Kind Concepts in Infancy." *Cognition* 85 (3): 223–250.

Xu, Fei, Melissa Cote, and Allison Baker. 2005. "Labeling Guides Object Individuation in 12-Month-Old Infants." *Psychological Science* 16 (5): 372–377.

Xu, Fei, and Tamar Kushnir. 2013. "Infants Are Rational Constructivist Learners." *Current Directions in Psychological Science* 22 (1): 28–32.

Yang, Yang Claire, Courtney Boen, Karen Gerken, Ting Li, Kristen Schorpp, and Kathleen Mullan Harris. 2016. "Social Relationships and Physiological Determinants of Longevity Across the Human Life Span." *Proceedings of the National Academy of Sciences* 113 (3): 578–583.

Yeager, Mark P., Patricia A. Pioli, and Paul M. Guyre. 2011. "Cortisol Exerts Bi-Phasic Regulation of Inflammation in Humans." *Dose Response* 9 (3): 332–347.

Yeo, B. T., et al. 2011. "The Organization of the Human Cerebral Cortex Estimated by Intrinsic Functional Connectivity." *Journal of Neurophysiology* 106 (3): 1125–1165.

Yeo, B. T. Thomas, Fenna M. Krienen, Simon B. Eickhoff, Siti N. Yaakub, Peter T. Fox, Randy L. Buckner, Christopher L. Asplund, and Michael W. L. Chee. 2014. "Functional Specialization and

Flexibility in Human Association Cortex." *Cerebral Cortex* 25 (10): 3654–3672.

Yeomans, Martin R., Lucy Chambers, Heston Blumenthal, and Anthony Blake. 2008. "The Role of Expectancy in Sensory and Hedonic Evaluation: The Case of Smoked Salmon Ice-Cream." *Food Quality and Preference* 19 (6): 565–573.

Yik, Michelle S. M., Zhaolan Meng, and James A. Russell. 1998. "Brief Report: Adults' Freely Produced Emotion Labels for Babies' Spontaneous Facial Expressions." *Cognition and Emotion* 12 (5): 723–730.

Yin, Jun, and Gergely Csibra. 2015. "Concept-Based Word Learning in Human Infants." *Psychological Science* 26 (8): 1316–1324.

Yoshikubo, Shin'ichi. 1985. "Species Discrimination and Concept Formation by Rhesus Monkeys (Macaca Mulatta)." *Primates* 26 (3): 285–299.

Younger, Jarred, Arthur Aron, Sara Parke, Neil Chatterjee, and Sean Mackey. 2010. "Viewing Pictures of a Romantic Partner Reduces Experimental Pain: Involvement of Neural Reward Systems." *PLOS One* 5 (10): e13309. doi:10.1093/cercor/bhv001.

Zachar, Peter. 2014. *A Metaphysics of Psychopathology*. Cambridge, MA: MIT Press.

Zachar, Peter, and Kenneth S. Kendler. 2007. "Psychiatric Disorders: A Conceptual Taxonomy." *American Journal of Psychiatry* 164: 557–565.

Zaki, J., N. Bolger, and K. Ochsner. 2008. "It Takes Two: The Interpersonal Nature of Empathic Accuracy." *Psychological Science* 19 (4): 399–404.

Zavadski, Katie. 2015. "Everything Known About Charleston Church Shooting Suspect Dylann Roof." *Daily Beast*, June 20. http://www.thedailybeast.com/articles/2015/06/18/everything-known-about-charleston-church-shooting-suspect-dylann-roof.html.

Zhang, F., H. Fung, T. Sims, and J. L. Tsai. 2013. "The Role of Future Time Perspective in Age Differences in Ideal Affect." *66th Annual Scientific Meeting of the Gerontological Society of America*, New Orleans, November 20–24.

Zhuo, Min. 2016. "Neural Mechanisms Underlying Anxiety–Chronic Pain Interactions." *Trends in Neurosciences* 39 (3): 136–145.

Zilles, Karl, Hartmut Mohlberg, Katrin Amunts, Nicola Palomero-Gallagher, and Sebastian Bludau. 2015. "Cytoarchitecture and Maps of the Human Cerebral Cortex." In *Brain Mapping: An Encyclopedic Reference,* volume 2, edited by Arthur W. Toga, 115–136. Cambridge, MA: Academic Press.

圖 片 來 源 說 明

圖1-1：圖解出自Aaron Scott。

圖1-2：Paul Ekman提供照片。版面編排設計出自作者。

圖1-3：Paul Ekman提供照片。版面編排設計出自作者。

圖1-4：Paul Ekman提供照片。版面編排設計出自作者。

圖1-5：照片出自Aaron Scott。

圖1-6：馬丁‧蘭道的肖像（中）出自Howard Schatz所著的《角色：演員表演》（Boston: Bulfinch Press, 2006）。其他照片由Paul Ekman提供。

圖1-7：圖解出自Aaron Scott。

圖2-1：Richard Enfield提供照片。Daniel J. Barrett提供修改版本。

圖3-1：Barton Silverman／紐約時報／TPGIMAGES提供照片。

圖3-2：Paul Ekman提供照片。版面編排設計出自作者。

圖3-3：Paul Ekman提供照片。版面編排設計出自作者。

圖3-4：Paul Ekman提供照片。版面編排設計出自作者。

圖3-5：Debi Roberson提供照片。

圖4-1：圖解出自Aaron Scott。

圖4-2：圖解出自Aaron Scott。

圖4-3：圖解出自Aaron Scott。

圖4-4：圖解出自Aaron Scott。

圖4-5：圖解出自Aaron Scott。

圖4-6：Helen Mayberg提供照片。

圖4-7：圖解出自Aaron Scott。

圖5-1：圖解出自Aaron Scott。

圖5-2：圖解出自Aaron Scott。

圖5-3：圖解出自Aaron Scott。

圖6-1：圖解出自Aaron Scott。

圖6-2：圖解出自Aaron Scott。

圖7-1：作者提供照片。

圖7-2：圖解出自Aaron Scott。

圖12-1：Ann Kring和Angie Hawk提供照片。

圖12-2：圖解出自Aaron Scott。

圖AA-1：圖解出自Aaron Scott。

圖AA-2：圖解出自Aaron Scott。

圖AA-3：圖解出自Aaron Scott。

圖AA-4：圖解出自Aaron Scott。

圖AA-5：圖解出自Aaron Scott。

圖AB-1：（上）Richard Enfield提供照片。（下）Daniel J. Barrett提供修改版本。

圖AC-1：Barton Silverman／紐約時報／TPGIMAGES提供照片。

圖AD-1：圖解出自Aaron Scott。

圖AD-2：Tor Wager博士和作者提供照片。

圖AD-3：圖解出自Aaron Scott。

國家圖書館出版品預行編目(CIP)資料

情緒跟你以為的不一樣：科學證據揭露喜怒哀樂如何生成 /
麗莎.費德曼.巴瑞特(Lisa Feldman Barrett)著；李明芝
譯. -- 初版. -- 臺北市：商周出版：家庭傳媒城邦分公
司發行, 2020.03
　　面；　公分. -- (科學新視野；158)
　　譯自：How emotions are made : the secret life of the brain
　　ISBN 978-986-477-791-4(平裝)

1.情緒 2.腦部

176.52　　　　　　　　　　　　　　　　109000974

科學新視野 158

情緒跟你以為的不一樣
科學證據揭露喜怒哀樂如何生成

作　　者／麗莎·費德曼·巴瑞特　博士（Lisa Feldman Barrett, Ph. D.）
譯　　者／李明芝
審　　定／黃揚名　博士
企畫選書／黃靖卉
責任編輯／黃靖卉

版　　權／吳亭儀、江欣瑜
行銷業務／周佑潔、賴玉嵐、林詩富、吳藝佳、吳淑華
總 編 輯／黃靖卉
總 經 理／彭之琬
第一事業群總經理／黃淑貞
發 行 人／何飛鵬
法律顧問／元禾法律事務所王子文律師
出　　版／商周出版
　　　　　115 台北市南港區昆陽街 16 號 4 樓
　　　　　電話：(02) 25007008　傳真：(02)25007759
　　　　　blog: http://bwp25007008.pixnet.net/blog
　　　　　E-mail:bwp.service@cite.com.tw
發　　行／英屬蓋曼群島商家庭傳媒股份有限公司城邦分公司
　　　　　115 台北市南港區昆陽街 16 號 8 樓
　　　　　書虫客服服務專線：02-25007718；25007719
　　　　　服務時間：週一至週五上午 09:30-12:00；下午 13:30-17:00
　　　　　24 小時傳真專線：02-25001990；25001991
　　　　　劃撥帳號：19863813；戶名：書虫股份有限公司
　　　　　讀者服務信箱：service@readingclub.com.tw
　　　　　城邦讀書花園：www.cite.com.tw
香港發行所／城邦（香港）出版集團有限公司
　　　　　香港九龍土瓜灣土瓜灣道 86 號順聯工業大廈 6 樓 A 室　E-mail：hkcite@biznetvigator.com
　　　　　電話：(852) 25086231　傳真：(852) 25789337
馬新發行所／城邦（馬新）出版集團【Cite (M) Sdn Bhd】
　　　　　41, Jalan Radin Anum, Bandar Baru Seri Petaling,
　　　　　57000 Kuala Lumpur, Malaysia.
　　　　　Tel: (603) 90563833　Fax:(603) 90576622　E-mail:services@cite.my

封面設計／日央設計
版型設計與排版／洪菁穗
印　　刷／中原造像股份有限公司

■2020 年 3 月 3 日初版 1 刷　　　　　　　　　　Printed in Taiwan
■2024 年 7 月 8 日初版 7 刷

定價 480 元

城邦讀書花園
www.cite.com.tw
版權所有，翻印必究　　　ISBN 978-986-477-791-4

商周出版

廣　告　回　函
北區郵政管理登記證
北臺字第000791號
郵資已付，免貼郵票

115　台北市南港區昆陽街16號8樓

英屬蓋曼群島商家庭傳媒股份有限公司城邦分公司　收

- -

請沿虛線對摺，謝謝！

商周出版

書號：BU0158　　書名：情緒跟你以為的不一樣　編碼：

商周出版

讀者回函卡

感謝您購買我們出版的書籍！請費心填寫此回函卡，我們將不定期寄上城邦集團最新的出版訊息。

線上版讀者回函卡

姓名：＿＿＿＿＿＿＿＿＿＿＿＿＿＿＿＿ 性別：□男 □女

生日：西元＿＿＿＿＿年＿＿＿＿＿月＿＿＿＿＿日

地址：＿＿＿＿＿＿＿＿＿＿＿＿＿＿＿＿＿＿＿＿＿＿

聯絡電話：＿＿＿＿＿＿＿＿＿ 傳真：＿＿＿＿＿＿＿

E-mail：

學歷：□ 1. 小學 □ 2. 國中 □ 3. 高中 □ 4. 大學 □ 5. 研究所以上

職業：□ 1. 學生 □ 2. 軍公教 □ 3. 服務 □ 4. 金融 □ 5. 製造 □ 6. 資訊

　　　□ 7. 傳播 □ 8. 自由業 □ 9. 農漁牧 □ 10. 家管 □ 11. 退休

　　　□ 12. 其他＿＿＿＿＿＿＿＿＿＿＿＿＿＿＿＿＿＿＿＿

您從何種方式得知本書消息？

　　　□ 1. 書店 □ 2. 網路 □ 3. 報紙 □ 4. 雜誌 □ 5. 廣播 □ 6. 電視

　　　□ 7. 親友推薦 □ 8. 其他＿＿＿＿＿＿＿＿＿＿＿＿＿

您通常以何種方式購書？

　　　□ 1. 書店 □ 2. 網路 □ 3. 傳真訂購 □ 4. 郵局劃撥 □ 5. 其他＿＿＿＿

您喜歡閱讀那些類別的書籍？

　　　□ 1. 財經商業 □ 2. 自然科學 □ 3. 歷史 □ 4. 法律 □ 5. 文學

　　　□ 6. 休閒旅遊 □ 7. 小說 □ 8. 人物傳記 □ 9. 生活、勵志 □ 10. 其他

對我們的建議：＿＿＿＿＿＿＿＿＿＿＿＿＿＿＿＿＿＿＿＿＿

＿＿＿＿＿＿＿＿＿＿＿＿＿＿＿＿＿＿＿＿＿＿＿＿＿＿＿

＿＿＿＿＿＿＿＿＿＿＿＿＿＿＿＿＿＿＿＿＿＿＿＿＿＿＿